VIE

DE

MGR L'ÉVÊQUE D'ANNECY

VIE

DE

PIERRE-JOSEPH REY

ÉVÊQUE D'ANNECY

PAR

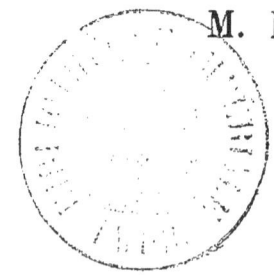

M. L'ABBÉ RUFFIN

CHANOINE D'ANNECY

~~~~~~~~

PARIS

H. VRAYET DE SURCY, ÉDITEUR

RUE DE SÈVRES, 19

1858

A

MONSEIGNEUR LOUIS RENDU

ÉVÊQUE D'ANNECY

Commandeur de l'Ordre des SS.-Maurice-et-Lazare et Chevalier
de celui du Mérite civil de Savoie
Comte et Prélat assistant au trône pontifical

MONSEIGNEUR,

La Vie de Mgr Rey achevée, j'ai cherché un nom qui fût pour elle une bénédiction et pour le public une garantie de la vérité des faits qu'elle renferme.

Ce nom, Monseigneur, c'est le vôtre. Disciple d'abord, collègue ensuite dans le chapitre métropolitain de Chambéry, puis successeur de ce prélat sur le siége d'Annecy, vous l'avez suivi et admiré du commencement à la fin de sa longue et mémorable carrière de prêtre et d'évêque. Ses travaux apostoliques en Savoie et en France, ceux de son épiscopat de Pignerol ont passé sous vos yeux. Le nombre et la grandeur de ses œuvres dans le diocèse que vous gouvernez depuis quatorze années avec une sagesse supérieure aux difficultés des temps, vous sont connus. Votre suffrage, déjà d'un si grand poids par lui-même, reçoit du concours de ces diverses circonstances une autorité irréfragable.

En couvrant de votre nom vénéré et chéri la publication de cette Vie, vous consacrez, Monseigneur, la gloire qu'elle ajoutera, j'en ai la confiance, aux gloires dont resplendit l'illustre Église d'Annecy, qui s'honore de vous avoir pour Pasteur et Père, et vous comblez les vœux de celui qui a l'honneur d'être, avec une profonde vénération et une affection filiale,

Monseigneur,
de Votre Grandeur,
le très-humble et très-soumis serviteur et prêtre,

J. RUFFIN, chanoine.

LETTRE DE MONSEIGNEUR RENDU

ÉVÊQUE D'ANNECY

A M. L'ABBÉ RUFFIN.

Saint-Eustache, 16 mai 1858.

MONSIEUR LE CHANOINE,

En écrivant la vie de notre illustre et saint prédécesseur Mgr Rey, évêque d'Annecy, vous êtes allé au-devant de l'un des vœux les plus ardents de notre cœur. Dès le jour où ce puissant ouvrier de la vigne du Seigneur avait été enlevé au diocèse de saint François de Sales, nous n'avions cessé de désirer de voir se retracer, pour les générations futures, le tableau des vertus et du grand caractère que nous avions eu nous-même le bonheur d'admirer pendant près d'un demi-siècle.

Personne mieux que nous n'a pu apprécier toute la difficulté de la tâche que vous vous êtes imposée, de faire revivre au milieu de nous celui que la Providence avait pris plaisir à former tout exprès pour continuer la suite des hommes éminents et des saints prélats qui, depuis saint François de Sales, ont illustré notre patrie et porté si haut la gloire du siége épiscopal d'Annecy. Nous dirions que vous avez vaincu toutes les difficultés, si l'une d'elles ne nous semblait surpasser les forces humaines, c'est de peindre ce cœur de prêtre, de missionnaire et d'évêque que dévorait le zèle du bien et ce cœur d'ami qu'embrasait la charité; mais en montrant l'homme de Dieu aux prises avec les révolutions, avec l'impiété d'un siècle mauvais, avec les persécuteurs de l'Église, et surtout avec l'indifférence religieuse, vous offrez à vos lecteurs l'enseignement par l'exemple, et leurs souvenirs, chez quelques-uns, pourront encore venir en aide à vos efforts. Soyez béni, monsieur l'abbé, pour la portion de gloire que votre utile et beau travail ajoute au riche trésor de notre passé, et croyez aux sentiments affectueux de votre dévoué

† LOUIS,
évêque d'Annecy.

PRÉFACE

L'année même de la mort de Mgr Rey, une série d'articles nécrologiques fut publiée sur ce prélat dans le journal de Savoie. C'était un recueil incomplet des faits les plus mémorables de cette belle vie dont la lumière qui avait brillé au loin venait de s'éteindre au pied des Alpes.

Malgré ses imperfections, ce travail fut accueilli avec faveur, et fit naître le désir de connaître mieux encore un évêque qui avait rendu tant de services à l'Église, et tant ajouté, par l'éclat de ses œuvres, à la gloire de sa patrie.

Interprète de ce vœu, le savant et digne métropolitain de Chambéry, Mgr Billet, engagea l'auteur à étendre son œuvre et à faire, dans l'intérêt du clergé et des fidèles, une biographie complète.

D'autre part, écrire cette vie n'était-ce pas acquitter en partie la dette de reconnaissance de la Savoie envers un de ses enfants les plus dévoués? Aux jours des périls, et pendant cinquante années, Mgr Rey avait été à la tête des amis de la religion et de la monarchie. Il avait défendu et protégé l'une et l'autre contre les plus injustes, les plus perfides et les plus persévérantes attaques. L'histoire le montrera comme ayant été le conseil, l'appui, l'ami de trois souverains, dont les règnes seront distingués dans les annales si riches de gloire de l'auguste maison de Savoie.

Monseigneur de Chambéry ne se borna pas à des paroles encourageantes : il mit à la disposition de l'auteur sa correspondance avec le prélat défunt et d'autres écrits précieux. D'un autre côté, M. le chevalier Perrin, secrétaire d'État, voulut bien consentir à nous communiquer la volumineuse collection des lettres qu'il avait reçues de l'amitié et de la confiance de Mgr Rey. Muni de ce trésor, nous y avons puisé à pleines mains. C'est avec un religieux respect que nous avons lu cette correspondance de près de trente années, où se trouvent les pensées les plus secrètes et les sentiments les plus intimes de notre prélat. Nous y avons admiré, jusque dans des détails en apparence insignifiants, une foi pénétrante et vive qui revêt les formes les plus variées. Il y raconte ses courses apostoliques, ses missions auprès du clergé

---

[1] Victor-Emmanuel I, Charles-Félix et Charles-Albert.

de France et de sa patrie; ses consolations, ses fatigues, ses succès : il s'étend peu sur ces derniers, dont il ne dit presque rien à ses autres amis. Ce n'est qu'à M. Perrin qu'il en avoue quelque chose, *parce qu'avec lui*, dit-il, *il n'a pas à craindre l'amour-propre, ce monstre dévorateur des œuvres saintes.*

M. Perrin était en effet simple et modeste par excellence : il doutait de son mérite; réservé, plein de modération, il ne sollicita jamais d'avancement; nous le voyons même dans ses lettres appréhender que la considération dont l'entouraient le nom et l'amitié de Mgr Rey ne le poussât trop vite en avant. Son zèle, en revanche, était infatigable pour les autres.

Parmi les situations diverses faites au clergé, à la noblesse, à la magistrature, à l'armée et à d'innombrables familles, par les changements de l'ordre social et la succession des gouvernements de 1792 à 1815, il y avait une foule d'injustices à réparer, de droits à faire valoir, de fidélités à reconnaître, de souffrances à adoucir. De là une multitude de réclamations. Le cœur, le crédit, la plume de Mgr Rey étaient au service de tous.

On compterait plutôt les étoiles du firmament que les soins et les preuves de dévouement donnés pendant de nombreuses années par M. Perrin, afin d'assurer la réussite des affaires que l'amitié confiait à ses soins.

Nous devions ajouter ces quelques détails à ceux que nous donnons sur lui dans cette vie de son protecteur et de son ami. Nous espérons qu'il nous pardonnera d'avoir soulevé un coin du voile qui recouvre ses mérites. Comment aurions-nous pu parler de

Mgr Rey sans faire connaître celui dont l'amitié fut la plus douce jouissance de sa vie et nous a valu tant de lettres d'un prix inestimable? Celles-ci, jointes à beaucoup d'autres documents que nous possédions déjà[1], nous donnèrent la confiance d'entreprendre notre travail.

Lorsqu'en 1852 nous pûmes en soumettre une grande partie au jugement de Mgr Rendu, évêque d'Annecy, et si digne successeur de l'illustre et pieux défunt, il daigna nous encourager. « Je puis affirmer, nous écrivit le prélat, que bien peu de vies sont susceptibles d'exciter à un si haut point l'intérêt, d'inspirer l'étonnement et surtout de fixer l'attention. Hâtez-vous de finir et de donner au sacerdoce et à l'épiscopat un des plus beaux modèles qu'ils puissent contempler. »

Une personne dont la position dans le monde pouvait aussi nous guider utilement, nous assura *que l'ouvrage avait du mérite; que l'auteur n'avait pas écrit pour une vaine gloire, mais pour Dieu; et qu'il fallait, afin que cette tant belle vie jetât au plus tôt, comme un flambeau brillant, ses clartés sur le monde, se hâter de le mettre au jour.*

Madame la comtesse de Swetshine (Russe d'origine), connue à Paris par sa rare intelligence, sa supériorité

---

[1] Nous en tenons un bon nombre de l'obligeance du secrétaire du prélat pendant son épiscopat de Pignerol, l'estimable abbé Mudry, aujourd'hui chanoine d'Annecy, archiprêtre, curé de Publier en Chablais, et quelques autres que nous avons pu obtenir de madame la comtesse de la Rochejaquelein, en invoquant son dévouement à la mémoire de ce pontife si cher à la France. M. l'abbé Foulon, docteur ès-lettres, voudra bien recevoir ici nos remerciments pour les avis éclairés que nous devons à son aimable intérêt.

d'esprit, aussi bien que par son éminente piété, ayant pris connaissance du manuscrit, témoigna souhaiter vivement qu'il fût mis au jour : la noblesse de son cœur, l'élévation de ses idées, si appréciées dans le cercle d'hommes distingués qui se pressaient autour d'elle et la reverraient, donneraient du prix à son suffrage. Elle assurait que cette vie avait un cachet particulier *de foi vivifiante et de charité qui allait à l'âme.*

A la faveur de ces encouragements ce petit ouvrage fut achevé, mais des circonstances imprévues en ont retardé la publication. Puisse-t-il encore aujourd'hui obtenir l'approbation de tous ceux qui ont eu le bonheur de connaître Mgr Rey, et contribuer à la gloire de Celui qui a été la source de sa sainteté et l'inspirateur de toutes ses vertus !

Nous regrettons que la distance qui nous séparait de notre Éditeur ait inévitablement laissé place à quelques inexactitudes. Le lecteur voudra bien user d'indulgence et recourir à l'*errata*. Nous avons préféré qu'il en fût ainsi afin de ne pas retarder l'impression. Si le suffrage du public vient l'encourager, une seconde édition réparera ce que celle-ci offre encore de défectueux.

Nous déclarons ici, conformément aux décrets du pape Urbain VIII, que le titre de *saint* que nous pourrions avoir donné à Mgr Rey dans le cours de cet ouvrage, signifie uniquement que le prélat fut distingué par toutes les vertus chrétiennes et ecclésiastiques, comme aussi que les faits rapportés qui pourraient paraître miraculeux n'ont d'autre autorité connue que celle des témoignages sur lesquels nous les appuyons.

ERRATA

Page 25, lig. 5, au lieu de *Dubouloy*, lisez : *Dubouloz*.
— 41, lig. 26, au lieu de *souvenir comparé*, lisez : *comparé*.
— 70, *note*, au lieu de *sacre*, lisez : *mariage*.
— 177, lig. 27, au lieu de *que lui*, lisez : *presque que lui*.
— 230, lig. 24, au lieu de *Furero*, lisez : *ferrero*.
— 241, *note*, au lieu de *de la Marguerite*, lisez : *de La Tour*.
— 271, lig. 2, au lieu d'*obéissance*, lisez : *reconnaissance*.
— 298, lig. 15, au lieu de *véritables fléaux*, lisez : *véritable fléau*.
— 314, lig. 5, au lieu de *nôtres*, lisez : *mitres*.
— 316, lig. 15, au lieu de *ménayement*, lisez : *manquement*.
— 317, lig. 35, au lieu de *Dounet*, etc., lisez : *Doney*, aujourd'hui évêque de Montauban.
— 320, lig. 7, au lieu de *portrait*, lisez : *portail*.
— 335, lig. 26, au lieu de *au saint tribunal*, lisez : *et là encore*.
— 353, lig. 21, au lieu de *le R. P. de Mac' Carthy*, etc., lisez : Ce fut après le sermon de Pâques, sur l'immortalité, que le P. de Mac' Carthy fut porté de la chaire au lit d'où il ne sortit plus.
— 370, lig. 6, au lieu de *pellier*, lisez : *publier*.
— 384, *note*, au lieu de *André*, lisez : *Audé*.
— 396, lig. 28, au lieu de *Dernillières*, lisez : *Delesmillières*.
— 401, lig. 16, au lieu de *Nivet*, lisez : *Rivet*.
— 406, lig. 30, au lieu de *saint Grégoire*, lisez : *Grégoire*.
— 544, lig. 29, au lieu de *Chaumentel*, lisez : *Chaumontel*.

VIE
DE
PIERRE-JOSEPH REY

ÉVÊQUE D'ANNECY

LIVRE PREMIER

DEPUIS LA NAISSANCE DU PRÉLAT, EN 1770, JUSQU'EN 1803
OU IL FUT APPELÉ A CHAMBÉRY.

CHAPITRE I

Enfance du jeune Rey. — Son dévouement à l'amitié. — Il garde les troupeaux de son père. — Première communion. — Sa piété. — Son caractère bouillant. — Il entre au collége. — Se distingue en théologie. — Il entre au séminaire d'Annecy en 1790. — Il choisit, pour sujet de son premier sermon, l'amitié. — Devient sous-diacre en 1791. — L'archevêque de Vienne à Annecy. — M. Rey est admis au diaconat le 22 septembre 1793, époque de l'entrée des Français en Savoie.

Pierre-Joseph Rey naquit à Mégevette, en Chablais, le 22 avril 1770, d'une famille pauvre selon le monde, mais riche du trésor de la foi.

Son père, Étienne Rey, possédait, à un degré remarquable, les vertus simples et les mœurs patriarcales qui distinguent les habitants des montagnes de la Savoie. Joséphine Meynet, sa mère, joignait à une instruction religieuse peu commune une tendre piété. Le Seigneur leur avait donné plusieurs enfants, parmi lesquels il ne leur fut pas difficile de distinguer celui dont nous écrivons la vie. Une âme ardente, un esprit vif, un caractère impétueux, le signalèrent de bonne heure à l'attention de ses parents. Il aimait sa mère par-dessus tout. En son absence, la maison paternelle lui semblait un désert ; et, quelque nombreux qu'y fussent les parents ou les amis, il disait avec l'accent d'une profonde tristesse : *Je suis tout seul.*

On remarqua en lui, avant l'âge de quatre ans, le vif désir et le besoin d'un ami. Déjà il s'était lié avec un enfant de son âge ; et telle était la puissance de l'attrait qui le portait vers son petit camarade, que, pour le voir, il exposa plusieurs fois sa vie en traversant un torrent qui les séparait l'un de l'autre. La réprimande ne suffit pas pour le détourner de ce péril, il fallut employer les châtiments.

L'héroïsme que lui inspirait cette intimité enfantine était un présage heureux pour l'avenir ; dans cet aimable et téméraire enfant, on put dès lors deviner l'âme brûlante de charité qui irait au-devant de tous les dévouements et de tous les sacrifices.

Ces inclinations cependant, dont la direction est si importante dès le jeune âge et l'égarement si funeste, éveillaient la sollicitude de sa pieuse mère, qui l'observait de plus près et qui en était souvent alarmée. Elle alla consulter un des ermites des Voirons qui était en grande réputation de sainteté. L'homme de Dieu, après l'avoir entendue, l'exhorta simplement à suivre, dans l'éducation de son fils, le plan qu'elle avait conçu. Et comme elle insistait pour avoir quelques détails : *Assez,* dit l'ermite ; *si vous péchez, ce ne sera pas par ignorance.*

La méthode de cette vertueuse mère consistait à élever peu à peu le cœur de cet enfant vers le ciel, et à lui faire chercher en Dieu la satisfaction de son besoin d'aimer et d'être aimé. A cette fin, elle lui parlait de la bonté et des amabilités du Seigneur : ***Vous ne doutez pas,*** lui disait-elle, *que je ne vous aime beaucoup, je sais pourtant quelqu'un qui vous aime bien davantage : c'est Dieu, dont vous êtes devenu l'enfant par le baptême et auquel vous appartenez bien plus qu'à moi. Si l'amour que vous me rendez vous fait craindre de me causer de la peine, combien plus devez-vous redouter d'en faire à ce bon père que vous avez dans les cieux.* Ces paroles et d'autres de ce genre, dites à propos et fortifiées de l'autorité des exemples qu'il avait sous les yeux, lui faisaient une vive impression. D'ailleurs, tout dans la conduite de ses bons parents l'élevait vers le souverain Maître : leur respect envers les choses saintes, leur attachement aux pratiques de piété, aliments dont se nourrit la foi, leur confiance en la Providence qu'ils invoquaient, qu'ils bénissaient en toute rencontre, et à laquelle ils rapportaient ce qui leur arrivait d'heureux ou de malheureux, tout l'initiait, comme à son insu, à la vie du chrétien. Plus d'une fois on l'a entendu remercier le Seigneur d'avoir pu, presque sans effort et par le seul spectacle de la religieuse ferveur de ses parents, contracter les heureuses habitudes de l'innocence et de la piété.

A cette école de la famille, la foi du jeune Rey reçut un accroissement rapide, et cette vertu devint le guide et le frein d'un cœur qui, sans elle, eût pu être entraîné dans les plus funestes écarts. Chez cet enfant, le chrétien fut de bonne heure maître de l'homme et la grâce domina le naturel le plus indomptable qui fut jamais. « L'enfant d'Adam « chez moi est détestable, écrivait-il plus tard à un ami ; « mais l'enfant de Dieu est toujours là pour corriger son « frère aîné. Sans lui, je serais intraitable ! O Dieu rédemp- « teur ! que ne dois-je pas à votre amour et à votre sang « adorable ! Oui, sans le chrétien, mon *homme* serait un « monstre ; oh ! comme je te chérirai, Religion divine, à qui « je dois mon *vrai* cœur ! »

Il avait atteint sa sixième année, lorsque le curé de la paroisse, M. Guebet, frappé de son intelligence précoce, engagea ses parents à le faire étudier. Pour surmonter les premières difficultés de l'étude, il chargea M. Lacroix, son vicaire, de lui donner les leçons de lecture.

Deux ans après, sa famille le plaça à Saint-Jeoire (Faucigny), où il fut initié aux éléments de la langue latine. C'est alors qu'il reçut la confirmation des mains de Mgr Biord, évêque de Genève. Ce jour de bénédiction ne sortit jamais de sa mémoire, et la pensée de la petite ville où il avait été admis au sacrement qui fait les héros chrétiens, ne s'offrit jamais depuis à son esprit sans exciter les émotions de la plus vive reconnaissance. Chaque fois qu'il repassa dans ces lieux, (ce qui lui arriva souvent), quelque pressé qu'il fût et quels que fussent ses compagnons de voyage, il ne manqua jamais d'entrer dans l'église pour remercier le Seigneur des grâces qu'il y avait reçues.

La rapidité de ses progrès obligea bientôt sa famille à le retirer des écoles élémentaires de Saint-Jeoire. Ses parents le retinrent auprès d'eux, à Bellevaux, pendant deux ans, qu'ils mirent à profit pour le préparer à la première communion. Sa mère fit de cet enfant de bénédiction le compagnon de ses pèlerinages aux tombeaux de saint Guérin d'Aulphs et des martyrs de la légion thébéenne, à Saint-Maurice, en Vallais, ou à l'ermitage des Voirons et à la montagne d'Hermone, en Chablais. Ces lieux illustrés par les vertus du saint abbé d'Aulphs, cette terre arrosée du sang des héros thébéens, parlaient éloquemment à son cœur. Les monts sacrés des Voirons et d'Hermone d'où ses regards planaient sur de vastes contrées, l'affluence des pèlerins, les chants religieux qui, de ces hauteurs, s'élevaient vers le ciel et semblaient se perdre dans son immensité, le remplissaient d'un religieux enthousiasme. Son âme était aussi impressionnée par le contraste du silence auquel l'hérésie a condamné les pays qu'on découvre du haut des Voirons[1], avec le mouvement et la vie que le catholicisme répandait autour de lui ; et, quoiqu'il ne pénétrât pas encore les rai-

---

[1] Genève et le canton de Vaud.

sons de cette différence, il sentait néanmoins qu'une religion qui n'a pas la vertu de remuer une seule fibre du cœur humain ne pouvait être la véritable.

D'autres fois, son père le conduisait chez les Chartreux de Ripaille et chez les Capucins de Thonon. Tout le frappait dans les disciples de saint Bruno et de saint François d'Assise : leur simplicité, leurs figures sereines, leur recueillement, l'austérité de leur pénitence. Il conçut dès lors pour ces habitants du cloître un attachement qui lui fit, par la suite, saisir toutes les occasions de leur être utile. Il conserva même longtemps le désir de s'enfoncer dans quelqu'une de leurs saintes retraites ; cette pensée le poursuivit toujours au milieu de la vie occupée à laquelle le condamnèrent plus tard ses fonctions. Sa docilité aux avis des directeurs de sa conscience l'empêcha seule d'exécuter ses desseins.

Grâce à ces impressions toutes pieuses que ses bons parents faisaient passer devant lui, son cœur se façonnait sans bruit à l'héroïsme et à l'humilité des vertus chrétiennes. Aussi, jusque dans sa vieillesse, on le vit s'exalter lorsqu'il racontait les pèlerinages de son enfance et les vertus des Pères de Ripaille et des Capucins de Thonon.

Hors le temps de ces pieux voyages, il gardait le petit troupeau de son père. Mêlé aux autres bergers, il s'associait à leurs jeux sans prendre aucune part aux désordres dont quelques-uns des plus âgés donnaient le scandale. Mais, en le rendant témoin d'un mal qu'il n'était pas alors en son pouvoir d'extirper, le Seigneur enflammait en lui le zèle qui le porta plus tard à l'attaquer dans sa source.

En ces conjonctures, la prière et les amitiés chrétiennes furent la sauvegarde de son innocence. Épris des charmes de la vertu, il se sentait attiré vers les plus sages d'entre ses petits compagnons, et la vue continuelle des beautés de la nature venait en aide à ses heureuses inclinations. L'aspérité des sites, la majesté des montagnes qui l'entouraient, le sombre aspect des forêts de sapins, l'impétuosité des torrents roulant leurs ondes à travers la vallée, occupèrent sa jeune imagination. En présence de ces merveilles de la création, son esprit s'élevait sans peine vers leur auteur. Dès lors ces lieux lui furent chers : il aimait ce qui lui en rappelait le souvenir. A Paris, au Jardin des Plantes, on le vit tressaillir à la vue de quelques pins qui lui rappelaient ses forêts chéries de Bellevaux.

En l'année 1782, le jeune Rey fut jugé digne d'être admis à la première communion. Il avait alors douze ans. Ce qui, dans l'Eucharistie, le touchait le plus, c'est la bonté que Jésus-Christ y témoigne à de pauvres créatures. En présence de ce foyer de l'éternelle charité, son cœur, quoique embrasé, lui parut tout de glace; et alors, comme depuis, il s'efforça, par ses anéantissements, de suppléer à ce qui manquait à la perfection de ses sentiments. « Hélas! écrivait-il à un ami
« quelques années après, nous avons beau nous unir pour
« adorer et pour aimer Jésus-Christ quand nous le recevons;
« s'anéantir à la vue de sa propre misère est toujours le
« sentiment qui domine tous les autres, et la sainte commu-
« nion ressemble à la Transfiguration où la contemplation
« de la gloire du Dieu, qui se manifestait à ses trois Apôtres,
« les fit tomber la face contre terre sans qu'ils osassent
« arrêter leurs regards sur l'adorable spectacle qu'ils avaient
« devant eux. Même dans la communion, quand l'âme veut
« s'arrêter devant Celui qu'elle possède, hélas! elle tombe
« *la face contre terre*. Mais un jour viendra où nous serons
« élevés à un degré de force suffisant pour supporter tout
« notre bonheur. »

Quoique la pensée de l'Eucharistie eût fait les délices de son âme bien avant qu'il eût le bonheur de la recevoir, dès qu'il eut approché ses lèvres de ce breuvage divin, il ressentit tant d'attrait pour ce divin sacrement, qu'il eût désiré y participer tous les jours. Une personne fort respectable de Thonon, Mme la comtesse Ferner, qui l'avait vu en cette ville, à Mégevette et à Bellevaux, disait, il y a peu de temps, *qu'elle ne pouvait comparer son attitude devant les sacrés taberna-*

cles, qu'à celle des Séraphins devant le trône de Dieu. Après sa première communion, ses parents songèrent à l'envoyer continuer ses études à Thonon. Cette ville, si chère à saint François de Sales, possédait un collége où l'on enseignait, avec les belles-lettres, la philosophie et la théologie dogmatique. Cette maison, du moment où l'apôtre du Chablais l'eut arrachée à l'hérésie et confiée aux Barnabites, avait toujours été florissante. De son sein étaient sortis des hommes du plus grand mérite, parmi lesquels on compte le cardinal Gerdil et monseigneur Biord, évêque de Genève. Le jeune Rey y trouva, dans le P. Favre, un guide éclairé. Celui-ci voulut assigner pour le cœur des deux amis un saint rendez-vous. — Ce fut un pieux élancement d'amour divin ; le maître et le disciple convinrent de ces mots : Mon Dieu, je vous aime ! c'est-à-dire, selon l'explication donnée par eux à ces paroles : *Mon Dieu ! je désire vous aimer, je désire au moins le désirer, et ce désir je confesse le tenir de vous.*

Quand le directeur s'apercevait que le cœur de son élève s'égarait parmi les créatures, il faisait entendre ce cri de l'amour. Aussitôt le docile jeune homme recueillait ses affections, les offrait à Dieu, le priant, avec une simplicité naïve, de les garder désormais avec plus de soin.

Ainsi, le P. Favre, en s'appliquant à corriger ce que les inclinations de son élève avaient de trop impétueux, l'initiait aux nobles aspirations, aux vertus généreuses. L'amitié déjà ne pouvait plus remplir son cœur, si elle n'était en même temps un moyen d'aimer et de faire aimer Dieu davantage.

Le travail fut présenté au jeune Rey comme un devoir impérieux et comme un repos nécessaire aux agitations de son âme. Il s'y livra avec ardeur. A l'époque où il entrait dans la carrière des études, le diocèse de Genève n'avait encore aucun asile ouvert aux étudiants des colléges. Ils logeaient dans des familles auxquelles ils étaient confiés par leurs parents. Hors du temps des classes ils jouissaient d'une liberté presque illimitée ; le jeune homme n'en abusa jamais, il employa à l'étude et à la prière ses moments de loisir et contracta ainsi les habitudes d'une vie de travail et d'oraison.

Cette application, jointe à beaucoup d'ouverture d'esprit, lui valut les succès les plus éclatants. Élève la veille, il était souvent appelé à remplacer ses professeurs le lendemain ; et quoiqu'il n'eût sur ses condisciples ni l'ascendant de l'âge, ni l'expérience d'un long enseignement, il en était écouté à l'égal de ceux dont il tenait la place. Son cœur et ses talents lui avaient donné une grande autorité parmi les étudiants. Un jour, il lui arriva, par suite de la légèreté naturelle de son caractère, d'être mêlé à une infraction au règlement à laquelle le collége entier avait pris part. Elle était à peine consommée, qu'un vif regret s'empare de lui ; sur-le-champ il harangue les élèves, les entraîne à sa suite chez le préfet des classes, où il fait, au nom de tous, amende honorable et sollicite, pour la faute commise, un pardon qui ne se fit pas attendre.

M. Rey n'était pas moins considéré dans la ville que dans l'intérieur du collége. Il était reçu avec distinction dans les maisons les plus honorables. Les essais de sa jeune muse et les innocentes saillies de sa verve satirique défrayaient les soirées de Thonon, et avaient le rare mérite d'être plaisantes sans offenser jamais.

C'est que dans ses jeux d'esprit il respecta toujours la vertu, et la pureté de ses mœurs égalait la vivacité de son esprit. Il en donna des preuves dans une circonstance délicate, qui fut la confirmation de sa vocation ecclésiastique. Des propositions de mariage lui furent faites par les parents d'une jeune personne de Thonon, qu'il avait distinguée à cause de sa piété ; il répondit que son amitié n'était pas de l'amour, *qu'il avait engagé son cœur à Dieu, et qu'il n'aurait jamais d'autre épouse que l'Église catholique.* Il comprit que sa candeur l'avait exposé, et sa circonspection devint telle dans la suite, qu'elle tenait presque de la contrainte, de sorte que, se trouvant dans la société, ses expressions brèves et sèches pouvaient passer pour de la brusquerie. Mais il ne fit nul cas des jugements du monde à son égard, et persista à se tenir éloigné de tous les dangers qui pourraient se trouver sur sa route. Le reste lui importait peu.

En ce temps, le P. Favre, son directeur, fit des tentatives pour l'attacher à son Ordre, mais sans succès. Ce n'est pas que M. Rey n'eût beaucoup de confiance en ce digne Barnabite, mais il voyait que quelques membres de cette Congrégation, sur laquelle le cardinal Gerdil jetait alors tant d'éclat, n'avaient pas su se préserver de l'esprit du siècle. La Révolution, qui éclata trois ans après, montra qu'il avait bien jugé. De toutes les communautés existantes alors en Savoie, celle des Barnabites fut la plus accessible aux séductions du schisme et la moins ferme devant la persécution.

De leur côté, les prêtres de la *Sainte-Maison*, établie par saint François de Sales pour le gouvernement spirituel de Thonon, cherchaient à l'attirer à eux. Le préfet lui offrit, sous le prétexte de soulager sa famille des frais de son éducation, la place de précepteur des enfants de la maîtrise. M. Rey accepta cette charge qu'il remplit pendant ses deux années de théologie, et sut inspirer à ses élèves le goût de l'étude et de la piété. La sage direction du jeune précepteur porta ses fruits, et on vit ces enfants conserver à Dieu et à leurs devoirs une inviolable fidélité au milieu même des circonstances les plus critiques.

Les études théologiques de l'abbé Rey ne souffrirent nullement du soin qu'il donna à la maîtrise de Thonon. Actif et laborieux, il avait ou savait trouver du temps pour tous ses devoirs, et prenait sur la nuit et le sommeil les heures que lui refusait le jour. C'est ainsi qu'il parvint à conserver en théologie la supériorité qu'il avait eue dans ses autres classes. Ces succès lui valurent un surcroît d'estime et d'affection de la part des prêtres de la *Sainte-Maison*. Ayant été appelé, cette année 1789, à Annecy pour recevoir la tonsure, le préfet le défraya des dépenses de la route ; il l'obligea même à prendre son cheval pour le voyage : ce qui était une faveur extraordinaire.

La tonsure, l'habit ecclésiastique, les paroles de sa consécration au service de l'Église, firent sur son âme une impression ineffaçable. Bien que sa conduite eût été jusque-là fort régulière, il s'y manifesta pourtant, dès ce jour, un notable changement. Il réforma de plus en plus les défauts de son âge et de son caractère, surtout un penchant extrême à la plaisanterie, dont il ne lui resta plus que cette aimable gaieté qui faisait le charme de ses relations ordinaires. En même temps il redoublait de vigilance pour fortifier son cœur et le préserver des affections de la terre. Le monde, dont il venait de rejeter les livrées, heurta depuis, mais en vain, à la porte de ce cœur si noble et si tendre. Il répétait souvent aux élèves du sanctuaire et aux prêtres : *C'est à la soutane que j'ai dû d'avoir échappé aux périls qui naissaient sous mes pas. J'abaissais mes regards sur ce vêtement, et aussitôt j'étais pénétré des pensées conformes à la sainteté de mon état.*

Le désir d'étendre ses connaissances théologiques, afin de se mettre en mesure de mieux défendre la religion attaquée alors de tous côtés et avec une fureur toujours croissante, l'engagea à solliciter une place gratuite à la Sorbonne. Mgr de Juigné la lui accorda. Le préfet des études en ayant eu connaissance, dit à M. Rey : *Monseigneur de Paris vous réserve donc une place? Mais où sont vos ressources pour parer aux dépenses nécessaires?* — *Soyez sans inquiétude,* répondit l'abbé Rey, *quand on saura à Thonon le but de mon voyage à Paris, je serai en état de faire le tour du monde.* Touchante confiance du jeune homme dans l'intérêt dont il était l'objet. En effet, la nouvelle connue, toutes les bourses furent à sa disposition. Les familles même les plus pauvres lui offrirent l'obole de leur indigence. Cette marque d'attachement ne le surprit pas de la part d'une ville où le cœur et l'esprit de saint François de Sales sont encore aujourd'hui vivants; mais elle laissa au fond de son âme un sentiment si vif de reconnaissance, qu'il regarda dès lors comme les plus beaux jours de sa vie ceux où il eut occasion de faire quelque chose en faveur de ses habitants.

Les événements qui forcèrent peu de temps après Mgr de

Juigné à sortir de France, où la vertu était devenue un titre à la proscription, ne permirent pas à M. Rey de profiter de la faveur qu'il avait obtenue. Ses vœux se portèrent alors vers le séminaire d'Annecy, où il entra, au mois de novembre 1790, avec MM. Vuarin, depuis curé de Genève; Ducret, fondateur du collège de Mélan, et Pasquier, restaurateur de celui de la Roche. Ces quatre jeunes lévites, qui, selon la remarque de Mgr Bigex, inspiraient, au premier abord, de la crainte à qui ne découvrait pas les trésors de science et de vertus cachés sous l'austérité de leur conduite et de leur costume, étaient des Néhémies que Dieu destinait à relever les ruines du sanctuaire.

L'abbé Rey débuta au séminaire par un examen approfondi de ses dispositions intérieures. Sachant qu'il n'était pas appelé à vivre loin des hommes, et que le séminaire ne l'abriterait pas longtemps contre les orages du monde, il prévit les différentes situations où il pourrait se trouver. Il ne s'en tint pas à une vue générale ni à des considérations vagues sans application prochaine, il s'attacha à entrer dans les moindres détails, et traça d'une main sûre les principes auxquels il s'était proposé d'assujettir sa conduite. Ce règlement, qui porte la date de 1790, ne fut pas confié à des feuilles volantes. Il le fit relier magnifiquement, et ce livre lui servit comme d'itinéraire spirituel. *Quand j'ai besoin de me fortifier dans mes devoirs*, disait-il dans les derniers temps de sa vie, *je relis mes bons propos du séminaire*.

« Hélas! écrivait-il à la suite de ses résolutions, si l'affreuse
« tempête qui s'est déchaînée sur la France étendait ses ra-
« vages jusque dans mon pays, vous le savez, ô mon Dieu!
« je vous prends à témoin de la résolution où je suis de
« rester inébranlable dans les sentiers de la vertu et inacces-
« sible aux menaces comme aux fureurs des impies. —
« Hélas! le souffle terrible de cette tempête agite déjà les
« frontières de la Savoie! Ma volonté n'a pas changé; con-
« servez-la, Seigneur, et fortifiez-la par votre grâce. »

Afin que ce règlement de vie ne devînt pas une lettre

morte, l'abbé Rey s'habitua à noter chaque jour les manquements à ses bonnes résolutions. Il alla plus loin ; sachant combien l'homme est habile à se tromper lui-même, il soumit sans réserve ses jugements au directeur qu'il s'était choisi, et, ne se contentant pas de l'avis d'un seul, il continua de recourir à la vieille expérience du P. Favre qui l'avait guidé jusque-là.

Celui-ci savait tout ce qu'il y avait de tendre, de délicat et d'impérieux dans les amitiés de M. Rey. Là était la pierre d'achoppement de ce bouillant caractère. Notre jeune séminariste ne pouvait se passer d'affection ; mais en même temps la délicatesse de sa conscience lui faisait parfois prendre le change sur la nature de ses attachements. De là de touchants scrupules ; il s'imaginait aimer ses amis plus que Dieu, pour lequel il ne ressentait pas une sensibilité aussi vive. Il se trouvait ainsi en proie à de cruelles perplexités. « Oserai-je « même, écrivait-il au P. Favre, prétendre à la pitié de « Celui à qui je fais l'aveu de ma faiblesse ? » La mort du jeune comte de Vignet, élève en droit à l'université de Turin, auquel il était étroitement uni, l'avait plongé dans une affliction si profonde, que, pendant quinze jours, il ne fit que pleurer. Nous voyons saint Augustin, dans ses *Confessions*, s'étonner d'avoir pu survivre à la mort d'un ami. « C'est à cette cruelle séparation, disait-il, que j'ai senti que « mon âme et celle de celui que je pleure n'en faisaient « qu'une dans deux corps. Oh ! combien alors la vie m'était « amère ! » Il ajoutait, dans son inquiétude et ses alarmes si naïves, d'aimer ses amis, peut-être à son insu, plus que Dieu lui-même : « Je souffre impatiemment leur absence, *bien que je m'efforce de ne rien aimer que Celui qui ne peut m'être ravi contre sa volonté.* » Tel était M. Rey.

Le P. Favre répondit aux ouvertures de son disciple : « Ce que vous appelez votre malheur, votre grand malheur, « est, mon cher ami, le vrai remède à votre mal. Il faut « que vous sentiez par vous-même certaines choses que « votre cœur, sensible à l'excès et dans l'ardeur de la jeu-

« nesse, ne saurait entendre par la seule et simple raison et
« par la voix de ses plus sincères amis. Je trouve que Dieu
« vous fait une grâce singulière lorsqu'il vous met à ces
« sortes d'épreuves. Croyez qu'il vous soutiendra toujours,
« il vous en donne une preuve en vous conservant cette
« grande soumission aux lumières d'autrui. Mais il faut que
« vous sentiez par vous-même que, hors de Dieu, il n'y a
« dans le fond des plus tendres amitiés que vanité, et *vanité*
« *des vanités*.....

« J'ai fort goûté l'exposé simple, naïf et si plein de con-
« fiance que vous m'avez fait des causes de votre malheur.
« Vous avez touché au vrai, et je me dis à moi-même : Se
« peut-il qu'on soit si malade et qu'on se connaisse si bien !
« Courage ! Dès que Dieu vous traite ainsi, il vous aime.
« Ainsi, loin de m'affliger avec vous de ce genre de peines
« qui met votre cœur à la torture, je m'en réjouis parce que
« ces inquiétudes et ces perplexités vous forceront à vous
« jeter vers Dieu et à ne voir que lui dans vos amitiés, etc. »

Ces instructions et ces encouragements paternels firent succéder le calme aux anxiétés de l'excellent jeune homme ; et la *rouille qui*, selon saint François de Sales, *a coutume de s'engendrer au cœur humain sur les plus pures et sincères affections*, avait disparu au feu des tribulations.

Avec une plus vive impression de son néant, l'abbé Rey acquérait une connaissance plus parfaite de l'amitié véritable ou selon Dieu. « Je sens avec évidence, écrivait-il à un
« de ses amis, qu'il faut la religion pour mettre la véritable
« sensibilité dans nos sentiments, c'est-à-dire que pour s'ai-
« mer toujours il faut nécessairement s'aimer dans Celui qui
« *EST*. L'édifice sacré de notre amitié croulerait infaillible-
« ment, s'il reposait sur une autre base. Les intérêts si va-
« riés de notre fragile existence, les passions de notre pau-
« vre cœur, les changements si nombreux de l'âge ou des
« événements dans notre misérable nature, tout serait un
« écueil pour nos sentiments. Mais, comme tout change de
« face, comme tout prend un caractère d'immutabilité dans

« notre union quand la religion vient en sanctifier les nœuds !
« Sans cesse frappés des grands intérêts de notre éternité,
« placés constamment en face de ces hautes et adorables
« vérités que la foi nous propose, pleins des souvenirs et des
« espérances de la religion, nos âmes demeurent dans cette
« noble élévation où la foi les a placées et où elles sont réel-
« lement au-dessus de la région où l'on change. Les élé-
« ments de la mutabilité humaine ne peuvent nous y atteiń-
« dre ; nous sommes dans l'édifice préparé et soutenu par
« Celui qui *EST*, c'est-à-dire que *nous sommes* dans lui-
« même. Oui, c'est là seulement que *nous sommes*..... »

M. Rey eut quelque temps après l'occasion d'exposer ces principes devant la communauté du séminaire. C'était l'usage alors comme aujourd'hui que chaque élève prêchât une fois au réfectoire pendant le repas. Ces discours étaient un simple exercice, celui de l'abbé Rey fut un événement : l'amitié en était le sujet. Dès le début, le jeune orateur établit cette maxime : qu'il y a plus de perfection à se passer de l'appui d'un ami ; mais que l'homme est rarement assez intérieur et libre des créatures pour s'appuyer immédiatement sur Dieu seul ; qu'un ami est, dans l'ordre général de la Providence, nécessaire, ou comme un doux repos parmi les agitations de la vie, ou comme une excitation à la vertu.
« Avoir un ami véritable est un bien réel ; mais n'en point
« avoir et savoir s'en passer en est un plus grand. Heureux
« l'homme qui partage avec un ami et verse dans son sein
« les douleurs qui l'accablent ! Bien plus heureux cepen-
« dant celui qui ne cherche qu'en Dieu le remède à ses
« peines. En faisant l'éloge de l'amitié, je devais ce témoi-
« gnage à l'homme intérieur à qui il a été donné de se suf-
« fire à lui-même. »

M. Rey ne connaît de véritable amitié que celle qui a sa racine dans l'amour de Dieu, son principe et sa fin. « Le
« bonheur, ô mon Dieu, s'écrie-t-il, consiste à vous aimer
« et à aimer ses amis en vous et pour vous. » Il flétrit les amitiés qui ne seraient pas sanctifiées par l'innocence de la

vie et la pureté des mœurs. Il repousse surtout les unions formées en haine de la religion et qu'alimentent l'incrédulité et le vice.

Les qualités de l'amitié sont la tendresse et la fidélité ; sa fin est d'aider à l'œuvre du salut et d'élever l'homme à Dieu.

Il fait consister la fidélité à être surtout inexorable envers les défauts et les mauvais penchants de ses amis, et à ne leur épargner ni les prières, ni les avis, ni les reproches pour les corriger.

Parmi les faux amis il range ceux qui, par leur conduite et leurs entretiens, tentent d'affaiblir ou de briser, dans les cœurs dont ils disposent, les liens de l'obéissance due aux supérieurs légitimes. En présence du schisme qui déchirait l'Église de France, ces paroles avaient un intérêt de circonstance. Dans tout le discours du jeune séminariste on remarquait une éloquence pratique, dont la maturité précoce et le ton soutenu contrastaient avec les allures habituelles aux discours de ce genre.

Remarquable en elle-même, cette prédication le fut davantage par ses effets. Quoique ni le lieu, ni les dispositions des auditeurs ne fussent favorables aux émotions, elle en produisit de profondes : l'orateur put s'en apercevoir lorsqu'il descendit de la tribune. Il fut entouré et presque étouffé sous les embrassements de ses amis émus jusqu'aux larmes. L'un d'eux qui lui était plus tendrement attaché, plus pénétré encore, lui dit en le serrant dans ses bras : « Hélas! s'il en est ainsi, nos cœurs seront bientôt raccornis. — Sois tranquille, repartit M. Rey, il y en a pour la vie et au delà. » Quarante ans après, M. Rey, évêque d'Annecy, rencontra, à Thonon, cet ecclésiastique, qui était un des membres les plus respectables de son clergé, et lui dit en souriant : Eh bien! prophète, nos cœurs sont-ils raccornis?

Tel fut le premier essai d'une éloquence dont l'Église retirera bientôt les fruits les plus précieux.

L'abbé Rey ne s'enorguillit pas de son triomphe; mais il fit servir l'ascendant qu'il lui avait acquis sur ses condisciples à extirper des abus causés par la défiance que l'autorité diocésaine témoignait aux directeurs du séminaire. Mgr Biord, ami de la science et savant lui-même, aurait voulu que la communauté de Saint-Lazare eût été plus sévère dans le choix des sujets qu'elle lui destinait. Ce prélat avait cru remarquer qu'ils n'avaient ni la science, fruit de longues études, ni l'expérience attachée à la maturité de l'âge. Le supérieur général des Lazaristes n'avait répondu à ces plaintes que des promesses; la pénurie des sujets et la multiplicité des demandes ne lui permettant pas d'y faire droit.

Cette défiance avait passé de Mgr Biord à son successeur, Mgr Paget, et n'était pas ignorée des élèves qui voyaient, à des intervalles assez rapprochés, les vicaires généraux assister aux leçons des professeurs. Cette manière d'agir avait nui au maintien de la discipline et à l'autorité des directeurs. Cependant, grâce à l'affection dont ils étaient dignes et qu'ils savaient inspirer à leurs disciples, l'ordre n'avait pas été sérieusement troublé. La Révolution montra que les Lazaristes avaient su faire l'œuvre de Dieu à travers ces obstacles. Les prêtres du diocèse de Genève offrirent, presque unanimement, le spectacle d'une fidélité à l'Église, que la persécution fut impuissante à ébranler.

Mais les dignes enfants de saint Vincent de Paul eurent la consolation de voir leur crédit se relever et la règle reprendre ses droits, avant que la tempête ne les eût dispersés.

L'abbé Rey, dont le cœur saignait de chaque blessure faite au cœur de ses maîtres, se concerta avec les plus influents de ses condisciples, pour les environner des marques de vénération les plus capables de leur rendre auprès de tous la considération qu'ils méritaient. Leur docilité ne fut égalée que par leur tendresse, et ils se plurent à louer, devant leurs compagnons, les vertus et les talents de ces excellents supérieurs. Cet exemple entraîna la communauté.

Il y avait au séminaire un usage contraire à l'esprit de fraternité contre lequel les Lazaristes s'étaient prononcés plusieurs fois, mais inutilement. Entre les élèves de première et de seconde année, une distinction humiliante existait : ceux-ci étaient mis au dernier rang. Leurs aînés revendiquaient sur eux le droit de remontrance et de commandement, et en usaient largement. La bonté du cœur de l'abbé Rey souffrait de ces procédés. Appelé, au commencement de sa seconde année de séminaire, à porter la parole, au nom des anciens aux nouveaux venus, il condamna le passé, et dit que, *condisciples et enfants de la même famille, leur devoir était de vivre en frères et en amis. Que pour lui il n'admettrait jamais de ces distinctions blessantes, et qu'il prenait, dès l'instant même, en son nom et au nom des anciens qui l'avaient choisi pour leur orateur,* l'engagement d'avoir pour les derniers arrivés les mêmes égards que pour les anciens. Cet engagement fut ratifié, et les rangs et les cœurs se confondirent dans les sentiments d'une union véritablement fraternelle.

Au séminaire d'Annecy, les Lazaristes, à l'occasion des aumônes qu'ils distribuaient chaque jour, assemblaient, dans l'église des chanoines du Saint-Sépulcre, les familles secourues par leur charité, et leur adressaient une instruction familière. Cette fonction était remplie alternativement par les élèves promus aux ordres sacrés. M. Rey, âgé seulement de vingt ans, fit, de cet exercice, une œuvre de zèle, et, par ses soins, le catéchisme des pauvres acquit une importance qu'il n'avait pas eue jusque-là. La réputation du pieux catéchiste se répandit dans la ville, et l'on vint de tous côtés entendre sa parole simple et onctueuse.

Des jours si pleins et une aptitude si notoire aux fonctions du ministère ecclésiastique, étaient un indice certain de sa vocation aux ordres sacrés ; mais il n'en reçut aucun sans en avoir mûrement pesé toutes les obligations. Les cérémonies et les admonitions qui précèdent ou accompagnent l'ordination furent les sources où il puisa la connaissance des devoirs qui allaient lui être imposés. Il entra si avant dans leur esprit, qu'il en fit sortir depuis, sans autre effort que celui d'une méditation de quelques heures, les chefs-d'œuvre de ses retraites au clergé. Cette maturité de réflexion marqua principalement les jours qui précédèrent sa promotion au sous-diaconat. Quoique l'Église fût alors assaillie avec fureur par d'innombrables ennemis, il n'eut pas même la tentation de reculer. *De mon naturel, j'étais fort timide*, a-t-il souvent dit depuis ; *mon courage venait uniquement de la foi qui me faisait envisager comme le bonheur le plus désirable les souffrances endurées pour la cause de Dieu.*

C'est en l'année de son élévation au sous-diaconat, au printemps de 1791, que l'archevêque de Vienne, Mgr d'Aviau, forcé de céder devant la puissance des ténèbres qui bouleversait la France, se réfugia au séminaire d'Annecy, auprès de l'évêque de Genève, son suffragant. A son arrivée, les séminaristes coururent se ranger près de la porte d'entrée pour le recevoir. L'abbé Rey lui adressa le discours suivant : « Pardonnez, Monseigneur, si je suis au-dessous de la
« mission que m'ont donnée mes condisciples, je le sens
« moi-même ; non, jamais je ne pourrais exprimer la part
« que nous prenons à vos malheurs. Les méchants vous ont
« chassé de votre diocèse ; n'en fut-il pas de même autrefois
« des Athanase, des Chrysostome? C'est probablement le sort
« de tous les saints et grands évêques. Quand à chacune de
« ses pages, l'histoire ecclésiastique ne nous le montrerai
« pas, ce que nous voyons aujourd'hui nous en fournirai
« la preuve. Venez parmi nous, Monseigneur ; nous baise-
« rons la trace de vos pieds, nous soulagerons le poids de
« vos chaînes... Si des enfants égarés, plutôt qu'ingrats
« vous ont méconnu, voici à vos pieds d'autres enfants qu
« vous sont demeurés fidèles... N'êtes-vous pas aussi notre
« père? oui, vous êtes notre père! »

A ces dernières paroles, l'illustre proscrit ne put retenir ses larmes ; il embrassa affectueusement le jeune orateur, e lui demanda son nom qui resta dès lors dans ses souvenirs

Ce fut une grande édification pour le séminaire d'Annec' que la présence de ce docte et saint prélat. Pour M. Rey

admirateur de ce qui portait le cachet d'un héroïque courage, elle lui rappelait les grands traits des premiers âges du Christianisme ; aussi recherchait-il toutes les occasions de voir cet Athanase qui, de son côté, l'accueillait avec une prédilection singulière. Quand Mgr d'Aviau paraissait dans les récréations, M. Rey accourait le premier à ses côtés, recueillant avec une pieuse avidité chaque mot qui tombait de sa bouche : « Chacune de ses paroles était pour nous un
« oracle, écrivait-il à Mgr Lyonnet, historien de ce véné-
« rable pontife ; nous les recevions comme de la bouche
« d'un martyr ou d'un confesseur de la foi. Il nous semblait
« que c'était Hilaire dans la Phrygie ou Cyrille dans la Cap-
« padoce, ces deux grandes figures de l'exil, qui nous parlait
« pour la défense des bonnes doctrines. »

L'abbé Rey eut le bonheur (c'est son expression) de prêter sa barrette de séminariste au prélat : il la garda depuis comme une relique. Elle fut pour lui ce que le manteau de saint Antoine fut à saint Athanase, et il ne s'en sépara jamais [1]. Le souvenir du saint archevêque le suivit partout comme une exhortation aux vertus sacerdotales. Son portrait était à Annecy, près de sa table de travail. Souvent il fixait ses regards sur cette noble figure, cherchant dans ses traits des encouragements ou des conseils.

L'archevêque de Vienne ne quitta Annecy qu'après le 22 septembre 1792, époque de l'entrée des Français en Savoie. Ce jour-là même l'abbé Rey fut promu au diaconat, et le lendemain il partit pour Thonon où l'évêque l'envoyait remplir la double fonction de prédicateur de la congrégation du collége et de professeur de philosophie, en attendant qu'il eût l'âge requis pour le sacerdoce.

---

[1] Il en remplaça successivement les différentes parties, à mesure qu'elles étaient atteintes par l'injure du temps.

CHAPITRE II

M. l'abbé Rey refuse le serment de constitution civile du clergé. — Il reçoit les Ordres sacrés à Fribourg, par Mgr Lensburg, le 23 avril 1793. — Retraite chez les Sulpiciens. — Il passe en Piémont. — Sort de sa retraite et retourne en Savoie. — Ses tendances apostoliques. — On envoie de la troupe pour l'arrêter; il se dérobe aux recherches. — Procession du Saint-Sacrement au sommet des montagnes en 1796. — Il fonde un petit séminaire en novembre 1797 — Prodigieux travaux. — Il établit à Bellevaux la *Société du Zèle* — Ses talents et prédications.

La peine que ressentit M. l'abbé Rey en quittant le séminaire, fut des plus vives. Jamais il n'oublia le numéro, l'emplacement et les dispositions intérieures de la cellule qu'i avait habitée. La première fois qu'il la revit, il en baisa les murailles et en arrosa le plancher de ses larmes : *Il m semblait*, dit-il, *entendre une voix sortir de chacune de pierres de cette demeure tant aimée, et me redire les résolutions dont elles furent les témoins.*

Mais les pieux et savants Lazaristes, directeurs du séminaire d'Annecy, parlaient bien plus éloquemment à son âme Il fut cruel pour lui de se séparer de ces excellents maîtres les sanglots étouffèrent sa voix, à peine s'il eut la force d s'arracher à leurs embrassements ; du moins, il garda religieusement le souvenir des soins dont ils avaient entouré s jeunesse cléricale. Ayant rencontré, en 1817, à Lyon M. Eame, son supérieur, alors curé de Saint-Pierre de cett ville, il en eut tant de joie qu'il fut au moment de se trouve mal. En 1828, M. Arnaud, un de ses professeurs, vicaire général de Gap, lui annonça sa visite à Pignerol. Mgr Rey alla à sa rencontre jusqu'au sommet du mont Genièvre, par des chemins encore couverts de neige et de glace, l'emmena chez lui, où il le fêta pendant plusieurs jours.

L'abbé Rey resta peu de temps à Thonon ; mais ce court séjour fut très-profitable à cette ville. Lorsqu'il y arriva, en novembre 1792, la plupart des prêtres et des religieux s'en étaient déjà enfuis. Il dut se multiplier pour combler les vides, et, grâce à son zèle, les chaires, devenues muettes, firent de nouveau entendre la parole de Dieu. On le vit partout : au collége, à la paroisse, dans les communautés religieuses, exhortant tout le monde à demeurer ferme dans la foi. Chaque jour il allait faire une instruction aux Filles de la Visitation. « En les encourageant, a-t-il dit souvent, je
« m'excitais moi-même au courage. Oh ! quelle ardeur elles
« allumaient dans mon âme ! Elles chantaient le *Stabat* avec
« tant de ferveur et d'amour, que je croyais entendre les
« anges célébrer les douleurs du Fils de Dieu. Je ne les quit-
« tais jamais sans me sentir tout embrasé, et il me semblait
« que mille révolutions ne pourraient m'atteindre. »

Cependant, les événements se pressaient. Les Français, maîtres de la Savoie, s'étaient hâtés d'exécuter les mesures que l'impiété avait décrétées en haine de l'Église. Le serment *à la constitution civile du clergé* fut proposé à M. Rey, qui le rejeta avec horreur. On ne pouvait l'y obliger, n'étant pas prêtre encore ; mais il était pour les révolutionnaires un sujet de grave inquiétude par son ascendant sur le peuple de Thonon. Ils cherchèrent à se défaire de lui ; n'osant employer la force ouverte, qui eût excité une émeute, ils eurent recours au serment. L'abbé Rey comprit le danger d'une résistance, parce que les révolutionnaires de Thonon, peu redoutables par eux-mêmes, étaient appuyés du dehors. Il fit ses adieux à sa patrie, le 7 mars 1793, et se rendit d'abord à Lausanne auprès de M. Bigex, qui gouvernait de là le diocèse de Genève. Son accueil fut tel que le méritait un confesseur de la foi. De Lausanne il s'achemina vers Fribourg, et là, bientôt après, il reçut les Ordres sacrés par Mgr Lensburg. — Ce fut le 25 avril 1793! — Quelle date pour un pareil engagement, et est-ce trop de dire que celui qui le contractait pouvait se croire destiné au martyre!

Il s'était préparé à cette grande action par une retraite sous la direction des Sulpiciens de France, qui continuaient sur la terre de l'exil le bien qu'il leur était interdit de faire dans leur patrie. Ces prêtres vénérables le retinrent plus d'un mois, et partagèrent avec lui les faibles ressources qu'ils avaient sauvées du naufrage universel. Sous ces maîtres de la vie sacerdotale, il fit de rapides progrès dans la perfection ecclésiastique. Il consigna sur un cahier les hautes leçons de vertu qu'il avait reçues de leur vénérable expérience, et les résolutions qu'elles lui avaient inspirées. Ce *memorandum* l'accompagna dès lors en tout lieu; en le relisant, il croyait entendre la voix si pénétrante et si sage des disciples de M. Olier, et elle le portait à s'avancer dans la voie des parfaits.

Il partit de Fribourg, emportant l'estime et l'affection de ces hommes de Dieu. Son cœur voua un sentiment filial à ces excellents Pères qui l'avaient engendré au sacerdoce, et il tenait à ce titre de leur fils en Jésus-Christ. Par une lettre, datée de Pignerol, nous voyons que M. Sicelier, supérieur de la communauté de Fribourg, emploie, en lui répondant, cette affectueuse expression : Monsieur *et toujours bien-aimé*. Il termine ainsi une lettre pleine de bienveillance : « Si vous
« regardez les Sulpiciens comme vos parents, soyez assuré
« que ceux que vous connaissez vous regarderont toujours
« comme leur cher enfant, et j'espère bien que votre bonne
« conduite fera toujours notre gloire, etc. »

De Fribourg, l'abbé Rey était revenu à Lausanne, afin de recevoir les instructions du vicaire général de Genève. Celui-ci, ne jugeant pas prudent d'exposer une jeunesse aussi ardente au fort de la mêlée, lui avait conseillé de passer en Piémont.

Quoi qu'il lui en coûtât beaucoup de s'éloigner encore de la Savoie, et surtout de ne pouvoir exposer sa vie pour la sainte cause de la religion, il s'était rendu dans les lieux que l'obéissance lui avait assignés. Au grand Saint-Bernard il avait rencontré l'abbé Besson [1], qui fournit généreusement à ses frais de route jusqu'à Turin, où, par l'entremise de l'abbé de Saint-Marcel [2], si secourable aux émigrés, il lui obtint une place dans une maison de religieux à Carmagnole.

La retraite de M. Rey ne fut pas un repos. Il partagea son temps entre la prière et l'étude de la Sainte-Écriture et des Pères. Ne pouvant exercer au dehors l'activité prodigieuse dont il était doué, il s'appliqua à sa propre sanctification. L'orgueil lui livrait de continuels assauts ; s'apercevant que les humiliations l'épouvantaient, il fit part de cette disposition à M. Guillet [3], retiré près de Turin, qui lui répondit : « Le démon vous fait peur en vous représentant les humilia-
« tions comme quelque chose d'insupportable, et je vois des
« chrétiens qui en feraient leurs délices. Je vois un Père,
« saint Jean Chrysostome, qui avait fait vœu de se faire mé-
« priser et de jeûner cent jours en l'honneur de saint Jo-
« seph, si, par son intercession, il pouvait réussir à n'es-
« suyer que des rebuts et des mépris de la part des hommes.
« En effet, la confusion du temps n'est rien, il n'y a que
« celle du jugement dernier et de l'éternité qui mérite nos
« attentions. Allons droit à Dieu, comme saint Paul, sans
« nous embarrasser de la gloire ou de l'ignominie qui se
« trouvera sur notre passage. »

A ces combats succédèrent de pénibles anxiétés sur sa vocation. Prêtre, devait-il rester dans le monde et en braver

---

[1] Vicaire général de Genève avant la Révolution ; depuis curé de Saint-Nizier à Lyon, secrétaire de la grande aumônerie ; mort évêque de Metz.

[2] Précepteur des princes de Savoie ; mort à Annecy, sa ville natale.

[3] M. Guillet, auteur des *Projets d'instruction*, etc., mort en 1812, supérieur du grand séminaire de Chambéry.

les périls dans l'intérêt des âmes? ou était-il appelé à s'ensevelir dans le cloître et à pourvoir ainsi à sa sûreté? — L'incertitude, pénible à tous, est un supplice aux âmes ardentes. Cependant, son cœur ne méditait que de grands desseins. Les Ordres religieux les plus sévères ou les plus haïs du siècle avaient seuls des attraits pour lui. Son choix flottait entre la Chartreuse, la Trappe et la Compagnie de Jésus. Les austérités presque surhumaines des disciples de saint Bruno et de l'abbé de Rancé n'effrayaient pas son courage. D'autre part, il se sentait attiré vers les enfants de saint Ignace de Loyola, peut-être à cause des opprobres et des persécutions qui pesaient alors sur eux; peut-être aussi à cause de son goût pour le ministère apostolique, qu'il trouvait à satisfaire dans cette sainte Compagnie. Ce qui surprend, c'est la pensée qu'il eut d'embrasser un Ordre supprimé chez les nations catholiques, et dont rien n'annonçait alors le rétablissement. Mais les hommes de Dieu ont souvent des inspirations et des pressentiments qui équivalent à des démonstrations. Le fait est que la croyance à la résurrection de la Compagnie de Jésus avait gagné beaucoup de bons esprits. La réponse du P. Favre à la lettre de consultation de l'abbé Rey, suppose cet événement peu éloigné : « Quant aux Jésuites, je dis oui ;
« mais vous n'êtes destiné à être ni Chartreux, ni Trappiste.
« L'œuvre de la rédemption doit toujours être préférée,
« lorsqu'on y est appelé, à celle de la contemplation, et il
« paraît que c'est votre première vocation. L'humanité
« sacrée de Jésus-Christ passait bien un temps heureux à
« contempler Dieu en lui-même; cependant, la charité l'at-
« tirait toujours du désert et de la méditation divine pour
« venir travailler dans le monde au salut des âmes, malgré
« la répugnance que la nature en ressentait, comme on le
« voit par ses paroles à ses disciples : *Jusqu'à quand vous*
« *souffrirai-je? Jusqu'à quand serai-je avec vous?* Voilà
« votre modèle..... »

Après beaucoup de jeûnes et deveilles saintes, poussé par un mouvement intérieur où il crut reconnaître la voix de

Dieu, l'abbé Rey sortit enfin de la retraite qui l'avait abrité pendant dix-huit mois; il se rendit à Turin auprès de l'évêque de Genève, Mgr Paget, qui l'autorisa à rentrer en Savoie, et lui donna des lettres pour M. Bigex qui était toujours à Lausanne. Celui-ci l'adressa à M. Dubouloy, qui dirigeait, sur les lieux mêmes, en qualité de vicaire général, la mission du Chablais. On était alors en 1795; la crise révolutionnaire durait encore, aucune église n'était rouverte, la persécution n'était pas ralentie, et la haine aveugle poursuivait encore les ministres du Dieu de miséricorde et de paix. Mais l'élan généreux de l'abbé était de ceux qui ne connaissent pas d'obstacles; plein d'ardeur et de foi, il monta sur une barque du port de Lausanne, qui faisait voile pour Évian. A peine eut-il touché le sol de la Savoie, qu'il fut reconnu, malgré son déguisement, et son nom fut salué à haute voix au milieu de la foule accourue sur le rivage. C'étaient des amis à qui le bonheur de le revoir avait arraché ce cri dangereux. Comme il pouvait éveiller des soupçons, il se déroba à un empressement qui compromettait l'avenir de son ministère, et se rendit, par des sentiers détournés, à Bellevaux, où il arriva au milieu de la nuit. On ne peut dire la joie de ses religieux parents, lorsqu'il les pressa dans ses bras. Instruits de son arrivée, les habitants de la paroisse députèrent les principaux d'entre eux vers M. Dubouloy, pour être autorisés à le garder comme missionnaire. Mais il arrivait avec cette destination de soutenir la foi des populations du voisinage de Genève, et la commune de Bons lui avait été assignée comme centre de ses travaux apostoliques. Depuis trois semaines il avait pris possession de son nouveau séjour, lorsque les fidèles de Bellevaux, inconsolables de l'avoir laissé échapper de leurs mains, descendirent pendant la nuit à Bons, en nombre considérable, le surprirent au lit et l'obligèrent à les suivre dans leurs montagnes. Toute résistance était inutile devant ces hommes déterminés. Le succès de cette entreprise, fruit d'un attachement qui allait jusqu'à l'enthousiasme, exaspéra les habitants de Bons; et si l'autorité ecclésiastique ne fût promptement intervenue, il en serait résulté une collision sanglante entre les deux populations. Ce coup de main, qui pouvait être blâmable en lui-même, était trop excusable par ses motifs, en des jours surtout où les prêtres étaient traqués comme des bêtes fauves en tous lieux, pour que l'autorité n'en respectât pas les résultats. Si en d'autres temps on eût cru devoir tenir une autre conduite, alors il y avait certainement sagesse à condescendre à des vœux qui avaient pris une expression aussi énergique.

La Providence, dans ces circonstances, semblait intervenir et veiller sur l'abbé Rey; car, à Bons, pays très-découvert, à égale distance de Genève et de Thonon où siégeait le Comité révolutionnaire, il eût été trop en vue et souvent entravé dans son apostolat; son ardeur, qui s'enflammait par les obstacles, l'eût probablement livré aux recherches de la force armée. Mais, protégé par les montagnes, il put donner un libre essor à son zèle. Par ses soins l'église de Bellevaux fut rendue au culte : la première en Savoie, elle eut cette gloire et ce bonheur de redire les louanges de Dieu. L'abbé Rey y rassembla les fidèles, et y célébra les fêtes avec l'éclat des anciens jours.

L'œuvre des premières communions, retardée par l'interruption du ministère pastoral, attira d'abord son attention. Il organisa les catéchismes. Ses recommandations transformèrent chaque maison en un sanctuaire où les enfants reçurent de la bouche de leurs parents les éléments de la doctrine chrétienne. M. Rey mettait beaucoup de prix à cette instruction domestique. *Les leçons données par la tendresse maternelle et reçues par la piété filiale*, disait-il, *ne s'effacent jamais entièrement*. Il achevait ensuite à l'église ce qui avait été commencé au foyer de la famille. Il est vrai qu'il excellait dans les fonctions de catéchiste ; des exemples bien choisis et des comparaisons tirées des objets familiers, charmaient les enfants; il imprimait les vérités de la religion dans les esprits, l'onction de sa parole les faisait pénétrer dans les cœurs. En quelques mois il eut la consolation de voir à la table eucharistique une jeunesse nombreuse, instruite et fervente. Première et touchante moisson après les ravages de l'impiété. Il chérissait la jeunesse, il la soutenait, l'encourageait, donnait à propos des avertissements ; presque jamais il n'avait besoin de recourir aux reproches. A défaut de la crainte de Dieu, celle de lui déplaire retenait les jeunes gens dans le devoir, tant il avait le don de s'attacher les cœurs. Ses soins envers l'enfance et la jeunesse étaient encore surpassés par l'intérêt qu'il portait aux autres âges. La vieillesse recevait de sa part les égards tant recommandés par les saints livres ; le respect pour les cheveux blancs, la hiérarchie des âges étaient, à son jugement, un des fondements de l'ordre social. La méconnaître, selon lui, c'était ouvrir les voies aux désordres dans les familles et aux bouleversements dans la société.

L'exemple que l'abbé donna lui-même de la considération pour les chefs de famille, affermit et augmenta leur autorité, en leur rattachant leurs enfants par la soumission et le respect. Il s'appliqua à bien convaincre les pères et les mères que les vertus et les vices de leurs enfants étaient presque toujours leur ouvrage ; que leur conduite dépendait des leçons et des exemples qu'ils recevaient de leur part. L'abbé Rey parvint ainsi à leur donner une idée plus élevée de leurs devoirs, et, en réveillant ces idées patriarcales, il se faisait des auxiliaires pour son saint ministère.

Souvent obligé de changer de demeure, pour échapper aux poursuites des révolutionnaires, il était en rapport fréquent avec chaque maison, et laissait chez elles toutes, en retour de l'hospitalité qu'on lui accordait, les instructions et les bénédictions du ministre de Jésus-Christ, passant au milieu de ce bon peuple comme un ami et un père.

C'est à l'église principalement qu'il donnait carrière aux ardeurs de son zèle. Là, son âme se répandait tout entière dans des discours animés de ce zèle ardent du jeune prêtre ; il excita dans tous, avec l'horreur du péché, un ardent désir de l'expier. Ces bonnes gens n'avaient jamais rien entendu de tel ; on peindrait difficilement ses impressions, et lorsqu'ils se confessaient à leur cher pasteur, ce n'étaient que pleurs et sanglots ; ces cœurs simples ne revenaient pas à Dieu à demi.

L'abbé Rey était heureux de ces témoignages d'une contrition réelle ; mais ces scènes le bouleversaient douloureusement, et il retrancha de ses exhortations ce qu'il croyait de nature à trop émouvoir, donnant d'excellents avis en termes très-simples ; mais le résultat fut le même ; il n'en trouvait pas moins le chemin des cœurs ; les plus grands changements s'opérèrent. Une sainte émulation du bien s'était emparée de tous. Autour du foyer domestique on n'entendait que le chant des cantiques ou le touchant murmure de la prière. Ils se rendaient aux offices, le dimanche, comme à une réjouissance, et la foi la plus vive, ranimée dans leur âme, les amena en foule à la participation du banquet divin. Ainsi les temps d'épreuve et le trop long deuil de l'Église étaient oubliés, on retrouvait les anciennes fêtes chrétiennes et les joies du sanctuaire !

Le bruit de ce qui se passait à Bellevaux étant venu à Thonon, les révolutionnaires, sous le joug desquels cette ville gémissait, envoyèrent des troupes pour se saisir de l'abbé Rey. Ce fut en vain. Il avait autant de retraites sûres qu'il y avait de maisons, et autant de défenseurs que d'habitants : ceux-ci faisaient sentinelle tour à tour et chacun d'eux lui eût fait au besoin un rempart de son corps.

Les révolutionnaires, honteux de l'inutilité de leurs efforts, formèrent le projet d'abattre l'église, si elle servait encore de réunion aux fidèles. Il n'y avait là probablement qu'une menace, car la plupart de ces hommes n'avaient peut-être pas au cœur la perversité qui était dans leurs paroles. Cependant, afin d'ôter tout prétexte à la destruction sacrilége de la maison de Dieu, l'abbé Rey en ferma les portes, et, pendant plusieurs semaines, n'y célébra aucun office. Les assemblées religieuses eurent lieu tantôt dans quelques villages écartés, tantôt au milieu des forêts ou sur quelque colline.

En 1796, la procession de la fête du très-saint Sacrement se fit avec une solennité merveilleuse, sur le col d'une montagne, appelée Nifflon; l'abbé Rey y célébra le divin sacrifice; la Victime sainte y fut élevée ainsi que sur le Calvaire, en vue du ciel et de la terre, et le ministre du Seigneur, sous le feu de la persécution, ne trouva que des paroles d'amour et de paix pour cette multitude attentive, réfugiée sur ces hauteurs pour y chercher son Dieu.

Cette montagne, qui touche à la vallée d'Aulphs par l'un de ses flancs, et par l'autre, à Bellevaux, était le rendez-vous des bergers des paroisses environnantes. Ces réunions avaient donné naissance à de fâcheux désordres qui étaient un sujet d'affliction pour les familles.

Ce jour même, l'abbé Rey conçut la pensée d'attirer sur ces lieux une protection céleste et de les consacrer à la Reine des anges. Il exposa son dessein aux fidèles; puis, entouré des chefs de famille, il détermina, à l'heure même, l'emplacement, la forme et les dimensions de la chapelle qu'il s'agissait de bâtir. Ce sanctuaire fut dédié à Marie, sous le titre de *Notre-Dame des Neiges.* Dès lors ces hautes régions, sanctifiées par le culte de la Vierge sans tache, furent et ont été depuis le terme d'un pèlerinage célèbre dans la contrée, par les grâces que le Seigneur y répand sur ceux qui vont y invoquer son auguste Mère. C'est là que, soir et matin et à midi, les bergers s'assemblent pour la prière. Les chansons profanes font place à la récitation du chapelet et au chant des hymnes, à la louange de Dieu.

Souvent l'abbé Rey lui-même, les travaux des champs terminés, s'entourait des jeunes gens et les emmenait en pèlerinage, tantôt à Notre-Dame des Neiges, tantôt à Méribel, et souvent à Hermone. Chemin faisant, il entretenait ses compagnons de quelques sujets de piété, ou chantait avec eux des cantiques. Les populations des lieux qu'il traversait se joignaient au cortége. Arrivés à la cime des monts, les pèlerins y rencontraient les bons habitants des vallées voisines, accourus de tous côtés. Là, prosternés, ils adoraient le Dieu que l'impiété blasphémait ailleurs, et appelaient de leurs vœux la fin des maux de l'Église. Puis, d'une chaire formée de pierres entassées les unes sur les autres, le missionnaire de Bellevaux instruisait la multitude attentive et recueillie. On reportait ensuite dans les chaumières ce qu'on avait entendu, et le bruit des prédications de l'abbé Rey retentissant au loin, de toutes parts on venait pour l'entendre et lui demander des conseils. Son confessionnal et la maison qu'il habitait le plus souvent étaient littéralement assiégés. Malgré ses travaux apostoliques, il trouvait le moyen d'accueillir tous ceux qui voulaient le voir. L'abbé Rey, bien que si jeune encore, était souvent le conseil des ecclésiastiques dispersés au milieu des vallées du haut Chablais et du bas Faucigny. Ces prêtres missionnaires avaient des réunions auxquelles il ne manqua jamais d'assister, quels que fussent les périls des routes. « Il m'en eût trop coûté, disait-il, de me priver de « la société de ces confrères vénérés, et je ne crus jamais « acheter trop cher le bonheur de m'édifier de leurs exem- « ples et de m'aider de leurs lumières. » Mais, à vrai dire, c'était lui qui était l'âme de ces saintes assemblées. Après le repas, que l'abbé Rey animait de son aimable gaieté, ils conféraient entre eux sur les devoirs, les vertus et les difficultés de leur état, devenus si grands dans ces cruelles circonstances. Quoique le moins âgé de tous, l'abbé Rey était presque toujours chargé de la parole, et ses anciens l'écoutaient pleins de déférence, trouvant que la sagesse et la vérité parlaient par sa bouche. Il sera facile de croire que le démon dut chercher à traverser le bien que faisait ce missionnaire infatigable. En effet, son esprit fut saisi, vers cette époque, de mille appréhensions chimériques. Les avis du P. Favre, auxquels il n'avait pas cessé de recourir, l'aidèrent à les dissiper. « Continuez à élever votre cœur vers Dieu et à con- « centrer en lui ses affections, lui mandait ce sage Mentor; « le passé a dû vous apprendre que l'amour de ce bon

« Maître est plus fort que la mort ; que les terreurs de l'en-
« fer même s'évanouissent devant le sentiment divin. A force
« de : *Mon Dieu, je vous aime!* vous terrasserez cet en-
« nemi... Poursuivez le bien que vous faites à Bellevaux ; il
« ne faut pas que ce tintamarre de l'esprit de ténèbres vous
« dérange un seul instant ; il aboie, mais il ne mord que ce-
« lui qui le veut... Faites beaucoup de bien, et le bien que
« vous faites, ou plutôt que Dieu vous fait faire, remédiera
« au mal qui vous tourmente... Je me réjouis de ce beau
« séminaire que vous avez entre les mains... » Ce séminaire
était une petite réunion d'élèves que l'abbé Rey s'était empressé de réunir.

Les études et les ordinations interrompues, les ordres religieux détruits, les rangs du clergé éclaircis par la persécution et la mort, tout montrait l'avenir sous les plus tristes
couleurs. L'abbé Rey voyait avec anxiété le jour où la religion, devenue libre, n'aurait ni ministres pour la servir, ni
voix pour parler au cœur des peuples. Il conçut le projet de
fonder un petit séminaire : il en fit part aussitôt à ses supérieurs qui l'approuvèrent, et mit la main à l'œuvre immédiatement. Les difficultés étaient grandes ; nulle autre ressource
à attendre que la bonne volonté de ses montagnards qui
n'avaient eux-mêmes en partage que la pauvreté et la confiance en Dieu. Mais avec la générosité du cœur et la foi,
un peuple est toujours puissant en œuvres. Les habitants de
Bellevaux en furent la preuve ; les uns offrirent de petites
sommes d'argent ; les autres, les bois de construction ; ceux-
ci, leur industrie ; ceux-là, leurs chariots et leurs bêtes de
somme pour les transports, et tous, leurs bras. Ils s'improvi-
sèrent maçons, charpentiers, serruriers ; leur bonne volonté
accomplit le miracle, et pour l'obtenir il avait suffi à ces
chrétiens d'un mot de leur missionnaire !

L'établissement s'ouvrit, en novembre 1797, à quarante
élèves. C'était plus qu'il n'en pouvait loger ; mais la gêne
ni les privations n'effrayèrent ces jeunes gens, dont quelques-uns appartenaient à des familles opulentes. Ils vécurent

contents, avec leur bon maître, sans se plaindre ni de la nourriture, qui était plus que frugale, ni du logement où ils étaient à l'étroit, ni de la longueur des hivers dans ces hautes régions, ni de la tristesse des sites de la vallée où l'œil ne peut se reposer que sur d'arides rochers, ou sur de noires forêts de sapins.

La plupart des élèves ne payaient que la moitié ou le quart de leur pension ; quelques-uns même ne payaient rien. Quand les provisions étaient épuisées et que le supérieur n'avait pas de quoi en acheter de nouvelles, les gens de Bellevaux devenaient ses pourvoyeurs, avec un dévouement qu'il fallait plutôt retenir qu'exciter. Un jour, l'abbé Rey se trouva sans bois, et sans argent pour en acheter. C'était un dimanche ; il exposa à l'église sa situation en ces termes : « Je connais, dit-il à ce bon peuple, quelqu'un qui
« vous aime beaucoup et à qui vous le rendez bien. Cet ami
« n'a plus de bois pour faire cuire son potage et celui de sa
« nombreuse famille. Je proposerais donc aux vieillards de
« laisser pour aujourd'hui leur bâton à la maison, et de pren-
« dre à sa place, en venant aux vêpres, une bûche de bois
« qu'ils déposeraient sur les murs du cimetière, près de l'ha-
« bitation de votre meilleur ami. » Le soir, jeunes et vieux, hommes et femmes apportèrent la bûche, et la provision fut faite.

Dans les rapports de cette population avec son apôtre, il y avait quelque chose de si filial, d'une part, et de si paternel et affectueux, de l'autre, qu'elle ressemblait parfaitement à une famille sous un chef bien-aimé.

Cette réciprocité de sentiments avait fait de Bellevaux une communauté selon l'Évangile, une chrétienté modèle, qui rappelait ce que nous savons de la primitive Église. Là, régnait la charité paternelle dans son acception réelle, l'amour de son semblable, selon Dieu, dans le cœur de Jésus-Christ. On remarquait que les hommes qui approchaient de plus près M. l'abbé Rey, étaient les plus pieux. *Il est inouï*, écrivait le curé de Bellevaux, *qu'il n'ait pas fixé dans la vertu ceux qui avaient le bonheur de le fréquenter, et ceux qui ont eu cet avantage dans le temps, sont encore, après quarante ans, les modèles de ma paroisse.*

On peut juger, par ce fait, de l'éducation que reçurent d'un tel maître les jeunes gens qui lui furent confiés. Ils étaient, à ses yeux, un dépôt précieux dont il aurait à rendre compte à Dieu, à l'Église et à leur famille ; il les soigna avec le dévouement d'un père et la tendresse d'une mère. *O mon Dieu,* s'écriait-il encore vers la fin de sa vie, *quels beaux jours que ceux que je passais à préparer ces pieux enfants au ministère des autels ! Le ciel m'avait fait la grâce de recueillir cette première moisson de ses ministres ; je la soignais avec un profond sentiment d'humilité et de reconnaissance.*

La piété, fondement de toute bonne éducation, était cultivée avec zèle dans le cœur de ces nouveaux Samuel. Les exercices religieux, la prière, la méditation, la lecture spirituelle, la fréquentation des sacrements, des prédications régulières y entretenaient la ferveur. Jamais il n'y eut de séminaire mieux réglé : cependant l'abbé Rey était seul ! Outre ce travail qui eût épuisé un dévouement ordinaire, chaque jour il faisait quatre classes et surveillait la bonne tenue de celles qui étaient confiées à des élèves de théologie. Il fut ainsi, simultanément, pendant six ans, directeur de son séminaire, professeur de philosophie et de théologie, et desservant d'une population de seize cents âmes. Il entendait les confessions, visitait les malades, administrait les sacrements, et pourvoyait à la fois aux détails innombrables du gouvernement d'une paroisse, d'un collège et d'un séminaire.

Dieu était avec lui et tout prospérait dans ses mains. De son petit séminaire sortirent beaucoup d'ecclésiastiques et de magistrats instruits et vertueux. Au lieu de rien retrancher aux soins qu'il avait prodigués jusque-là à sa paroisse, sa charité pour elle alla plus loin encore. Il s'était aperçu que les instructions n'étaient qu'imparfaitement comprises par quelques intelligences bornées : il crut son langage trop relevé. Aux termes moins usités dans ces montagnes, il substitua les expressions les plus simples et éclaira plus qu'auparavant l'exposition de la doctrine chrétienne par des comparaisons à la portée de tous, par des contrastes qui mettaient en saillie les vérités, et par des faits racontés dans les termes les plus familiers. Mais cette précaution ne le rassura pas entièrement : ne voulant pas qu'une seule des âmes dont il avait la charge restât en dehors des enseignements de l'Évangile, il s'assujettit à faire, chaque dimanche, deux instructions : l'une en français, à la messe, l'autre, aux vêpres, dans le patois du pays. Celle-ci lui coûta beaucoup de peine, car il n'avait pas l'habitude de traiter la doctrine religieuse en ce pauvre langage. A la messe, il expliquait l'Évangile par l'Évangile même, et aux vêpres, par les épîtres des Apôtres. Les instructions du soir confirmaient celles du matin. Elles ne différaient entre elles que par les éclaircissements, les images, les tableaux et les applications que l'orateur variait, afin de ne pas exposer ses auditeurs à l'ennui inséparable des répétitions que ne sauve pas la diversité des formes.

Mais en quelque langue que l'abbé Rey parlât, l'émotion était la même. *Tout le monde pleure dans cette église*, se dirent deux étudiants, dont l'un est aujourd'hui premier dignitaire du chapitre métropolitain de Chambéry; *distinguons-nous de la foule*. Sur cela, ils se retirèrent dans un coin où personne ne pouvait les voir, et s'occupèrent de tout autre chose que du sermon. Mais, avant la fin de l'exorde, ils étaient arrachés à leurs distractions calculées, partageant l'émotion générale.

Depuis cette époque, par un don de Dieu qui fut sans doute la récompense du travail opiniâtre auquel il s'était soumis pour être intelligible à tous, l'abbé Rey n'eut pas besoin d'emprunter un langage étranger à ses habitudes pour être entendu des esprits les moins ouverts. « Malgré son élé-
« vation, qui ravissait dans les nues, dit un prélat français [1],

---

[1] Le cardinal Matthieu, archevêque de Besançon. Lettre circulaire à son clergé, 1842.

« tout était accessible aux intelligences ordinaires : un pauvre
« homme, une simple femme pouvaient le goûter comme
« les plus beaux génies. »

Afin d'étendre et maintenir le bien fait à Bellevaux, l'abbé Rey établit une association qu'il nomma la *Société du zèle*. Il y agrégea les prêtres des environs et les fidèles sur lesquels il pouvait le plus compter. Cette Société avait pour principal but d'entretenir la piété parmi ses membres. La garde de chacun était confiée à tous ; mais, indépendamment de cette surveillance générale, il y avait une surveillance particulière. Chaque membre avait son moniteur, connu sous le nom d'*ange gardien*, qui était chargé de l'avertir et de le reprendre.

La seconde fin de l'association était de répandre, par la communication des bons livres, par les exemples d'une sainte vie, la bonne odeur de Jésus-Christ. Elle devait seconder le ministère des pasteurs, prévenir les divisions, réconcilier les ennemis, terminer les procès et les empêcher de naître ; écarter des familles et des paroisses les causes de trouble et de scandale.

Cette Société remplit son but avec un *zèle* digne de son nom et avec succès. Son fondateur l'avait pénétrée de son esprit. De près, il l'anima par sa parole de feu ; de loin, il la soutint par ses lettres encourageantes.

A cette époque, vers la fin de 1799, la chute du Directoire ayant ôté à la persécution son caractère de fureur, les prêtres commencèrent à sortir de leurs retraites. Alors les vicaires généraux de Genève, songeant à soulager M. l'abbé Rey dans ses travaux, envoyèrent un ecclésiastique à Bellevaux ; mais il était vieux et souffrant, et, au lieu d'un aide ou d'un remplaçant, l'abbé Rey s'aperçut bientôt qu'il n'avait qu'un infirme et un paroissien de plus. Loin de s'en plaindre, il le traita avec un dévouement tout filial, s'efforçant d'adoucir ses souffrances et surtout de lui laisser ignorer l'inutilité à laquelle les années et les infirmités l'avaient réduit.

Les biens de la cure ayant été vendus, ils vécurent tous

deux des offrandes qui étaient faites de préférence à celui qui exerçait les fonctions pastorales ; mais l'abbé Rey ne se réserva que le strict nécessaire. La meilleure part fut pour le respectable vieillard, qui eut ainsi une existence à l'abri de tout besoin. Il n'en jouit pas longtemps ; Dieu l'appela, en 1803, à la récompense promise au fidèle serviteur. Pendant sa maladie, il reçut de l'abbé Rey les soins les plus affectueux. C'est entre ses bras qu'il rendit le dernier soupir.

LIVRE DEUXIÈME

COMPRENANT DEPUIS 1803, ÉPOQUE DE L'ARRIVÉE
DE M. L'ABBÉ REY A CHAMBÉRY,
JUSQU'AU MOMENT OÙ IL COMMENÇA SES MISSIONS EN FRANCE,
EN 1815.

CHAPITRE I

En vertu du Concordat, la Savoie ne forme plus qu'un diocèse, dont le siége est Chambéry. — L'abbé Rey est nommé vicaire de la cathédrale. — Il dirige une paroisse de 6,000 âmes. — Jubilé de 1800, célébré à Chambéry, en 1804. — Improvisation remarquable. — Institution de la *Société des Amis*. — Origine de l'amitié de M. Rey pour M. Perrin. — L'association est fondée à Turin ; autre Société établie pour les ecclésiastiques.

La religion avait recouvré un peu de liberté : les temples s'ouvraient à la voix d'un puissant vainqueur. En vertu du Concordat de 1801 et par la bulle *Qui Christi Domini* du 19 novembre de la même année, qui supprimait les anciennes églises épiscopales de France, et créait à leur place soixante nouveaux diocèses ; la Savoie n'en forma qu'un, dont le siége fut à Chambéry. Mgr René Desmontiers de Mérinville, ancien évêque de Dijon, en fut le titulaire.

Ce prélat s'entoura des ecclésiastiques que recommandaient leurs talents, leurs vertus et de grands services rendus à l'Église. Il forma ainsi son conseil, son chapitre, le personnel de ses séminaires et le clergé des paroisses de la ville épiscopale. Ses choix furent tous heureux. Il est vrai que le clergé de Savoie, quoique décimé par la persécution, n'avait jamais été aussi riche en ecclésiastiques distingués. Des chapitres des églises cathédrales de Genève, Chambéry, Tarentaise et de Maurienne, il ne restait plus que des ruines ; mais chacune de ces ruines était un monument. Les noms des de Thiollaz, des Bigex, des de Maistre, des de la Palme, des Dubouloy, des Gazel, des Goibet, etc., rappellent les plus nobles caractères et les plus beaux dévouements. Leur réunion autour de Mgr de Mérinville combla de joie et d'espérance l'âme si élevée de ce vertueux prélat.

Quand, sur la fin de 1805, l'évêque de Chambéry, effrayé de l'étendue démesurée de son diocèse et de l'impossibilité de le visiter dans toutes ses parties, se fut démis de son siége, il répondit à la lettre où le chapitre lui exprimait sa douleur, celle du clergé et des fidèles de la Savoie, par l'expression des regrets les plus honorables pour les ecclésiastiques qui avaient prêté à l'exercice de son ministère pastoral un utile concours. « En m'en séparant, écrivait-il, je lui resterai très-uni de cœur et d'esprit, et surtout au premier corps du clergé dont la formation excitait dans mon âme un certain orgueil que la religion ne me reprochait pas. »

Mgr de Mérinville distingua bientôt l'abbé Rey et le nomma vicaire de la cathédrale. Sa surprise et son affliction, en recevant l'ordre de se rendre à Chambéry, furent extrêmes. Seul à ne pas s'apercevoir de son mérite, il eût voulu vivre et mourir au sein des vallées où la religion était venue, pendant les jours mauvais, reposer ses douleurs et chercher des consolations. Son ambition se bornait au titre modeste de curé de sa paroisse natale. Il écrivit pour obtenir la révocation de l'ordre *fatal*, ainsi qu'il l'appelait, alors que les desseins de la Providence sur lui étaient encore un mystère à ses yeux. Ses réclamations ayant échoué devant la sage fermeté de l'évêque, il put à peine dissimuler son chagrin. Mais la foi conserva sur lui tout son empire, et l'obéissance obtint de lui le plus pénible des sacrifices. Il s'arracha violemment des lieux qui lui étaient si chers et partit pour Chambéry, suivi de l'élite de la jeunesse de Bellevaux qui s'obstina à l'accompagner jusqu'au delà de Carouge. On lui a ouï dire quelquefois, au souvenir de cette époque de sa vie, qu'il ne croyait pas survivre six mois à une séparation aussi déchirante.

Sur un théâtre plus vaste, les talents de l'abbé Rey répandirent un vif éclat. Chambéry connut le prix du trésor qu'il venait de recevoir et admira cette éloquence simple et noble, douce et forte, onctueuse et incisive, se pliant à toutes les formes, et à la portée de tous les esprits.

Dans cet homme apostolique, les œuvres furent plus admirables encore que les discours. Seul vicaire d'une paroisse de plus de six mille âmes, où la Révolution avait laissé bien des maux à guérir et bien des ruines à réparer, il se montra supérieur aux difficultés de sa mission. Il fut à tout et à tous: la chaire, le tribunal de la pénitence, les catéchismes, le chevet des malades, les pauvres, les riches, les petits, les grands, rien n'échappa à sa sollicitude. Entouré de l'estime et de la confiance universelles, il fut l'âme de la plupart des bonnes œuvres. Ses supérieurs ecclésiastiques l'honorèrent de leur bienveillance et de leur amitié; plusieurs même, car tel est l'ascendant de la vertu, se placèrent sous sa direction. Il eut avec les de Maistre, les Bigex, les Guillet, les Dubouloy, etc., les rapports de la plus précieuse familiarité. Ces hommes vénérables furent pour lui autant de pères, et il fut, dans le cœur de tous, un ami. Frappé des grandes choses que le Seigneur opérait par le ministère de l'abbé Rey, un ecclésiastique demanda à Mgr de la Palme ce qu'il pensait de lui : *Ce que je pense*, répondit le prélat, *c'est que M. Rey est l'homme de la foi!*

Dans la confusion où était le monde, à la suite des perturbations sociales causées par de faux systèmes sur les notions premières du bien et du mal, il fallait dégager les principes, qui servent de bases à la société, des ténèbres dont l'impiété les avait couverts, et tracer nettement les limites du juste et de l'injuste, du vice et de la vertu. Pour atteindre ce but, l'abbé Rey annonça les vérités évangéliques avec autant de clarté que de hardiesse.

On remarqua dans ses prônes et ses sermons ce courage qui va droit à l'ennemi et le terrasse avant qu'il ait eu le temps de se reconnaître « Oh! si vous entendiez, écrivait-il « à un de ses amis des montagnes du Chablais, comme je « traite les philosophes, vous seriez effrayé et vous croiriez « que tous les gendarmes doivent être dans une demi-heure « à ma porte. Il n'en est cependant rien. On me laisse dire « ce que je veux et comme je veux, et les philosophes au- « raient trop de honte à se reconnaître dans la peinture que « je fais de leurs excès. » Quand autour de lui on s'effrayait de cette hardiesse évangélique, il riait en disant, avec saint François de Sales : *Il faut bien crier au loup et l'empêcher de nuire à la bergerie.*

Mais il ne vint guère à la pensée des auditeurs de s'irriter d'un zèle qui, au jugement des timides, eût été déclaré excessif. La pureté des intentions et la sainteté des motifs du prédicateur ne furent pas mises en doute. Son éloquence avait, avec l'énergie qui ébranle, la conviction qui pénètre. De ses livres coulait une onction qui tempérait l'ardeur de son zèle ; c'était seulement contre l'incrédulité et les vices que l'abbé Rey tonnait du haut de sa chaire : sa charité couvrait le reste. Deux ou trois fois, cependant, il s'éleva avec force contre les acquéreurs des biens de l'Église et des émigrés. Ces sorties, qui pouvaient paraître téméraires aux yeux de la prudence humaine, eurent d'excellents résultats. Elles inspirèrent quelque modestie à des hommes qui se vantaient trop de richesses dont l'origine aurait dû les faire rougir, et relevèrent le front des victimes de la fidélité à Dieu et au Roi que leurs spoliateurs outrageaient. « Que la cupidité, dit « l'abbé Rey, dépouille ces héros de l'honneur, à la bonne « heure, mais qu'elle ne les insulte pas. »

Il alla même jusqu'à flétrir ces propriétés du nom qui fut donné au champ acheté avec le prix du sang de Jésus-Christ,

Haceldama, c'est-à-dire le Champ-du-Sang. Ces paroles impressionnèrent vivement l'assemblée et furent entendues en silence par ceux qu'elles flétrissaient. Si quelques-uns murmurèrent, l'attitude du plus grand nombre leur imposa.

L'abbé Rey avait retrouvé, de la part des habitants de Chambéry, l'affection des fidèles de Bellevaux : ce qu'il attribuait, non à son mérite ni à ses qualités, mais à la bonté du cœur du peuple de cette ville qui *l'attache*, disait-il, *fortement à ses prêtres*.

L'aspect religieux de Chambéry avait bien changé depuis la Révolution ; lorsque l'abbé Rey y arriva, les prêtres n'osaient y paraître en soutane, et, quelques mois après, ce saint habit n'y recueillait que des hommages. On ne peut dire l'affliction de notre apôtre, à la première vue de cette ville désolée par l'impiété. « Hélas ! écrivit-il quelque temps après à un
« de ses amis, nous vivons, comme dans les premiers siècles,
« au milieu des infidèles... Vous me plaignez bien, et vous
« avez raison, car, sérieusement, je vieillis. Quand vous verrez
« mes cheveux gris, vous en jugerez vous-même. Mais que
« la volonté de Dieu soit faite. Le tombeau prend possession
« de ses droits en plaçant ses fleurs sur ma tête ; il ne reste
« plus qu'à la vertu à préparer ma pauvre âme à sortir avec
« honneur de cette misérable cage qui commence à moisir. »

Il n'était à Chambéry que depuis quelques semaines, lorsque le spectacle de l'irréligion qui dominait dans cette ville sous ses yeux, souvenir comparé à ces bonnes vallées des Alpes où un incrédule est un phénomène ignoré, le poussa à demander à Mgr de Mérinville une place dans quelque coin perdu de nos montagnes. L'évêque se garda bien de condescendre à ses vœux. Les premiers actes de son ministère avaient révélé les ressources que le Seigneur avait mises en lui pour la sanctification des âmes. Les encouragements de son curé, de M. Guillet, de M. Bigex, etc., qui étaient pour lui des pères et des amis, le soutinrent contre les défaillances de son propre cœur jusqu'à ce que les conversions que la grâce opérait eussent donné à Chambéry une physionomie religieuse qui lui en rendit le séjour supportable. Les travaux dont il fut chargé firent encore une utile diversion à ses douleurs. Le soir et le matin de chaque jour de l'Avent et du Carême il donnait une instruction familière au peuple. Quoique la cathédrale soit vaste, elle était remplie. Pendant les autres temps de l'année, vers le soir, il y avait la prière commune suivie d'une lecture accompagnée d'explications courtes et substantielles. Cette fonction lui fut encore réservée. Un esprit plein de ressource sut la rendre attrayante par des exhortations touchantes autant qu'instructives que les auditeurs allaient répéter au sein de leurs familles.

C'était un sujet de grande consolation, au sortir d'une révolution, que de voir ces nombreuses assemblées de chrétiens prosternés au pied des autels, confondre leurs prières et souvent leurs larmes pour implorer la miséricorde divine. Ce spectacle était toujours nouveau pour l'abbé Rey. Le silence et la désolation avaient cessé dans les églises: maintenant les pleurs, qui coulaient des yeux de tous à la lecture et à l'explication de la loi du Seigneur, tant oubliée et violée, étaient un signe consolateur, et son éloquence recevait une surabondance de chaleur et de vie.

L'année 1804 commençait à peine, que le Jubilé de 1800, ajourné à cause des perturbations de cette époque, s'ouvrit et ajouta aux travaux déjà si considérables de l'abbé Rey. Outre sa part de sermons qu'on lui fit assez grande, il eut encore les catéchismes. Douze années ayant passé sans instruction et sans première communion, ce n'étaient plus seulement des enfants de huit à quinze ans, mais des jeunes gens de quinze à trente ans, c'est-à-dire près de la moitié de la population qu'il fallait instruire des premiers éléments de la religion et former aux habitudes de la vie chrétienne. De là dépendait l'avenir religieux de Chambéry. Il accomplit cette tâche importante avec zèle et succès, se faisant petit avec les petits, simple avec les simples, tour à tour, pour les gagner tous à Jésus-Christ. Sa parole familière et douce éclairait et touchait également.

En rapport quotidien avec ces nombreux jeunes gens, il devint le confesseur de la plupart d'entre eux. Au confessionnal il complétait l'œuvre du catéchisme. Là, les cœurs s'épanchaient dans le sien comme dans le cœur de l'ami le plus cher. L'affection de cette jeunesse pour son catéchiste leur rendait faciles les confidences les plus pénibles à la nature.

Il eut ainsi la consolation de présenter, avant la fin du Jubilé, à la Table eucharistique une foule de jeunes gens que la grâce et ses soins avaient établis dans les dispositions les plus saintes. Le souvenir de ces catéchismes et de la première communion qui en fut le fruit, est encore vivant à Chambéry où il n'est pas rare de rencontrer des personnes qui ont conservé les impressions de ces temps heureux et le souvenir de celui qui les a façonnés à la vertu.

Les jours de son vicariat étaient si pleins, qu'il était souvent forcé de prendre sur son sommeil afin de ne laisser aucune de ses œuvres en souffrance. Ceux qui le suivaient de près avaient peine à comprendre qu'il ne succombât pas sous le poids de ses travaux; il disait lui-même qu'il ne *savait pas s'il vivait*. Cependant il ne s'écarta point de la règle qu'il s'était tracée au séminaire d'Annecy, de ne monter en chaire qu'après s'y être préparé. Il n'y dérogea alors qu'une fois et par obéissance. Le curé de la cathédrale, qui devait prêcher, au moment de monter en chaire ayant été appelé auprès d'un mourant, l'abbé Rey dut le remplacer par ordre de M. le vicaire général Bigex. Il prit l'évangile du jour (second dimanche de l'Épiphanie) qui rapporte le premier miracle de Notre-Seigneur aux noces de Cana. Il considère le mariage dans son origine, dans sa fin et dans les devoirs qu'il impose aux époux; puis établit, par l'histoire des familles et par des tableaux pleins de vérité, comment le mariage, dont les liens ont été formés et bénis par la présence de Jésus et de Marie, change en vin, c'est-à-dire en douces joies, les eaux, c'est-à-dire les tribulations, que saint Paul dit en être inséparables; tandis que les mariages préparés par les seules considérations mondaines, contractés en l'état du péché mortel, hors de la présence de Jésus et de Marie, sans la participation du prêtre, changent en amertumes les premières et rapides douceurs de ces unions coupables.

Ce discours eut un effet remarquable. Les principes de sainteté et d'indissolubilité du mariage, effacés du Code français qui régissait alors la Savoie, étaient remis en honneur; l'impression qu'on avait reçue diminua le nombre de ces associations connues sous le nom de *mariage civil*, si communes alors. En descendant de chaire, l'abbé Rey reçut les félicitations du Chapitre; mais il ne crut pas que ce succès l'autorisât à se livrer à l'improvisation. Il respectait trop la parole de Dieu et le peuple chrétien, pour les traiter avec légèreté.

Le Jubilé était terminé; mais la ferveur de ces jours de salut se ralentissait chez quelques-uns, et le démon reprenait son empire sur d'autres. Le malheur de ces âmes inconstantes le navrait d'amertume; il redoublait de prières pour obtenir les secours du ciel et ceux de la terre pour les arrêter sur les bords de l'abîme et retirer du gouffre les malheureux qui déjà y étaient retombés. « Hélas! écrivait-il
« à M. Converset, de Bellevaux, je ne suis pas sans consola-
« tion; mais le diable, jaloux du bien, est plus habile à le
« détruire dans les villes que dans les campagnes; j'ai plus
« que jamais besoin du secours de vos prières; vous m'aimez
« tous encore assez pour que j'espère que vous ne me les
« refuserez pas. »

C'est en ce temps que lui vint l'admirable pensée de la *Société des Amis,* et qu'il en jeta le premier fondement. Sa fin principale était de sauver les jeunes gens des dangers du monde, en leur préparant dans les lieux où les appelleraient leurs études ou leurs emplois, une compagnie d'hommes vertueux où ils trouveraient des amis, des guides et des modèles.

Dans le règlement donné par l'abbé Rey, on trouve l'expression de la pensée première. Le voici:

« Le but de cette association sera toujours d'encourager à
« la vertu par les délices de l'amitié, et d'augmenter les dé-

« lices de l'amitié par le progrès dans la vertu. Et puisque,
« selon l'axiome, tout bien demande à être répandu, pour
« intéresser à l'amitié on tâchera d'attirer à la vertu; car il
« faut nécessairement être les modèles de celle-ci, si l'on
« veut être les apôtres de celle-là. L'on n'emploiera d'autres
« moyens que ceux qu'inspire la charité, qu'avoue la pru-
« dence, et que fournit la religion. »

Cette association fut composée de jeunes gens de seize à trente ans, chargés de remplir les uns envers les autres un apostolat de douceur, soit par la communication de bons livres, soit par des délassements honnêtes qui les détournassent des compagnies et des plaisirs dangereux. Les autres âges de la vie n'étaient pas en dehors de l'action bienfaisante de cette Société, quoiqu'ils n'en fissent pas partie. Les pauvres surtout, et les malades avaient un droit spécial au zèle de ses membres. L'association et son règlement reçurent l'approbation de l'autorité diocésaine, et, le 30 mai 1810, Sa Sainteté Pie VII, de sa prison de Savone, l'enrichit de nombreuses faveurs spirituelles. En peu de temps elle fut en mesure d'opérer beaucoup de bien non-seulement en Savoie, mais en France et en Piémont.

Mais c'est particulièrement à Chambéry, et plus tard à Turin que son influence se fit le mieux sentir. En cette première ville, elle était sous l'action immédiate de son fondateur, qui en rassemblait fréquemment les membres autour de lui. Dans ces réunions, son âme toute de feu pour le bien, passait dans l'âme des associés : *Nos cœurs, en sortant d'auprès de lui*, disait encore naguère un d'entre eux, *étaient ardents comme le cœur des disciples d'Emmaüs pendant que Jésus-Christ leur parlait*. Ces jeunes gens étaient l'édification du monde par une profession franche de leur foi et par une conduite en tout conforme aux maximes de l'Évangile. Sans respect humain, comme sans ostentation, ils remplissaient, avec simplicité, leurs devoirs de chrétiens. Assidus aux offices de leurs paroisses, aux processions, aux assemblées des fidèles, ils édifiaient, par leur modestie, au collège, aux cours de chirurgie, de médecine et de droit; ils commandaient, par leur seule présence, le respect des convenances, la réserve des paroles, la décence des manières. Aucun de leurs condisciples n'eût osé, devant eux, blasphémer la religion, ni outrager les mœurs, et ces écoles où l'innocence et la foi de tant d'infortunés font naufrage, n'eurent, à Chambéry, grâce à l'*Association des Amis*, aucun danger pendant que l'abbé Rey fut là pour l'animer de son esprit. Il disait : « Ce n'est qu'à l'ombre de la pudeur et de la vertu que prospère la douce et délicate amitié; » et, par ce lien touchant, don du fondateur, plusieurs élèves puisèrent dans l'association, avec les sentiments d'affection pure, les principes religieux qu'ils n'avaient pas apportés de leurs familles.

C'est ce qui arriva pour un jeune homme, nommé Hyacinthe Perrin. M. l'abbé Rey le distingua très-particulièrement, et quelque chose manquerait assurément au récit de sa vie, si nous négligions d'initier le lecteur aux commencements d'une amitié qui devait en être l'inséparable douceur.

Fils d'un honnête artisan, assez insouciant de la religion, le jeune Hyacinthe n'en remplissait aucunes pratiques; mais doué d'une âme naturellement élevée et chrétienne, il avait évité les désordres où tombe une jeunesse sans foi; aucun vice dépravant n'avait souillé son cœur. S'étant appliqué à l'étude, il avait obtenu un emploi aux bureaux de la préfecture du Mont-Blanc. C'est là que la sollicitude de l'abbé Rey le rencontra. En allant à la recherche des jeunes gens de la ville pour les ramener à Dieu, il découvrit celui qui devait tenir une si grande place dans sa vie, l'attira, s'insinua dans son âme, et le gagna entièrement au Seigneur. Sous la conduite de ce guide plein de lumière et de bonté la piété germa dans son âme, et avec elle l'attachement pour celui qui, en le rendant à Jésus-Christ, l'adoptait avec une amitié paternelle. Telle fut l'origine d'une affection aussi entière et aussi parfaite que cette terre en puisse offrir d'exemple. L'abbé Rey, doué de beaucoup de sensibilité et d'une rare puissance de dévouement, avait besoin d'un cœur sur lequel il régnât souverainement, après Dieu toutefois ; ce cœur devait être pur, noble, délicat, religieux, aimant : celui de M. Perrin était tout cela. L'abbé Rey le comprit, et depuis lors, on peut le dire, leurs deux âmes vécurent d'une seule et même vie. Rien ne saurait exprimer ce que furent les sentiments de l'abbé Rey, s'il ne l'eût révélé lui-même. Empruntons quelques passages à ces lettres, trésors d'affection où il nous a été donné de puiser :

« ..... En nous aimant dans Dieu, nous lisons dans lui ce qui se passe en nous. La grâce, en conservant nos cœurs et en les lui consacrant, conservera aussi nos sentiments, et jamais rien ne vieillira dans notre bonheur.....

« Votre lettre d'hier disait que le cœur de Jésus était devenu notre point de réunion. Nous aurions horreur d'appeler exil le bonheur de ne se voir que dans ce cœur sacré. Ah ! nous sommes là plus rapprochés que si nous étions dans les bras l'un de l'autre.....

« Eh ! oui, mon Hyacinthe, votre lettre est pleine de vie et de vérité ; vos réflexions sur notre existence amicale, sont frappantes et exactes : nos deux cœurs sont vraiment dans une loi d'exception auprès de tout ce qui arrive. Il en doit être ainsi pour moi, surtout, qui ai un si grand besoin de vous, que je ne sais pas si je saurais vivre si nous ne vivions plus ensemble. Cela est vrai, mon enfant, rigoureusement et délicieusement vrai.

« Je sais assez que mon Dieu est seul nécessaire indispensablement à mon cœur ; que rien sans lui, pas même vous, ne peut faire partie de mon bonheur ! Ah ! oui, cela est mille fois vrai ; vous seul, ô le Dieu de nos cœurs, vous seul ! mais ensuite, mon Hyacinthe ; je suis si misérable par dedans, si nécessiteux dans l'inépuisable fonds de ma sensibilité, que s'il n'y avait pas un objet semblable à moi que je puisse aimer autant que je sais aimer et que j'ai besoin d'aimer, mon malheureux cœur s'égarerait immanquablement, à moins d'un miracle de la miséricorde. Dieu a mieux aimé me conduire à lui sans me briser, et son ineffable bonté m'a donné un cœur pour mon cœur dans le court voyage de la vie. Je vais donc avec vous, âme de mon âme, aussi inséparablement que si l'unité et non pas l'union était le mot de notre amitié.....

« Dans toutes les vicissitudes de ma position morale (et elles sont fréquentes et quelquefois terribles), vous êtes devenu aussi nécessaire à mon cœur que le pain l'est à mon corps. Cela n'empêche pas que le bon Dieu ne puisse me nourrir par tout autre aliment; mais tandis que nous serons dans l'ordre ordinaire, très-extraordinaire pour les autres, vous serez exactement une partie de moi-même, et la pensée de saint Augustin, qu'il a pourtant appelée ensuite un grand rien, sera une réalité pour nous : c'est que nous vivons un peu l'un dans l'autre. Au reste, Dieu y est pour tout; car nous sentons assez que si nous venions à l'abandonner, tout disparaît pour nous, et une mort réelle prend dans notre amitié toute la place qu'y occupait la véritable vie.....

« Comprenez-vous un peu, sentez-vous assez, tout ce que peut pour vous notre Dieu, et tout ce que veut réellement son cœur pour le vôtre? O mon enfant! taisons-nous devant la majesté de cet adorable Père, taisons-nous devant sa puissance ; mais disons, ah! disons quelque chose devant son amour. C'est celui de tous ses attributs auquel il nous a accordé de pouvoir un peu répondre, et le bonheur d'aimer n'est autre chose que le bonheur de répondre à un amour infini..... »

C'est ainsi que l'amour de Dieu s'identifiait avec l'amitié dans le cœur de l'abbé Rey. C'était cette même divine amitié qu'il cherchait à inspirer à cette *Société*, à laquelle son zèle donna naissance.

Les jeunes gens des écoles se trouvaient moins exposés à Chambéry qu'ils ne l'étaient alors à Turin, où, loin de leurs parents et des personnes de leur connaissance, la voix seule de leur conscience pouvait les retenir dans le devoir. Cette situation éveilla la sollicitude de l'abbé Rey qui, profitant d'un voyage par delà les monts, réunit cette jeunesse dispersée et forma le noyau d'une association dont il confia l'organisation à M. Perrin, qui habitait dès lors Turin [1]. Nous trouvons, à cette occasion, la lettre suivante, datée de Chambéry, où se voit tout son zèle.

« Il y a, dans la société, des fondateurs de tout genre : les
« Augustin, les Ignace, les François, les Bruno, les Ber-
« nard, les Benoît,... tous ont fondé des Ordres célèbres...
« Eh bien ! mon ami, je me mets avec confiance à leur
« suite ; je fonde l'Ordre sacré, céleste et divin de la douce et
« sainte amitié. Mais il faut me seconder ; il faut voir avec
« moi, j'ose dire comme moi, tout le bien que doit produire
« un tel établissement, et dès lors croire avoir beaucoup fait
« pour le monde, pour la religion, que d'avoir secondé mes

---

[1] Le mérite de M. Perrin ne tarda pas à être apprécié ; il était encore employé à la préfecture du Mont-Blanc à l'époque des *Cent-Jours* (1815). Par le traité du 30 mai 1815, le département, dont Chambéry était le chef-lieu, avait été conservé à la France. M. Perrin resta inébranlable dans sa fidélité et son attachement au roi de France. Lorsqu'un de ses chefs lui fit entrevoir le bel avenir qui l'attendait s'il se tournait vers Napoléon, il répondit : Monsieur, l'avenir éternel me suffit. Dans les paroles du disciple on reconnaît le maître. Après la seconde chute de l'Empire, et la restitution de la Savoie entière à nos rois, M. Hyacinthe Perrin fut attaché au ministère des affaires étrangères de Turin comme *applicato* de M. le chevalier de Collegno, premier officier de ce département. Sa bonne conduite, son application et son intelligence, lui gagnèrent l'affection de ses chefs. Il grandit dans leur estime à l'ombre de l'amitié et de l'intérêt de M. l'abbé Rey. En 1831, il tint une digne et parfaite conduite. Le ministre des affaires étrangères, comte de La Tour, le choisit pour l'accompagner, en qualité de secrétaire, au congrès de Laybach et de Vérone. Quelque temps après, il fut nommé sous-secrétaire d'État et chef de la première division aux affaires étrangères. Honoré de la confiance particulière de M. le comte de La Tour, il ne fut pas moins apprécié par le comte de La Margarita, son successeur, qui lui montra beaucoup d'affection. Il fut créé chevalier de l'ordre de François Ier, de Naples, et de Saint-Maurice-et-Lazare, de Savoie ; puis, enfin, secrétaire d'État sous le roi Charles-Albert.

M. Perrin a conservé ses fonctions aux affaires étrangères jusqu'à ces derniers temps, où la direction des affaires étrangères, si hostile au Saint-Siége, lui a fait demander sa retraite, qui lui a été accordée avec une pension de 8,000 livres.

« vues, qui doivent avoir pour les mœurs et les principes
« d'aussi consolants résultats. O mon ami! si mon cœur est
« dans le vôtre, vous devez brûler de zèle en lisant ces li-
« gnes... Ah! mon enfant, devancez votre père, si vous le
« pouvez, mais travaillez de tout votre pouvoir, de tout votre
« *être* à notre délicieux et céleste établissement. »

Avec cette lettre, il envoyait à son ami les pierres fondamentales de l'édifice : c'étaient des étudiants d'une sagesse
éprouvée. L'association fut ouverte aux Savoisiens retenus
par leurs affaires à Turin. Un petit nombre en faisait partie ; les autres en ignoraient l'existence, mais tous en profitaient par les services qu'ils en recevaient.

M. Rey, qui ne partageait pas les préventions de quelques-
uns de ses compatriotes contre les Piémontais, exigea que
ceux-ci eussent droit d'en être membres :

« L'amitié n'est pas exotique en Piémont, écrivait-il, quoiqu'elle y soit en serre chaude. »

Quelque temps après, l'abbé Rey se félicite du succès de
l'établissement de cette touchante *Association des Amis*, à
Turin. (Lettre du 10 novembre 1819, à M. Perrin.) « Un des
« vœux les plus ardents de mon cœur se trouve accompli
« par là : celui de vous voir entouré d'un cercle sacré d'a-
« mis aimables et vertueux, et de savoir à Turin un établis-
« sement semblable à celui qui fait ici ma consolation. Mais
« songez à le rendre solide, et détruisez absolument jusqu'à
« la dernière pierre du mur de séparation qui divise un peu
« les deux nations. L'amitié est un pays neutre, ou si vous
« voulez libre, et dans cette aimable région, tous ceux qui
« sont admis sont frères. »

L'association s'étendit donc dans tout le royaume; elle
compta des membres dans l'armée, la magistrature, l'administration, et c'est à elle que la Savoie a dû en grande partie
d'avoir des magistrats modèles de sagesse et d'intégrité, de
fidélité au trône et d'attachement à la religion. C'est des
jeunes gens de cette association que parle le comte de Maistre,
lorsqu'il dit à M. le vicomte de Bonald : « Je suis très-content

« de ma Savoie ; elle présente de grandes espérances dans
« tous les genres, et surtout une *volée* de jeunes gens par-
« faits en principes et en talents ; ils se font remarquer ici
« (Turin) dans les colléges, à l'académie, à l'université, par-
« tout enfin [1]. »

L'abbé Rey dirigeait l'association de Turin par ses lettres qui allaient réchauffer les tièdes, encourager les pusillanimes, et soutenir ceux qui étaient près de tomber. Ces lettres faisaient les délices et la force des associés. S'il apprenait que la vertu de l'un d'eux fût en péril, il enflammait le zèle des autres, et ceux-ci se hâtaient de lui tendre la main : « Je « n'ai rien reçu de N., mande-t-il à l'un des associés, et sa « prétendue lettre, toute prête à partir par le courrier de « mercredi, et qui n'est pas même partie par celui de samedi, « vous prouvera que s'il a été lent à l'écrire, il n'a pas été « plus pressé de l'envoyer. Je verserais des larmes de sang, « si cet enfant venait à périr. Qu'il m'oublie, à la bonne « heure, ma résignation est pénible, mais possible. Mais, au « nom de Dieu, qu'il n'oublie jamais ses destinées éternelles ! « Que ses mœurs et sa piété soient toujours ce que je les ai « connues... J'en charge le cœur de mes amis, le vôtre, celui « de Hyacinthe, etc. » Il revient à la prière, il presse, il stimule, et, à force de sollicitations, il arrache ces jeunes gens au naufrage, et les conserve pleins de vertus à leur famille, à l'État et à la société.

Les fruits de cette *Société des Amis*, au milieu du monde, engagèrent l'abbé Rey à en fonder une seconde, destinée aux ecclésiastiques du diocèse. Il y fut encore excité par l'exemple de Mgr Jean d'Arenthon d'Alez, évêque de Genève, en 1668, l'un des plus dignes successeurs de saint François de Sales [2],

---

[1] Lettres et opuscules inédits, tome Ier. Lettre du 29 mai 1819, à M. de Bonald.

[2] Il établit la *Société des bons et véritables Amis* pour les prêtres fervents et les laïques pieux ; il en dressa lui-même le règlement qui se lit dans ses *Constitutions synodales,* imprimées par son ordre, à Annecy, en 1668.

et par les conseils du supérieur du séminaire qui y attachait beaucoup d'importance, ainsi qu'on le voit par la lettre suivante qu'il écrivait à M. Rey pendant la Révolution : « La « bonne compagnie, à ceux qui désirent la vertu, est la grâce « des grâces, le secours des secours ; il est bien difficile d'être « longtemps avec un véritable ami vertueux et de ne pas « s'en apercevoir par quelque avancement ; aussi j'ai tou-« jours pensé qu'un ecclésiastique doit conclure toutes les « prières qu'il fait pour obtenir les vertus de son état, par « demander à Dieu la grâce d'être placé auprès d'un ami « qui en soit rempli. »

Mgr de Mérinville approuva ce projet ; il fut mis à exécution. Cette association eut une heureuse influence sur le séminaire, dont elle fortifia la discipline, et sur le clergé qui lui a été redevable de beaucoup de ses vertus.

CHAPITRE II

Le pape Pie VII à Chambéry (1804). — Il reçoit l'abbé Rey. — Passage de l'empereur Napoléon. — Démission de Mgr de Mérinville. — Mgr Dessolles lui succède. — Il choisit M. Rey pour secrétaire de l'évêché. — Visites pastorales de 1806 à 1810. — Rencontre de M. le duc Matthieu de Montmorency et de l'abbé Rey à Bonneville. — Sermon sur les modes du temps. — Incendie du collége de Mélan. — Détention de l'abbé Rey; il convertit ses gardiens. — Il est nommé chanoine de Chambéry. — La Savoie partagée par le traité du 30 mai 1814. — Coopération de l'abbé Rey à sa restitution à la maison de Savoie. — Il est disgracié, puis rappelé par Mgr Dessolles, en 1817, et nommé au conseil épiscopal.

M. l'abbé Guillet donna, vers ce temps, une grande marque d'estime à l'abbé Rey, en le priant d'accepter la direction spirituelle des élèves du séminaire. Le bon supérieur l'appela ainsi à partager sa sollicitude dans une affaire aussi importante, et s'aida depuis lors de plus en plus de ce zèle qu'aucune fatigue ne rebutait. Mais, avant de lui confier l'espérance du sacerdoce, il l'avait choisi pour la conduite de son âme, et avait appris, par sa propre expérience, combien il y avait de sagesse en cet ecclésiastique. Aussi, il acquit la plus grande influence sur son esprit. Un jeune homme de Samoëns[1], demandant à entrer au séminaire, présenta au supérieur une recommandation écrite de la main de l'abbé Rey. M. Guillet, ayant reconnu l'écriture, dit avec émotion : *Ah! mon enfant, quelle écriture vous me présentez! c'est la*

---

[1] M. Nachon, qui devint curé de Saint-Joire en Faucigny.

meilleure des recommandations! M. Rey est le plus saint prêtre que je connaisse.

L'abbé Rey eut, en ce temps, une consolation bien douce ; il fut admis à voir Sa Sainteté le pape Pie VII, qui se rendait, en 1804, à Paris, pour couronner l'empereur Napoléon. En présence du vicaire de Jésus-Christ, tous les souvenirs de sa foi se réveillèrent et il y eut un moment où les impressions de la vénération et de l'amour furent si fortes qu'il fut comme hors de lui-même. « En voyant Pie VII, dit-il « dans une lettre, un Turc deviendrait catholique. Je l'ai vu « de bien près, longtemps et à mon aise. Oh ! quel homme que « le vicaire de Jésus-Chrit ! le cœur me fit presque perdre la « tête. »

Quelques mois après, Chambéry reçut Napoléon dans ses murs ; il se dirigeait alors vers Milan, où il allait se faire couronner roi d'Italie. Il y eut plus de bruit qu'à l'arrivée du pape, mais il n'y eut ni l'allégresse, ni les manifestations de l'amour qu'avait fait naître la présence du Saint-Père. L'abbé Rey fut présenté à l'empereur avec le chapitre, par les deux évêques de Chambéry, Mgr de Mérinville, démissionnaire, et Mgr Dessolles, transféré de l'évêché de Digne. Il observa attentivement Napoléon, et fut très-frappé de la promptitude avec laquelle il saisissait jusqu'aux moindres détails de chaque chose ; tout en croyant reconnaître en lui l'homme extraordinaire suscité de Dieu pour de grands desseins, il ne sut y découvrir la bonté qui est le premier attribut de la souveraineté ; son génie excita son admiration, et il aurait pu estimer en lui le restaurateur de la religion, si l'image affligeante des princes de Savoie, dépouillés par lui de leurs États héréditaires, ne se fût présentée à son esprit.

Mgr de Mérinville s'étant démis de son siége, en 1805, pour les raisons rapportées au commencement de ce livre, Mgr Dessoles lui succéda, et l'abbé Rey fut choisi pour secrétaire de l'évêché, en remplacement de M. Vuarin, nommé curé de Genève, où il a laissé une honorable mémoire.

Alors, un champ plus vaste que celui qu'il avait cultivé s'offrit à son zèle. Ce n'était plus seulement une ville à évangéliser, mais un diocèse qui comprenait la Savoie, le canton de Genève, le pays de Gex et la Michaille. il accompagna Mgr Dessolles dans ses visites pastorales de 1806 à 1810, prêchant en tous lieux avec de grands fruits de salut. Suivant les besoins des peuples, il se trouvait diversement inspiré. Son éloquence prenait toutes les formes et se faisait à tout et à tous. Les populations étaient électrisées; l'évêque était heureux d'avoir un tel interprète; MM. Bigex et de Thiollaz, ses vicaires généraux, qui le suivaient, partageaient son bonheur. Le seul abbé Rey n'apercevait pas les choses sous un jour semblable; il ne s'estimait digne ni des éloges qu'on lui prodiguait, ni de la faveur qui accueillait ses prédications. Il était obsédé par la crainte de priver les peuples du bonheur d'entendre les enseignements de la foi de la bouche de leur évêque, quoiqu'il n'agît que par ses ordres. Un jour, il s'en ouvrit à lui, en répondant aux félicitations que ce bon prélat lui adressait : *Monseigneur, un mot de votre bouche vaudrait mieux que mille de la mienne : mes prédications n'ont pas la grâce épiscopale.* Ces paroles, d'une charité vraie, répétées tantôt sous une forme, tantôt sous une autre, triomphèrent de la timidité de Mgr Dessoles, et lui donnèrent le courage de dire, du pied des autels, quelques mots paternels à ses enfants. Ce pontife avait un esprit cultivé, des grâces singulières dans toute sa personne, et un cœur qui lui gagnait tous ceux qui l'approchaient. Mais ces moyens n'avaient point été appliqués au ministère de la prédication. Ordonné prêtre et nommé chanoine d'Auch le même jour, il avait été envoyé presque aussitôt à Paris, afin de suivre des procès que le chapitre avait au Parlement. C'est là que la Révolution l'avait trouvé, et à soixante ans il était trop tard pour devenir prédicateur. D'autre part, le bon évêque de Chambéry était bien rassuré sur les fruits de ses visites et de la parole bénie de son dévoué secrétaire, le recueillement des fidèles et les larmes du repentir parlaient assez haut. Chaque jour, le digne prélat était témoin de scènes touchantes. A l'église, la piété des fidèles, au dehors, les transports des populations produits par sa présence ; partout l'ivresse de la joie, et pourtant il y avait bien peu de jours que l'impiété se promenait triomphante dans ces contrées. Le long des routes, les populations, à genoux, après avoir été bénies, ne se relevaient que pour aller plus loin recevoir une nouvelle bénédiction. Les gardes nationaux eux-mêmes, étant sous les armes, subissaient cette impression universelle de foi et de respect. Pour plusieurs, les évolutions militaires devant l'évêque se réduisaient à faire le signe de la croix et à tomber à genoux avec les autres. Les chefs réclamaient en vain : le chrétien l'emportait sur le soldat.

On eut une preuve bien sensible du sentiment qui portait les populations à honorer leur premier pasteur. Le maire de la ville de Sallanches, imbu des maximes impies du dix-huitième siècle, s'était retiré, à l'approche de l'évêque, sans avoir pris aucune disposition, ni donné aucun ordre pour le recevoir. Ces bons habitants, laissés aux inspirations de leur foi, eurent, en un clin d'œil, improvisé une des plus belles fêtes dont le cortége épiscopal eût encore été le témoin. Si, partout ailleurs, les autorités parurent à la tête des fidèles, ce fut en général ou par convenance, ou par crainte de l'opinion. La multitude n'avait pas besoin de l'entraînement de leur exemple. Tous les soirs, l'abbé Rey consignait, dans des procès-verbaux, les faits les plus honorables à chaque localité. Ces manuscrits se voient aux archives de l'archevêché de Chambéry. Chaque Savoisien peut y lire quelques-unes des pages les plus intéressantes de l'histoire de son pays, et la bonne Savoie apparaît ce qu'elle a été depuis quinze siècles, ce qu'elle est encore, ce qu'elle doit toujours être, en dépit des efforts de l'ennemi, dans l'intérêt de sa prospérité et de sa gloire ; inviolablement attachée à la sainte Église catholique et dévouée à ses pontifes.

Un illustre étranger, le duc Matthieu de Montmorency, qui parcourait, à cette époque, les sites si variés et si pittoresques de la Savoie, ayant vu quelques-unes des fêtes préparées à l'évêque, en fut ravi; et, devant les magnificences de la foi dont le spectacle l'avait vivement ému, il oublia les imposantes grandeurs de la nature et la magique beauté des Alpes. A Bonneville, où il rencontra le cortége épiscopal, il pria l'abbé Rey, qui était un de ses amis, de faire une relation des scènes les plus édifiantes de la visite de Mgr Dessolles. Telle est l'origine des *Lettres à un ami*, imprimées à Lyon, en 1809; *ouvrage dans lequel les sentiments d'une douce piété s'unissent à l'enjouement d'un esprit fin et aimable* [1].

Pendant les visites pastorales, l'abbé Rey consacrait à l'*OEuvre de la jeunesse* le temps que ne réclamaient pas une prédication quotidienne, la rédaction des *procès-verbaux*, son assistance aux cérémonies de l'Église, la correspondance épiscopale, et la sienne, qui était déjà fort étendue. Il allait à la recherche des jeunes gens qui, par leur famille, leur fortune et le genre de leurs études, étaient destinés à exercer de l'influence sur la société. Aisément il s'insinuait dans leur cœur, où il jetait à la hâte la semence des bons principes; leur donnant ensuite rendez-vous à Chambéry, où il mettait la dernière main à son œuvre. En cette âme ardente, l'amour du bien était une passion qui lui ôtait tout repos.

Rentré à Chambéry, tout occupé qu'il était des devoirs de sa charge, il était encore tout entier aux exercices du zèle. Son dévouement, réclamé de tout côté et à toute heure, ne se refusait à rien, et tel était son empressement à répondre aux désirs qui avaient pour fin la plus grande gloire de Dieu, qu'il ne venait à personne la pensée qu'à cet égard, les demandes pussent aller jusqu'à l'importunité. *Je n'ai pas le temps de vivre*, disait-il quelquefois, et il ajoutait : *O mon éternité! au moins, là, je vivrais!*

Pendant les dix années qu'il passa dans la maison épisco-

---

[1] *Dict. hist.*, art. Rey, édition continuée par M. l'abbé Simonin, 1845.

pale, son temps fut partagé entre la chaire, le confessionnal et l'étude. On ne le voyait guère ailleurs, si ce n'est au chevet des malades et des mourants. Comme on avait remarqué que le peuple retire peu de fruit des *sermons* ou *prédications de la haute chaire*, l'évêque et le chapitre invitèrent l'abbé Rey à continuer les entretiens familiers dont il s'était occupé pendant son vicariat, à des heures où les ouvriers, les laboureurs, les artisans et tous les gens de service pussent y assister, sans être obligés d'interrompre leurs travaux. L'avent et le carême de chaque année, à cinq heures du matin (les dimanches et les jours de marché exceptés), il ne manqua jamais à parler de Dieu et de leurs devoirs à quatre ou cinq mille personnes. A quatre heures du matin, Chambéry était sur pied et ses rues traversées par les fidèles du voisinage, qui venaient, avec leurs curés, se réunir aux paroisses de la ville, autour de la chaire de la cathédrale.

Ces entretiens excitèrent l'intérêt à un si haut degré, que, pour en profiter, chacun voulait être du peuple. On y vit pêle-mêle l'ouvrier et le bourgeois, le noble et l'artisan, l'humble ménagère et la pauvre servante à côté des dames des premiers rangs de la société. La science elle-même y fut constamment représentée par les professeurs des établissements d'instruction publique. Le séminaire y vint quelquefois en corps ; d'autres fois, plusieurs élèves sollicitèrent, comme une faveur, la permission d'y assister. Tous y trouvaient leur profit. On remarquait une lucide exposition des dogmes et des conséquences pratiques qui en découlent ; beaucoup de sagesse et de mesure dans l'application des principes de morale à la conduite de chacun ; tout cela était dit avec l'accent de la foi et dans un langage plein de grâces et de force. Un jour qu'il combattait ces hommes qui croient avoir répondu à tout en disant : *C'est mon opinion*, et ferment ensuite leurs oreilles à la voix de la vérité, un ouvrier furieux le menaça des deux poings, en lui criant, avec des paroles grossières : *Oui, c'est mon opinion !* Cet homme pensait que sa femme avait rapporté, au confessionnal, à l'abbé Rey, la discussion qu'il avait eue avec elle le jour précédent, parce que le prédicateur cita en chaire une scène pareille. Il fut arrêté, mis en prison, et relâché seulement à la condition de faire ses excuses au prédicateur. Il y alla ; il cherchait à s'excuser, lorsque M. Rey lui dit : « *Je ne confesse point votre femme, mais je confesserai son mari;* » et, après quelques paroles d'encouragement, il l'envoya à l'église où il le rejoignit bientôt. Il en fit un homme nouveau... La conduite de cet ouvrier devint celle d'un saint et d'un apôtre parmi les gens de sa condition.

Plus de vingt ans après, Mgr Billet, qui avait suivi les conférences de l'abbé Rey, l'exhortait à les rédiger et à les publier. « A Chambéry, vos instructions les plus touchantes et
« les plus fécondes en résultats, lui disait-il, étaient celles où
« vous expliquiez l'*Oraison dominicale*, en y entremêlant les
« détails les plus intéressants sur les besoins de chaque fidèle.
« Quoique nous ayons déjà trop de livres, j'en voudrais ce-
« pendant un qui reproduisît ces prédications : ce serait
« comme un dépôt des sentiments religieux que vous avez
« au cœur, et une série de leçons de théologie avec toutes les
« applications convenables à l'état de chaque chrétien. »

Mais les occupations multipliées de l'abbé Rey ne lui avaient pas permis d'écrire ses conférences ; il en avait seulement indiqué le dessein et consigné sur le papier les principales idées. Le temps qu'il accordait à cette occupation était pris sur son sommeil ou sur de courts moments de délassements très-nécessaires à son genre de vie. Il veillait fort avant dans la nuit pour satisfaire aux obligations de ses fonctions à l'évêché, et ne renvoyer au lendemain aucune des vingt ou trente lettres qu'il avait à écrire chaque jour. Levé à quatre heures, à cinq il montait à l'autel ; à cinq heures et demie il était en chaire où, pendant une heure, il instruisait le peuple ; à six heures et demie il entendait les confessions jusque vers neuf heures. De retour au palais épiscopal, il lisait à l'évêque la correspondance du diocèse, discutait avec lui les réponses à faire, recevait les décisions ou les ordres à donner. Il assistait au conseil où se traitaient les affaires les plus graves, prenait note des résolutions arrêtées, puis écrivait les lettres dont il faisait lecture à l'évêque, qui ne signait rien sans en avoir pris connaissance.

A cette multitude de travaux, il faut joindre de nombreuses prédications en d'autres temps de l'année ou à d'autres heures du jour, dont il s'acquittait toujours avec le respect dû à la parole de Dieu. A l'exemple des Chrysostome, des Ambroise, des Borromée, il fit une guerre implacable aux parures mondaines et indécentes assez répandues à Chambéry, où elles avaient pris naissance avec la Révolution [1]. La pudeur outragée, le scandale promené dans les rues, produit au milieu des sociétés, étalé sur les places publiques et jusque dans la maison de Dieu, avaient soulevé son âme d'indignation.

« Ah! cruelles modes! je vous poursuivrai pendant que j'aurai un souffle de vie! » Ce cri d'amère douleur s'échappait un jour, devant un ami, de son cœur déchiré. Il tint parole au point que les personnes qui avaient la faiblesse de ne pas résister au fatal exemple, redoutaient de le rencontrer.

Ces usages déplorables, héritage de l'engouement républicain, qui faisait imiter les déesses et les statues antiques de Rome et de la Grèce; ces usages, ces *cruelles modes*, l'abbé Rey les attaqua énergiquement; osons rapporter dans toute sa vérité une étrange hardiesse échappée à son indignation : Un dimanche, le jour même où l'Église rappelle la décollation de saint Jean-Baptiste, il retraçait dans un sermon les maux qu'entraînent à leur suite les divertissements profanes, les danses et tous les plaisirs dangereux; après avoir montré, par le récit du martyre *du plus grand des enfants des hommes*, à quelles fureurs peut conduire la tyrannie des passions excitées par d'enivrantes séductions; au moment où l'auditoire immobile d'attention suivait chaque parole, il s'écrie : « Eh bien ! mes frères, je m'empare de cette tête sacrée

---

[1] Ces modes se prolongèrent pendant le Directoire, le Consulat et l'Empire.

« du précurseur de Jésus-Christ, et, la promenant toute san-
« glante sur mon auditoire (faisant un geste de son bras), je
« vois le sang tomber sur ces nudités criminelles et leur im-
« primer les stigmates de l'infamie!...... » — Ce mouvement
imprévu, d'une saisissante horreur, fit frissonner l'auditoire;
les femmes baissèrent la tête, et, dans leur confusion, sem-
blèrent chercher à s'envelopper davantage pour échapper à
l'anathème.

Le zèle déployé à déraciner ces désordres et beaucoup
d'autres, avec une persévérance et un courage tout apostoliques, excita des murmures. *Ce zèle*, disait-on, *est exagéré;
ces attaques sont violentes. Le mal est-il si grand pour provo-
quer tant de colère? M. Rey ignore le monde et ses exigences.*
Des plaintes arrivèrent à l'évêque qui, ne leur accordant pas
plus d'importance qu'elles n'en méritaient, disait en souriant
à son secrétaire : *Mon cher abbé, vous vous ferez lapider.*

Fort de l'approbation de l'évêque et des ecclésiastiques les
plus éminents de Chambéry, M. Rey ne cessa de travailler,
avec droiture et courage, à la réformation des mœurs. Dieu
bénit visiblement ses efforts; quelques années suffirent pour
ramener les choses aux convenances d'une société toute chrétienne [1].

[1] Les sermons de l'abbé Rey n'en furent pas moins suivis. La femme du préfet du Mont-Blanc arriva un jour à l'église, perçant une foule considérable, jusqu'à sa place, pompeusement vêtue, au moment où le prédicateur flétrissait avec force le luxe et l'inconvenance des parures, et tenait son auditoire immobile et anxieux; au bout de peu d'instants elle se trouva mal : on l'emporta chez elle; et comme elle se plaignait à son mari de la sévérité du prédicateur, celui-ci qui aimait fort l'abbé Rey et l'admirait, répondit : « Et qui vous force d'aller l'entendre?.....
— Mais, comment n'y pas aller, répondit la dame, tout le monde y va! »
Mgr Matthieu s'exprime ainsi sur le talent oratoire de M. Rey : « Il n'y avait rien que de modéré dans son action, mais elle était animée par un feu intérieur qui saisissait l'auditoire, comme il brûlait le pré-
dicateur. Son débit était simple et grave; ses traits étaient empreints d'une méditation profonde; son seul signe de croix était comme un éclair qui révélait tout son discours, tantôt jetant la frayeur dans son auditoire, tantôt y faisant naître l'espoir et la confiance. Son texte, parfaitement choisi, se déroulait comme un tissu d'or embelli des plus

Aux occupations déjà si multipliées de l'abbé Rey, Mgr Dessolles en ajoutait souvent de nouvelles. C'est ainsi qu'il lui avait confié la tâche délicate d'écrire ses *mandements* et ses *lettres pastorales*. Au milieu des circonstances difficiles qui, sous la domination de Napoléon, se présentaient fréquemment, le clergé et les fidèles avaient besoin, avant d'agir, des ordres ou de la direction de l'évêque. Celui-ci s'en rapportait à son secrétaire pour mettre ses instructions et ses ordonnances en harmonie avec les mœurs, les coutumes et l'ancienne discipline des églises de la Savoie, tout en faisant la part des besoins nouveaux nés des événements. L'abbé Rey avait de plus à ménager des susceptibilités légitimes et des sentiments respectables, tant de la part de l'évêque que du clergé et des populations.

Mgr Dessolles aimait Napoléon, et cet amour avait pour motifs la restauration du culte et la gloire que les armes de l'empereur jetaient sur la France. D'autre part, la Savoie regrettait ses princes. Dans les campagnes surtout, au foyer domestique, durant les longues veillées des hivers, on racontait les faits les plus touchants de leur histoire. Les bonnes gens se demandaient quand on aurait le bonheur de les revoir! Malgré les événements qui semblaient les retenir pour toujours dans l'île de Sardaigne, l'espérance de leur retour vivait au fond des cœurs, et de ferventes prières montaient vers le ciel pour l'accélérer. M. Rey avait été témoin de ces expressions touchantes d'attachement, et il était lui-même à

---

riches broderies. Il avait une grande science de l'Écriture, et l'employait de la manière la plus variée et la plus frappante. Il semblait parfois qu'il en fît des applications inattendues et trop familières; mais elles étaient si ingénieusement adaptées, elles venaient si bien à point pour convaincre, pour toucher, que le sourire involontaire qu'elles faisaient errer sur les lèvres était comme le baume qui accompagne le fer et ne nuit pas à l'incision; c'étaient les ombres qui reposaient de l'éclat de la lumière, et ne faisaient que plus vivement désirer le grand jour; c'étaient des traits hardis, des coups de maître, dont ne sont point capables les génies vulgaires; qui plaisent à tous, parce que la vérité en fait la beauté. (Mandement du 21 avril 1842. Besançon.)

Chambéry le représentant de cette fidélité qui honore les Savoisiens. A chaque pas, surgissait un écueil. Il fallait ne pas offenser un gouvernement d'autant plus ombrageux qu'il était plus nouveau, respecter les délicatesses si légitimes du prélat dont il était l'interprète, et ne pas froisser le sentiment des peuples. Il avait encore à maîtriser ses propres affections, car il lui en coûtait beaucoup de servir de héraut pour appeler les fidèles à remercier Dieu des victoires qui rejetaient dans un avenir toujours plus éloigné le bonheur de vivre sous le sceptre paternel des princes de la maison de Savoie. Le Seigneur lui fit la grâce de ménager adroitement toutes ces difficultés.

Il ne flatta point un pouvoir qui n'avait déjà que trop le sentiment de sa force. Dans le mandement du 17 juillet 1806, où l'évêque prescrivait, conformément au décret du cardinal Caprara, des prières publiques pour le 15 août et le premier dimanche de décembre, en actions de grâces du concordat, du sacre de l'empereur et de la victoire d'Austerlitz, il se borna, en commençant, à rappeler qu'un usage des peuples les plus célèbres, et du peuple de Dieu en particulier, a toujours été de consacrer par des solennités périodiques les grands événements des empires et ceux surtout qui intéressent la religion. Puis, après une esquisse rapide des malheurs que l'impiété et la révolte avaient attirés sur la France, il présenta le jour de la ratification du concordat (15 août 1801) comme l'époque d'où date la cessation de ces calamités. Il ne parle de l'empire que pour proclamer la monarchie naturelle et nécessaire à la France. « Une longue et terrible
« expérience, dit-il, prouva au peuple français qu'il n'était
« pas appelé à se gouverner par lui-même, et que l'autorité
« la plus convenable à son caractère comme à ses habitudes,
« et la plus nécessaire à tous ses besoins, était le gouverne-
« ment le plus éloigné des erreurs et des agitations de la mul-
« titude, le plus propre à prévenir les intrigues et à réprimer
« les attentats de l'ambition ; ce gouvernement, fondé sur
« l'unité du pouvoir et la plénitude de la puissance, dont les

« délibérations sont plus sages et plus secrètes, le concours
« au bien public plus sûr et plus prompt, les forces pour
« l'exécution plus actives et plus puissantes; enfin, ce gou-
« vernement paternel et tutélaire de la vraie liberté, qui a
« son modèle dans l'ordre de la nature, ses titres et ses
« preuves dans les annales de toutes les grandes nations, et
« en particulier dans l'histoire de quatorze siècles de gran-
« deur et de prospérité pour la France, comme dans les
« malheurs où elle s'est précipitée dès qu'elle s'en est écar-
« tée; c'est le gouvernement d'un seul, la monarchie. »

Le jour du couronnement de Napoléon et la victoire d'Austerlitz devaient être célébrés, d'après le désir de l'empereur, le premier dimanche de décembre. L'abbé Rey s'attache, dans ce mandement, à des considérations d'un ordre très-élevé, et, faisant entendre de grandes vérités, trouve moyen de ne flatter aucunement le pouvoir et de conserver à son évêque toute sa dignité. « Si ce jour, y est-il dit, n'é-
« tait pas considéré dans l'ordre supérieur des décrets de la
« divine Providence, et si la religion n'en consacrait pas la
« mémoire, que seraient toutes les cérémonies et les pompes
« civiles, par lesquelles on voudrait en célébrer le sou-
« venir? Tout ce qui ne vient que de l'homme, tout ce qui
« ne tient qu'à l'homme est faible, fragile et passager comme
« lui; il n'appartient qu'à la religion de donner de la gran-
« deur et de la consistance aux événements qui passent sur
« la scène du monde, parce qu'elle seule les lie à une cause
« supérieure à la terre et au temps, et les marque d'un ca-
« ractère de perpétuité; elle seule en imprime profondément
« le souvenir dans la mémoire des hommes, le rappelle et
« le perpétue par le caractère mystérieux et sublime, par
« l'auguste et touchant appareil de ses cérémonies. »

Il fallait annoncer la naissance du fils de Napoléon, du *Roi de Rome*. Ce titre était un nouvel outrage au pape. L'abbé Rey ne le prononcera pas; mais il profitera de cet événement pour donner au père du nouveau-né des leçons que les rois ne devraient jamais oublier : « La renommée

« vous aura appris la naissance du prince que le ciel a ac-
« cordé à nos vœux et à ceux du puissant monarque qui
« nous gouverne. Chacun, à cette heureuse nouvelle, s'est
« demandé : *Quelles seront les destinées de cet auguste en-
« fant ?* L'avenir répondra à cette question, qui est pour
« nous d'un si grand intérêt ; mais, en attendant, les saintes
« cérémonies du baptême, qui vont donner à cet enfant
« royal l'Église catholique pour mère, nous assurent qu'il
« en sera un jour le protecteur.

« Tous les motifs doivent donc appeler les fidèles au pied
« des autels, dans le jour à jamais mémorable où la religion
« initiait ce grand prince à ses saints mystères. Nos vœux,
« pour son bonheur, assureront le nôtre, s'ils sont exaucés.
« Nous serons témoins des promesses qu'il va faire au Roi des
« rois, et la gloire qui doit un jour orner son règne, com-
« mençant à une source aussi sainte, sera tout entière pour
« le bonheur de l'Église et pour la prospérité d'un empire
« de *chrétiens,* que la Religion lui donne pour frères, avant
« que l'autorité les lui donne pour sujets ; et, par là, il con-
« tracte, à la face du ciel et de la terre, l'obligation de nous
« aimer avant que Dieu nous impose celle de lui obéir. »

Quand on se souvient de la situation où était alors l'Église
catholique, de la captivité de son auguste chef, de l'exil
ou de l'incarcération de ses plus généreux défenseurs, des
craintes fondées de malheurs plus grands pour la religion,
dont les esprits les plus fermes ne pouvaient se défendre, on
trouvera bien du courage dans ces paroles adressées à un
prince devant lequel la terre se taisait. Si l'abbé Rey parle
des victoires de ce conquérant, il ne les considère qu'à la
lumière de la foi, et selon les vues de cette Providence qui
veille sur les empires et distribue à ceux qui les gouvernent
le génie et la force, le courage et les succès qui doivent
conduire les événements vers les fins qu'elle se propose.
Mais partout on aperçoit qu'il a besoin d'être consolé et de
consoler les fidèles de ces victoires qui prolongeaient les
épreuves de la sainte Église.

Mgr Dessolles, quoique ami de Napoléon, couvrait, avec plaisir, de l'autorité de son nom vénéré, des lignes qui étaient une protestation assez claire, quoique indirecte, contre les attentats commis envers l'Église catholique.

Outre ces écrits de circonstance, auxquels l'abbé Rey a donné un intérêt qui est de tous les temps, nous avons encore de lui les pastorales des carêmes et celles que l'évêque adressait à son peuple en faveur des établissements ecclésiastiques de la Savoie.

Le grand séminaire de Chambéry et les petits séminaires de la Savoie étaient pauvres, lorsque l'abbé Rey entra à l'évêché en qualité de secrétaire. Dans l'abaissement où était l'Église, par l'effet d'une révolution qui l'avait dépouillée de ses biens et de cette gloire extérieure qu'elle ne recherche pas, mais qu'elle accepte dans l'intérêt des peuples, et dans des temps où la religion semblait plutôt tolérée que fermement rétablie, on ne voyait s'enrôler dans les rangs du sacerdoce presque aucun des enfants dont les familles fussent dans l'aisance.

De leur côté, les enfants du peuple, réduits aux faibles ressources de leurs familles, auraient vu, pour la plupart, la carrière ecclésiastique se fermer devant eux, et tout espoir de remplir les vides du sanctuaire se fût évanoui. Il était urgent d'aller au secours d'une foule de jeunes gens de bonne volonté, de les prendre au début et de les soutenir jusqu'au terme de leurs études. Mais où puiser les sommes nécessaires à cette œuvre capitale? Le gouvernement, prodigue de ses trésors envers toutes les administrations, était extrêmement parcimonieux lorsqu'il s'agissait de satisfaire aux besoins religieux des peuples. Les anciennes fondations avaient disparu; ce qu'il en restait n'était recouvré qu'avec des difficultés sans nombre : on eut recours à des quêtes. C'est encore à l'abbé Rey que Mgr Dessolles laissa le soin d'exciter l'intérêt en faveur de ses séminaires. Personne n'aurait rempli cette tâche avec plus de succès. *On ne peut rien refuser à un évêque qui demande de la sorte..... Avec un semblable langage, on tirerait, des pierres mêmes, de l'argent.* C'est ce que l'on disait universellement en Savoie, et les dons affluaient à Chambéry. Il fut dès lors possible de fonder de nouveaux établissements, et d'affermir ceux qui existaient. Les vocations se multiplièrent, et pendant que la plupart des évêques de l'empire français se voyaient sans moyens de satisfaire aux besoins des paroisses, celui de Chambéry était à même de remplir les désirs de son peuple, lorsqu'il réclamait des pasteurs. Les excellentes lettres, ou plutôt les mandements de l'abbé Rey, car elles en avaient l'étendue et l'importance, n'eurent pas ce seul résultat de contribuer à la prospérité des séminaires et à l'accroissement du clergé de la Savoie, elles accréditèrent le ministère pastoral, et le rendirent vénérable aux populations, par de nobles et touchantes apologies. Là, le sacerdoce était présenté, aux regards de la multitude, avec le magnifique cortége de ses œuvres et de ses vertus, avec son désintéressement, qui étonne d'autant moins qu'il est plus général, avec son dévouement auquel nulle misère n'échappe, et avec ses lumières qui ont éclairé et civilisé les nations; et si la Savoie, dans un siècle où les ressorts de la subordination et du respect semblent brisés, n'a cessé d'être docile et dévouée à ses prêtres, c'est, en partie, à ces lettres qu'il faut l'attribuer. Elles pénètrent jusqu'au cœur des prêtres, et ils y ont puisé l'intelligence et l'amour des devoirs sacrés de leur saint ministère.

Pendant que l'abbé Rey se vouait ainsi à l'œuvre des séminaires, un incendie consuma le collége de Mélan. Cet établissement occupait les bâtiments de l'ancienne Chartreuse, dont la fondation était due à la piété de Béatrix de Savoie [1],

---

[1] Béatrix de Savoie, fille unique de Pierre, comte de Savoie, et d'Agnès de Faucigny, hérita de la baronnie de Faucigny et l'apporta en dot, en 1241, à Hugues, Dauphin de Vienne. Cette princesse fonda à Mélan, en 1292, un monastère de femmes de la règle des chartreux, fixa le nombre des religieuses à quarante, les dota richement et les fit diriger par sept prêtres des plus éclairés et des plus vertueux du clergé de Savoie. — Béatrix fit ériger un tombeau dans l'église du monastère,

la révolution en avait chassé les pieuses cénobites, et il était devenu une pépinière d'où sortaient chaque année de nombreuses recrues pour le sacerdoce.

Le supérieur, M. Ducrey, n'osant garder les élèves au milieu des ruines, les avait congédiés. Cette mesure était un malheur plus grand que l'incendie même. L'Université n'avait pas vu de bon œil ce collége, et plus d'une accusation avait été portée contre lui. Les rapports des inspecteurs de l'académie de Lyon, en témoignant de la force des études et de l'excelente éducation de Mélan, les avaient néanmoins dissipées.

Mais, cette maison une fois détruite, ses ennemis pouvaient l'empêcher de se relever; la dispersion des étudiants eût refroidi l'intérêt si vif du premier moment; l'abbé Ducrey, réduit à ses propres forces, se serait vu obligé peut-être de l'abandonner pour toujours.

M. l'abbé Rey, ami dévoué de M. Ducrey, ranima à l'instant même son courage, le pressa de rappeler les élèves dans les murailles encore brûlantes : « J'ai déjà, par deux
« lettres, écrit-il à l'abbé Billet [1], professeur au séminaire de
« Chambéry, cherché à électriser fortement le brave abbé
« Ducrey, afin qu'il se hâte de réparer le mal de l'incendie
« et le mal plus grand de la dispersion des incendiés. L'in-
« térêt si légitime que prennent à cet établissement tous
« ceux qui l'ont connu, va se refroidir des trois quarts si le
« cours des études est suspendu, et qu'il n'y ait plus d'enfants
« autour de ces excellents maîtres... Il n'y aura rien de si
« beau, comme rien de plus touchant, que de voir ces braves
« enfants attachés à leur *famille*, s'abriter sous des ruines,
« éteindre, par leurs pleurs, les restes fumants de cette Sion
« chérie, étonner le diocèse par leur persévérance, attendrir
« le bois et la pierre par leur religieuse sensibilité, et forcer
« par là tous les hommes à qui il reste de l'âme, de voler

où elle fut déposée en 1310. Les Dauphins ses successeurs y eurent aussi leur sépulture jusqu'en 1343, époque à laquelle la baronnie de Faucigny passa avec le Dauphiné aux fils aînés des rois de France.

[1] M. Billet, depuis archevêque de Chambéry.

« au secours de cette maison désolée. Il ne lui faut que du
« bois et de la pierre : ces deux objets, une fois *attendris*, ne
« sauraient manquer et arriveront avec abondance.

En conséquence, il proposa une adresse qui alla droit au cœur de M. Ducrey, et fut signée par tous les séminaristes de Chambéry sortis de Mélan. Il la rédigea lui-même et l'envoya. C'était au cœur de l'hiver, à la mi-décembre de l'année 1809. Les élèves furent rappelés ; pas un ne manqua à l'appel. Plus de cent jeunes gens, dans une saison rigoureuse, quittèrent sur-le-champ le foyer paternel, et allèrent gaiement habiter des masures noircies et ruinées, et consoler leurs bons maîtres, par leur présence. Ce que l'abbé Rey avait prévu se réalisa. De tous côtés arrivèrent les secours. *Ce spectacle attendrit le bois et la pierre*, selon l'expression de la foi. Taninge et les communes voisines, touchées du dévouement de ces enfants, fournirent ce *bois* et ces *pierres* et les bras pour les mettre en œuvre. Les étudiants étaient les meilleurs ouvriers : on les vit pleins de joie, aux heures des récréations, transporter les matériaux, aider les maçons, et passer gaiement de l'étude à l'office de manœuvre. Tant une noble et utile pensée trouve d'écho chez la jeunesse.

En peu de temps, Mélan était achevé.

L'Église était alors aux prises avec l'insatiable ambition de Napoléon : l'usurpation du patrimoine de Saint-Pierre, la dispersion du Sacré-Collége, la captivité du pape Pie VII, préoccupaient les esprits et attristaient les cœurs sincèrement catholiques. Cependant, on n'osait s'en entretenir qu'à mi-voix : un mot suffisait à compromettre la fortune ou la liberté. Mais l'abbé Rey ne put dévorer son chagrin dans le silence ; et, plus d'une fois, de son âme oppressée était sorti le cri de la douleur et de l'indignation. S'il n'avait pas été arrêté, c'était grâce à la considération universelle dont il jouissait, à Chambéry. Il ne cacha point son admiration pour la conduite courageuse des cardinaux qui avaient encouru la colère de l'empereur, par leur refus de paraître à son mariage. Les subsides qui leur avaient été accordés, non à titre de grâce mais à titre de justice, ayant été retirés à cette occasion, l'abbé Rey recueillit publiquement, à Chambéry, des aumônes pour les soulager dans leur glorieuse pauvreté. Quand la bulle d'excommunication contre Napoléon eut été fulminée, il en fit faire des copies, qu'il adressa au clergé, et en agit de même pour le Bref au cardinal Maury, afin de prémunir les prêtres et les fidèles contre les dangers du schisme, et ne se laissa nullement intimider par les peines portées contre ceux qui favoriseraient la circulation de ces pièces importantes. *Dieu et l'Église avant tout* : telle était sa maxime. Il entretenait encore une correspondance avec le nonce apostolique, en Suisse, qu'il instruisait des trames ourdies contre la religion et le Saint-Siége ; ses relations avec des personnages éminents de la France et de l'Italie le tenaient au courant des principales affaires de l'époque.

Jusque-là, l'inquiète surveillance du gouvernement impérial ne l'avait pas atteint ; mais au printemps de 1811 son dévouement à la chaire de saint Pierre lui coûta la liberté. Le brave et pieux Berthaud Du Coin, de Lyon, s'était offert à porter au pape, prisonnier à Savone, des dépêches secrètes des cardinaux *noirs*[1] retenus à Paris sous la garde d'une police ombrageuse. L'abbé Rey eut le secret de cette mission ; les dépêches lui furent adressées dans des Heures magnifiquement reliées dont elles faisaient partie. Il les fit parvenir à Savone, où M. Du Coin les glissa dans les mains de Pie VII à la faveur du baisement des pieds. Le succès était complet ; mais un billet écrit de sa main, tombé par l'imprudence d'un correspondant sous les yeux d'un ministre de l'empereur à Turin, éveilla des soupçons. M. Du Coin fut arrêté. M. Rey ne tarda pas à l'être, et les scellés mis sur ses papiers. Il fut conduit à la Préfecture, où il eut à subir un premier interrogatoire. Au moment où il y entrait, on en vit sortir le prétet, M. le baron Fino, qui l'affectionnait singulièrement. Les

---

[1] Ainsi nommés en raison de l'ordre donné par Napoléon Ier de quitter la pourpre aux treize cardinaux qui s'abstinrent d'assister à son sacre.

conseillers, connaissant le motif de cette absence, engagèrent le prisonnier à prendre parmi ses papiers ceux qui étaient de nature à le charger. Profitant de l'avis, il put en faire disparaître plusieurs, et, entre autres, ceux qui eussent gravement compromis le prévôt du Chapitre, M. de Thiollaz.

Pendant que cela se passait, Mgr Dessolles était venu en toute hâte réclamer son secrétaire ; mais ses instances et ses larmes mêmes, n'obtinrent autre chose, sinon que M. Rey aurait pour prison une chambre du séminaire. On ne peut dire ni la douleur de ce bon prélat, ni les soins qu'il mit à adoucir la captivité de cet ami fidèle, de ce compagnon de ses travaux.

La surveillance fut d'abord rigoureuse. Gardé à vue, notre prisonnier ne pouvait faire un pas sans être accompagné d'un gendarme. Dieu avait sur celui-ci des desseins de miséricorde. Les paroles, la patience et la piété de son captif le rappelèrent à la religion qu'il avait oubliée dans le tumulte des camps. Le geôlier de ce nouveau Paul redevint chrétien.

La détention de l'abbé Rey durait depuis trois semaines, lorsqu'il eut à subir un nouvel interrogatoire devant le conseiller d'État Pelet (de la Lozère). Celui-ci lui ayant demandé *s'il se souvenait de la date de telle lettre,* M. Rey répondit *qu'il n'en avait aucun souvenir* (ce qui était vrai). M. Pelet, croyant à un mensonge, lui dit : *Monsieur l'abbé, ce n'est pas la mémoire, mais la sincérité qui vous manque.* M. Rey, sans s'émouvoir d'un outrage qui ne pouvait faire de tort qu'à celui qui se l'était permis, demande à son interrogateur *s'il ne se rappelle pas la date d'un décret de l'empereur,* qu'il lui désigne. (C'était un décret assez récent rendu sur un rapport du conseil d'État, auquel M. Pelet avait pris part.) — *Non, monsieur, il ne m'en souvient pas.* — *Eh bien !* reprit l'abbé Rey, *pour être prêtre je ne suis pas obligé, monsieur, à plus de mémoire qu'un conseiller d'État.*

De cet interrogatoire il résulta qu'au lieu d'une chambre il aurait le séminaire pour prison. Il fit alors chaque matin aux séminaristes une instruction en forme de méditation sur les prérogatives du Saint-Siége, sur la primauté d'honneur et de juridiction des pontifes romains, et sur les devoirs des évêques, des prêtres et des fidèles envers les successeurs de saint Pierre. Les événements d'alors exigeaient que les esprits fussent bien pénétrés de ces principes sur lesquels repose la société chrétienne. L'union intime et pratique avec le Chef suprême de l'Église, et l'union avec Dieu par l'oraison mentale, furent les deux sujets qu'il traita chacun pendant un mois, mettant ainsi toujours ingénieusement à profit les circonstances dans lesquelles il se trouvait pour en faire ressortir la gloire de Dieu, de l'Église et le bien des âmes.

Cependant, peu à peu, sa captivité devint moins rigoureuse. Après avoir eu d'abord une chambre, puis le séminaire pour prison, on lui permit de circuler dans la ville de Chambéry, mais avec défense d'y prêcher. Alors M. Bigex, de concert avec le supérieur du grand séminaire, le chargea des retraites préparatoires à la réception des saints Ordres. M. Rey, dont le premier mouvement était toujours de chercher une excuse dans son incapacité, refusa d'abord, puis donna ces exercices avec un rare succès. Ce fut là son premier pas dans la carrière qui lui a mérité le nom d'*Apôtre du clergé*. Sa prédication, si riche en fruits de salut auprès des simples fidèles, eut plus d'efficacité encore auprès des élèves du sanctuaire. Avec eux, son âme toute sacerdotale était plus à l'aise, et l'amour qu'il avait pour la sainteté de l'Ordre ecclésiastique communiquait à son éloquence un nouveau degré d'élévation.

Depuis près de dix-huit mois il dirigeait les retraites des ordinations, dont les fruits se remarquent encore dans la régularité du clergé de Savoie, lorsque Mgr Dessolles, voulant *reconnaître les services qu'il rendait depuis si longtemps à l'Église, à la religion et à lui-même* (ce sont les paroles du prélat dans sa lettre de présentation), l'appela à remplacer au Chapitre de Chambéry l'abbé Garrelaz qui venait de mourir. C'était la première vacance depuis la formation de ce corps respectable. D'autres circonstances firent remarquer cette nomination. Il fallait, en effet, des considérations puissantes pour que l'évêque distinguât ainsi publiquement un prêtre traité en suspect et presque en criminel d'État. L'approbation du gouvernement était nécessaire ; Mgr Dessolles la demanda avec la confiance que les répugnances de l'empereur tomberaient devant les raisons qui avaient déterminé son choix. Il se trompa. Napoléon ne vit en l'abbé Rey qu'un ennemi, et refusa une approbation qui l'eût honoré. L'évêque maintint sa nomination et laissa la place vacante. Deux ans après, le jour même où la nouvelle de l'abdication de l'empereur arriva à Chambéry, l'abbé Rey fut mis en possession de sa dignité, et le surlendemain, 16 avril 1814, il apprit que le gouvernement provisoire l'avait rendu à la liberté.

De ce moment, le chanoine Rey put reprendre ses prédications ; et le dimanche qui suivit sa délivrance, il parut dans la chaire de la cathédrale, où Chambéry se porta en foule pour entendre son apôtre. Son texte était pris de ces paroles de l'impie, rapportées au treizième psaume : *Non est Deus.* Lorsque, de sa voix solennelle et effrayée, il prononça ces épouvantables mots : *Il n'y a pas de Dieu!* il y eut un frémissement d'horreur dans l'auditoire. Alors, s'emparant de cette première impression, il demanda d'où, de quelle bouche, de quel cœur avait pu sortir ce cri hideux, ces paroles blasphématoires qui glaçaient d'effroi ? « Elles ne sont jamais tombées, dit-il, *des lèvres de l'homme probe, honnête et vertueux, ni même de la bouche du sauvage... D'où viennent-elles donc ? Eh! d'où pourraient-elles sortir, si ce n'est des cœurs avilis par les passions, dégradés par les vices?... La corruption, voilà la mère des impiétés et des blasphèmes...* »

Entrant ensuite dans son sujet, il prouva l'existence de Dieu non par le témoignage des hommes ou le spectacle de la nature, mais par l'histoire des vingt-cinq années précédentes, montrant dans chacun des événements qui avaient fait la terreur ou l'admiration du monde l'empreinte du doigt de Dieu : ici, la justice divine frappant une multitude de coupables et lavant leurs iniquités dans un déluge de sang ;

là, la miséricorde brisant comme un vase d'argile le formidable instrument de la colère du Très-Haut, et partout la Providence allant à ses fins, soit qu'elle apaise ou qu'elle déchaîne les tempêtes, etc. — C'est au début de ce discours qu'il dit, par allusion au silence auquel il avait été condamné : « *Nouveau Zacharie, après être demeuré si longtemps* « *muet, j'ouvre enfin la bouche et je ne sais si désormais je* « *pourrais me taire.* » Il ne se tut plus, en effet.

Jusque-là on avait pu croire à une certaine exaltation dans les opinions politiques de l'abbé Rey ; mais, une fois l'Église affranchie et la religion victorieuse, son esprit rentra dans le repos, car les intérêts de ce monde ne le préoccupaient qu'autant que les destinées de l'Église étaient engagées. En considérant avec quelle promptitude le calme s'était fait dans son âme, il disait : « Mon Dieu ! il me semble que je chéris ten-« drement votre sainte Église ; » ajoutant, avec cette humilité qui était son sentiment habituel : « Et pourtant, combien « je suis indigne d'elle ! »

Mgr Dessolles ayant ordonné des prières en actions de grâces du rétablissement de la paix, l'abbé Rey fut chargé d'écrire le mandement. Il y fit une éloquente peinture des maux qu'avaient endurés l'Église et la société, et des maux plus affreux réservés à l'une et à l'autre par l'ambition d'un conquérant. « La religion éplorée, dit-il, voyait chaque jour diminuer le « nombre de ses enfants, on étouffait sa voix, on eût voulu « corrompre jusqu'à ses oracles, et dans le silence de sa dou-« leur on lui faisait un crime de ses propres gémissements.

« L'Épouse de Jésus-Christ, l'Église catholique redeman-« dait en vain ses princes et son auguste chef ; les prisons « de la France avaient succédé aux palais de Rome ; la voix « du père commun des fidèles ne pouvait plus arriver jus-« qu'à ses enfants ; le ciel voyait ses larmes, mais personne « sur la terre ne pouvait les essuyer ; et si des promesses in-« faillibles n'avaient rassuré les cœurs chrétiens, le désespoir « aurait remplacé la confiance, ou bien le monde aurait fini, « puisqu'il ne doit durer qu'autant que durera l'Église..... »

Si l'abbé Rey exalte avant tout les intérêts de l'Église, il n'oublie cependant ni sa patrie ni les princes qui, pendant huit siècles, en avaient été la gloire et les délices. « Le bon-« heur de l'Église n'est pas le seul qui vous attendrira, dit-il « aux Savoisiens; vous ne serez pas insensibles à celui de la « France, dont vous avez partagé les malheurs. Comme elle, « vous attendez un père... il sera accordé à vos vœux ! *Huit* « *siècles de bienfaits* avaient accoutumé votre patrie *à son* « *gouvernement paternel... vous le verrez renaître.* » Dans toute cette page, l'abbé Rey retient sa plume; mais il en dit assez ; il en dit même beaucoup au nom de Mgr Dessolles, qui n'appréhendait rien tant que de voir la Savoie séparée de la France.

Le traité de Paris du 30 mai 1814 trompa en partie l'espoir des Savoisiens. La Savoie fut scindée en deux parts, dont l'une, connue sous le nom de *département du Léman*, fut rendue à ses anciens rois, tandis que l'autre, désignée sous le nom de *département du Mont-Blanc*, resta incorporée à la France. Cette scission était affligeante, et autant M. Rey avait applaudi à la *restauration*, autant il était désolé qu'une belle portion de son pays fût exclue des bienfaits qu'elle avait apportés aux autres peuples. Il ne put goûter de repos que lorsque la Savoie, devenue une seule famille, eut été replacée sous le sceptre de ses princes. On se souvient à Chambéry de ses démarches et de ses efforts pour encourager les craintifs, exciter les tièdes et donner une expression aux regrets universels que provoquait un semblable état de choses.

Un des motifs de sa conduite était l'amour de ses rois qu'il ne séparait pas de l'amour de sa patrie, *parce que*, disait-il, *cette distinction me paraît une hérésie en politique, comme c'en serait une, dans la religion, de distinguer l'Église de son chef, et, dans la nature, de séparer la famille de son père.* Il était affermi dans ces sentiments par des raisons d'un ordre plus élevé encore; la forme du gouvernement que Louis XVIII apportait à la France n'était à ses yeux qu'un ferment de discorde et un principe de ruine. D'autre part, les calamités qui avaient pesé sur sa patrie, pendant les vingt-deux années de la domination française, les triomphes de l'impiété, en ces tristes temps, l'effrayaient toujours ; la prospérité de la Savoie, sous les règnes de ses princes, contrastait avec l'état de dépérissement où elle était tombée depuis qu'elle était devenue une des provinces de l'empire.

Tandis que l'abbé Rey poursuivait, avec les personnages les plus considérables du clergé, de la noblesse et de la bourgeoisie, la restitution de la Savoie à ses princes, Napoléon reparut sur le continent. Cette apparition répandit l'alarme, et fit craindre pour l'Église de nouvelles persécutions. La fidélité de ses enfants et de ses ministres pouvait avoir à subir des épreuves plus redoutables que celles auxquelles la chute de l'empire avait mis fin ; l'abbé Rey, suivant l'impulsion de sa foi, descendit à la cathédrale, et là, prosterné au pied des autels, il dit au Seigneur : « Mon Dieu ! je me jette entre vos
« bras et je vous conjure de placer en mon cœur les dispo-
« sitions de foi et de confiance, d'amour et de sacrifice, afin
« que ma conduite dans les nouvelles circonstances où je me
« trouve soit digne du double ou plutôt du triple caractère
« dont vous m'avez honoré : je suis chrétien, je suis soldat
« de Jésus-Christ, je suis prêtre de la sainte Église catholique.
« Ah ! mon divin Maître, soutenez-moi par tous ces titres, et
« daignez agréer l'offrande que je vous fais de tout moi-même
« et les serments sacrés que je renouvelle ici sous vos adorables
« regards. Oui, je jure amour, fidélité et dévouement sans
« bornes à Jésus-Christ, mon Dieu, mon Sauveur, et à la reli-
« gion sainte dont il est l'auteur. Je renouvelle tous les ser-
« ments et toutes les promesses que j'ai faits à l'Église catho-
« lique, au souverain pontife et à mon évêque. La dernière
« goutte de mon sang sera répandue, je l'espère, avant que
« j'oublie mes serments et mes promesses. Que Dieu me soit
« en aide ! ! ! » Puis, comme un général d'armée, à la veille d'un combat, il jeta un coup d'œil attentif sur l'état de la Savoie ; ses dispositions le rassurèrent. « La nouvelle persé-
« cution dont nous sommes menacés, écrit-il alors, trouvera

« le diocèse de Chambéry plein de souvenirs religieux et de
« confiance en son protecteur saint François de Sales. » Il
jugea bien. Ferme dans sa foi, la Savoie fut de même inébranlable dans ses principes politiques.

L'exemple que donnèrent les Savoisiens fut si remarquable, que Pie VII, consulté sur les prières publiques ordonnées par Napoléon, répondit de Gênes où il s'était retiré, que, parmi les motifs qui devaient engager à les refuser en Savoie, il comptait le *scandale* qu'elles y causeraient parmi les fidèles.

Cette fidélité eut sa récompense. Les plaintes de la Savoie furent enfin entendues, et le traité de Vienne du 20 novembre (1815) la replaça sous le sceptre tutélaire de ses anciens maîtres.

Mais les démarches de l'abbé Rey pour amener ce résultat avaient déplu à Mgr Dessolles. Ce prélat tenait à la France comme un enfant à sa mère. L'idée de ne plus lui appartenir tourmentait son esprit : il aimait cependant avec tendresse son diocèse, où son cœur de pasteur et de père ne rencontrait que des brebis dociles et des enfants dévoués. Il eût donc désiré une situation où son amour de la Savoie n'eût pas à souffrir de son attachement à la France ; c'était la réunion définitive des deux pays. Sur ce point il y avait une division très-profonde entre lui et son secrétaire. Des sentiments et des désirs aussi contraires ne pouvaient pas rester en présence. L'abbé Rey le comprit, et, pour éviter des discussions toujours regrettables, surtout avec un supérieur qu'on regarde comme un père, il sortit de l'évêché et se retira dans une maison amie [1], emportant la reconnaissance et les sentiments d'une tendresse filiale pour Mgr Dessolles ; mais celui-ci n'oublia pas l'abbé Rey. Deux ans après, ce bon prélat le rappela auprès de lui, non comme secrétaire, mais en qualité de grand vicaire.

---

[1] La maison de la famille de Morand, qui lui fut offerte par Mlle de Morand, tante du comte Joseph de Maistre.

Voici à quelle occasion ; une place dans le conseil épiscopal était vacante par la nomination de M. Bigex à l'évêché de Pignerol (1817). Avant de la remplir, Mgr Dessolles demanda conseil à celui qui l'avait occupée jusque-là avec beaucoup de distinction : *Il y a bien*, dit l'évêque, *l'abbé Rey ; mais...* — *Quel nom, Monseigneur, vous avez prononcé ! il n'en pouvait sortir un plus digne de votre bouche.* A cette réponse d'un prélat dont la prudence et la sagesse étaient proverbiales, Mgr Dessolles repartit : *Eh bien ! dites-lui qu'il vienne me voir.* Rien n'est touchant comme leur première entrevue : Mgr Dessolles lui tendit la main et l'embrassa en lui disant : *Mon cher enfant, nous n'étions pas faits pour vivre séparés l'un de l'autre.*

LIVRE TROISIÈME

DEPUIS LE COMMENCEMENT DES MISSIONS DE L'ABBÉ REY,
EN FRANCE, EN 1815,
JUSQU'A SON ÉLÉVATION AU SIÈGE ÉPISCOPAL
DE PIGNEROL.

CHAPITRE I

Aperçu de l'état où se trouvait le clergé de France après la Révolution. — Portrait de M. l'abbé Rey. — Lettre au duc Matthieu de Montmorency. — Combats intérieurs. — En 1814 et 1815 il évangélise le clergé de Savoie. — Retraite de Grenoble. — Il éprouve une étrange hallucination. — Il prêche le carême, à Lyon, en 1817. — Conversion d'une dame athée. — *Société des Amis.* — Retour à Chambéry. — Quatrième retraite à Grenoble, puis à Valence, et à Viviers. — Ses fatigues. — Réponses sur ce sujet. — Fragment de lettres à M. Perrin.

Avec la restauration de l'ancienne monarchie, en France, était venu le moment de ranimer la société défaillante. Pour accomplir cette œuvre, il y avait beaucoup d'excellents prêtres, et quelques élèves du sanctuaire ; mais ceux qui avaient échappé à la tourmente ne formaient pas un clergé compacte, attaché à ses chefs, et animé du dévouement nécessaire, en un mot, un sacerdoce.

La Savoie avait été moins profondément atteinte ; le mal était assez grand cependant pour exiger de prompts remèdes. Le petit nombre des prêtres n'avait pas permis aux supérieurs ecclésiastiques de montrer, pour l'admission aux saints Ordres, la sévérité dont ils auraient fait usage en des temps ordinaires ; fixer la durée des études en toute rigueur, n'était pas possible, et, quant aux qualités requises, la disette des sujets était telle, qu'on avait dû se montrer indulgent.

D'autre part, un certain nombre de jeunes gens, pour échapper aux guerres d'extermination de l'Empire, avait, pour ainsi dire, forcé l'entrée du sanctuaire. Qu'on ajoute à ces causes la nécessité d'utiliser pour les immenses besoins des peuples, les ouvriers qui n'étaient pas essentiellement inhabiles, quelquefois d'anciens religieux, peu instruits, trop étrangers à la vie active et dévouée du prêtre séculier, et on aura une idée de la situation du clergé de cette époque.

Ces différentes causes eurent de très-fâcheux effets, atténués, néanmoins, par la haute sagesse de l'administration diocésaine, les soins de vénérables ecclésiastiques, confesseurs de la foi et modèles des vertus de leur état, ainsi que par les lettres pastorales dont il a été fait mention [1] ; les retraites prêchées, pendant onze années, avec un succès prodigieux, par M. Rey, firent le reste. Le clergé de Savoie conserva la réputation que lui avait léguée l'ancien sacerdoce, formé par l'esprit et sur les exemples de saint François de Sales.

Tandis qu'une sanglante persécution avait si fatalement décimé le clergé de France, en Savoie, l'esprit public avait contenu les flots de l'impiété. Au centre même des villes, le mal avait eu un contre-poids dans l'attachement du peuple à l'Église. L'évêque constitutionnel du *Mont-Blanc*, Panisset, fut poursuivi par des huées au milieu des rues d'Annecy ; il dut s'enfuir de sa prétendue ville épiscopale et se retirer à Lausanne. Il y publia cette rétractation célèbre, qui fut le premier et le plus rude coup porté à l'Église schismatique. L'émigration des prêtres savoisiens fut moins nombreuse qu'en France, où elle avait été presque générale, en raison de ce que les prêtres poursuivis et désignés à la haine publique,

---

[1] Livre second.

par le gouvernement révolutionnaire, y couraient les plus grands dangers. Une grande partie avait affronté l'échafaud pour la foi, avec une constance héroïque [1]. Le reste du clergé avait plus ou moins respiré l'atmosphère d'incrédulité de l'époque; il y eut à déplorer quelques défections. Les longs débats qui avaient eu lieu à la suite de la déclaration de 1682, en mettant en discussion l'autorité du pontificat suprême, avaient relâché les liens de subordination envers la sainte Église romaine.

Le jansénisme avait profité de la situation créée par la querelle des quatre articles; à la faveur de l'affaiblissement de l'obéissance due au Siége apostolique, il put, sans trop froisser l'opinion universelle, faire une opiniâtre opposition aux bulles et aux constitutions des souverains pontifes qui condamnaient leurs doctrines. Les parlements, séduits par le plaisir si doux à l'orgueil de corps d'abaisser la plus haute puissance qui soit au monde, prirent le parti de la révolte contre l'autorité du Vicaire de Jésus-Christ, jusqu'au moment où le Seigneur sembla, dans sa colère, laisser se déchaîner les aveugles passions des hommes.

La Révolution éclata : une partie du clergé, entraînée par de fallacieuses promesses, se relâcha de l'esprit de soumission à l'égard des évêques. Quelques-uns de ceux-ci entrèrent dans une voie de résistance et d'indépendance du Saint-Siége.

Si, à l'apparition de la *constitution civile du clergé*, l'épiscopat protesta contre cette œuvre destructive de la hiérarchie ecclésiastique, quelques membres du clergé du second ordre qu'elle élevait au premier rang, n'éprouvèrent pas contre elle la même répulsion.

Le schisme constitutionnel y avait recruté certains partisans, quoique l'immense majorité eût adhéré aux réclamations de l'épiscopat. Heureusement pour l'Église, les révolutionnaires n'ayant gardé aucune mesure, leurs excès

---

[1] Les limites de cet ouvrage ne nous permettent pas de faire connaître l'admirable conduite du clergé français; on en trouvera les détails dans un ouvrage de M. l'abbé Guillon, intitulé : *Les Martyrs de la foi.*

dessillèrent bien des yeux. Beaucoup d'ecclésiastiques, trompés d'abord, apercevant ensuite l'abîme, reculèrent épouvantés. Quelques autres, sans condamner leur première démarche, se tinrent à l'écart, dès que l'impiété eut jeté le masque. Le reste, engagé trop avant, persévéra dans son opiniâtreté schismatique, jusqu'au jour où les retraites sacerdotales levèrent les obstacles à son retour à l'unité.

Au rétablissement du culte (1802), les évêques nommés aux divers siéges, pressés, d'une part, par le gouvernement consulaire, effrayés, de l'autre, à la vue de tant de paroisses privées de pasteurs, se prêtèrent à des accommodements. Ils ne jugèrent pas devoir être plus difficiles que le pape, qui avait donné l'institution canonique à sept ou huit évêques constitutionnels, et confièrent des paroisses à plusieurs prêtres entachés de schisme.

Cet état de choses, loin de s'améliorer, avait empiré par les tentatives de Napoléon pour diviser le clergé et s'en faire un auxiliaire contre le souverain pontife. A la chute de l'Empire, l'Eglise de France était dans une situation critique. La nécessité où nous avons vu l'évêque de Chambéry d'utiliser les débris des Ordres religieux, et d'accélérer les ordinations pour porter de prompts secours à des populations abandonnées, avait été bien plus impérieuse pour les évêques de France, où les vides du sanctuaire étaient plus grands, les vocations au sacerdoce plus rares, et les besoins plus nombreux.

En ces conjonctures affligeantes, les retraites ecclésiastiques se présentèrent comme le moyen le plus efficace de guérir les plaies de l'Église, parce qu'il était le plus propre à rassembler les membres divisés du sacerdoce, et à faire de tous un seul corps fortement uni aux évêques et au souverain pontife.

Mais, pour reprendre et diriger les retraites interrompues par le malheur des temps, il fallait un saint Vincent de Paul ou un apôtre tel que le Seigneur a coutume d'en susciter lorsque son Église court de graves périls, ou lorsqu'elle a de grandes ruines à réparer. L'abbé Rey semblait avoir été destiné d'en haut à l'accomplissement de cette œuvre. Son esprit était prompt; sa pensée, secondée par une riche imagination; son cœur, vaste, sensible, brûlait de charité. Sur sa physionomie mobile, se reflétait en chaire la majesté des sujets qu'il traitait. Robuste de tempérament, sa voix forte s'imprégnait facilement de douceur. Sa taille était élevée; son front imprimait le respect; et, pour compléter tant d'avantages naturels, il possédait une connaissance étendue des saintes Écritures et des Pères, une vue claire et un sentiment profond du devoir et de la dignité du prêtre. Sa foi lui rendit comme *palpables* les choses d'en haut, et le remplit d'un zèle dévorant pour la sainteté du sacerdoce de Jésus-Christ. Telles furent les qualités qui distinguèrent l'abbé Rey, et qu'il devait faire servir à la gloire de la sainte Église.

A tant de dons, il joignait une longue expérience du ministère, des charges pastorales dont il avait rempli les fonctions pendant plus de vingt ans, et la connaissance des difficultés du gouvernement d'une paroisse et d'un diocèse. Il pouvait encore présenter à ses frères de sacerdoce un apostolat plein de périls, l'exil et la prison endurés par son attachement à l'Église et au Saint-Siége, et avec une légitime confiance, il eût été fondé à leur dire : Soyez mes imitateurs, comme je l'ai été moi-même des Apôtres et de tous les bons prêtres qui ont bien mérité de la religion.

Ses mérites, ses œuvres, sa réputation déjà faite, n'étaient cependant pas une préparation suffisante à une si haute mission. L'or de sa charité devait encore passer par le creuset, et comme les succès dont le Seigneur allait couronner ses travaux auraient peut-être été un écueil pour son humilité, il fallait qu'elle eût des racines assez profondes pour défier les tempêtes de l'orgueil, si dangereuses à la hauteur où il allait être élevé. En effet, précisément vers le temps dont nous parlons, il fut assailli par une tentation, d'autant plus redoutable qu'elle avait son principe dans son cœur même, dont la sensibilité était extrême. La mort de quelques

amis, le refroidissement de quelques autres, avaient fait, autour de lui, un vide immense ; son âme était en proie à une sorte de désolation. Laissons-le, lui-même, nous peindre son état : « J'ai besoin de vous, ô mon Dieu ! (ce sont ses gémis-
« sements qu'il consignait dans un manuscrit intitulé : *Re-
« mèdes contre l'orgueil*) je n'en puis plus ! C'est pour me
« soulager que je viens répandre ici ma pauvre âme sous
« vos adorables regards. Vous seul sondez toute la profon-
« deur des maux de mon cœur ; hélas ! vous seul pouvez
« les guérir. Ayez pitié d'un malheureux à qui vous avez
« donné une foi aussi sincère et même aussi vive. O mon
« Dieu ! sans ce don précieux, j'aurais déjà perdu la vie ou
« la raison, car la situation où je suis depuis sept à huit
« mois, présente des circonstances où je n'étais plus séparé
« que d'un degré de la mort ou de la folie... J'ai vu et
« comme touché du doigt mon néant. Rien ne saurait
« peindre ma situation dans ces moments cruels. Il ne me
« restait plus d'autre sentiment et d'autre pensée que ce qui
« m'était inspiré par cette conviction, où j'ai toujours été,
« de l'extrême justice de Dieu dans tout ce qui nous arrive
« de maux et de douleurs. Oui, mon Dieu ! c'était la seule
« consolation, alors possible pour moi, que de pouvoir dire :
« Dieu n'a pas tort, Dieu ne peut pas avoir tort, personne
« n'est justifié devant lui... Oui, mon Dieu, je suis abîmé de
« douleur, et vous avez raison. Mon besoin est d'inonder ce
« papier de mes larmes, et vous avez raison. O le Dieu, qui
« ne pouvez pas avoir tort, ayez pitié de moi ! Hélas ! je ne
« sais comment finira la tempête, mais ce que je sais c'est
« que c'est vous dont il est dit : *Motum fluctuum ejus tu mi-*
« *tigas*, et puis vous serez toujours juste, quoi qu'il arrive.
« Oh ! mon adorable maître, que ne suis-je en état de pa-
« raître devant vous ! J'oserais vous demander d'abréger des
« jours qui vont devenir si cruels pour moi. Et, pourtant,
« *vous êtes juste, Seigneur, et j'ai connu que vos jugements*
« *sont l'équité même, et que c'est dans votre vérité que vous*
« *m'avez humilié ; mais aussi que votre miséricorde se hâte*

« *de me consoler...* Que je suis à plaindre!... Mais, mon
« Dieu! je ne murmurerais pas quand même vous m'isole-
« riez de tout l'univers. »

Nous avons trouvé les mêmes sentiments dans une lettre
qu'il écrivit, en 1813, au duc Matthieu de Montmorency :

« L'intérêt si vif et si touchant que votre âme sensible
« prend à la situation de la mienne, mon digne et respecta-
« ble ami, sans me guérir, me soulage infiniment. Né pro-
« fondément sensible, j'ai dû m'attendre à être quelquefois
« profondément malheureux. Ce n'est pas la première épreuve
« de ma vie, mais c'est la plus forte ; et, aujourd'hui comme
« toujours, c'est dans la foi que je professe que je trouve un
« refuge contre le mal que me fait la nature. Je crie vers
« Dieu mille fois le jour, et il y a longtemps que l'homme
« aurait succombé si le chrétien ne l'avait soutenu. J'ai beau
« être comme incorporé avec les angoisses, la religion est là
« qui me montre une justice infinie et une bonté sans limites
« dans toutes les dispositions de la Providence sur moi. Dès
« lors je me tais, je souffre et j'espère... Dieu seul est le mé-
« decin des âmes ; ma confiance en lui est déjà un don de sa
« miséricorde : il daignera l'exercer en entier sur moi, et
« votre pauvre ami savoyard chantera de nouveau le can-
« tique des consolations qu'il a perdues. J'aime à compter
« autant sur vos prières que je dois compter sur votre intérêt,
« et il me sera doux de penser que je dois à votre religieuse
« amitié le retour des beaux jours que le bon Dieu m'aura
« accordé par vos ferveurs. Du reste, nous appartenons à
« Dieu pour la vie et pour la mort, et j'espère ne voir jamais
« la plus légère révolte dans mon âme contre la main sacrée,
« adorable et miséricordieuse qui ne paraît s'appesantir que
« pour nous sauver en nous humiliant. Dieu seul est tou-
« jours juste, Dieu seul ne peut cesser d'être bon, cela suffit
« à ma réflexion en attendant que le bonheur vienne luire
« sur mon cœur.

« Je vous demande pardon, mon tendre ami, de vous en-
« tretenir ainsi de moi ; vous m'y provoquez par votre ami-

« tié, et si je suis indiscret, votre bon cœur me le pardon-
« nera. »

Un des fruits de cette épreuve, qui dura trois ans, fut un amour plus ardent de la religion. « Oui, mon Dieu, il me
« paraît (c'est ce qu'il a écrit dans le manuscrit mentionné
« plus haut) que l'amour de votre sainte religion s'enracine
« dans mon âme en proportion des douleurs dont elle est
« accablée. »

Un second fruit non moins précieux fut une connaissance plus claire de l'impuissance et du néant de la nature, et, par là, la mortification de l'amour-propre si redoutable à tous, si vivace dans les âmes ardentes, si difficile à soumettre, que ce n'est guère que par la mort que les âmes les plus justes en sont entièrement délivrées. « Je vous remercie, disait-il au
« Seigneur, mais ne permettez pas que cette *poignante leçon*
« soit sans fruit. Je viendrai quelquefois lire ces pages [1], elles
« respireront encore l'odeur de mon néant et empoisonne-
« ront le ver de mon orgueil. »

Dès lors, il entendit toujours au dedans de lui-même comme une voix qui lui parlait de la mort et lui donnait une grande défiance de ses propres forces. Ce témoignage permanent de sa faiblesse le préserva des dangers de ses futurs triomphes.

Ainsi préparé, il commença l'œuvre des retraites sacerdotales. Il évangélisa, en 1814 et 1815, le clergé de la Savoie. Malgré l'agitation des esprits, produite par les changements survenus en Europe et au milieu des siens, il captiva à un haut degré ses graves auditeurs. On sembla ne pas douter un instant que Dieu lui-même l'inspirait. — Deux ou trois ecclésiastiques venus à ces exercices pour faire acte de présence, mais avec la volonté de fermer leur cœur aux impressions de la vérité, furent des premiers à rendre hommage, par leurs larmes et leur conduite, à cette prédication contre laquelle ils avaient résolu de se défendre jusqu'à la fin.

Mgr Simon, évêque de Grenoble, ayant ouï parler des

---

[1] Manuscrit : *Remède contre l'orgueil.*

grâces qui accompagnaient le ministère de l'abbé Rey auprès des prêtres, l'appela au secours des siens. Il motiva un refus par le sentiment de ce qu'il appelait *son incapacité*. Le prélat s'adressa à l'évêque de Chambéry, qui fit des difficultés. Repoussé sur ces deux points, il recourut à M. Bigex, qui, à force de démarches, lui obtint ce qu'il souhaitait avec tant d'ardeur.

Nous avons déjà parlé de M. le vicaire général Bigex, nous en parlerons encore, parce qu'il a été, par ses conseils et ses encouragements, de moitié dans les œuvres de M. Rey, cet enfant de son zèle, cet ami de son cœur.

Avant de partir pour sa mission de France, M. Rey demanda à son évêque, par une lettre, sa bénédiction épiscopale comme gage des miséricordes du ciel sur ses travaux. Il ne se serait pas mis en route sans cette bénédiction qu'il appelait le *viatique* du prêtre.

Muni de ce secours, M. Rey partit vers l'automne de 1815, pour ouvrir à Grenoble la première des retraites pastorales qui eut lieu en France depuis la révolution de 93. Auprès du respectable clergé de ce vaste et beau diocèse, l'apôtre de Chambéry eut cet empire irrésistible que le Seigneur communique à ses envoyés extraordinaires. Ce ton des prophètes, cette foi dont en lui chaque geste, chaque mot était un éclair, cette onction qui touchait les cœurs des feux qui les embrasaient, domptèrent toutes les résistances. « Pour moi, j'avoue,
« dit Monseigneur de Besançon, qu'ayant souvent eu le désir
« et la volonté de faire des extraits de ses sermons, après les
« premiers mots j'étais tellement ravi et hors de moi, que je
« ne pensais plus qu'à savourer et à écouter. »

La retraite de Grenoble fut une rénovation des cœurs. Les prêtres sortirent de ce cénacle tels que saint Chrysostome nous peint les premiers chrétiens au sortir de la Table eucharistique, ne respirant que les ardeurs du zèle et terribles à l'enfer. Mais M. Rey paya cher ces triomphes de la grâce. Les angoisses des dernières années se renouvelèrent avec une intensité qui lui arracha, plus d'un mois après, ces paroles :

« Grand Dieu ! quelle page je tracerais si je racontais la ter-
« rible scène de Grenoble pendant cette retraite où vous
« avez daigné bénir un pauvre prêtre tout brisé par ses
« maux ! Ah ! mon Dieu ! je me jette entre vos bras et créez-
« moi une seconde fois. » C'étaient les douleurs de l'enfantement. Pour mettre au monde un sacerdoce nouveau, le premier prêtre s'est fait victime ; ses successeurs ne peuvent
rien dans le même ordre que par le même moyen.

Monseigneur de Grenoble goûtait le bonheur si doux au cœur
d'un évêque de voir une multitude de prêtres sur lesquels sa
sollicitude se reposerait avec sécurité du salut de son troupeau. Voulant donner au prédicateur une marque éclatante
de sa reconnaissance qui fût en même temps un lien qui l'at-
tachât à son Église, il le nomma chanoine honoraire de sa
cathédrale et le mit lui-même en possession de cette dignité,
en lui disant « que par ces droits honorifiques, qu'il lui
« conférait avec une indicible joie, il en acquérait lui-même
« de beaucoup plus précieux au dévouement de son zèle et
« aux fruits de son éloquence. » Et aussitôt, en vertu de *ses
droits*, il lui fit promettre de prêcher, l'année suivante, la
station du carême dans sa cathédrale, et une seconde retraite à son clergé.

Un des amis de M. Rey, l'abbé Vuarin, curé de Genève,
instruit de la mission qu'il devait remplir à Grenoble, et persuadé qu'il serait appelé en d'autres villes de France où l'incrédulité avait fait de larges plaies, lui conseilla de préparer
des discours philosophiques ou purement dogmatiques. Ce
conseil de l'amitié ne fut pas goûté. Cette manière d'instruire,
dont on ne peut contester l'utilité en quelques circonstances
rares et auprès d'un auditoire exceptionnel tel que celui qui
se pressait aux conférences du curé de Genève, avait, au jugement de l'abbé Rey, l'inconvénient des attaques de front.
Il ne croyait pas l'incrédulité aussi répandue qu'on le suppose communément, et, selon lui, elle était moins un doute
de l'âme qu'une fanfaronnade de l'esprit et un prétexte de
s'affranchir des devoirs chrétiens. Cependant, il ne dédaignait

pas les ressources du raisonnement. Son esprit, cultivé par l'étude et l'enseignement de la philosophie et de la théologie, les maniait avec habileté, mais sans les laisser apercevoir, car il craignait d'affaiblir l'éclat des vérités saintes qui portent avec elles-mêmes leur justification. Il se contentait ordinairement d'exposer la doctrine dans des tableaux pleins de vie, et, pendant qu'il attirait fortement les esprits par la richesse et l'élévation des pensées ou par des éclairs et des saillies qui reposaient et réjouissaient à la fois son cœur, avec un langage vif et tendre, il allait droit aux cœurs des assistants, s'en ouvrait les portes et en demeurait vainqueur.

L'abbé Rey eut, sur les diverses classes de la société, pendant ses prédications du carême, le même ascendant que sur les prêtres. Tel fut l'entraînement, que bien des personnes passaient le jour à la cathédrale pour avoir une place au sermon du soir. Souvent l'auditoire fondait en larmes, et quelquefois les sanglots interrompaient l'orateur. Mais, ce qui valait encore mieux, c'est que les confesseurs suffisaient à peine au nombre des pénitents; et, du milieu de cette foule de toute condition et de tout état, il ne s'élevait pas d'autre bruit que celui d'une prière fervente sortant des cœurs humiliés et contrits.

Cependant, l'abbé Rey était triste; il s'imaginait qu'il divaguait en chaire. Les louanges qui lui venaient de tous côtés, il les attribuait à une bienveillance excessive et n'y voyait que des encouragements. Ni les mouvements qui se faisaient autour de lui, ni les scènes les plus touchantes qui se passaient à la cathédrale, ne purent faire tomber le bandeau qui lui couvrait les yeux.

Avant d'aller à Grenoble, et pendant la route, il avait demandé à Dieu avec instance de ne pas permettre qu'il mît sa confiance ailleurs que dans ses miséricordes. Il lui avait dit, juré même, qu'il préférait mille fois les opprobres, l'anéantissement même, au moindre sentiment réfléchi de vaine gloire. Le Seigneur avait exaucé la prière de son humilité, et donné pouvoir au démon de lui persuader qu'il occupait inutilement à Grenoble une chaire où d'autres auraient fait beaucoup de fruit, que la sagesse prétendue de ses discours n'était que folie. Sous l'impression de cette pensée, il écrit à M. Bigex une lettre où, après lui avoir peint sa situation sous les couleurs les plus sombres, il le conjurait de lui envoyer, sans délai, un remplaçant. Le grand vicaire, versé dans le discernement des esprits, reconnut aussitôt ce qui était la vérité ; mais, craignant aussi que l'excès des fatigues ne fût pour quelque chose dans ces illusions, il envoya à la place de l'abbé Rey le respectable abbé Pillet. Son arrivée surprit extrêmement l'évêque et son Chapitre, qui ne savaient rien de la tempête qui s'était élevée dans le cœur de leur apôtre. Par leur industrieuse charité, ils dissipèrent les ténèbres qui couvraient son esprit et relevèrent son courage. Ses prédications furent continuées avec les succès que nous avons racontés.

Chose remarquable ! les sermons pendant lesquels il croyait ne débiter que des folies furent ceux qui eurent les plus consolants résultats. Les paroles suivantes du manuscrit déjà cité en font foi : « Pourrai-je, ô le Dieu des miséricordes
« infinies, oublier ces jours du 6 et 7 mars, où, anéanti par
« l'expérience de la plus cruelle et de la plus méritée des
« humiliations, vous avez, par un vrai miracle aux yeux de
« ma foi et de ma reconnaissance, changé en gloire l'igno-
« minie profonde et publique à laquelle je me sentais lié, au
« sortir de chaire, après ce délire de sermon. Ah ! mon Dieu !
« dire un monstre serait me traiter trop honorablement, si
« je venais à oublier ou à méconnaître vos faveurs ! » Ces paroles, écrites plusieurs mois après l'événement, nous montrent qu'il n'était pas encore revenu alors de sa première impression.

L'abbé Rey quitta Grenoble, emportant les bénédictions de ses habitants et du clergé. Mgr Simon eût bien voulu le retenir auprès de lui et l'associer à ses sollicitudes, mais il fallait se séparer, et le vénérable prélat, le serrant dans ses bras, versait des larmes de reconnaissance et de regret.

De retour à Grenoble, cette même année 1816, l'abbé continua auprès du clergé l'œuvre qu'il avait commencée l'année précédente. L'auditoire était renouvelé et plus nombreux, sans que l'évêque eût recouru à des ordres ou à des exhortations; la réputation du prédicateur l'en avait dispensé. Il eut seulement à prendre des mesures pour empêcher les ecclésiastiques qui avaient profité des exercices de 1815 de venir à la retraite de 1816, leur présence étant nécessaire à la garde des paroisses. Par là, en une année, tout le clergé de cette partie du Dauphiné fut retrempé dans la ferveur; les liens de la discipline se resserrèrent; l'union des prêtres entre eux et avec leur évêque et le souverain pontife devint plus intime, et le gouvernement ecclésiastique fut facile et doux, là où peu auparavant il rencontrait de fréquents et presque invincibles obstacles.

On accourut à cette retraite des diocèses voisins, de Lyon, de Digne, de Valence et même de Chambéry, où l'habitude d'entendre le *Missionnaire des prêtres* (c'était le nom sous lequel l'abbé Rey était déjà connu) n'ôtait rien au désir de l'entendre encore; car tel était le prestige de son éloquence, que les mêmes sermons entendus sept à huit fois avaient à la fin les mêmes attraits qu'au commencement. C'était un bien religieux spectacle que ces assemblées des prêtres du Seigneur : les uns dans la fleur de l'âge, les autres, en bien plus grand nombre, sur le déclin des ans, quelques-uns, véritables confesseurs de la foi pendant la grande tribulation, tous saintement avides de recueillir la moindre parole qui s'échappait des lèvres du saint missionnaire.

Monseigneur de Grenoble et un de ses vicaires généraux prirent deux ou trois fois la parole, mais sans chercher à exprimer autre chose que leur reconnaissance envers leur apôtre dont ils célébraient les rares talents et la sainteté. Ces louanges étaient sur toutes les lèvres. M. Rey, parlant à un de ses amis des panégyriques dont il était le héros, lui dit : « Plus heureux
« que Charles-Quint, qui se fit ensevelir pendant sa vie, je
« me suis fait canoniser pendant la mienne : c'est toujours

« autant de fait, et je me crois bien le premier dans le ca-
« lendrier de ces sortes de saints. Ah! mon cher enfant! vous
« ne croyiez pas que j'irais si vite... Hélas! je tremble de
« tous mes membres, qu'afin que tout soit prodigieux dans
« cette affaire, on ne voie un jour ce grand saint en enfer...
« Ah! mon Dieu! ce mot me réveille, et je ne puis plus sou-
« tenir la plaisanterie. »

A la fin de cette seconde retraite, Mgr Simon, du haut de la chaire de la cathédrale, demanda en son nom et au nom de son diocèse à l'abbé Rey de lui donner sa parole pour l'année suivante. A une prière faite de la sorte, le zélé missionnaire ne put se refuser : il promit donc, mais avec les réserves de droit. Il prêcha à Grenoble les retraites pastorales des années 1817, 1819 et 1821.

Le bruit des merveilles du carême et des deux premières retraites de Grenoble s'étant répandu au loin, l'abbé Rey reçut des demandes pour des avents, pour des carêmes, pour des prédications au clergé de plusieurs villes de France. Il se rendit à l'invitation du respectable curé de Saint-François de Lyon, l'abbé Juillard, pour la station quadragésimale de 1817. Comme saint Paul à Athènes, comme saint Pierre à Rome, il parut à Lyon tout plein du Dieu qu'il venait y annoncer. « Me voici dans une grande ville, écrivit-il à un ami,
« m'y trouvant toujours plus petit, mais tout consolé de
« n'être qu'un point sur cette pauvre terre, parce que Dieu
« seul est grand, et que je suis certain que sa tendre et pa-
« ternelle providence prend soin de moi et ne m'oubliera pas
« plus dans une ville de quelques centaines de mille âmes,
« que dans la modeste vallée de nos chers souvenirs[1]. En
« vérité, mon ami, je ne sais imaginer ce que peut penser
« de lui-même l'homme qui, parmi les centaines de ses sem-
« blables qui lui sont à peu près étrangers, ne trouve pas
« dans son cœur l'anneau de la religion pour se rattacher à
« Dieu... Oui, à Dieu ; il me suffit, et, comme je ne cherche

---

[1] Bellevaux.

« que lui partout, je l'ai trouvé ici. » Par ces sentiments de l'orateur, on peut juger de ses prédications ; l'effet en fut profond ; toute la ville courait à Saint-François. Quand le prédicateur descendait de chaire, la foule, pénétrée de vénération, s'estimait heureuse de pouvoir toucher au moins ses vêtements. Guidé par son humilité, l'homme de Dieu disait avec un sourire aimable : *Vous voudriez bien avoir de mes reliques, mais les bonnes canonisations ne se font qu'après la mort.*

Un témoin digne de foi autant qu'appréciateur éclairé, M. Juillard lui-même, écrivait à une de ses parentes à Paris : « Dieu a envoyé dans ma paroisse, là tout auprès de moi, un
« éloquent, un infatigable prêtre, dont le zèle inépuisable et
« la plus touchante charité nous font entendre tous les jours
« la parole divine avec tant de charmes et un attrait si puis-
« sant, que notre église, heureusement agrandie de près de
« moitié, ne peut contenir la foule empressée des auditeurs…
« Je n'ai rien entendu, je n'ai rien lu même de plus propre à
« émouvoir, à persuader, à convertir, à entraîner. Ce n'est pas
« la pureté, l'élégance soutenue de Massillon, ce n'est pas la
« dialectique profonde de Bourdaloue, la douceur onctueuse
« de Fénelon ; c'est le plus heureux mélange de toutes ces
« qualités, sans que l'esprit, l'art ou l'imitation se laissent
« voir. L'orateur est si plein des saintes Écritures, qu'il
« semble ne rien tirer de lui-même. C'est toujours l'Esprit-
« Saint qui parle. Il y a un tel choix dans tout ce qu'il lui
« emprunte, que tout concourt au développement de son
« sujet qu'il ne perd jamais de vue. Toutes ses comparaisons,
« et elles sont nombreuses, sont d'une justesse frappante,
« viennent à l'appui de ses raisonnements, sourient à l'esprit.
« Que ne puis-je vous communiquer l'impression que cet
« homme de Dieu (sa vie est la pratique de ce qu'il ensei-
« gne) fait éprouver à son auditoire ! » Après quelques avis donnés à la personne à laquelle il écrit, le curé continue :
« Pardon, je reviens à mon apôtre ; deux mots encore : Ce
« qu'il y a de remarquable dans ses inspirations, car ce ne

« sont pas des compositions de l'esprit, toutes ces paroles
« sortent du cœur ; ce qu'il y a de remarquable, c'est qu'il
« n'est point au-dessus de la classe illettrée, et que, sans au-
« cun effort, il se trouve toujours au niveau des oreilles les
« plus délicates. Il s'entretient quelquefois, souvent même
« avec son auditoire, et chacun, en son langage, ferait la
« même réponse. On ne perd pas un mot de l'extrémité de
« l'église. La nature ne l'a pas doué d'un organe très-flexi-
« ble, et cependant il varie les tons de la manière la plus
« naturelle et avec beaucoup d'effets. Il a des *mon Dieu !* aux-
« quels les plus insensibles ne sauraient résister. En cet
« apôtre, pas une intonation, pas un geste faux ; toujours
« harmonie entre le sentiment, l'action et la parole. »

Les conversions furent nombreuses : des hommes appartenant aux divers rangs de la société, des jeunes gens, des
vieillards incrédules, abaissèrent l'orgueil de leur esprit devant les enseignements de l'Évangile, et en remplirent dès
lors les obligations. *Dans l'espace de quarante ans*, disait un
ancien du sanctuaire, vicaire de Saint-Nizier, *je n'ai pas
compté autant de retours à Dieu que pendant les quarante
jours de prédication de l'abbé Rey.* Des femmes distinguées
selon le monde, qui, jusque-là, avaient fait servir les grâces
de leur esprit à infiltrer dans les cœurs le poison de l'incrédulité, se déclarèrent pour la religion et réparèrent courageu-
sement le mal de leurs discours et de leurs exemples. Une
dame étrangère à Lyon, où elle était de passage, alla un jour
à l'église de Saint-François, et, avant la fin du discours, elle
avait rendu les armes aux mains de la miséricorde divine.
Elle écrivit au prédicateur : « J'étais, Monsieur, à votre ser-
« mon du premier dimanche de carême ; l'athéisme du cœur,
« cet athéisme pratique dont vous avez peint avec tant de
« force et d'éloquence les dangers, cet athéisme, dis-je, est
« depuis bien des années mon état habituel. Il vous était ré-
« servé de toucher le cœur jusque-là si coupable, si rebelle.
« Homme de Dieu ! achevez votre ouvrage ! que votre cha-
« rité m'écoute, m'encourage, me console et me fortifie.

« Je vous en conjure, ne soyez pas rebuté en apprenant
« que j'ai eu toute la perversité et toute l'audace dans le mal
« que donne cet esprit de philosophie puisé dans nos plus
« dangereux auteurs. Je dois ajouter que, vaine et orgueil-
« leuse, je frissonne à la seule pensée des aveux humiliants
« qu'il me faudra faire. Venez à mon secours, soyez média-
« teur entre le ciel et moi. Je serai chaque jour, entre onze
« heures et midi, près de la chaire d'où sont sorties les pa-
« roles qui ont ébranlé mon cœur, et qui me déterminent à
« une démarche dont je suis effrayée sans que je puisse la
« regretter. »

L'abbé Rey, se réservant tout entier, à l'exemple des apôtres, à la prière et à la prédication, refusa de l'entendre.
Cette illustre inconnue revint à la charge, mais de manière à
rendre un second refus impossible. « Non!... ah! j'avais osé
« espérer... j'étais trop présomptueuse... je suis rejetée sous
« de vains prétextes... O mon Dieu! que devenir! mon âme
« vous cherchait... Les premiers accents de votre voix n'ont
« point été étrangers à mon oreille, et, tandis que vos paroles
« pénétraient mon âme, un sentiment intérieur et indéfinis-
« sable me disait : Voilà celui que tant de fois tu as de-
« mandé à Dieu... voilà le ministre dont l'ardente charité,
« la piété vraie et le zèle éclairé, guideront tes premiers pas
« dans les voies du repentir et de l'expiation... voilà celui
« dont la main, saintement cruelle, sondera sans fai-
« blesse les plaies hideuses qui défigurent ton âme... O mon
« Dieu! elle était donc trompeuse cette voix!... Non, non,
« je ne puis le croire, ou tout ne serait qu'illusion... Je l'en-
« tends encore retentir au fond de mon cœur, cette voix...
« Elle me dit : Tu seras humiliée, parce que tu le mérites...
« tu seras rejetée peut-être, mais persévère.

« Homme de Dieu! vous avez fait naître en moi repentir,
« confiance et courage; et quand vous seul pouvez soutenir
« ces heureuses dispositions, quand en vous seul j'espère
« pour m'ouvrir les portes du ciel, vous m'abandonnez! Oh!
« je vous en conjure, pesez bien dans votre sagesse les con-

« séquences d'un refus, et craignez de vous repentir un jour
« de vos rigueurs. Vous me dites : Adressez-vous aux ver-
« tueux ministres qui m'entourent... Mais je ne connais per-
« sonne que vous ; car, je vous le répète, vous n'êtes point
« un étranger à mon âme... Depuis longtemps je vous cher-
« chais, et lorsque je vous ai trouvé, lorsque la voix de Dieu
« me dit : C'est lui qui ressuscitera ton âme devenue cadavre
« par le péché mortel, c'est lui qui te tendra une main se-
« courable pour franchir le gouffre qui te sépare de ton créa-
« teur... O mon père ! d'après cette conviction, pourriez-
« vous encore me rejeter ?

« C'est au milieu de la nuit, et inondée de mes larmes, que
« je trace ces lignes dictées par le trouble de ma conscience
« et l'incertitude de mon sort... O mon père ! encore une
« fois, laissez-vous fléchir par mes prières... Mon Dieu !
« mon Dieu ! n'abandonnez pas votre créature et préservez-
« la du malheur affreux de mourir avant d'être ressuscitée
« à la grâce ! »

Les cris de détresse que fit entendre dans une seconde lettre à l'abbé Rey cette âme suspendue sur les abîmes, ne pouvaient laisser insensible le plus sensible des hommes, le prêtre au cœur brûlant de charité. « Oui donc, lui répondit-il,
« puisque vous le voulez absolument ; Dieu saura me rendre
« le temps que je vous accorderai, et la belle éternité où
« mon cœur aimera un jour tendrement le vôtre suffira à
« tous les deux pour tous les sacrifices que nous devons au
« salut. Certes ! je ne prétends pas en faire un en vous écou-
« tant ; votre âme devient la récompense de la mienne et la
« conquête de Jésus-Christ. Dieu sera avec vous, ne crai-
« gnez rien. » Et pour ôter au démon le temps d'étouffer ou d'affaiblir ces saintes dispositions, il avança l'heure où il la remettrait entre les bras de la clémence divine.

De retour dans sa ville, où l'on ignorait sa conversion, elle se déclara hautement chrétienne en présence de la brillante société dont elle avait été l'âme, et devant laquelle elle avait fait plus d'une fois profession d'incrédulité. On pense bien que le monde l'abandonna : elle s'en réjouit, car la solitude, la prière, les douces communications avec Dieu avaient seules des attraits pour elle.

Dès l'époque de sa conversion jusqu'à sa mort, qui fut précieuse aux yeux du Seigneur, elle entretint avec son charitable confesseur une correspondance où l'on admire les sublimes vertus auxquelles cette âme forte s'éleva en peu de temps sous sa direction. Les humiliations furent ses délices, et la croix l'objet de ses plus chères méditations. Elle n'eut plus qu'une ambition, celle de suivre Jésus-Christ par la voie sanglante du Calvaire ; elle eût poussé aux derniers excès les mortifications, si, toujours docile aux avis de son directeur, elle n'eût fait de l'immolation de sa volonté la règle de sa conduite.

Ces victoires ne se gagnaient pas sans combat ; les épreuves de Grenoble se renouvelèrent à Lyon. Quoique moins violentes, elles le furent pourtant assez pour lui arracher ces mots : « Mon Dieu ! humiliez en moi l'homme ; écrasez-le, j'y consens, je le veux, mais exaltez le prêtre ! »

Les douces joies ne manquèrent pas aux jours de ses désolations. L'évêque de Mayence le félicita, par une lettre, d'avoir été choisi de Dieu pour être son oracle auprès des peuples et des prêtres, l'exhortant à continuer sa sublime carrière ; il lui envoyait une image de l'apôtre des Indes, au revers de laquelle il avait écrit de sa main : *Amicus amico*, 1817 [1], et lui demandait la faveur d'être compté parmi ses amis et associé aux mérites de ses œuvres.

D'autres douceurs lui furent réservées. Les jeunes gens consacrés à Marie et aux œuvres de charité, lui exprimèrent le désir de le compter parmi les membres de leur association Il se rendit à leurs vœux et assista à leurs pieuses réunions. La première fois qu'il parut au milieu d'eux, il fut d'abord embarrassé par la difficulté de trouver des paroles pour ces cœurs déjà tout séraphiques.

[1] L'ami à son ami.

« Je reviens, écrivit-il à un ami au sortir de l'assemblée, « non du troisième ciel, comme saint Paul, mais bien « certainement du premier. Ç'a été une fête divine ; les anges « sans nul doute n'ont pas d'autres jouissances ; il n'y a de « différence que dans l'intensité. » Lui-même fut, selon l'expression des assistants, *ineffable* dans son langage.

Chaque année l'association lui adressait une lettre pour avoir une réponse qui fut nommée le *mandement de l'amitié*. Lorsqu'il eut été élevé à l'épiscopat, cette réponse était reçue comme un message venu du ciel et lu dans l'assemblée générale, le jour de la fête de l'association. C'était le bouquet de la solennité [1].

Les deux jours qui précédèrent le départ de l'abbé Rey, sa chambre fut encombrée par de pieux visiteurs qui venaient le remercier et recevoir sa bénédiction, en répandant les larmes de la reconnaissance et de la douleur. Il fut profondément attendri. Voici ce qu'il écrivait quelque temps après à un de ses amis : « Lyon! Lyon! jamais les vrais et sensibles « Israélites n'ont senti leur cœur palpiter aussi vivement que. « le mien, au souvenir de cette *Sion* chérie! Lyon! oui, mon « ami, c'est le nom auquel se rattachent désormais mes plus « religieux souvenirs ; et, après le nom de chrétien, celui de « Lyonnais produira toujours la plus vive impression sur « mon cœur. »

Rentré depuis quelques mois dans son pays, l'abbé Rey en repartit pour sa mission auprès du clergé français. Grenoble le vit pour la quatrième fois ; il passa de là à Valence, l'un des diocèses les plus maltraités par la Révolution. Il y prêcha deux retraites : l'une à Romans et l'autre à Crest. Les fruits de la première portèrent M. Devie, vicaire général de Valence [2], à solliciter la seconde, que M. Rey accorda moins

---

[1] Ces lettres ou *mandements* sont au nombre de vingt-trois à vingt-quatre. Leur publication serait un service rendu à la littérature et à la piété.

[2] l'abbé Devie, mort en 1852 évêque de Belley, après vingt-neuf ans d'épiscopat.

aux prières de son digne ami, qu'à l'urgence des besoins; car sa santé était un peu ébranlée.

A Crest, un couvent délabré servit de local : les familles de l'endroit fournirent le mobilier nécessaire. C'est au milieu de ces ruines et avec mille privations qu'eurent lieu les exercices. M. Rey, qui se taisait sur ses retraites, aimait à parler de celles-ci ; mais seulement pour exprimer son estime envers M. Devie, aux vertus et aux prières duquel il en attribuait les succès.

Le schisme avait causé bien des maux dans ce beau diocèse de Valence. Moins heureux que beaucoup d'autres, la restauration du culte et la paix rendue à l'Église, en 1801, l'avaient laissé à peu près en l'état où la Révolution l'avait mis. Un évêque [1], qui, dès le commencement des troubles religieux, s'était rangé parmi les ennemis de l'Eglise, et qui, jusqu'à l'année qui précéda sa mort (1817), n'avait abjuré aucune des erreurs condamnées par la bulle *Auctorem fidei* de Pie VI, avait rendu impossible le rétablissement de la discipline. Quand ce prélat, revenant à de meilleurs sentiments, eut appelé dans son conseil l'abbé Devie, les affaires ecclésiastiques du diocèse prirent insensiblement une nouvelle face. Cependant le mal était toujours très-grand. Les prêtres constitutionnels étaient nombreux, et, parmi eux, il n'y avait presque plus d'autre vestige de l'esprit sacerdotal qu'un reste de foi. Cette mèche encore fumante devint, grâce à la sagesse de M. Devie, au zèle et à l'éloquence de M. Rey, un flambeau qui ranima et féconda cette Église stérile et mourante.

M. Devie avait compris qu'il essayerait en vain des réformes, si les cœurs n'étaient disposés à les accepter. Les prédications de M. Rey eurent ce résultat. En assouplissant les volontés, elles rendirent les réformes plus faciles à l'administration diocésaine. Pendant cette retraite de Crest, dont nous parlons, le conseil épiscopal fut dans une cruelle perplexité

[1] M. Becherel, *évêque constitutionnel de la Manche*, nommé, à la suite du concordat, évêque de Valence, mort en 1818, après avoir fait sa rétractation.

au sujet d'un ecclésiastique qui, pendant de longues années, avait donné les plus graves scandales à sa paroisse. L'impression qu'il reçut de la retraite en fit un autre homme. L'abondance de ses larmes attestait la sincérité de son repentir. Il donna un bel exemple, en se mettant à la disposition de ses supérieurs pour qu'ils fissent de lui ce qu'ils jugeraient à propos. Là était la difficulté : le renvoyer dans sa paroisse, c'était l'exposer aux occasions qui l'avaient perdu ; le placer ailleurs, les scandales restaient sans réparation. Le conseil ne sachant à quel parti s'arrêter, M. Devie en appela à l'opinion de l'abbé Rey. Celui qui avait su exciter un si beau repentir s'y confia, après un instant de réflexion et de prière : « Qu'on « renvoie cet ecclésiastique dans sa paroisse, dit-il ; avec les « sentiments dont il est animé, il n'y a plus pour lui d'occa- « sions prochaines ; et, s'il s'en rencontre, il aura le courage « de les retrancher. Il réparera le mal de sa conduite pas- « sée par l'édification de sa conduite à venir ; le théâtre de « ses scandales doit être celui de ses vertus. »

Cette décision hardie était une inspiration divine. Le premier dimanche qui suivit le retour de ce prêtre dans sa paroisse, il fit du haut de la chaire amende honorable de ses désordres ; les flétrit avec l'accent du plus sincère repentir, et en demanda pardon à son peuple. Son discours fut entrecoupé par ses sanglots et ceux des assistants qui en reçurent une grande consolation. Persévérant dans la voie où il venait de rentrer, il fut jusqu'à sa mort le modèle et la lumière de sa paroisse.

De Crest, l'abbé Rey passa dans le département de l'Ardèche, où il évangélisa les prêtres des diocèses de Viviers, de Mende et d'Avignon.

Au séminaire de Viviers, au milieu de la plus nombreuse réunion d'ecclésiastiques qui eût été vue jusqu'alors, l'éloquence de l'homme de Dieu dépassa tout ce que la renommée en avait raconté. L'émotion des cœurs ne se peut dire, depuis le premier jusqu'au dernier jour de la retraite, les cœurs étaient pénétrés. A la clôture, qui eut lieu, comme de coutume, à la cathédrale, peuples et pasteurs fondirent en larmes.

Mais la scène la plus touchante fut celle où ces respectables ecclésiastiques, renouvelés dans la ferveur des premiers jours de leur sacerdoce, vinrent remercier leur apôtre : les uns baisaient avec transport sa soutane ; les autres, à genoux, et sanglottant, lui déclaraient qu'ils ne se relèveraient que lorsqu'il les aurait bénis ; tous, affamés de l'entendre, le suppliaient de leur dire encore quelques paroles. C'était à qui lui donnerait plus de marques de reconnaissance, de tendresse et de vénération.

La gloire de ces étonnants succès, loin d'éblouir l'abbé Rey, l'enfonçait de plus en plus dans son néant : « Dieu seul
« *est*, répétait-il, il n'y a que néant là où il n'est pas ; et je
« deviens confus et honteux à proportion que sa miséricorde
« bénit mon ministère. » Aux titres d'apôtre, d'homme saint et incomparable, il opposait ses titres à l'abjection et au mépris. « Oui, je deviens un grand homme, en France, répon-
« dit-il aux félicitations d'un ami, bon gré, malgré moi ;
« hélas ! je pourrais ajouter, bon gré, malgré l'évidence et le
« sens commun ; mais le Dieu que je sers est le grand Dieu ;
« dès lors il peut tout faire avec de petites choses, ayant fait
« le monde de rien. D'ailleurs, le cœur sacré, le sang ado-
« rable, la Vierge sans tache, l'Ange conducteur... O mon
« ami ! avec de tels secours, avec de tels aides, étonnez-vous
« que je devienne un *grand* homme. » Les feuilles publiques ayant parlé de ses retraites avec éloge : « Hélas, écrivait-il au
« même, ce n'est pas sur les gazettes qu'un bon prêtre doit
« être touché de voir son nom ; mais c'est sur le livre de vie
« qu'il doit chercher un petit coin pour son éternité. Aidez-
« moi à l'obtenir, et ne cessez de prier le Dieu de nos cœurs
« d'avoir pitié du mien. »

Cet ami lui ayant fait des reproches sur les dangers que courait sa santé parmi tant de travaux, il lui répondit :
« Vous voyez ma santé d'une manière trop humaine, et ce
« sentiment de votre part, outre qu'il m'afflige, dépare très-
« certainement le nœud tout divin qui nous lie. Voilà mon
« mot, gravez-le dans votre cœur... Qu'est-ce que la santé

« d'un pauvre prêtre placé vis-à-vis de la sanctification d'un
« millier de prêtres, et par suite de plusieurs millions d'â-
« mes!... Souvenez-vous bien que je ne veux que *Dieu*, que
« je ne cherche que lui; et dès lors votre piété doit seule
« présider à vos jugements sur cet article... Me reproche-
« riez-vous d'abréger ma misérable vie pour m'assurer une
« vie véritable? Oh! mon ami, je veux me sauver, réparer
« le temps perdu et faire dans mon état ce que tant d'autres
« font bien mieux dans leur profession du monde. On ne
« leur reproche pas leurs fatigues, parce qu'elles sont pour
« la fortune. Et moi, misérable, on me reproche mes sueurs
« parce qu'elles sont pour l'éternité... » A diverses remontrances du même genre, faites avec non moins d'instance
par M. Perrin, il répondit : « Dieu aura pitié de ma pauvre
« âme, et pour cela je ne ménagerai jamais mon misérable
« corps : il sera bien plus maltraité au cimetière, et la chère
« éternité me dédommagera de tout. » Il n'avait nul souci
de ce corps terrestre; il le traitait comme un vil esclave et
n'en parlait qu'avec un souverain mépris.

Ainsi que saint Paul, et avec tous les cœurs véritablement
catholiques, il ne croyait jamais avoir fait assez. Oubliant la
route qu'il avait parcourue, il ne songeait qu'au chemin qui
lui restait à faire : « Je veux travailler, tandis que j'ai un peu
« de forces, écrivait-il encore, à la veille de son départ pour
« sa cinquième mission de France; je tremble de paraître
« les mains vides devant mon juge. Je viens de lire la vie de
« saint François Régis; je suis perdu, si c'est là mon mo-
« dèle. »

Le Vivarais, qui l'avait vu en 1817, le revit en 1818. Il
s'agissait alors d'évangéliser le clergé de plusieurs diocèses.
Le vaste séminaire de Viviers peut aisément loger trois à
quatre cents ecclésiastiques : sa position centrale entre Valence, Mende, Nîmes et Avignon offrait aux prêtres de ces
contrées toute facilité de profiter des exercices religieux.
Ils y vinrent en grand nombre. Il n'y eut pas d'obstacle qui
tint devant l'éloquence de l'apôtre de Chambéry : l'obstination

dans le schisme, la fausse honte de revenir sur ses pas et de sortir des voies malheureuses où quelques-uns d'entre eux avaient été engagés, tout céda avec une promptitude qui avait les caractères du miracle. Le plus difficile obtenu, le reste alla comme de soi-même; les cœurs, une fois touchés, étaient vaincus. Là, comme dans le Dauphiné, les larmes et les sanglots trahirent les secrets et profonds déchirements des âmes. Un ecclésiastique qui avait suivi la retraite, disait au saint prédicateur : *Ah ! monsieur l'abbé, je vous dois plus que la vie !* Un autre : *Mon Père ! j'étais un aveugle, vous m'avez rendu la vue, et maintenant je vois ce que je n'avais jamais connu : le prix du sacerdoce et la sainteté du prêtre de Jésus-Christ.* Et ils tombaient à genoux, en lui demandant sa bénédiction.

Ces impressions étaient durables : la parole de Dieu sur les lèvres de M. Rey pénétrait si avant dans les âmes qu'elle y restait comme un germe fécond des vertus sacerdotales. M. Devie, qui présida la plupart de ces retraites, écrivait, quelques années après, que la *persévérance la plus précieuse et la plus inattendue de la part de ceux qui avaient le plus marqué dans la Révolution, ne permettait pas de douter que Dieu ne fût avec M. Rey, et qu'il ne l'eût choisi pour être le sauveur du clergé.* Il reprochait à notre apôtre, comme un larcin fait aux prêtres, ses prédications aux peuples, lui disant : *Que son ministère ferait plus de bien dans une retraite pastorale de huit jours que dans dix carêmes de quarante.*

En entendant ces paroles, et d'autres dans le même sens, qui lui furent adressées de divers côtés, M. Rey regretta beaucoup de ne pouvoir se consacrer à l'œuvre des retraites pastorales, à l'exclusion de toute autre. Il était enchaîné, par l'obéissance, aux volontés de son évêque. Le besoin qu'il avait de la coopération d'un ouvrier si utile dans le gouvernement de son diocèse, était cause qu'il ne l'accordait que très-difficilement aux sollicitations de l'épiscopat français. Cependant, l'année suivante, il le céda de nouveau, à Grenoble et au Puy.

Relativement à Grenoble, c'était presque une dette de reconnaissance ; l'évêque de cette ville se prêtant, de la meilleure grâce du monde, à conférer les Ordres aux lévites que Mgr Dessolles ne pouvait plus ordonner, à cause de l'affaiblissement de sa vue. Quant au Puy, la demande venait des Sulpiciens, qui dirigeaient le séminaire, et l'abbé Rey n'avait pas oublié les soins qu'il en avait reçus à Fribourg, en Suisse, pendant la Révolution. *Je leur dois*, dit-il à son évêque, *mon cœur de prêtre ; il est juste que je le leur rende.* Le cœur du prélat comprit celui de M. Rey, et il ne fit pas de résistance.

En allant au Puy, il revit Lyon, où les amis qu'il y avait laissés, en 1817, avertis de son passage, s'étaient préparés à le fêter, de la manière qu'ils savaient lui être plus agréable. Nous le laisserons raconter son bonheur : « O mon ami !
« un volume, deux volumes, trois volumes... ne diraient pas
« la journée que je viens de passer dans cette ville unique,
« inconcevable. C'était la fête des saints martyrs de Lyon...
« Ah ! les Irénée, les Photin, les Alexandre, les Épipode, les
« Blandine, les mille, deux mille, vingt mille martyrs... Et
« j'ai dit la sainte messe sur le tombeau de saint Irénée...
« J'ai dit deux mots à l'Evangile... J'ai communié une pleine
« église de saints... Ah ! mon ami, je succombe... J'ai passé
« deux journées inexplicables... J'arrive de l'Association de
« Lyon... Mes bons Lyonnais me feraient tourner la tête de
« bonheur, si, auprès d'eux, la tête s'agitait comme le cœur.
« Quels aimables chrétiens ! »

On devine assez ce que durent être ces *deux mots* après l'Evangile, et le langage qu'il parla devant l'Association des Amis. Un de ses membres disait naguère que *tout fut ineffable*.

Au Puy, la situation de la ville, perchée sur un rocher, ses alentours, ses avenues, les sites variés, nouveaux pour lui et extraordinaires, mais surtout les traces encore évidentes des pas de saint François Régis ; dans ces lieux, les mœurs, les usages, les institutions du Vélay, tout empreints de la foi

des anciens temps, qui annoncent hautement qu'un homme de Dieu a passé par là et y a laissé son esprit. Ces scènes de la nature, ces souvenirs de la piété et du zèle donnèrent un nouveau degré à la ferveur de M. Rey. « Je suis à Dieu, je
« veux être à mon Dieu, mandait-il à M. Perrin. Ma foi,
« mon cœur crient vers lui ; aidez-moi à être à Celui qui
« est... à Dieu, à mon Dieu, à notre Dieu, dans qui je suis à
« vous et près de vous, quoiqu'à quatre vingts lieues de dis-
« tance. »

A ces ardeurs de l'amour divin, il est aisé de comprendre ce que dut être la retraite du Puy. Notre apôtre, en terminant les exercices, présenta solennellement du haut de la chaire de la cathédrale, à un peuple immense, le vénérable clergé du Vélay, et lui montra, dans ses prêtres fervents, ses pasteurs, ses pères, ses anges conducteurs. Tout fut touchant, et sa voix se perdit plus d'une fois au milieu des accents de la douleur et du repentir.

Son voyage, par les brûlantes chaleurs de juillet, ses émotions à Lyon, au Puy, les fatigues de la prédication, éprouvèrent si fortement son tempérament, qu'il crut devoir rassurer ses amis : « J'ai invoqué la sainte Vierge, si vénérée
« au Puy, saint Régis, qui y a passé sa vie, écrivait-il à l'un
« d'eux, et me voilà très-tranquille et à Dieu et à mon Dieu. »

La santé n'est pas de précepte, disait souvent M. Rey, *mais bien le travail et les douleurs.* Il ne savait pas prendre de repos, il ne le voulait pas ; nous trouvons sans cesse dans ses lettres des élans semblables à ceci : « Mon Dieu ! Dieu de
« mon cœur, Dieu de mon éternité, je me consacre à vous
« tout entier... pour toujours ; aidez-moi à m'immoler tout
« à vous, pour que le monde, le malheureux monde, n'ait
« rien en moi qui lui appartienne. »

C'est dans ces dispositions de sacrifice qu'il prêcha la quatrième retraite de Grenoble ; Dieu la bénit : elle fut marquée au coin des plus grandes miséricordes.

A mesure que M. l'abbé Rey s'efforçait de faire passer dans les âmes les sentiments de foi, de soumission à la révélation divine, à l'institution de l'Église, à ses sublimes enseignements, à son incomparable doctrine, il se sentait pénétré de plus en plus de ces vérités saintes, et se les incorporait en quelque sorte; ses pensées, son âme, son cœur en étaient uniquement remplis. L'époque des fêtes de la sainte Église excitait toujours plus les sentiments que la méditation développait dans son cœur. On retrouve dans sa correspondance intime avec M. Perrin, ces touchants élans de sa foi et de sa piété. Nous en extrayons quelques passages :

Le Vendredi-Saint. « Quel jour! et la foi et la sensibilité peuvent-elles suffire au spectacle qu'il nous rappelle : les sueurs, les larmes, le sang du Fils de Dieu!... les verges, les épines, la croix, ah! quels souvenirs! quelle méditation! Je laisse votre cœur sur ce calvaire où il y a tant d'amour... à Dieu, à ce Dieu crucifié pour nos âmes; à lui sans réserve et sans limites; oui, à lui tout entiers et toujours. » (18 mars 1818.)

Pâques. Alleluia, alleluia, alleluia! « C'est dans le ciel que se chante ce saint et divin cantique. C'est dans le ciel, âme chérie, où nous le chanterons un jour, et toujours : oui. Ah! j'en jure par le sang adorable de Jésus-Christ, mon maître, mon frère... de par le sang de Jésus-Christ... »

Noël et la Crèche. « L'amour est celui de tous ses attributs auquel il nous a accordé de pouvoir un peu répondre, et le bonheur d'aimer n'est autre chose que le bonheur de répondre à un amour infini... Allez voir, jeudi, à minuit, ce qui se passe dans une humble crèche; interrogez tout, autour de ce berceau sacré, et dites-moi s'il y a assez d'amour! Que de choses divines, brûlantes et éternelles vous lirez sur les bords de cette crèche en entendant ces paroles de l'Église : *Qui propter nos homines et propter nostram salutem descendit, etc.* » (21 décembre 1818.)

« ... Dieu, notre Dieu, est devenu tout pour nous, et voilà l'infini dans nos lettres, l'infini dans une seule ligne, l'infini dans un seul mot, ah! l'infini dans le seul souvenir, quel que soit le signe qui le fait naître. Mon ami! j'éprouve une sorte de frayeur en songeant au premier moment où nos âmes se compénétreront dans l'éternité ; ah ! rien ne sera nouveau quant à la jouissance, mais tout sera si extraordinaire quant à la mesure, qu'il est indubitable que notre frêle machine succomberait en un clin d'œil, si elle avait lieu dans la mortalité. Tout cela est exactement vrai. Vous le comprenez, parce que vous le sentez ; mais si l'union de nos âmes doit produire en nous de tels effets, dites-moi, si vous l'osez, si vous le pouvez, ce qu'il en sera de l'union avec Dieu, ce qu'il en doit être de la communion de l'union avec Jésus-Christ... Vos lettres, sur ce sujet, ne m'étonnent plus, et fussent-elles mille fois séraphiques, elles resteront toujours au-dessous du mystère, et ne seront que l'enseigne du bonheur. » (28 déc. 1818.)

Ajoutons quelques lignes où se peint si admirablement l'affection qui unissait en Dieu M. l'abbé Rey à l'ami de son cœur.

« ... J'étais si plein de vous aujourd'hui que j'étais presque en scrupule à l'autel, non de vous associer à ce qu'il y a de plus sacré, mais de penser presque exclusivement à vous... Non, mon Dieu, non ! que mon cœur soit anéanti, si aucune pensée, si aucun sentiment y précédait ceux que je vous dois... Mon Dieu, mon tout, Dieu de mon être, de mon salut, de mon éternité... vous étiez tout cela avant que j'eusse appris à vous dire : *Dieu de mon ami !* Ah ! ce dernier titre me vient aussi de votre amour ; et le bienfaiteur sera toujours, dans ma reconnaissance, avant le bienfait. » (Lettre du 30 décembre 1818.)

CHAPITRE II

M. l'abbé Rey prêche, en 1820, des retraites ecclésiastiques. — Fatigues, *sueurs de sang*. — Ce que M. l'abbé Rey appelle *son délire*. — Admirables résultats de sa retraite.— Il est nommé chanoine honoraire de Bordeaux. — M. Daviau aux pieds de l'abbé Rey. — Travaux en Savoie.—Retraites pour les dames. — Conversion éclatante.—Audience du roi Victor-Emmanuel. — Rétablissement des capucins en Savoie. — M. Rey est nommé vicaire général. — Dévotion au sacré Cœur. —Il défend les intérêts catholiques contre les protestants. — Le canton de Genève est démembré du diocèse de Chambéry pour être joint à celui de Lausanne. — Mandement sur la religion des tombeaux. — Trait de vigilance. — Oraison funèbre du roi Charles-Emmanuel IV. — Lettre du comte A. de Maistre. — L'abbé Rey est nommé chevalier de Saints-Maurice-et-Lazare. — Lettre au sujet de la mort du duc de Berry. — Il perd son ami le comte Joseph de Maistre.

L'année 1820, l'archevêque de Chambéry s'étant montré plus facile à condescendre aux vœux des évêques de France, l'abbé Rey donna les retraites ecclésiastiques de Mende, du Puy, de Bordeaux, de Viviers et de Valence. Il commença sa course au mois de juillet et ne la finit qu'avec le mois de septembre. Ainsi, près de trois mois de prédications et de voyages dans une saison et des pays où les chaleurs sont déjà un supplice. Quelques-unes de ces Églises comprenaient alors deux ou trois diocèses; il y eut jusqu'à trois ou quatre cents prêtres pour auditeurs. Partout la grâce accompagna ses pas et enfanta des prodiges. Aux souffrances du corps se joignirent constamment les souffrances plus cruelles de l'âme. Sa vie était un martyre. C'est à ce prix que le Seigneur met les bénédictions qu'il accorde aux œuvres des hommes de sa droite. « Dieu me tient par terre, écrivait-il de Mende ; mais « à ses pieds : ah ! cela suffit... »

La retraite de Mende montra l'abbé Rey plus animé de l'esprit de Dieu, plus éloquent que jamais ; elle dépassa les espérances. « Je n'ai jamais vu, écrivait notre apôtre à M. Per-« rin, confident habituel et unique de ses pensées, je n'ai « jamais vu les cœurs creusés aussi profondément par l'Es-« prit-Saint. »

Cependant, il y avait là des difficultés qui ne s'étaient pas rencontrées ailleurs : un tiers à peine des deux cents ecclésiastiques inscrits pour la retraite avait pu être reçu dans le local restreint du séminaire ; les autres étaient logés dans la ville, où des distractions inévitables devaient naturellement mettre obstacle à l'efficacité de la parole divine, qui ne pénètre les âmes que par le silence et le recueillement des sens. Mais Dieu était là, et les prêtres, au sortir des prédications, traversaient les rues, aussi recueillis qu'ils l'eussent été au fond d'un cloître, tant était vive l'impression des vérités qu'ils venaient d'entendre. Les autres effets ne furent pas moins remarquables : les divisions causées par la *Constitution civile du clergé* s'effacèrent, et les cœurs se réunirent dans un même sentiment de charité fraternelle et d'attachement aux chefs de la hiérarchie ecclésiastique. « Je fais ici connaître le pape, « mandait-il à son ami ; c'est un autre monde que ce pays-ci, « et le *pape* n'y était presque pas connu [1]. »

Son départ de Mende fut accompagné de circonstances touchantes. Ces respectables prêtres s'étaient attachés à lui comme à un ami, à un père, à un sauveur. Ils eussent voulu ne s'en pas séparer ; ils l'entouraient, le comblant des mar-

---

[1] Le mot *pape* a, dans la pensée de M. Rey, une double signification. Il désigne d'abord le souverain Pontife, et, là où il est souligné, il marque l'ouvrage célèbre du comte de Maistre, dont les doctrines ont tant contribué à resserrer ou à rétablir les liens qui doivent toujours unir les Églises particulières à l'Église de Rome, la mère et maîtresse de toutes les Églises.

ques de leur tendresse et de leur vénération, s'agenouillant devant lui pour en être bénis, se relevant pour couvrir des baisers de leur reconnaissance ses mains et ses vêtements, et, pleurant à chaudes larmes, ils ne pouvaient lui dire adieu. Monseigneur de Mons[1] enchérit sur ces témoignages de respect et de gratitude ; ce pontife, une des gloires de l'épiscopat français, ne l'appelait que *son père*.

De Mende, l'abbé Rey alla au Puy pour la seconde fois. Ses visites en y arrivant furent, selon sa coutume, pour les églises. Jésus-Christ le premier partout, le premier en tout, le premier toujours. C'était sa règle ; il l'adora dans les huit églises de cette ville, et plaça sa mission sous la protection de leurs titulaires, des anges gardiens et de Marie, à laquelle le Puy est si dévoué.

Nous ne dirons qu'un mot de cette retraite, de peur de nous répéter. Les ecclésiastiques du Puy, sous le charme des discours de leur prédicateur, eussent bien désiré le suivre : l'un d'entre eux, membre de la congrégation de Saint-Sulpice, voulut absolument l'accompagner jusqu'à Clermont, afin de prolonger la douceur de ses entretiens et de recueillir encore quelques-unes des paroles qui tombaient de ses lèvres, et qui avaient la variété des goûts et la suavité d'une manne toute céleste. La séparation fut déchirante. Il se jeta aux genoux du missionnaire des prêtres et en reçut une dernière bénédiction. En vain il essaya de parler, les sanglots étouffèrent sa voix.

Au Puy, ainsi qu'à Mende et partout où il avait prêché, il s'était déclaré avec force en faveur du Saint-Siége, soit du haut de la chaire, soit dans les conversations particulières et publiques. Il n'y avait ni erreurs, ni préjugés qui tinssent devant l'ardeur de son attachement à la chaire de saint Pierre. De l'exposition des droits et des prérogatives des successeurs du Prince des Apôtres, il ne manquait point de venir à la pra-

---

[1] Monseigneur de Mons, alors évêque de Mende, puis archevêque d'Avignon, où il est mort.

tique et d'indiquer ce que ces mêmes droits exigeaient de vénération et de soumission aux actes et aux décisions émanés de Rome. Depuis l'apparition du livre du *Pape*, il en recommandait en tout lieu la lecture, qu'il jugeait très-propre à guérir les esprits prévenus contre la papauté. « J'ai soutenu, « dimanche, une thèse de trois heures pour le *pape*, écri- « vait-il du Puy à un ami; je vous assure qu'il sera ici « en honneur. »

Du Puy, l'abbé Rey se rendit près de l'archevêque de Bordeaux, Mgr d'Aviau du Bois de Sanzay, de si sainte mémoire, qui lui avait écrit de ne *pas oublier une vieille connaissance, et le suppliait de rendre au clergé bordelais le même service qu'il avait déjà rendu au clergé de plusieurs diocèses.* Quand il arriva à Bordeaux, il était dans un état déplorable de santé. Les jours et les nuits passés dans des voitures où la chaleur du dehors était moins incommode encore que l'air étouffant du dedans, les longues insomnies, et avec tout cela les interminables discussions auxquelles son habit le forçait de prendre part, pour ne pas laisser la vérité sans défense et les âmes exposées aux dangers des plus perverses doctrines; enfin, toutes les incommodités du voyage avaient achevé de l'abattre. Mais sa plus grande souffrance était de voir la société si malade, Dieu si méconnu et sa religion si calomniée par l'ignorance ou la mauvaise foi.

Il ne triompha pas seulement de ces ennemis du christianisme, il les amena à des égards qui tenaient de la vénération, tant le Seigneur lui avait donné d'ascendant sur les cœurs même les moins bien disposés.

Un jour passé auprès du digne primat d'Aquitaine le remit assez de ses fatigues pour qu'il pût reprendre ses prédications; mais il lui arriva un mal étrange, et ce qu'il n'avait point encore éprouvé, une sueur de sang par tous les pores; en essuyant son visage, son mouchoir en était rougi... L'épuisement de ses forces, peut-être, produisit cet effet; mais les émotions de son âme, remuée jusque dans ses profondeurs par les vérités de la foi, en était la cause principale. Il accomplissait ainsi dans sa chair ce qui manque, selon saint Paul, à la Passion de Jésus-Christ.

A ses souffrances, à ses épreuves se joignit encore une impression extraordinaire. Le matin du second jour de la retraite, il eut, ou plutôt il crut avoir en chaire, une absence d'esprit. Ce fut, avec une aggravation notable, la situation où il s'était vu pendant le carême de Grenoble de 1816. Voici ce qu'il en raconte à celui qui avait seul le secret de ses douleurs : « Il m'est arrivé un événement qui m'humilie
« jusqu'au fond de l'âme. Je ne sais presque pas l'écrire, et
« en vérité je ne l'ose guère. Dieu sans doute tirera sa gloire
« de l'état inexplicable où il a permis que je fusse tombé :
« c'est la suite de mes fatigues, des préoccupations de mon
« imagination, du manque de repos; c'est... c'est tout ce
« qui plaira au bon Dieu puisqu'il le permet ainsi, et que la
« profonde humiliation que j'en éprouve me jette plus avant
« dans ses bras; je me livre à la plus entière confiance à
« travers ce qui serait le plus capable de l'altérer. Je vous ai
« déjà écrit, l'an passé, à la même occasion ; mais rien n'est
« comparable à mon délire de ce matin. Je ne peux mieux
« vous le faire comprendre qu'en vous disant que, mon
« exorde une fois achevé, je me suis entièrement oublié,
« ou comme *endormi* en chaire, et je n'ai plus prêché
« qu'en rêvant; cela est absolument vrai, et le souvenir de
« ce qui m'est arrivé me fait trouver exactes les expressions
« par lesquelles je vous l'explique. Je ne savais aucunement
« ce que je prêchais ; j'ai cru d'un bout à l'autre avoir
« changé de sujet ; j'avais devant moi mes notes ordinaires ;
« je pouvais les lire sans gêne ; je les lisais, en effet, et je n'ai
« jamais pu reconnaître mon sujet. Il m'est impossible de
« savoir ce que j'ai dit : j'ai relu mes feuilles, je n'y ai pas
« reconnu un seul mot. Cet état de sommeil et d'exaltation
« est inconcevable. Si j'avais ici un ami qui m'eût entendu,
« je désirerais vivement savoir quelle impression a dû faire
« un pareil état sur mon vénérable auditoire; mais je n'au-
« rais jamais le courage de le demander à qui que ce soit.

« Un prêtre est venu chez moi, qui m'a dit que je l'avais at-
« tendri jusqu'aux larmes... Ah ! c'est un gascon, et il me
« semble que je n'ai dû que lui faire pitié. »

Cette étrange situation d'esprit, que nous chercherions en vain à expliquer, s'était déjà produite deux fois, à Grenoble, comme nous l'avons dit plus haut, et à Chambéry, durant le carême de 1819, sans que les auditeurs s'en fussent aperçus autrement que par une plus vive impression de la grâce. Il en fut de même à Bordeaux où l'auditoire fondit en larmes. Mais le prédicateur ne vit et n'entendit rien. Il était là de corps parlant et agissant, tandis que son âme était absorbée par la contemplation d'objets étrangers à sa prédication. C'est ce qui a été recueilli de quelques manuscrits où on le voit occupé à se rendre compte de cette situation sans y réussir entièrement. On ne peut pas dire que, sachant de mémoire dès longtemps son discours, l'habitude suppléa chez lui à l'attention; car ses discours n'étaient pas écrits; il n'avait que des notes qu'il ne savait point par cœur et qu'il lisait à mesure qu'il parlait. Quoi qu'il en soit, les fruits de cette prédication attestent une assistance spéciale d'en haut. La retraite de Bordeaux fut en tout extraordinaire et divine. La parole de Dieu y produisit plus qu'au centuple. Mgr d'Aviau disait *que ses prêtres y avaient été transformés en apôtres*. Le cœur du saint missionnaire, vaste comme la mer, semblait s'élargir avec les horizons qui s'ouvraient devant lui. Il avait, en quelque sorte, besoin de l'immensité pour épancher la surabondance de charité dont l'ardeur qui le consumait avait embrasé les âmes. C'était, parmi le clergé bordelais, une fermentation, une ivresse, un divin délire. *Il n'y a sorte de pieuses folies dont je n'aie été l'objet*, disait l'abbé Rey à son ami. Il essaya inutilement de se soustraire à ces hommages. Il lui eût fallu marcher sur le corps de ces vénérables prêtres qui le pressaient de tous côtés sans lui laisser d'issue. Quand, enfin, il lui fut possible de traverser la foule, des deux rangs au milieu desquels il passait, les mains s'étendirent vers lui; on voulait encore avoir là consolation de toucher quelque partie de ses habits. Des voix sanglotantes s'écriaient : *Ah! mon père, je vous dois la vie!* Jusque-là il avait été comme impassible, tant il était accoutumé à ces sortes de spectacles. Mais ces dernières paroles l'émurent, et il dut précipiter le pas pour se dérober au plus vite à des émotions qu'il n'était plus en son pouvoir de maîtriser.

Nous n'entreprendrons pas de raconter ce que la reconnaissance inspira à l'archevêque de Bordeaux envers l'apôtre de son clergé. Le nom de l'abbé Rey, sur ses lèvres, était toujours accompagné d'exclamations de joie et d'admiration : on ne le prononçait pas devant lui, sans que les larmes ne mouillassent ses paupières. Malgré ses quatre-vingt-cinq ans, il semblait revenu à sa première jeunesse. On n'en sera pas surpris, quand on saura que le bonheur de ses prêtres, la sanctification de ses peuples et les triomphes de l'Église étaient toute la vie de ce saint pontife.

Il nomma l'abbé Rey chanoine honoraire de sa métropole, et présida en personne à son installation. En allant à l'église, et au retour, il le contraignit à sortir des rangs du chapitre, en lui disant avec feu : *Monsieur l'abbé! vous êtes hors de ligne.* Chaque chanoine répéta au récipiendaire combien il les honorait en acceptant une place au milieu d'eux. L'abbé Rey, toujours en présence de son néant et de Dieu, qui seul est tout, se trouvait si honoré lui-même, que ces compliments affligeaient son humilité.

L'année suivante (1821), l'abbé Rey étant retourné à Bordeaux pour une seconde retraite, Mgr d'Aviau, prévenu du jour de son arrivée, alla à sa rencontre, à une lieue de sa ville archiépiscopale, accompagné d'un de ses vicaires généraux, du supérieur de son séminaire et d'un chanoine de la métropole. Dès qu'il l'eut aperçu, il descendit de voiture, se jeta à ses pieds et voulut baiser les bords de sa soutane. L'abbé Rey, qui était à genoux devant le prélat, s'y refusa et implora avec larmes la bénédiction de l'auguste vieillard. Celui-ci insista vivement, disant : *Je dois ce témoignage de vénération à un habit que vous honorez par tant de vertus et de prodiges. Vous avez été plus qu'un ange de Dieu au milieu de nous; entre vos mains, mes prêtres sont devenus des apôtres.* Les pleurs coulaient abondants sur le visage de l'un et de l'autre, et des yeux des témoins de cette scène attendrissante et sublime. L'abbé Rey dut céder à l'énergique insistance de l'archevêque.

Dans ces hommages, l'abbé Rey ne vit qu'une nouvelle preuve de la sainteté de Monseigneur de Bordeaux. Il ne songea pas même à la gloire qui rejaillissait sur lui d'une telle vénération. Ses lettres se taisent absolument sur ce fait qui a été recueilli de sa bouche dans un de ces moments qui n'étaient pas rares, où, parlant des mérites de Mgr d'Aviau, il cita ce trait en témoignage de son humilité profonde. Dans la lettre qu'il écrivit à son ami, immédiatement après son entrée à Bordeaux, il n'est question que des vertus de ce grand prélat. « Je revis enfin, dit-il, ce vieillard du sanctuaire,
« cette perle du sacerdoce, ce pontife et patriarche du clergé
« de France qui m'accueillit comme son enfant et me traita
« avec une bonté incomparable. On l'a couvert de décora-
« tions et de dignités depuis l'an passé : il est cordon bleu, il
« est pair de France... Ah! tout cela n'est rien, absolument
« rien pour lui; et à travers tous ces ordres et toutes les
« croix, vous apercevez bientôt que la croix épiscopale est
« celle qui est le mieux à sa place sur une poitrine qui est le
« sanctuaire des vertus. Il a rajeuni depuis l'an dernier, et
« pourtant alors il avait quatre-vingt-cinq ans. Ses vertus le
« font ressembler à une sorte de divinité : c'est un sentiment
« si universel et si profond, qu'il fait heureusement une partie
« de la discipline du diocèse. Je ne cesserais de parler, si j'é-
« coutais ma vénération pour lui. C'est un saint et un sa-
« vant, et tous les deux à un haut degré, le premier surtout;
« sa vie simple est ravissante, mais sa vie mortifiée est ef-
« frayante. »

Cette seconde retraite fut, sous tous les rapports, digne de la première, et en vérité on ne peut rien dire de plus.

Des bords de la Garonne, M. Rey revint sur ses pas, s'arrêta à Viviers et à Valence où il prêcha les retraites pastorales pour la quatrième fois. Ces prédications et ces voyages, dans le midi de la France, au milieu d'une saison de feu, et avec la rapidité à laquelle le forçaient les époques assignées à ces exercices, ne s'expliquent que par la Providence toute particulière qui veillait sur sa santé, en dépit de tout ce qui devait la détruire. Dieu seul sait ce qu'il eut à souffrir pendant ces jours et surtout pendant ces nuits où rien ne pouvait remédier à ses cruelles insomnies et à bien d'autres douleurs plus cruelles encore. A son arrivée à Viviers, il s'en trouvait accablé; ses gencives et ses dents, selon son expression, « étaient en pleine insurrection; » à peine descendu de voiture, il monta en chaire. Au lieu de diminuer, ses souffrances, comme on le pense bien, s'accrurent par ce redoublement de fatigues; mais la foi étouffait les plaintes de la nature. Aux peines corporelles, s'ajoutaient les peines morales; les unes ne marchaient guère sans les autres : « Je « vieillis, et vite, écrivait-il à son ami; ma vie doit produire « cet effet : mon éternité double le pas; aidez-moi à la pré-« venir. Je sens mon Dieu, il est vrai, mais les besoins et les « misères de mon âme ne me laissent point de repos et trou-« bleraient presque mes espérances, si je ne me jetais, les « yeux bandés, dans le sein de sa miséricorde. »

M. Perrin, effrayé de ces paroles, crut l'occasion favorable de lui recommander avec une nouvelle insistance la modération dans les travaux. Mais notre missionnaire rejeta ces conseils avec plus de force que jamais. On vint lui raconter que le P. Eugène de Rumilly, provincial des Capucins en Savoie, était persuadé que le démon, ayant hâte d'en finir avec un aussi redoutable conquérant des âmes, le poussait à des excès qui abrégeaient prématurément une vie nécessaire à la religion. « Soyez tranquille, répondit-il, je succomberai « quand Dieu le voudra; et, à cet égard, je n'admets pas la « logique du P. Eugène; car, après moi, il y aura des hommes « de Dieu d'une tout autre espèce... »

Après le P. Eugène, on fit intervenir l'évêque de Pignerol, dont le crédit était grand sur l'esprit de notre apôtre ; mais ce sage prélat se borna à conseiller quelques soins et à lui demander comme une grâce de passer les monts et de venir auprès de lui se reposer quelques jours dans les bras de l'amitié.

Ces moyens n'ayant pas réussi, on eut recours à la famille de Maistre envers laquelle l'abbé Rey était plein de déférence : ce fut encore intitilement. « Plus que personne, « répondit-il à celui qui avait été choisi pour interprète, « j'applaudis au motif qui dicte de tels avis sanitaires ; plus « que personne je suis sensible au sentiment de bienveillante « charité qui y fait sa partie ; mais j'ai des raisons invincibles « contre ces charitables assauts. Ils sont absolument inutiles, « quant à l'effet qu'on voudrait produire, quoique très-effi- « caces quant à la reconnaissance qui leur est due. Je la paye « entièrement ; mais dispensez-vous comme d'une peine su- « perflue de vous rendre l'écho de ces touchantes mais hu- « maines sollicitations. Je suis sur cet article inabordable et « pour cause. »

Comme il était absolument sourd aux conseils de ménagement, les uns attribuèrent cette héroïque obstination à un goût naturel de la prédication, les autres au désir de la renommée ; plusieurs à des motifs tout aussi indignes d'un ministre de Jésus-Christ. On eût dit une sorte de conjuration dans sa patrie pour déprécier son apostolat. Ces arguments arrivaient à ses oreilles : il les eût méprisés, si quelques-uns de ses amis ne s'y fussent associés, s'en servant comme d'une dernière ressource pour le faire renoncer à de nouvelles missions. Ceux-ci l'obsédèrent plus que jamais. Ne pouvoir concilier leur bon plaisir avec celui de Dieu, faisait son tourment. C'est alors que, s'élevant à proportion des obstacles qu'on multipliait sous ses pas, il traita ces considérations avec un dédain, quelquefois même avec une indignation à travers laquelle perçait la peine qu'il ressentait d'avoir pour contradicteurs de son œuvre ceux qui auraient dû en être les pre-

miers approbateurs. « On me traite comme un enfant ou
« comme un homme à qui on suppose des vues basses d'a-
« mour-propre ou de goût naturel dans son état, répondit-il
« à un de ses amis ; hélas ! mes fatigues devraient bien un
« peu me justifier sur l'article du *goût* ; et les motifs de foi
« par lesquels je suis obligé de combattre et de vaincre mes
« nombreuses et intimes répugnances quand je viens travail-
« ler en France, devraient un peu rassurer sur l'article de
« l'*amour-propre* : je ne travaille pas pour ce démon ; mais
« pour Dieu seul ; et les bénédictions que ce tendre père ré-
« pand sur mes travaux prouvent assez que sa miséricorde ne
« les réprouve pas. Les poignants reproches que l'on me fait
« de vouloir *courir*, d'aimer et de chercher à prêcher en
« France sont d'une injustice complète. Je ne veux rien, ab-
« solument rien que Dieu seul. Je n'ai jamais dit un mot
« pour venir travailler dans ces contrées ; on m'en dit mille
« pour m'y déterminer. Je bénis du reste l'aimable Provi-
« dence qui ne veut pas me laisser une consolation qui serait
« peut-être trop humaine dans le suffrage de mes amis ou de
« mes bienfaiteurs. Je continuerai de travailler pour Dieu
« seul, et j'attendrai dans la grande éternité les seules
« louanges dignes d'un prêtre, celles que Dieu donnera à son
« propre ouvrage : *Laus erit unicuique a Deo...*
 « Enfin, j'ai soulagé mon âme dans la vôtre ; c'est un bien
« nécessaire à ma douleur ; Dieu sera avec moi ; j'irai en
« avant tout content de n'avoir que *lui* pour approbateur
« dans ma patrie. Et la véritable patrie ! et l'éternelle patrie !
« ô mon ami, vivons pour elle et travaillons à l'obtenir. »

C'étaient les desseins du Seigneur sur cet homme extraordinaire qu'il ne pût faire un pas dans la carrière, sans rencontrer
quelque contradiction, sans être obligé de lutter non-seulement
avec ses amis, mais avec lui-même et avec les plus formidables
répugnances de la nature. Le seul éloignement pour quelques mois de sa chère Savoie et des amis qu'il y laissait, était
une agonie qui causait à son cœur si aimant d'inexprimables
tortures. « J'ai le cœur gros comme les montagnes qui m'en-

« tourent, mandait-il à son ami, en 1821, du département
« des Basses-Alpes ; mon état est vraiment triste aux yeux de
« la nature, et la foi seule peut m'en faire supporter les pri-
« vations... Prenez compassion de ma profonde douleur dans
« ce long et terrible voyage dont la première station est un
« supplice que j'appellerais mieux peut-être une exécution.
« Je souffre une sorte de mort dans mon cœur, et votre sou-
« venir qui adoucit tout pour moi ne fait ici qu'aigrir ma
« position. » Voilà la nature qui se lamente ; mais voici la
foi qui lui impose silence : « Cela changera, je l'espère ; Dieu
« est à nous !... Ah ! que ce mot est grand ! oui, il est à nous ;
« mais la première condition est que *nous serons à lui ! à*
« *lui !* » C'est la lutte ; et, dans cette âme à la fois si tendre
et si forte, la foi reste toujours maîtresse des affections qu'elle
gouverne à son gré ; le zèle de notre apôtre résista à toutes
les fatigues, à tous les accablements; après deux retraites
encore, prêchées à Viviers et à Valence, il rentra à Chambéry, rapportant de ses saintes *campagnes* des douleurs d'une
violence extrême, une poitrine déchirée, une voix éteinte ;
mais celle-ci ne s'était point écriée en vain : « Rendez droites
les voies du Seigneur, » et un secret bonheur des triomphes
de la charité réjouissait le cœur de l'homme de Dieu.

Les missions de France ont détourné notre attention de ses
travaux en Savoie. De 1816 où nous nous sommes arrêtés
jusqu'à l'époque où nous sommes, il prêcha huit retraites au
clergé de sa patrie, tant à Chambéry qu'à la Roche, petite
ville de l'ancien diocèse de Genève, où les ecclésiastiques du
Génevois, du Faucigny, du Chablais, du pays de Gex et du
canton de Genève avaient toute facilité de se réunir. Son empire sur le clergé savoisien fut le même que sur le clergé
français, illustre exception au proverbe que *personne n'est
prophète dans son pays*. Toutes préventions cédèrent à l'entraînement de son éloquence. Les résistances les plus opi-
niâtres furent domptées. On vit à la Roche un religieux
Bernardin, transfuge de son ordre et apostat du sacerdoce,
tout souillé de la licence des camps, où il s'était fait un nom

moins par sa valeur que par son impiété, rétracter solennellement ses serments schismatiques et révolutionnaires, et supplier l'assemblée de ses frères de couvrir du voile du pardon les scandales de sa vie.

Quand l'abbé Rey montrait les grandes vérités de la religion dans leur application aux prêtres : la mort du prêtre, le jugement du prêtre, l'enfer et l'éternité du mauvais prêtre, son auditoire était tout tremblant ; et à ces paroles dites d'une voix concentrée et presque mourante : « *Laboravi, defeci,* « *sustinens* : je n'en puis plus... je succombe... Mon Dieu ! « mon Dieu !... » il nous a été dit que les assistants sentaient le frisson courir sur leurs membres.

Prêtre selon le cœur de Dieu, il n'abordait ces sujets qu'avec effroi. Il y avait dix-huit ans qu'il exerçait le ministère de la prédication, et il n'avait pas encore osé parler de l'enfer. Il ne fallut rien moins que l'obéissance pour l'y déterminer ; et il n'oublia jamais l'épouvante qui le saisit lorsqu'il aperçut, pour la première fois, parmi les sujets qu'il avait à traiter, l'*éternité malheureuse ;* il poussa un cri de douleur : *Ah ! mon Dieu !* dit-il, *si vous parlez de malheur, n'y mettez pas l'éternité ; et si vous parlez de l'éternité, n'y mettez pas l'enfer !* Il ne médita jamais seul cette vérité, et n'en parla jamais en conversation. Lorsque le terrible mot était prononcé devant lui, ses traits se contractaient. Chaque fois qu'il montait en chaire pour prêcher l'enfer, il tremblait de tous ses membres et sa figure était décomposée. Il ne s'expliquait pas comment son corps ne succombait pas dans l'angoisse indicible qu'il ressentait.

En 1816, les Dames de la Charité, dites *du Sac,* l'ayant prié de rétablir, pour elles et pour les personnes qui voudraient en profiter, l'Œuvre des retraites tombée dès le commencement de la Révolution, il ne leur parla point de l'enfer. Voici la raison qu'il leur donna de cette omission volontaire : « Parmi les vérités fondamentales que l'on ne « doit jamais perdre de vue, mais que l'on doit surtout mé- « diter pendant une retraite, l'éternité des peines de l'enfer

« et le trop grand nombre de ceux qui en deviennent les
« victimes doivent nécessairement trouver une place, et il
« eût été de mon ministère de vous entretenir aujourd'hui de
« ces terribles sujets. Je n'en ai pas eu le courage, mes chères
« Sœurs, et, encore effrayé par le souvenir et le spectacle
« des redoutables jugements de Dieu, je n'ai pas osé tour-
« menter de nouveau votre sensibilité en vous en montrant
« la terrible exécution sur les réprouvés. Mais c'est autant
« par compassion pour moi que par égard pour vous que
« j'ai écarté des sujets de nos méditations l'épouvantable
« châtiment que la colère de Dieu exerce dans les enfers. Je
« sais que vous ne me le reprocherez pas aujourd'hui ; mais
« j'ignore si vous ne me le reprocherez point un jour... »

Les instructions que l'abbé Rey fit aux Dames de Chambéry ne renfermaient aucune de ces généralités qui servent peu à la correction des mœurs : tout, à part les principes communs aux diverses classes de la société, était approprié à l'état des personnes qui formaient son auditoire. « Que cha-
« cune, leur dit-il avec saint Paul, demeure dans l'état où
« la volonté de Dieu l'a mise. Il ne s'agit donc pas, même
« après une retraite, de s'ensevelir vivante dans un cloître,
« ou de s'enfoncer dans un désert. Un petit nombre sont ap-
« pelées à ce genre de vie, et la volonté de Dieu est que l'on
« se sanctifie dans son état, dans sa famille. Rien n'est plus
« ami de la société que la religion : elle règle tout, elle unit
« tout, met tout à sa place et rend tout heureux...

« Il faut donc bien se convaincre que l'on peut facilement
« remplir les devoirs de la religion et les devoirs de la so-
« ciété ; mais que, même dans la société, les premiers de-
« voirs sont ceux de la religion, et qu'on ne s'acquitte
« jamais mieux des devoirs de la société, qu'en s'acquittant
« bien des devoirs de la religion, et qu'enfin on ne peut
« bien s'acquitter de ceux-ci qu'en s'acquittant bien des
« premiers. Voilà comme tout se lie et comment la reli-
« gion et la société, par leur union, forment également
« l'homme au bonheur de la vie présente et de la vie fu-

« ture..... Servir Dieu pour lui, et la société en vue de Dieu,
« c'est la solide dévotion..... Dès que votre état vous retient
« dans le monde, c'est là qu'il faut pratiquer votre religion ;
« c'est là qu'il faut honorer votre religion selon le rang que
« vous occupez, selon l'autorité que vous y exercez, selon le
« degré d'influence que vous y obtenez. C'est là où vous
« devez employer, en faveur de la religion, ce que vous
« avez reçu de qualités naturelles, et surtout bien vous
« convaincre que ce n'est pas pour attirer tout à vous que
« Dieu vous a ornées de ses dons, mais pour le faire con-
« naître et honorer. Il faut bien vous convaincre que non-
« seulement la vertu n'ôtera rien dans vous à l'amabilité,
« mais que la piété ajoutera à vos qualités, les ornera, les
« conservera, et sera toujours ce qu'il y aura en vous de
« plus aimable. Oui, une belle femme vertueuse est un ange
« sur la terre; le monde la chérit, les méchants l'admirent, et
« lors même que l'âge a effacé ses attraits, le sentiment
« qu'elle a inspiré survit à sa beauté et s'attache à sa vertu. »

Parmi les recommandations qu'il leur adresse, on trouve celle du travail des mains : « La femme forte ou la femme
« chrétienne travaille de ses mains..... Jadis, il y avait plus
« d'une maison, plus d'un château dont tout le mobilier
« était fait par la dame qui l'habitait ; c'était une leçon
« subsistante et un souvenir précieux pour les enfants qui
« voyaient comme revivre leur religieuse mère dans chaque
« meuble de leurs appartements. »

Aux femmes mariées, il donna ces préceptes : « Cherchez
« d'abord à plaire à vos maris par tout ce qui n'est pas pé-
« ché, et sacrifiez, pour leur être agréables, tout ce qui
« n'est pas devoir. »

Voici ce qu'il entend par la dévotion : « La véritable dé-
« votion consiste à chercher ses plaisirs dans ses devoirs, son
« mérite dans ses devoirs, son honneur dans ses devoirs. »

Il ne reste que le plan de ses discours. Son style y était nourri et paré des passages les plus saillants des saintes Écritures et des Pères, dont il faisait les applications les plus heureuses. Les preuves étaient encore appuyées et rendues sensibles par des exemples choisis, empruntés aux livres sacrés, aux vies des Saints, et à l'histoire de l'Église.

Ces entretiens furent très-goûtés et fort suivis. On y compta ordinairement de 150 à 180 dames. Commencés le lendemain de l'Ascension (1816), ils furent clos le samedi, veille de l'Ascension.

L'abbé Rey prêcha encore la retraite de l'année suivante (1817); mais là ne se bornait pas son zèle. Il n'avait pas cessé, malgré ses travaux, l'exercice du ministère de la confession. Il excellait à conduire les âmes; nous citerons un exemple : Une dame, d'un nom considéré, ayant beaucoup d'influence sur la société qui se réunissait chez son mari, était devenue l'âme de l'opposition, dite *libérale*. Elle alliait avec les divertissements profanes la pratique des devoirs tout à fait indispensables du christianisme : elle faisait ses pâques. L'absence de son confesseur, précisément au temps où elle avait coutume de faire la communion pascale, la mit dans un embarras assez grave, et elle ne sut à qui ouvrir sa conscience. Quelques-unes de ses amies lui conseillèrent de choisir M. Rey : ce qu'elle fit. Dès qu'elle l'eut entendu, son cœur fut changé. Elle renonça aux vanités du siècle, qu'elle aimait éperdument, et régla sa maison d'où elle bannit la politique d'opposition, inconciliable avec le respect dû à l'autorité légitime. Son temps, employé jusqu'alors à des lectures légères et à des amusements dangereux, fut consacré aux soins de sa famille et aux exercices de la piété. Les pauvres héritèrent des sommes qu'emportaient les frivolités mondaines. Ce changement fut marqué du sceau de la persévérance.

Cette même année 1816, l'autorité diocésaine ayant prescrit des supplications en vue d'éloigner la famine dont on était menacé, l'abbé Rey fut chargé des exhortations qui devaient accompagner ces exercices de pénitence. Sa parole agita saintement son auditoire; si elle n'écarta pas le fléau, elle produisit un effet plus précieux aux yeux de la foi, la résignation dans la souffrance. L'enfer, prévoyant ce résultat, exhala ses fureurs contre ses prédications : les habitués des cafés vomirent le blasphème contre Dieu et le sarcasme contre son ministre. L'abbé Rey se réjouit d'avoir part aux outrages des méchants : « O Dieu ! s'écria-t-il, quelle gloire « pour votre pauvre ministre d'être ainsi associé à votre « cause ! Vous lui avez donné assez de foi pour sentir le « prix d'une telle faveur ! »

La sanctification des âmes était sa grande ambition ; rien ne pouvait l'en détourner. On connaît, par ce qui a été dit au premier livre, son amour pour ses rois. Cependant cet amour était comme sans force, comparé à celui qui l'attachait à Dieu et au bien des âmes. Il avait promis, en 1816, une retraite à la ville de Saint-Marcellin, en Dauphiné. L'époque où il devait la donner était celle de l'arrivée du roi Victor-Emmanuel à Chambéry. Ses amis de Turin et de Savoie le pressèrent en vain de retirer sa parole. Quelque pénible que fût la privation que le service des âmes semblait demander de lui, il l'accepta tout entière. Mais Dieu, content de l'acceptation du sacrifice, n'exigea pas le sacrifice même; une circonstance inattendue ayant obligé le curé de Saint-Marcellin d'ajourner cette mission.

Dégagé de ce côté, l'abbé Rey fut libre de satisfaire son amour pour son roi. Il en eut une audience où il osa, ce que les courtisans n'osent guère, faire entendre les plaintes de la Savoie. Il ne laissa rien ignorer au prince du triste état du berceau de sa maison et de la monarchie. Il lui montra la religion, traitée en étrangère, quelquefois même en ennemie, sous le plus religieux des monarques. Alors Victor-Emmanuel lui raconta les difficultés qu'il avait eues à vaincre à son retour de Sardaigne. *Je ne connaissais plus personne, après dix-sept ans d'absence,* lui dit-il; *il fallait deviner les bons parmi les mauvais; en un mot, j'étais le seul employé de ma connaissance.* Il ajouta bien d'autres choses, par lesquelles il fit clairement entendre (ce dont personne ne doutait) que ce n'était pas la volonté du bien qui lui manquait, mais des exécuteurs fidèles de cette volonté.

Cette même année et la suivante en fournirent la preuve. Les mesures du meilleur des rois pour alimenter la Savoie, restèrent sans effet. L'abbé Rey fit retentir à Turin les cris de détresse de son pays et les fit tourner contre l'incurie d'un gouvernement qui paraissait n'avoir nul souci de la vie d'un peuple généreux. Ce qui l'affligeait le plus en ces circonstances, c'était moins la disette à laquelle sa patrie était livrée, que les périls que courraient la fidélité au trône et l'attachement à la foi catholique. Les révolutionnaires, d'une part, et les protestants, de l'autre, s'efforçaient de tirer parti de cette situation de la Savoie en faveur de leurs coupables desseins. L'abbé Rey en écrivit à Turin à une personne dévouée, qui pouvait répéter ses paroles avec quelque espérance de succès : « Vous savez jusqu'où va mon amour pour notre auguste et « tendre père, et combien nos Savoyards partagent ce senti- « ment. Eh bien! nos ennemis et nos voisins cherchent à dé- « naturer notre caractère, en nous reprochant notre horrible « et profonde misère et en répandant avec une perfide géné- « rosité des secours sur des malheureux qui eussent péri in- « failliblement sans cette ressource. J'ai l'âme flétrie de « douleur en songeant à l'impression que va faire sur un « peuple mourant de faim, la nécessaire mais funeste charité « des étrangers. »

Les Génevois firent des distributions de soupe sur toute la frontière, et provoquèrent la compassion publique sur leur territoire par une proclamation qui offrait une peinture effrayante du dénûment de leurs voisins. Mais pour avoir part à ces distributions, il fallait aller chercher un *billet de secours* auprès des ministres protestants. Ici la perfidie des intentions était mal dissimulée. « Le paysan malheureux, pour- « suit M. Rey, croira que la vraie religion est celle qui le « soulage, et les enfants de Calvin ne manqueront pas l'occa- « sion de faire valoir cette preuve. C'est une des plus dange- « reuses tentations pour des infortunés dont la théologie est

« dans les sens et qui apprendront, sinon à s'attacher au pro-
« testantisme qui les nourrit, du moins à devenir indifférents
« pour le catholicisme qui les abandonne. Quand on a la foi,
« cette position critique doit effrayer, et j'avoue que je me
« désole de la funeste nécessité où se trouve notre pauvre
« Savoie, de chercher la vie du corps avec un danger si évi-
« dent de perdre celle de l'âme.

« Je mets ma confiance dans le Dieu si bon qui ne permet-
« tra pas que ses enfants succombent à cette cruelle épreuve.
« C'est la cause de Dieu, c'est celle de notre bon roi... Oh!
« comme l'une et l'autre sont sacrées! Et combien j'éprouve
« le besoin d'espérer que l'avenir trompera mes craintes et
« ressemblera à mes vœux! »

Ses vœux furent comblés ; malgré les inspirations de la faim et les insinuations perfides des ennemis de la monarchie et de l'Église, l'attachement à l'une et à l'autre fut inviolable. Quoique les secours demandés, promis par le gouvernement, n'arrivassent point et que la confiance de la Savoie eût été trompée, il n'y eut pas une défection, pas la moindre révolte. On vit des voitures chargées de grains pour les troupes ou pour d'autres destinations traverser ces contrées de la misère, sans qu'une seule voix s'opposât à leur passage. Cette attitude déconcerta les révolutionnaires qui avaient compté sur un résultat bien différent.

Des populations nombreuses refusèrent de se souiller (c'est leur expression) en acceptant les bienfaits de l'hérésie. Aux questions insultantes : *Où est votre roi, ce roi tant aimé? où est votre Dieu!* elles rejetaient l'horreur de leur situation sur l'ignorance où était leur prince de leurs maux, et elles répondaient aux injures faites à leur foi par le désintéressement de leurs prêtres et des catholiques sincères qui partageaient leur nécessaire avec elles.

En travaillant à sauver sa patrie des horreurs de la famine et des périls que courait sa fidélité à Dieu et au prince, l'abbé Rey réalisait un projet sur lequel il fondait de grandes espérances en faveur de la religion. La Révolution avait emporté les monastères de la Savoie. Si les ruines de quelquesuns réveillaient de tristes souvenirs, les ruines des autres rappelaient les vertus de la primitive Église. Un seul était sorti de ses décombres, le monastère de la Visitation de Chambéry. Les filles de Saint-François de Sales étaient bien dignes de revenir les premières prendre possession des lieux que, pendant deux siècles, elles avaient embaumés des parfums de la plus douce piété.

Mais un vide qu'il importait de combler au plus vite, c'est celui qu'avaient laissé les corps religieux voués à la prédication. L'absence de ces troupes auxiliaires se faisait vivement sentir ; car les populations ont quelquefois besoin, pour réveiller leur foi, de l'excitation vive que produisent la parole et la présence d'un missionnaire. Aux yeux de l'abbé Rey, les missions avaient encore à ses yeux un autre avantage, en ce qu'elles sont pour le clergé séculier un exemple vivant de la pratique des conseils évangéliques dans le sacerdoce.

Par ces divers motifs, l'abbé Rey avait résolu la restauration des RR. PP. Capucins en Savoie. Il les avait vus à l'œuvre avant la Révolution ; il comptait parmi eux des amis, entre autres le P. Eugène de Rumilly, alors curé de la Guillotière à Lyon. Celui-ci, dans la prévision du rétablissement de son ordre, avait fait quelques économies. Ces ressources, jointes à sa capacité, enhardirent l'abbé Rey qui écrivit immédiatement aux religieux qu'il connaissait plus particulièrement. Ils répondirent tous à son appel, hormis un seul qui avait exercé les premières charges parmi ses frères avant leur dispersion. Celui-ci dit à l'abbé Rey : *Donnez-moi trois frères Eugène : ce n'est qu'à cette condition que le succès de votre entreprise me paraît possible*. M. Rey répliqua : *Un seul suffit*.

L'événement justifia l'oracle. Les enfants de Saint-François d'Assise furent rétablis, malgré d'innombrables obstacles dans lesquels la foi de l'abbé Rey puisait des encouragements. *J'avoue*, disait-il, *que cela me donne bonne idée de l'avenir de ces respectables religieux*. « Oui, oui, en toute manière, l'en-

« nemi poursuit nos Capucins, écrivait-il à celui qu'il avait
« chargé de leurs intérêts à Turin, ici tribulations sur tribu-
« lations... A la bonne heure! je vais mon train, allez le
« vôtre et ne nous fatiguons qu'au tombeau. » Après beaucoup de difficultés et de délais, l'autorisation du gouvernement fut enfin accordée. On doit ce témoignage aux autorités
et aux habitants de Chambéry que cet établissement ne rencontra auprès d'eux que faveur et dévouement. Ce fut le 23
juin 1818 que les Capucins entrèrent dans leur nouvelle
maison. Mais tout ne fut pas fini là. Une tempête s'éleva partie
de Turin, menaçant l'existence de ces bons religieux au moment même où ils venaient de renaître à la vie. A cette nouvelle, M. Rey ne répondit que ces mots : *Dieu saura bien les
protéger*. Après quelques jours, en effet, toute inquiétude fut
dissipée.

A ces orages du dehors succédèrent les orages du dedans.
Il fallait que cette sainte maison s'affermît par les secousses
qui auraient dû la renverser. C'était une entreprise délicate
et difficile de réunir tout à coup, sous une seule volonté, les
caractères de tant d'hommes, desquels il n'y avait guère lieu
d'espérer cette flexibilité qui offre tant de ressources dans la
jeunesse. Ces bons Pères étaient avancés en âge, quelques-
uns d'entre eux touchaient à cette époque de la vie où *tout
est travail et douleur*. Les vingt-sept années qui avaient passé
sur les habitudes de la vie monastique en avaient un peu
effacé les traces. Leur esprit avait de la peine à se plier de
nouveau au joug de la règle. D'un autre côté, ces respectables
religieux rassemblés de tous les côtés sous un même toit
trouvaient, dans l'opposition de leurs natures et de leurs
goûts, de grandes difficultés à vivre en communauté. L'abbé
Rey en souffrit beaucoup, sans s'en étonner; car il les avait
prévues. Néanmoins, l'établissement grandit et s'affermit sous
la main patiente et douce du P. Eugène. Il eut sans doute
besoin de bien des années pour atteindre la perfection où il
est aujourd'hui. Mais en cela il partagea le sort des œuvres
de Dieu.

C'est à l'époque où nous sommes (11 septembre 1817) que Mgr Rey fut appelé aux fonctions de vicaire général. Lorsque, quelques mois après sa nomination, M. de Maistre fut désigné pour le siége d'Aoste, il se vit presque seul chargé des affaires religieuses de la Savoie, du canton de Genève, du pays de Gex et de la Michaille. Le poids de ce fardeau l'abattit d'abord, nous le voyons par ces lignes à son ami : « Vous ne vous faites pas une idée de mes justes et intimes « frayeurs ; si Dieu ne me soutient, la crainte me rendra ma- « lade. Peut-être aura-t-il pitié de mes épreuves, et sa bonté, « tant de fois ressentie, me délivrera du fardeau ou m'ai- « dera à le porter... Je vous avoue que plus je contemple cet « océan d'affaires, plus je crains d'être submergé par les « flots. » Mais Dieu est là, et il se rassure. « Le Dieu bon en « qui je mets toute ma confiance, ajoute-t-il, commande à « la mer comme à tout le reste ; j'ose donc espérer que sa « miséricorde toute-puissante me fera marcher sur les eaux. »

Pour obtenir d'en haut les lumières et le courage dont il avait besoin, il prit au pied des autels l'engagement de propager l'amour envers le sacré Cœur de Jésus, et de dire chaque jour trois fois : *Cœur adorable de Jésus-Christ, tout brûlant d'amour pour les hommes, embrasez mon cœur de vos pures et saintes ardeurs...* A ce foyer de la charité divine, son âme s'embrase de nouveaux feux. Le carême qu'il prêcha à Chambéry, quelques mois après (1818), en donna la preuve. Les prêtres de la ville furent, pour la première fois, en trop petit nombre pour entendre les confessions. « On ne vit ja- « mais un auditoire plus nombreux et plus assidu. » Cette grande affluence ne satisfit notre apôtre que lorsqu'il eut acquis la certitude qu'elle était aussi considérable aux tribunaux de la pénitence. Jusque-là, il répétait sans cesse : *Mon Dieu! mon Dieu! ce ne sont pas des fleurs que je vous demande, mais des fruits, des fruits de conversion. Hélas! n'y aura-t-il que le nombre!*

L'abbé Rey eut dans l'administration le même empire sur les cœurs que dans la prédication. Il est presque inouï qu'il

ait rencontré des résistances dont il n'ait pas triomphé. M....., paroisse de la Maurienne, avait un curé d'une sévérité outrée ; l'admission aux premières communions et aux pâques souffrait de sa part des difficultés presque insurmontables. Les choses en étaient venues au point que tous, à part un petit nombre d'âmes privilégiées, avaient renoncé à la confession. Les avertissements et les reproches des supérieurs avaient échoué devant la ténacité de ce prêtre. En cet état, les paroissiens de M..... chargèrent les principaux d'entre eux, à la tête desquels était un ancien colonel de l'Empire, de porter leurs griefs à Chambéry. La députation se rendit chez M. Rey. Après avoir lu le mémoire qui lui fut présenté et avoir entendu le colonel, l'abbé Rey dit à celui-ci : « Mon cher colonel, avez-vous éprouvé vous-
« même cette sévérité dont vous vous plaignez ? — Non, monsieur le grand vicaire, répondit le colonel avec une franchise toute militaire. — « Eh bien, je vous conseille fort
« d'en faire l'expérience, et vous reconnaîtrez que, s'il y a
« du vrai dans les plaintes dont vous vous êtes fait l'élo-
« quent interprète, l'exagération en est pourtant la partie la
« plus saillante et la plus réelle. Il y a de la dureté dans la
« conduite de M. le curé, je veux bien l'avouer ; mais n'y
« a-t-il que douceur dans les mœurs des habitants de M..... ?
« Et cette dureté n'aurait-elle point un peu sa cause dans
« ceux qui s'en montrent si irrités ? L'affection est une
« monnaie d'échange ; si M. le curé l'eût reçue en retour
« des soins paternels qu'il a d'abord donnés à sa paroisse, au
« lieu de murmurer aujourd'hui contre lui, vous recueil-
« leriez avec bonheur les témoignages de sa tendresse. »

L'accent de M. Rey émut jusqu'aux larmes le colonel, et les députés promirent de faire la paix avec leur curé et de se confesser. Le grand vicaire leur remit une lettre pour celui-ci, dans laquelle il lui recommandait la mansuétude et la miséricorde. Les habitants de M..... avouèrent leurs torts à leur curé, qui, de son côté, reconnut les siens, et la réconciliation fut faite. La paroisse reprit la pratique des sacrements, et au tribunal de la pénitence elle trouva la miséricorde qui s'en était éloignée. Le curé, ravi du changement accompli en lui-même et dans sa paroisse, écrivit à M. Rey : « Je ne « savais pas ce que c'est que d'être père avant la lecture de « votre lettre ; c'est alors seulement que je l'ai compris et « que j'ai commencé à en goûter les douceurs. Voilà votre « ouvrage, monsieur le grand vicaire ; que Dieu vous rende « le bien que vous venez de faire au curé et à la paroisse « de M..... »

Dans l'administration du diocèse, M. Rey s'attacha à la marche suivie par ses prédécesseurs, qui, sauf quelques rares exceptions commandées par l'intérêt même de l'Église, avaient toujours été opposés aux sollicitations des laïques pour le placement et le changement des curés et des vicaires. Il redoutait les inconvénients graves qui résultent d'une conduite contraire ; l'envie de se ménager des protections engage les ecclésiastiques dans le monde où ils perdent, avec un temps précieux, l'esprit de leur état. Il se mit tout d'abord à l'abri de ces sollicitations en repoussant celles d'une des dames les plus recommandables de Chambéry, à la famille de laquelle il était fort attaché. Comme cette personne alléguait l'exemple de quelques Pères de l'Eglise : *Des Pères de l'Église, madame, oui ! mais des Mères de l'Église, je ne sache pas qu'il y en ait eu.* Cette repartie ne plut pas précisément, mais elle mit fin à cette sollicitation et en empêcha beaucoup d'autres.

Devant lui les considérations humaines ne comptaient pour quelque chose qu'autant qu'elles s'accordaient avec le devoir. Une personne d'une haute naissance l'avait invité à dîner dans un de ses châteaux, distant de deux heures de Chambéry, où elle avait réuni en son honneur une nombreuse société d'ecclésiastiques. L'abbé Rey, retenu par ses occupations, n'arrivant point, on se mit à table. A peine les convives étaient-ils assis, que le marquis, oubliant les plus ordinaires convenances, se déchaîna contre les fêtes de l'Eglise, et fit valoir avec esprit les sophismes de l'impiété contre ces

saints jours. Les prêtres les plus âgés gardant le silence par timidité, et les jeunes par déférence pour leurs aînés, il triomphait, lorsqu'on annonça le grand vicaire. Le marquis, fier de sa facile victoire, reprit, devant l'abbé Rey, la question qu'il croyait avoir tranchée. L'abbé Rey l'écouta sans l'interrompre. Quand il eut fini de parler : *Est-ce là tout, monsieur le marquis ?* lui demanda-t-il, *avez-vous quelque chose à ajouter ? — Non, monsieur le grand vicaire. — Eh bien ! à mon tour.* Alors, revenant sur les raisonnements de son adversaire, après en avoir fait toucher au doigt la vanité : *Qu'en reste-il ?* dit-il au marquis. — *Rien*, répond celui-ci. — *En reconnaissez-vous le vide et le faux ? — Oui, sincèrement. — Il n'y a donc pas de raison contre l'institution des fêtes,* reprit le grand vicaire ; *mais il y en a mille pour.* Ici il passa en revue l'histoire religieuse des peuples de l'antiquité qui, au repos du septième jour, avaient ajouté des solennités en l'honneur de leurs dieux ; la loi du Sinaï consacrant, outre le Sabbat, plusieurs autres jours de l'année à de saintes réjouissances dont les esclaves avaient leur part ; la législation de l'Eglise catholique, qui n'aurait ni autorisé, ni même permis l'établissement des fêtes, si elle n'y eût vu une véritable utilité pour les peuples. Enfin, par les enseignements de la foi, il montra que l'homme, en multipliant ses rapports avec Dieu, devenait meilleur et partant plus heureux, et qu'en mêlant dans une sage mesure la prière au travail, il était bien plus assuré du succès qu'en se confiant exclusivement à son bras ou à son industrie. De cela il conclut que les adversaires des fêtes étaient sciemment, ou à leur insu, les ennemis des hommes. « Vous avez trop d'humanité, mon-
« sieur le marquis, dit-il en terminant, pour tendre la main
« à ceux qui voudraient ravir au pauvre peuple des mo-
« ments souvent nécessaires et toujours utiles à la répara-
« tion de ses forces, et trop de religion pour vous faire l'é-
« cho de ces doctrines odieuses qui tendent à séparer la
« terre du ciel et à isoler l'homme de son Dieu. » Le marquis, de bonne grâce, s'avoua vaincu.

Lorsque l'abbé Rey fut appelé aux fonctions de vicaire général, le clergé du canton de Genève souffrait beaucoup de l'intolérance et des injustices du gouvernement de cette petite république. Après avoir tenté de pervertir les catholiques, soit par la loi sur les mariages mixtes, soit par la loi du mariage civil, qui avaient été retirées devant les réclamations de la cour de Turin, les magistrats de Genève en étaient venus à la violence au sujet du serment de fidélité aux lois faites et à faire que les curés refusèrent de prêter sans restriction. Un d'entre eux avait été déjà brutalement chassé de sa cure. L'archevêque de Chambéry, après avoir épuisé les moyens de douceur envers l'implacable hérésie de Calvin, avait porté ses plaintes au roi. De son côté, l'abbé Rey écrivit pour mettre le ministère des affaires étrangères de Sardaigne dans les intérêts de cette sainte cause.

« Lisez, je vous en conjure, écrit-il plein d'alarme,
« lisez le dernier numéro du *Journal du Commerce*, et
« voyez comment les Génevois se permettent de calomnier
« nos pasteurs. Si le roi ne protége pas ses anciens enfants
« contre leurs ennemis devenus leurs maîtres, c'est autant
« de victimes immolées à Satan et à Calvin. Et pourtant le
« traité de Turin est clair, le protocole de Vienne est posi-
« tif. Au nom de Dieu, de la Religion et de la Patrie, mon
« ami, je vous conjure de protéger des infortunés que le roi
« n'a cédés qu'à des conditions que l'on viole sans retenue
« et sans pudeur, en ajoutant l'insulte à la violence. Les
« plaintes de Monseigneur vous arriveront avec cette lettre ;
« il est navré de douleur de voir ses prêtres traités avec cette
« indignité. Si on a l'air de craindre ces sectaires, ils feront la
« loi à leurs voisins, et ils trembleraient si on mettait un peu
« d'énergie dans les représentations. Je recommande donc à
« la protection de votre ministère (celui des affaires étran-
« gères) les enfants de Dieu et d'Emmanuel contre les sup-
« pôts de Calvin. »

Le gouvernement du roi de Sardaigne intervint, et Genève dut renoncer à ses prétentions.

Vaincus de ce côté, les Génevois se tournèrent vers Rome et pressèrent vivement les négociations commencées en 1816, pour amener la réunion de leur canton au diocèse de Lausanne. Les catholiques clairvoyants et le clergé redoutaient cette mesure comme une calamité. Monseigneur de Chambéry n'y consentit point. Le curé de Genève, l'infatigable abbé Vuarin, de concert avec M. Rey, tenta tout ce qui fut possible pour l'empêcher. Le roi Louis XVIII était alors sous l'influence de M. de Cases, et ne sut se résoudre à mettre le poids de la France dans la balance où pesaient avec force les cabinets protestants de l'Europe. Le roi de Sardaigne fit ses protestations ; mais, seul, que pouvait-il contre tant de volontés contraires ? Rome, par un bref du 20 septembre 1819, réunit donc le canton de Genève au diocèse de Lausanne, et transféra à l'évêque de ce nom le titre d'évêque de Genève, tant illustré par saint François de Sales.

Un tel résultat fut un triomphe pour le protestantisme. La Savoie pressant Genève presque de tous côtés, cette ville fut bien aise d'avoir rompu avec cette voisine si incommode par sa foi. Chambéry et Annecy (cette dernière était alors au moment de recevoir un évêque) donnaient, par leur proximité, aux évêques de ces deux villes toute facilité de prévenir ou de déjouer les menées de l'hérésie ; et l'appui d'une cour religieuse leur assurait un ascendant que n'avaient pas les évêques de Lausanne, réduits à eux-mêmes et placés à une trop grande distance des lieux qu'il importait de surveiller. D'autre part, le nombreux clergé de la Savoie facilitait pour les cures des choix du premier mérite, et, de tout temps, les évêques résidants à Annecy avaient mis le plus grand soin à ne placer autour de cette citadelle du calvinisme que des ecclésiastiques pleins de savoir et de vertus.

C'est ainsi que la Savoie avait été préservée de l'invasion de l'erreur. Celle-ci, concentrée dans les murs de Genève, par les conquêtes de l'apôtre du Chablais, avait perdu toute action au dehors ; et, chose bien remarquable, c'est que, dans la partie de la Savoie qui entoure Genève, l'Église catholique conserva intacts et la pureté de ses doctrines et son empire sur les esprits.

En ajoutant au territoire de la cité de Calvin des communes, détachées de la Savoie et de la France par les traités de Paris et de Turin, le gouvernement genevois espérait supplanter l'Église catholique; mais, surveillé jusque dans ses moindres démarches par M. Vuarin, il vit ses projets découverts et dénoncés à l'indignation de ses sujets catholiques. Les menées combinées pour la fusion entre ces derniers et les protestants, avortèrent; M. Vuarin ayant réussi à faire du troupeau fidèle un faisceau impossible à rompre.

Lorsque la réunion du canton au diocèse de Lausanne eut été décidée, Mgr Dessolles fit ses adieux à cette portion de son troupeau. La lettre qui les renferme fut écrite par M. l'abbé Rey. Elle est pleine de cette douleur que ressent le cœur d'une mère au moment où l'on arrache de son sein des enfants tendrement aimés. On l'appela *un chef d'œuvre de bonté, d'attachement et de douleur étouffée* [1]. Elle fut lue aux prônes des églises du canton, au grand attendrissement des fidèles. Leur évêque, leur ami, leur père s'adresse à tous; de l'enfant au vieillard nul n'est oublié, et le clergé de cette fervente chrétienté est surtout l'objet des regrets de son amour paternel, et les exhortations les plus touchantes se mêlent aux sollicitudes de l'avenir : c'est saint Paul donnant ses avis et faisant ses derniers adieux aux prêtres et aux chrétiens d'Éphèse.

Pendant qu'il soutenait le clergé de Genève contre les efforts d'un gouvernement hérétique, l'abbé Rey sollicitait, à Turin, des subsides en faveur d'anciens religieux et des prêtres âgés réduits à la misère : « Encore une aubaine pour « les finances, écrit-il à un de ses amis (15 mai 1819), un « religieux, dont la supplique part aujourd'hui pour pro- « curer aux secrétaires des finances le plaisir de dire que le « clergé est assez riche, et que, pour des vieillards vénéra-

[1]. Voir plus loin la lettre du comte de Maistre du 3 février 1820.

« bles, qui ont blanchi au service de l'Église et du roi, dans
« le plus essentiel des ministères et les plus pénibles travaux,
« 260 francs suffisent ; tandis qu'on a prodigué des accom-
« modements de 1,000, 1,500, 1,800 francs, ou davantage,
« à tant de gens qui, pendant vingt-cinq ans, n'ont pas vu le
« feu comme nous. Bref, le nouveau venu est un Père Plau-
« tard de La Roche, ancien Barnabite, ancien professeur de
« mathématiques au collége royal de Thonon, ancien direc-
« teur spirituel au même collége, ancien procureur au
« collége des Nobles, à Turin..... Je crois, mon ami, que
« voilà assez d'anciennetés ! Et ces serviteurs de roi en valent
« bien d'autres, sans parler de ce que, sous peu de temps, ils
« délivreront les finances du poids très-léger qu'ils leur im-
« posent. Vraiment ! j'ai honte de la parcimonie avec la-
« quelle on traite des hommes de ce mérite, qui ont consacré
« une longue vie tout entière aux plus nobles fatigues, qui
« ont servi le roi à une époque où tout le monde servait
« l'empereur, qui ont maintenu tout ce qui reste de mœurs
« et de fidélité, qui succombent à leurs continuels travaux
« comme à leurs nombreuses années, et pour qui on trouve,
« de sang-froid, que 260 francs sont une ressource plus que
« suffisante. Ah ! l'éternité seule leur suffit, je le sais bien ;
« mais en attendant qu'ils y arrivent, ce qui n'est pas très-
« loin, que l'on adoucisse leurs derniers moments par le
« soulagement nécessaire, sans leur donner une obole de su-
« perflu. »

Le nombre des personnes qui recouraient à M. Rey était grand. Son cœur l'avait fait l'avocat de ses frères de patrie et de sacerdoce, et quelquefois des étrangers. Chaque courrier portait une lettre à M. Perrin, et il y en eut peu qui n'eussent pour objet quelques offices de charité, à ce point qu'il laisse percer la crainte d'être importun, quoique toutes les réponses qu'il recevait portassent le même cachet du dévouement le plus absolu : « Vous devenez, ou plutôt vous « êtes devenu depuis quatre ou cinq ans le protecteur des « Savoyards, mande-t-il à cet ami si cher, et vos complai-

« sances pour mes continuelles recommandations me don-
« nent à moi-même un petit air d'importance, dont je vous
« rapporte la gloire de bien bon cœur. Je continuerai donc
« d'adresser à votre obligeance ceux qui auront recours à
« notre commune amitié. D'ailleurs, je sais assez que tous
« ces pauvres motifs secondaires d'amour-propre, et surtout
« d'intérêt, n'ont aucun accès auprès de mon ami. Je sais
« que le noble motif de la charité chrétienne et le doux mo-
« tif de l'amitié religieuse inspirent toutes les démarches que
« lui coûte ma constante *importunité*. Je sais que ce dernier
« mot lui déplaît de ma part, et qu'il l'a totalement effacé
« du dictionnaire à notre usage. Eh bien! je continue, et
« voici de nouveaux sujets de complaisance. »

Ici, c'est un vieil employé laissé dans l'oubli; là, c'est un ancien militaire qui réclame une pension, toujours promise et jamais accordée. Tantôt ce sont des élèves en droit, en médecine, etc., hors d'état de satisfaire aux frais de leurs examens; tantôt c'est un étudiant de l'Université dont l'innocence est en péril et qu'il faut préserver de la contagion du vice; souvent, ce sont des pétitions, des suppliques à tirer de la poussière des bureaux, ou à surveiller, afin qu'elles arrivent à leur adresse; le plus ordinairement, ce sont des secours qu'il sollicite pour une école, un presbytère, un clocher, une église. « Nous n'en finirons jamais nous deux en
« fait de *commissions*, que lorsque vous n'aurez plus de
« complaisance et nous plus de besoins, écrivait-il (17 avril
« 1820). Eh bien! donc, comme nous sommes loin encore de
« cette époque, voici nouvelle matière à votre zèle religieux
« et amical : la pauvre paroisse du Mont-du-Chat a recouru
« à Sa Majesté, par le ministère de l'intérieur, il y a quinze
« jours, afin que la bourse paternelle et royale vînt au se-
« cours de ces vraiment misérables, pour les aider à trans-
« porter leur petite église dans un lieu plus à la portée des
« habitants, qui n'ont pu, jusqu'à présent, conserver un
« prêtre à cause de la distance où se trouve cette chapelle
« des habitations du pasteur et des paroissiens. Aujourd'hui,

« ils ont un jeune curé, qui se dévoue, avec un zèle aposto-
« lique, à cultiver ce rocher; mais il faut qu'il n'y meure
« pas si vite, quand même il n'y vivra pas très-bien. Et,
« pour cela, il faut l'aider à faire bâtir un temple modeste
« au Dieu qui fait les bons rois et les bons peuples. Il y a
« tout cela; il faut tout maintenir, et pour cela il faut tous
« s'aider. Entendez-vous? »

Au temps dont nous parlons, les recours aux divers ministères étaient presque quotidiens : la Révolution et l'Empire avaient opéré tant de déplacements et fait tant de ruines, que c'était un nouveau monde à créer.

La révolution de 93, par son indigne profanation des tombeaux, avait beaucoup affaibli la piété envers les morts et le respect dû à leurs cendres. Il importait de proclamer solennellement les principes sur lesquels repose ce que l'on a justement nommé la *religion des tombeaux*. Par les ordres de Mgr Dessolles, l'abbé Rey, de concert avec son collègue, M. Billet, dressa un règlement, auquel il joignit une lettre pastorale, qui en expliquait l'esprit et la portée. Ce sujet était bien digne de stimuler le zèle du grand vicaire. Nous lui empruntons les lignes suivantes : « Le respect pour les
« corps des défunts et les lieux où ils furent déposés, fut, de
« tout temps, chez tous les peuples, un sentiment naturel et
« profond, qui ne s'est pas démenti au milieu des nations
« les moins civilisées. Partout on a compris que les tom-
« beaux ont quelque chose de sacré : l'émotion qu'ils inspi-
« rent est trop sublime, trop mystérieuse, pour n'être que
« le fruit de la douleur. On sent, d'une manière confuse,
« mais certaine, qu'il y a quelque chose de plus que la
« mort sous les voûtes d'un sépulcre. Ce sentiment, si vrai
« et si moral, acquiert tout son développement quand on a
« la foi, et les cimetières des chrétiens sont de véritables
« monuments religieux, où l'on apprend à sanctifier les re-
« grets et à faire tourner au profit de la piété ce qui sem-
« blait ne devoir qu'alimenter la douleur. Le fidèle qui les
« visite entend partout une fermentation sainte, qui ne cesse

« d'agiter ces dépouilles humaines à travers la corruption
« qui les dévore. Elles sentent, pour ainsi dire, que leur
« sort n'est pas fixé, et la dissolution de leurs formes appa-
« rentes ne saurait détruire les germes d'immortalité qu'elles
« renferment.

« Oui, pour un chrétien, il y a dans la tombe quelque
« chose de plus que des souvenirs : il y a des espérances. La
« piété filiale, il est vrai, les regrets de l'amitié, les mouve-
« ments de la reconnaissance, arrosent souvent, par des
« larmes abondantes, le sol de nos cimetières ; mais la reli-
« gion porte ces larmes plus loin que la terre qu'elles hu-
« mectent, et le dogme consolant de la *communion des*
« *Saints* laisse à la douleur la douce confiance qu'elles
« arriveront jusqu'à ceux qui les font couler. La certitude
« où nous sommes que ces ossements arides entendront un
« jour la voix du Seigneur, et que le son de la dernière
« trompette est réservé pour ceux qui habitent les tombeaux.
« Oui, cette certitude si consolante, le dogme si sublime de
« la résurrection des morts, embellit les cimetières aux
« yeux de la foi. Il est un sens très-vrai, par lequel on peut
« dire qu'il n'est nulle part plus de vie que dans le séjour
« de la mort. Aussi, en général, la Religion avait placé
« nos cimetières autour de nos temples ; et, comme les élus
« doivent former un jour l'admirable enceinte de la Jéru-
« salem céleste, l'Église semble préluder à cette ravissante
« destinée, en plaçant ici-bas les corps des chrétiens autour
« du sanctuaire de la Divinité.

« Quelle vénération ne devons-nous pas avoir pour la
« terre sacrée qui renferme les dépouilles de tant de bien-
« heureux, on dirait presque les reliques de tant de saints !
« Quel zèle ne devons-nous pas mettre à faire respecter la
« cendre des morts, à préserver la terre qui les couvre de
« toute profanation, à propager la *religion des tombeaux !*
« Il n'est aucun lieu sur la terre qui doive offrir à la fin des
« temps un plus admirable spectacle que nos cimetières.
« C'est là que la religion étalera ses dernières pompes ; mais

« combien elles seront sublimes! Qui peut nombrer ces
« milliers de générations qui se lèveront alors de ces seuls
« points? Des corps innombrables sortiront de cette pous-
« sière antique, et cette terre vénérée, dans le sein de la-
« quelle les siècles ont accumulé tant de dépouilles, les
« rendra toutes pleines de vie, et donnera ainsi un éternel
« démenti aux incrédules de tous les temps, qui ignoraient
« le sens des Écritures où sont tracées les nobles promesses,
« et qui ne connaissaient pas mieux la puissance de Celui
« qui les a faites : *Nescientes Scripturas neque virtutem Dei..* »

Vigilant autant qu'infatigable, l'abbé Rey découvrant les embûches de l'ennemi, tendues à la foi et à la piété des populations, il les signalait. Les cantons de Vaud et de Genève introduisirent, en Savoie, des *almanachs* protestants : ces sortes de livres sont la bibliothèque du paysan. Leur influence en bien comme en mal est très-grande, selon l'esprit qui les a dictés. Le grand vicaire de Chambéry écrit à Turin : « L'an passé, on introduisit des milliers d'*almanachs*
« suisses, corrupteurs et impies : je les ai vus, et nos braves
« paysans n'en ont presque pas d'autres. Eh bien! cette
« année, ils sont mille fois pires et plus dangereux. C'est une
« vraie peste pour les principes et pour les mœurs. Il est
« impossible que le gouvernement s'occupe d'une chose
« plus *pressante* et plus *essentielle*. On nous pourrit par cette
« épouvantable inondation. Que l'on conjure ce poison ; que
« l'on arrête ou que l'on chasse une trentaine de colpor-
« teurs vendus à la secte; que l'on saisisse vite et à l'impro-
« viste tous les dépôts : on ne peut calculer le mal que fait
« ce poison (20 octobre 1821). »

Ces réclamations rendirent la surveillance du gouvernement plus active, et les éditeurs suisses durent, dans leur intérêt, réformer leurs almanachs, qui offrirent dès lors moins de danger [1].

---

[1] Plus tard, M. Rey, devenu évêque d'Annecy, fit éditer par M. Burdet, libraire religieux et instruit, l'*Almanach des familles chrétiennes.* Cet *almanach,* rédigé avec intelligence et sagesse, a, depuis longtemps,

Si la vigilance de M. Rey protégeait les peuples, elle entourait le clergé de plus de soins encore. On ne pouvait le trouver en défaut ; des plaintes lui étant parvenues contre les prédications d'un ecclésiastique attaché à une paroisse éloignée de quelques heures de Chambéry. l'abbé Rey, toujours paternel, l'informa des griefs qu'on lui reprochait, et l'exhorta, dans le cas où ils auraient quelque fondement, à mettre sa manière de prêcher en harmonie avec la sainteté de la parole de Dieu et les égards dus à une assemblée de chrétiens. Ce prêtre, dont les intentions étaient plus droites que le jugement, répondit que ses prédications étaient en tout, sinon convenables à des oreilles trop délicates, au moins nécessaires à la multitude. Mais bientôt l'abbé Rey, apprenant qu'il ne changeait rien à sa manière d'agir, se rendit secrètement dans la paroisse, un dimanche, où cet ecclésiastique devait prêcher, et assista au sermon sans être vu. Vers la fin, il s'avança vers le sanctuaire et se montra au prédicateur, qui en fut déconcerté ; car, ce jour-là, il avait tout à fait passé les bornes. Pris sur le fait, il n'eut rien à objecter, et son excorporation fut décidée : il sortit du diocèse. L'estime qu'inspirait le grand vicaire de Chambéry et l'admiration pour son talent augmentaient tous les jours.

Au milieu de ces incessantes occupations, il fut choisi par les notabilités de la ville pour acquitter le tribut d'hommages et de regrets dus à la mémoire de Charles-Emmanuel IV, roi de Sardaigne, mort à Rome le 6 octobre 1819. La Savoie n'eut jamais un plus habile et plus chaleureux interprète de sa fidélité et de son amour envers ses souverains. Dans l'oraison funèbre qu'il prononça le 16 décembre de cette année, les uns admirèrent la majesté de l'exorde tiré tout entier du texte : *Regnavit fecitque quod erat bonum coram Domino* [1] ; les autres louèrent la fécondité de l'orateur qui, d'un sujet

près des foyers domestiques, la place qu'y tenaient ceux de Berne et de Vevey.

[1] Il régna et il fit ce qui était bon et agréable au Seigneur. (Liv. IV des Rois, chap. XVIII.

peu riche en lui-même, avait fait sortir des beautés du premier ordre et des leçons de la plus haute importance [1].

Le règne de Charles-Emmanuel n'avait été qu'une aurore obscurcie par l'orage révolutionnaire qui brisa son sceptre au moment où il passait dans ses mains. Ses armées, paralysées par l'astucieuse politique de l'Autriche qui, à la faveur de la guerre qu'elle ne poussait que mollement, travaillait à la réunion du Piémont au Milanais, ses finances épuisées par le traité de Campo-Formio, ses places fortes au pouvoir des troupes étrangères et ennemies avaient mis ce prince hors d'état de produire au grand jour les qualités qui font les grands rois. Mais sa fermeté dans les conjonctures les plus difficiles, sa force d'âme et sa constante résignation parmi les plus cruelles épreuves, la piété qu'il avait honorée aux jours de la prospérité et qui, à son tour, le soutint contre la violence des secousses auxquelles il fut en butte; telles furent les points de vue sous lesquels l'orateur présenta son héros à l'admiration des hommes.

La vie du roi Charles-Emmanuel ne devait pas être séparée de celle de la reine, la vénérable Marie-Clotilde de France. L'orateur les réunit, mais avec tant d'à-propos et de tact, que là même où il parle le plus des vertus de cette princesse, il ne permet pas de perdre de vue celui qui est l'objet principal de ses éloges. Ce sont deux astres qui se communiquent leur éclat et ajoutent, par cette communication, à leurs mutuelles splendeurs. Ce discours, plein de chaleur et d'onction, émut plusieurs fois l'assistance jusqu'aux larmes; et, aujourd'hui même, à la distance où nous sommes des événements dont il

---

[1] Charles-Emmanuel IV, né le 4 mai 1751, monta sur le trône le 16 octobre 1796. En 1799, il dut se retirer devant la violence du Directoire français. Il se rendit en Sardaigne, puis à Naples, où il abdiqua en 1802. Il vint ensuite à Rome. Après le rétablissement des Jésuites, il entra dans leur maison, se revêtit de leur habit, sous lequel il voulut vivre et mourir (à ce qu'on croit) en expiation de la joie à laquelle il s'était livré, lorsque Victor-Amédée, son père, eut été contraint de souscrire à la proscription de ces dignes religieux.

contient le récit, il est impossible de le lire sans attendrissement [1].

M. le comte de Maistre, extrêmement lié avec M. l'abbé Rey, était en correspondance avec lui; il le complimenta sur son oraison funèbre. On nous saura gré de reproduire ici la lettre presque entière de cet homme de génie dont s'honore notre Savoie [2]. Son ami lui avait écrit pour le féliciter sur son livre *du Pape*, récemment paru.

« A M. l'abbé Rey, vicaire général de Chambéry.

Turin, 26 janvier 1820.

« Il n'y a rien de si aimable que ce que vous me dites dans votre lettre du 24. Je passe sur les exagérations : c'est un vice de l'amitié, on ne l'en corrigera jamais. Il me paraît cependant, toute humilité et toute vanité à part, que l'ouvrage fera quelque bien. Vous me parlez de mon talent pour faire rire en raisonnant. En effet, je me sens appelé à émettre les questions les plus ardues au niveau de toutes les intelligences, et je puis dire comme Boileau :

C'est par là que je vaux, si je vaux quelque chose.

« Enfin, monsieur l'abbé, nous verrons. Ne manquez pas de m'instruire de tout. Qu'est-ce que vos prêtres ont dit de l'article d'Honorius et de ma note sur la procession *Ex Filio*? Cette idée me vint tout à coup en lisant je ne sais quel vieux livre, et je la crois décisive. On m'écrit de France que personne n'a poussé plus loin la justi-

---

[1] Ce discours obtint les éloges du meilleur journal de Savoie, et l'ami de la religion et du roi s'exprimait ainsi : « Ce discours est digne à la « fois de la chaire chrétienne, du prince qui en est l'objet, et du talent « de l'orateur. Également précieux et par les faits et par les réflexions « qui y sont semées, il ne peut qu'ajouter à la réputation de M. l'abbé « Rey, déjà connu par le fruit de ses prédications jusque dans nos pro- « vinces et par les services qu'il a rendus soit pour des retraites ecclé- « siastiques, soit pour des missions en divers diocèses. »

[2] Lettres et opuscules du comte Joseph de Maistre. Bruxelles, 1854.

fication d'Honorius, ce qui m'encourage beaucoup. Je crois bien qu'il y aura des tempêtes; mais la plus forte viendra du Nord, et je me résigne d'avance à tout le mal qu'elle pourra me faire. Croyez que le chapitre sur la Russie tombera à Saint-Pétersbourg comme une bombe. Ame au monde ne s'y doute des témoignages russes. Quant ils verront ce tableau, ils demeureront frappés de stupeur, et ensuite de colère. Mais qu'arrivera-t-il à l'auteur? Je l'ignore. Qui sait si celui qui a dépensé 20,000 roubles pour nous faire insulter par un enfant (en science) voudra supporter les représailles? C'est ce que nous verrons encore. En attendant, mon très-cher abbé, je suis très-aise que mon livre repose dans votre bibliothèque, et qu'il y ait été placé, de ma part, par la main de ma représentante.

« Votre oraison funèbre a été fort goûtée ici et déclarée la meilleure de toutes sans difficulté. Je ne serais pas étonné, en vérité, que vous en eussiez quelque preuve ostensible. En tout cas, vous aurez toujours maintenu, de votre côté, l'honneur de la langue. — Hélas! elle expire chez moi. Bientôt on dira dans ma famille : « Mon grand-papa, il s'appelait Zoseph : il était tout le zour dans sa sambre. » — A cela point de remède. — *Sine me, liber, ibis in urbem.*

« Au reste, mon cher abbé, le Pape et tout ce que vous connaissez ne sont que des bluettes en comparaison de tout ce que recèle mon portefeuille. Je ne sais si je me déciderai; mais j'ai deux grands ennemis : mes affaires et ma paresse.

« Votre très-humble serviteur et bon ami. »

Nous citerons encore une lettre qui suivit celle-ci, comme preuve de la confiance et de l'aimable familiarité de ce commerce.

Turin, 9 février 1820.

« Je suis fort en arrière avec vous, monsieur l'abbé ; mais la ponctualité, comme vous le savez assez, n'est plus à mon usage depuis que je suis attelé au char de la justice. Tous les jours je vois mieux que je suis déplacé : on me jette dans les emplois au moment où il en faudrait sortir. Je pourrais servir encore la bonne cause et jeter dans le monde quelques pages utiles, au lieu que tout mon temps est employé à signer mon nom, ce qui n'est pas cependant une brillante affaire. Malheureusement, je ne puis détacher ces chaînes, qui sont si précieuses pour ma famille. Hélas! Dieu veuille qu'au prix de toutes les meurtrissures imaginables, je puisse les porter encore longtemps pour me donner un successeur! L'année 1819 m'a nourri d'absinthe ; tout s'éteint autour de moi. Que m'importe un peu de bruit que je fais! On écrira sur ma triste pierre : *Periit cum sonitu;* voilà tout. On jalouse mes titres, mon rang et ceux de mon fils, sans savoir ce qu'ils coûtent à mon cœur. Je les céderais tous pour un bon ménage allobroge, tel que je l'imagine. Les Alpes me séparent du bonheur ; cependant, le croiriez-vous? j'ai plus à me louer de ce pays que de ma propre patrie. Il paraît qu'ici on m'a tout à fait pardonné ma langue et ma naissance ; mais il y a tant d'autres malédictions attachées à ce séjour, qu'il est impossible d'en faire le catalogue. Je ne puis les reprocher à personne ; elles n'appartiennent qu'aux circonstances, et rien ne peut les écarter. J'aurais perdu l'esprit, si je songeais à perdre des revenus considérables que je ne puis trouver ailleurs, et qui peuvent encore enfanter quelque chose.

« Les gens qui jalousent mes emplois, mon rang et mon attitude à la cour, ne connaissent pas toutes mes dignités ; ils ne savent pas que je suis pénitent noir à Chambéry. Voilà, cher abbé, ce qui me reste de ma patrie. Mon grand-papa me donna mon livre et mon habit, en 1768 ; mais Dieu sait s'ils ne sont pas égarés! Quoi qu'il en soit, je pourrais être recteur, et c'est l'unique emploi à ma portée dans ma chère patrie.

« Il faut que vous me fassiez un plaisir. On veut savoir, dans un pays étranger, si les Visitandines sont rétablies dans leur maison primitive, ou s'il y a quelque espérance de rétablissement. Faites-moi, je vous prie, un petit historique sur ce point, et, s'il vous est possible, par le premier courrier, car l'on me presse, et je suis en coulpe. Je me vois obligé à faire des extraits en fait de lettres, de réponses, etc. Je me tue, et je suis toujours en arrière.

« J'ai été extrêmement approuvé à Rome. Par une délicatesse que vous comprenez du reste, je n'avais pas voulu envoyer mon livre directement au S. P.; j'ai laissé faire au ministre : je n'y ai rien perdu. Le Pape a dit : « Laissez-moi ce livre, je veux le lire moi-même. » De toutes les personnes à qui j'ai fait remettre l'ouvrage à Paris, M. de Chateaubriand seul m'a répondu. Le silence de MM. de Bonald et de Marcellus m'étonne fort ; probablement ils craignent l'influence du jour. Vous verrez qu'incessamment les libéraux me feront déchirer officiellement. Ce livre me donnera peu de contentement dans les premiers temps; peut-être me donnera-t-il beaucoup de désagréments ; mais il est écrit, et il fera son chemin en silence. Rodolphe peut-être recevra les compliments. La grande explosion des Considérations sur la France s'est faite plus de vingt ans après la date du livre...

« ..... Soutenez-moi de toutes vos forces, mon très-cher abbé, car il faut que j'aie au moins un grand vicaire pour moi. Pour ce qui est des vacherins [1] (exemple de transition !), jamais je n'en ai mangé de meilleurs. Ma femme m'en donne quand je suis sage, ou quand elle me croit tel. Mais je la séduis, et presque tous les jours j'en tire quelque chose. Grand merci donc, monsieur l'abbé, et mille fois grand merci! Il n'y manque que vous pour les ravager avec nous. Encore une fois, je n'en ai pas mangé de meilleurs; et quant à la lettre imprimée de l'archevêque de Chambéry [2], c'est encore un chef-d'œuvre de bonté, d'attachement et de douleur étouffée. Est-ce vous qui me l'avez envoyée, ou l'abbé calviniste de Genève? Parmi les lettres qui pleuvent à flots sur ma table,

---

[1] Fromage de Faucigny.
[2] Précédemment citée.

celle-là s'est trouvée sous ma main, et je ne sais qui je dois remercier. Ce qu'il y a de sûr, c'est qu'elle sent le vacherin.
— Les dames vous saluent; et moi je suis pour la vie, avec tous les sentiments que vous me connaissez,

« Votre très-humble et très-obéissant serviteur.

« *Nota manus.* »

Le roi envoya à M. l'abbé Rey la croix de chevalier des Saints-Maurice-et-Lazare. C'était une distinction rare en ce temps-là. Il fut d'autant plus touché de cette faveur, qu'il croyait moins la mériter. Ainsi sont les grands cœurs. Ils sont persuadés n'avoir rien fait, tant que leurs œuvres ne répondent pas à l'immensité de leurs désirs. Au terme d'une longue carrière, remplie par d'innombrables travaux en faveur de l'Église, de sa patrie et de nos princes, l'abbé Rey disait: *Nos bons rois m'ont comblé de bienfaits et vraiment je ne sais pourquoi. S'ils ont voulu reconnaître mon dévouement à leur trône, il n'y a pas là de mérite pour moi; il ne m'a rien coûté: je l'ai sucé avec le lait.*

A la marque de distinction accordée par le roi, il avait joint une grâce tout aimable, en disant au comte de Sales: *Je sais que l'abbé Rey est votre ami, faites-lui part de mes intentions souveraines à son sujet: cette nouvelle venant de vous aura pour lui un prix nouveau.*

Tant de délicatesse et de bonté remplirent son âme d'une douce joie; il était véritablement heureux; son attachement à ses rois était dans son cœur une piété filiale, et ce sentiment conserva toujours, avec l'énergie qui vient de la force de l'âge, sa naïveté et sa candeur primitives. *Tout foi et tout honneur* (selon l'expression de l'évêque de Pignerol), il vit dans cette décoration ce que l'honneur et la foi y découvrent: une excitation aux plus nobles vertus. «Je suis un peu en-
« fant dans cette circonstance, écrivait-il à un de ses amis,
« mais je n'ai pas besoin de vous dire que tout n'est pas en-
« fantillage de ma part, et que le point de vue sous lequel

« je regarde cette décoration et l'Ordre auquel elle m'atta-
« che, est absolument digne des nobles vues des augustes
« fondateurs[1]. Oui, pour moi ce sera un *Ordre religieux*;
« oui, signe sacré de l'amour infini de mon Dieu, je vous
« porterai ici-bas sans aucun orgueil humain consenti, je
« vous ferai servir de mémorial à la vertu, je vous baiserai
« avec respect comme avec tendresse, je porterai ma main
« sur vous dans mes dangers, dans mes tentations, dans mes
« besoins. Ce mouvement sera toujours celui de la foi et de
« la confiance. »

Au moment où ce témoignage de gratitude et d'estime de son roi excitait en M. l'abbé Rey ces sentiments, il apprit l'attentat qui ravit à la France Mgr le duc de Berry. Son âme en fut navrée de douleur. La lettre qu'il écrivit sous l'impression de cet affreux événement, contient des avertissements trop graves et toujours trop nécessaires pour ne pas lui donner sa place ici : « Je suis si affecté du nouvel *assassinat fran-*
« *çais*, que je ne saurais aujourd'hui me livrer, selon mes
« vœux et mes besoins, au plaisir de vous écrire. Ce forfait
« ne m'étonne point, tout étonnant qu'il est. Tout ce qui se
« fait, se dit et s'écrit en France, pouvait conduire là et
« même plus loin. Ah! les terribles choses que je vous di-
« rais si ce pouvait être le sujet d'une lettre ! Hélas ! il est
« écrit : *Tanquam vas figuli confringes eos*[2]; et tout de suite
« après : *Et nunc, reges, intelligite*[3]; et jusqu'à présent : *Non*
« *intellexerunt*[4]; et ils sont tous perdus, tous, tous d'une
« manière ou de l'autre, s'ils ne veulent pas comprendre.
« Est-il possible qu'on ne veuille revenir à la source éter-

---

[1] L'ordre de Saint-Maurice fut fondé par le duc Amédée VIII; il ne pouvait y avoir dans l'Ordre que six chevaliers, gentilshommes sans reproche. Cet Ordre était religieux et militaire. Les chevaliers avaient l'obligation de réciter un office. Les statuts qui prescrivaient leurs devoirs sont remarquables par le sentiment religieux et le respect à l'autorité du saint-siége qui les avait dictés et approuvés.

[2] Vous les briserez comme un vase d'argile. (Ps. 2.)

[3] Et maintenant comprenez, rois de la terre. (Id.)

[4] Ils n'ont pas compris. (Id.)

« nelle de tout bien qu'après avoir épuisé la mesure de tous
« les maux, de tous les crimes! J'ai l'âme froissée de la plus
« profonde douleur quand je vois que l'on caresse, que l'on
« protége, que l'on défend, que l'on récompense même les
« idées libérales qui ont produit, produisent et produiront
« tant de scélératesse. On ne veut pas voir absolument que,
« pour la maladie dont le monde est atteint, il n'y a de re-
« mède que dans le ciel. Ah! mon Dieu! si j'avais à pro-
« noncer en France l'oraison funèbre de la nouvelle vic-
« time, je l'écrirais avec le sang de Louis XVI, avec le sang
« du duc d'Enghien, avec le sang du duc de Berry, et, dussé-
« je y ajouter le mien au bas des escaliers de la chaire, je
« traduirais, avant que d'en descendre, aux regards de l'uni-
« vers, le monstre qui égorge les rois. Je dirais, sans hésiter,
« à tout ce qui commande ici-bas aux mortels : *Vous ne vou-*
« *lez pas de Dieu, Dieu ne veut pas de vous;* vous périrez,
« parce que vous laissez périr ce qui seul pouvait vous con-
« server. Eh! mon ami! que de détails alors j'oserais pro-
« duire! et l'on verrait que les assassinats sont un fruit comme
« tout autre, et que le grand crime est d'avoir soigné, cul-
« tivé, protégé l'arbre infernal qui le produit. Laissons ce
« triste sujet, et n'entreprenons pas de rendre la vue à ceux
« qui s'arrachent les yeux pour ne pas voir. Je donnerai ma
« mesure de larmes à la nouvelle victime, et je dirai, à qui
« voudra l'entendre : *Ce n'est pas la dernière.* »

Quelque temps après son cœur reçut de nouvelles blessures de la maladie et de la mort du comte de Maistre. C'é-
tait moins l'ami qu'il considérait dans ce grand ministre, que
l'apologiste de la Providence et de la papauté, le mentor des
rois, le défenseur et le conseil des monarchies européennes.
Aussi, le dépérissement d'une vie si précieuse et le pressentiment d'un trépas prochain, lui causèrent d'inexprimables
angoisses. Il fit bien des prières pour la conservation de *cette
tête plus auguste,* comme il le disait, *par la vérité qui y réside,* qu'elle ne le serait par un diadème. « On m'annonce,
« écrit-il dans son chagrin, une rechute désolante du véné-

« rable patriarche. Je suis si affaissé par la douleur, que je
« ne puis dire à qui je ressemble... Enfin, Dieu nous reste,
« cela suffit à des chrétiens... Je continue à espérer, mais...
« quelle perte! Jetons-nous entre les bras du bon Dieu, en-
« fonçons-nous profondément dans les entrailles de ce ten-
« dre Père... Père! ah! quel est celui qui nous permet de
« lui donner ce titre? Eh bien! donc : *Pater!* Tout est dit,
« si je comprends ce que je prononce. » Et, quelques jours
après : « Notre digne comte est toujours là... On ne sait pas
« dire autre chose; mais sa tête céleste ne se ressent en rien
« du triste état de son corps. Il y a vraiment un sceau divin
« sur cet homme-là, et il reçoit sur la terre la plus noble
« récompense du sublime usage qu'il a fait de son esprit,
« celui de s'en servir jusqu'au bout sans nuage et toujours
« en faveur de la vérité! Que cet homme est grand! »

La nouvelle de la mort de M. de Maistre arriva à Chambéry le 28 février. Quoique l'abbé Rey y fût préparé, elle ne fut pas moins pour lui un coup bien sensible. « Ah! prenez
« pitié de mon affliction, écrivait-il à son ami, je suis dans
« un sentiment si profond de douleur sur la perte irrépara-
« ble que fait notre patrie, l'Église, la Religion, la France...
« Puis, cette admirable famille... Hélas! je n'en puis plus! La douleur me tue et j'étouffe dans mes larmes. » Puis, se relevant par la foi, il trace sur sa lettre une grande croix et ces mots : *Tout est là-dessus!*

Son affliction se tempérait par la confiance du bonheur qui devait être le partage de son noble ami. Il continue :
« J'ai célébré la messe pour l'illustre défunt; tout ce qui
« s'est passé à l'autel dans mon âme ne me laisse aucun
« doute qu'il ne soit au ciel. Oui, mon Dieu! il est dans
« votre sein. »

La gloire de Dieu, la société, le repos du monde, le salut des peuples, la liberté de l'Église, étaient l'objet constant de la sollicitude de M. Rey. Il eut alors de graves inquiétudes au sujet du congrès de Laybach, dont il redoutait l'issue. Le souvenir du congrès de Vienne, où le catholicisme avait été

immolé à de misérables convenances de territoire en faveur des principautés protestantes, lui inspirait de vives appréhensions sur ce qui serait décidé par cette assemblée des souverains et de leurs ministres. M. Perrin se trouvait à Laybach, attaché au ministre des affaires étrangères de Sardaigne. L'abbé Rey lui montra alors la plus tendre sollicitude. « Vous m'êtes présent à tous les moments religieux, et j'ap-
« pelle l'esprit de mon Dieu sur votre esprit, sur votre
« plume, sur vos mémoires, sur vos rapports, sur... Ah! si
« vous saviez comme c'est Dieu qui fait tout ici-bas, abso-
« lument tout, et dans le plus grand détail; si vous saviez
« combien est véritable et profond le *gentes in terrâ diri-*
« *gis* [1] ! Bons et mauvais, nous sommes tous des instruments
« entre les mains du *Grand-Faiseur*. Notre liberté elle-
« même en est un; mais, quelle différence dans la manière
« dont il se sert des uns et des autres, et quelle admirable
« influence il daigne accorder aux premiers, dans quelque
« rang qu'ils soient, à plus forte raison quand ils approchent
« les grands ressorts visibles! Ah! que l'on voit bien, que
« l'on voit beau, quand on voit par la foi! à quelle hauteur
« elle nous place! Dieu vous a aimé assez et vous a placé
« assez bien pour que les vues de la foi aient pour vous un
« attrait sans bornes... Dieu soit avec vous, cher enfant,
« enfant de mon Dieu... Dieu soit avec vous! »

Paris fut alors témoin de nouvelles tentatives contre la famille royale [2], et Turin, jusque-là si paisible, vit dans ses rues des essais d'émeute qui furent aisément réprimés, mais qui étaient alarmants comme symptômes. M. Rey s'écrie [3] :
« Mon Dieu! Dieu de votre Église, Dieu de mon roi, Dieu de
« ma vie et de mon éternité! les souverains comprendront-ils
« enfin? *Terribilis Deus apud reges terræ* [4]; et ils sont per-

---

[1] Seigneur, vous dirigez les nations de la terre. (Ps. 66.)

[2] Attentat de Gravier et Bouton contre madame la duchesse de Berry, le 7 mai 1820. — Id. le 27 janvier 1821.

[3] Lorsque nous n'indiquons pas de nom, c'est presque toujours à M. Perrin que s'adressent les extraits des lettres de Mgr Rey.

[4] Dieu est terrible aux rois de la terre. (Ps. 75.)

« dus s'ils ne vont à la racine du mal, aux doctrines impies,
« aux systèmes dans le gouvernement, à cette liberté de la
« presse qui recouvre exactement le sol de l'Europe de livres
« abominables... Enfin, je commence à espérer. » Puis, par
un séraphique élan, il fait à la croix cette apostrophe : « Va
« à Laybach, signe auguste et sacré, porter à cette âme que
« m'a donnée Celui qui est mort sur toi, va lui porter un
« amour qui fait les délices de ma vie. Signe adorable, tout
« vient de toi. »

Mais l'espérance de jours meilleurs, qu'il saluait avec transport, n'était pas prête encore à devenir une réalité. Sa patrie devait passer par des convulsions avant d'arriver au règne fortuné de Charles-Félix. Il est à propos de reprendre les choses d'un peu plus haut.

CHAPITRE III

Réflexions sur la restauration de 1814. — Effet produit en Savoie par la révolution de 1821. — Retour du roi Charles-Félix. — L'abbé Rey est nommé archidiacre. — Démission de Mgr Dessolles. — Diocèses rétablis en 1824. — Serment de la noblesse. — Il est demandé au clergé. — Protestation de l'archevêque. — Retraites ecclésiastiques en France, leur succès. — L'abbé Rey part pour Paris.

La restauration de 1814 et de 1815 n'avait été que le rétablissement des princes sur les trônes d'où la Révolution les avait précipités. Satisfaits d'avoir recouvré leur sceptre, la plupart d'entre eux ne prêtèrent qu'une main timide et incertaine aux réparations des ruines qui couvraient le sol de leur royaume ; ils ne jugèrent pas de la profondeur des plaies qu'ils devaient guérir. Plus sage que d'autres souverains, Victor-Emmanuel ne fit point alliance avec un passé déplorable : la Révolution ne monta pas sur le trône avec lui. Ce prince aimait la religion, et assurer sa légitime prépondérance avait été le premier objet de sa sollicitude. Non-seulement il remit en vigueur les lois qui lui étaient favorables, mais il rejeta celles que la Révolution avait enfantées : il ne croyait pas à la bonté des fruits d'un tel arbre. Dès 1817, les diocèses supprimés de Piémont furent rétablis par lui, de concert avec le Saint-Siége. Par le concordat de cette même année, la Savoie avait été déclarée province ecclésiastique, et Chambéry érigé en métropole. Le rétablissement des anciens siéges épiscopaux était arrêté en principe. Jusque-là tout marchait bien : le pieux Victor-Emmanuel pratiquait dignement ce qu'on a appelé la religion des *réparations*. Mais que peuvent les mesures les mieux combinées et les plus sages, si elles ne sont exécutées avec fermeté? Ce monarque, comme les hommes au cœur généreux, avait foi en la puissance des bienfaits; c'est par elle qu'il voulut ramener des enfants rebelles, leur confiant (ou par eux à leurs créatures) la plupart des emplois de l'armée, des ministères et de l'administration. Il semble qu'ils auraient dû se servir de la situation qui leur était si libéralement faite, pour racheter, par un vrai dévouement au bien public, les écarts d'un passé odieux. Il n'en fut rien : leur influence n'eut d'autre effet que de déconsidérer la monarchie devant ses plus fidèles et constants serviteurs. Les gens de bien furent humiliés et disgraciés; leurs plaintes étouffées ou traduites en actes séditieux. Les prêtres, comme on le pense bien, eurent la plus large part dans la répulsion et le mauvais vouloir de ces agents du pouvoir.

Pour rendre la personne du roi plus odieuse, ces hommes pervers organisèrent une police, qui n'était qu'un piége tendu aux citoyens honnêtes et religieux. Moyen déplorable, qui n'engendra que des maux. On multiplia les lieux de corruption, malgré les réclamations des gens vertueux et des pasteurs zélés. En dépit de la loi de Dieu et des ordonnances royales, ses agents présidèrent à la profanation des fêtes et aux exercices scandaleux de la licence. On les vit partout où il y avait des désordres à encourager, mais jamais où il y avait des excès à prévenir, de bonnes actions à soutenir ou à faire. C'est ainsi que l'on sapait le trône du meilleur des rois. Si les ministres des autels étaient invités, par la police, à signaler les désordres, c'était dans le but d'appeler sur le clergé la haine des fauteurs de troubles, qu'elle avait mission de surveiller. On gémissait en secret sur les atteintes portées à la majesté royale par des agents indignes d'elle.

Cependant la masse restait attachée au trône. En Savoie, les reproches ne remontèrent point jusqu'au prince, et le cœur du trop bon Victor-Emmanuel dut être content de l'amour des aînés de sa grande famille. On renfermait sa douleur en disant : Si le roi savait. On a vu avec quelle résignation la Savoie endura la famine, en 1817, et comment elle fut abandonnée par son gouvernement en ces tristes circonstances.

Nul bien ne contre-balança en Savoie les maux dont elle eut à se plaindre. La restauration des diocèses, si désirée des peuples et du clergé, était ajournée sans fin. On avait de l'argent pour tout, excepté pour les œuvres les plus nécessaires à la prospérité de l'État.

Les traitements indignes que subissait la Savoie avaient persuadé aux ennemis de la monarchie qu'il était impossible qu'elle ne soupirât pas après un autre ordre de choses. Aussi, dès 1821, ils jetaient le masque, et voulurent faire de la révolution. Mais leur surprise fut extrême lorsqu'ils virent que la résistance venait précisément du côté d'où ils devaient le moins l'attendre. Il n'entre pas dans mon sujet de faire le récit de la révolution de 1821 : l'histoire l'a déjà flétrie. Turin la vit un moment triomphante, mais l'attitude de la Savoie déconcerta les factieux, qui comptaient s'unir par elle aux agitations de la France, et trouver dans ceux-ci l'énergie qui manquait à leur courage.

Pendant cette crise, nommée la révolution des *trente jours*, l'abbé Rey se tint toujours à la brèche pour défendre la patrie en péril. Cette mère commune n'a que faire, selon lui, de ces enfants pusillanimes qui se cachent lorsqu'ils devraient se montrer, et se taisent lorsqu'il faudrait élever la voix. Mais ici la cause de la patrie était celle de la Religion ; c'était plus qu'il n'en fallait pour légitimer son zèle. On le vit, à Chambéry, soutenir les courages, empêcher les défaillances, et prévenir, par ses démarches, ses conseils et ses écrits, toute défection.

A la première nouvelle du soulèvement de Turin, il trace à son ami la route qu'il devra suivre dans les conjonctures où il se trouve. Cette précaution n'était assurément pas né-

cessaire ; mais l'amitié, comme l'amour maternel, s'inquiète aisément, et les craintes quelquefois excessives de l'une et de l'autre ont leur justification dans le sentiment qui les produit : « Mon ami ! lui dit-il, le Dieu qui vous conduisit, en
« 1815, vous conduira en 1821. L'éternité, la croix, votre
« conscience, votre cœur et le souvenir de votre ami... En
« voilà assez pour marcher droit. Je vous verrai quand il
« plaira à Dieu ; mais je ne veux jamais vous voir que digne
« de lui. Son amour vous est prouvé et vous saurez lui
« prouver, à votre tour, celui qu'il vous inspire. »

Ici les intérêts humains ne sont pas nommés ; ils ne pouvaient entrer en ligne avec les motifs sacrés de l'amitié, du devoir, et de l'éternité.

A peine les conspirateurs eurent-ils saisi les rênes de l'État, qu'ils demandèrent à l'Église des chants pour célébrer leur triomphe, et des prières pour en assurer la durée. En Piémont, les évêques, cédant à la crainte de plus grands maux, se prêtèrent à cette exigence. Il n'en fut pas de même en Savoie. L'avis de l'abbé Rey, dans le conseil archiépiscopal, fut que, *loin d'obtempérer à cette demande, l'autorité ecclésiastique devait éviter toute communication avec un pouvoir usurpé ; parce qu'une conduite contraire serait un scandale pour les fidèles et une honte pour l'Église de Savoie. Que l'autorité de Victor-Emmanuel étant entière et respectée dans tout le duché, il fallait se garder de ce qui porterait à croire qu'elle était compromise.* Cet avis eut l'assentiment unanime du Conseil, qui arrêta de plus qu'un mandement serait adressé au diocèse, pour prémunir les fidèles contre les insinuations et les embûches de la perfidie.

L'abbé Rey reçut de l'archevêque la commission d'écrire cette pastorale ; mais la rapidité des événements ne lui laissa pas le temps de l'achever, et il dut se borner à féliciter la Savoie de sa noble et religieuse attitude pendant la tempête.
« Des événements inconcevables et inattendus, disait-il, ont
« porté, pendant quelques jours, l'inquiétude au fond de
« tous les cœurs. L'antique fidélité des religieux savoyards

« ne savait comprendre d'où venait, sur leur patrie, la nou-
« velle tempête qui les menaçait : ils ont entendu, au sein
« de la paix, des cris insensés et inexplicables ; ils se sont
« demandé avec le Prophète : Pourquoi ces nouveaux fré-
« missements de l'orgueil révolté, *quare fremuerunt?* Et,
« lorsque notre sollicitude se préparait à porter des paroles
« d'encouragement et de consolation aux fidèles, dont nous
« partagions l'anxiété, nous avons vu s'écrouler cet écha-
« faudage d'une vanité en délire, et nous avons répété avec
« le même Prophète : *Meditati sunt inania.* Tous ces pro-
« jets, qui ne seraient que ridicules s'ils n'étaient si scanda-
« leux et si coupables, ont été dissipés comme un tourbil-
« lon de poussière : *Tanquam pulvis quem projicit ventus.*

« Et à quel peuple a-t-on osé porter ainsi des paroles re-
« poussées par l'honneur, et comment a-t-on pu croire que
« *l'arbre défendu* prendrait racine dans la terre des fidèles ?

« Ah ! le souvenir des Amédée, des Charles-Emmanuel,
« des Victor Amé, n'était-il pas présent à tous les cœurs, et
« n'assurait-il pas à leurs augustes enfants l'inaliénable hé-
« ritage de notre fidélité ? Oui, les noms de nos princes suf-
« firaient à la patrie pour qu'elle repoussât tout étendard où
« ces noms sacrés ne seraient pas inscrits : leur voix n'a
« qu'à parler ; nous saurons l'entendre comme nos pères.
« Eh bien ! elle a parlé cette voix auguste, et Son Altesse
« Royale, Charles-Félix, vient de manifester ses intentions
« au sujet des derniers événements qui ont amené l'abdica-
« tion de Sa Majesté le roi Victor-Emmanuel..... Combien,
« dans cette circonstance, notre ministère est facile et doux à
« remplir ! En vous invitant à une soumission parfaite aux
« volontés souveraines du prince, nous parlons d'une vertu
« qui vous est familière et naturelle, et nous savons que vous
« vous y porterez autant par les émotions de l'amour que
« par le sentiment du devoir. L'attitude que vous avez con-
« servée au milieu de ce dernier orage, annonce hautement
« la sécurité que vous inspirait l'auguste famille qui donne,
« depuis des siècles, des pilotes à l'État. Les mains de Char-

« les-Félix tiendront le gouvernail avec l'habileté héréditaire
« dans la maison de Savoie. Nous connaissons ce que savent
« faire nos princes pour notre bonheur ; ils ressemblent à
« leurs pères ; ressemblons aux nôtres, et reposons-nous
« avec confiance sur le vaisseau qu'ils ont à conduire. »

Après avoir payé un juste tribut d'éloges au gouverneur, au sénat et à la brigade de Savoie, cette *phalange glorieuse*, cette *immortelle* légion qui resta fidèle à l'honneur, au milieu de la séduction presque générale et malgré les excitations de ses principaux chefs devenus parjures, l'archevêque poursuit en ces termes : « Nous oublions les années et les fatigues
« d'un long ministère, quand nous considérons le caractère
« des fidèles que nous avons été appelé à gouverner dans
« l'ordre religieux. Nous rajeunissons en quelque sorte par
« l'ardeur de l'affection paternelle que nous éprouvons au-
« jourd'hui plus que jamais pour un peuple auquel nous
« nous ferons gloire de vouer pour toujours notre estime et
« nos soins.

« C'est vous surtout, ministres des saints autels, que nous
« devons féliciter sur le noble et admirable exemple de fidé-
« lité que viennent de donner les peuples que vous êtes char-
« gés d'instruire ; dans cette circonstance, comme dans tant
« d'autres, ils se sont souvenus de vos leçons, et leur gloire
« est votre ouvrage. »

Charles-Félix ne rendit pas aux Savoyards un moins honorable témoignage lorsque, pour dissiper les craintes de l'occupation autrichienne, il leur fit savoir par le gouverneur *qu'ils se rassurassent pleinement :* par sa lettre, datée de Modène du 31 mars 1821, il leur donnait sa parole d'honneur *qu'ils n'auront jamais à craindre d'être gardés par aucune force étrangère, parce qu'ils savent trop bien le faire d'eux-mêmes.*

Cette chaleureuse et touchante adresse émut les populations, et on vit alors les enfants de la Savoie qui appartenaient aux contingents provinciaux, accourir avec une foule de volontaires, et se rendre, à la voix de Charles-Félix, à Turin, où ils mirent fin à la révolution.

Mais des louanges distribuées à la fidélité, un blâme sévère et juste infligé à la trahison, tout n'était pas fini. Les révolutions ne passent pas sur un peuple sans y laisser des traces funestes ; elles affaiblissent la confiance au pouvoir ; la défiance naît entre le prince et la nation, et ce n'est plus qu'en tremblant qu'on s'appuie sur un trône si violemment ébranlé en peu de jours.

L'abbé Rey, par une seconde lettre pastorale où Mgr Dessolles ordonnait des actions de grâces pour le retour de Charles-Félix dans ses États, rappelle aux princes leurs devoirs, et aux peuples l'origine de l'autorité et l'obéissance qui lui est due.

Charles-Félix, dans sa proclamation du 13 octobre 1821, avait dit que *la religion et la justice, la vigilance et la fermeté présideraient à son règne*. L'abbé Rey, s'emparant de cette déclaration, ajouta : « Reposons-nous sur son cœur de
« l'exercice de la clémence. Ce noble attribut de la souve-
« raineté fut toujours l'apanage de sa famille. Il saura l'exer-
« cer en temps opportun : l'infortuné qui ne devait ses écarts
« qu'à l'effet de la surprise, le coupable même, entraîné par
« une occasion imprévue, mais qui ne cherche point à jus-
« tifier ses excès par ses doctrines, pourront toujours recou-
« rir à la clémence de nos princes ; la sainteté des lois n'au-
« rait rien à souffrir de ces rares et honorables exceptions
« que le cœur du monarque rendrait nécessaires et que sa
« volonté rendrait légitimes. Mais le bonheur des peuples et
« la sécurité des particuliers reposent sur l'accomplisse-
« ment des lois et la punition de ceux qui les violent ; et,
« pour la société entière, la plus grande clémence sera tou-
« jours dans la plus exacte justice : c'est là l'inébranlable
« appui qui affermit les trônes ; ils s'écroulent s'ils ont une
« autre base ; car le même oracle, qui ordonne d'avoir les
« impies en horreur, les avertit de n'asseoir leur règne que
« sur la justice [1]. »

---

[1] Prov. XVI, 12.

La lettre pastorale insistait sur l'obligation où sont les princes d'aimer la justice et de haïr l'iniquité : « Images de
« la Divinité sur la terre, les souverains ont reçu la puis-
« sance en partage; mais, pour en assurer les effets et don-
« ner à leur règne un caractère de stabilité et de force, ils
« doivent détester *l'iniquité* et chérir *la justice*, ce n'est qu'à
« cette condition qu'ils seront les *oints* du Seigneur, et que
« le Dieu qui les a établis voudra bien s'appeler *leur Dieu*,
« pour annoncer par là sa souveraine protection sur leur
« règne [1]. »

« Cette onction divine, ce *sacre vraiment royal* que la
« grâce opère sur les princes justes et religieux, leur donne
« une prudence surnaturelle, et les investit d'un pouvoir
« auquel rien ne résiste. Régner alors, comme on l'a dit,
« c'est *vouloir*; les obstacles disparaissent devant la volonté
« souveraine, et l'autorité n'est plus que la puissance divine
« mise en action dans les princes qui règnent *par la grâce*
« *de Dieu.* »

Ici, le pontife, pour confirmer les principes qu'il vient d'é-
tablir, fait de Charles-Félix un éloge trop plein de vérité et
de grâce, pour n'être pas mis sous les yeux du lecteur :

« Fut-il jamais souverain qui ait reçu cette onction cé-
« leste, ce pouvoir divin à un plus haut degré que le prince
« qui nous gouverne? Sa force et sa sagesse ont retrempé le
« sceptre des rois. Il règne, parce qu'il veut régner; mais
« c'est du ciel qu'il a reçu la puissance de ses détermina-
« tions et l'énergie de sa volonté, parce qu'il n'a voulu ré-
« gner que *par la grâce de Dieu.*

« Aussi, comme le Dieu dont il tient le pouvoir, son re-
« gard a suffi pour confondre les méchants. Il a su dissoudre
« des projets insensés, inspirés par l'orgueil et presque con-
« sommés par l'audace. Sa fermeté a réduit en poussière ces
« *montagnes du siècle* qui jalousaient sa puissance [2]; encore
« une fois il a su régner, parce qu'il l'a voulu, et on peut lui

[1] Ps. 4.
[2] Habac. III.

« appliquer avec justesse ce que l'écrivain sacré a dit d'un
« illustre conquérant : *A son aspect la terre a gardé le si-*
« *lence* [1].

« Oui, Charles-Félix a imposé silence à la *terre,* aux folles
« entreprises des enfants de la *terre,* aux doctrines perni-
« cieuses des faux sages de la *terre ;* il a imposé silence à la
« révolte, à l'impiété, à la licence. Il a réprimé la turbulente
« audace d'une jeunesse séduite, il a fermé devant elle le
« temple des sciences où elle s'égarait au lieu de s'instruire.
« Quelques tribuns révoltés avaient déshonoré leurs légions,
« en tournant leurs armes contre les guerriers fidèles, la
« fermeté du prince a vaincu presque sans combattre : il a
« soutenu l'honneur, fait taire la rébellion et puni la félo-
« nie. *Siluit terra...* »

Cette lettre pastorale fut un événement dont le souvenir subsiste encore. Les peuples se pressèrent au pied des autels, pour remercier le ciel d'avoir mis à leur tête un prince qui comprenait si bien les devoirs de la royauté. Quand, trois ans plus tard, Charles-Félix visita la Savoie, on vit un peuple entier se précipiter sur les pas du monarque vénéré, et faire retentir les airs de ses cris de fidélité et de dévouement, dont on peut dire que le concert fut unanime.

Sous le poids de tant de soucis et de si nombreuses affaires, M. Rey voulut ajouter, au lieu de rien retrancher, à ses travaux apostoliques. Pendant le carême, au milieu des convulsions politiques de cette époque, il prêcha quatre fois par semaine. Son éloquence domina le bruit des événements, et Chambéry, malgré les efforts tentés pour troubler son repos, jouit constamment du calme le plus profond. Il n'y eut d'autres agitations que celles de la grâce dans les consciences.

Jamais le ministère de la parole ne parut plus libre sur ses lèvres. Il y eut bien quelques colères et même des menaces de mort proférées contre lui, mais elles ne purent le troubler.

[1] I. Mach. I.

« Jour et nuit, mandait-il au confident de ses pensées, j'ai
« le cœur, la main, les lèvres appliqués sur la croix ; c'est
« un besoin sans bornes qui me pousse au pied et à l'om-
« bre de cet arbre sacré du salut et du bonheur. Ma santé
« se soutient, et je continue mon pénible ministère. J'accu-
« mule probablement des dettes ; mais les fruits célestes de
« l'arbre adorable sont un remède aussi bien qu'une nourri-
« ture. Je demeure abreuvé et comme inondé des plus con-
« solantes espérances, quand je songe à cette Providence qui
« a compté mes cheveux et les vôtres. O mon ami ! quelle
« sécurité dans une telle position ! »

Ce fut pendant cette prédication que les enfants de la Savoie allèrent, ainsi que nous l'avons dit plus haut, se mettre
à la disposition du gouverneur pour être dirigés sur le Piémont. L'abbé Rey mit à profit les jours que ces généreux
soldats passèrent à Chambéry pour les voir, leur parler et
les affermir dans la fidélité à Dieu, au roi et à la patrie. « Je
« suis retourné, à dix-huit ans, à la vue de nos chers et di-
« gnes soldats, écrivit-il à Turin ; ah ! quand mon roi verra
« ces braves gens si dévoués !... Voilà les hommes qu'il faut
« caresser, et dont il faut honorer et soigner la patrie ! »

La Révolution vaincue ne regarda pas cependant la partie
comme désespérée ; elle avait pour elle, avec l'action souterraine des sociétés secrètes, la coterie janséniste, corruptrice
de l'enseignement de l'Université. On ne s'étonnera donc pas
que des hommes, fort compromis dans les derniers événements, eussent été remis en faveur, et que quelques autres,
dont la conduite avait été irréprochable, fussent tombés,
pour quelques jours, dans la disgrâce du nouveau souverain.

Charles-Félix, à qui tout était nouveau, les hommes et les
choses, dans la position que lui avait créée l'abdication de
son frère, avait besoin de temps pour reconnaître le terrain
sur lequel il se trouvait. Il marchait avec une sage lenteur.
Ce bon roi disait un jour à l'évêque de Maurienne : « Au
« commencement de mon règne tout était mystère pour moi

« je ne savais ni qu'écrire, ni que répondre. Alors je faisais
« le signe de la croix, me recommandant à l'adorable Tri-
« nité, et Dieu a voulu que mes déterminations ne fussent
« pas indignes d'un prince chrétien. »

Les graves circonstances où le roi se trouvait étaient cause d'hésitations et de temporisations qui alarmaient les esprits ; en voyant l'air de triomphe qu'affectaient les méchants dont l'audace augmentait chaque jour, témoin ou confident de l'affliction des cœurs fidèles, l'abbé Rey souffrait doublement. Il en était accablé, et confiait, selon son habitude, ses tristesses à son ami. « On ne nous guérit pas ; notre mal
« augmente et nul remède n'arrête ses progrès. Les bons
« perdent le peu de courage que l'expérience leur avait
« rendu. Ceux qui auraient le désir de signaler le mal à ceux
« qui doivent l'arrêter, se trouvent déconcertés par le résul-
« tat, et il faudrait une énergie surnaturelle pour déterminer à
« dire un mot en faveur de la bonne cause ou contre ceux qui
« la combattent, quand on voit comment il faut s'attendre
« d'être accueilli et puis traité ! O mon roi ! je vous aime
« comme mon propre cœur ; mais je ne sais plus où poser le
« pied pour faire un seul pas qui conduise vers vous, pour
« faire connaître la vérité. Mon roi, ma patrie, ah ! ce ne
« sont pas de vains mots ! Après la religion, et avec l'amitié,
« c'est ce qu'il y a de plus sacré pour moi. » (18 juin 1821.)

Ces plaintes lui étaient arrachées par la destitution toute récente d'un employé fort estimable. Il ne se donna pas de repos qu'il n'eût confondu la calomnie et fait révoquer cette mesure impolitique autant qu'injuste.

Parmi les maux dont il souhaitait ardemment la fin, était avant tout la profanation des saints jours. Il intéressait, en ces termes, M. Perrin à travailler à l'exécution des ordonnances royales qui étaient tombées en désuétude : « Dites-moi, au
« nom de notre Dieu, de ce Dieu qui fait les nations et les rois
« pour les gouverner, le prince incomparable que nous tenons
« de sa bonté tardera-t-il encore longtemps de s'expliquer avec
« toute l'autorité qu'il a reçue d'en haut contre la double pro-

« fanation des jours et des lieux consacrés au Seigneur ? Cinq
« mille ans de preuves ont montré que rien n'attire plus les
« fléaux du ciel et n'est un plus sûr indice de la corruption
« de la terre que la profanation des fêtes et des églises; j'en
« souffre plus que je ne puis dire : Les travaux, les chariots
« chargés, roulant de tous côtés, les cabarets remplis, les
« danses organisées, ordonnées, dirigées par l'autorité civile
« en dépit des pasteurs..... Ah ! c'est de votre foi, c'est de
« votre cœur, c'est de votre amour pour votre patrie, pour
« vos deux rois que peut se développer une pensée forte et
« profonde, et arriver jusqu'à Charles-Félix par la route que
« le zèle et la prudence vous dicteraient..... Vous seriez bé-
« nis de Dieu et des fidèles ! »

Le roi ne tarda pas à remettre en vigueur les anciens règlements relatifs à l'observation des dimanches et fêtes, et du
respect des lieux saints. Ils furent observés : nouvel exemple
que, pour un prince, vouloir c'est pouvoir.

L'abbé s'occupait de tout : il dut revenir sur les règlements de police concernant les cabarets, contre lesquels déjà
il avait, plus d'une fois, porté ses plaintes. Il écrit à Turin :
« J'ai honte de le dire : les assassinats se multiplient parmi
« nous..... Ah ! ma patrie, que vas-tu devenir ! On a voulu,
« malgré toutes nos doléances, forcer les peuples à boire et
« à danser, multiplier les cabarets jusqu'à la folie, les sou-
« tenir, les protéger..... Voilà les suites. Exalter le peuple
« après la révolution, c'est en commencer une seconde. Il a
« besoin de principes, de calme, de fêtes religieuses, de doc-
« trines saines, de bons exemples ; voilà comment on le ras-
« sainira..... »

Les réclamations furent écoutées ; le nombre des cabarets
fut restreint ; les gouverneurs plus avares d'autorisations. La
police, qui fomentait les désordres, fut contrainte de se borner à ses attributions ordinaires.

Mais la chose à laquelle M. Rey tenait le plus, parce que de
son accomplissement dépendaient les intérêts religieux de sa
patrie, c'était la restauration des diocèses de la Savoie. Cette

contrée, coupée par tant de montagnes, traversée par tant de vallées, ne formait qu'un diocèse, dont le siége, placé à Chambéry, était comme en dehors de la Savoie. A cette distance des fidèles et des prêtres, l'évêque n'avait qu'une influence bien restreinte. Les visites pastorales, si nécessaires à la correction des mœurs et à la réformation des abus, étaient rares et se bornaient forcément aux chefs-lieux. Maintenir la discipline parmi le clergé était difficile, et la situation morale des populations laissait beaucoup à désirer.

Rétablir les anciens diocèses était le seul remède à ces maux. Déjà, à plusieurs reprises, l'abbé Rey avait rappelé au gouvernement les engagements pris lors du concordat de 1817. Son ami, le comte de Sales, et d'autres personnages également dévoués à la Savoie, avaient appuyé ses démarches. Il avait été répondu que le gouvernement se souvenait de ses promesses, mais que la pénurie du trésor ne permettait pas de les tenir. Et pourtant, quelles dépenses plus indispensables que celles qui contribuent à l'amélioration religieuse d'un État?

Lors de l'avénement de Charles-Félix, l'abbé Rey réitéra ses sollicitations. Il intéressa, en ces termes, à ses démarches, et le ciel et la terre : « Je fais prier tout le monde pour no-
« tre auguste monarque ; ah ! la pauvre Savoie a un besoin
« immense de ses regards : nos pauvres églises sont veuves
« depuis trente ans, et jamais nous ne serons un peu heureux
« qu'après leur résurrection ! Au nom de Dieu, au nom de
« saint François de Sales, au nom de l'Église, au nom de la
« patrie, tâchez d'arroser et de faire germer cette pensée ! Bon
« Dieu ! quel bonheur pour la Savoie si les évêques pou-
« vaient la soigner, la parcourir ! Ah ! que le cœur de mon
« roi entende nos vœux et connaisse nos besoins. »

Enfin, cette fois, le gouvernement fit droit à ses réclamations qui étaient celles de la Savoie tout entière. Mais cette première bonne volonté et les mesures qu'elle dicta faillirent échouer devant l'opposition de Mgr Dessolles. Ce vénérable prélat, dont l'abbé Rey avait prévu les résistances et à l'insu duquel il avait dû agir, souffrait cruellement à la pensée du démembrement de son diocèse. Voulant maintenir son intégrité, il réclama et eût triomphé, sans le nombre et la puissance des raisons qui combattaient contre lui et auxquelles il se rendit, en consentant à l'érection du diocèse d'Annecy.

Le rétablissement des diocèses de Tarentaise et de Maurienne fut, par condescendance aux désirs de l'archevêque dont on craignit de trop affliger la vieillesse, renvoyé à d'autres temps ; car on ne disconvenait pas de son extrême utilité, et on connaissait, à ce sujet, les vœux des fidèles et du clergé de ces deux provinces.

Ce premier pas fait, on s'arrêta : le titulaire nommé n'était point présenté à Rome, et il était à craindre qu'il ne retirât sa parole ; son acceptation n'avait été donnée qu'à son corps défendant, comme nous l'apprend la lettre suivante que M. Rey écrivit à cette occasion : « Je me désole de la persé-
« vérance des refus de M. de Thiollaz ; je peux vous assurer
« que c'est un grand malheur. Les bonnes traditions sur
« l'art de gouverner un diocèse vont se rompre, et cet homme
« est le dernier qui en fût ici dépositaire : lacune funeste que
« je déplore avec un vif chagrin ! M. de Thiollaz a vécu
« avec les Biord, les Bigex, et le moule où l'on avait formé
« ces grands hommes est brisé peut-être pour toujours ! »

M. de Thiollaz, sur les instances du gouvernement, se résigna au fardeau.

Mais des lenteurs nouvelles alarmèrent le zèle du grand vicaire, et le 1er septembre 1822 il écrivait de Viviers où l'avaient conduit ses missions de France : « Je suis très-inquiet
« sur ma pauvre patrie, non parce que j'en serai souvent
« absent, mais parce qu'elle me semble frappée de malédic-
« tion, n'ayant pu, depuis huit ans, obtenir un évêque. Vous
« m'écriviez, il y a plus d'un an, qu'à mon retour de France
« je trouverais un évêque à Annecy, et nous voilà aussi loin
« que jamais. Ah ! je sens vivement un pareil malheur !

« Calamité affreuse sur ma pauvre Savoie où les mœurs
« dépérissent, où la discipline disparaît faute d'évêques pour
« les soutenir et les propager. Infortunés Savoyards! nous
« semblons déshérités par notre tendre père sous le rapport
« essentiel. En Piémont, les évêchés nombreux sont tous
« remplis, et je connais six cents paroisses dans ma patrie
« qui n'ont à peu près point d'évêque [1]. J'ai l'âme froissée
« par la douleur, quand je vois le mal qu'on nous fait, par
« le bien qu'on nous refuse. On a nommé le digne prévôt
« du chapitre au siége d'Annecy, et, content de ce premier
« effort, on est resté là. On laisse affaiblir la santé de Pie VII,
« et nous courons la chance d'être orphelins pendant encore
« un quart de siècle, après avoir mérité par notre conduite
« d'être traités avec les égards que l'on doit au zèle et à la
« fidélité. Je me décharge sur votre cœur de toute la douleur
« du mien; j'en ai besoin et votre amitié me doit ce soula-
« gement. Je vous assure que je voudrais que ma lettre fût
« lue depuis votre bureau jusqu'au cabinet de mon roi. Je
« n'ai plus de prétentions sur la terre : le ministère que
« j'exerce me détache entièrement de la vie, et, pour le peu
« de jours qui restent à mon existence passagère, il ne vaut
« pas la peine de taire la vérité sur notre déplorable aban-
« don... O mon roi, ô notre bon père! pourquoi sommes-
« nous ainsi délaissés?... Pauvre Savoie! Dieu seul se sou-
« viendra de ta fidélité! »

Quand l'abbé Rey exhalait ainsi sa douleur, il n'ignorait pas qu'il froisserait bien des amours-propres au delà des monts. Mais la voix des besoins de sa patrie couvrait toutes les autres voix, et les misérables intérêts humains n'effleuraient pas ce cœur où les grands intérêts de Dieu, de la religion et des peuples étaient tout. Toujours pénétré du devoir, il ne pouvait se contenter de gémir en secret.

Mgr Dessolles ressentit sans doute de la peine des dé-

---

[1] L'archevêque de Chambéry ne pouvait plus, à cause de son âge et de l'affaiblissement de sa vue, remplir aucune fonction épiscopale.

marches de son grand vicaire ; mais bientôt, appréciant la sainteté des motifs qui l'avaient guidé, ce digne prélat le nomma à l'archidiaconé qui était la seconde dignité du chapitre. Il fit plus : l'année suivante (1823), il se démit de son siége. Ce fut à l'abbé Rey qu'il confia le soin de dresser l'acte de sa démission et de l'envoyer à Rome. Rien de plus touchant que les adieux de ce pontife à ses vicaires généraux et à son chapitre. Ils ne purent d'abord s'exprimer que par des larmes. L'archevêque leur dit : *qu'il ne quittait sa chère Savoie que pour peu de temps ; qu'il y reviendrait finir ses jours au milieu d'un clergé et d'un peuple auxquels il resterait toujours attaché par les liens de la plus tendre affection.* Mais la mort l'enleva l'année suivante, à Paris, où il s'était retiré [1].

La Tarentaise et la Maurienne, grâce aux négociations qui furent reprises après la démission de Mgr Dessolles, recouvrèrent leurs siéges épiscopaux en 1824. Ainsi fut achevée la restauration des Églises de la Savoie à laquelle l'abbé Rey eut la plus grande part.

Ce digne prêtre rendit en ce temps (1822) un grand service à la monarchie et à l'Église, à l'occasion du serment de la noblesse de Savoie. Choisi pour porter la parole dans l'imposante réunion qui eut lieu en cette mémorable circonstance, il s'at-

---

[1] Le lecteur sera bien aise de connaître ce premier archevêque de Chambéry : il est tout entier dans le portrait suivant tracé par M. Rey :
« Dix-neuf ans d'une administration paternelle avaient accoutumé le
« clergé de Savoie à vivre sous la direction de son évêque, comme
« une nombreuse famille sous un chef vénéré. Sa bonté adoucissait
« toutes les peines attachées à notre état, et les nombreuses inquié-
« tudes inséparables d'un ministère aussi difficile que celui des pasteurs
« disparaissaient quand on les avait versées dans son sein. Son cœur
« aimait à encourager, à consoler les nôtres, et savait rendre faciles
« les plus rigoureux sacrifices. La sévérité des règles ecclésiastiques
« qui régissent ce diocèse était si sagement tempérée par ses tendres
« invitations, ou par sa touchante indulgence, que rien ne coûtait
« pour lui plaire et que l'on pouvait dire que, sous son gouvernement,
« la force de notre discipline était tout entière dans notre amour. »
(Mandement des vicaires généraux capitulaires
du 26 novembre 1823.)

tacha à dissimuler ce qu'avait de pénible une exigence si nouvelle, en montrant le serment comme un acte tout religieux, destiné à imprimer un caractère sacré à une fidélité qui avait fait ses preuves. Aux précautions qu'il dut prendre, il fut aisé de voir combien il craignait que le serment ne fût pris pour une mesure de défiance. C'est bien ainsi que la noblesse le considérait, car l'insistance qu'elle mit ensuite à en étendre l'obligation au clergé ne s'explique de sa part que par le désir d'écarter d'elle les soupçons auxquels se serait laissée aller la malveillance. Associée au clergé, ses susceptibilités devaient disparaître. Citons un fragment du discours.

« Dieu seul possède l'existence, dit-il ; toutes les créatures
« ne l'ont que d'emprunt et n'existent que par sa volonté.
« L'homme et la société sont également son ouvrage, et leur
« sécurité comme leur perfection consistent essentiellement
« dans les rapports qu'ils conservent avec leur divin auteur.
« C'est dans ce sens que les livres saints nous assurent que
« l'autorité des rois et la sagesse des législateurs viennent de
« Dieu, et que les nations sont gouvernées par sa provi-
« dence.......... C'est par le serment surtout que l'homme
« se rapproche de la divinité en la faisant intervenir dans ses
« relations publiques et sociales, dans ses contrats solennels
« et quelquefois même dans ses intérêts particuliers. *L'homme*
« *alors jure par celui qui est plus que lui, et le serment est le*
« *gage le plus sacré qu'il puisse donner de ses dispositions* [1].
« Heureuse donc et forte la société où la religion du serment
« est en honneur, où le ciel devient le garant des sentiments
« d'un peuple fidèle envers le prince qui le gouverne, et où
« l'on n'oublie jamais combien le nom de Dieu est saint, afin
« de ne pas éprouver combien il est terrible ! *Sanctum et*
« *terribile nomen ejus* [2].

« Mais aussi malheur aux nations où l'on abuserait du ser-
« ment, où l'on en profanerait la sainteté, où l'on compterait

---

[1] Épître aux Hébr., chap. VI.
[2] Ps. 110.

« pour rien la violation du devoir sacré qu'il impose, et où
« le Dieu dont on ne se moque jamais en vain ferait sentir
« combien son nom est terrible à ceux qui n'auraient pas
« voulu comprendre combien il est saint! *Sanctum*, etc.

« Ces réflexions se présentent naturellement, Messieurs, à
« l'époque où le plus sage des rois appelle au pied des autels
« l'élite de son peuple, la noblesse de notre patrie pour don-
« ner, par le serment, un caractère religieux, un sceau divin
« aux sentiments qu'elle lui a voués... Sans doute, poursuit
« l'orateur, Charles-Félix connaissait assez la fidélité de cette
« portion de ses sujets: leurs noms, leurs fortunes, leurs cœurs
« et leurs épées... tout est à lui. Il y a trente ans précis qu'ils
« ont donné une preuve solennelle de leur dévouement pour
« tous les genres de sacrifices... Leur fidélité est écrite, pour les
« uns, sur le champ de bataille avec la pointe de leurs épées ;
« pour d'autres, sur les murs des prisons où ils furent ren-
« fermés pour la plupart, sur les maisons nouvelles qu'ils
« habitent et sur les antiques châteaux qu'ils ne possèdent
« plus. Honorer la nation, soutenir le trône, défendre le roi,
« tout perdre, mais conserver l'honneur, telle est leur his-
« toire. Ils y auraient ajouté quelques pages glorieuses, il y
« a un an, si nos malheurs avaient duré ; et les fidèles servi-
« teurs de Victor-Emmanuel, en arrosant de leurs larmes les
« marches du trône d'où il voulut descendre, eussent répandu
« tout leur sang pour le conserver intact à Charles-Félix. »
Ici, les faits les plus honorables viennent justifier les louanges
distibuées aux de La Tour, aux d'Oncieu, aux de La Flé-
chère, au sénat de Savoie : « Si donc, ajoute l'orateur,
« Charles-Félix demande aujourd'hui un nouveau témoi-
« gnage de votre fidélité, c'est pour la rendre plus sainte, et
« non pour la rendre plus sûre. »

Mgr Rey, tout en établissant ainsi la gravité et la sainteté
du serment, cherchait à présenter, sous un jour plein de délicatesse, les considérations qui enlevaient tout ce qui eût pu
blesser les sentiments de la noblesse. C'était toujours avec
bonheur qu'il rendait hommage à son honneur traditionnel

comme à ses vertus; mais ici un motif généreux l'animait plus encore; celui de maintenir l'union entre la royauté et ses plus fermes soutiens.

Après ces préambules, l'abbé Rey expose la nature et les conditions du serment. Il ne demande rien à la sagesse humaine; il fait parler le ciel : « Qu'est-ce que le serment?
« C'est un acte religieux par lequel on prend Dieu à témoin
« de ce que l'on assure, ou de ce que l'on promet. La sain-
« teté du serment est donc fondée sur la sainteté de Dieu
« même. Par le serment, Dieu devient le témoin de la sincé-
« rité et le garant de la fidélité de celui qui jure par son
« nom. Mais aussi Dieu devient, par le serment, le juge de
« la duplicité et le vengeur de la perfidie. Celui qui oserait
« prêter serment sans franchise, ou qui le violerait sans pu-
« deur, appelle sur lui par cela même l'épouvantable ven-
« geance du ciel et les inévitables malédictions de sa justice.
« Le parjure, dit l'Esprit-Saint, est un feu dévorant qui étend
« ses ravages et sur la personne, et sur la famille, et sur les
« biens de celui qui s'en rend coupable..... La conscience,
« l'honneur, les lois, l'Évangile, tout crie également : *Dieu
« en vain tu ne jureras*..... »

Venant ensuite au serment des *sociétés secrètes* : « De ces
« principes, ajoute-t-il, il faut conclure encore que le ser-
« ment prêté dans ces *associations mystérieuses*, trop souvent
« protégées par les grands, trop tard proscrites par les
« princes, et depuis si longtemps condamnées par les souve-
« rains pontifes, il faut conclure que ce serment, indépen-
« damment de sa formule révoltante, blesse également la vé-
« rité, le jugement et la justice; puisque l'on y jurait de
« garder inviolablement un redoutable secret que l'on ne
« confie cependant qu'à un très-petit nombre, et de favoriser
« aveuglément de sinistres projets, dont on ignorait et la lé-
« gitimité, et le but, et les moyens..... »

L'impression produite, sur la noble assemblée, par ce discours de M. l'abbé Rey, fut immense, et le temps n'en a pas affaibli le souvenir. Jamais son éloquence, empreinte à la fois de dignité et de force, n'a pénétré plus vivement ses auditeurs, et l'on a pu remarquer que le très-petit nombre de ceux que les circonstances fâcheuses avaient pu ébranler un moment, ont religieusement conservé depuis lors les sentiments d'une honorable fidélité à la monarchie. — Un évêque du Piémont, félicitant M. l'abbé Rey sur son discours, lui dit : « Vous avez parlé en vrai chevalier de la religion. »

La prestation du serment par la noblesse avait eu lieu le 11 février 1822. Peu de temps après, le clergé fut invité à donner au trône le même gage de fidélité. Mais il n'était pas aisé de donner au serment, dans son application au corps ecclésiastique, une interprétation qui en fît disparaître l'odieux ; supposer même que la fidélité des prêtres eût besoin d'une sanction religieuse, c'était une injure bien gratuite envers des hommes de conscience et de dévouement. Il était impossible d'assigner d'autres causes à cet acte, que le désir d'offrir une satisfaction à l'orgueil blessé des autres corps de l'État, et surtout de la noblesse.

Malgré toute la délicatesse avec laquelle M. Rey avait présenté cet acte, la noblesse le considérait comme très-blessant pour elle, et ce sentiment fut la cause probable de son insistance à faire étendre l'obligation du serment à tout le clergé ; cette assimilation tendait à en rendre l'effet moins fâcheux.

Si, du moins, on eût gardé les convenances les plus ordinaires ; mais on mit tant de ressorts en jeu, autour du roi, que cette mesure put être entourée de circonstances destinées à prouver avec éclat qu'elle n'était, dans les vues de ceux qui l'avaient arrachée au monarque, qu'une humiliation préparée au clergé du royaume.

L'archevêque de Chambéry ne parut point disposé à accepter cet affront. Il protesta d'abord contre la mesure ellemême, s'appuyant sur les saints canons, *qui interdisent aux prêtres le serment en matière politique*. A cette raison, il en ajoute d'autres : l'inutilité et le danger de ce serment. Devant cette protestation motivée, le gouvernement dut s'arrêter et négocier à Rome l'autorisation préalable et la dispense des canons. Il arrêta même avec le Saint-Siége la formule du serment. Mais l'archevêque n'ayant eu connaissance de cette dispense et de cette formule que par une communication du ministère de l'intérieur, sans accompagnement de pièces qui en constatassent l'authenticité, il se plaignit, réclama la convention conclue à Rome, et la formule, dans leur texte original, ou une copie de l'une et de l'autre certifiée conforme.

Par cette formule, les ecclésiastiques juraient *de soutenir de toutes leurs forces la pleine et entière autorité de Charles-Félix et de ses successeurs; d'inspirer et de propager ces sentiments toutes les fois que l'occasion s'en présenterait.*

A des termes d'une pareille extension, il fallait une explication qui en précisât le sens et en restreignît la portée. Car ils eussent été une source d'angoisses pour les consciences timorées, et peut-être un prétexte pour inquiéter plus tard les ministres du Seigneur dans l'exercice de leurs fonctions.

« Le serment *de soutenir de toutes nos forces l'autorité du
« prince,* dit le mémoire de l'archevêque (écrit par M. Rey),
« est vraiment effrayant, non pour le dévouement mais pour
« la prudence. Les ecclésiastiques scrupuleux, ou même
« simplement délicats, ou n'oseront prononcer une telle for-
« mule, ou se prépareront, en la prononçant, des tourments
« de conscience. On ne sait ni où il faut s'arrêter ni jusqu'où
« on doit aller dans l'obligation qu'imposent des promesses
« jurées avec une telle étendue..... Je pense donc que l'on
« doit, sur cet article, se reposer sur les principes de la mo-
« rale chrétienne, que prêchent et pratiquent les prêtres; sur
« les preuves de zèle et de dévouement qu'ils ont si bien et
« si constamment données à l'auguste famille de nos rois. »
Cette première partie du mémoire finit par une observation dont la vérité est bien démoutrée par l'expérience : Que les hommes faciles à prêter des serments, sans s'enquérir de leur portée, ne sont guère disposés à les tenir; tandis que ceux qui en pèsent les expressions et en mesurent l'étendue,

offrent, par ces précautions mêmes, la meilleure garantie de leur volonté à y soumettre leur conduite.

Rome, interrogée sur cette formule, répondit que le roi avait expressément déclaré que *les ecclésiastiques ne seraient tenus à défendre son autorité que dans les cas où leur ministère leur en fournirait une occasion favorable, et seulement par les moyens propres à ce ministère de salut et de paix.*

La seconde partie du mémoire traite du mode imposé au serment des ecclésiastiques. Le serment devait être prêté en présence des conseils municipaux; la rédaction des procès-verbaux devait être faite par les syndics et légalisée par les intendants. Sur ce point, le mémoire respire une indignation que son auteur ne se donne pas la peine de voiler par une modération de langage, qui eût été ici de la faiblesse. « Quant
« au mode, y est-il dit, la présence du syndic et des autres
« administrateurs, malgré les explications qu'on pourrait lui
« donner, n'en passera pas moins, aux yeux du public, pour
« un acte d'autorité de la puissance civile sur la puissance
« religieuse. On la regardera comme l'équivalent et la ré-
« ciprocité de la fonction qu'ont exercée les pasteurs, en re-
« cevant le serment des autorités séculières. *Chacun son*
« *tour* : voilà la parole universellement répétée, toute fausse
« ou tout absurde qu'elle soit. On ne raisonne pas contre les
« faits; celui-là est incontestable..... »

Quant à la rédaction des *procès-verbaux* par les syndics, et à leur légalisation pas les intendants, le mémoire fait observer que c'est là une dérogation à la législation des États, qui ne reconnaît pour les actes et signatures du clergé, dans les objets religieux, que la législation épiscopale, et que, dans le cas présent, cette dérogation était un outrage envers des prêtres qui avaient droit à tous les honneurs d'une fidélité sans tache. En conséquence, le mémoire demandait 1° que la prestation du serment fût une affaire purement ecclésiastique ; 2° que les actes relatifs à cette affaire, dressés par le clergé lui-même, fussent, conformément à la loi, légalisés par l'évêque, et adressés par lui directement au ministère.

Le mémoire se terminait par ces fortes et touchantes paroles qui durent être un remords au cœur du ministre qui provoqua la mesure. « Si Sa Majesté, comme on nous le fait
« espérer et ainsi que nos cœurs le désirent, vient visiter cette
« année le berceau de son auguste famille, elle verra par
« elle-même si le clergé de Savoie n'est pas digne de toutes
« ses bontés, et s'il était indispensable de se l'attacher par
« d'autres liens que par ceux de son antique dévouement.
« Les siècles ont passé dessus; les orages l'ont mis à l'é-
« preuve : il est resté tel que la Religion l'avait formé. Ses
« sentiments se sont fortifiés par les obstacles, et le serment
« qui ajoutera peut-être à nos scrupules, n'ajoutera jamais à
« notre amour. »

Cette dernière clause fut encore soumise à Rome, et à la demande du pape, Turin n'insista plus. Le serment religieux en soi fut tout ecclésiastique dans la forme. L'autorité séculière n'y intervint d'aucune sorte, et le clergé de Savoie n'eut à gémir d'aucune atteinte à sa dignité.

Turin n'ignorait pas d'où partait la résistance de Chambéry, la seule qui se fût déclarée dans le royaume. Il put donc savoir que si la monarchie n'avait pas de serviteur plus dévoué que l'abbé Rey, l'Église, de son côté, n'avait pas, dans la défense de ses droits, de champion plus intrépide.

On est étonné que le comte de Cholex, ministre de l'intérieur, qui devait connaître le clergé de sa patrie, n'eût pas entrevu l'opposition qu'y rencontreraient ses projets et les embarras qu'une politique plus sage lui eût évités; mais il avait les préjugés des anciens parlements, et, malgré l'élévation de son esprit, il ne voyait pas que la puissance ecclésiastique ne doit jamais être l'esclave de la puissance temporelle; que ce sont deux pouvoirs amis, se devant une mutuelle assistance, et de la bonne union desquels dépendent la tranquillité des États et le bonheur des peuples. Ce ministre s'était persuadé que tout plierait devant une simple manifestation de la volonté royale : quelle ne fut pas sa surprise lorsqu'il eut acquis la conviction que le clergé le plus attaché à la monarchie était aussi le plus jaloux de la liberté qui le constitue uniquement dépendant de l'autorité ecclésiastique !

Quand tout eut été réglé avec Rome et Turin, l'archevêque de Chambéry dut, par une lettre pastorale, prémunir les ecclésiastiques contre les mécontentements qu'exciterait parmi eux une mesure si nouvelle et si extraordinaire.

La rédaction de cette lettre fut confiée à l'abbé Rey. Il s'attache à établir que, pour la noblesse, le serment avait été une sanction divine donnée à une fidélité séculaire ; pour le clergé le serment était seulement l'expression du dévouement, le cri de l'amour ; et, sous cet aspect, cet acte politique n'avait rien que d'attrayant pour des cœurs remplis de dévouement à leur souverain légitime. « Charles-Félix nous
« connaît, et certes nos serments ne peuvent rien lui appren-
« dre ; il sait qu'en fait d'attachement à son auguste famille
« nous avons recueilli huit siècles d'héritage. Il veut aujour-
« d'hui des témoignages de notre amour, et non des garants
« de notre fidélité. » (Pastorale du 16 juillet 1822.)

L'abbé Rey, préoccupé des idées erronées qui se propageaient à cette époque, saisit l'occasion de ce mandement pour rappeler les premiers principes de l'autorité dans les sociétés, et en faire comprendre l'importance : « La source
« de l'autorité royale, dit-il, n'est autre chose que l'autorité
« divine elle-même, confiée aux princes pour le bonheur des
« peuples dans les choses temporelles, quel que soit d'ailleurs
« le mode dont la Providence se sert pour désigner d'abord
« les hommes qui doivent porter le sceptre, et ensuite les
« familles qui doivent le transmettre. C'est du ciel que vien-
« nent les droits et les titres de la légitimité. C'est Dieu qui
« donne aux princes l'onction royale qui élève les trônes et
« qui charge ceux qui y sont assis de faire régner la justice.
« Il ordonne aux peuples, sur qui il établit les rois, de les
« respecter comme son image ; il punit la révolte par les
« plus épouvantables calamités ; et les révolutions suscitées

« par l'orgueil contre l'autorité légitime, ne manquent ja-
« mais d'ouvrir un abîme sous les pieds de leurs auteurs. »

« C'est dans les livres saints, c'est dans l'histoire des siècles
« que l'on trouve ces vérités incontestables, et la raison, et
« l'expérience, et l'Évangile réprouvent également ces théo-
« ries absurdes et ces opinions désordonnées qui placent
« l'autorité où le ciel demande la soumission, et qui, s'effor-
« çant de rapprocher des idées qui se repoussent, veulent
« faire sortir la souveraineté de ceux à qui la raison prêche
« l'obéissance. Le malheur des peuples sur lesquels on a
« voulu faire l'essai de ce désastreux système suffirait pour
« en dégoûter à jamais, si l'expérience est quelque chose pour
« les nations, et si l'orgueil n'a pas rendu l'homme incorri-
« gible. » Ces considérations si sages portèrent les esprits à
mesurer l'importance de la soumission et d'une parfaite
union, et le serment dont on redoutait les suites tourna entièrement à l'avantage de l'autorité royale et du bonheur des
peuples.

Malgré les embarras et les travaux d'une administration
vaste et compliquée, l'abbé Rey ne cessa pas de remplir les
fonctions d'évangéliste. Il eut même alors recours à de nouveaux moyens d'affermir et d'étendre le règne de la foi et de
la piété.

Quelque attention qu'il eût apportée jusque-là à varier les
formes que la parole de Dieu revêtait dans sa bouche, il
craignait qu'elle ne souffrît de l'habitude où l'on était à
Chambéry, depuis vingt ans, de n'entendre que lui, et les
conférences en forme de dialogue étant le seul genre d'instruction dont il n'eût pas encore fait usage, il s'en servit pour
les prédications des carêmes de 1822 et de 1823.

Ce mode d'enseignement, si propre à piquer la curiosité,
avait été essayé à Chambéry, mais sans succès, non que l'ecclésiastique éminent qui l'avait entrepris manquât de science,
mais la forme didactique, dont il ne sut pas assez se débarras-
ser, nuisit au fond, et la sécheresse d'une argumentation trop
scolastique mit en fuite les auditeurs. Ainsi qu'il arrive pres-

que toujours, le raisonnement provoqua le raisonnement; il y eut des écrits dirigés contre l'enseignement du conférencier, qui y répondit savamment; mais ces écrits, non plus que les conférences, ne parvinrent à intéresser le public.

L'abbé Rey n'avait pas cette science de l'école que l'on nomme proprement érudition. La Révolution et les travaux de sa vie l'avaient éloigné des études qui y conduisent. Mais il connaissait parfaitement tout ce qu'il importe de savoir des sciences ecclésiastiques et sacrées, et, avec cela, il avait le don de mettre les vérités à la portée de tous les esprits et de toucher les cœurs par l'onction de sa parole. Aussi, les conférences religieuses qu'il fit à la métropole sur la nécessité de s'instruire, sur le jeûne, l'abstinence, la sanctification du dimanche, les sacrements, la prière, le respect humain, et sur plusieurs des commandements de Dieu, eurent un grand succès. Elles furent le sujet des entretiens de toutes les familles. Il n'est pas de difficulté un peu sérieuse que ne soulevât l'interlocuteur[1], qui ne reçût une solution non-seulement décisive, mais comprise et acceptée des auditeurs. Ces discussions, à la fois savantes et spirituelles, graves et légères, répandirent de vives lumières et ramenèrent beaucoup de personnes à la pratique consciencieuse des commandements de Dieu et de l'Eglise.

Ces conférences furent écrites, quant à la substance, avec des abréviations, et chacune le matin du jour même où l'auteur devait la donner. C'est tout ce que lui permettait l'immensité de ses occupations. Mais, en cet état, elles sont encore pleines d'intérêt.

Malgré les bénédictions que le Seigneur répandait sur son zèle, l'abbé Rey était triste, de la tristesse qui est selon Dieu : « On s'extasie, répondit-il aux félicitations d'un ami, devant « les succès de mon ministère, et moi, je pleure en secret devant « son impuissance sur plusieurs. » Le salut de la multitude ne le consolait pas de l'endurcissement des enfants de perdition.

Les prédications et les travaux de l'abbé Rey en Savoie,

---

[1] Mgr Billet, archevêque de Chambéry.

ne le détournèrent point de ses missions auprès du clergé de France.

Il y consacra annuellement les mois d'août, de septembre et d'octobre que l'on donne ordinairement aux vacances. Lorsqu'on lui conseillait du repos, il répondait *qu'il aurait le temps de se reposer dans l'éternité.* En 1821, il prêcha les retraites pastorales de Digne, de Grenoble, de Montpellier, de Carcassonne, de Toulouse, de Bordeaux et de Paris, et celle de la Roche au clergé du Chablais, qui était son pays. Sur la route de Chambéry à Digne, sa vie courut un grave danger. A travers les tristes et brûlants déserts de Sisteron, assis sur un tombereau recouvert d'un drap, il fut un instant abandonné par son conducteur. Le mouvement brusque d'un bœuf qui paissait près de la route effraya le cheval qui s'élança dans un ravin ; le tombereau et celui qu'il portait eussent été mis en pièces, si l'effroi du cheval eût eu son effet ordinaire. Dans cet épouvantable péril, l'abbé Rey recourut vivement à son ange gardien, et tout à coup le cheval s'arrêta au milieu d'un torrent pierreux. Racontant ce trait de la protection divine, il dit à son ami : « Je ne peux vous « exprimer le mouvement de reconnaissance qui agita mon « âme : je dis à mon bon ange tout ce que je savais, et je le « répétais surtout au Dieu qui me l'a donné. J'ai une tendre « dévotion pour ce saint ange ; je le prie habituellement avec « la familiarité d'un ami. Vous comprenez alors en quels « termes je suis avec lui ; vous comprenez aussi son incom- « parable bonté et sa promptitude à me secourir. »

L'abbé Rey fut à Digne le messager de la miséricorde divine et le distributeur de ses dons. Il y eut de grandes fatigues, mais il y reçut des consolations bien douces dans les témoignages de vénération et de reconnaissance que lui prodigua le clergé des basses Alpes.

De Digne, il vint à Grenoble où l'attendaient trois cents prêtres. Vers la fin de cette seconde retraite, il n'avait presque plus de voix. Il lui fallut des efforts surhumains pour se faire entendre, et achever le cours de ses instructions.

Parmi ces défaillances de la nature, son courage resta ce qu'il était, ardent et généreux. Après la retraite, il assista à une réunion de jeunes gens de la ville qu'il embrasa, par sa parole, des ardeurs de la charité. Ce fut son seul repos.

Il partit de Grenoble pour Montpellier, où il arriva le jour de la fête de saint Roch, qui appartient à cette ville par sa naissance et par sa mort. Ce lui fut une grande douceur d'invoquer le patron de la santé au lieu même où reposent ses saintes dépouilles. Il l'invoqua avec foi, et sa santé ébranlée à Digne et à Grenoble se raffermit ; dès le lendemain il put reprendre ses prédications. Les cœurs si impressionnables des habitants du Midi étaient un terrain très-favorable à la semence de la parole divine, sortant déjà toute brûlante de l'âme du prédicateur. La moisson dépassa toutes les espérances. L'apôtre du clergé, que rien ne semblait plus devoir étonner, après les scènes qui passaient sous ses yeux depuis huit ans, en fut vivement frappé : *Quelle retraite que celle de Montpellier ! Grand Dieu ! quelle profonde impression elle a faite !* C'est tout ce qu'il en écrit à son ami.

La clôture de la retraite à la cathédrale répondit au reste. Lorsqu'il fut en chaire, il eut d'abord un peu d'inquiétude à la vue d'un groupe de jeunes gens, élèves la plupart de l'école de médecine, dont l'attitude contrastait avec la sainteté du lieu et le recueillement de la multitude. Il feignit de ne s'en pas apercevoir, et il eut toute raison d'être content d'eux. Ravis avec les autres devant les grandeurs et les bienfaits du sacerdoce chrétien que l'orateur déroulait à leurs regards, ils ne revinrent à eux-mêmes que pour mêler leurs larmes aux larmes des assistants.

L'évêque, Mgr Fournier, prit la parole après le renouvellement des promesses cléricales ; mais il ne put que célébrer les louanges de l'apôtre de ses prêtres, tant il était encore impressionné par le discours qu'il venait d'entendre. L'abbé Rey en parlait ainsi à M. Perrin : « J'ai été écrasé sous les ex-
« pressions gigantesques qui ont servi, dans la bouche du
« respectable prélat, à louer votre ami. Dieu permet cela

« pour donner du crédit à son ministère ; mais, rendez-moi
« la justice de croire que *je sais ce que je vaux*. Hélas ! je
« suis un pauvre homme qui a horreur de lui-même. »

Je ne suis rien devant ces prêtres que j'évangélise, disait-il,
souvent, *et je ne sais pourquoi Dieu m'a choisi pour leur prêcher des vertus et une perfection dont la plupart d'entre eux sont des modèles dont je serais heureux d'approcher même de loin.*

Il revint à Montpellier, l'année suivante ; les feuilles publiques l'élevèrent bien haut : *Ah!* s'écriait-il, *qu'il y a loin des gazettes au livre de vie, le seul où il soit heureux et nécessaire d'être inscrit !*

Mgr Fournier eût bien voulu le retenir auprès de lui :
nous le voyons dans une lettre où ce prélat lui disait : « Ah !
« si vous n'étiez pas un si bon, si loyal, si déterminé Sa-
« voyard, qui préfère à tout ses belles montagnes, son bon
« peuple, son précieux diocèse, que je m'estimerais heureux
« de vous avoir auprès de moi ! mais il ne faut pas s'arrêter
« à cette pensée ; la chose est impossible ; je ne le sens que
« trop, et cela me cause une douleur bien amère. (Lettre du
31 août 1821.)

De Montpellier, l'abbé Rey se rendit à Carcassonne, qui
comprenait alors cinq diocèses, où le schisme *constitutionnel*
comptait encore plusieurs adhérents. Ici c'était moins des
cœurs que des esprits à convertir, et on sent que ces sortes
de conversions sont les plus difficiles de toutes. Cependant
l'apôtre du clergé y obtint les succès qu'il avait remportés
ailleurs. Les prêtres *constitutionnels* se réunirent franchement à leur évêque, Mgr de La Porte, et à leurs confrères.
Mais ce qui fut peut-être plus précieux que ce résultat, c'est
l'ébranlement général produit par ces saints exercices dans
le diocèse. Il n'y avait que deux cents prêtres à la retraite ;
mais c'étaient des anciens, influents par leur âge et leur
exemple ; leur retour à l'unité répondait de celui des autres.

L'abbé Rey eut d'abord de fortes appréhensions que son
zèle n'échouât contre la résistance de ces hommes qui avaient

donné bien des gages à la Révolution, en se séparant de l'Eglise. Il les vit, pendant les trois premiers jours, lutter, avec une sorte d'acharnement, contre les impressions de la grâce. Ce ne fut que le quatrième jour qu'ils rendirent les armes. De ce moment, le prédicateur ne dit pas un mot en chaire, ou dans les entretiens qu'il avait avec eux pendant les récréations ou dans sa chambre, sans qu'ils fussent émus jusqu'aux larmes. « Dieu a daigné bénir notre retraite, manda« t-il à son ami ; nous en avions besoin : l'esprit constitu« tionnel a fait de tristes progrès et de terribles ravages dans « ces contrées. »

De Carcassonne, notre apôtre vint à Toulouse. Il y fut pris d'un grand découragement dont la cause était les assauts que lui livrait l'amour-propre. Nous le laisserons raconter lui-même ses luttes intérieures : « Me voici, dit-il, dans « une grande ville où je m'ennuie cruellement. Ce n'est que « ce soir que commencera mon ministère ; et les inquiétudes « et les fatigues, qui en sont inséparables, chasseront les « ennuis qui les précèdent. C'est une triste et pénible vie que « la mienne ; elle me ronge l'âme par mille soucis. Le Dieu « que je sers me traite avec une bonté qui me confond et « m'attendrit ; mais ma détestable nature est si gâtée et si « contrariante, que je me nourris d'épines dans la plus ho« norable des carrières. Je puis vous assurer que *j'apprends* « *à vivre*. Dieu veuille que je profite de la cruelle expé« rience que me donnent mes défauts ! Je suis si soûl de moi« même, si fatigué de mes défauts et des continuels assauts qu'il « me faut soutenir contre moi-même, que je succomberais au « découragement, si le bon Dieu ne me soutenait. Je vous « ouvre mon âme pour la soulager. Je vous ai dit souvent « que vous étiez pour moi ce qu'est un oreiller pour la tête « fatiguée d'un malade. J'enfonce donc mon âme dans votre « âme, et je me sens soulagé. Je crains bien de me dégoûter « de mes courses évangéliques hors de ma patrie, à moins « que le bon Dieu ne me relève le courage : je me laisserais « conduire par cette main si douce, si paternelle, ah ! si di-

« vine. Hélas! si j'avais toujours mon Dieu présent à ma
« pensée, j'aurais un courage sans mesure; mais je m'oc-
« cupe, presque forcément, des misérables intérêts de mon
« amour-propre, et je ne suis faible que parce que je suis
« *moi*. Aussi, je ne me plains que de moi seul : les miséri-
« cordes de mon Dieu sont infinies sur moi, et je regarde
« même comme un bienfait d'être ainsi écrasé par mes mi-
« sères, et de les sentir. » (27 août 1821.)

Quelle peinture des combats de la nature et de la grâce ! Il semble entendre saint Paul dire aux Romains ses déchirements intérieurs, et s'écrier : *O infortuné que je suis! qui me délivrera de ce corps de mort?*

Le Seigneur le préparait par ces combats contre lui-même à ceux qu'il allait livrer à l'hérésie constitutionnelle, qui avait eu le temps de s'étendre et de s'affermir sous la longue et déplorable administration de l'évêque primat. Sur près de quatre cents prêtres présents à la retraite, un tiers avait besoin de revenir en arrière. La victoire, sans être indécise, parut, aux premiers moments, ne devoir être que partielle. Mais là, aussi, toutes les hauteurs qui s'élevaient contre la science de Dieu furent abattues. Les âmes, saisies d'effroi, en présence des jugements de Dieu, furent profondément bouleversées. Il y eut des rétractations publiques de la part d'un ou de deux prêtres, dont l'opposition schismatique avait eu plus de retentissement. Un ecclésiastique se rétracta solennellement quelques semaines après : les autres, moins compromis, vinrent, aux pieds de leur archevêque, le cardinal de Clermont-Tonnerre, solliciter leur réconciliation avec l'Église.

La clôture des exercices se fit à la métropole : elle avait attiré une grande affluence de fidèles. Les effets de la parole de Dieu sur ces flots de peuple pressés les uns contre les autres, ne se peuvent décrire [1].

[1] *L'Écho du Midi*, journal de Toulouse, après avoir dit quelques mots de cette éloquence puissante comme Dieu qui, d'une parole, brise les cèdres, ébranle les déserts, ajoutait : « Qu'on ne nous demande pas

Quatre ans après, l'archevêque écrivait : « Je n'ai point
« oublié le zélé, l'éloquent missionnaire, abbé Rey, devenu
« le saint évêque de Pignerol : je jouis tous les jours du bien
« qu'il a opéré dans mon diocèse, qui se rappelle avec re-
« connaissance les salutaires institutions qu'il a bien voulu
« nous donner dans cette mémorable retraite de 1821. »
(12 avril 1825.)

Au bruit des prédications de Montpellier, de Carcassonne, de Toulouse, l'attention des ennemis de Jésus-Christ, dits *libéraux*, se réveilla avec leur haine. Ils se plaignirent, dans leurs journaux, de ces courses évangéliques qui *troublaient*, disaient-ils, *le repos des peuples et des pasteurs*. Ils disaient que cet *Italien fanatisait leurs prêtres*, qui revenaient de ces retraites vraiment méconnaissables. Ils reprochaient à ceux-ci d'écouter *un étranger*. Leur impiété s'exhala en vains murmures. Le public n'y prit aucun intérêt, et les ecclésiastiques n'y virent qu'un nouveau motif de suivre la voie si heureusement ouverte devant eux.

Dans toutes ces retraites, l'abbé Rey insista fortement sur la primauté de juridiction du pape et sur l'obligation de révérer ses décisions et d'y conformer sa conduite. Souvent, aux heures des récréations, des discussions s'engageaient sur ce sujet. Notre missionnaire ne refusait pas d'entrer dans la lice, parce qu'il s'agissait d'éclairer des esprits prévenus. Là, plus libre qu'en chaire, et excité par les attaques, il faisait jaillir, des textes de l'Évangile et des Pères, des preuves si nouvelles, si inattendues et si péremptoires, que force était de se rendre. *Mais, mon Père, vous êtes ultramontain!* C'était le dernier argument, et cet argument n'était qu'un mot; mais, qui ne connaît la puissance des mots même sur les meilleurs esprits? Alors l'abbé Rey répondait : *Non, Messieurs, je ne suis ni ultra montem, ni citra montem; je suis supra montem*. A ces paroles, sa figure changeait d'expression, et sa voix, fortement accentuée, faisait sentir qu'il y

« de porter un jugement critique sur cet orateur; quand on l'entend,
« on a bien autre chose à faire, il faut se juger soi-même. »

avait là plus qu'un jeu de mots ; c'était leur dire, en effet, ce qu'ils comprenaient parfaitement, qu'il n'était pas l'homme d'un parti, mais l'homme de la vérité; qu'il était assis sur la montagne ou sur la pierre ferme, que Jésus-Christ a donnée, dans la personne de saint Pierre et de ses successeurs, les pontifes romains, pour fondement à son Église. Ces entretiens n'étaient pas moins profitables que ceux de la chaire.

La retraite de Toulouse fut suivie de celle de Bordeaux, dont nous avons déjà parlé. De là il partit pour Paris, où il arriva le 29 septembre 1821.

CHAPITRE IV

Retraite donnée à Paris. — Suffrage de Mgr d'Hermopolis. — Lettre de Mgr de Quélen. — Retour en Savoie. — Nouveaux travaux. — M. Mermier et M. Favre. — Retraite d'Embrun. — Pauvreté extrême. — Fatigues à Viviers et à Valence. — L'abbé Rey croit mourir. — Son testament. — Seconde retraite ecclésiastique prêchée à Paris. — Elle surpasse la première. — Sentiment de Mgr Matthieu à ce sujet. — On veut le fixer à Paris. — Le siége d'Angoulême est offert à l'abbé Rey (avril 1823). — Négociations à ce sujet entre la France, Turin et Rome. — Il s'abandonne aux volontés de la Providence. — Opposition du roi Charles-Félix. — Mgr Devie obtient une mission pour Belley, et une pour Nîmes. — Effets de la grâce. — Excès de fatigue du missionnaire. — Il éprouve l'un des supplices de la Passion de Notre-Seigneur au jardin des Oliviers. — Son courage et son humilité. — Le cardinal della Somaglia désire voir venir l'abbé Rey à Rome. — Retour à Chambéry. — Il prononce l'oraison funèbre du roi Victor-Emmanuel.

En présence de l'immense cité, où il allait faire entendre la parole divine, notre missionnaire n'éprouva aucune appréhension; tout le cède aux pensées de la foi. « Je suis, écrit-il, « sans cesse préoccupé du bonheur d'adorer, dans cette « *grosse* ville, mon Dieu, le Dieu de tous les pays. » S'il ne redoutait rien du côté des hommes, il avait, par rapport à lui-même, une grande appréhension qu'il témoignait ainsi : « Priez bien mon Dieu, notre père, *ut sermo Dei aurat;* si le « bon Dieu voulait, j'aurais ici une moisson incomparable; « mais *si le bon Dieu voulait* : or, il faut le *faire vouloir*, et « vous avez lu l'entretien sur la prière dans les *soirées*. Oh, « oui ! la prière est toute-puissante ; mettez un surcroît de

« ferveur à mon *Veni Creator*. Hélas! je voudrais bien que
« cette semaine fût passée... mais passée divinement! Mon
« Dieu! il ne tient qu'à vous. Ah! malheureux que je suis!
« J'entends une voix qui me crie : *Il ne tient qu'à toi;* mais
« il faut être un saint, et je ne suis qu'un pauvre homme. »

Il se débattait encore avec ces pensées, lorsqu'il reçut la visite d'un ecclésiastique de Paris [1]. C'était un de ces hommes comme il s'en rencontre parfois, même en France, qui ont cette persuasion que, dans la distribution de ses dons, le Seigneur n'a eu égard qu'au pays qui les a vus naître. Après les salutations d'usage, il exprima à l'abbé Rey sa surprise qu'*un Savoyard eût la témérité de prêcher au clergé le plus instruit de la catholicité. — Il est bon que vous sachiez, monsieur,* répondit l'abbé Rey, *que je ne me suis ni appelé ni envoyé; appelé par S. E. le Cardinal-Archevêque de Paris, je suis envoyé par mon archevêque. Étant en règle du côté de la vocation et de la mission, je laisse à Dieu le soin du reste.* Cette réponse apostolique mit fin à la conversation. Mais cet entretien lui fournit l'exorde du discours d'ouverture de la retraite. « Je ne viens pas, messieurs, déployer au milieu de
« vous les ressources d'une éloquence à laquelle je fus tou-
« jours étranger (ce sont ses paroles); je serais le jouet d'une
« illusion bien déplorable si je prétendais à des triomphes
« oratoires au sein d'une assemblée où mes yeux rencon-
« trent autant de maîtres dans l'art de bien dire que d'audi-
« teurs. En ce moment, des pensées plus graves, plus saintes
« et plus dignes de mon auguste ministère me travaillent. Je
« viens, messieurs, parler à vos consciences et à la mienne,
« interroger leurs voies, en sonder les abîmes. Je veux, avec
« le flambeau de la vérité, descendre dans ces profondeurs
« impénétrables dont le démon a peut-être fait sa place forte,
« et livrer à cet implacable ennemi une guerre à mort.
« Qu'importe la nature des armes dont je me servirai contre
« ce Goliath? Que je le terrasse avec l'armure de Saül ou la

---

[1] M. l'abbé de Janson, devenu évêque de Nancy.

« fronde de David, avec l'épée des Français ou la lance des
« Cosaques, ma victoire sera-t-elle moins réelle et sa défaite
« moins certaine? »

A ce début, Mgr d'Hermopolis s'écria involontairement :
« *Quel orateur!* » Ces paroles furent entendues des ecclésiastiques qui l'entouraient. Le visiteur un peu indiscret de la veille se hâta de faire amende honorable avec la bonté et l'effusion de cœur qu'on lui a connues. L'éloquence de l'abbé Rey laissa à Paris des traces que le temps et la gravité des événements qui se sont succédé depuis n'ont pu effacer. « J'ai, depuis l'année 1820, suivi presque toutes les retraites
« qui ont été données à Paris, écrivait le doyen du Chapitre
« métropolitain de Notre-Dame en 1846, et j'y ai entendu de
« bons prédicateurs; mais aucun n'a eu le don de parler aux
« prêtres comme le faisait Mgr Rey. C'est un témoignage que
« lui rendent ses anciens auditeurs. »

En 1825, M. l'abbé Frayssinous, alors ministre de l'Instruction publique en France, s'exprimait ainsi : « Je n'ou-
« blierai jamais le zèle apostolique de M. l'abbé Rey, ni
« l'onction pénétrante de ses paroles qui semblaient inspi-
« rées. Je ferai pour lui tout ce qui sera en moi. »

Une lettre de 1832, de Mgr de Quélen à Mgr Rey, nous a paru fort touchante et digne d'être rapportée : « O mon
« bien-aimé et vénérable Seigneur! comme j'ai souvent
« pensé à vous depuis dix-huit mois! Votre personne et vos
« paroles se sont plus d'une fois présentées à mon esprit et à
« mon cœur pour calmer l'un et consoler l'autre. Vos exhor-
« tations des retraites que vous avez prêchées au milieu de
« nous n'ont pas peu contribué, avec la grâce de Dieu, aux
« déterminations que j'ai été dans le cas de prendre. Le *Cus-
« tos quid de nocte* a particulièrement retenti à mes oreilles,
« et m'a affermi dans la résolution de demeurer au milieu
« de ces effroyables ténèbres dont je me suis trouvé envi-
« ronné. » Et cinq ans plus tard, le même prélat lui écrit :
« Il ne se donne pas une retraite ecclésiastique à Paris, sans
« que votre souvenir ne soit dans tous les cœurs, que votre

« nom ne vole de bouche en bouche ; les tons viennent jus-
« qu'à moi, et vous savez s'il y a une seule fibre qui n'en
« soit émue. Mais, me demande-t-on, est-ce que nous n'au-
« rons plus le bonheur d'entendre le nouvel apôtre du Cha-
« blais, qui jadis nous a évangélisés avec tant de force et
« d'onction? A cela, je n'ose répondre, mais je me suis pro-
« mis de faire à mon vénérable et bien-aimé collègue une
« invitation pour l'année prochaine. »

Lors de cette première retraite, il se trouvait à Paris un prêtre d'un diocèse du nord de la France, interdit comme coupable d'usure. Cet homme vivait dans l'oubli de la religion, et ne songeait point à se réconcilier avec Dieu. Il demanda à être admis à la retraite, non pour se convertir, ainsi qu'il le raconte lui-même à l'ecclésiastique dont nous avons parlé plus haut, mais pour se moquer du prédicateur; et, dès le second jour de la retraite, il allait se jeter aux pieds de Mgr de Quélen, coadjuteur du cardinal de Périgord, et manifestait à ce prélat le repentir le plus sincère. Ce repentir ne fut point passager. Ce prêtre reprit la pratique de ses devoirs, et jusqu'à sa mort, qui arriva dix-huit mois plus tard, il ne cessa de donner de l'édification. Il assistait exactement aux matines de Notre-Dame, quoiqu'il n'y fût nullement obligé [1].

Pendant son séjour à Paris, l'abbé Rey ne visita aucune des choses curieuses que renferme la ville ; il fit une seule course jusqu'à Issy, qui est la maison de campagne de messieurs de Saint-Sulpice ; en y entrant, il s'écria : « *Os meum aperui et attraxi spiritum,* » faisant allusion à l'esprit de piété qui anime cette sainte compagnie. Cette démarche lui fut dictée par sa reconnaissance envers les disciples de

---

[1] A cette époque, beaucoup d'ecclésiastiques de Paris portaient le chapeau rond. L'un d'eux conduisait M. Rey qui lui donna cette leçon : *Mon cher, vous tenez encore au monde par la crête.* Le prêtre profita de l'avis et prit le chapeau ecclésiastique qu'il a porté depuis. *Le bon prêtre,* disait l'abbé Rey, *ne rougit pas des livrées de son ordre, il s'en honore et à plus juste titre que le militaire de son uniforme, et le magistrat de sa toge.*

M. Olier. Il n'avait jamais perdu le souvenir des attentions religieuses dont il avait été l'objet de leur part pendant son émigration en Suisse, et ce lui fut un grand soulagement de pouvoir donner un libre cours aux sentiments d'affection et d'estime qu'il professait envers une Société si vénérable. Là s'échappèrent de ses lèvres de pieuses et touchantes paroles. Quand il eut fini de parler, le supérieur général, M. Duclaux, tomba avec toute sa communauté à ses genoux, pour en être béni. A la vue de ce respectable vieillard, il n'osa lever la main. Lui-même, se précipitant à genoux, implora avec larmes la bénédiction de cet ancien du sanctuaire. Enfin ils se bénirent réciproquement. Les maîtres et les disciples de cette pieuse maison se disputaient le bonheur de toucher les vêtements de l'abbé Rey. Ils allèrent jusqu'à couper furtivement des franges de sa ceinture qu'ils ont gardées depuis précieusement. L'humilité de notre apôtre appelait ces démonstrations de *pieuses folies;* les mondains n'y verront peut-être qu'un enthousiasme outré; mais quand le Saint-Esprit s'écrie par la bouche d'Isaïe : « *Qu'ils sont beaux les pieds de ceux qui annoncent la paix et prêchent le salut !* » on peut bien avec lui être ravi d'admiration en voyant les hommes apostoliques que le ciel envoie de temps en temps à la terre pour en renouveler la face.

Le cardinal-archevêque, retenu en son palais par la maladie qui le ravit à son diocèse le 20 octobre de cette année, fit témoigner ses regrets de ne pouvoir paraître au milieu de son clergé, et profiter avec lui de ses saints exercices. Il s'en dédommagea en se faisant rendre chaque jour compte des fruits de la retraite. Ce qu'il en apprit le réjouit grandement et lui rendit moins amères les approches de la mort. Avant de mourir, il voulut laisser un témoignage durable de sa gratitude envers l'apôtre de son clergé; il donna ordre que l'on gravât sur un calice en vermeil d'une rare perfection, qu'il lui destinait, les paroles suivantes : « *Archiep. Paris. Ndo Dno Rey, tùm suo, tùm cleri Paris. nomine gratus offerebat.* »

Les attentions du coadjuteur, Mgr de Quélen, envers

M. Rey furent pleines de délicatesse. Nous aurions beaucoup de traits à citer; nous nous bornerons au suivant, où l'on voit, avec la grâce et l'amabilité d'esprit de ce prélat, son estime pour le missionnaire des prêtres. Quelques ecclésiastiques faisaient observer à ce dernier que le mot *conspect* dont il s'était servi n'était pas français. — *Il l'est,* reprit avec feu Mgr de Quélen, *tout ce qui sort de cette bouche est français ou digne de l'être.*

Une lettre de ce prélat, devenu archevêque de Paris, pour inviter M. Rey à prêcher une seconde retraite, celle de 1822, montre encore mieux ses sentiments et ceux de son clergé. Nous la rapportons d'autant plus volontiers que ce vertueux pontife s'y est peint sans s'en douter avec des traits auxquels on reconnaît les saintes et nobles figures des évêques des temps apostoliques. « Vous me disiez dans une lettre : « *Dieu*
« *vous bénira.* » Je l'ai éprouvé ; mais je regarderais comme
« une bien grande bénédiction celle qui vous inspirerait
« de vous rendre à mes désirs ; je ne vous parle pas de la
« gloire d'avoir eu autant de crédit sur votre esprit. Tout
« notre clergé est à vous ; vous n'aurez pas semé dans une
« meilleure terre. Vous avez pris désormais un empire qui
« vous permet de lui dire tout ce que vous voudrez... Je ne
« vous parle pas de ma reconnaissance ; celle que je vous
« dois pour le passé est déjà si grande et absorbe tellement mes
« facultés, que je ne puis rien vous promettre davantage. Ah !
« je vous prie, par la douceur de saint François de Sales, de
« ne vous lasser ni de nous, ni de moi... *Expectans expectavi.*
« Je vous attends avec un extrême désir, et j'espère que Dieu
« aura égard du moins à *ce désir du pauvre* qui voit sa grande
« misère et qui crie pour qu'on le guérisse. Venez, ange, ou
« si vous le voulez, homme de Dieu ; vous ne pouvez du
« moins refuser ce titre ; venez remuer la piscine et nous jeter
« à la guérison ; nous vous devons déjà beaucoup ; nous
« vous devrons encore, vous nous devrez vous-même, car
« Dieu vous récompensera de la charité dont nous vous aurons
« fourni une ample matière. »

Une prière aussi touchante devait être exaucée ; elle le **fut**. Mais, avant de retourner à Paris, l'abbé Rey eut des engagements à remplir envers d'autres églises. La patrie eut encore la première et la meilleure part à son dévouement. Il y donna deux retraites : l'une à la Roche et l'autre à Chambéry. Tandis que beaucoup de diocèses étaient dans la détresse, celui de Chambéry abondait en toutes choses. Un clergé nombreux, choisi, formé par des mains habiles, sortait chaque année du séminaire et se répandait dans la Savoie, où la bonne odeur de ses exemples et les œuvres de son zèle réparaient les maux du passé, et préparaient à la foi et à la piété l'avenir dont elle jouit depuis plus de trente ans.

C'est alors que l'on vit surgir deux hommes également recommandables qui, renonçant à tout, ne se réservèrent que le privilége de s'immoler à l'œuvre des missions dans leur patrie. Plusieurs ecclésiastiques de mérite les suivirent dans cette voie de sacrifices. Ce n'est pas ici le lieu de raconter le bien que ces saintes milices opérèrent sous la conduite de ces deux chefs ; plus d'une fois le bras du Seigneur parut visiblement dans les prodiges de grâce qui accompagnèrent leur ministère.

L'un, M. Mermier, supérieur et fondateur de la Congrégation des missionnaires de Saint-François de Sales, vit encore et poursuit, avec une activité toujours nouvelle, sa laborieuse carrière. L'autre, M. Favre, à qui l'on doit le *Manuel du pénitent* et le *Ciel ouvert par la confession sincère et la communion fréquente*, est déjà allé recevoir la récompense des ouvriers de la vigne du Seigneur. Celui-ci a écrit qu'il devait tout à M. Rey, et sa conversion, ou ce que son humilité appelait de ce nom, et sa vocation à l'apostolat.

Cet esprit apostolique, assez général parmi le clergé de Savoie, était dû principalement aux exhortations continuelles par écrit et de vive voix de M. l'abbé Rey [1].

---

[1] Nous avons déjà rapporté une grande partie des missions données par ce digne ecclésiastique, et nous n'avons pas fini notre tâche ; nous nous reprocherions de retrancher aucune partie de ses saints travaux,

Après avoir évangélisé le clergé de la Savoie, M. Rey revint en France. Embrun, alors du diocèse de Digne, et aujourd'hui de celui de Gap, fut sa première station. « Me
« voilà, écrivit-il à son ami, dans cette vieille cité si célèbre
« par ses conciles, et qui n'offre plus maintenant que quel-
« ques faibles débris de son ancienne gloire. Tout est ex-
« traordinaire dans ce coin du monde, et tout y est à l'unis-
« son ; c'est-à-dire qu'à part la foi dont il me semble qu'il
« y a une ample provision, tout y respire la médiocrité, si
« ce n'est pas la misère. Ce pauvre petit séminaire ne res-
« semble à rien ; ce n'est qu'une partie d'un bâtiment, dont
« la gendarmerie et les tribunaux occupent la meilleure part.
« Je ne sais pas trop comment nous nous tirerons d'embarras
« quand les prêtres seront arrivés; mais une arrière-pensée,
« inspirée par la foi, me donne la confiance qu'à travers tous
« ces embarras humains, la Providence fera cheminer son
« œuvre pour le bonheur de ses prêtres, et qu'elle sera
« d'autant plus généreuse en miséricordes, qu'elle semble
« l'avoir été moins en ressources humaines...

« L'évêque (Mgr Miollis) vient d'arriver, et je vous assure
« que son accoutrement est parfaitement d'accord avec la
« pauvreté qui règne dans ce singulier établissement. Ce
« digne prélat emploie tout son revenu en bonnes œuvres :
« tout le monde y a part, excepté lui-même. Notre réfec-
« toire! Il n'y a pas, à la campagne, une chambre d'auberge
« qui ne vaille mieux que cette pièce. Si je vous parlais des
« dortoirs, vous ne me croiriez pas... Notre salle d'exer-
« cices, qu'on appelle pourtant la *salle des conciles*, n'est au-
« tre chose qu'un misérable boyau, assez long et très-étroit,
« et qui reçoit le jour de deux ou trois ouvertures, irrégu-
« lièrement placées. Ah! quel séminaire! je ne suis pas au
« bout. Je vous assure, néanmoins, que tout cela me semble

et le lecteur sera peut-être plutôt lassé de les lire, que lui ne le fut d'accomplir de si rudes labeurs! Toutefois, nous continuerons, dans l'espoir d'édifier et de stimuler les élèves du sanctuaire appelés à suivre un si bel exemple.

« autant de moyens que le bon Dieu bénira pour que le salut
« y gagne aux dépens de la nature et la vertu contre la sen-
« sualité... Mon Dieu ! vous serez avec nous, et il y a assez...
« ah ! oui, assez ! »

Dans ce séminaire, il eut toute espèce de privations à endurer : les ruines faites par la Révolution n'étaient pas encore relevées. Le matériel de la plupart des diocèses ressemblait un peu à celui des églises des premiers siècles. Les délais apportés par le pouvoir temporel à la conclusion du Concordat avec le Saint-Siége, avaient créé des difficultés presque insurmontables, et les évêques n'avançaient qu'avec une peine infinie dans la voie des restaurations, surtout dans les départements peu riches, tels que celui des Hautes-Alpes.

Pour éviter les incommodités du séminaire d'Embrun, la plupart des ecclésiastiques le désertèrent dès la première nuit, et cherchèrent un refuge en ville. Quoique le prédicateur eût la chambre la moins sujette aux inconvénients de ce triste lieu, il souffrit cependant beaucoup. Il passa la seconde nuit étendu sur le plancher, et la troisième, avec un mal de dents qui le força de compter toutes les heures. Chaque jour, chaque nuit eut ses douleurs. Ce fut la vie apostolique avec ses peines de tout genre. Il endura tout avec simplicité, avec joie.

Le Seigneur, ainsi qu'il l'avait espéré et prévu, fut riche en miséricordes, et la grâce abonda là où manquaient les secours humains. Cette retraite fut une de celles qui lui donnèrent le plus de consolations ; il en a consigné le souvenir dans son manuscrit : *Remèdes contre l'orgueil.* Nous transcrivons :
« Mon Dieu ! si je dois vous bénir des admirables effets de
« votre sainte parole à Embrun, à Digne, à Chambéry, etc...,
« ah ! que n'aurait-elle pas fait si mon cœur et mes disposi-
« tions eussent été entièrement à la hauteur de mon minis-
« tère ! Pardon, mon Dieu ! mais relevez-moi de mon assou-
« pissement, et donnez-moi de la volonté et du courage : la
« nature en manque absolument ; mais la grâce peut triom-
« pher et de ma faiblesse et de mes répugnances. » Notre

apôtre passa d'Embrun à Viviers. Sur sa route, il fut assailli par un orage épouvantable. Il dut marcher à travers la foudre, les ténèbres et l'inondation pendant plus de deux heures. Réfugié dans une remise, à Montélimart, il attendit la fin de la tempête, puis continua, par des chemins de traverse, au milieu des eaux qui couvraient la campagne jusque sur les bords du Rhône, qu'il traversa avec des difficultés sans nombre. Plusieurs fois le tonnerre tomba à ses côtés. Échappé de ces périls, il écrit : « Enfin, me voilà arrivé, et
« me voilà entouré de prêtres dont les dispositions me dé-
« dommagent de tous mes dangers. La foi m'a donné, au
« milieu des foudres et des menaces d'un ciel irrité, un cou-
« rage qui n'a rien de commun avec mon caractère de
« frayeur et de timidité. Je n'ai cessé de réciter mon *qui*
« *habitat in adjutorio Altissimi* [1] ; et je ne sais quelle voix
« intérieure m'assurait que tout irait bien et que je serais
« préservé. Je sentais, je voyais presque mon ange gardien...
« Ah ! qu'il m'a appris à l'aimer ! »

La retraite de Viviers fut présidée par l'évêque de Mende, qui y était venu avec ses prêtres.

Avant de quitter le Vivarais, Mgr Rey, qui n'accordait rien à la curiosité, voulut cependant visiter la maison mère des Sœurs de la Présentation au bourg Saint-Andéol ; mais c'était une œuvre de la foi ; à ce titre elle avait droit à son attention. On ne lira pas sans intérêt le récit qu'il en fit à son ami : « J'ai été visiter à Saint-Andéol un établissement de re-
« ligieuses et un pensionnat de demoiselles ; c'est un véri-
« table géant, quand on le compare aux établissements de
« ce genre : la beauté de ce site, de ces bâtiments, de tout
« ce qui constitue le couvent a frappé mon imagination.
« C'est admirable ; tout est neuf, tout est magnifique, riche,
« fini. La maison est pleine de pensionnaires ; les religieuses
« y sont nombreuses ; c'est un ordre nouveau depuis une
« vingtaine d'années. Eh bien ! tout cela, au moral comme

---

[1] Ps. 90, sur la confiance en Dieu.

« au temporel, est le fruit du zèle d'une *servante* et d'un
« prêtre très-pieux sans doute, mais dont les apparences
« n'annoncent guère de tels résultats. La servante a la plus
« ignoble tournure qu'il y ait en trois ou quatre provinces ;
« et, pourtant, la voilà supérieure générale d'une congré-
« gation qui a déjà près ou plus de cinquante établisse-
« ments. Elle est à la tête de la plus belle communauté
« qu'il y ait en France... En vérité, on perd la tête, si on n'a
« pas la foi, en contemplant cette inexplicable merveille qui
« déconcerte absolument la raison. »

M. Rey adressa quelques paroles à ces pieuses servantes de Jésus et aux jeunes filles du pensionnat. Inspiré par tout ce qu'il avait vu, il exalta les œuvres de la foi, et fit comprendre la puissance dont elle revêt les âmes qui vivent de son esprit. Ému lui-même, cette émotion gagna tous les assistants.

En le conduisant à Saint-Andéol, la Providence le disposait d'avance à accueillir dans le diocèse d'Annecy des essaims de cette ruche féconde. En effet, cette congrégation y compte aujourd'hui quatre établissements fondés par sa protection et sous ses auspices; partout on admire la sagesse de ces institutrices pour former le cœur des enfants qui leur sont confiés.

Peu après, à Valence, où il retournait pour la quatrième fois, il ressentit une grande prostration. Chambéry, Embrun, Viviers avaient presque épuisé ses forces. Ce n'était plus cette santé des premières années. Trente ans de travaux et de prédications non interrompus l'avaient beaucoup affaibli; mais le cœur était toujours plein de vie. « *Mon âme est tou-*
« *jours bouillante*, écrivait-il à son ami. La salle où je parle
« est mortelle, la saison brûlante, l'auditoire nombreux et
« resserré : un malheureux enrouement me contraint à des
« efforts de poumons qui me fatiguent à un point extrême ;
« je me soulage en vous le disant; et puis le Dieu au nom
« de qui je parle, le maître que je sers, l'œuvre que je rem-
« plis..... Ah ! mon Sauveur ! ma vie et ma mort sont à
« vous ! »

A la fin de cette retraite, croyant sa mort prochaine, il fit un testament olographe où l'ami auquel il écrivait les lettres citées si souvent dans cette histoire n'héritait que de la peine de partager le modique avoir du missionnaire entre les séminaires d'Annecy et de Chambéry, l'œuvre des missions diocésaines, et la bourse destinée au soulagement des prêtres âgés et infirmes qui, tout aux besoins de leurs paroisses, ont oublié de thésauriser pour leurs vieux ans. Il terminait cet acte si important de la vie par ces paroles : « Je me recom-
« mande aux prières de tant de bons prêtres que j'ai connus ;
« je me jette entre les bras de mon Dieu ; j'attends fermement
« de ses miséricordes qu'il aura pitié d'un pauvre prêtre qui
« a désiré consacrer sa vie et ses fatigues à la seule gloire de
« son Sauveur. »

Mais le Seigneur veillait sur les jours si précieux de son serviteur, et ces appréhensions de mort ne frappaient les oreilles de notre missionnaire que pour donner à son dévouement le mérite du sacrifice. Il poursuivit sa course, et à **Montpellier** il recouvra ses forces par la protection de saint Roch [1]. Il s'éloigna de cette ville une heure après le discours de clôture, laissant les ecclésiastiques qu'il avait évangélisés inconsolables de son départ, et, se dirigeant sur Paris, il ne s'arrêta que quelques instants à Bordeaux pour voir et contempler une dernière fois un autre saint Jean dans la personne de Mgr d'Aviau, son archevêque.

Une aimable lettre de Mgr de Quélen ne put décider l'abbé Rey à descendre à l'archevêché de Paris.

« Vous nous donnerez huit jours à l'archevêché, écrivait
« ce pieux prélat, où je vous prie en grâce de descendre. J'ai
« besoin de quinze jours de retraite. Nous en ferons huit en-
« semble, et vous achèverez votre ouvrage sur moi au sémi-
« naire. » Il courut s'ensevelir au séminaire de Saint-Nicolas du Chardonnet, pour n'en sortir qu'après la retraite.

On remarqua dans cette seconde retraite quelque chose de

---

[1] Il a été fait mention précédemment de cette seconde retraite à Montpellier.

plus pénétrant que dans la première. L'onction, ce mélange mystérieux de foi ardente, de piété douce, de sensibilité exquise et de charité mise en action par la grâce divine ; cette onction *qui enseigne toute chose*, qui éclaire les intelligences sans les éblouir, et devant laquelle les cœurs se fondent comme la cire devant le feu, fut alors plus que jamais le caractère dominant de ses prédications. De là ces émotions qu'aucune langue ne peut bien rendre, cet assouplissement des volontés, ces larmes, ce travail dans le cœur des auditeurs, tantôt hors d'eux-mêmes à la vue des magnificences du sacerdoce catholique, tantôt confus et humiliés d'être trop éloignés de la perfection de cet état sublime ; alors, comme l'a dit un illustre pontife : « *Dieu seul était grand dans les cœurs* [1]. »

La cérémonie de la clôture se fit à Sainte-Geneviève en présence d'un immense concours de fidèles. Le chœur de la basilique était occupé par le clergé, présidé par l'archevêque, auquel s'étaient joints Mgrs Poyenter et Paterson, évêques anglais. Le missionnaire des prêtres, exténué de fatigues, n'avait plus qu'un faible reste de voix. Mais, à la vue de cette assemblée, il la retrouva tout entière. Maître de cette multitude, il la plia à tous les mouvements de son âme. Le sujet du discours était l'excellence du sacerdoce considéré dans sa nature, dans ses fonctions et dans ses effets. Sur ces trois points, les considérations les plus élevées, les plus vraies, les plus pieuses, et capables d'impressionner profondément, lui furent inspirées. L'effet en fut véritablement immense ; un témoin, Mgr Matthieu, écrivait en 1842 [2] : « Il me semble voir
« encore cette affluence qui entourait sa chaire dans le local
« restreint du séminaire de Saint-Nicolas du Chardonnet à
« Paris, et celle qui se déployait comme les flots d'une mer
« doucement agitée dans les grandes églises [3], qu'il remplis-

---

[1] Le cardinal Matthieu, archevêque de Besançon.
[2] Lettre circulaire à MM. les curés, etc., du diocèse de Besançon.
[3] Saint-Sulpice et Sainte-Geneviève.

« sait de la magnificence de ses pensées, de celle de sa voix
« et de son geste. »

Mgr de Quélen ne voulut pas que son clergé eût seul part à la joie de cette mémorable journée; il convia les pauvres, auxquels il fit une copieuse distribution de vivres; sainte et touchante pensée que de placer les fruits de la retraite sous la sauvegarde de la charité, et d'apprendre aux prêtres que les pauvres sont leur famille, et qu'il doit y avoir entre eux communauté de joie et de douleur.

Notre missionnaire eut beaucoup à souffrir pendant cette retraite : ce fut avec le cortége, si effrayant aux yeux de la nature, d'une fièvre, d'une fluxion et d'autres souffrances graves, qu'il prêcha deux fois chaque jour. Son âme toute trempée de foi semblait avoir brisé les liens de la mortalité, et le corps n'était qu'un esclave qu'elle contraignait à servir ses volontés.

Il quitta Paris le 8 octobre. A peine au début de son voyage, ses douleurs, un instant suspendues, se déclarèrent avec une nouvelle intensité, et ne lui laissèrent de trêve ni le jour ni la nuit. Obligé de s'arrêter à Lyon, les soins des amis qu'il avait dans cette ville lui permirent de gagner Chambéry, où il rentra affaibli, amaigri, exténué, ressemblant à un mourant. Cependant, l'air de son pays, le repos auquel il dut absolument se résigner, furent plus efficaces que les remèdes et lui rendirent bientôt une partie des forces perdues.

Mgr de Quélen, frappé des mérites et des talents de l'abbé Rey, tenta tout ce qu'il put imaginer pour le retenir et le fixer à Paris; mais l'amour de la patrie, plus fort que toutes les séductions, l'emporta; comme saint François de Sales, il préféra la pauvre Savoie aux splendeurs que la France fit briller à ses yeux.

L'archevêque n'abandonna pas cependant entièrement son dessein. L'*Ami de la Religion* avait dit : « Le clergé de France
« ne pourra reconnaître assez les services que lui rend
« M. Rey, en dirigeant ses retraites avec tant de persévérance
« depuis plusieurs années. »

L'occasion de reconnaître les services de l'abbé Rey se présenta bientôt après les succès obtenus par notre apôtre à Paris. Le 7 avril de l'année suivante (1823), le siége épiscopal d'Angoulême, devenu vacant par la mort de M. Lacombe, lui fut offert. La grande aumônerie de France n'eut garde de faire valoir aucun avantage temporel ; on savait combien l'abbé Rey était supérieur à ce genre de tentations. Mais on lui fit envisager le bien de l'Eglise, la gloire de la religion, et l'épiscopat français lui tendant les bras. La lettre parlait de plaies à guérir, de blessures à cicatriser, de rudes travaux à supporter. *Ce n'est pas un diocèse qu'on lui offre, c'est une mission;* c'est un clergé à former à la place de celui qui va descendre dans la tombe. « Ah! lui disait-on, si vous
« saviez toute notre misère, vous en seriez touché ; si vous
« connaissiez les tristes débris de la tempête, vous n'hé-
« siteriez pas à vous jeter à la mer pour venir à notre se-
« cours.

« Vous n'avez jamais désespéré de la France ; vous appar-
« tenez à son clergé par les services que vous lui rendez ; il
« vous connaît, il vous accueillera, et il n'y a plus de com-
« paraison entre le bien que vous êtes appelé à faire ici et
« celui qui vous est possible dans votre pays. Faites bien
« attention que ce n'est pas ici une simple nomination à un
« évêché ; c'est une mission... C'est une mission, et il ne
« dépend pas de vous de l'oublier. »

Au nom de *mission*, son âme si apostolique s'émut. Cependant, il ne précipita rien ; avant de se décider, il s'éclaira des conseils les plus sages ; puis, après beaucoup de prières et de larmes répandues devant Dieu, il répondit qu'il ne s'opposait pas aux desseins de la Providence, s'ils pouvaient lui être assez connus ; mais qu'il ne dirait pas un mot pour lever un obstacle qui ne lui permettrait pas d'accepter, si on ne se chargeait de le faire disparaître sans qu'il s'en mêlât : « Je
« suis de Savoie et chevalier de Saint-Maurice, dit-il ; à ce
« double titre, j'appartiens au roi de Sardaigne, sans le
« consentement duquel je ne sortirais pas de ses États. Dieu

« décidera, selon ses saintes volontés ; je me jette tête bais-
« sée entre ses mains. »

Ce consentement, tout conditionnel qu'il fût, réjouit la grande aumônerie. « Il ne m'est pas donné de vous exprimer
« la satisfaction de Mgr le prince de Croï [1], lui répondit le
« secrétaire général. Ce prélat, qui sent tout le poids du
« fardeau dont il est chargé, a versé des larmes de joie en
« lisant votre lettre. Il veut que je vous dise combien il est
« touché, édifié, reconnaissant, et tout cela ne vous dira ni
« son cœur, ni sa piété, ni son zèle, le plus pur que je con-
« naisse. »

Les négociations, pour amener le consentement du roi de Sardaigne, furent commencées. Pendant ce temps, de ferventes prières montaient au ciel : « Nous faisons des vœux, disait l'organe du clergé [2], afin qu'aucun obstacle ne prive l'Eglise de France d'une conquête si précieuse. » Mgr le prince de Croï obtint que l'ambassadeur sarde, le marquis Alfieri, en écrivît au ministre des affaires étrangères de Turin. Cet illustre représentant de Charles-Félix, à Paris, ne se prêta qu'avec une répugnance extrême, qu'il ne déguisa pas, à la démarche que l'on sollicitait de lui, mais toutefois avec la loyauté qui était dans son caractère. Le grand aumônier en référa ensuite à Louis XVIII, qui applaudit et exprima formellement des vœux pour un heureux succès.

Mais on n'avait pas tenu assez compte du prix qu'attacherait Charles-Félix à conserver à son royaume un prêtre si cher à la religion et à la monarchie. A la première ouverture qui lui fut faite par le comte de La Tour, il refusa positivement, en disant : *Que ce digne ecclésiastique était, depuis quelque temps, destiné pour un des premiers sièges vacants, en Piémont, et qu'il avait ordonné à son ministre de l'intérieur de lui soumettre, sans retard, une proposition qui assurât immédiatement l'effet de sa volonté à cet égard.*

---

[1] Grand aumônier de France.
[2] L'*Ami de la Religion*.

Ce refus, qui déconcertait tant de vœux, produisit, à Paris, une sensation très-pénible. « Je ne puis vous exprimer, « écrivit à M. Rey le secrétaire général, l'affliction de Mgr le « grand aumônier, celle de tous ceux qui sont instruits de « cette réponse et la désolation de votre ami. Ces mêmes re-« grets seront partagés (je n'exagère rien) par le clergé de « France et tous les amis de la religion. Il y avait trop d'em-« pressement, trop d'unanimité, trop de signes d'une pro-« fonde gratitude envers la Providence. Rien n'a jamais au-« tant ressemblé à la voix de Dieu : est-il possible que ce ne « soit pas sa volonté ! Vous sembliez fait exprès pour être « envoyé à cette nation raisonneuse, qui existe chez nous, et « non en Piémont, où un sceptre plus ferme ne lui permet « pas de se montrer, où d'autres mœurs ne lui laissent pas « la même influence, où rien ne sera en harmonie avec vous, « où votre cœur ne sera pas plus entendu que votre langage, « où enfin les trois quarts de vous-même resteront inutiles[1]. « Oh ! si l'obstacle pouvait se lever, quelque grave qu'il « soit ! Ce serait assurément conspirer pour la plus grande « gloire de Dieu. Le nom et le vœu du roi ne peuvent être « mis en avant d'une manière plus expresse qu'avec la certi-« tude du succès. »

Cette négociation n'était qu'à son début, lorsque la *Gazette de France* apporta, à Gênes, où était Charles-Félix, la nouvelle que *l'abbé Rey avait été naturalisé Français*, et qu'il avait accepté l'évêché d'Angoulême.

Le roi et sa cour en furent profondément peinés, et on crut dans le temps que cette indiscrétion avait nui à la conduite de cette affaire.

Les amis de l'abbé Rey, trompés par cette nouvelle, fausse d'une part et incomplète de l'autre, s'entendirent pour combattre sa détermination, en lui opposant d'abord le sentiment de l'évêque de Pignerol, puis l'exemple de ce même prélat,

---

[1] Ici la douleur exagère, M. Rey fut compris en Piémont et y exerça une grande influence.

et de Mgr de Thiollaz, qui avaient refusé tous deux, en 1817, des évêchés en France, entre autres celui d'Aire. Tantôt, ils lui montraient, en Piémont, de vastes champs à cultiver, tantôt, ils faisaient tenir à l'amitié le langage le plus capable de l'ébranler.

« Laissons agir la Providence, répondait-il ; je suis entre « ses mains ; prions-la d'accomplir ses saintes volontés, et de « compter les nôtres pour ce qu'il lui plaira. » Quant à l'amitié dont on faisait valoir les droits : « Ah ! si vous le saviez, « répond-il, et vous devez le savoir, quels déchirements se « font sentir à mon cœur quand je m'arrête un instant sur « la pensée de m'éloigner encore ! C'est un germe de déses-« poir que je sens se développer dans mon malheureux cœur. « Samedi, j'étais dans un état qui vous aurait fait pitié ; mais « l'éternité, Dieu, les âmes, le bien à faire... Ah ! tous ces « nobles objets étourdissent saintement mon âme, et je dis à « l'amitié.... Hélas ! je ne sais trop quoi. » Le sentiment de l'évêque de Pignerol était d'un trop grand poids pour que l'abbé Rey ne cherchât pas à le connaître. Celui-ci lui répondit : « Je suis bien préoccupé de la pensée de votre « nouvelle destination. J'avais pressenti l'ensemble des rai-« sons qui vous faisaient pencher vers la France, et vous me « les avez présentées d'une manière si touchante, que je me « garderais bien de vouloir en contrarier le résultat. Mais je « ne serais pas moins surpris, et même un peu indigné, que « l'on se montrât ici facile à vous accorder votre liberté. Il « y a, en Piémont, trois siéges vacants, et l'on n'abonde pas « en sujets éminents pour les remplir. J'avoue que la lan-« gue, et même le caractère national, vous seraient d'abord « de quelque obstacle à un très-grand succès ; mais vous le « surmonteriez bientôt. Que la volonté de Dieu se déclare « tout le reste est de nulle considération. »

On voit combien ces belles âmes cherchaient le bien, sans calculs humains.

Cependant, quelque irrévocable que parût être la détermination de Charles-Félix, la grande aumônerie crut devoir essayer de nouvelles démarches : ni le crédit du P. Grossy, confesseur du roi, ni l'appui du ministre de France à Turin, ni les sollicitations pressantes du cardinal Consalvi, ne purent obtenir du roi le consentement tant désiré. Les derniers mots de ce prince furent : *Je montrerai à la France que j'ai besoin de M. Rey.* Malgré cet arrêt, on songea à recourir au pape, afin qu'il nommât, de sa pleine autorité, au siége d'Angoulême, par cette raison que le temps accordé aux rois de France, pour la nomination, était écoulé : mais cette idée fut abandonnée.

Pendant que deux nations se le disputaient, l'abbé Rey, tranquille, dans les mains de Dieu, auquel il avait remis ses destinées, continuait son apostolat en Savoie et en France.

Il lui devint toutefois impossible d'accéder aux nombreuses demandes qui lui venaient des évêques de ce dernier pays. Ses refus n'avaient pour motif aucun ralentissement dans son zèle. L'archevêque de Chambéry écarta toutes sollicitations, et se montra inflexible. L'abbé Rey lui était nécessaire, et l'état de santé délabrée où il l'avait vu après la dernière retraite de Paris effrayait toujours son esprit. Notre apôtre se désolait de ces refus qu'il attribuait à son indignité : « Écoutez mon cruel secret, écrivait-il dans son cha-
« grin. Hélas! je n'ai pas été jugé digne aux yeux de Dieu
« de continuer cette sublime mission. Je suis vivement af-
« fecté et humilié par cette conviction. Ah! que de vertus il
« faut pour prêcher la vertu ! »

Cependant, l'évêque élu de Belley, Mgr Devie, ne se rebuta pas d'un premier refus, tout absolu qu'il parût. Il vint à Chambéry; il fit tant, qu'il triompha des résistances de l'archevêque, et, de plus, gagna la cause du diocèse de Nîmes, en faveur duquel le P. de Maccarthy avait déjà interposé sa médiation.

Monseigneur de Belley s'en retourna comblé de joie. Son diocèse avait un besoin immense de secours; il était nouvellement rétabli, composé de parties dont il était malaisé de faire un tout. La liturgie, la discipline et les coutumes variaient d'un canton à l'autre ; c'étaient trois diocèses dans un seul : Belley, Lyon, Genève. Chaque partie, arrachée de ces deux derniers diocèses, croyait avoir droit de se plaindre ; la gloire de celui de Lyon, l'illustration de celui de Genève inspiraient des regrets bien légitimes aux peuples, au clergé surtout, qui venaient d'en être détachés. Ces regrets, trop peu ménagés, eussent aggravé la situation et créé d'inextricables embarras à l'administration diocésaine.

Aux yeux de Mgr Devie, il n'y avait que l'abbé Rey pour aplanir ces difficultés ; un des effets les plus sensibles des prédications de cet homme de Dieu, était de réunir les cœurs et de les confondre dans un même attachement et une même soumission à l'évêque.

Les retraites de Belley et de Meximieux dépassèrent les espérances du bon évêque ; cinq cents prêtres renouvelèrent à cette source la ferveur première de leur sacerdoce. A l'aide de leur concours et en peu d'années, Mgr Devie put créer dans ce diocèse, qui manquait de tout, beaucoup d'établissements indispensables au salut des âmes. « C'est l'homme des « succès, disait de lui l'abbé Rey, autant que l'homme des « entreprises ; et son existence tout entière n'est autre chose « que la constante expression du nom qu'il porte. Jamais « homme ne mérita mieux d'être appelé Devie. Sa tête est « une forêt de projets, et, comme son cœur est une fournaise, « tout mûrira en son temps. » Ces projets ont mûri, et la prédiction a eu son accomplissement.

A Nîmes, le missionnaire dut arroser de ses sueurs et de ses larmes une terre abandonnée depuis plus de trente ans ! L'évêque *constitutionnel* Périer avait passé là ; mais ç'avait été pour semer l'ivraie. Une partie du clergé, restée attachée à l'unité, avait marché sans direction. La sagesse et le zèle de l'évêque, Mgr Chaffoy, étaient sans force pour ramener au joug de la règle ceux qui ne savaient plus ce que c'était que d'obéir.

Rétablir la discipline, faire revivre les droits de la hiérarchie sacrée, créer un clergé, tout était à faire. « Il n'y a

« qu'une retraite qui puisse accomplir tout cela, écrivait le
« R. P. de Maccarthy, et une retraite *de M. Rey*, c'est-à-dire
« une retraite pleine de force et de feu. »

En mettant le pied dans le diocèse de Nîmes, l'apôtre du clergé eut un exemple de la triste situation de cette Église autrefois si florissante. Il se trouva dans la diligence avec un prêtre nîmois qui, le prenant pour un de ses confrères, engagea avec lui la conversation suivante : Vous allez aussi sans doute à la retraite, monsieur l'abbé ? — Oui, répondit M. Rey. — Connaissez-vous celui qui doit la prêcher ? — Un peu ; j'en ai ouï parler. — C'est, dit-on, un ecclésiastique de la Savoie dont la renommée est grande et dont l'éloquence est plus étonnante encore que ne l'a faite la renommée ; je ne puis néanmoins me persuader qu'il ait le don de forcer les volontés, ni qu'il obtienne des prêtres nîmois le sacrifice de leurs opinions et de leur manière de voir (et il dépeignait celles-ci avec une vivacité toute languedocienne). Pour moi, dit-il en finissant, je suis bien déterminé à ne pas changer de sentiments, et je ne serai pas le seul.

Ce parti pris céda devant les premiers efforts, et le pauvre prêtre fut la première conquête de la grâce. La retraite était à peine à moitié, que ses confrères, vaincus comme lui, allèrent se jeter aux genoux du prédicateur, lui disant : *Nous sommes entre vos mains ; que voulez-vous que nous fassions ?*

L'abbé Rey, qui souffrait intérieurement une large part des émotions qu'il avait excitées, n'attendit pas la clôture des exercices pour se dérober aux témoignages de la reconnaissance.

Mais Mgr Chaffoy ne lui laissa rien ignorer des impressions ineffaçables de son passage dans son diocèse. « Votre vélo-
« cifère, lui écrivit-il, vous a bientôt éloigné de nous ; il
« devait être moins chargé qu'en venant ; car, il ne vous a
« pas emporté tout entier. Quelle précieuse partie de vous-
« même vous nous avez laissée ! Jouissez, mon très-cher
« monsieur, des consolations que doit vous donner le choix
« que Dieu a fait de vous pour opérer tant de bien dans son

« Eglise ; celui que vous avez fait ici est bien grand ! Je vou-
« drais que vous eussiez pu être témoin des scènes touchantes,
« consolantes, édifiantes, qui ont eu lieu chez moi dans l'a-
« près-midi du mardi : tous les retraitants sont venus ; ils
« m'ont fait des remercîments à l'infini du bonheur que je
« leur avais procuré en vous faisant connaître ! Tout ce
« qu'ils disaient était comme une prière qu'ils adressaient
« à Dieu pour qu'il vous rendît tout le bien que vous leur
« aviez fait. Le plancher de mon salon était vraiment arrosé
« de larmes. J'en ai vu plusieurs en particulier, qui me di-
« saient : *Vous n'avez jamais pu obtenir telle chose de moi ;*
« *elle va être faite aussitôt à mon retour.* Votre nom va me
« servir dans bien des occasions ; il renferme tant de choses !
« Indépendamment du bien que la retraite a produit dans
« chaque particulier, elle en produira encore un général en
« m'accréditant singulièrement, non-seulement auprès du
« clergé, mais auprès des fidèles de tout le diocèse ; car, de
« toutes parts, on ne parle que de la retraite et on bénit
« l'évêque de tout ce que M. Rey a produit de bien dans le
« diocèse. Jugez si je vous bénis ! Oh ! tous les jours de ma
« vie je demanderai à Dieu sa bénédiction pour vous, et que
« de Nîmois diront : *Amen !* Combien de fois j'aurai à dire :
« Grâce à Dieu qui nous a envoyé M. Rey ! Bien sûrement,
« vous recommanderez au Seigneur la nouvelle patrie qui
« vous naturalise dans son sein, *parce que vous l'avez surna-*
« *turalisé dans le sein de Dieu.* »

Mais, pour arriver à de pareils résultats, l'apôtre de Jésus-Christ imitait son divin Maître : il se donnait tout entier ; il ressentit, à Nîmes, une fatigue si extraordinaire, qu'elle alla jusqu'à *une sueur de sang !* Ce phénomène s'était déjà produit à Bordeaux ; mais, ici, il se montra plus abondant, universel, et accompagné d'une grande faiblesse. Néanmoins, il eut le courage de continuer ses prédications. Sa voix qui, dans cet affaissement du corps, s'enrouait habituellement, conserva même son éclat ; et, plus que jamais, l'énergie de sa foi suppléa aux défaillances de la nature.

De tous côtés, on le félicitait sur ses succès et sa réputation toujours croissante. Voici de quel style il y répondait : « Je suis payé pour croire et dire que Dieu seul fait tout « dans ces circonstances! Soyez certain qu'il y a une séduc- « tion surnaturelle qui s'empare de mon auditoire : cela « m'est démontré, et tous mes succès sont incontestablement « le fruit des prières que je réclame de toutes parts, des com- « munions que font pour cette œuvre des âmes ferventes; « et ces respectables ecclésiastiques pourraient leur adresser « aussi bien qu'à moi leur reconnaissance et leurs compli- « ments. Hélas! quand la part de tous sera faite, il restera « peu pour le pauvre missionnaire. J'avoue que Dieu m'a « donné une foi vive en l'efficacité surnaturelle de sa sainte « parole, et que je compte infiniment peu, ou absolument « point, sur mes moyens : ce sentiment embrase mon cœur « d'une vive confiance, et je sens alors combien on est fort « quand on *est fort de Dieu*. »

Cette réponse jette quelque lumière sur la vie intérieure de cet homme de foi, et son humilité. En voici une autre qui nous donne des éclaircissements non moins précieux sur les mystères d'un apostolat, unique peut-être dans les annales ecclésiastiques. Expliquons quelle en fut l'occasion :

Pendant l'année du grand jubilé de Rome (1825), un illustre personnage français avait mis plusieurs fois en avant le nom de M. Rey, alors évêque de Pignerol, et raconté les fruits de ses missions pastorales devant le pape et son ministre, le cardinal della Somaglia, qui exprimèrent le désir de voir ce prélat prêcher au peuple et au clergé de Rome, et de l'entendre sur l'état des Églises de la France et du Piémont. Le vœu de Sa Sainteté, si l'on en croit un témoignage écrit, aurait été porté à la connaissance de Mgr Rey. On ne sut pas par quelle cause ce projet n'eut pas de suite. Peut-être Léon XII ne voulut-il pas priver le diocèse de Pignerol de son évêque pendant le jubilé qui venait d'être étendu à l'univers. Quoi qu'il en soit, ce que nous savons, ce sont les sentiments du prélat en cette circonstance. La perspective des

fatigues ne l'intimida point : aux craintes d'un ami qui, s'effrayant de ce nouvel avenir de rudes travaux, le détournait de cette mission par les difficultés dont elle était semée, il répondit : « Rome ! oui, Rome ! personne mieux que moi ne
« sent et ne comprend combien tout cela est gigantesque, et
« je devrais mourir de frayeur devant un tel projet, si, dans
« l'exercice de mon ministère, je suivais les règles de la lo-
« gique humaine. Eh bien ! je suis presque impassible devant
« cet avenir : mon âme vous étonnerait. Je sens, il est vrai,
« par la foi, tout ce que c'est que d'exercer à Rome une
« fonction si délicate et si sainte devant ce qu'il y a de plus
« savant dans le monde catholique, et peut-être même de-
« vant le Chef auguste de la chrétienté. Je me représente en
« face du Vicaire de Jésus-Christ ; je vois le Sacré Collége et
« tout ce qu'il y a de plus saint et de savant dans l'Église ;
« et, au lieu de pâlir et de mourir d'effroi, je sens mon âme
« s'élever, s'enflammer ; des expressions brûlantes sortent de
« ma bouche, parce qu'une fournaise s'est allumée dans mon
« cœur... Expliquez tout cela, mon ami ! Si vous ne savez
« le faire, je vais le faire moi-même. Dans le cours de mon
« long et pénible ministère, j'ai toujours été poussé, porté
« par la seule Providence. Je ne sais rien faire, absolument
« rien faire que de m'anéantir entre ses bras, et d'attendre
« d'elle seule le germe de vie pour les entreprises qu'elle
« seule a suscitées.

« Si j'avais eu la pensée volontaire, le désir ou le projet
« d'aller à Rome pour y *parler*, je serais décourage, perdu, et
« jamais je n'oserais ouvrir la bouche pour y dire un seul mot ;
« mais si la Providence me pousse, me porte à Rome... Ah !
« mon ami ! tout comme à Bellevaux[1], je me laisserais em-
« porter sur ses ailes ; je me préparerais aux épreuves im-
« manquables ; je n'arriverais pas à Rome, je m'y trouverais
« tout porté ; et si vous voulez savoir ce qui me décidera à
« parler, le voici : La Foi ! *credidi;* et voilà *propter quod*

[1] Paroisse des montagnes du Chablais.

« *locutus sum*, quand même *ego*; oui, cet *ego* de la na-
« ture et de l'amour-propre, *ego autem humiliatus sum*
« *nimis*[1]. »

Quelques mois après son retour en Savoie, l'abbé Rey fut appelé, par le vœu du conseil de la ville de Chambéry, à prononcer l'oraison funèbre du roi Victor-Emmanuel, *cette auguste victime de ses immenses bienfaits*. L'abbé Rey avait dit, en 1820, en apprenant une première maladie de ce bon prince : « Si je devais un jour survivre à mon roi et
« que je fusse de nouveau chargé d'une oraison funèbre,
« ma douleur suppléerait à ce qui me manquerait d'élo-
« quence. »

En effet, en la prononçant, il fut plusieurs fois gagné par les larmes, et quand l'orateur descendit de chaire, l'auditoire resta quelque temps encore immobile sous les impressions qu'il avait reçues[2]. L'ombre chérie de Victor-Emmanuel avait seule apparu autour du mausolée, parée des vertus dont ce prince avait embelli le trône, et surtout de cette bonté qui avait été pour ses sujets la source de tant de bienfaits, et, pour lui, l'occasion de tant de chagrins.

Forcé de raconter l'histoire de la révolution du Piémont en 1821, l'abbé Rey ne dissimula aucune vérité. Il fut sans ménagement envers les doctrines qui ébranlent la société et bouleversent les États. Il ne se borna pas à un simple récit, il remonta aux causes des événements et les trouva dans les excès de bonté de la part des princes, dans l'ambition des grands, et dans l'action continue des *sociétés secrètes* tant de fois frappées des anathèmes de l'Eglise.

« Pour régner avec sécurité par la bonté seule, dit-il en
« s'adressant aux rois, il faudrait n'avoir que des anges à gou-

---

[1] J'ai cru, c'est pourquoi j'ai parlé ; dût ce *moi*, ce *moi* de la nature et de l'amour-propre, être écrasé par les humiliations.

[2] Le soir même de la cérémonie funèbre, un officier supérieur piémontais écrivit sur la porte de la chambre de l'orateur, qu'il ne trouva pas chez lui, ces paroles du Psalmiste : *Ignitum eloquium tuum vehementer et servus tuus dilexit illud.* (Ps. 118.)

« verner..... Le ciel nouveau, prédit par les prophètes, ne
« sera le séjour d'une paix éternelle que parce qu'il sera le
« séjour de l'éternelle justice... Quelque attrayante que soit
« aux yeux des sujets la clémence des rois, elle peut bien
« embellir les trônes ; mais la justice seule les affermit. *Jus-*
« *titia firmatur solium* [1] ; et de nos jours il est une classe
« d'hommes dont l'incurable et profonde ingratitude ferait
« presque douter si la bonté est une vertu pour les rois. »

Stigmatisant ensuite les auteurs de la révolution, ceux-là mêmes qui avaient été comblés de bienfaits, il leur applique ce passage du psaume : « C'est de leur abondance qu'est sortie leur iniquité [2]. »

Si les conspirateurs s'étaient imaginé que Victor-Emmanuel les redoutait, parce que ce prince trop bon avait été envers eux prodigue de ses faveurs, ils durent être bien étonnés lorsqu'ils le virent inaccessible à la crainte au sein de la tempête, et repoussant avec fermeté ce qui aurait porté atteinte à l'intégrité de sa couronne et aux droits sacrés de l'Eglise catholique. Trop souvent on avait vu (et on a vu depuis) des monarques pactiser avec la révolte, pour sauver du naufrage quelques débris de leur sceptre, et humilier ainsi aux regards des peuples la majesté royale par des concessions arrachées à la peur. Victor-Emmanuel apprit aux rois qu'il ne leur est pas permis de sacrifier l'honneur de leur couronne, et que leur vie doit leur être moins chère que l'indépendance de leur trône.

L'abbé Rey fait ressortir ce côté de la vie du roi de Sardaigne, et le présente à l'imitation des souverains et à l'admiration du monde. « Ces princes de Savoie, a dit Chateau-
« briand, ont la gloire singulière de dédaigner le trône, s'ils
« n'y trouvent l'honneur ; d'arrêter les révolutions en refu-
« sant d'être leurs complices, et de conserver des couronnes
« en les abdiquant [3]. » Pour agir de la sorte, il faut être mû

---

[1] Prov. xvi.

[2] Psaume 72.

[3] Lettre à un pair de France sur l'*indemnité*.

par le sentiment d'un grand devoir. « C'est par attachement
« à la religion, que les *constitutions ne proclament que pour
« l'avilir*, disait M. Rey, et par affection pour ses sujets que
« ce prince voulut à tout prix épargner à ses Etats les hor-
« reurs de l'anarchie et le règne de l'impiété. »

LIVRE QUATRIÈME

DEPUIS LE MOIS DE MAI 1824, JUSQU'AU COMMENCEMENT
DE L'ANNÉE 1832.

CHAPITRE 1

Sacre de Mgr Rey, évêque de Pignerol. — Son entrée à Pignerol. — Il prononce l'oraison funèbre du roi Louis XVIII. — Allusion au prince de Carignan. — Collége de Fénestrelles. — Institution des Oblats de Marie. — Difficultés. — Le roi intervient. — Lutte en faveur des libertés ecclésiastiques. — Visites pastorales. — Le Praz del Torno. — Les Vaudois. — Prédications à sept cents pauvres et dans les prisons. — Établissement des Sœurs de Saint-Joseph.

Quelques jours seulement s'étaient écoulés depuis que l'abbé Rey avait prononcé l'oraison funèbre du roi Victor-Emmanuel, lorsqu'il fut nommé au siége épiscopal de Pignerol, vacant par la translation du titulaire, Mgr Bigex, à l'archevêché de Chambéry. Cette nouvelle, toute prévue qu'elle était, lui causa un grand effroi. M. Perrin, qui avait le secret de tous ses sentiments, en reçut les premières impressions. « Mes frayeurs sont parfois cruelles ; si Dieu ne « me soutenait, je perdrais courage ou je tomberais malade... « Ah, mon Dieu ! Dieu des bons pasteurs, ayez pitié du « moindre de tous ! Mais, entre vos mains, il n'y a pas de « moindre qui tienne, et le monde ne peut rien contre ceux « que vous voulez bénir. » C'est ainsi que, surmontant ses craintes, il mettait une entière confiance en Dieu. Le jour

de son sacre approchant, il vint à Annecy, au tombeau de saint François de Sales ; mais, en contemplant ce modèle des évêques, il sentit renaître toutes ses frayeurs ; son humilité lui dérobant d'une part la vue de ses mérites, et exagérant de l'autre ses imperfections, il fut quelque temps dans une sorte d'agonie ; on le vit, à l'autel du saint, pendant la célébration des divins mystères, les yeux remplis de larmes et la figure décomposée. Cependant, au milieu de ces défaillances, il conserva le courage qui vient de l'abandon entier à la volonté de Dieu. Il écrivait alors en France : « Ah ! com-
« bien je me sens encouragé par les prières, par les vœux
« que des milliers de bons prêtres et de saints évêques font
« pour moi ! Que Dieu rende à ce vénérable clergé de France
« le bien qu'il veut me faire ! Je serai béni à cause d'eux, et
« toute ma vie le sentiment de ma reconnaissance s'unira à
« ceux que m'a si vivement inspirés cette belle Église de
« France. »

Préconisé à Rome, le 24 mai 1824, ce fut le 1er août, fête de Saint-Pierre-*aux-Liens*, son patron, avec lequel il avait de commun et les ardeurs du zèle, et la vivacité de la foi, et les chaînes portées pour Jésus-Christ, qu'il reçut l'onction des pontifes des mains de son vénérable ami, Mgr Bigex, assisté des évêques d'Annecy et d'Aoste. Cette consécration eut lieu dans la métropole de Chambéry. C'est la première dont cette ville ait été témoin.

Ce jour même, et toujours s'adressant à l'ami de son cœur, il s'écrie : « Le voilà donc consommé ce sacre si redouté qui
« me voue si absolument à l'Église de Dieu ; me voilà évêque
« pour l'éternité ! où que je la passe ! Ah ! le Dieu des évêques
« ne permettra pas que je la passe ailleurs que dans son
« sein. »

Le patriarche de l'Église de France, Mgr d'Aviau, qui avait tant souhaité l'avoir pour collègue et pour suffragant, voulut avoir part à cette fête sainte, en offrant le vin de l'autel et celui de l'agape. Avant de quitter la Savoie, ce nouvel évêque prêcha la retraite pastorale de Chambéry. Mgr Bigex

lui avait dit : « *Pignerol ne me reprochera pas ce larcin de dix jours, et je tiens infiniment à ce que mes prêtres aient les prémices de votre épiscopat.* » Cette quatorzième retraite au clergé de Savoie fut la plus remarquable par le nombre et la ferveur des assistants. Mais il n'accomplit pas ce ministère sans fatigue ; il n'était déjà plus dans la plénitude de sa force et de sa santé. De nombreuses infirmités commençaient à l'assaillir : « Nous n'avons plus pour supporter le fardeau sa-
« cré de l'apostolat, dit-il dans sa première lettre pastorale
« aux fidèles de Pignerol, la vigueur dont nous jouissions
« dans un temps, car, sans être vieux, nous avons vieilli, et
« si notre vieillesse n'est pas celle des années, elle est celle
« des travaux. Nos cheveux ont blanchi pour ainsi dire dans
« la chaire évangélique, et si ce n'était le désir de pouvoir
« continuer au milieu de vous ce pénible ministère, nous
« n'éprouverions aucun regret ; nous nous réjouirions même
« d'avoir peut-être accéléré le terme de notre vie par nos fa-
« tigues. »

Mgr Rey quitta Chambéry le 28 août. Il ne s'arrêta à Turin que le temps nécessaire au règlement des affaires les plus urgentes de son diocèse. Le roi Charles-Félix le reçut en audience particulière. Ce prince, encore tout entier au souvenir des scènes attendrissantes dont il avait été l'objet et le témoin en Savoie, ne pouvait que faire le plus honorable accueil à un prélat qui avait consacré tous ses efforts à développer les sentiments d'amour et de fidélité dont cette contrée venait de donner, si peu de jours auparavant, des preuves si touchantes. Mgr Rey ayant manifesté au roi ses craintes sur les difficultés de son ministère, le religieux monarque, en l'assurant de sa haute protection, lui dit : « *Oh ! monseigneur, vous ferez comme je fais parmi les embarras du trône, et bien mieux que je ne sais faire ; vous lèverez votre cœur et vos mains au ciel, d'où descendent les lumières et les forces dont nous avons besoin* [1].

---

[1] Charles-Félix ne prenait aucune détermination et ne donnait pas

Cependant, de tous côtés, on lui faisait voir des sujets d'inquiétudes dans les difficultés qui l'attendaient à Pignerol. « Tout cela, répondit-il un jour, ne m'inquiète point ; vous connaissez mes armes et ma devise. »

C'est que ces armes et cette devise, il les avait composées comme emblématiques des motifs de sa confiance. On y voyait un temple, une ancre et un cœur surmonté d'une croix, avec ces mots tirés de saint Paul : *Arma potentia Deo;* donnant à entendre par là qu'un évêque n'est fort que dans l'Église, dont le temple est la figure ; que par l'espérance des biens éternels, dont l'ancre est le symbole ; que par la charité *qui est plus forte que la mort*, et la vertu de la croix qui doit dominer dans son cœur ; armes puissantes de Dieu, par Dieu, pour Dieu, ainsi qu'il l'expliquait lui-même, et dont le petit pâtre des montagnes de Savoie, devenu pasteur des âmes, voulut se revêtir, comme jadis les chevaliers s'armaient de leurs cuirasses, de leurs lances, de leurs masses d'armes pour aller à la conquête du tombeau du Christ.

Le nouvel évêque fit son entrée à Pignerol au commencement de septembre. Elle fut magnifique. Quand il s'agit de recevoir un prince de l'Église, les Italiens ne font pas les choses à demi ; les démonstrations ordinaires ne suffisent pas à la vivacité de leur foi. Mgr Rey, précédé d'une grande renommée, surpassa aux yeux de tous ce qui avait été dit de lui. « Dans les éloges que vous vous êtes plu à faire ici de « votre successeur, écrivit le syndic à Mgr Bigex, vous êtes « resté bien au-dessous de la réalité. »

Les réponses du prélat aux diverses harangues, tout enveloppées qu'elles fussent des formules d'usage, tendaient à aplanir les voies devant son ministère. On lui avait fait entendre que le chapitre de la cathédrale affectait vis-à-vis des évêques une indépendance peu compatible avec les droits de l'épiscopat, et comme l'orateur principal de ce corps respectable

---

de signature, sans s'être mis, par le signe de la croix, sous la protection de l'adorable Trinité et avoir invoqué le Saint-Esprit.

avait parlé dans son discours de tout, excepté de l'obéissance due aux pontifes de l'Église de Dieu, Mgr Rey aborda le sujet avec mesure et franchise, et des paroles telles que celles-ci : « Recevez-moi tel que l'Église m'envoie au milieu de « vous. *Vous m'appellerez donc votre seigneur et votre maître,* « *car je le suis*[1] ; mais vous m'appellerez aussi votre père, « votre ami et votre frère, parce que je suis pareillement tout « cela. »

Dès son arrivée à Pignerol, le prélat se livra tout entier aux devoirs de sa charge pastorale. Ses premiers soins se portèrent sur sa maison. « Je veux, à l'aide de Dieu, avait-il dit, « que ma maison soit la mieux réglée et la plus édifiante du « diocèse. Je demande sans cesse au bon Dieu des domesti- « ques qui l'honorent ; je ne les voudrais que de sa main. « Avant tout, il faut qu'ils le servent ; ce service les tiendra « unis dans le mien. »

Le Seigneur lui fit la grâce qu'il avait demandée. Quelques-uns de ses serviteurs eussent été des modèles parmi les plus pieux élèves du séminaire.

Afin de prévenir les excès où la bonté de son cœur, sa compassion pour les pauvres, et le zèle de la maison du Seigneur l'eussent entraîné, il régla ses dépenses, redoutant comme un grand désordre la charité qui s'exerce aux dépens de la justice. Quoiqu'il eût beaucoup de répugnance à se mêler des affaires temporelles, il ne négligea aucunement celles de son évêché. Tout y fut réglé avec tant d'ordre dès le commencement, que ses revenus, peu considérables eu égard aux charges qui pesaient sur eux, suffirent à la plupart des œuvres qu'il entreprit en faveur de son diocèse.

Pendant cette organisation de sa maison, il préparait les éléments du bien qu'il avait projeté en faveur de Pignerol. Charles-Félix le désignait pour prononcer dans la métropole de Turin l'éloge funèbre du roi Louis XVIII, mort le 16 septembre de cette année (1824). Ce choix réjouit les amis

---

[1] Évangile selon saint Jean, chap. XIII, v. 13.

de la religion et de la monarchie, parce qu'ils y virent une nouvelle occasion de consacrer les principes qui servent de fondement aux sociétés, et de réprouver des théories révolutionnaires assez accréditées en Piémont.

L'évêque de Pignerol ne trompa point leur attente. Il signala les causes des malheurs qui étaient tombés sur la France, sur le trône antique des Bourbons et sur l'Europe, et leur donna pour causes l'égarement des esprits et la corruption des cœurs, fruits de la philosophie incrédule du dix-huitième siècle. On peut dire qu'un châtiment était mérité par la France, elle qui avait donné de si funestes exemples! Des insensés avaient osé faire dire à cette fille aînée de l'Église : « Nous n'avons pas besoin de Dieu! Il *n'y en a point pour nous!* » Faut-il avoir, s'écrie le prélat, assez de larmes « pour expier un tel forfait, et le ciel aura-t-il assez de châ- « timents pour le punir? Chrétiens! attendez quelques in- « stants, et vos yeux en verront plus que votre imagination « n'en pourra croire. J'entends la voix d'un prophète qui ap- « pelle la colère de Dieu sur les nations qui l'ont abandonné « et qui ont cessé d'invoquer son nom : *Effunde iram tuam* « *in gentes quæ te non noverunt et in regna quæ nomen tuum* « *non invocaverunt.* Voilà l'oracle; en voici l'accomplisse- « ment. Grand Dieu! Quel spectacle la colère présente à nos « regards!

« C'est un grand peuple tourmenté par l'athéisme ; je le « vois frémissant, s'agitant de toutes parts, porter le fer et le « feu sur le vaste sol qu'il habite, et inonder enfin de sang ses « nombreuses provinces. J'entrevois une grande victime.....
« Je demeure muet devant ce spectacle; il n'y a point de lan- « gage sur la terre qui puisse exprimer un tel crime ni pein- « dre un pareil malheur. J'aperçois une tête auguste que « l'huile céleste avait consacrée. Hélas! elle ne brille plus « sur un trône, elle roule sur un échafaud! C'est le meurtre « d'un père, c'est l'assassinat d'un roi, c'est le supplice d'un « martyr... Tout est dit; il n'y a plus de Dieu pour ces for- « cenés, et le vœu sacrilège de la philosophie est accompli!

« L'image de la Divinité a été brisée par la main des hom-
« mes, et la société qu'elle soutenait va se dissoudre avec elle;
« Louis XVI n'est plus, et voici le sort de la France.

« Contemplez le désordre et les calamités qui abondent
« dans ce chaos! Les factions, aux ordres de la colère de
« Dieu, déchirent ce peuple de toutes parts : elles se multi-
« plient, elles s'égorgent, elles se détruisent avec un achar-
« nement, une rapidité qui laissent à peine, à ceux qui dres-
« sent les échafauds, le temps de s'en éloigner comme
« bourreaux, avant d'y remonter comme victimes. » Mgr Rey,
continuant ce tableau, peint la désolation de ce beau royaume
de France, passant des excès de l'anarchie à ceux du pouvoir et de l'ambition. Des fleuves de sang, dit-il, inondaient
la France au dehors; des fleuves de larmes l'abreuvaient au
dedans, et le sein maternel ne pouvait plus enfanter que des
victimes destinées au trépas, soit au dehors, soit au dedans
de la patrie en deuil.

L'orateur avait à apprécier la Restauration. Le temps n'é-
tait pas venu alors de porter un jugement sur son ensemble.
Au milieu de divers éloges mérités, il n'hésita pas à flétrir de quelques reproches l'ingratitude qu'elle avait témoi-
gnée à ses plus loyaux serviteurs, en faisant proposer, par un
de ses ministres, qui ne fut pas désavoué, de *pardonner* aux
Vendéens, et d'*amnistier* les serviteurs dévoués qui, pendant
les Cent-Jours, avaient suivi Louis XVIII à Gand. *Comme si
l'honneur avait besoin de pardon et la fidélité d'amnistie* [1].
Cette proposition souleva toujours d'indignation le noble
cœur de l'évêque de Pignerol. *L'ingratitude*, disait-il, *a plus
tué de monarques que les révolutions n'ont abattu de couronnes.*

Mgr Rey touche ensuite la question de *cette charte constitutionnelle*, qu'il hésite à compter pour un des bienfaits de
Louis XVIII, et qu'il présente comme une de ces plantes qui,
nées sur un sol étranger, où elles sont un aliment bienfai-

---

[1] Oraison funèbre de Louis XVIII.

sant, peuvent devenir un poison dès qu'on les transplante sous un climat différent.

Charles X, accusé d'avoir été contraire à la *Charte*, fut, si l'on en juge par la conduite de M. le marquis de La Tour du Pin, son ambassadeur, mécontent de cette allusion politique. L'évêque de Pignerol ne reçut de lui qu'une visite de pure cérémonie [1], sans aucuns remercîments pour ce qu'il avait si éloquemment prononcé à la gloire de la nation française et de la famille de ses rois.

Il n'en fut pas de Charles-Félix comme du représentant de la France. Ce roi, le *roi vraiment roi* de son époque, aimait à voir les grandes vérités éternelles, les enseignements de la chaire sacrée s'étendre sur toutes les questions. Les ministres du Roi des rois pouvaient instruire ou conseiller ce monarque sans craindre qu'il en prît ombrage.

L'évêque de Pignerol éleva la voix en faveur du prince Charles-Albert de Carignan, à l'occasion de la guerre d'Espagne, où ce prince avait déployé une valeur digne de son aïeul, le vainqueur de Saint-Quentin. Charles-Albert n'avait pas repris, à la cour, la situation d'où les événements de 1821 l'avaient fait déchoir. La politique et les ménagements dus à la douleur de la veuve de Victor-Emmanuel commandaient cette conduite à Charles-Félix. Mais ces rigueurs devaient avoir un terme; car il était à craindre que la disgrâce, aigrissant l'esprit de ce prince, ne le poussât à des extrémités funestes, suite ordinaire des situations violentes trop prolongées. Mgr Rey en conféra avec le ministre des affaires étrangères de Turin [2], M. le comte de La Tour, qui lui répondit : *Il est temps, monseigneur, de briser la glace.* De

---

[1] Il était, il est vrai, difficile que cet ambassadeur, représentant le roi Charles X, pût montrer sur des sujets si délicats de *l'approbation ouverte*. M. de La Tour du Pin pouvait avoir quelques idées fausses, mais il était doué du plus noble cœur. Il fut la *première cause* du rapprochement du prince de Carignan avec le roi..... c'est lui qui a donné l'idée de la campagne d'Espagne à faire par le prince pour effacer le passé...

[2] D'accord en cela avec les efforts de M. le marquis de La Tour du Pin qui contribua beaucoup à déterminer le roi. (*Note de l'éditeur.*)

là, l'apostrophe suivante, qui se trouve dans l'oraison funèbre à la suite des louanges données à l'armée française, et à son chef, le duc d'Angoulême : « Je vous salue, illustre et « digne compagnon du libérateur des Espagnes, prince dont « on ne peut plus apercevoir le nom qu'à travers les lauriers « qui l'ombragent et la gloire dont il est entouré. La patrie « s'honore de vos succès, et l'auguste famille dont vous des- « cendez sourit au nouvel éclat dont la croix blanche a brillé « sur le *Trocadero*. » Dès ce moment, tout fut aplani. Quelques semaines après, Charles-Albert reçut de son roi le titre et le grade de général de cavalerie. La cérémonie funèbre terminée, le prince de Carignan adressa à l'évêque de Pignerol une lettre pleine des sentiments de la plus vive gratitude ; depuis lors, il s'établit entre eux une amitié dont la religion devait bientôt recueillir les fruits.

Mgr Rey ne resta à Turin que le temps nécessaire à sa mission : ses amis ne purent l'y retenir un jour de plus. Mais cette courte apparition lui avait gagné le cœur de plusieurs personnes éminentes, dont le crédit pouvait être utile à son diocèse. Son retour immédiat avait pour but la continuation du bien qu'il avait déjà commencé à Pignerol.

Un des premiers objets de sa sollicitude fut l'organisation de ses séminaires. L'avenir de la Religion tient à ces établissements où se forment les générations des prêtres qui sont la lumière et l'édification des fidèles. On comprend l'intérêt qu'un prélat si pénétré de la sainteté du sacerdoce dut porter à ceux de son diocèse. Mgr Bigex, qui en avait jeté les fondements, n'avait pu vaincre tous les obstacles. Il s'en était ouvert à son successeur, dont *le zèle, dit-il, le rassurait sur le sort de ces maisons qu'il regrettait vivement de n'avoir pu consolider et régler, de manière à ne laisser aux évêques qui viendraient après lui que les douceurs de la jouissance.*

Mgr Rey eut le bonheur de réussir. La raison, la persuasion, la fermeté qu'il employa, triomphèrent, par des lettres auxquelles, disait-on, « *il était impossible de rien refuser.* »

Il restait à choisir des maîtres. Pignerol n'était point dépourvu de prêtres savants et vertueux ; mais tant de qualités sont nécessaires pour des directeurs de séminaires; la vie commune exige tant d'abnégation, et l'éducation de la jeunesse cléricale, un si rare dévouement! Mgr Rey avait vu d'ailleurs un si grand nombre d'ecclésiastiques du premier mérite à la tête des petits séminaires de la Savoie et de plusieurs diocèses de France, qu'il était, sur ce point, difficile à contenter. Néanmoins, il eut lieu d'être satisfait de ceux qui prirent alors la direction de ses séminaires, au milieu des difficultés inévitables des premiers jours ; ces établissements prirent une marche régulière : les études et la piété y fleurirent.

L'évêque ne se reposa jamais si entièrement sur la sagesse des maîtres, qu'il se crût dispensé de voir les choses par lui-même. Il voulait descendre dans les moindres détails, inspectant jusqu'aux aliments qu'on servait aux élèves : *il ne voulait pas plus de santés délabrées,* disait-il, *que de cœurs mal faits.* Il se complaisait à présider aux exercices littéraires et aux fêtes religieuses de ces maisons, y prenait la parole, et son éloquence allait droit au cœur de ces jeunes gens, qui se portaient ensuite au travail et à la piété avec une ardeur nouvelle.

Le petit séminaire de Pignerol ne profitait qu'à la partie italienne du diocèse, et l'arrondissement de Frénestrelles, depuis le col de Sestrières jusqu'à la Pérouse, où la langue française est en usage, était forcé d'aller puiser l'instruction au collége de l'abbaye d'Oulx (province de Suses), ou dans les lycées des hautes et basses Alpes. Mgr Rey, pour obvier à cet inconvénient, forma le dessein d'établir une maison à Fénestrelles même. Le principal motif du prélat fut de préserver les jeunes gens de l'engouement qu'ils apportent du pays étranger pour des mœurs et des institutions qui ne sont pas celles de leur patrie, ce qui les rend souvent chagrins et frondeurs. Ce projet avait contre lui de nombreux obstacles : la pauvreté de Fénestrelles, la rudesse de son climat, et surtout la difficulté de trouver des ecclésiastiques supérieurs à

la crainte de s'exiler au milieu d'une nature si triste et si âpre, pour se dévouer au pénible ministère de l'éducation de la jeunesse. Mais il y avait là un grand bien à faire; l'évêque mit ce motif en avant, ne pouvant douter un instant de la réussite d'une entreprise qui était toute à la gloire de Dieu. Il gagna d'abord, et sans beaucoup de peine, les habitants et les magistrats de Fénestrelles; eu égard à la médiocrité des fortunes, les offrandes furent considérables. Pour intéresser à son œuvre, il frappa à différentes portes d'où il espérait des secours. L'illustre cardinal Pacca, à qui Fénestrelles rappelait le plus glorieux souvenir de sa vie, ouvrit la sienne. L'abbé Frezet, natif de ce lieu, auteur d'une histoire estimée de la maison de Savoie, fit de généreux sacrifices; d'autres dons vinrent, de plusieurs côtés, grossir le trésor. L'Université, loin de susciter des entraves, favorisa les vues du prélat. Elle affranchit de sa tutelle cette maison naissante et la soumit aux évêques de Pignerol, en même temps qu'elle lui garantissait les avantages des colléges royaux. L'Université avait alors pour chef le chevalier Louis de Collegno, dont le nom est cher à l'Église et à l'État. Mgr Rey était personnellement lié avec cet illustre serviteur de la monarchie, pour lequel il professait une estime singulière. Il aimait à prendre son avis sur les matières graves : plusieurs lettres de notre prélat en font foi. « Vous soumettrez mes réflexions, dit-il dans l'une
« d'elles, à ce digne et si respectable chevalier de Collegno,
« pour qui je sens une telle vénération, que j'ai parfois be-
« soin de réfléchir pour croire qu'il n'est pas évêque.

« Si nous étions encore dans les premiers temps de l'É-
« glise, nous ferions violence à la secrétairerie des affaires
« étrangères [1], et, un beau jour de fête, nous porterions sur
« nos bras ce pieux chevalier dans le sanctuaire, et là, à la
« face du ciel et pour le bonheur de la terre, nous lui impo-
« serions les mains... et l'Église ferait l'acquisition d'un Am-

---

[1] M. de Collegno était alors premier officier au département des affaires étrangères.

« broise... Oh! le beau rêve! Mais qu'il est religieux et
« raisonnable! Mon Dieu! si vous ne voulez pas nous le don-
« ner, donnez-nous-en au moins qui lui ressemblent. »

Avec de tels hommes, l'accord entre l'Église et l'État est inaltérable.

Plus tard, le gouvernement accorda des subsides qui permirent à l'évêque de tenter en grand ce qu'il avait essayé avec succès sur de modestes proportions. En 1829, Mgr Rey fit l'ouverture de ce petit séminaire avec beaucoup de solennité. Il aimait à raconter depuis à ses amis une circonstance qui honore beaucoup les habitants de Fénestrelles. Pendant les premières semaines, eux seuls fournirent gratuitement les aliments nécessaires aux élèves. Le prélat eut l'œil toujours ouvert sur cet établissement; sa sollicitude s'étendit à tout. Le sujet du discours que le directeur, l'abbé Balcet, dut faire le jour de la bénédiction de la chapelle, fut désigné par lui. Il lui écrivit : « Dites bien à nos chers enfants que des cœurs
« purs et fervents sont le plus bel ornement des saints au-
« tels, et que, sous ce rapport, la chapelle de mon petit sé-
« minaire doit être la mieux ornée. » Tantôt, il prescrivait diverses dispositions à prendre; tantôt il indiquait une inscription à mettre au frontispice de ce sanctuaire : « Il ne
« faut rien négliger, disait-il, pour inspirer aux enfants un
« profond respect pour les lieux où la Divinité se manifeste à
« notre foi; c'est une partie de la religion qui aide infini-
« ment à préparer les cœurs aux saintes inspirations et à la
« pratique des devoirs. »

Le chant des cantiques était aussi l'objet de ses soins. « Je
« mets une grande importance, dit-il au directeur, à ce que
« vous accoutumiez les enfants à chanter avec un peu plus
« de lenteur qu'ils ne le font; la vraie piété ne court jamais,
« et les saints cantiques de la religion se gravent mieux dans
« le cœur et impriment un mouvement plus salutaire quand
« on les chante avec un peu de réflexion. » Il n'oubliait pas même les récréations : « Rendez-les agréables, afin qu'elles
« délassent de l'étude, dit-il; mais surveillez bien tout ce

« qui s'y passe, sans avoir l'air de vouloir les gêner. » Aux maîtres, il recommandait la piété : « L'excellent esprit dont
« vous êtes animé [1], ainsi que le bon abbé Bouvier, a laissé
« dans mon âme un pressentiment de tout ce qui est assuré
« de succès à un établissement qui m'est si cher et si pré-
« cieux. Il repose sur vos soins, sur votre piété, sur votre
« zèle ; il faut tout cela ; mais je remercie le Seigneur d'avoir
« mis tout cela en vous... Entretenez dans votre cœur le
« feu sacré de la piété, et soyez sûr que vous réussirez à l'in-
« spirer au plus haut degré au cœur de nos chers enfants. »

Sa prévoyance épiscopale ne négligeait pas même les détails matériels. « J'ai fait ma provision de vin, mandait-il au direc-
« teur ; et je vous enverrai du même dont je veux me servir.
« Il est vrai que je le boirai un peu plus tard que vous, mais
« je réponds de son excellente qualité. Du reste, faites-moi
« connaître vos besoins, et je mettrai un vrai zèle à y pour-
« voir. »

Chaque année, deux ou trois fois, l'évêque visitait cette maison. Un mois de séjour lui semblait court; vivant au milieu des maîtres et des élèves qu'il animait par sa parole et édifiait par ses exemples.

Outre ces visites, il avait soin d'envoyer de temps en temps un ecclésiastique prudent de Pignerol, pour prendre sur les lieux mêmes les renseignements propres à aplanir les difficultés, et pour régler les affaires urgentes. Par ces précautions, cette maison s'éleva sur un excellent pied, et devint une pépinière d'ecclésiastiques et de magistrats d'un vrai mérite.

Le grand séminaire eut toujours, comme on le peut penser, la première place dans la sollicitude épiscopale. Mgr Rey tint à ce qu'il fût le modèle des autres par la rigueur de la discipline, la force des études et la sainteté de vie des aspirants au sacerdoce. Les séminaristes étaient sans cesse présents à sa pensée. Il les portait devant Dieu, dans ses prières et à l'autel du sacrifice. Heureux de se trouver parmi eux, il

---

[1] Lettre à M. l'abbé Balut.

s'y rendait souvent. Sa bouche, habituée à traiter des devoirs ecclésiastiques, s'ouvrait toujours pour leur en inculquer l'estime et l'amour. Aux approches des ordinations, sa tendresse se livrait à plus de sollicitude à leur égard ; rempli de la pensée de leur avenir, il ne cessait d'appeler sur ces enfants de prédilection la plénitude de l'esprit sacerdotal.

La sanctification de ses prêtres préoccupait son âme au delà de toute chose. Dès son arrivée, il les avait rassemblés autour de lui pour les exercices d'une retraite pendant laquelle il fit plusieurs conférences sur les obligations du ministère ecclésiastique, et sur les besoins de leurs paroisses. Quoiqu'il ne parlât pas leur langue, et grâce à sa prodigieuse facilité à citer les textes latins, il en fut suffisamment compris. Sa voix, ses gestes, ses regards, et particulièrement l'onction qui part du cœur, et non du mécanisme des mots, furent les auxiliaires de ses paroles. Enhardi par ce résultat, il prêcha, l'année suivante (1825), toute la retraite à la grande satisfaction de son clergé. Mais l'extrême fatigue qu'il en ressentit l'avertit de se décharger en partie de ses exercices sur des ecclésiastiques propres à ce genre de ministère. Ce furent les *Oblats de Marie très-sainte* qui fixèrent son choix, mais il se réserva toujours les conférences et les discours d'ouverture et de clôture. D'une retraite à l'autre, ses lettres si encourageantes soutenaient le bien qui s'était fait. Quelque étrangères qu'elles fussent parfois, en raison de leur objet, aux choses spirituelles, il n'en est aucune qui ne rappelât une vertu ou un devoir du sacerdoce. Notre prélat avait le secret d'y rattacher, même jusque dans les salutations qui, pour l'ordinaire, ne sont que des formules, quelques unes des pensées de la foi. Le sujet le plus indifférent, dès qu'il le traitait, prenait aussitôt une teinte marquée de l'esprit de religion qui animait le saint prélat.

Mgr Rey avait aussi souvent en vue la sanctification de son clergé dans les lettres pastorales qu'il adressait aux fidèles. Les unes développent les obligations du bon pasteur ; les autres stimulent le zèle des ministres sacrés par le feu de ses

paroles. Dans l'une d'elles, il dit qu'il *voudrait être dans toutes les chaires de son diocèse, s'y faire entendre de tous les pécheurs, les attirer par sa tendresse, les convaincre par ses leçons, les émouvoir par sa douleur, et les attendrir par ses larmes.* Il ajoute : « Remplacez-nous donc auprès d'eux, ô
« vous, nos dignes coopérateurs, qui gémissez comme nous
« sur la perte des âmes, et qui partagez avec nous le zèle
« qui nous dévore pour les ramener dans les sentiers de la
« vertu ! Pasteurs vénérables que le Seigneur s'est choisis,
« qu'il a appelés aux sublimes fonctions du ministère, revê-
« tez plus que jamais des entrailles de miséricorde, faites en-
« tendre aux cœurs égarés la *parole de réconciliation,* sou-
« lagez notre sollicitude par votre zèle, consolez-la par vos
« succès ; priez, pleurez, gémissez dans le secret sur le
« malheur des pécheurs ; enflammez votre zèle par la com-
« passion ; portez ensuite dans la chaire de vérité un cœur
« brûlant de douleur et d'amour, et que, semblable à une
« pluie douce et salutaire, votre sage et touchante éloquence
« s'insinue dans les âmes, pénètre jusqu'aux consciences, et
« y ramène tout à la fois la confiance et le remords... »

Puis il exhorte à s'occuper d'instruire les peuples : « Vous
« redoublerez vos soins, dit-il aux pasteurs, pour toutes les
« parties du ministère pastoral, mais surtout pour l'instruc-
« tion chrétienne, dont vous sentez comme nous toute l'im-
« portance : catéchismes, lectures, méditations, prônes, dis-
« cours, pieux entretiens, cantiques sacrés... Tout sera mis
« en œuvre par votre charité pour préparer à Jésus-Christ
« un peuple parfait... Vos journées seront remplies, vos
« nuits seront abrégées, votre repos morcelé ; mais, quand
« vous songerez aux fruits que vous devez produire et à la
« précieuse moisson que la miséricorde réserve à votre zèle,
« ah ! nous sommes bien moins touché de vos fatigues que de
« vos consolations. Oh ! qu'elles seront abondantes ! Que de
« brebis vous ramènerez du désert où elles s'égarent ! Que
« de victimes vous allez dérober à l'enfer ! »

Vigilant et infatigable, mais ne pouvant agir sur chaque

membre de sa nombreuse famille que par ses prêtres, il animait ceux-ci en leur communiquant sa propre ardeur.

Mgr Rey craignait extrêmement aussi le relâchement si naturel à l'homme et si facile chez les ecclésiastiques qui, chargés de la conduite des autres, n'ont souvent auprès d'eux personne à qui ils puissent demander conseil. De là ces cris de sa sollicitude, qui allaient réveiller celle des pasteurs des âmes dans tous les coins du diocèse.

Ces actes ne sont pas les seules preuves de son zèle pour la perfection de ses prêtres. Son prédécesseur, M. Bigex, avait établi, à l'évêché, des conférences mensuelles où l'on traitait des devoirs et de la science ecclésiastiques.

Mgr Rey maintint cette institution. Pendant les huit ans de son épiscopat, à Pignerol, il présida ces conférences : ses lumières et son expérience furent d'un grand poids dans la balance et le choix des opinions. Pour lui, il assurait avoir beaucoup appris, et aimait à parler des savantes réputations et des résumés lumineux des Avaro, des Galvano [1], et d'autres encore. Ces noms étaient sur ses lèvres des témoignages vivants du savoir et de la sagesse du clergé de Pignerol.

Plus heureux que M. Bigex, son prédécesseur, Mgr Rey parvint à établir que les curés et les vicaires vécussent ensemble. Jusque-là ils avaient leur établissement séparé dans les vicairies royales, et il y avait comme deux autels dans la même paroisse; mais l'évêque, en vrai père, voulut cimenter un parfait accord entre ses enfants, et faire germer, en Piémont, l'esprit d'union et presque d'*unité* qui règne dans le clergé de Savoie. Il était tendrement dévoué à ses prêtres; sa règle invariable était de n'en jamais dire le moindre mal : *Une mère*, disait-il, *ne médit pas de ses enfants; quand la religion se tairait sur ce devoir, la nature ne cesserait pas de le prêcher.* Si quelque ecclésiastique avait, soit par roideur de caractère, soit par excès de zèle, fait des démarches un peu téméraires, il cherchait dans les causes qu'il avait eues d'agir

---

[1] Depuis évêque de Nice.

un motif pour les excuser. A la manière dont il prenait leur défense, on voyait que leur cause était la sienne. Ce n'est pas qu'il fermât les yeux sur leurs manquements ; lorsqu'ils lui étaient connus, il n'hésitait pas à prendre les mesures nécessaires à en prévenir le retour. Ordinairement, quelques observations de sa part suffisaient ; car, chez notre prélat, il était facile de voir qu'elles partaient de sa charité.

C'est ainsi qu'il prévenait tout inconvénient, et empêchait que l'autorité séculière n'eût le prétexte de s'immiscer dans l'Église, ce qu'il ne pouvait souffrir : *Elle gâte tout*, disait-il, *parce qu'elle agit sur un terrain qui lui est inconnu et qu'elle n'a pas mission de cultiver.*

M. Rey régla, avec prudence et sagesse, plusieurs difficultés. La municipalité de Campion avait, de son chef, fixé l'office à 11 heures, contrairement aux ordonnances de l'un des premiers évêques de Pignerol et aux intérêts religieux de la population. Elle se plaignait du curé, homme très-respectable, qui s'était refusé à cette exigence : Monseigneur approuva et soutint celui-ci.

Le conseil de Pignerol avait pris parti contre le curé de la cathédrale en faveur des RR. PP. Capucins, dans une affaire d'intérêts où les droits du premier étaient violés. Le prélat, après avoir établi les principes sur la matière, demanda au conseil s'il n'était pas juste *de préférer celui qui est le père de tous, qui est chargé des âmes, qui visite les malades, qui administre les sacrements, qui soulage les pauvres, instruit les fidèles, et porte souvent des aumônes secrètes à des indigents inconnus du public ? La charité doit parler sans doute en faveur des PP. Capucins*, ajoute-t-il ; *mais la justice et la reconnaissance doivent-elles se taire quand il s'agit du curé ?*

Le même conseil reprochait encore à son curé de ne pas mettre assez de cierges à la sépulture des pauvres. Quoique le curé suivît en cela l'usage reçu, l'évêque, par déférence pour le conseil et par amour pour les pauvres, statua qu'il y aurait toujours quatre cierges, outre celui du prêtre, à leurs funérailles. Il fit plus tard une réforme semblable à

Annecy, où les fabriques n'accordaient que trois cierges, celui du célébrant compris.

En annonçant cette réforme et celle d'un autre abus qui n'était aussi qu'une vieille coutume, il se dit disposé à écouter toutes les plaintes raisonnables. « Mais, ajoute-t-il, je
« trouve un véritable danger à seconder les murmures po-
« pulaires, en donnant ou trop d'importance ou trop d'éclat
« aux plaintes exagérées, et quelquefois injustes, que l'on se
« plaît à former contre le légitime pasteur. C'est un vrai
« malheur que de contribuer à lui faire perdre la confiance,
« sans laquelle son ministère deviendrait inutile. »

Non-seulement l'évêque soutenait les prêtres, mais il les accueillait en père et en ami, leur donnant la plus cordiale hospitalité : sa maison était leur maison et sa table leur table. Lorsqu'ils venaient à Pignerol, ils logeaient au palais épiscopal, où ils étaient servis avec soin et un touchant empressement.

Dès les premiers jours de son épiscopat, il s'était occupé de procurer à son clergé des coopérateurs. Il jeta les yeux sur les *Oblats de Marie*. Ce n'était point encore une congrégation, mais simplement la réunion de quatre ecclésiastiques, pleins de doctrine et de vertu, qu'une même pensée de zèle avait rassemblés sous le même toit.

Les abbés Lanteri, Reynaudi, Loggero et Furero (c'étaient leurs noms), avaient conçu le dessein de fonder une société sous le titre d'*Oblats de Marie très-sainte*, qui s'occuperaient des missions populaires et des retraites sacerdotales. Leur chef, M. l'abbé Lanteri, était connu de Mgr Rey, qui en avait reçu de précieux secours en faveur de l'association des *Amis*. La piété de ce prélat, la persévérance de sa volonté à conduire les projets qu'il avait goûtés, son crédit à Turin et à Rome où son nom était vénéré, les assurèrent qu'ils auraient en lui un soutien et un ami. C'était le bien juger : il les reçut comme des envoyés du ciel, croyant reconnaître en eux les hommes apostoliques qu'il demandait au Seigneur. Leur but était saint ; leurs règles lui parurent sages. Il ne s'effraya pas de l'exemption qu'elles renfermaient. L'*indépendance*, dit-il, *est nécessaire ; quelle stabilité auraient des règles qu'il serait loisible aux évêques de chaque diocèse de réformer à leur gré ? Ne suffit-il pas à ceux-ci que les religieux ne puissent ni prêcher, ni confesser sans leur approbation ?*

Cependant, avant de se prononcer ouvertement, il voulut les voir à l'œuvre, et les appela à diriger les exercices du jubilé de 1826, à Pignerol. Après avoir considéré les fruits bénis de leur apostolat, et recueilli les témoignages du public qui leur décernait le titre d'*hommes de Dieu*, il leur donna hautement son approbation ainsi que les preuves du plus grand intérêt. Leur institut fut approuvé, à Rome, le 1er de septembre 1826. Tout semblait donc fini ; car le bref d'approbation avait été accordé à la sollicitation du roi de Sardaigne, que M. le comte de La Tour avait intéressé à la cause des Oblats ; mais le ministre de l'intérieur, le comte de Cholex, blessé peut-être de n'avoir pas été consulté, fit entendre au monarque, *que les Oblats jetteraient la division parmi le clergé, et que les évêques les repoussaient.*

Trompé par ce rapport, et circonvenu par plusieurs personnes haut placées de la cour, que le ministre avait gagnées à sa cause, Charles-Félix dit à celui-ci que, dans ce cas, il refusait l'*exequatur*, le chargeant en même temps de faire part de sa détermination à l'évêque de Pignerol. Le comte de Cholex, espérant plus d'une communication verbale que d'une lettre ministérielle, invita le prélat à se rendre à Turin. Mgr Rey part aussitôt, sans s'imaginer qu'il peut être question du refus de l'*exequatur* d'un bref accordé à la prière du roi et du premier ministre.

Le comte de Cholex le reçut froidement ; puis, d'un ton impérieux, il lui intima les volontés du prince. *Qui suis-je, moi,* répondit avec calme le prélat, *pour m'opposer aux volontés du roi ?* A ces paroles, qui étaient un reproche et une leçon, le ministre s'adoucit, devient peu à peu communicatif, et se plaint qu'au lieu de s'adresser à lui, on soit allé au ministre des affaires étrangères. *Il sait qu'on a fait intervenir le chargé d'affaires du roi à Rome; mais ce n'est pas sa faute si on a ainsi compromis l'autorité de Sa Majesté pour un établissement qu'il s'est cru obligé de lui représenter comme nuisible au bien de l'Église,* etc., etc.

Mgr Rey, ne pouvant pas lui laisser connaître que son hostilité systématique aux ordres religieux lui avait défendu de recourir à son intervention dans l'affaire des Oblats, lui répondit simplement *qu'il recevait les communications qui lui étaient faites de la part du roi avec le respect dû à ce nom auguste, mais qu'il regardait comme un grand malheur pour son diocèse s'il manquait cette occasion de se procurer des missionnaires dont personne n'avait un plus grand besoin que lui.* Au mot de *missionnaires*, le ministre repartit qu'il n'en avait nul besoin. Sur ce terrain, Mgr de Pignerol n'eut pas de peine à demeurer victorieux de son adversaire qui, pour sortir d'embarras, déclara *que le gouvernement s'occuperait d'assurer, par une mesure générale, ce secours à tous les diocèses, et que, dans le courant de 1827, on verrait l'effet de ses promesses.* L'évêque ne se laissa pas prendre à ces belles paroles que le ministre n'avait ni le pouvoir ni la volonté de remplir. De pareils établissements ne s'improvisent pas par *mesure gouvernementale.*

Pendant le reste de la conférence, le ministre traita parfaitement le prélat. Il mit même à sa disposition, pour ses pauvres, pour ses catéchumènes vaudois et pour des curés dans la détresse, des offres de secours que l'évêque accepta. Mais, quelque abondants qu'ils fussent, ils ne compensaient pas la perte de ses missionnaires, ni l'atteinte portée à l'autorité de l'Eglise; aussi n'eut-il pas un instant la pensée d'abandonner son entreprise. Ce genre de difficultés ne le surprenait nullement; en apprenant que la cour de Sardaigne s'intéressait à Rome pour ses Oblats, il avait écrit à leur chef : « Les croix et les contradictions arriveront, car il faut qu'il y en ait; mais Dieu est là, et il suffit à ceux qui ne veulent que lui. »

Quoiqu'il lui en coûtât beaucoup de rompre avec un ministre auquel il était uni par une amitié de quarante ans, il ne balança pas à faire ce sacrifice aux intérêts de la sainte Église : « *La conscience et le devoir avant l'amitié,* » telle était sa devise. Sa conduite y répondit.

Le lendemain de cette entrevue, il écrivit à l'abbé Lanteri : « Il faut prier et bien et beaucoup ; mais aussi, il faut « s'aider pour que le bon Dieu nous aide. » De son côté, le comte de Cholex ne s'endormit pas ; il se remua fort pour susciter des appuis à sa cause. Avec une adresse digne d'une meilleure fin, il faisait épier les moindres démarches de l'évêque de Pignerol. L'abbé Lanteri n'avait pas suspendu les réparations du couvent ; le ministre s'en plaignit comme d'un acte d'opposition aux volontés royales. Mgr Rey répondit à cette plainte que *l'abbé Lanteri était propriétaire de cette maison, et que le ministre n'avait pas le droit de défendre à un propriétaire de faire sur son bien les réparations qui lui conviennent ; qu'en ce qui le concerne, il a défendu l'ouverture de l'église du couvent, et la célébration de la messe, même à huis clos ; défense qui a été respectée.* Puis, venant à l'accusation d'agir contrairement aux ordres du roi, il la repoussa avec l'indignation d'une âme outragée dans ce qu'elle a de plus cher. « J'oserais offrir, dit-il au ministre, cinquante ans « de vie pour servir de garant aux sentiments de soumission « et d'amour qui n'ont jamais éprouvé une nuance défavo- « rable envers nos princes ; et, depuis douze ans, j'ai offert « assez souvent la preuve de ce que j'avance pour éprouver « aujourd'hui une douleur profonde d'avoir pu seulement « être soupçonné d'une disposition contraire. »

Malgré la parole royale et son ascendant sur l'esprit de Charles-Félix, ascendant acquis par d'importants services, le ministre était inquiet. L'ombre de l'évêque de Pignerol lui faisait peur. Cependant, il n'ignorait pas que ce prélat n'était pas courtisan, et qu'on ne le voyait à la cour que lorsque les plus graves intérêts de la Religion l'obligeaient d'y paraître, bien qu'il y fût accueilli avec les plus grandes marques d'égard ; mais il savait que cet évêque ne désertait jamais les causes où la gloire de Dieu était engagée. C'est pourquoi, sans mesurer la portée de sa démarche, il appela à son aide la presse impie de France. Le *Journal des Débats*, si connu par sa guerre à la monarchie et à la religion, eut communication du bref, et dans trois articles, l'un du 30 novembre 1826, l'autre du 7 décembre, le troisième du 13 du même mois, il entreprit de prouver que ce bref était destructeur de la constitution de l'Église, et attentatoire à la hiérarchie sacrée. Il y avait là un étrange spectacle : un ennemi de l'Eglise transformé tout à coup en zélé défenseur de cette même Eglise, cherchant à la convaincre qu'elle ne comprenait rien à ses propres affaires, et qu'elle avait besoin qu'on la défendît contre les coups qu'elle se portait à elle-même!

Cette feuille affectait d'être effrayée par-dessus tout de la communion immédiate des Oblats avec le saint-siége, comme si ce n'était pas une condition de vie pour toute corporation qui n'est pas destinée à être renfermée dans les limites d'un diocèse. Dans son effroi calculé, ce journal montrait cette petite armée de religieux débordant déjà sur la France comme un torrent, et emportant dans son cours les *libertés gallicanes*.

Mais le coup redouté par le comte de Cholex vint précisément du secours qu'il avait mendié à l'étranger. Les hommes vraiment religieux (et ils étaient en grand nombre à Turin), furent douloureusement affectés qu'on eût fait appel à un journal dont les doctrines antireligieuses blessaient les gens de bien, et dans une affaire dont la sagesse et la piété du roi étaient saisies. Charles-Félix, qui avait cédé à l'opposition que l'établissement des Oblats rencontrait autour de lui, et qui, malgré les instances de l'archevêque de Gênes, du comte de La Tour, et de quelques autres personnes fort considérables, hésitait encore à accorder l'*exequatur*, ne fit plus de difficulté dès qu'il eut appris quels étaient les auxiliaires qu'on avait choisis pour les repousser.

Ce fut Mgr Rey qui instruisit le prince de cette circonstance. Le 22 janvier 1827, en audience particulière, il prouva au roi, par les adhésions formelles de l'épiscopat de Savoie et de plusieurs évêques du Piémont, que les premiers pasteurs, juges compétents en pareille matière, étaient favorables à cet institut *qui n'aurait pas assurément pour adversaires* (parlant du *Journal des Débats*), *les ennemis de la monarchie et de l'Église, s'il était préjudiciable à l'une et à l'autre.* Charles-Félix, après quelques instants d'une méditation profonde, leva ses yeux vers le ciel, puis, d'un ton de voix qui annonçait sa ferme résolution de résister à toute sollicitation, et de détruire tout obstacle qui s'opposerait à sa volonté, dit à l'évêque : « *Monseigneur, vous les aurez.* » Entrant ensuite dans le détail de ce qui avait été fait pour le tourner contre ces religieux, il ajouta : « *Savez-vous qu'on avait tout séduit autour de moi, jusqu'à l'archevêque de Turin, que le ministre ne pouvait souffrir, mais dont il s'est fait depuis un ami contre vous : Et ex illa die facti sunt amici* [1]. »

Charles-Félix attendit encore quelques mois pour laisser aux esprits le temps de se calmer, et l'*exequatur* fut accordé. Le comte de Cholex s'efforça d'atténuer la portée de ce bienfait. Mais Monseigneur de Pignerol ne voulut pas s'apercevoir de restrictions qui, bien que contraires aux ordres du roi, ne touchaient pas au fond. L'affaire faite, il s'inquiéta peu des accessoires.

Quelques ennemis du ministre eussent voulu que Mgr Rey tirât parti par lui-même de son triomphe. Ils allèrent jusqu'à solliciter la publication du discours qu'il prononça à l'installation des Oblats ; ce fut inutilement. Ce discours, tout à la louange de Dieu, ne renfermait pas une allusion dont la susceptibilité du ministre pût être froissée. L'évêque avait soutenu la cause des Oblats par des motifs trop purs de tout amour-propre pour rechercher un éclat qui eût contristé un vieil ami. Il se contenta de répandre son cœur devant Dieu qui lui avait accordé un tel bienfait.

Le comte de Cholex ne revint pas à son ancienne amitié ;

---

[1] Le prince se servit de ces paroles de saint Luc, rapportant la réconciliation de Pilate et d'Hérode, à l'occasion de Jésus-Christ.

il déclara même assez hautement que les liens qui les avaient unis étaient rompus pour toujours, sans toutefois conserver de mauvais vouloir au diocèse de Pignerol. *Je ne lui ai jamais rien demandé pour moi,* disait à ce sujet Mgr. Rey, *et sur ce point je n'ai pas mis ses dispositions à l'épreuve ; mais je dirai toujours, à la louange de ce ministre, que mon diocèse n'eut point à souffrir de cette rupture.* Le prélat conserva ses anciennes dispositions à cet égard. Quand, dix-huit mois plus tard, M. de Cholex fut attaqué de la maladie dont il mourut, il en ressentit une vive affliction. *Cher M. de Cholex !* écrivit-il en apprenant cette nouvelle, *j'ai prié et je prie de tout mon cœur pour cet ami : Dieu veuille exercer sur lui sa toute-puissante miséricorde !* Puis, lorsqu'une seconde lettre lui annonce une amélioration dans l'état du comte, il continue de même : « Vous avez porté un baume inépuisable dans « mon cœur. J'ai écrit au comte Gattinara toutes mes craintes, « tous mes vœux et toute ma joie, et je l'ai prié d'en offrir « l'hommage au respectable malade que le bon Dieu nous « rendra. » La nouvelle de la mort de ce ministre l'affecta si douloureusement, que le marquis de La Tour du Pin, ambassadeur de France, qui la lui apporta, regretta de n'avoir pas pris, en cette circonstance, les précautions usitées lorsqu'il s'agit d'annoncer des nouvelles affligeantes. Tels sont ces cœurs d'évêques que le monde ne comprend pas, tant ils sont au-dessus des passions terrestres.

L'installation des Oblats et la bénédiction de leur église eurent lieu le 1er juillet 1827. Le recteur majeur (c'est le titre du supérieur de ces religieux), l'abbé Lanteri, vint, revêtu du surplis et accompagné des membres de la communauté, au-devant de l'évêque qui, en l'apercevant, précipita le pas, et, sans lui laisser le temps de s'agenouiller, l'embrassa tendrement, et lui dit avec un grand attendrissement les choses les plus pieuses et les plus aimables. S'il aimait le père, les enfants lui étaient également chers. Les plus doux moments de son épiscopat étaient ceux qu'il passait dans cette famille de prêtres respectables ; son cœur s'y reposait des sollicitudes pastorales; les fêtes de ses Oblats étaient les siennes. Quelquefois, partageant leur frugal repas, il l'assaisonnait de tout ce qu'avaient d'aimable son esprit si vif et son cœur si pieux. Leurs peines étaient les siennes, et il s'attachait à en adoucir les amertumes par les consolations de la foi. Une lettre conservée par un bon religieux nous le fait voir : « Vous avez bien pensé, sans doute, que j'éprouverais « un grand plaisir à recevoir des nouvelles de notre chère « congrégation. Tout ce que vous m'en dites console mon « cœur, même les épreuves auxquelles elle est soumise. « L'Eglise catholique a nagé dans le sang pendant trois cents « ans : ç'a été son noviciat. Tous les établissements qui sortent « de son sein doivent en proportion être éprouvés comme « leur mère. Vous êtes donc dans l'état normal de toute so- « ciété catholique qui commence. Les besoins temporels se « font aussi un peu sentir : Eh! pourquoi pas? La pauvreté « de Jésus-Christ est aussi une vertu à imiter. »

Le recteur majeur lui ayant mandé que les fatigues des travaux apostoliques avaient compromis la santé de quelques-uns de ses religieux : « Nos missionnaires se tuent! ré- « pond l'évêque; mais les plus grands saints de cette espèce « font des *suicides* de ce genre. Et moi, pauvre pécheur, « j'ai eu le bonheur de me tuer plusieurs fois pour la même « cause, et voilà qu'après tant de morts, je me porte à mer- « veille. Espérons que nos dignes Oblats se porteront de « même : *Dominus vitæ et necis*, quelquefois *deducit ad in-* « *feros*, et ensuite *reducit* [1]. »

A cette école, les Oblats devinrent dignes de leur institut. Mgr Rey n'admettait pas les ménagements au service de Dieu et des âmes : *Je n'ai pas lu ce mot*, disait-il, *dans le dictionnaire des Apôtres*. Sa vie, où le travail était sans relâche, justifiait la sévérité de ses leçons.

Ces fervents religieux Oblats vénéraient leur évêque, et se

---

[1] Dieu, le maître de la vie et de la mort, conduit quelquefois jusqu'au tombeau et ensuite en ramène. (I Reg., c. 2.)

regardant comme ses enfants, ses moindres désirs étaient pour eux des ordres. A son invitation, ils ouvrirent leur maison aux hommes du monde qui désiraient faire des retraites; ils allèrent dans les prisons consoler, instruire et ramener à Dieu les infortunés que le crime y avait conduits; ils évangélisèrent les campagnes. Leurs pas furent marqués par des conversions nombreuses. La prédication, si difficile dans les vallées vaudoises, leur fut confiée; et là, où les catholiques avaient des églises, ils donnèrent d'excellentes missions qui fortifièrent la foi des fidèles. Les malheureux disciples de Pierre *Valdo* [1] se pressèrent autour de leur chaire. Quelques-uns revinrent à l'Église catholique; mais leur zèle fut impuissant devant le malheureux aveuglement de la multitude. Tant d'œuvres remplirent de consolation l'âme du pontife : *Mon Dieu, disait-il, quelle faveur sur mon épiscopat! Comment le plus indigne de vos pontifes a-t-il été trouvé digne d'un tel bienfait? Sans doute, c'est mon impuissance à toute sorte de bien, qui vous a engagé à envoyer à mon secours ces infatigables ouvriers dont la piété et la charité ne connaissent pas de bornes.*

Malgré cette prétendue impuissance, le bon évêque ne perdait de vue aucun des soins qui avaient pour but le bien de son diocèse, et de plus il ne négligeait jamais les occasions d'aider ou contribuer à celui qui se faisait ailleurs. C'est ainsi qu'il eut une très-grande part à l'établissement des Dames du Sacré-Cœur à Turin, en 1827. Il faillit même, à ce sujet, se brouiller avec Mgr l'archevêque de cette ville, qui se montrait opposé à ce projet.

---

[1] Vaudois, secte originaire du douzième siècle. Reconnaissant à tout laïque le droit de prêcher et d'administrer les sacrements, les Vaudois ne furent d'abord séparés de l'Église catholique que par leurs empiétements sur les droits des pasteurs légitimes. Chassés de Lyon, où Valdo avait recruté ses premiers disciples, ces hérétiques se retirèrent dans les vallées du Dauphiné, du Piémont et ailleurs. Les protestants prétendent les considérer comme leurs prédécesseurs, et que Calvin était d'origine vaudoise; mais l'étymologie de leur nom se trouve évidemment dans celui de leur fondateur *Valdo*.

La lutte, pour les Oblats, avait été précédée d'une autre en faveur des libertés ecclésiastiques. *Si la guerre est la vie de l'homme*, elle est doublement la vie des évêques. *On ne nous laisse pas ignorer*, disait l'archevêque de Chambéry à l'évêque de Pignerol, *que nous appartenons à l'Église militante.* Chefs de cette Église, les évêques ont à la défendre contre des ennemis astucieux et puissants. Elle courrait les plus grands périls s'ils n'avaient l'œil ouvert sur les embûches qu'on lui tend, et le bras toujours levé pour parer les coups dirigés contre elle. C'est pendant que ces sentinelles dormaient, que l'*homme ennemi* forgeait les chaînes qu'elle a tant de peine à briser maintenant. Sous ce rapport, les États de la maison de Savoie furent ceux où l'Église eut moins à souffrir. Presque tous les princes de cette auguste famille se montrèrent envers elle des fils dévoués ; durant l'espace de huit siècles, on en compte à peine deux qui aient élevé contre elle des prétentions désordonnées. Les empiétements sur ses droits furent l'œuvre des cours souveraines du royaume ; et, dans l'exécution rigoureuse des règlements attentatoires à l'indépendance de l'épiscopat, elles furent arrêtées par la volonté franchement catholique de nos princes. Mais les entraves subsistaient : la mission d'enseigner, que les évêques tiennent de Jésus-Christ, était gênée dans son exercice ; les bulles, les dispenses de Rome, qui ne touchaient pas au for intérieur, ne pouvaient être publiés sans l'*exequatur* des sénats. Depuis longtemps Mgr Rey gémissait sur cet état de choses. Avant d'être promu à l'épiscopat, il s'était exprimé de manière à ne pas laisser de doute sur ses sentiments à ce sujet. Dès le temps où il était à Chambéry, il s'expliquait avec fermeté à cet égard. « Je ne désespère pas, disait-il, « d'avoir un jour l'occasion solennelle de m'expliquer clai- « rement, et pour toujours, sur l'humiliant esclavage où la « fidélité, l'honneur et la religion sont retenus. » Ces paroles étaient des premiers jours de 1824.

Au commencement de l'année 1825, Mgr Rey adressa aux fidèles de son diocèse une remarquable lettre pastorale

sur l'institution divine, sur le but et les effets du jeûne. Il avait en vue les Vaudois aussi bien que les catholiques ; il tend à les éclairer avec douceur ; il leur montre, dans la suppression du *jeûne* parmi eux, un témoignage irrécusable de leur opposition avec l'antiquité juive et chrétienne. « Vous
« ne jeûnerez pas avec nous, leur dit-il, et pourtant Jésus-
« Christ a jeûné ; il a prédit que ses disciples jeûneront. Les
« apôtres ont jeûné, les chrétiens des premiers siècles ont
« jeûné, l'Église de tous les siècles a jeûné ; et le carême,
« dans la loi nouvelle, est aussi ancien que son établisse-
« ment. Vos pères, vos malheureux pères jeûnaient eux-
« mêmes avant leur séparation. Vous possédez entre vos
« mains les livres sacrés qui attestent en cent endroits, si ce
« n'est pas en mille, l'efficacité, le mérite et la nécessité du
« jeûne. Moïse a jeûné, Élie a jeûné, les prophètes et le
« peuple de Dieu qu'ils instruisaient ont jeûné..... Ah ! ne
« vous glorifiez pas de cette liberté dans la nourriture qui
« vous distingue de nous ; hélas ! elle vous distingue aussi
« des patriarches, des prophètes, et de tous les pieux per-
« sonnages de l'ancienne loi, des apôtres de la nouvelle et
« des saints de tous les temps : elle vous distingue surtout de
« Jésus-Christ, le Saint des saints, qui a jeûné pendant qua-
« rante jours pour donner à son Église l'exemple et la forme
« qu'elle devrait imiter.....

« Ah ! nous vous en conjurons, prenez de bonne part ces
« réflexions que nous vous présentons avec un esprit de
« paix et de charité. Elles sortent d'un cœur où vous nous
« êtes toujours présents ; puissent-elles arriver jusqu'au vô-
« tre, et vous engager à reconnaître franchement que l'a-
« bolition du jeûne est une *réforme antichrétienne*, et que
« *les coupables auteurs* de votre séparation vous ont égarés
« dans une route tout opposée à celle que Jésus-Christ, ses
« apôtres et ses saints nous ont montrée. Dieu nous est té-
« moin, nos chers et malheureux enfants, que nous ne vous
« disons ces choses qu'avec les sentiments de la plus vive et
« de la plus tendre affection ; et rien ne saurait vous déplaire

« dans notre zèle, si vous pouviez voir quels en sont les
« principes et les motifs dans notre cœur..... »

La lettre pastorale fut envoyée à Turin, chez l'imprimeur Alliana, qui la porta au comte Langosco, grand chancelier. Celui-ci refusa la permission d'imprimer, à cause du second *alinéa* du fragment cité, dont il exigea la suppression. On sera d'autant plus étonné de ce refus, que ce second *alinéa* est la conséquence immédiate et nécessaire du premier ; mais le chancelier appréhendait (c'est son expression) que ces paroles ne provoquassent des réclamations de la part des puissances protectrices des Vaudois.

Cette crainte paraît bien étrange à qui se souvient de la licence et des injustices révoltantes de la presse, en Angleterre et en Prusse, contre l'Église romaine ; et, quand on pense qu'un gouvernement catholique réprouvait, de la part d'un évêque, des paroles aussi justes pour le fond qu'affectueuses et bienveillantes par la forme, il est aisé de voir de quel côté est l'intolérance.

Mgr Rey, surpris d'un semblable refus, écrivit au ministre pour se plaindre et relever avec force l'inconvenance de soumettre les évêques à prendre l'avis ou les ordres des laïques sur ce qu'ils doivent taire ou enseigner à leur peuple. Il y déclarait qu'il ne céderait jamais à des exigences aussi attentatoires aux droits que l'épiscopat a reçus, non des hommes, mais de Dieu lui-même. Ses réclamations n'ayant pas été accueillies, il eut recours au ministre des affaires étrangères. Ce ministre [1], que nous avons vu couvrir de sa protection le berceau des Oblats, et à qui on ne contestera ni l'intelligence des vrais intérêts des couronnes, ni le dévouement au trône de ses rois, ni la connaissance approfondie de l'esprit du Christianisme, et des principes constitutifs de l'Eglise catholique, ne redoutait pas la puissance des évêques. Il la voulait entière, tant il la jugeait favorable au maintien de l'ordre et à la sécurité des nations. Ce grand homme d'État, que

---

[1] M. de la Marguerite.

Mgr Rey appelait l'*homme incomparable en tout genre de mérites*, se chargea de plaider cette cause devant le roi. Le prince, après l'avoir entendu, lui répondit : *Dites à l'évêque de Pignerol que je laisse au caractère apostolique, dont il est revêtu, toute l'indépendance qui lui appartient.*

Tout n'était pas fini. Le chancelier réagit par lui-même et par le ministre de l'intérieur [1] sur l'esprit du monarque, non plus pour la suppression de l'*alinéa*, mais pour le retranchement des deux épithètes *coupables* et *antichrétiennes*, toujours sous le prétexte d'éviter des difficultés diplomatiques. Le comte de La Tour eut ordre du roi de proposer ce moyen de conciliation; mais, comme il ne sauvait pas le principe, l'évêque de Pignerol le rejeta : Charles-Félix n'insista pas.

Les choses en étaient là, et le carême approchant, Mgr Rey fit faire, à la main, autant de copies de sa pastorale que son diocèse comptait de paroisses, et les envoya à leur destination.

Il n'était point allé directement au roi, car il répugnait à cette sorte de recours; il n'en faisait usage qu'alors que les autres voies étaient fermées, et pour des affaires de la plus haute gravité. Une seconde lettre, annonçant la visite de son diocèse, ayant éprouvé les mêmes difficultés que la première, il dut employer ce moyen extrême. Il s'était attendu à ce nouveau refus; on en jugera par ces mots écrits, à Turin, quelques jours auparavant : « Si on me tracasse sur ma let-
« tre pastorale, je pousserai les hauts cris, j'écrirai au roi, et
« je lui demanderai, ou que le pape me décharge des Vau-
« dois, ou qu'il accepte ma renonciation; mais, pour me
« faire taire, jamais, tant que je serai le vrai pasteur de tous. »

Avant d'écrire à Charles-Félix, il offrit le saint sacrifice de la messe en l'honneur de saint Basile, le modèle des évêques qui ont à souffrir la contradiction de la part des puissances. Dans son mémoire, il fit l'historique de sa première lettre pastorale, et rappela au roi sa promesse de *res-*

---

[1] Le comte de Cholex encore existant.

pecter l'indépendance qui appartient au caractère apostolique des évêques. Après avoir mentionné les raisons qui avaient motivé sa conduite, et dont le comte de La Tour s'était fait l'interprète, il exposa les nouvelles entraves qu'il rencontrait. Le manuscrit avait été refusé par l'imprimeur de Pignerol; en second lieu, par celui de Turin, le comte de S*** ayant décidé qu'il ne pouvait être imprimé, si on ne lui soumettait préalablement le manuscrit.

« L'évêque de Pignerol s'y est refusé, dit Mgr Rey en
« finissant le mémoire au roi, et le voilà, Sire, aux pieds du
« trône de Votre Majesté, sollicitant du plus religieux des
« monarques *l'indépendance qui appartient au caractère*
« *dont il est revêtu*, et dont la jouissance lui a été assurée
« au nom même de Votre Majesté. Non, Sire, Votre Ma-
« jesté n'a rien à redouter du zèle des évêques de son
« royaume : celui de Pignerol, en particulier, a prouvé, en
« de nombreuses circonstances, son dévouement, son res-
« pect et sa soumission pour votre auguste famille. »

Ce langage repectueux et ferme eut son effet quant à l'évêque de Pignerol. Le ministre de l'intérieur, duquel dépendaient les presses du royaume, dut expédier sur-le-champ, à l'imprimeur de Pignerol, l'ordre d'imprimer les écrits de Mgr Rey sans le *visa* de la chancellerie. Ceci se passait dans le mois de juin 1825 : le 27 février précédent, le roi avait donné les mêmes ordres, à l'occasion de la première lettre pastorale, à ce même ministre qui n'en avait tenu aucun compte.

Triste destinée des princes! Ils semblent disposer de tout avec un souverain empire, et ils sont souvent moins libres dans leurs actions que le dernier de leurs sujets. Forcés souvent de se servir de volontés secrètement contraires aux leurs, ils trouvent, surtout en ce qui regarde le bien de la religion, des résistances que ne rencontre pas un simple particulier. Charles-Félix en est un grand exemple. Peu de rois ont porté sur le trône autant de fermeté, d'amour de la justice et d'attachement à l'Eglise. Malgré cela, il ne réussit qu'imparfaitement à paralyser les dispositions les plus hostiles du règlement dressé sous le règne de Charles-Emmanuel III. Les dérogations apportées à ce règlement ne furent pas même consacrées par des édits, mais données par forme d'instructions respectées moins pour elles-mêmes qu'à cause du souverain, que l'on savait fortement attaché à la chaire de saint Pierre, et qui furent mises à néant à l'avénement du règne de Charles-Albert.

L'esprit parlementaire et janséniste, comprimé par Charles-Félix, qui le haïssait comme le plus redoutable fléau de ses États [1], se réveilla sous Charles-Albert. Un des plus sages ministres de ce prince, le comte de Lescarène, écrivait, en 1833 : « Le règlement de Charles-Emmanuel III, tombé en « désuétude sous le règne de Charles-Félix, a repris sa vi- « gueur. *L'autorité pontificale et épiscopale* est ici (Turin) « méconnue. Pourquoi refuse-t-on de laisser imprimer tout « ce qui tient à l'adoration du Sacré Cœur de Jésus, malgré « l'approbation des évêques? Botta [2] est vendu à peu près « librement; les mémoires du cardinal Pacca sur sa légation « à Aix-la-Chapelle, les ouvrages du comte de Maistre ne « sont vendus que secrètement. *Notre censure est éminem-* « *ment janséniste.* Eh! qu'est-ce que cette peur du Saint- « Siége? Canning, je crois, disait en plein parlement : *Ceux* « *qui crient aujourd'hui au papisme auraient crié au feu pen-* « *dant le déluge* [3]. » Mgr Rey adressa un mémoire au roi sur ce grave sujet; mais une intrigue de cour, ourdie par la secte janséniste, amena la disgrâce du ministre, qui avait eu le courage d'éclairer sur sa fâcheuse influence.

---

[1] A tel point que, lorsqu'il fut question de l'approbation des Oblats, il recommanda à son ministre des affaires extérieures d'avertir les examinateurs romains de rechercher avec soin si les règles de ces religieux ne recéleraient pas quelques germes de jansénisme.

[2] *Storia d'Italia dal 1789 a 1814, scritta da Carlo Botta* (Paris, Didot, 1824. 4 vol. in-4°.)

[3] Ces paroles sont extraites d'un rapport de cet homme d'État à Charles-Albert, et communiqué par ordre de ce prince à Mgr Rey, pour avoir l'avis de ce prélat sur le remède à apporter à un si grand mal.

Cet exposé mit sur la voie des obstacles qui empêchèrent d'étendre aux autres évêques l'affranchissement accordé à l'évêque de Pignerol. Telles avaient été les intentions de Charles-Félix : elles furent éludées par la mauvaise volonté des hommes chargés de les remplir. Léon XII s'en plaignit directement au roi, par un bref du 15 mai 1828, où il disait :
« Nous devons appeler votre attention sur un objet du plus
« haut intérêt. Les décisions et les ordonnances des évêques
« en matières ecclésiastiques, leurs mandements et leurs
« lettres pastorales, en vertu de l'autorité qu'ils ont reçue de
« Jésus-Christ, et d'après les dispositions mêmes des con-
« cordats, ne peuvent être sujets à la censure laïque. Votre
« Majesté a déjà pris des mesures pour garantir ce droit de
« l'Église, de manière qu'il ne soit pas directement et mali-
« cieusement attaqué, comme cela se fait, par l'ordre donné
« aux imprimeurs de ne pas imprimer les écrits des évêques
« sans avoir subi la censure, et même la correction des
« laïques. On ne voit pas pourquoi on n'étend pas à tous les
« évêques les mesures prises par Votre Majesté, qui, certai-
« nement, contre ses royales intentions, ont été restreintes à
« l'évêque de Pignerol. Nous le lui recommandons de tou-
« tes nos forces comme un acte indispensable, etc. »

Il ressort de ce bref que les concordats avaient assuré la libre impression des écrits épiscopaux. Le Saint-Siége avait donc fait ce qui dépendait de lui; mais les conseils de nos princes s'opposaient à l'exécution des engagements pris par eux envers l'Église. Que si les souverains pontifes eussent été ainsi infidèles à leurs promesses, de vives réclamations eussent été faites par les mêmes hommes qui faisaient une garde si vigilante autour de nos souverains, afin qu'ils éludassent les leurs.

Ainsi, nonobstant les volontés du plus loyal, du plus ferme et du plus catholique des monarques, les chaînes forgées contre l'Église en des temps malheureux ne furent brisées qu'à moitié. Cependant le *visa* ne fut plus imprimé au bas des catéchismes, des livres liturgiques, des lettres pastorales des évêques. Les chancelleries reçurent l'ordre d'être faciles envers les écrits épiscopaux, de même que pour l'admission des brefs, bulles et dispenses de Rome.

La lutte que nous avons racontée étant finie, Mgr Rey entreprit la visite de son diocèse, et la commença par la vallée de Fénestrelles. La ville, où il arriva avec la nuit, étincelait de mille lumières; la population était allée à sa rencontre; des feux de joie, allumés sur les hauteurs, éclairaient la vallée, et ce spectacle se renouvela dans tous les lieux où il passa. Voici la méthode qu'il adopta dans ses visites. A son entrée dans les paroisses, il se rendait à l'église, pour y adorer tout d'abord le Saint-Sacrement. Puis il montait en chaire, et parlait à peu près une demi-heure sur le but et les fruits de la visite avec tant d'onction, que presque toujours il touchait l'auditoire jusqu'aux larmes. Ensuite, revêtu des ornements pontificaux, il allait au cimetière, et y faisait chanter les prières pour les morts. De là, il se rendait à l'église pour faire l'inspection des autels, des chapelles, des fonts baptismaux; puis il examinait la sacristie, les linges, les vases sacrés, etc. Le lendemain, il célébrait les saints mystères, communiait les fidèles, prêchait sur la confirmation. Venait ensuite l'examen des personnes qui demandaient à recevoir ce sacrement. Les questions, faites à haute voix, étaient réglées par les besoins spirituels de chaque paroisse. Il écoutait les réponses, qu'il développait de manière à les rendre intelligibles à tous les esprits. Après le catéchisme, qui était une véritable prédication, il procédait à l'administration du sacrement, qui était suivie d'une dernière exhortation.

Ainsi, trois fois par jour il prêchait, sans compter ses réponses aux nombreuses harangues où il avait l'art de placer d'utiles leçons.

Ces travaux étaient excessifs; mais sa maxime, comme on l'a vu, était qu'un *évêque doit être ennemi de lui-même dans l'intérêt des âmes qui lui sont confiées;* c'est la maxime de Jésus-Christ : *le bon Pasteur donne sa vie pour ses brebis.*

Dès ses premiers pas, il faillit succomber : c'était à Fénestrelles. Descendu de chaire, baigné de sueur, il chanta la messe, prit la parole à plusieurs reprises, et administra la confirmation dans un courant d'air rapide et froid. Il avait à peine fini, qu'il se sentit glacé dans tous ses membres ; alors il se crut atteint mortellement et fit à Dieu le sacrifice de sa vie. Une marche rapide, durant une pénible excursion jusqu'à la vicairie du Puy, en rétablissant la transpiration, le sauva des effets dangereux qu'on pouvait craindre d'un pareil saisissement.

Quelque temps après, Dieu lui témoigna qu'il ne désapprouvait pas les excès de son zèle. Il était au Villaret, épuisé par les fatigues des jours précédents, et avec un tiraillement dans la poitrine, qui lui laissait à peine la force de prononcer les paroles de la sainte messe. Se souvenant alors de la protection que saint Roch lui avait accordée à Montpellier, quatre ou cinq ans auparavant, et arrivé au *Memento* des vivants, il prononce ces mots avec une vive confiance : *Mon Dieu! rendez-moi la santé par l'intercession de saint Roch!* Au même instant, sa poitrine se dégagea, sa voix devint libre et forte ; toute douleur cessa, et un bien-être inattendu se répandit sur tout son corps. Cet état se soutint à travers un redoublement de fatigues, et, depuis, il n'éprouva plus aucune souffrance semblable.

L'intrépide prélat bravait les périls comme les fatigues. Le Bourcet est une des paroisses de l'abord le plus dangereux. Située sur la cime d'un rocher où l'œil ne rencontre pas une plaine de la superficie d'une chambre ordinaire, elle n'est entourée que de rocs et d'abîmes ; les sentiers qui y conduisent sont hérissés de précipices ; l'évêque voulut visiter le peuple qui en avait fait sa demeure. Comme on le suppliait de n'en rien faire, il répondit : « Il y a là-haut des chrétiens,
« un sanctuaire ; mon Dieu daigne y habiter, mes prêtres y
« résident ; ainsi, il n'y a rien de si simple que de m'y trou-
« ver : c'est la place d'un évêque ; d'ailleurs, il faut que je
« connaisse la face de mon troupeau dès que j'en suis le

« pasteur! et il se mit à gravir les pentes abruptes du
« Bourcet. »

Quand les fidèles ne pouvaient se rendre à leur église paroissiale, il allait lui-même vers eux : c'est ce qu'il fit pour les catholiques du *Praz del Torno*. Ce lieu est fameux dans les annales des Vaudois. Là était l'ancienne académie de leur secte, et ce fut plus tard le centre et le boulevard de la révolte. De ce fort, élevé par la nature, ils s'élançaient contre les troupes que les ducs de Savoie envoyaient pour les soumettre. Là, parmi ces sectaires, étaient disséminées, sur des montagnes escarpées et d'une vaste étendue, vingt-cinq familles catholiques. Elles ne pouvaient se rendre qu'en petit nombre, et avec d'inconcevables fatigues, à leur église d'Angrone. Mgr Rey eût souffert de ne voir qu'une partie de cette intéressante population. Il donna rendez-vous à toutes les familles, dans une prairie, sur les bords d'un ruisseau, à deux heures d'Angrone.

Elles vinrent, au grand complet, au lieu indiqué, où l'empressement de l'évêque les avait devancées ! Les pères et les mères portaient dans leurs bras, ou sur leurs épaules, leurs plus jeunes enfants. Ces pauvres gens, pleurant de bonheur, entourèrent l'évêque, couvrirent ses mains de baisers et de larmes, lui présentèrent leurs enfants pour qu'il les bénît, et ils le bénirent eux-mêmes à leur manière. Le bon prélat leur prodigua à tous les témoignages de sa tendresse. Puis, tous à genoux avec lui, à la face du ciel, ils prièrent ensemble le Dieu des miséricordes ; enfin, après leur avoir distribué dans ce désert le pain de la parole divine, et les avoir fortifiés contre les séductions de l'erreur, d'une voix émue il les bénit et les congédia. Alors ces bons fidèles entourèrent de nouveau leur évêque, le comblèrent de leurs vœux et des témoignages de leur reconnaissance, ne pouvant s'arracher de ce lieu sanctifié par tant de bénédictions. Les Vaudois, présents à cette scène, mêlèrent leurs larmes à celles de leurs frères, plus heureux qu'eux dans l'ordre des destinées immortelles.

Après ces émotions réciproques, il fallut songer à assurer aux catholiques de ces hautes contrées les secours religieux. Tout était à créer ; on ne pouvait rien attendre d'une population si pauvre. Mais l'évêque ne se laissa pas effrayer ; le digne abbé Passaleva, curé d'Angrone, se prêta de grand cœur à tous les charitables projets du prélat, en faveur de cette partie de sa paroisse. Une requête au roi fut préparée ; le curé signa, et Mgr Rey ajouta une apostille qui était un éloquent plaidoyer. Bientôt après, le monarque envoyait une forte somme sur sa cassette, et voulut de plus que l'économat aidât cette bonne œuvre de ses revenus. C'était beaucoup plus que l'évêque n'avait osé espérer. Aussi sa joie fut-elle au comble : *Mes pauvres enfants qui ont si bien compris mon cœur, qui ont pleuré autant que leur père*, s'écria-t-il à cette nouvelle, *vont donc avoir une église au milieu de ces autres enfants* (les Vaudois) *qui ne savent pas encore ce que c'est que pleurer de bonheur !* Le reste du jour, il ne fit que bénir Dieu de ses miséricordes. Quatre ans après, tout étant achevé, temple, autels, presbytère, Mgr Rey revit ces lieux où le Seigneur avait agréé ses supplications ; il consacra l'église et bénit la maison du prêtre qu'il y avait déjà envoyé. On ne peut dire la reconnaissance et la joie de ces montagnards à la vue du pontife, inaugurant au milieu d'eux la religion avec ses bienfaits, et mettant, par une procession solennelle, Jésus-Christ en possession de leurs déserts. Huit jours après sa première visite au *Praz del Torno*, étant à la Tour, le chef-lieu des Vaudois, des jeunes gens de ces montagnes vinrent pour jouir encore des douceurs de sa présence. Mgr Rey ayant demandé à l'un d'eux où ils allaient : *Vous voir, mon père !* répondirent-ils, visiblement émus. Ces peuples eussent bien souhaité ne le quitter jamais.

Pendant ces courses apostoliques du prélat, on eut un spectacle assez extraordinaire. Les fidèles du diocèse de Pignerol, à l'exception de ceux de la vallée de Fénestrelles, ne parlent et ne comprennent que le piémontais, et leurs prêtres ne leur adressent la parole que dans cette langue. Le français n'est guère entendu que d'un quart des habitants. C'est cependant en français que Mgr Rey parlait à ces peuples. Celui qui serait entré dans une de leurs églises au moment où il prêchait, à l'attention et à la vive impression que recevaient les auditeurs, n'aurait pu se persuader que les trois quarts d'entre eux n'entendissent presque rien au langage qui frappait leurs oreilles.

La foi et les mœurs gagnèrent beaucoup à cette visite. Les catholiques, mêlés en partie aux sectaires de Pierre Valdo, étaient justement fiers de pouvoir presenter aux ennemis de leur croyance un pontife tel qu'aucune secte n'en vit jamais de semblable dans son sein. Les sectes ont eu des savants, le paganisme a eu aussi ses esprits éminents; mais des hommes de Dieu, des pasteurs qui se dévouent jusqu'à la mort pour leur troupeau; de ces hommes qui portent empreint sur toute leur vie le sceau de la divinité, elles n'en ont jamais eu, et les siècles n'en verront pas naître parmi elles. Dans les temples où se pressaient les Vaudois, par curiosité, ils partagèrent les douces émotions des catholiques : leurs larmes auraient dû les convaincre de la vérité des paroles qui les faisaient couler; car l'erreur n'a pas le secret de toucher les cœurs de cette sorte. Mgr Rey ne leur ménagea pas l'instruction. Il ne leur dit rien que la charité la plus compatissante ne pût avouer, et ne leur ménagea nullement ce qui pouvait être de nature à déchirer le bandeau des préjugés qui leur dérobent la lumière. Peut-être leurs yeux malades furent-ils plus éblouis qu'éclairés par l'éclat de la vérité, dissipant les ombres dont ces malheureux sont enveloppés.

Dans la vallée de Saint-Martin, les hérétiques dominent par le nombre, et la plupart des églises servent aux deux cultes. L'évêque souffrait une sorte de martyre dans son cœur lorsqu'il priait dans ces temples mixtes. A Pralis, qui comptait deux catholiques et dont l'église était remplie de ces pauvres errants (parmi lesquels on remarquait deux de leurs ministres et d'autres personnes influentes de leur secte), la pensée de l'endurcissement de ces infortunés ajouta aux cruels déchirements de son âme. Il sanglota longtemps sur les marches de l'autel; puis, tout à coup se levant et se tournant vers eux avec un visage enflammé et tout baigné de pleurs, il leur parla pendant une demi-heure. Chaque parole était un trait de feu. Ils étaient atterrés, mais non pas changés. A la sortie de l'église, ils entourèrent l'évêque pour le remercier; mais, hélas! aucun d'eux n'ouvrit la bouche pour lui demander une explication, quoiqu'il les mît fort à leur aise; on put croire qu'ils étaient retenus par la crainte de leurs ministres. Ceux-ci, à défaut de raison, inventent des anecdotes contre les prêtres, et réduisent toute la religion de leurs disciples à les tourner en ridicule et à les rendre méprisables. Mgr Rey en acquit la conviction. Il avait pour lui, ses gens et ses effets, cinq mules et quatre conducteurs vaudois. Les premiers jours, ces hommes ne le regardaient que d'un air sauvage. Peu à peu, il se les attacha par sa bonté; ils s'ouvrirent alors, lui avouèrent leur répugnance, et la manière dont ils avaient changé de sentiment en voyant qu'un évêque était tout autre que le portrait qu'en faisaient leurs ministres.

Le retour de ces hérétiques à des sentiments affectueux ne lui fit pas illusion; il le témoigne ainsi à un évêque de ses amis : « Ce pauvre peuple est endurci par ses meneurs, par
« ses préjugés et par ses habitudes. Mes visites l'ont con-
« vaincu qu'un évêque n'est pas un ogre. Ah! pauvres en-
« fants! je meurs de douleur en songeant que leur retour ne
« tient qu'à leurs ministres. Enfin, je leur ai fait aimer l'évê-
« que : c'est un obstacle de moins, et voilà tout. Dieu seul
« peut faire davantage. Je continuerai de prier, de gémir et
« de pleurer; je méditerai le *bonum est præstolari cum silen-*
« *tio salutare Dei* [1]. Je m'obstine à espérer, et *spes non con-*
« *fundit;* ne cessez de prier pour eux. »

Mgr Rey proposa des conférences publiques à leurs ministres, mais ils les refusèrent. L'éloignement à chercher la

---

[1] Il est bon d'attendre dans le silence le salut de Dieu.

lumière est un des traits caractéristiques de l'erreur. — Monseigneur donnait tout son zèle, toute sa bonne volonté; le moment n'était pas venu qu'il dût en recueillir les fruits.

Cependant l'ébranlement produit par cette visite ne fut pas tout à fait stérile. Une quarantaine de ces hérétiques, tant cette année que les suivantes, rentrèrent dans le bercail du bon pasteur. De ce nombre fut le fils du syndic de la Tour (chef-lieu d'une des vallées), Daniel Tourn. Il adressa deux lettres à son père pour justifier sa démarche, qui faisait grand bruit dans les vallées vaudoises. Ces lettres, imprimées à Grenoble, sont un monument, et de la pauvreté des raisons sur lesquelles ces sectaires étayent leur schisme, et de leur défaut de bonne foi.

M. Tourn fit son abjuration le jour de Pâques (1826), dans la cathédrale, entre les mains de Mgr Rey, en présence des évêques de Tarentaise et de Maurienne, et d'une foule considérable. Tout fut touchant dans cette cérémonie : la piété du néophyte, l'attendrissement de l'assistance et les discours que prononça l'évêque de Pignerol. Ce jeune homme entra depuis dans l'état ecclésiastique, qu'il continue d'honorer par ses œuvres et ses vertus.

Quoique Mgr Rey n'eût pas reçu des Vaudois les consolations qu'il avait droit d'en attendre, il ne cessa pas de leur donner les preuves les moins équivoques de son attachement; il les accueillit dans sa maison, les invita à sa table quand leurs affaires les amenaient auprès de lui. Il est inouï qu'il ait refusé à un seul d'entre eux de le servir de son crédit auprès du gouvernement, sans mettre à ses services aucune condition qui pût gêner ce qu'ils appellent leur *liberté de conscience*. Ils eurent leur part à son ministère avec les enfants de sa famille. Ses lettres pastorales, depuis celle qui annonçait son arrivée à Pignerol jusqu'à sa lettre d'adieux lorsqu'il quitta l'administration de ce diocèse, en font foi; exhortations pathétiques, exposition claire et solide de la doctrine catholique, réfutation des erreurs qui lui sont contraires, tout fut employé par son zèle pour vaincre l'obstination de leur esprit et amollir leur cœur. Il les avait en vue quand il combattait pour la liberté des évêques. C'est pour eux qu'il fit prêcher des missions dans les lieux où ils étaient en plus grand nombre. Il y en eut une à la Tour qui est la résidence du Modérateur, chef des Vaudois. Celui-ci avait, quelque temps auparavant, appelé de France deux ministres protestants, afin d'arrêter le mouvement qui portait plusieurs des siens à se rendre auprès de l'évêque, d'où ils ne sortaient guère sans être ébranlés. Il avait même parodié les exercices de la mission pour en détourner ses gens. Cependant, il ne réussit qu'à moitié. Mgr Rey alla lui-même clore les exercices, et prêcha quatre fois avec son entraînement ordinaire.

Après la dernière cérémonie, le Modérateur fit sa visite à l'évêque, qui le reçut devant son clergé, et chercha par toute sorte d'attentions à le rassurer contre la crainte dont il était saisi ; il tremblait de tous ses membres, s'attendant à des reproches. Quand tout le monde se fut retiré, et qu'il fut seul avec l'évêque, celui-ci le combla de marques d'affection et de tendresse tout apostolique. Ce traitement le mit hors de lui-même, sa physionomie trahissait le plus grand trouble. Ne pouvant tenir devant cette charité, ni répondre à cette éloquence qui le maîtrisait, il dit : « *Priez, Monseigneur, afin que le moment de cette réunion s'accélère.* »

« Hélas! j'ai pris ces paroles au poids et non à l'effigie,
« écrivit notre prélat à l'évêque de Maurienne ; c'est la dé-
« faite ordinaire de cet homme que j'aime pourtant si épi-
« scopalement, et à qui je ne l'ai pas laissé ignorer, parce
« qu'il sait qu'après cela on n'osera pas le pousser en avant.
« Je vous en conjure, n'oubliez jamais mes pauvres enfants
« égarés à l'autel de leur Rédempteur. »

Jusqu'à la fin de sa vie, notre prélat porta leur souvenir devant Dieu, afin que ses successeurs eussent le bonheur de recevoir dans le bercail ces malheureuses brebis ; « *ce dont,* disait-il, *ses péchés l'avaient rendu indigne.* »

Mgr Rey acheva la visite de son diocèse l'année suivante (1826), et il put dire de son peuple ce que saint François de

Sales disait du sien : « *Le cœur de mon peuple est presque tout bien pour moi.* »

L'évêque, qui allait distribuer aux enfants éloignés le pain de la parole de vie, n'oubliait pas ceux dont il était entouré à Pignerol. Les fidèles de la ville épiscopale furent toujours les mieux partagés. Chaque année, il prêchait l'Avent dans sa cathédrale, et aux solennités faisait, à l'exemple des anciens Pères, une homélie sur l'objet de la fête ; mettant beaucoup de prix à ce qu'au renouvellement de l'année, la Religion fît entendre sa voix amie et rappelât aux chrétiens le moyen de rendre heureux des jours que Dieu n'accorde à l'homme qu'en vue de ces *belles éternités perpétuelles*, dont nous parle si bien saint Bonaventure. Aux épanchements de la tendresse paternelle se mêlaient les conseils de la sagesse. Il revenait sans se lasser sur cette vérité que la plus longue vie n'est pas celle qui compte le plus d'années, mais le plus de vertus !

La crainte de n'être pas compris le détermina d'abord à charger le curé de la cathédrale d'expliquer le soir en italien ce qu'il aurait dit le matin en français. Mais, dès le premier jour, il eut la certitude qu'il n'avait pas besoin d'interprète. La componction était le fruit ordinaire de ces religieux entretiens, et le nombre des assistants augmentait.

Malgré sa facilité à traiter les vérités du salut, il ne montait pas en chaire sans préparation ; il disait ne pas croire *au succès d'une prédication improvisée.* Il voulait qu'ainsi que saint Paul, les prédicateurs fussent en droit de dire d'eux-mêmes contre les faux apôtres : « Nous ne sommes pas de « ceux qui altèrent la parole de Dieu ; nous parlons par lui, « pour lui, devant lui, nous conformant en toute sincérité « aux instructions que nous en avons reçues.» Il arriva qu'un jour où il n'avait pas apporté à son sermon la préparation ordinaire, il vit son auditoire moins attentif que de coutume, et son grand vicaire endormi ; au lieu d'imiter ces prédicateurs qui reprochent à l'assistance son inattention, il ne s'en prit qu'à lui-même : « *Voilà*, dit-il, *ce qui arrive quand on ne se prépare pas assez : on endort son monde au lieu de l'instruire.* » Bientôt, en effet, il put reconnaître qu'il avait été le vrai coupable. La première fois qu'il reparut en chaire, et depuis, il tint constamment ses auditeurs (son grand vicaire en particulier) dans une tout autre attitude que celle de la distraction ou du sommeil. Cette remarque fut consignée dans son journal, afin de lui servir de mémorial et de leçon.

Il n'est pas une église de Pignerol où il ne se fit entendre; mais celle de la Visitation fut, avec la cathédrale, la plus favorisée. Les filles spirituelles de saint François de Sales l'eurent, pour ainsi dire, pour prédicateur ordinaire. Il ne se refusa jamais à rien de ce qui tendait à accroître la ferveur de cette portion choisie de son troupeau, se plaisant à prévenir même quelquefois ses désirs. Une année que les religieuses ne savaient où trouver un prédicateur pour l'Avent, Monseigneur se fit une joie de se proposer, c'est dire avec combien plus de bonheur elles l'acceptèrent; à quels besoins, à quel intérêt de la religion et des âmes n'était-il pas attentif! Vers le temps dont nous parlons (octobre 1830), il apprit que les Pères de la Compagnie de Jésus désiraient vivement pouvoir exercer le saint ministère à Turin, et avoir une église attitrée; aussitôt, il s'employa pour leur obtenir l'église des Martyrs. Sa demande, adressée au ministre de l'intérieur, fut immédiatement accordée. Le zélé prélat fit à cette occasion une belle lettre apologétique des moines et religieux en général, et des Jésuites en particulier.

Pendant son épiscopat, il ne se passa aucun carême sans qu'il donnât au moins quatre instructions par semaine. Ces prédications étaient suivies par l'élite de la société de Pignerol. Le pieux orateur diversifiait si bien ses instructions, qu'il y en avait pour tous les goûts et tous les besoins; la même parole qui nourrissait la piété de l'humble religieuse, réveillait et vivifiait la foi de l'homme et de la femme du monde.

Il expliqua successivement les évangiles et les épîtres du Carême. Ce fut le travail des six premières années. La vie intérieure et extérieure de Jésus-Christ fut la matière des discours des deux années suivantes (1831-1832). On le félicitait de tous côtés sur les fruits de ces prédications. « *Hélas!* dit-il, *il n'y a que deux bons prédicateurs en ce monde : la grâce et la conscience; demandez que le premier m'accompagne toujours en chaire, et que le second m'écoute toujours dans l'auditoire.*»

Sa santé étant visiblement menacée par tant de travaux, des amis l'engagèrent à les modérer; ce fut en vain : «*Je suis évêque pour cela,* » leur dit-il. Dès 1828, les médecins, ne voyant de remède à la maladie qui le conduisit cette même année aux portes du tombeau que dans un repos absolu, lui conseillèrent de laisser la prédication : « *Autant vaudrait me défendre la vie,* » fut sa réponse. Écrivant à M. Perrin, il lui dit : « Pour cet article, les médecins n'obtiendront rien, « absolument rien. Je ne suis pas évêque pour *vivre*, mais « pour travailler, et surtout pour prêcher, tandis que je vis, « sauf à mourir quand il plaira à Dieu, même de fatigue. « C'est la plus belle mort épiscopale, le martyre excepté. » Les médecins n'insistèrent pas sur un remède que leur malade repoussait avec cette énergie. Il resta donc, comme par le passé, en généreux soldat, toujours sous les armes, toujours sur la brèche.

Les pauvres eurent, eux aussi, une grande part à son ministère. Ces infortunés ne vont guère aux instructions communes; la honte d'y paraître en haillons les en éloigne. Mgr Rey les réunit trois fois par semaine pendant les carêmes, et chaque jour d'office pontifical, dans une salle du palais, au nombre de trois à quatre cents, et les instruisit lui-même. Aucune fonction n'était en plus haute estime auprès de lui. Afin de se faire à ces esprits, la plupart sans culture, il les catéchisa, malgré les difficultés qu'il y avait en piémontais. Avec le pain de l'âme, les pauvres reçurent de lui le pain du corps, et on ne saurait dire vers lequel ils se portèrent avec le plus d'avidité. L'évêque leur parlait avec un accent si paternel, il usait avec eux de tant de simplicité et d'abandon, qu'habitués aux rebuts du monde qui ne comprend pas la *dignité* du pauvre [1]. Ils étaient surpris autant que touchés et édifiés d'un intérêt si tendre et si persévérant. Leur vénération en vint jusque-là qu'ils le crurent tout-puissant auprès de Dieu. Ils allèrent à lui comme à un thaumaturge et lui présentaient leurs enfants malades, afin qu'il les bénît. L'évêque étendait sur eux les mains en prononçant ces paroles de l'Évangile : « *Super ægros manus imponent et bene habebunt* [2], » rappelant Notre-Seigneur Jésus-Christ à sa promesse de guérir les malades par l'imposition des mains des apôtres. On tient d'un témoin oculaire et tout à fait digne de foi que plusieurs recouvrèrent instantanément la santé. Des informations prises à Pignerol, après la mort du prélat, ont confirmé ce témoignage.

Mgr Rey fit plus encore pour ses bien-aimés les pauvres. Avant la Révolution, Pignerol possédait trois hospices séparés d'intérêt et d'administration : le premier, dit *de la Ville*, le second, *des Orphelins*, le troisième, *des Catéchumènes*. Ils avaient été depuis réunis sous une administration commune, dont l'évêque était président. L'emploi de leurs revenus parut à notre prélat entaché d'injustice. La majeure partie du patrimoine des pauvres passait en des mains étrangères. Toucher à ces abus, n'était pas sans péril, car ils profitaient à des familles qui avaient de nombreuses ramifications dans Pignerol. Mais Mgr Rey, se souvenant que l'évêque est le tuteur des pauvres, et que le concile de Trente veut qu'il veille à la gestion de leurs biens, ne s'inquiéta que d'une chose : rétablir la justice et faire respecter les volontés des fondateurs. Il rencontra de fortes oppositions : des mécontentements éclatèrent; on répandit même contre lui une lettre calomnieuse; ce fut la dernière ressource d'une cause perdue par ses propres excès. Les obstacles aplanis, l'évêque, de concert avec le baron Novellis, intendant de la province, qui l'avait soutenu durant le combat, proposa au roi un règle-

---

[1] Voir le sermon de Bossuet sur la dignité du pauvre.

[2] Ils imposeront les mains sur les malades, et les malades seront guéris. (S. Marc, xvi, 18.)

ment des hospices, qui fut approuvé. La direction de l'hôpital fut remise à des mains désintéressées; les pauvres recouvrèrent la jouissance de leurs biens. Ce succès consola le prélat des tribulations qu'il avait eues à souffrir pendant la lutte.

Le malheur des prisonniers le touchait. Comment une seule misère se serait-elle dérobée à sa charité? Il visitait de temps en temps ces pauvres gens, et à l'aumône corporelle il ajoutait toujours ce qui pouvait atteindre l'âme. Son passage dans les prisons, dans les cachots, portait la joie dans le cœur des malheureux que le crime y avait conduits. Ces tristes réduits ne retentissaient alors que des cantiques de la piété et des chants de la reconnaissance. La bonté du prélat attendrissait ces hommes au cœur desséché par le vice, ou abrutis par le crime, et sa parole déposait dans leur âme, avec le germe du repentir, quelques salutaires pensées. L'évêque n'oublia jamais la clôture de la retraite annuelle, qui servait aux prisonniers de préparation pour les pâques; il les communiait lui-même, et leur adressait les plus touchantes paroles de consolation et d'encouragement, suivies d'abondantes largesses.

Il arriva qu'un jour on avertit notre prélat qu'un de ces malheureux, condamné à mort, refusait obstinément de se réconcilier avec Dieu. Il se lève aussitôt, se rend à son cachot, et le presse, avec larmes, de demander à la miséricorde divine le pardon des crimes envers lesquels la justice humaine avait été inexorable. Le condamné ne put résister à ces touchantes sollicitations, et mourut chrétiennement.

Au milieu de tant de soins, Mgr Rey n'oubliait ni les enfants, ni les malades. Il fit venir, de Chambéry, une colonie de Sœurs de Saint-Joseph, afin d'ouvrir immédiatement des écoles pour l'enfance, et les entretint à ses frais, n'ayant, pour cet établissement, ni maison, ni revenus d'aucune sorte. Il l'installa dans son palais même, d'un côté séparé. Des religieuses, vouées à l'éducation des filles, étaient alors une nouveauté au delà des monts; et, au lieu d'approbation, l'entreprise de l'évêque ne recueillit d'abord que le blâme. Il n'en conçut aucune inquiétude. *L'essentiel*, dit-il à cette occasion, *est de savoir que ce que l'on fait est bon ; après cela il faut aller en avant avec la mesure de prudence nécessaire.* Les fruits ayant bientôt fait connaître l'arbre, les préventions tombèrent. Il sut intéresser à l'œuvre quelques dames de la ville, qui avaient pour lui une grande vénération, et aux premiers blâmes succédèrent des bénédictions.

Le nombre des élèves devint alors si considérable que le local ne fut plus assez vaste ; l'évêque réduisit encore son logement et n'en garda que les pièces dont il ne pouvait se passer. Néanmoins c'était là un provisoire dont il fallait sortir. Mgr Rey acheta les masures d'un ancien couvent des Cordeliers avec son pourpris : l'église, ancienne sépulture des princes d'Achaïe, n'était plus qu'une ruine ; son emplacement fut converti en un jardin. Pour faire, des autres ruines, un édifice propre à son dessein, il eut à supporter des dépenses qui eussent effrayé un homme moins confiant en la Providence divine. Pour y faire face, il eut recours à la vente d'une croix et d'un anneau de grand prix qu'il avait reçus du roi Charles-Félix ; puis, à la vente de son argenterie dont il se défit presque entièrement. On le vit aussi restreignant les dépenses de sa maison, toutefois sans rien retrancher de ses aumônes, ni à l'hospitalité qu'il se faisait un devoir d'exercer.

Quelque gêné qu'il fût alors dans ses affaires, on le vit, comme auparavant, indulgent et facile envers les fermiers de l'évêché. Ses gens ou ses amis lui reprochaient sa condescendance ; il disait alors : *Je me souviens que mon pauvre père était fermier, et qu'il avait aussi quelquefois besoin de l'indulgence de ses maîtres : ce souvenir me touche et m'attendrit.*

La Providence, sur laquelle il avait compté, suscita des bienfaiteurs de son œuvre. Les illustres familles d'Albarette, de Rora, la comtesse de Macel, la marquise de Prié, etc., des ecclésiastiques, et entre autres l'abbé Nicolo, l'aidèrent, par leurs offrandes, à acquitter le reste de ses dettes.

Enfin, trois ans après l'arrivée des Sœurs à Pignerol, le 15 octobre 1828, il les installa dans cette nouvelle demeure, en présence des magistrats de la ville, des administrateurs de la province et d'une nombreuse assistance. Il leur remit, avec les clefs de la maison, le contrat qui leur en assurait l'usage et la propriété, à la condition qu'elles se dévoueraient aux pauvres, selon leur admirable institut [1].

Mgr Rey loua, dans la partie basse de la ville, des salles où trois Sœurs allaient chaque jour faire l'école aux filles les plus pauvres, que le défaut de vêtements et de chaussures aurait empêchées de se rendre à leur maison, située sur une hauteur en dehors de Pignerol.

Quelque temps après, il acheta, à la Tour, une maison et un jardin pour une école, qui serait tenue par les Sœurs en faveur des familles catholiques de ce lieu et du voisinage. Il attachait une grande importance à répandre l'instruction et tenait surtout à ce qu'elle s'étendît à ceux qui vivaient au milieu des hérétiques : *L'ignorance*, disait-il, *ouvre la porte à toutes les erreurs et à toutes les séductions*. Un prélat, de ses amis, lui ayant dit qu'il se ruinait tout à fait : *Oui! je me ruine*, répondit-il, *mais à bon escient*.

Mgr Rey eut aussi le dessein d'appeler, à Pignerol, les Frères des écoles chrétiennes ; il fit des démarches à cette fin auprès du gouvernement ; mais le ministre de l'intérieur comte de Cholex, qui s'alarmait à la seule idée de tout ce qui portait l'habit religieux, opposa une résistance opiniâtre. L'évêque de Pignerol l'eût surmontée cependant, s'il n'eût craint de susciter des entraves à l'établissement des Sœurs, qui en était encore à son début. Le moment de reprendre son projet lui paraissait arrivé, lorsqu'il fut transféré au siège d'Annecy.

Les Sœurs de Saint-Joseph ajoutèrent aux soins qu'elles donnaient aux écoles celui de la visite des malades ; elles les

---

[1] Cette congrégation fut fondée par Mgr de Maupas, aumônier de la reine Anne d'Autriche, évêque du Puy, en Vélay, en l'année 1650.

secoururent avec une affection et une intelligence maternelles. C'est entre leurs mains que plus tard l'évêque, de concert avec le gouvernement, remit le service de l'hôpital général, confié jusqu'alors à des personnes à gages. Beaucoup de mères de famille allaient aussi auprès de ces bonnes Sœurs, à des époques régulières, se faire instruire de la religion. Le respect humain est heureusement peu connu en Piémont, comme en Italie. On y voit des personnes de tout âge s'empresser à se faire instruire des vérités de la foi qu'on ignore, ou qu'on a pu oublier. A la demande de leur évêque, les Sœurs ouvrirent aussi leur maison aux personnes du monde qui désiraient s'occuper exclusivement, pendant quelques jours, de la grande affaire de leur salut. On y vit tout d'abord une réunion de près de quarante dames des premières familles du pays, suivre, sous la direction de ces pieuses filles, les exercices d'une retraite en communauté, et, vers la fin de sa vie, Monseigneur apprenait, à Annecy, que ce nombre était allé toujours croissant. Dans ses débuts, il encourageait cette sainte œuvre ; il terminait lui-même les exercices de la retraite, pendant laquelle il prêchait plusieurs fois, et célébrait les saints mystères, où il communiait de sa main toutes ces dames.

Ce que les Sœurs de Saint-Joseph faisaient pour les femmes, les Oblats de Marie le firent pour les hommes. Il fut établi que leur maison serait à la disposition de ceux qui voudraient se recueillir devant Dieu pendant les dix jours qui précèdent la fête de la Pentecôte. Mgr Rey ouvrait et fermait lui-même ces exercices par un discours ; des lieux les plus éloignés du Piémont on accourait à ces retraites et on y compta jusqu'à sept cents hommes, appartenant la plupart à la classe la plus instruite de la société. L'évêque les encourageait, les charmait par sa présence et ses entretiens pendant les récréations ; il prenait quelquefois part à leur frugal repas. Cette affluence montre à quel point Mgr Rey avait le don d'attirer les cœurs.

Sa parfaite charité ne se contenta pas de protéger les vivants, elle voulut aussi défendre les morts contre un projet qui tendait à les priver du tribut de prières qui contribue à leur soulagement. Le cimetière de Pignerol avait été reconnu insuffisant pour une population de treize mille âmes. Il fallait l'agrandir, ce qui était facile et peu dispendieux ; mais la municipalité décréta l'érection d'un nouveau cimetière à une notable distance de la ville. Elle avait mis tant de secret dans la conduite de cette affaire, que l'évêque n'en eut connaissance que par l'approbation du sénat de Turin. Le prélat protesta aussitôt contre l'oubli et la violation de ses droits. Les cimetières sont des lieux saints au même titre que les églises ; c'est pourquoi ils ont été appelés les *églises des morts*. C'est là que reposent les corps des fidèles sanctifiés par le baptême, par les prières de la foi et la participation à la chair et au sang de Jésus-Christ ; la terre qui les reçoit a été consacrée par la religion et confiée à sa garde. Mgr Rey avait déjà développé toutes ces pieuses considérations dans un mandement à Chambéry ; on peut ajouter que le pouvoir temporel a la charge de veiller à ce que la cendre des morts soit à l'abri de toute profanation et à ce que les cimetières ne deviennent pas un danger pour la santé publique. Là est son devoir. Déterminer, de concert avec l'autorité ecclésiastique, l'emplacement des cimetières, régler avec elle ce qui a rapport aux monuments funèbres que la reconnaissance, la piété ou la douleur voudraient y ériger, est une de ses attributions. Sous ces rapports, les cimetières sont un objet mixte et relèvent des deux autorités.

Ces principes incontestables étaient la condamnation de la conduite du conseil de Pignerol. D'autres raisons motivèrent encore les plaintes du prélat. L'isolement du cimetière derrière l'ancienne citadelle et son éloignement qui ne permettrait plus aux prêtres des paroisses d'accompagner les corps jusqu'à leur dernière demeure et de veiller à ce qu'ils fussent traités avec les égards qui leur sont dus. « Je ne consentirai
« jamais, dit l'évêque au ministre de l'intérieur, à ce que les
« cadavres soient abandonnés entre les mains du seul *becca*
« *morte* pour être conduits, dépouillés, traités et enterrés

« comme il lui plaira; car il sera le seul témoin de ses opé-
« rations dans un lieu écarté où, même de jour, peu de per-
« sonnes sont dans le cas d'apercevoir ce qui s'y passe.

« L'isolement du local fera que le lieu de la sépulture des
« fidèles, si respectable par tant de principes et à cause de
« tant de sentiments qui tiennent à la foi, à l'espérance et
« aux souvenirs, ne sera jamais ouvert et fréquenté que par
« ce même *becca morte;* ce qui me semble aussi contraire
« aux convenances sociales qu'à la piété chrétienne. Il fut
« pour toutes les générations, mais il est surtout pour la
« nôtre, d'utiles leçons à écouter dans les cimetières, et je ne
« vois pas ce que gagnent les vivants en oubliant si vite les
« morts.

« Enfin, le touchant spectacle des prières assidues qui se
« faisaient dans la chapelle de l'ancien cimetière, et qui ces-
« seront peu à peu dès que la dépouille des défunts sera
« portée plus loin, est un grave motif d'opposition pour un
« évêque catholique qui croit au purgatoire et aux secours
« si précieux que retirent les âmes des trépassés des prières
« de ceux qui leur survivent. »

Le prélat posait ensuite les conditions suivantes, desquelles il faisait dépendre son consentement. Il exigeait : 1° Qu'on élevât une chapelle sur le nouveau cimetière ; 2° qu'un prêtre y fût attaché avec un honoraire convenable ; 3° enfin que l'on construisît près de ce lieu une demeure pour l'ecclésiastique qui en aurait la garde, et qui serait chargé d'accompagner les morts depuis les portes de la ville au cimetière où il achèverait les prières et les cérémonies prescrites par la liturgie. Ces conditions furent acceptées, il faut le dire à la louange de celui qui les a imposées et à l'honneur de ceux qui les ont accordées. Pourquoi faut-il que de pareilles mesures n'aient point lieu en tant d'endroits où la *prudence moderne* relègue la dernière demeure de l'homme !

L'infatigable prélat dressa un règlement pour les sépultures et les convois funèbres. Mais, comme si la contradiction fût devenue un besoin pour la municipalité, il y eut réclamation de sa part. Mgr Rey passa outre ; le règlement fut mis en vigueur à la satisfaction universelle ; la municipalité retira son opposition, et tout fut arrangé d'une manière stable et conforme aux divers intérêts engagés dans cette affaire.

Enfin, le jour des morts de 1830, il bénit solennellement le nouveau cimetière. La ville entière s'y porta ; ses habitants couvraient cette terre que la religion allait sanctifier, et toutes les hauteurs voisines. Du calvaire où la croix était plantée, le pontife adressa la parole en italien à l'auditoire. Abordant d'un trait son sujet, il prit ce texte de Job : *Putredini dixi : Pater meus es; mater mea, et soror mea vermibus* [1]. « Je m'enhardis, leur dit-il, à vous parler avec mon « méchant italien pour me faire mieux comprendre. Mon « langage sera un peu celtique, mais il sera beaucoup chré- « tien. » Le lieu, le jour, le discours tout plein de la pensée de la mort et de l'éternité qui la suit ; le pontife, avec sa voix semblable à celle qui appellera les hommes au jugement, émurent tout le monde jusqu'aux pleurs, aux gémissements, aux sanglots...

Après la bénédiction, eut lieu la touchante cérémonie d'usage ; la foule vint lentement s'agenouiller devant la croix et la presser de ses lèvres. Elle se dispersa en silence, remplie des pensées que l'homme de Dieu avait remuées dans les cœurs.

---

[1] J'ai dit à la pourriture : Vous êtes mon père; et aux vers : Vous êtes ma mère et ma sœur (Job, ch. XVII).

CHAPITRE II

Mandement sur le jubilé de Rome, en 1825. — Mgr Rey prêche une retraite à la noblesse de Turin, en 1826. — Son voyage à Megevette, lieu de sa naissance. — Anecdote. — Translation des reliques de saint François de Sales. — Panégyrique devant la cour de Sardaigne. — Voyage à Saint-Gervais. — Vie dans les montagnes. — Peinture du règne de Charles-Félix. — Mandement sur l'avénement de Charles-Albert. — Délégation apostolique. — L'évêque nommé conseiller d'État. — Mgr le cardinal de Rohan.

Vers le même temps où Mgr Rey accomplissait tant d'œuvres utiles, veillant à tout bien, écartant tout ce qui pouvait nuire ou mal édifier, le jubilé de 1825 s'ouvrait à Rome. La bulle, messagère de cet heureux événement, fut reçue par lui avec d'inexprimables transports de joie, de vénération et d'amour. C'était le Fils de Dieu, Jésus-Christ, parlant par la bouche de Léon XII; le Ciel, par Rome, dont le nom seul le faisait tressaillir. Entrevoyant alors mille biens pour son diocèse, il se hâta de l'instruire de cette bonne nouvelle. Dans sa lettre pastorale, il donne un libre cours à ses sentiments envers l'Église romaine, la mère et la maîtresse de toutes les Églises [1].

Ensuite de l'exposé des motifs qui engagent les chrétiens à entreprendre le pèlerinage de Rome, le prélat s'écriait : « Ah !

---

[1] « Parmi les lettres pastorales qui ont été publiées à l'occasion du « jubilé, dit l'*Ami de la Religion*, on distinguera sans doute celle que « l'évêque de Pignerol a publiée, sous la date du 26 novembre (1824) : « tout y est digne de cette piété et de cette onction que Mgr Rey a fait « admirer si souvent dans l'exercice de son ministère. »

« si le sentiment d'une curiosité, d'ailleurs honorable, n'a
« cessé de conduire à Rome tant de voyageurs qu'y atti-
« raient les nobles débris de l'antiquité païenne et les chefs-
« d'œuvre des arts dont elle abonde, quelle force n'aura
« point le sentiment de la foi pour engager les fidèles à visi-
« ter la cité où ils pourront contempler ce que la religion a
« de plus admirable dans ses souvenirs et de plus auguste
« dans ses monuments! Eh, quoi donc! La cendre des Césars
« et la poussière du grand peuple qui les a précédés seraient-
« elles plus puissantes pour attirer les chrétiens vers la capi-
« tale du monde que les tombeaux des saints apôtres et les
« ossements sacrés qu'ils renferment? Et qu'étaient après
« tout ces illustres Romains avec leur orgueil immense et
« leurs fausses vertus, comparés à ces héros du christia-
« nisme dont les saintes dépouilles reposent dans la ville
« éternelle? Ceux-ci arrosèrent les sept collines de leur pro-
« pre sang, et sanctifièrent à jamais la grande cité par leurs
« glorieux martyrs et le touchant spectacle de leurs subli-
« mes vertus; tandis que les premiers, avec leur valeur féroce
« et leur insatiable ambition, inondaient l'univers du sang
« des peuples, et n'embellissaient la capitale qu'avec les dé-
« pouilles des princes qu'ils avaient détrônés et les monu-
« ments des nations qu'ils avaient détruites.

« O Rome! ô cité sainte! tu brilles aujourd'hui d'un bien
« plus noble éclat que celui dont t'avaient jadis entourée ces
« redoutables conquérants! Les rois ne sont plus conduits
« enchaînés dans tes murs pour embellir la marche orgueil-
« leuse et orner honteusement le char de leurs superbes
« triomphateurs! Le siége de Pierre, bien plus glorieux que
« les sanglants faisceaux du peuple-roi, est devenu un centre
« d'union pour les princes, comme il est un centre d'unité
« pour les fidèles. La paix habite aujourd'hui ton enceinte,
« tes temples sont un asile où l'âme fatiguée trouve un doux
« repos... Tes pontifes gouvernent le peuple chrétien par
« leur autorité, l'éclairent par leurs oracles et l'édifient par
« leurs vertus. De tous les points de l'univers, on accourt

« dans ton sein pour y contempler la religieuse splendeur de
« ton culte, l'admirable éclat qui entoure le tombeau de tes
« saints, les innombrables bienfaits et les grâces abondantes
« dont l'Éternel y enrichit ses adorateurs.

« O Rome ! ô cité sainte ! c'est parce que tu es devenue la
« ville chrétienne que tu seras la ville éternelle; tes fonde-
« ments sont assis sur les montagnes du Seigneur; il te ché-
« rit au-dessus de toutes les cités de la terre. Toujours tu
« seras nommée la cité de Dieu, et les siècles qui doivent s'é-
« couler n'épuiseront jamais ce qu'il y aura à raconter sur
« ta gloire. L'antique Sion, si chère à ceux qui l'habitaient,
« n'était que ton ombre.

« Oui, cité sainte ! cité chérie ! que notre langue s'attache à
« notre palais, que notre droite soit flétrie si jamais nous
« venions à t'oublier, et si, parmi les sujets de notre joie, tu
« n'occupes pas toujours le premier rang [1] !

« Allez donc visiter la ville qui renferme tant de merveil-
« les, le siége de celui à qui le Fils de Dieu a fait de si belles
« promesses. Allez contempler cette pierre angulaire sur la-
« quelle repose l'édifice sacré; la maison sainte dont vous
« êtes les enfants, et dont Jésus-Christ est le fondateur. A la
« vue des beautés dont il l'a ornée, vos cœurs tressailliront
« de joie, et vous vous glorifierez mille fois qu'elle vous ait
« été donnée pour mère. Nous vous accompagnerons de nos
« vœux, nous vous entourerons avec empressement à votre
« retour, nous écouterons avec une religieuse avidité tout ce
« que vous nous raconterez de vos saintes jouissances. . .
« . . . .

« Ah ! pourrez-vous nous peindre les émotions profondes
« qui auront agité votre âme, lorsque, du haut de son trône
« radieux, le chef de l'Église, le pontife de la Religion, éle-
« vant ses mains vénérables vers le ciel, les aura ensuite
« abaissées sur ces flots de peuple, sur ces innombrables
« fidèles prosternés à ses pieds, avides de contempler ses

[1] Ps. 136.

« traits et de recevoir ses bénédictions ! Non, vous n'aurez
« plus alors d'autre ressource pour vous exprimer que de
« nous dire avec saint Jean : « *Nous avons vu la cité sainte,*
« *la Jérusalem nouvelle ; elle paraissait descendre du ciel, sor-*
« *tie de Dieu même, parée comme une épouse dont le plus pré-*
« *cieux ornement est la présence de son époux.* »

Puis, résumant les pages que l'on vient de lire, il en faisait un faisceau de preuves en faveur du catholicisme qu'il opposait aux Vaudois, en disant : « O vous, enfants trop
« chéris, qui nous fuyez encore, et que nous redemandons
« chaque jour au ciel par nos vœux et par nos larmes ! ah !
« si nous pouvions vous entraîner avec nous vers la capitale
« des chrétiens, à cette sainte époque, votre cœur ne tien-
« drait pas contre un si ravissant spectacle ; à la vue de cette
« *pierre angulaire* posée par Jésus-Christ (*super hanc petram*),
« vous seriez effrayés de votre séparation ; à la vue de cette
« immense réunion de fidèles de toutes les parties de l'uni-
« vers, vous auriez honte de votre isolement ; à la vue de ces
« monuments augustes de la vénérable antiquité, vous rou-
« giriez de votre nouveauté. Ah ! oui, sans doute, à la vue de
« la grande famille des chrétiens réunie autour de son chef,
« vous voudriez devenir les frères de tels enfants, et les en-
« fants d'un tel père. »

Il y avait dans ces paroles plus qu'une exhortation au pèlerinage de Rome. Elles étaient encore un remède à la maladie du Piémont ; maladie cachée aux regards des hommes superficiels, mais déjà connue des observateurs sérieux : l'éloignement, l'opposition au Saint-Siége. Mgr Rey y reviendra souvent et combattra sans relâche ces funestes dispositions de beaucoup d'esprits, trompés par le masque de l'indépendance italienne sous lequel le carbonarisme les déguisait. « Je lutte, écrivait-il à un ami, contre l'esprit du jour qui
« est bien certainement celui de la nuit et des ténèbres. »

En 1826, le jubilé ayant été accordé au monde entier, de religieux et illustres personnages proposèrent au roi de faire donner à la noblesse de Turin et du Piémont les exercices d'une retraite par l'évêque de Pignerol. Mais, avant d'aller jusqu'à Charles-Félix, ils s'étaient assurés du consentement du prélat qui leur avait répondu : « Étant simple prêtre, « j'avais pour maxime de ne jamais demander à exercer le « ministère de la parole et de ne jamais le refuser, quand « cela n'était pas impossible. Je n'ai pas changé depuis que « je suis évêque, et si monseigneur notre métropolitain me « fait connaître ses vœux à cet égard, j'aurais la confiance « de penser que je fais, en disant *oui*, chose agréable à Dieu, « à l'Église et à de pieux et illustres amis qui ont conçu un « pareil dessein. » Monseigneur de Turin accepta avec bonheur les services de son suffragant, et le chevalier Pozzi eut ordre du roi d'aller à Pignerol faire l'invitation officielle. L'archevêque offrait à Mgr Rey son palais et sa table ; de semblables invitations lui furent adressées par d'autres personnes de distinction, il les refusa toutes, demandant comme une grâce d'être logé à l'hôpital dit des *chevaliers de Saint-Maurice*, près de la basilique de Sainte-Croix où il devait prêcher. « Mon genre d'instruction, répondit-il, ne peut « réussir autrement; il faut que mon cœur, mes sens, mon « imagination soient hors de la sphère ordinaire, et que je « monte en chaire tout plein de réflexions. » On dut lui accorder ce qu'il sollicitait avec insistance ; mais Charles-Félix ordonna néanmoins qu'il fût servi avec la vaisselle et le linge de sa maison.

La retraite commença le 15 avril. L'église et les tribunes élevées autour de son enceinte, pour la circonstance, furent envahies dès le premier jour. Malgré la mesure prise de ne laisser entrer que ceux qui seraient munis d'une carte, le lieu saint fut trop étroit. Un nombre considérable de fidèles restaient en dehors, près des entrées d'où ils pouvaient entendre la prédication. La retraite dura onze jours [1], et fut suivie de

---

[1] La *Gazette piémontaise* renonça à peindre l'effet extraordinaire produit sur les nombreux assistants par l'éloquence entraînante du prélat, annonçant la parole de Dieu avec une rare énergie et l'onction la plus pénétrante.

nombreuses conversions. Parmi les discours de cette retraite, on distingua comme le plus remarquable celui qui traitait des grandeurs et des bienfaits du sacerdoce. Tout l'auditoire fut saisi d'une indicible émotion lorsque l'orateur montra la main de la colère divine s'appesantissant d'une manière terrible sur les gouvernements et les princes qui avaient levé la main contre l'Église. « *Ces châtiments sont*, disait-il, *l'accomplissement des prophéties. Car il est écrit que quiconque heurtera contre cette pierre sera brisé* [1]. »

Les retraitants firent ensemble et processionnellement les stations du jubilé, escortés de la garde royale. Cette garde, qui ne sortait qu'avec le roi et pour le roi, leur fut accordée à la prière des ministres en considération de l'évêque de Pignerol. « *Puisque Monseigneur de Pignerol honore les chevaliers de sa présence*, dit Charles-Félix, *ma garde peut bien les accompagner.* » Turin fut alors témoin d'un spectacle qui n'avait probablement aucun précédent dans les fastes de cette ville. Tous les ministres, les grands de la couronne, la plus considérable partie de la noblesse du royaume, les chevaliers des divers ordres, sous l'étendard de la croix, parcourant ses rues dans le recueillement de la piété, ou agenouillés au pied des saints autels, priant à haute voix pour l'exaltation de l'Église et du Saint-Siége, pour l'extinction des schismes et des hérésies, pour la paix entre les princes chrétiens et le bonheur des peuples...

Il y eut trois processions; au retour de chacune d'elles, Mgr Rey monta en chaire. Les retraitants s'étaient fait promettre ces dernières prédications en dédommagement de celles dont ils avaient été privés durant deux jours que l'évêque fut retenu dans sa chambre par la fièvre et une extinction de voix.

Le roi fit témoigner à plusieurs reprises sa haute satisfaction du service rendu en cette circonstance à son royaume. L'évêque, toujours simple et vraiment humble, n'y fut sensi-

---

[1] S. Matt., 21, 44.

ble qu'en raison du bien qu'on avait lieu d'espérer, et de ce qui pouvait revenir de l'obéissance royale sur son diocèse. Il y rentra pour l'ouverture du jubilé. Elle eut lieu peu après avec une grande pompe. Monseigneur avait appelé à son aide les Oblats, dont il préparait alors l'établissement. Il les institua chez lui, et pourvut lui-même généreusement à tous les frais nécessités par la mission que ces religieux prêchèrent aux habitants de la ville épiscopale avec beaucoup de fruits. L'évêque fut toujours le premier aux exercices; il dirigea tout et présida à tout. Il prit même quelquefois la parole pour confirmer de son autorité les enseignements des missionnaires. Chaque jour, il célébra les saints mystères à la cathédrale où les fidèles vinrent tous successivement recevoir le pain de vie de ses mains. La communion dura quelquefois deux et même trois heures. Notre prélat se retirait fatigué, mais consolé. « *Si les pieds et les mains sont engourdis*, disait-il, *le cœur ne l'est pas.* »

La ville de Pignerol renferme plusieurs confréries et corporations d'arts et métiers; quatre d'entre elles, *Saint-Roch*, la *Miséricorde*, *Saint-Augustin* et *Saint-Bernardin*, ont leur église et leur chapelain. On eut soin qu'elles pussent avoir leurs exercices particuliers. Mgr Rey, se donnant à tous, s'y rendit, animant tout de son exemple. Ce n'était pas un zèle de *circonstance*. En tout temps, à toute heure, il se montra prêt à tout ce que désirèrent de lui ces pieuses associations, se mêlant à leurs fêtes, allant à leurs Quarante-Heures, à leurs assemblées religieuses. Tant de marques d'intérêt accrurent la considération dont elles jouissaient dans la ville, et les affermirent dans la ferveur et la fidélité à leurs règles. C'est ainsi que tout recevait de lui l'âme et la vie.

La mission et le jubilé retirèrent un grand nombre de pécheurs de leurs désordres. Les scandales publics cessèrent, quantité de mauvais livres furent lacérés et jetés au feu. Un fait plus significatif et plus consolant encore fut la multitude de diplômes d'agrégations au carbonarisme brûlés, soit par les Oblats, soit par les curés. Un seul prêtre en reçut au delà de cinquante. Les catéchismes et jusqu'aux costumes de la secte furent remis à l'évêque, qui leur fit subir le même sort. Si on réfléchit que, dans une population de treize à quatorze mille âmes, et dans une ville des plus religieuses du Piémont, le carbonarisme avait recruté tant d'adeptes, on aura une idée de la grandeur du mal qui rongeait ce beau pays, et on ne cherchera pas ailleurs la cause de sa lamentable situation depuis 1848.

Mgr Rey avait touché cette plaie de l'Italie pendant sa prédication à Turin, car il écrivait à un de ses collègues : « Mal« gré l'effet prodigieux du jubilé ici, l'ennemi y est très« actif et mine la société d'une manière effrayante. » En sentinelle vigilante, il ne cessa de pousser le cri d'alarme et de ralliement autour du pape : « Vous voilà donc, écrivait« il à deux nouveaux évêques [1], vous voilà placés sur les « remparts d'Israël et à la garde des *Alpes catholiques*. Ah ! « mes dignes et vénérables collègues, nous sommes à la « veille de grands événements où votre zèle aura des services « éminents à rendre à la sainte cause pour laquelle la Provi« dence a créé des évêques. Nous nous tiendrons unis au « Chef ; nous serrerons nos rangs et nous arrêterons l'ennemi « dans nos défilés. » Plus tard, il criait encore : « Il nous « faut plus que jamais *resistere fortes in bello*.[2], prier, serrer « nos rangs. »

Les résultats rapportés ci-dessus furent préparés par une lettre pastorale qui accompagna la publication de la bulle de Léon XII contre les sociétés secrètes. Forte en raisons, et pleine d'une sainte indignation contre ces associations ténébreuses organisées contre le christianisme et toute autorité, cette lettre pastorale fut un coup de foudre qui retentit bien au delà de Pignerol. La seule annonce de son apparition avait jeté la terreur dans les esprits. Sa lecture détermina beaucoup de renonciations à ces sectes de perdition. Le même

---

[1] NN. SS. Billet et Martinet.

[2] Résister avec force dans le combat. (1re épître de S. Paul.)

jour, la bulle fut affichée aux portes des églises du diocèse, et la lettre lue dans toutes les chaires. Le portrait, l'histoire et l'esprit trop peu connu des francs-maçons font frémir. « L'impiété, dit le prélat, est leur dogme ; le blasphème est
« leur langage ; leurs armes sont le poignard ; la corruption
« est leur élément ; les scandales sont leurs fêtes ; le crime et
« le sacrilége sont leurs liens ; les ténèbres sont leurs de-
« meures ; leur but est la destruction de toute autorité, ainsi
« que de toute vertu. Voilà leur portrait, quels que soient
« les noms qu'ils prennent, *francs-maçons* ou *carbonari*.

« Les nations bouleversées, les trônes abattus, les monar-
« ques égorgés, les conspirations, les soulèvements, l'assas-
« sinat, le sang et la boue : voilà leur histoire. » Voici leur esprit : « Esprit impur pour séduire la jeunesse ; esprit de
« fausse science et de lumières trompeuses pour égarer le
« talent ; esprit d'indépendance et de révolte pour faire ger-
« mer le mécontentement et le murmure dans le cœur des
« sujets fidèles ; esprit d'orgueil et de prétention pour flatter
« et attirer les âmes cupides et ambitieuses ; esprit d'hypo-
« crisie pour tromper les âmes simples ; esprit d'irréligion et
« d'impiété pour faire secouer le joug de l'Évangile, et sous-
« traire les enfants de l'Église à l'obéissance qu'ils doivent à
« leur mère ; enfin, esprit de fanatisme et de cruauté pour
« inspirer aux adeptes la haine contre les gens de bien, et
« façonner leurs mains à l'assassinat, etc., etc., etc. »

Monseigneur vient ensuite aux effets de ces funestes doctrines ; puis, prenant au corps la franc-maçonnerie, il l'étreint sous sa parole puissante, et finit par ces mots révélateurs :
« On sait aujourd'hui, par les aveux de quelques affiliés, que
« *Satan* reçoit, dans les loges les plus avancées de la franc-
« maçonnerie, un culte *d'adoration et d'amour*. »

Le portrait des francs-maçons fut trouvé, à Turin, un peu chargé. On s'autorisait de quelques paroles du comte de Maistre qui, avant la Révolution, avait été membre des loges de Chambéry. On en fit l'observation à Mgr Rey, qui répondit : « Hélas ! ce que disait le vénérable comte sur les ma-

« çons de Chambéry ne change rien à l'affaire ! C'était tou-
« jours un très-grand mal de donner à la secte l'autorité de
« son nom, de sa place et de faire croire ainsi à l'innocence
« de la chose. C'est cette connivence des grands qui les a
« perdus et a perdu bien plus qu'eux. On n'était pas si fou
« de montrer la corde devant ces personnages ; il y avait de
« l'adresse à paraître modéré avec eux ; mais n'était-ce pas
« un malheur assez grand que de leur fermer ainsi la bou-
« che, tandis que la mine souterraine se continuait par ceux
« qui en savaient davantage ? Nous voyons du reste le digne
« comte écrire plus tard à sa fille : « *J'étais fou alors, ma*
« *chère Constance, et je suis du petit nombre de ceux pour*
« *qui la Révolution n'a pas été perdue.* »

Les noms n'en imposaient pas à cet homme de Dieu, quelque respectés et chéris qu'ils fussent. Lorsqu'il les rencontrait sur la route de la vérité, il s'agenouillait devant eux; dès qu'ils s'en écartaient, il les plaignait; mais ni son amitié, ni sa vénération ne le portaient à excuser des erreurs, ou à justifier des torts qui, d'ailleurs, de la part du comte de Maistre, avaient été loyalement reconnus et noblement réparés.

Le jubilé eut aussi une influence salutaire dans les paroisses de la campagne. L'exemple, parti de Pignerol, n'y fut pas stérile ; de toutes parts, Mgr Rey reçut les nouvelles les plus capables de porter la consolation dans le cœur d'un évêque. Ne pouvant paraître partout, comme il l'eût désiré, ses lettres avaient stimulé le zèle et la piété, de manière à augmenter les grâces et les fruits de ce temps de bénédiction.

Lorsque le jubilé fut terminé dans tout le diocèse, Mgr Rey alla passer quelque temps en Savoie. Chambéry, où il avait laissé tant de souvenirs, le revit avec une grande joie. Les trois jours qu'il donna au vénérable archevêque, son père et son ami, furent des jours de bonheur et de réjouissance. De Chambéry, il dirigea ses pas vers ses chères montagnes du Chablais, passant par Genève, où il s'arrêta, pour prêcher à la fête de saint Germain, titulaire de l'église des catholiques. De là, il prit la route de Bellevaux.

Il n'est pas de moyens auxquels les religieux habitants de la contrée n'eurent recours pour rendre sensibles à ses yeux leur reconnaissance et leur joie. Ils voulurent fournir de leurs dons la table du prélat, comme au temps où il était leur missionnaire, et apportèrent au presbytère, où il prenait ses repas, des provisions, en telle abondance, que le curé, M. Bernex, ne savait s'en défendre, et disait : « La présence de Monseigneur m'a fait riche, de pauvre que j'étais auparavant. »

L'évêque de Pignerol se rendit à Mégevette, lieu de sa naissance. Il y fut reçu avec le même enthousiasme et les mêmes honneurs qu'à Bellevaux. Il entra d'abord à l'église où il avait été baptisé. Là, prosterné devant les fonts baptismaux, il laissa longtemps couler les larmes de sa reconnaissance ; puis, se levant, il s'adressa, tout rempli d'une pieuse animation, à la population qui l'avait suivi dans le lieu saint, trouvant à l'instant les plus ravissantes pensées, et les plus simples, sur la grâce de l'adoption divine et les obligations qu'elle impose à tous, fidèles, prêtres et évêques. Il renouvela ensuite, devant tout le monde, les vœux de son baptême.

Ce bon peuple ne pouvait se rassasier de le voir ; il parla avec un à-propos exquis, et se souvint des noms de chacun. Les voyant attendris, il sut aussi les réjouir en rappelant quelques espiègleries de son enfance.

Jamais Monseigneur n'oublia Mégevette, ni son curé, ni sa petite église, ni ses fonts baptismaux ; il leur envoya souvent des présents. Longtemps avant le voyage dont nous parlons, il avait fait don, en actions de grâces de son baptême, d'un ornement complet pour la célébration de la messe ; d'un surplis, d'une étole, d'une barrette, et d'un flambeau pour l'administration du baptême ; il y avait ajouté plus tard les ampoules avec leur bassin, une aiguière avec le vase pour verser l'eau baptismale. Ces derniers objets étaient d'argent. Il écrivait à la personne qui s'était chargée de faire préparer tous ces objets et que la dépense effrayait : « J'ai reçu bien
« davantage à l'église de Mégevette! Et le présent de la re-

« connaissance ne ressemble guère au don divin qui l'occa-
« sionne. Je ne peux pas dire ce que je ressens quand je
« songe à mon baptême. Le besoin de pleurer est toujours
« mon premier mouvement, et mes yeux se sont remplis de
« larmes depuis que ces deux lignes sont commencées. Ah!
« savez-vous ce que c'est que d'être très-réellement enfant
« de Dieu! Soignez donc mon pauvre cadeau et aidez-moi à
« bénir le Dieu qui a daigné m'adopter pour son enfant.
« Cher ami! nous sommes chrétiens! L'or et les pierreries
« n'ont rien qui ressemble à ce beau titre! » Il rejeta même
l'offre de cet ami de partager avec lui la dépense. Son âme,
éminemment reconnaissante, ne pouvait soutenir la pensée
d'une grâce reçue sans avoir besoin d'y répondre par une
preuve de gratitude. Pendant ce voyage, il fit, en vue de
reconnaître la grâce de son sacerdoce, le don d'un riche calice au séminaire d'Annecy, où il avait reçu son éducation
ecclésiastique.

A l'exemple du Sauveur, notre prélat marquait ses pas
par des bienfaits. Il ne voulut pas quitter Bellevaux sans
avoir aplani les difficultés qui existaient pour la reconstruction de la maison de Dieu. Celle-ci tombait en ruine; il prit
sur lui une notable partie de la dépense; et, de plus, il se
chargea des frais de l'autel principal, et promit un tableau
de l'Assomption de la sainte Vierge, patronne de la paroisse.

Des montagnes du Chablais, Mgr Rey descendit à Thonon,
où sa jeunesse avait été environnée des soins les plus généreux et les plus touchants. Sa présence y causa une profonde
allégresse. Toute la ville fut sur pied pour le recevoir. Il lui
fallut donner audience à tous les habitants, soit à la cure où
il était descendu, soit ailleurs; il voulut aller dans les rues,
où il ne pouvait se montrer sans que la foule se précipitât
sur ses pas pour le voir, et avoir une parole de sa bouche.
Il présida la distribution des prix aux élèves du collége dans
l'église paroissiale. Chaque lauréat eut de lui quelques paroles qui avaient trait soit au lieu de son origine, soit à sa
famille, soit à la classe qu'il avait faite, ou à la carrière vers

laquelle il s'avançait, et tout cela avec une grâce parfaite. Un discours sur la nécessité d'allier la vertu à la science, la culture du cœur à celle de l'esprit, termina la solennité, et l'assemblée en fut si frappée, qu'elle ne put, malgré la sainteté du lieu, ne pas laisser éclater son admiration par des applaudissements.

Ainsi, on peut dire que tout le voyage de Mgr Rey dans ce canton de la Savoie, qui était plus particulièrement *son pays*, fut un bonheur pour tous, et que sa présence y suscita un véritable enthousiasme. Son humilité n'en reçut aucune atteinte : simple et modeste, les souvenirs de son enfance pauvre, et souvent redevable aux bontés des autres, ne lui pesaient pas. Pendant cette excursion, chacune de ses pauses avait pour lui quelque motif d'intérêt différent; il voulut, nommément, s'arrêter à Douvaine. Là, un brave homme, M. Dubouloz, aubergiste, l'avait autrefois obligé, il tenait à le remercier; voici le fait. Le jeune Rey, à l'époque où il était au grand séminaire d'Annecy, venait un jour en vacances chez ses parents. Arrivé à Douvaine, qui n'était plus qu'à trois ou quatre lieues de Mégevette, il entra, fatigué, à l'auberge, hésitant à demander quelque chose, car il ne lui restait plus qu'une pièce de quatre sous... Le bon M. Dubouloz voit son embarras, et s'empresse de le bien servir; et comme en partant M. Rey lui exprimait avec effusion ses remercîments et ses excuses : « Bah ! bah ! lui répondit en riant l'aubergiste, vous me payerez quand vous serez évêque. » *La mémoire du cœur* [1] amenait en effet l'évêque pour acquitter la dette du petit séminariste.

Le 21 août, Mgr Rey se trouva à Annecy, pour la translation des reliques de saint François de Sales et de sainte Jeanne-Françoise de Chantal. Il y prononça le panégyrique du saint évêque de Genève, en présence de la cour de Sardaigne et de six cents ecclésiastiques, à la tête desquels on vit onze prélats, représentant la France, l'Italie, la Savoie et la

---

[1] *La reconnaissance est la mémoire du cœur*, définition du fameux *Massieu*, sourd-muet.

Suisse. L'archevêque d'Amasie, Mgr de Pins, dit en entendant cet éloge : *C'est un saint évêque qui célèbre les vertus d'un saint évêque.* Mgr de Quélen, archevêque de Paris, faisant allusion au texte du discours : *Erit sepulcrum ejus gloriosum*, disait : *Cet éloge ajoute à la gloire de ce tombeau déjà si glorieux.*

Le roi et la reine de Sardaigne comblèrent notre prélat des marques de leur estime. Invité à la table royale, le troisième jour des fêtes, Charles-Félix lui dit avec un ton d'amitié : *Monseigneur, si vous n'avez pas été le premier invité, c'est que vous êtes de la maison.*

Peu de jours après, Mgr Rey partait pour Lyon, et ouvrait, le 29 août, la retraite pastorale du clergé lyonnais [1].

---

[1] Quelques fragments de l'adresse de ce clergé à notre prélat permettront de juger des résultats de cette prédication. « O homme de
« Dieu ! vous êtes venu de loin nous prêcher son royaume ! vous l'avez
« placé dans nos cœurs ! Oui, vous avez fait des hommes nouveaux et
« d'autres cieux : nous osons le dire, vous nous avez rendus dignes de
« vos éloges. L'esprit de Dieu est descendu sur des abîmes ; il les a, par
« votre ministère, transformés en une autre terre que son souffle va
« rendre féconde. Oui, déjà nous respirons cette vie nouvelle ; un sang
« nouveau (nous sentons ses divines ardeurs) coule dans nos veines.
« Le Verbe divin a parlé par votre bouche, et sa vie nous anime tous.
« Soyez heureux, ô homme de Dieu ! ange séraphique ! qui avez puisé
« sur l'autel éternel, au sein de l'oraison, ce charbon ardent avec le-
« quel vous êtes venu nous révéler les oracles du ciel et nous ouvrir
« ces livres divins qui étaient, hélas ! fermés à notre intelligence, quoi-
« que tous les jours ouverts dans nos mains.

« O homme de Dieu ! digne imitateur du prince des pasteurs, reve-
« nez, revenez, après deux ou trois saisons, reconnaître votre ouvrage !
« revenez ranimer cette vie surnaturelle que la faiblesse humaine est
« si exposée à laisser affaiblir, nous n'osons dire éteindre. Non, elle ne
« s'éteindra pas dans nous. Le vieil homme y est mort ; il a été étouffé
« sous le torrent de larmes qu'a fait couler le repentir. Les larmes de
« la reconnaissance et de l'admiration ont coulé aussi ; ah ! que les unes
« et les autres étaient douces !...

« O ciel ! que vous a donc fait ce diocèse pour être si favorisé de vos
« regards ! C'est un ange de douceur qui l'administre ; sa bonté pénètre
« nos cœurs et adoucit le joug qu'il nous impose... Ce digne archevê-
« que nous trouvera toujours si dociles à sa voix, si fidèles à vos ensei-
« gnements, que son cœur touché portera au vôtre, Monseigneur, la
« consolante nouvelle que vos paroles ont vivifié tout son diocèse et que

Cinq mois plus tard, l'archevêque écrivait à notre prélat :
« C'est aux fruits de la retraite que je dois attribuer les suc-
« cès miraculeux de notre jubilé et à Lyon et dans tout le
« diocèse. Votre nom est dans toutes les bouches; il restera
« profondément gravé dans nos cœurs. Tous disent : Voilà
« les fruits de la retraite pastorale de Mgr l'évêque de Pigne-
« rol; toutes les bouches vous bénissent. Comme ils sont
« étroits les liens qui m'attachent à vous! Dieu vous a ap-
« pelé à Lyon afin que mon âme fût consolée. Je sens la
« grandeur du bienfait; ma reconnaissance sera éternelle [1]. »

Un prompt départ déroba Mgr Rey aux émotions des adieux qui l'affectaient sensiblement. Il passa par Turin, et sur la route qui conduit à Pignerol, à Riva, il mit pied à terre ; là était la frontière de son diocèse ; il entra à l'église, et, au pied de l'autel, remercia le Seigneur des bénédictions répandues sur son voyage et du bonheur de se retrouver au milieu de son peuple. La ville entière de Pignerol se porta sur son passage et aux abords du palais avec le même empressement que le jour de sa première entrée. Le bon prélat fut excessivement touché de ce témoignage d'affection filiale. Ses paroles exprimèrent ses paternelles émotions. Il savait trouver pour tous de ces mots qui vont au cœur, parce qu'ils partent du cœur.

L'apparition de Mgr Rey à Lyon, son entrevue avec les évêques de France présents à la translation des reliques de saint François de Sales, avaient fait naître le désir et l'espérance de l'attirer de nouveau dans ce royaume. Mgr de Quélen en fit même la demande expresse au roi de Sardaigne en faveur de Paris. « Je suis bien résolu, écrivit l'illustre arche-
« vêque à notre prélat, de ne pas laisser tomber la parole
« royale que vous avez entendue, à ma sollicitation, de la
« bouche de votre excellent Charles-Félix. Il m'a promis

« de ce sanctuaire où vous avez fait descendre sur nous les flammes
« ardentes de l'Esprit divin, ce feu sacré a été porté dans le cœur des
« pasteurs, et puis dans celui des peuples privés de vous entendre..... »

[1] Lettre du 24 janvier 1827.

« qu'il vous laisserait achever notre conversion ; vous n'avez
« plus d'excuses pour vous y refuser. Saint François de
« Sales venait bien prêcher le carême à Paris, et, dussiez-
« vous laisser vos reliques à Lyon dans la maison d'un jar-
« dinier[1], il faut venir achever votre ouvrage. Ma logique
« est pressante : c'est celle du cœur, c'est celle du besoin.
« Je crie vers vous, joignant les mains, fléchissant les ge-
« noux et inclinant la tête. Rassurez-moi, si vous le pouvez.
« Vous avez beau dire : *Mon Dieu !* sans doute que je pour-
« rais vous donner d'autres bonnes raisons ; mais vous les
« connaissez toutes. Je me contente de vous ouvrir mon
« âme et de vous dire que vous la ravirez de joie par une
« acceptation pour l'année prochaine (1828). »

Mgr Rey céda aux vœux du pieux archevêque, et celui-ci
l'en remercia en ces termes : « J'accepte avec reconnais-
« sance la bonne parole que vous avez prononcée ; nous
« nous contenterons de ce que vous appelez *vos vieilleries,*
« et que *l'écrivain du ciel sait rajeunir.* La parole de Dieu
« est comme Dieu lui-même : beauté toujours ancienne et
« toujours nouvelle. Il ne manquera que des cœurs neufs
« pour vous écouter ; nous les demanderons au Seigneur...
« Il me semble que je suis déjà meilleur depuis votre pro-
« messe : c'est du bien que le désir du bien. »

Mgr de Quélen termine sa lettre par la demande d'une
autre retraite pour le diocèse de Versailles, au nom de
Mgr Borderies. Elle fut promise avec la même bonne volonté
et le même dévouement. Mais la santé si longtemps éprouvée
de notre prélat l'empêcha de tenir ses engagements. Saisi
d'un refroidissement au sortir des prisons où il avait préparé
les prisonniers à faire leurs pâques, en quelques jours on le
crut aux portes du tombeau ; son état était comme désespéré. Le vicaire général, M. Ressan de Finile, ordonna des
prières publiques dans toutes les paroisses du diocèse. Les
fidèles alarmés se pressèrent dans les églises, redemandant
à Dieu, par leurs larmes et leurs supplications, leur père

---

[1] Allusion à la mort de saint François de Sales.

tendrement aimé. La municipalité de Pignerol fit célébrer un *triduum* solennel dans l'église de Saint-Augustin, bâtie par la ville en accomplissement de son vœu à Marie pour la cessation de la peste en 1630. Chaque matin il y eut messe chantée à l'autel de la sainte Vierge, et chaque soir la bénédiction du très-saint Sacrement, auxquelles la municipalité assista, en grande tenue, au nom de la cité. Le ciel se laissa fléchir. Le dernier jour de ce *triduum* de prières, il s'opéra dans l'état du malade une réaction subite et violente. Le malade était sauvé. Mais son corps n'était qu'une plaie et chacun de ses mouvements une douleur. Au milieu de ce cruel martyre, il montra une patience inaltérable : *Le Seigneur est le maître*, répétait-il souvent, *qu'il fasse de moi ce qu'il a jugé bon* [1].

Sa convalescence fut longue et douloureuse. Il en écrivait ceci à Monseigneur de Maurienne : « De grabat en grabat je « cours après la santé. Au lit jusqu'après midi ; de là, porté sur « les bras des miens sur un fauteuil pour y rester immobile « jusqu'au coucher. Défense de mettre pied à terre pour « laisser dans le repos des plaies que le mouvement empê- « cherait de guérir. Un mal de tête trop assidu s'empare de « moi après mes légères réfections, et, en cette pénible com- « pagnie, je fais mon ouvrage, je dicte mes lettres, je dé- « vore mes chagrins. »

Sauf les dix premiers jours de la maladie pendant lesquels il fut sans force, il ne s'accorda nul répit. Aussitôt qu'il eut ressenti un peu de mieux, il le consacra au service de l'Église. Du fond du lit, sous l'action de la fièvre, ou étendu sur une chaise longue, en proie à des maux quelquefois aigus, il dictait avec une admirable sérénité d'esprit les lettres d'affaires les plus graves. S'il s'agissait d'affaires secrètes et importantes, il faisait disposer un pupitre sur son lit et les écrivait lui-même. Ses lettres d'amitié ou de piété furent presque toutes l'ouvrage de ses mains : écrire alors était un allégement à ses souffrances.

[1] I Reg., c. III, 18.

Mgr Rey continuait à entretenir quelques correspondances en France, et entre autres avec Monseigneur de Belley, qui, après M. Perrin, était son meilleur ami. Ce dernier venait bien quelquefois de Turin, dérobant quelques jours à ses affaires ; ce qui permettait à Mgr Rey des moments de doux épanchement dont il avait tant besoin, mais ils étaient rares... Il arrivait donc peu de circonstances de quelque importance sans que Mgr Devie ou Monseigneur de Maurienne ne reçussent des marques de souvenir de notre excellent prélat. Nous citerons une lettre du 2 mai 1832, à Monseigneur de Belley ; celui-ci venait, ce semble, de rompre un silence prolongé.

Pignerol, 2 mai 1832.

« Dieu ! quelle douce, quelle sainte, quelle délicieuse surprise ! ô mon bien-aimé seigneur ! tendre et vénérable ami ! je n'en reviens pas, et je ne peux assez contempler cette écriture plus belle que dans vos plus beaux jours ! Oh ! oui, ami chéri, et si parfait, c'est à cause du saint usage que vous faites de votre vue et de votre plume, que le Seigneur, après vous avoir éprouvé, *quia acceptus eras Deo*, vous a rendu la jeunesse de l'aigle, qui est celle d'une vue perçante : *renovabitur in aquila*. J'en pleure de consolation, et mille fois mon pauvre cœur bénit le ciel de cette grande miséricorde sur vous pour le bonheur de tant d'autres. Pas un seul jour, mon digne et vénérable collègue, vous n'avez été oublié à l'autel, et jusqu'au dernier sacrifice que j'offrirai à Dieu, votre nom aura sa place dans les saints diptyques. Il m'est bien doux et bien consolant de pouvoir si parfaitement compter sur votre réciprocité : tout est gain pour moi dans ce précieux contrat de notre sainte amitié.

« Ah ! oui, certes, des siècles se sont écoulés depuis notre trop rapide entrevue ! et, pour peu que nous vivions encore, d'autres siècles se dérouleront sous nos regards : Dieu est en train : *festinant tempora ;* sa patience a été assez longue, assez étonnante, et peu s'en fallait que les bons n'en prissent scandale : mais *ut non extendant justi manus suas ad iniquitatem.* Le *benefac bonis* ne tardera pas. C'est du ciel exclusivement qu'est descendu le terrible choléra sur Paris : car je défie que l'on puisse dire d'où il est arrivé sur cette Babylone, si ce n'est d'en haut. Mais vos Pharaons s'endurciront, et il est bien à craindre qu'après cette première plaie, si pourtant c'est la première, il n'en survienne une plus terrible, et successivement jusqu'à la dernière, lorsque *equum et ascensorem dejicit in mare*. Pauvre France! tu n'existes plus que dans ton admirable clergé et dans le nombre des fidèles qui écoutent encore sa voix.

« J'avais le désir très-vif, et un peu l'espoir de recevoir de vos mains le nouveau Rituel ; ses décisions sur *l'usure* me sont connues (ou plutôt sur le prêt) ; j'ai tout cela de source, et pourtant l'opinion *personnelle* de Grégoire y est contraire, mais comme docteur particulier, et il a eu la modestie de ne vouloir point l'imposer à la sacrée congrégation de la Pénitencerie, *in dubiis libertas*. Vous connaissez aussi la décision sur la doctrine en pratique du B. Liguori, obtenue par S. Ém. le cardinal de Rohan. Je crois qu'il retourne dans son diocèse, et c'est bien le moment quand on succède aux apôtres. Hyacinthe est toujours à son poste des affaires étrangères. Toujours plus pieux, toujours plus aimable, toujours mieux aimé, il a passé trois jours avec moi à Pâques, et il s'en est vite retourné à sa noble galère.

« J'ai peu reçu de vos mandements, mon bon seigneur, et pour vous montrer mon mécontentement, je vous envoie de quoi vous endormir, et surtout peut-être de quoi vous ennuyer, si je vous condamnais à lire jusqu'au bout. Adieu, éternel *ami*, mes larmes arrivent en vous disant ce mot, et pourtant c'est le plus doux de tous ceux que l'on peut écrire. Adieu, je vous serre contre un cœur que vous avez si bien gagné, et je vous prie d'aimer, de bénir pour l'amour de Dieu, votre vieux ami et très-indigne collègue,

« † Pierre-Jos., évêque de Pignerol. »

La lettre qui suit, d'une date antérieure à la précédente, donne bien l'idée de la correspondance intime et habituelle de Mgr Rey avec M. Perrin.

« Votre lettre d'hier m'attendrit au plus haut point ; votre bon souvenir pour mes pauvres parents, pour ma tendre mère surtout, est digne de votre amitié pour moi, et au fond il est juste que vous vous identifiiez ainsi avec un ami à qui Dieu vous a donné. Hier matin, en voyant à la table sainte ma chère famille, et en songeant que votre cœur recevait peut-être en même temps la même nourriture, je comprenais bien combien vous appartenez parfaitement à cette famille chérie dont vous êtes le premier membre avec son chef. Aussi, mon Hyacinthe, quand je pense à tous les petits embarras que je vous donne habituellement, je suis sans scrupule sur mon importunité, parce qu'il me semble que vous devez en éprouver un pour vous-même dans tout ce que vous faites pour nous. Et, au fond, indépendamment des ineffables douceurs de notre sainte amitié, ce doit être une jouissance pour vous de songer qu'il est une autre maison que la vôtre, où vous êtes pourtant autant chez vous que chez vous-même. Aimable privilége de la divine charité dans les cœurs qu'elle unit, lorsqu'elle est au degré de la parfaite amitié ! Au nom de Dieu donc, cher enfant, dans Dieu et pour Dieu, ah ! ne cessez jamais de m'aimer de cette manière ! Vous avez appris que c'est là un inépuisable besoin pour mon existence, comme c'est aussi un inépuisable bonheur. Dieu rend infini ce qu'il aime, et deux chrétiens peuvent dire que leur amitié est inépuisable. Hélas ! sans le Dieu, qui en est le lien et la fin, je n'oserais pas donner cette qualité à cette douce sympathie qui nous a rapprochés, si nous n'avions pour nous aimer que les ressources de la nature, ou les nœuds de l'habitude ; les pauvres enfants d'Adam, tant parfaits qu'on peut en supposer au moins deux, ont besoin de puiser plus haut la solidité de leurs affections. Nous avons donc trouvé, ô mon Hyacinthe, la plus grande mesure de bonheur possible sur la terre. Ah ! mon enfant, bénissons, servons, aimons à jamais le Dieu à qui nous en sommes redevables.

J'ai depuis hier le chevalier d'Olry. Il est très-gai et je

tâche d'y contribuer ; il est venu avec une très-aimable dame, la comtesse de Scarampi. Ma santé va un peu mieux ; cependant j'ajourne l'espoir d'une guérison foncière à l'époque où je serai entre les mains du docteur Domenget [1]. Dieu daignera bénir les soins de ce cher médecin.

Savez-vous que la migraine depuis quatre jours ne m'a quitté ni jour ni nuit, et que la tête me fendait, en quelque sorte, en commençant cette lettre ? Heureusement que je ne vous en ai rien dit, car voilà qu'en ce moment je ne ressens rien du tout ; pourrait-il en être autrement en m'entretenant du bonheur parfait, et avec celui qui le partage et qui l'inspire ? O mon tendre et religieux ami, quelle doit être notre reconnaissance pour Celui qui nous a unis dans son saint amour ! Les deux journées qui viennent de s'écouler vous l'auront dit mieux que ma plume, mon Hyacinthe ; aussi je vous renvoie à vos souvenirs et à votre amitié ! A Dieu, cher enfant, à Dieu. Ah ! qu'il est doux d'avoir appris à séparer ces deux mots : *à Dieu* ; jamais il n'y eut d'union plus parfaite que celle que produit cette + séparation ; à Dieu !!!

Monseigneur avait un immense besoin des douceurs de cette affection, et son ami y répondait admirablement. Aux souffrances du corps étaient venues se joindre les peines de l'âme ; Dieu permit qu'il eût de graves ennuis au sujet d'un empiétement sur son autorité épiscopale, qui avait eu de l'éclat : « *Dieu*, dit-il en cette circonstance, *est le protecteur de ma vie et l'auteur de mon épiscopat ; ainsi j'aurais tort de me défier des conséquences que peuvent avoir les peines qu'il m'envoie.* »

Ce ne fut pas en vain qu'il avait espéré dans le Seigneur. Du fond de son lit, il eut le bonheur de terminer cette désagréable affaire, ainsi qu'une autre, qui ne l'était pas moins. Il en confia toute sa consolation à M. Perrin. « Dieu avait ac-« cumulé mes misères ; mais, en conscience, il a accumulé

---

[1] M. le docteur Domenget n'a cessé de prodiguer à Mgr Rey les soins les plus dévoués jusqu'à sa mort.

« ses miséricordes, et ma maladie a été entre ses mains un
« moyen qui a facilité les succès. Béni soit mon Maître, mon
« tendre Maître, de qui il est écrit : *bene omnia fecit* [1]. » Notre prélat avait coutume de dire : « *Les maux sont des biens quand c'est Dieu qui les envoie.* »

Ayant fait part de l'état de sa santé à l'évêque de Versailles, il écrivit en plaisantant : « Si Mgrs de Quélen et Borderies « ne me remplacent pas pour la retraite, je suis homme à « leur arriver tel quel. » Ce *tel quel* était un corps affaibli, couvert de plaies ; mais dans ce corps, il y avait une âme d'une trempe tout à part. C'était la force dans la faiblesse, et la vie dans la mort.

La France ne le mit pas à cette épreuve. Son rétablissement n'avançant pas, il se décida à venir en Savoie dont l'air, les eaux, la société même lui étaient conseillés par les médecins. Avant d'entreprendre ce voyage, auquel il eût préféré celui de Rome où l'appelait le serment fait à son sacre, il demanda au souverain pontife l'autorisation de se faire remplacer, dans le pèlerinage aux tombeaux des saints apôtres, par un ecclésiastique pieux qui rendrait en même temps compte à Sa Sainteté de la situation de son diocèse. Léon XII, par un bref du 28 juin 1828, l'exhorta à mettre de côté *toute sollicitude, et à soigner une santé si précieuse au diocèse de Pignerol;* en même temps, il lui accorda toute latitude, tout en lui exprimant son ardent désir de le voir à Rome.

Une autre difficulté restait à lever : c'était sa pauvreté ; en toute simplicité, il l'exposa au roi, qui pourvut aux frais de son voyage. C'est au commencement de juillet qu'il prit la route de Savoie, et là, dans la société des évêques de Maurienne et de Chambéry, Mgrs Billet et Martinet, il trouvait les charmes d'une vieille amitié, le souvenir de communs travaux et les plus douces relations. Chambéry était toujours plein de lui ; son retour à la vie y avait répandu l'allégresse.

[1] Il a fait bien toute chose.

La moitié des habitants de cette ville voulut le voir. Il les reçut à l'archevêché, étendu sur un fauteuil, seule situation qui lui fût permise. Les magistrats de la cité et les autorités supérieures de la Savoie s'empressèrent aussi de lui apporter leurs hommages.

Mgr Rey se rendit, vers la mi-juillet, aux bains de Saint-Gervais, près du Mont-Blanc, où il passa cinq semaines. Sa vie, là comme partout, était un ensemble de tout ce qui peut édifier. N'étant pas en état de marcher, il se faisait porter à la chapelle de l'établissement le matin, pour y entendre la messe, et le soir pour la prière et la lecture de piété. Dès qu'il put se tenir debout, il monta à l'autel où, malgré sa grande faiblesse et ses douleurs, il accomplit toujours avec une religieuse gravité chaque rite du sacrifice. Ces exemples et la bonté de son cœur engagèrent plusieurs protestants à rentrer dans le sein de l'Église catholique ; *ce que quelques-uns ont fait*, écrivait, il y a douze ans, l'ecclésiastique attaché alors à la personne de notre prélat, *et entre autres mademoiselle S. D. V., que l'on ne nomme pas, parce que sa position de famille et certains intérêts temporels ne lui permettent pas de se déclarer ouvertement catholique.* Ceux qui résistèrent à l'entraînement de ses exemples et de ses entretiens partagèrent cependant, avec les premiers, la vénération que l'on ne pouvait refuser à tant de vertus. Quand Mgr Rey sortait de table, où il restait peu, l'assemblée entière se levait et lui faisait une profonde salutation.

Notre prélat revint les deux années suivantes affermir la guérison que ces bains lui avaient procurée. Ce fut la même édification de sa part et les mêmes témoignages de respect. Chaque année, le propriétaire de l'établissement, M. Gontard, avait l'attention de fêter, ou la consécration épiscopale, ou le patron du prélat. Les détonations des boîtes et une sérénade annonçaient, la veille, la solennité du lendemain. La chapelle était parée de ses plus beaux ornements, et, pendant la célébration de la messe par le prélat, la musique de Sallanches faisait entendre ses concerts. Au repas régnait l'allégresse ; chaque convive portait un bouquet en signe de réjouissance. Le toast était accueilli et porté avec enthousiasme. C'était quelque chose de vraiment extraordinaire de voir, non-seulement les personnes du lieu, mais tant de personnes étrangères réunies par hasard, s'identifier à la circonstance, et aussi de voir des protestants, en grand nombre, déposer leurs préjugés, leur haine peut-être contre l'Église, et s'associer de cœur aux honneurs rendus à un évêque catholique. Ce qui ne l'était pas moins, c'est leur façon d'agir envers leurs ministres; ceux-ci passaient presque inaperçus au milieu des leurs ; des pasteurs de Genève, de Vaud, des évêques anglicans étaient perdus dans la foule qui les honorait tout au plus d'un regard de curiosité, tandis qu'on s'estimait heureux d'être admis auprès de notre prélat, et d'en recevoir quelques témoignages d'affection et d'estime.

On eût bien désiré entendre la parole de Dieu de la bouche de Mgr Rey. Mais, soit que ces désirs lui parussent venir d'une simple curiosité, soit à cause des ménagements qu'exigeait sa santé, surtout dans les premiers temps, il s'y était refusé. Peut-être ne voyait-il pas d'opportunité ; elle se présenta cependant, et voici comment. A l'entrée du vallon des bains, au point où se croisent les routes de Sallanches, de Chamouni et du village de Saint-Gervais, était un poteau indicateur des lieux où elles mènent, auquel les fidèles, à cause de sa forme, rendaient fréquemment, et comme instinctivement, le respect et l'honneur destinés à la croix qui aurait dû s'y trouver. Notre prélat pensa qu'il serait bon qu'on en érigeât une en ce lieu. Après avoir obtenu l'autorisation de l'évêque diocésain, il fit don de la croix et la bénit solennellement un dimanche, en présence de la société des bains, de la paroisse de Saint-Gervais et d'une grande affluence de monde venu de tous côtés. Du pied de cette croix, il prononça un discours sur la légitimité et les fruits de la dévotion envers l'instrument du salut du genre humain. Il donna les preuves de la légitimité de ce culte par sa conformité aux sentiments de la nature, au jugement de la raison, aux maximes de la foi et à la pratique universelle des siècles chrétiens. Cette partie était dogmatique; la seconde, où il développa quels sont les fruits de cette dévotion, fut à la fois dogmatique et morale; l'une et l'autre touchèrent vivement l'assistance; il avait le don d'émouvoir, sans doute parce que son propre cœur était touché. Après la cérémonie, plusieurs personnes illustres et distinguées vinrent lui ouvrir leur âme et lui demander, avec des consolations, les conseils de sa sagesse.

Mgr Rey s'était préparé à ce discours d'une manière particulière. Il écrit à M. Perrin : « Je demande au bon Dieu de « m'inspirer deux mots d'édification pour les fidèles et pour « ceux qui ne le sont pas. » Il s'était imposé d'écrire son discours. Le genre d'auditoire lui parut exiger cette précaution. L'âme du pontife anima cette parole écrite, et d'autant plus aisément qu'au souvenir de la Passion l'émotion le gagnait toujours. A l'adoration de la croix, le vendredi saint, l'expression si souvent employée était littéralement vraie; « il arrosait le pavé de ses larmes. »

Mgr Rey retourna dans son diocèse passablement rétabli. En l'année 1829, il revit encore les montagnes du Chablais. Sur sa route, de Thonon à Bellevaux, il retrouva les mêmes fêtes, la même expansion que la première fois. Les fidèles, accourus des paroisses environnantes, se formaient sur deux haies pour le mieux voir, le saluer et en être bénis. Pendant tout le temps qu'il se reposa sous le toit de ses pères, ce ne furent que réjouissances religieuses parmi ces bons montagnards. Tous s'approchèrent des sacrements, tous voulaient communier de sa main, pensant s'attirer plus de grâces et de bénédictions.

En venant, cette année, à Bellevaux, le but du prélat était de visiter les familles des pauvres gens qui, l'automne précédent, avaient eu à déplorer la perte de quelques-uns des leurs; une déplorable imprudence les avait précipités du haut des échafaudages dressés pour la construction de l'église. Sa présence, ses paroles et ses bienfaits fermèrent les plaies encore saignantes. Il n'avait pas attendu ce moment pour consoler leur douleur et soulager leur infortune. Dès la première nouvelle de la catastrophe, tout l'argent qu'il fallait pour l'achat des remèdes et des linges nécessaires au traitement des blessés, avait été envoyé. Il obtint du gouvernement que les honoraires des chirurgiens fussent acquittés par le trésor royal. Un monument, simple et religieux, fut érigé, à ses frais, sur la tombe de chaque victime, et sa bonté, qui honorait leurs dépouilles mortelles, n'oublia pas leurs âmes ; elles furent particulièrement recommandées aux prières des communautés religieuses de sa ville épiscopale, et il les plaça dans son *memento* des morts, où elles eurent une part à ses sacrifices. Enfin, il officia lui-même pontificalement au service funèbre qui eut lieu à Bellevaux.

Au moment où il apprit cette catastrophe, il écrivit au curé : « Je ferai tout ce que vous voudrez pour soulager leur po- « sition. Ah! sans doute, vous aurez rempli ma maison de « ces chers malades. Jamais elle ne m'aura été plus agréable « qu'en servant d'asile à mes frères en Jésus-Christ, etc. » On voit, par tout ce qui précède, ce que c'était que Mgr Rey parmi ces bons habitants des montagnes : un frère, un ami, un père pour tous. Assis sur une mauvaise chaise, près de l'unique foyer de leurs cabanes, entouré des membres de leurs familles, il les entretenait de leurs ancêtres, de leurs parents, de leurs petits champs, de leurs montagnes, et des vertus dont elles avaient été les témoins. Il s'enquérait, avec intérêt, du nombre, de l'âge, de la conduite de leurs enfants, de l'état de leurs troupeaux, de leurs récoltes, de leurs forêts. Sa bonté touchante les invitait doucement à ne pas dévier de la route qu'avaient tracée *les anciens*, recommandant aux enfants la docilité et l'amour envers leurs parents, et à ces derniers, les bons exemples, les sages leçons et la vigilance dans leur famille. Il revint l'année suivante consacrer la nouvelle église.

Cette cérémonie eut lieu le 1ᵉʳ août, en présence de quarante ecclésiastiques et d'une foule innombrable de fidèles.

A peine Monseigneur eut-il donné quelques semaines à sa chère Savoie, qu'il dut reprendre le chemin de Pignerol ; le moment allait arriver où devait avoir lieu la célébration de la fête séculaire du vœu fait par cette ville, en 1630, le 15 août, en l'honneur de Marie, pendant qu'elle était affligée tout à la fois de la peste, de la guerre et de la famine. Le prompt retour de l'évêque combla son peuple de joie. Des magistrats allèrent le remercier de s'être rendu à leur prière. Il répondit qu'*il leur devait lui-même une vive reconnaissance de l'avoir fait souvenir de cette époque; qu'il eût été inconsolable d'être privé du bonheur de déposer solennellement en union avec ses enfants ses hommages aux pieds de Marie, libératrice d'une ville à laquelle il était tout dévoué : qu'à la reconnaissance qu'il devait à cette auguste protectrice, en sa qualité de premier pasteur de la cité, il joindrait celle dont il lui était personnellement redevable pour en avoir obtenu la santé par les supplications des dignes magistrats de sa chère ville de Pignerol.*

Le 14 août, une illumination générale annonça la fête. Le jour de l'Assomption offrit un spectacle magnifique. On était accouru de toute la province. Le nombre des étrangers fut évalué à plus de 30,000. Pendant la journée entière, les églises, celle de Saint-Augustin surtout, étaient combles. La statue de Marie, libératrice, entourée de cierges innombrables, fut portée en triomphe à la procession, et successivement par les confréries de Pignerol, et par celles des paroisses de Riva, de Saint-Pierre et de l'Abadie. Sur tout le parcours, les fidèles, à genoux, levaient leurs mains suppliantes vers l'image de la bonne Mère, et recevaient les bénédictions du pontife. Celui-ci était visiblement heureux de cette reconnaissance d'un peuple qui survivait à deux siècles. Le chant du beau cantique de la Délivrance l'enthousiasmait de joie et d'admiration. Dans ce pays, il est d'usage d'avoir de magnifiques tentures pour les processions du Saint-Sacrement. Chaque maison en possède : on s'empressa d'en décorer splendidement les fenêtres ; l'espace qui sépare la cathédrale de l'église de la Vierge (ou de Saint-Augustin), était aussi richement tendu de draperies, et d'une église à l'autre on ne marchait que sur des tapis et des fleurs. Le lendemain, la ville fut illuminée de nouveau et avec plus d'éclat encore que la veille ; des feux, lancés dans les airs, offrirent aux regards le chiffre et l'image de Marie, que des milliers de voix saluèrent avec transport.

Longtemps après, au souvenir de cette solennité, l'évêque s'écriait : *Quels magistrats! quel peuple! quelle ville! Ah! quelle sainte et heureuse journée!*

Ce qui doublait le prix de pareilles démonstrations de foi, c'était, hélas ! leur contraste avec ce qui se passait aux frontières de Pignerol, du côté de la France, où l'impiété victorieuse insultait Dieu, abattait les croix et en traînait dans la boue les débris : la révolution de 1830 venait d'éclater.

Mgr Rey était encore, au mois de juillet, en Savoie, lorsqu'elle eut lieu. Ces événements, que sa pénétration avait anticipés, ne pouvaient le surprendre. Il en écrit aussitôt à son ami, M. Perrin : « Je considère cette nouvelle révolution
« en chrétien ; je me jette sur le rocher de la foi, et de là je
« tire de plus sûres conséquences de ces effrayantes pré-
« misses. Quand je vous verrai, je développerai mes pensées
« devant votre foi, et vous montrerai le grand profit à tirer
« de cette tempête subite, mais non imprévue. Je vous assure
« que cet épouvantable événement me frappe moins que la
« patience avec laquelle Dieu l'a retardé ! Souvenez-vous
« qu'un écrivain a déclaré que Jésus-Christ avait été *légiti-*
« *mement condamné par Pilate !*... et que l'auteur d'un tel
« blasphème a pu jouir de l'impunité sous la liberté de la
« presse et la connivence du jury : mille exemples de ce
« genre ont infecté la France ; l'odeur de cette impiété a fa-
« tigué les anges ; les voilà libres de venger leur Dieu qui est
« le nôtre... Ah ! quel avenir !... O mon Dieu ! vous proté-
« gerez cette France à cause de votre miséricorde et de la
« piété de tant d'âmes qui vous sont dévouées ! »

Le roi se trouvant à Chambéry, l'évêque eut avec Sa Ma-

jesté une longue entrevue avant de revenir à Pignerol. La révolution de France fut le principal sujet de leur entretien, dont les particularités ne sont pas connues. Mais, après cette audience, il s'empressa d'épancher ses sentiments. « En sortant d'auprès du bon et incomparable Charles-Fé-
« lix, dit-il, je répétais, sans m'en apercevoir, le mot *adora-*
« *tion*, et, après avoir reconnu qu'elle est réservée à Dieu
« seul, je décidais bien vite que tout l'amour qui se peut
« porter sur la *seconde majesté* n'est dû à personne au même
« degré qu'à Charles-Félix; je raconterai un jour à votre
« cœur tout ce que ce prince chéri dit au mien. »

En ces conjonctures, il se fit un devoir de prémunir les prêtres et les fidèles de son diocèse contre les séductions des temps. Il adressa aux premiers une circulaire en latin, où, en leur rappelant les fléaux de 1630, dont la délivrance venait de donner occasion, dans sa ville épiscopale, aux plus touchantes manifestations de la piété et de la reconnaissance, il les exhorte à prévenir, par la prière, l'humiliation du cœur et les bonnes œuvres, les maux dont le monde était menacé. On ne peut exprimer quel admirable parti il sut tirer de la description du règne de Charles-Félix : ce ravissant tableau des droits de tous respectés, de la religion protégée exerçant sa pacifique influence, reporte la pensée aux meilleurs jours. Les plus douces excitations invitaient les ecclésiastiques à prier pour le roi et les magistrats, afin que, sous le sceptre du plus sage des rois, et par l'observance des lois, les peuples continuassent à jouir de la tranquillité de la vie, et à vaquer, dans la paix, à la pratique des vertus chrétiennes. Enfin, il remettait sous leurs yeux les qualités du zèle qui est selon Dieu, et leur recommandait, entre autres choses, d'éviter les discussions sur les événements qui s'étaient accomplis dans le royaume voisin.

Sa lettre pastorale aux fidèles, du 31 janvier 1831, vint ensuite; il y signalait la cause qui portait l'agitation parmi les peuples et le désordre jusque dans les fondements de la société. Cette cause, *c'est le mal d'indépendance* dont l'obéis-

sance est l'unique remède. Le prélat interrogeait l'histoire sacrée, parce que c'est là que se voit la conduite de la Providence envers les nations dociles ou rebelles. Que répondre à cette voix auguste et sainte qui nous montre le bonheur là où est l'obéissance, et le malheur partout où elle a fait place à l'esprit de révolte? Le prélat apportait encore en témoignage l'expérience universelle : « Où voyons-nous, dit-il,
« la paix régner, le commerce fleurir, la fortune publique
« s'accroître? N'est-ce pas dans les États où règne l'obéis-
« sance? Quelles sont les familles heureuses? Ne sont-ce
« pas celles où les enfants soumis honorent leurs parents,
« où les serviteurs fidèles sont dociles à la voix de leurs
« maîtres..... Et ces corps puissants qui servent à défendre
« les empires, où croyez-vous que réside la force qui fait leur
« puissance et notre sécurité? Serait-ce dans le nombre, dans
« le courage? Peut-être? C'est dans quelque chose de mieux
« encore; c'est dans l'obéissance. Au jugement de tous, la
« discipline fait la force des armées. Eh! qu'est-ce donc que
« la discipline, si ce n'est pas l'obéissance? Oui, le guerrier
« est fort, parce qu'il est soumis; son obéissance fait partie
« de son honneur, et la victoire, qui trahit si souvent le
« courage, reste presque toujours fidèle à la discipline :
« c'est un oracle de la sagesse : *Vir obediens loquetur vic-*
« *torias* [1]. »

Quant aux maximes d'*indépendance*, il montre que, pour les réfuter, il suffirait de contempler les fruits qu'elles produisent : « Jamais, disait-il, elles n'ont attaqué l'autorité lé-
« gitime que pour lui en substituer une autre mille fois
« plus dure, et multiplier l'oppression sous le prétexte de la
« liberté. Tout est sacrifié à cette idole du délire : la paix
« des États, la fortune publique, les biens et la vie des ci-
« toyens, le bonheur et l'espérance des familles. L'expé-
« rience la plus certaine et la plus fatale a prouvé que,
« séparée de la foi, rien n'est plus tyrannique que la liberté.

---

[1] L'homme obéissant racontera ses victoires. (Prov. xxi.)

« Ses apôtres, en prêchant la désobéissance, aspirent tou-
« jours au commandement... Tous les prédicateurs d'indé-
« pendance tiennent en réserve des chaînes pour les peuples
« qu'ils poussent à la rébellion. L'émancipation du genre
« humain n'est qu'un rêve de la folie. Que l'orgueil et
« l'ambition accumulent ici toutes les objections possibles;
« les faits parleront plus haut que les sophismes, et nous se-
« rons toujours en droit de leur répondre, avec saint Paul,
« qu'on ne peut rien contre l'évidence et la vérité. » L'évêque établit ensuite que Dieu seul nous donne l'obéissance, et
que « lorsque nous sommes soumis aux princes dans l'ordre
« temporel, c'est à Dieu que nous obéissons. L'homme par lui-
« même n'a aucun pouvoir sur l'homme ; il n'en peut don-
« ner aux autres sur lui-même ; et, en supposant des circon-
« stances où les hommes eussent choisi un autre homme pour
« les gouverner, ils n'ont pu que lui *promettre l'obéissance*,
« mais non lui conférer directement aucun pouvoir; car il
« est de foi que tout pouvoir vient de Dieu. Quelles qu'aient
« été dans l'origine les causes secondaires qui ont amené un
« souverain sur le trône, Dieu seul est la première cause; sa
« Providence préside aux événements qui constituent les socié-
« tés et fondent les États. Leur stabilité est ensuite entièrement
« son ouvrage; et, lorsque des siècles ont entouré un trône des
« bénédictions du ciel et de la vénération des peuples, une
« auguste prescription vient encore prouver qu'en héritant
« du sceptre de ses ancêtres, le prince qui le porte l'a réel-
« lement reçu des mains de Dieu. Un royaume n'est plus
« alors qu'une immense famille dont le monarque est le
« père ; et l'obéissance toute filiale de ses sujets, quoiqu'elle
« soit une obligation de leur conscience, ne leur semble
« plus qu'un besoin de leur amour. La puissance hérédi-
« taire fait leur sécurité : c'est à l'ombre de ce chêne an-
« tique que les peuples se reposent. La confiance, le respect
« et l'affection imprègnent les mœurs publiques de leur
« douce influence : c'est sur les cœurs surtout que le prince
« règne, et la soumission alors paraît bien moins un devoir

« qu'un sentiment. Cette peinture n'est point idéale, N. T.
« C. F., et l'émotion qu'elle vous fait éprouver indique
« assez où nous en avons pris le modèle. »

Il fallait du courage pour publier alors de semblables vérités : le sol de l'Europe tremblait ; les soulèvements de Parme, de Modène, de Bologne, montraient l'Italie sur un volcan ; la France poussait partout les peuples à la révolte. A la veille d'un bouleversement, et dans le désordre universel où étaient les esprits, il y avait une noble énergie à proclamer ainsi comme un principe imprescriptible la nécessité de la soumission aux puissances, et à frapper de réprobation les doctrines révolutionnaires alors si accréditées.

Cette lettre pastorale, dont on vient de lire quelques fragments, réjouit les amis de l'ordre et excita les colères des *carbonari* du Piémont. De tous côtés arrivèrent au prélat des lettres anonymes où, avec les grossièretés ordinaires à ces sortes de pièces, on lui faisait le reproche d'avoir attaqué le *roi des Français et la grande nation*. Les reproches étaient accompagnés de menaces de mort. Des propos sanguinaires, dont on crut devoir l'avertir, furent entendus à Pignerol. Ils ne l'effrayèrent pas. La preuve en est dans sa correspondance du moment : « Je me jette avec une confiance d'enfant, dit-
« il, entre les mains de la bonne Providence et sous la pro-
« tection de la tendre Mère du Dieu crucifié. Je prendrai
« quelques précautions quand la tempête approchera, et
« puis Dieu, qui sait tout et qui fait tout, disposera de moi
« selon les vues de sa sainte, aimable et paternelle Provi-
« dence. »

Mgr Rey saisit toutes les occasions d'inoculer ou d'affermir dans les esprits la fidélité au trône. Les officiers des troupes qui allaient ou revenaient de Fénestrelles, ou qui se succédaient à Pignerol, ne manquaient jamais de lui offrir leurs hommages, et jamais ils ne sortaient d'auprès de lui sans ressentir un dévouement plus grand à la monarchie. Il dit un jour aux officiers des dragons qu'*il félicitait son roi d'avoir de tels serviteurs, et qu'il n'y avait pas une de ces nobles moustaches qui ne prît feu à la vue d'un carbonaro, d'un ennemi du trône.*

Sur ces entrefaites, Charles-Félix tomba malade. Tout ce que l'affliction a d'amertumes, tout ce que la confiance a de consolations, tout ce que la piété filiale a de tendresse, tout ce que le dévouement a de plus vif, se rencontre dans les paroles qui furent arrachées à Mgr Rey par les alternatives de crainte et d'espérance que fit naître la santé du monarque. Il multiplie ses prières avec ses aumônes; il provoque un religieux empressement à se rendre dans la maison de Dieu pour solliciter la prolongation d'une vie si précieuse; il fit même un vœu à cette fin. « Ah! si ma misère a pu mettre « un grain dans la divine balance, écrivit-il à ce sujet, et « que ce grain aide à faire incliner celle où reposent nos « destinées, et à rendre la santé à celui qui y préside sur la « terre, quelle consolation à mon immense douleur! »

Mais Charles-Félix touchait au terme de sa vie. Ce trépas, tout prévu qu'il était, accabla Mgr Rey. Nous le laisserons dire lui-même sa douleur à l'évêque de Maurienne, qui avait essayé de le consoler : « Ah! mon bon seigneur, il est im- « possible que vous ayez deviné toutes mes larmes et la « cruelle oppression de mon pauvre cœur après la fatale « nouvelle du 27 avril (1831), qui m'arriva à minuit et « demi. Mon malheur fut de ne pouvoir pleurer d'abord. Je « restai dans un état de stupeur inexprimable; la douleur « m'étouffait; et, lorsqu'à neuf heures toutes les cloches de « ma ville épiscopale annoncèrent simultanément la triste « nouvelle, des torrents de larmes purent enfin sortir de « mes yeux... Je n'ai pas pleuré mon père plus amère- « ment, ni plus abondamment que je n'ai pleuré mon roi; « mais aussi quel prince! O mon Dieu! vos mains l'avaient « formé pour les plus héroïques vertus et pour notre bon- « heur! Les détails de sa longue maladie sont incompara- « bles. C'est à la lettre de dire que le christianisme et la « royauté ont constamment vu le héros sur le lit de douleur. « Son âme calme et céleste a donné le plus admirable et le

« plus touchant spectacle de foi, de piété, de résignation et
« de courage. Son agonie a été celle d'un saint, et ses der-
« nières paroles, au moment du trépas, ont été celles du
« Sauveur au jardin des Olives : *Fiat voluntas tua*. Son tes-
« tament est, comme tout le reste, un modèle de religion,
« de sensibilité et de délicatesse. »

Toujours maître de lui-même malgré les plus violentes émotions, notre prélat avertit immédiatement son peuple de ce triste événement par une lettre qui ordonnait des prières publiques pour le repos de l'âme de l'auguste défunt et pour la prospérité du règne de Charles-Albert. Mgr Rey rappelle à ce prince les avis, les conseils et les exemples de profonde sagesse qu'il a reçus de Charles-Félix. Puis, lui traçant les devoirs d'un bon roi, il le prémunit contre l'engouement des *constitutions*, véritables fléaux des empires. « Ce n'est pas
« seulement le sceptre de ses ancêtres que Charles-Félix a
« transmis au prince qui lui succède, c'est encore son cœur
« et son amour pour nous, dit le prélat; oh! que de choses
« l'âme du jeune prince a puisées dans celle du monarque
« pendant ces nuits précieuses qu'il a passées à le secourir et
« à le soulager ! Près de ce lit de douleurs, ce prince a fré-
« quemment entendu et soigneusement conservé les paroles
« de sagesse, les oracles d'amour qu'exprimait encore la
« voix défaillante du monarque. Il a baigné de ses larmes la
« main auguste qui le bénissait et qui nous bénissait tous dans
« le nouveau père auquel il nous confiait. Il a reçu, il a ac-
« cepté, il accomplira la touchante et noble mission de nous
« rendre heureux, et, sous le règne de Charles-Albert, nous
« nous croirons encore sous celui de Charles-Félix.....

« Commencez donc, prince auguste, la belle, la sublime car-
« rière qui s'ouvre devant vous! Soyez sûr que votre peuple
« répondra à vos soins par son amour et sa fidélité. Déjà vous
« avez entendu ses premières acclamations. Qu'elles étaient
« franches! Qu'elles étaient animées! Eh bien, elles seront
« universelles. La Providence veilla sur le prince auquel
« vous succédez, elle veillera sur vous. Nos vœux pour votre

« prospérité seront ardents ; Dieu prendra plaisir à les exau-
« cer. Votre règne sera celui de la justice, de la bonté, de la
« douceur et de la fermeté. La religion vous prêtera son ap-
« pui, vous éclairera de ses divines lumières, vous soutiendra
« par la force invincible qu'elle donne aux princes qui la
« chérissent, l'honorent et la pratiquent. Nous jouirons sous
« votre sceptre paternel de la seule liberté qui convienne à
« une grande famille, celle de pouvoir faire tout le bien qui
« rend l'homme plus vertueux, et de ne trouver d'obstacles
« que dans la pratique de ce qui pourrait le perdre. O notre
« bon prince ! c'est par Dieu et avec Dieu que vous nous gou-
« vernerez avec succès ! Nous serons heureux par vous ; vous
« le serez à cause de nous, et notre bonheur mutuel mon-
« trera à l'univers qu'elle est ici-bas la meilleure forme de
« gouvernement. »

Les mandements de Mgr Rey portaient fort loin ; on se les disputait à Turin ; celui dont nous parlons acclamait le nouveau règne avec foi et amour ; il fit beaucoup de bruit. Charles-Albert, le nouveau roi, aimait la religion, mais rien ne portait à croire qu'il la pratiquât ; on le vit désormais en accomplir les devoirs. Nul doute qu'en arrivant au trône, il n'eût intérieurement la crainte que le souvenir de son passé n'eût laissé dans les esprits beaucoup de défiance ; mais cette voix qui s'était élevée la première en sa faveur, cette voix, connue et révérée par les peuples, avait parlé ; elle annonçait qu'ils étaient avec lui et pour lui, et que toute gloire lui était réservée, s'il s'appuyait sur la religion et la prenait pour sa conseillère. On pourrait peut-être remarquer ici le principe de l'union et de l'attachement qui existèrent entre le roi et Mgr Rey et ne se sont jamais démentis depuis.

Si le prélat s'étendit peu dans sa lettre pastorale sur le règne de Charles-Félix, c'est qu'il présumait devoir être appelé à prononcer à Turin l'oraison funèbre de ce prince, dans laquelle il eût développé ce qui n'était que légèrement touché dans la lettre, et donné l'essor à ses sentiments d'admiration et d'amour envers un monarque dont on a dit avec vérité qu'il était le *seul roi vraiment roi* de cette époque. Mais il ne fut pas invité à rendre ce devoir à la mémoire du prince, et ce service à l'État. « L'oraison funèbre, a-t-il dit, « était toute faite; je n'avais qu'à la jeter sur le papier. Le « besoin de parler de Charles-Félix, de raconter les bienfaits « et les gloires de son règne, me pressait fortement. L'occa- « sion de le satisfaire ne se présenta pas. »

Mais, s'il ne prononça pas de discours devant le public, il lui fut donné de parler selon son cœur du royal défunt devant Charles-Albert, le jour même des funérailles de Charles-Félix, et plus tard. Après avoir offert à ce roi son tribut de prières et de regrets, il alla porter ses hommages à Charles-Albert, qui lui tendit la main et l'embrassa à plusieurs reprises. L'entretien qui suivit cette réception eut le même caractère de confiance et d'abandon. De la part du roi, il y avait un touchant laisser aller, comme d'un fils bien élevé envers un père respecté et chéri. Le prince s'ouvrit sur ses desseins, et exprima la volonté de *régler les choses de telle sorte que le pape n'eût à se plaindre de rien dans la manière dont l'autorité des vicaires de Jésus-Christ serait reconnue dans son royaume.* On ne saurait dire combien cette déclaration réjouit le cœur de l'évêque de Pignerol. Il en félicita le prince et l'affermit dans ces dispositions avec toute l'autorité de son caractère, de son âge et de ses lumières. Ce prélat tressaillait au seul nom du vicaire de Jésus-Christ; son langage s'élevait et s'animait dès qu'il parlait en faveur de l'autorité des pontifes romains. « Les souverains n'ont rien à craindre, « dit-il au roi, de la doctrine de l'Église et de la puissance de « son chef; l'une et l'autre, au contraire, sont les plus fermes « appuis des trônes, et plus les princes respectent la houlette « de Pierre, plus le ciel affermit le sceptre qu'il a placé en- « tre leurs mains. Que de calamités par lesquelles l'histoire « nous apprend que le ciel a vengé les injures faites à ses « pontifes! Et combien d'Antiochus frappés par la main du « Seigneur qu'ils avaient outragé dans son vicaire, ont dû « répéter dans les catastrophes qui leur sont survenues : « C'est

« maintenant que je me souviens des maux que j'ai faits à
« Jérusalem... Mais, d'un autre côté, que de royaumes floris-
« sants, que de peuples heureux, que de princes bénis pour
« être attachés à l'Église et avoir respecté l'autorité de son
« chef! »

Ces principes furent souvent mis en avant sous le règne de Charles-Félix. Mgr Rey prémunit encore le prince contre les perfides insinuations d'un parti qui présentait la soumission au Saint-Siége comme un danger pour l'autorité royale; le prélat entremêlant ces avis des effusions d'un grand attachement pour le roi Charles-Albert, ce prince s'en montra sensiblement touché : « Dans cet abandon si doux pour moi,
« écrivait Monseigneur à l'évêque de Maurienne, nous ve-
« nions d'oublier l'un et l'autre notre état; mais j'espère que
« nous ne nous en repentirons ni l'un ni l'autre. »

L'entrevue finit, ainsi qu'elle avait commencé, par les témoignages du plus filial attachement de la part du monarque.

La durée de cette audience fut remarquée. Mgr Rey, en sortant de l'appartement du roi, laissait apercevoir sur son visage les traces de son émotion. Ce fut pour les courtisans, et même le public, un sujet de commentaires et de conjectures sur la nature de cette longue conférence. Les amis de la religion et de la monarchie augurèrent bien de la confiance du roi en un évêque si dévoué à l'une et à l'autre; Charles-Albert, recourant à ses conseils, calmait les inquiétudes qu'autorisait le souvenir de 1821, et rassurait les esprits contre des changements politiques universellement redoutés. Les carbonari et leurs amis de toutes nuances, ne partagèrent pas la joie commune. Ils avaient trompé la générosité irréfléchie d'un prince de vingt ans, et avaient espéré conserver la même influence sur ce prince devenu roi. Mais le malheur et la réflexion avaient un peu dissipé les illusions de sa jeunesse. Trop heureux si plus tard il n'eût pas de nouveau cédé aux conseils de cette secte dangereuse qui, flattant l'ambition de ce monarque, devait précipiter sa ruine. Mais, avant ce lamentable dénoûment, il aura montré au monde par dix-sept années d'un règne glorieux et fortuné, ce que peuvent pour le bonheur de leurs sujets les princes qui s'inspirent de leur foi, et s'appuient dans la tâche difficile du gouvernement sur les principes d'une religion sincère.

Cette première conférence fut suivie de deux autres, qui eurent lieu au château de Raconis, le 23 et le 24 août 1831.

Les corporations religieuses, les chapitres, les séminaires, l'Université, etc., en furent l'objet. Le prélat proposa au roi de se concerter avec Rome, et d'aviser, d'un commun accord, à la suppression des couvents d'où la discipline avait disparu, et de réunir ceux qui ne comptaient pas un nombre suffisant de sujets à des maisons de la même observance. Quant aux biens des couvents supprimés, une partie devait être employée à soutenir les communautés vraiment pauvres et reconnues d'une utilité véritable; avec le reste, on ferait aux moines, rendus à la vie séculière, des pensions qui, à la mort des titulaires, seraient consacrées à des œuvres pies.

La question des chapitres avait de graves difficultés : il eût fallu abolir les patronages laïques, qui introduisent dans ces corps respectables des enfants ou des jeunes gens, la plupart sans vocation, à l'état ecclésiastique. Cette opération aurait réduit les chapitres au nombre de chanoines nécessaires au service divin et à l'assistance due aux évêques dans leurs fonctions pontificales et administratives. Il aurait été également à propos de les rendre moins indépendants des ordinaires. Mgr Rey avait encore en vue que les séminaires fussent confiés à des communautés fondées à cette fin, telles que les Sulpiciens, les Lazaristes, les Oblats.

Comme ces questions touchaient à la discipline générale, Mgr Rey songea à proposer un concile national; mais la crainte de tout compromettre par cette proposition le détourna de la soumettre au roi. Le seul nom de *concile* eût jeté l'alarme au camp des parlementaires, qui n'eussent pas manqué de représenter un concile comme une impossibilité et une imprudence. L'état de l'Europe, de l'Italie surtout, alors si travaillée par les idées révolutionnaires, leur eût fourni des armes contre celui qui aurait osé proposer pareille mesure.

Mgr Rey suggéra l'idée d'un conseil d'évêques, dont les uns seraient nommés par le pape, et les autres laissés au choix du monarque. C'est ce conseil qui fut connu sous le nom de *délégation apostolique*[1]. Il eut pour président le cardinal Morozzo, archevêque de Novare, et pour membres, les archevêques de Turin et de Gênes, et les évêques de Pignerol et de Vigevano. Le pape soumit à son examen les réformes qui lui semblaient utiles, en se réservant toutefois celles qui touchaient aux communautés religieuses. La délégation écrivit aux évêques des États pour avoir leur avis touchant les points sur lesquels elle était appelée à délibérer. Elle eut ensuite plusieurs réunions dans les mois de juin et de juillet 1833, où elle arrêta les chefs principaux qui réclamaient des réformes. Ce travail fut envoyé à Rome et soumis à l'approbation du Saint-Siége. La délégation fit plus encore : elle réclama instamment du monarque la liberté et l'indépendance de l'Église.

Mgr Rey eut une grande part à ses travaux, et lui adressa d'Annecy, où il avait été transféré, plusieurs mémoires importants : « Souvenez-vous, nous écrivait, en 1842, un pieux
« et savant évêque[2] d'au delà des monts, de mentionner que
« Mgr Rey fut membre de la délégation apostolique, dont
« les heureux résultats sont dus, en bonne partie, aux rares
« lumières de cet infatigable prélat. »

La délégation apostolique eût fait davantage sans la retraite du comte de Lascarène, ministre de l'intérieur, en 1835[3].

---

[1] Cette délégation fut créée par lettres apostoliques du 28 septembre 1832.

[2] Mgr Galvano, évêque de Nice.

[3] Si cette délégation apostolique eut peu de vie et ne put opérer un grand bien, ce fut principalement la faute des sénats ou cours du royaume qui refusèrent de la reconnaître et d'entériner les *lettres pontificales* qui l'instituaient.

Son successeur, le comte de Pralormo, imbu des idées étroites et tracassières de Joseph II, fut bien éloigné de favoriser les desseins des évêques, dont son prédécesseur avait été, avec Mgr Rey et le comte de La Tour, le plus ardent promoteur.

Avant cette époque, de sages mesures avaient été prises à l'égard de l'Université. Mgr Rey avait demandé qu'au chef-lieu des divisions territoriales il y eût des écoles de droit, de médecine, etc., où les étudiants prendraient les premiers grades. Cette mesure, destinée à prévenir ces agglomérations de jeunes gens, si dangereuses aux mœurs et au repos public, fut adoptée pour la Savoie, qui y était le plus intéressée. Dès lors, les élèves n'eurent que deux ans à passer dans la capitale pour les grades supérieurs.

Notre prélat avait représenté combien les agitations du monde et les mouvements de la politique sont nuisibles au développement des intelligences, il émit la pensée d'établir, près de l'Université, des maisons d'éducation où les jeunes gens venus des provinces seraient abrités contre les périls de leur âge et de la dissipation d'une grande ville. On ne sait jusqu'à quel point cette proposition trouva faveur auprès du monarque, ni pourquoi elle n'eut pas de suite : les familles y auraient trouvé une grande sécurité pour la conduite de leurs enfants, et des garanties de succès dans leurs études, comme aussi un utile allégement dans le poids des dépenses.

Le personnel universitaire avait besoin d'être épuré. Un fait, triste en lui-même, mais providentiel, justifia les alarmes de l'évêque de Pignerol et les mesures qu'il avait réclamées. Deux jours avant la présentation du mémoire que Charles-Albert l'avait chargé d'écrire sur les matières dont il est question, avait paru une réimpression d'un livre impie, revêtue du *visa* du censeur royal de l'Université. Celui-ci, interpellé, avait avoué sa signature, et le roi signé sa destitution. Le parti carbonaro se remua beaucoup en faveur du coupable : tout ce qu'il obtint du monarque fut que le censeur donnerait sa démission ; mais, en accordant ce tempérament, Charles-Albert donna cette réponse aux solliciteurs :

Oui, je le veux; mais j'en parlerai si haut que l'on saura ce que démission veut dire en pareil cas. Il tint parole.

Le mémoire ici mentionné fut lu à Charles-Albert par l'auteur lui-même, qui y ajouta, de vive voix, les développements et les explications nécessaires. Pendant cet entretien, il se produisit, chez notre prélat, un phénomène analogue à celui que nous avons raconté lors de la retraite de Bordeaux. Il semblait qu'il y eût alors en Mgr Rey deux hommes, dont l'un commentait le mémoire et donnait les éclaircissements désirés, tandis que l'autre, hors de la sphère des choses humaines, était absorbé par d'autres considérations. L'évêque de Pignerol eut un moment d'inquiétude, ne sachant s'il ne lui serait point échappé quelques paroles compromettantes pour le succès de la cause qu'il avait plaidée. Mais, à force de s'interroger, il parvint à remettre dans son esprit le fonds et les principales circonstances de la conversation, et il eut tout lieu de se rassurer. Le roi ne s'était aperçu de rien, et à la manière dont il traita l'évêque, il fut évident qu'il avait été satisfait, et profondément impressionné.

Pendant cette même audience, Charles-Albert voulut connaître les pensées du prélat sur les hôpitaux, l'instruction primaire, et quelques autres points; Mgr Rey, en exposant ses vues, insista principalement sur les services rendus par les congrégations religieuses aux œuvres de charité et à l'instruction publique, et convainquit le monarque qu'il y avait grand avantage à confier à leurs soins les écoles et la garde des malades. Avant de congédier le prélat, Charles-Albert lui témoigna le désir d'avoir, par écrit, les idées qu'il venait d'exposer, et dont il voulait faire la règle de sa conduite: Mgr Rey les rédigea aussitôt, et en moins de quatre heures. Dès lors, les prisons, les hôpitaux, la visite des malades à domicile furent remis aux mains des Filles de Saint-Vincent-de-Paul. Les Sœurs de Saint-Joseph, de la Présentation, l'Institut des bons Frères du vénérable Lassalle, de la Croix, de la Sainte-Famille, eurent toutes les facilités désirables. A Turin, on vit le roi encourager de sa présence, de sa parole, de ses libéralités, les Frères des écoles chrétiennes et leurs élèves, tandis que la pieuse reine en faisait autant pour les établissements de filles dirigés par les Sœurs. Quand Charles-Albert parcourait ses États, ses premières visites se dirigeaient vers les hôpitaux, où il passait en faisant le bien, distribuant des aumônes, et, ce qui valait mieux encore, consolant, par quelques bonnes paroles, les pauvres malades.

Ces œuvres n'étaient pas le fruit d'une faveur de circonstance. Mgr Rey jouit jusqu'à la fin de sa vie de la consolation de voir ce prince dévoué au bonheur de ses sujets. Il est peu de règnes où il y ait eu une impulsion plus soutenue imprimée aux esprits vers tout ce qui était bon, honnête, charitable et vertueux.

De retour à Pignerol, Mgr Rey reçut des lettres de *conseiller* d'État. *Quel pauvre conseiller !* s'écria-t-il devant Dieu ; *mais, vous, ô mon Sauveur, qui êtes l'ange du grand conseil, que ne pouvez-vous pas faire, même avec un misérable instrument ! Entre les mains de Samson, une mâchoire d'âne détruisit les Philistins : eh bien ! entre vos mains, omnia possum* [1].

Contrairement à la plupart des hommes qui n'envisagent ces hautes distinctions que du côté de la fortune et de la gloire qui leur en reviendront, notre prélat ne vit dans celle qui lui était conférée qu'un nouveau motif de servir l'État par ses remontrances et ses conseils, quoi qu'il dût lui en coûter. « Votre compliment au pauvre conseiller d'État, ré-
« pondit-il à l'évêque de Maurienne, m'a donné de la con-
« fiance et du courage. Je porterai toujours ma conscience
« avec mon cœur au pied du trône. La première empêchera
« le second de faire des sottises. Je serai franc dans l'expres-
« sion de la vérité : je suis trop vieux pour biaiser, et Dieu
« m'aidera à ne pas souiller mes cheveux blancs. Je suis
« touché et honoré de la confiance de mon souverain ; mais un
« rien peut la faire perdre, et je veux plaire à Dieu avant tout.»

---

[1] Je puis tout. (1ʳᵉ aux Cor.)

Racontant au même prélat l'accueil que lui avait fait Charles-Albert, il ajoutait : « Je n'en désire que plus vive-
« ment rester toujours étranger à la cour ; et pourtant le
« cœur me brûle d'amour pour ce digne et aimable souve-
« rain ; mais une voix sourde, certaine cependant et conti-
« nuelle me crie : *Nolite confidere in principibus* [1]. D'ailleurs
« je sais avec quelle facilité l'on tombe du haut de ces mon-
« tagnes du siècle ; aussi je ne ferais pas un pas que je n'y
« sois forcé. » Ce n'est pas qu'il suspectât la sincérité des sentiments du roi envers lui ; mais ces longs entretiens, ces confidences royales le désignaient d'une part à la basse jalousie des courtisans, et de l'autre à la haine des ennemis de la religion et de l'ordre. Il ne craignait pas ces derniers ; leur colère honore ceux qu'elle poursuit ; mais les premiers lui faisaient peur. Leurs perfides insinuations, leur adresse à saisir le côté faible des princes pour renverser les projets les plus sages lui inspiraient une vive horreur des cours, et une douloureuse compassion pour les rois environnés de tant de piéges.

Chaque fois qu'il avait paru dans le palais du roi, il avait été frappé de l'air inquiet, agité des hommes qui faisaient antichambre, et du dépit jaloux peint sur chaque trait de leur visage : « Je reconnais bien alors, disait-il plus tard, que la
« place d'un évêque n'est pas là, et que les pontifes de l'Église
« ne doivent s'en approcher qu'autant que le bien des âmes
« le requiert ou que les bienséances en font un devoir. Aussi
« ne m'y suis-je jamais présenté que pour l'un ou l'autre de
« ces motifs, et presque toujours pour les deux à la fois.
« Parmi les raisons qui me firent accepter le siége épiscopal
« d'Annecy, celle de n'être plus exposé à paraître à la cour,
« où de nombreux amis de la couronne croyaient ma pré-
« sence utile, ne fut pas la moins déterminante. »

Les faveurs royales avaient trouvé Mgr Rey presque indifférent ; il n'en fut pas de même de l'heureuse nouvelle qu'il

---

[1] Ne placez pas votre confiance dans les princes. (Ps. 145.)

reçut du retour de Charles-Albert à la pratique du devoir pascal. « Dieu m'a fait aujourd'hui une grâce que j'ai vive-
« ment sentie, manda-t-il à M. Perrin, à Turin. Vous savez
« mon amour pour mon roi, vous en connaissez presque
« tous les motifs. Vous savez que cet amour n'est point oisif,
« que mes prières pour lui sont constantes, sont ferventes et
« toujours la vive expression de ma foi et de mes désirs.
« Pendant ces pâques (1832), je ressentais une tendre et vive
« sollicitude pour celui que j'aime le plus sur la terre ; je
« demandais à Dieu, presque avec larmes, que mon prince
« ne fût pas exclu du bonheur et du *devoir* commun. Au-
« jourd'hui, j'ai été dans le cas de voir très-brièvement
« l'Ananie vénérable que ce digne prince s'est choisi. Vous
« ne sauriez entièrement comprendre la profonde impres-
« sion de joie qu'a faite sur mon cœur cette consolante
« découverte. Oh ! comme je prierai l'ange de l'auguste pé-
« nitent et celui de son pieux Ananie ! »

Il serait naturel de penser que notre prélat avait pu être détourné par de graves affaires, que nous avons rapportées, de l'accomplissement du ministère sacré : il en fut tout autrement. Prédications, visites, soins des communautés religieuses, inspection de ses séminaires, exhortations à ses prêtres, il donna ses soins à toutes choses comme auparavant. De Fénestrelles, où il passait près d'un mois chaque année, au milieu des élèves et des maîtres de son petit séminaire, il allait visiter les populations du haut et du bas *Pragellaz* : les Traverses, les Usseaux, le Villaret, la Pérouse, Frosasco, etc. Chaque soir, il revenait à Fénestrelles, où il faisait l'instruction paroissiale des dimanches.

De retour à Pignerol, il en sortait chaque semaine pour évangéliser les peuples du voisinage. Bricherasio, Cercenasco, Bibiane, et d'autres paroisses, le virent tour à tour consacrer leurs autels, bénir leurs cloches, administrer la confirmation, ouvrir et clore leurs missions, et leur distribuer le pain de la parole de vie.

A Pignerol, ni le nombre de ses travaux, ni celui des visites que lui attirait la faveur du roi, n'apportèrent de changement à sa manière d'être devant Dieu et devant son peuple. Ce fut la même exactitude aux exercices de la piété, la même fidélité aux assemblées religieuses des églises de la ville. Il laissait chez lui les personnes qui y logeaient, hôtes de sa bonté ou de son amitié, ou bien, ce qui était plus ordinaire, elles l'accompagnaient dans le lieu saint. Ainsi ces visites de bienséance ou d'affection tournaient à l'édification commune. Notre prélat tenait toujours et partout à prêcher d'exemple.

Le *choléra* sévissant en Europe, il adressa, à son diocèse, une lettre datée du 14 octobre 1831, dans laquelle il recommanda, parmi les moyens d'éloigner ce redoutable fléau, des *stations* de pénitence pour les dimanches, vendredis et samedis dans les églises désignées par lui à cet effet. Les stations des vendredis consistaient à réciter, à genoux, les bras en croix et à haute voix, trois actes de contrition [1]. Le respect humain était le grand obstacle à cette pénitence publique : pour le vaincre, l'évêque commença lui-même les stations suivant la teneur de son ordonnance. Accompagné du chapitre de sa cathédrale et de plusieurs fidèles, il visita les églises, récitant dans chacune, de la manière prescrite, les actes de contrition. Chaque membre du chapitre en fit autant : cet exemple entraîna tout. Dès lors les habitants de Pignerol, sans distinction de classe et de rang, se succédèrent sans interruption, au nombre de deux, de trois, et souvent de quinze et de vingt au pied des autels, et y accomplirent, avec simplicité, les actes d'humiliation et de repentir recommandés. Cette docilité de ses enfants fut pour lui un sujet de consolation et de confiance en la miséricorde du Seigneur : « Nous éviterons par la grâce de Dieu, dit-il, et le *choléra* et les vices qui l'attirent. » L'événement répondit à ses prévisions. Ce sera toujours une époque bien mémorable

---

[1] Ces démonstrations extérieures de piété, qui étonnent peut-être en France, sont très-fréquentes en Italie, en Espagne et en Allemagne. La manière dont Mgr Rey les recommandait à ses diocésains n'avait rien que de naturel et d'accord avec les usages du pays.

pour le Piémont, que celle où ce terrible fléau, parcourant la péninsule et décimant les populations de Naples, de Rome, de Gênes, s'arrêta devant Turin[1] et aux frontières de Pignerol, où il fit très-peu de victimes, comme pour constater son impuissance de sévir contre des peuples qui, par le jeûne, la prière, l'aumône et le repentir, avaient désarmé la justice divine.

La lettre pastorale contre le *choléra* avait été fort goûtée et admirée à Turin ; comme elle avait donné occasion à une conversation sur le ministère des saints anges, entre le comte de La Tour et un de ses chefs de bureau pendant un voyage de Turin à Gênes, celui-ci en fit part à Monseigneur de Pignerol qui lui répondit : « Quels touchants entretiens que ceux que cet
« excellent comte avait avec vous ! Malgré les grands intérêts
« dont s'occupe la diplomatie, qu'il y a loin cependant des
« sujets qu'elle traite dans les cabinets à celui qui était l'objet
« de votre pieuse conversation ! Il me semble que les affaires,
« conduites par de pareils hommes, doivent nécessairement
« réussir, parce qu'il y a quelque chose de divin dans leurs
« lumières. Il me semble aussi que le souverain qui choisit
« de pareils hommes pour diriger les grandes affaires de l'É-
« tat peut compter sur un infaillible succès. Dès qu'on aime
« à s'entretenir des anges, et qu'on en parle comme l'Écri-
« ture, et qu'on les vénère comme la foi l'enseigne et que la
« piété le suggère, on acquiert une sorte de droit aux inspi-
« rations de l'ange du grand conseil. Ma réflexion a un poids
« de plus dans les affaires de la diplomatie ; car les livres
« saints nous apprennent que les anges président aux desti-
« nées des empires, et qu'ils ont une mission spéciale auprès
« des potentats. Le comte de La Tour n'était donc point hors
« de ses attributions, en s'occupant de ses collègues invisi-
« bles, et je ne doute pas qu'il n'y ait entre eux une corres-
« pondance plus intime et mieux suivie que celle dont vous
« avez été l'heureux interlocuteur dans la voiture de Son

---

[1] Pise et Turin avaient fait publiquement de magnifiques vœux à la sainte Vierge : Pise d'une lampe d'or. Le choléra n'y parut pas.

« Excellence. Il n'y a pas jusqu'à la rapidité de votre course
« dans laquelle je ne trouve quelque analogie avec celle qui
« transporte en un clin d'œil d'orient en occident les *diplo-*
« *mates célestes.* »

Si des consolations véritables remplissaient alors le cœur
de notre prélat, par les excellentes dispositions de ses diocésains, il s'y mêlait néanmoins de vifs chagrins. Le vent révolutionnaire soufflait de la France sur la Savoie et avait manifesté sa présence par des faits regrettables.

A Chambéry, l'ouverture de la mission, le 6 janvier 1832,
fut marquée par des excès qui rappellent les plus mauvais
jours. Le lieu saint fut profané, la prédication interrompue
par des vociférations sacrilèges, les ministres saints outragés
et l'assemblée des chrétiens maltraitée. Les places publiques,
les rues de cette ville si religieuse retentirent des cris les plus
impies. La consternation fut grande : les gens de bien, c'est-
à-dire la masse de la population, désolés de ces outrages
commis en plein jour contre le Seigneur, le furent bien davantage de l'indifférence de l'autorité à les réprimer. Un
simple déploiement de forces eût fait rentrer les perturbateurs dans les ténèbres, d'où on n'aurait pas dû les laisser
sortir. On parlementa avec eux au lieu d'agir. Ils prirent
pour de la connivence ce qui était de la douceur mal employée, et leur hardiesse s'accrut de l'absence de l'énergie qui
les eût réprimés.

L'archevêque de Chambéry, Mgr Martinet, voyant la cause
de Dieu abandonnée par ceux qui auraient dû la défendre,
pour prévenir de nouveaux attentats, ajourna indéfiniment
la mission contre le vœu des autorités. Celles-ci eussent désiré qu'elle fût continuée par d'autres que les jésuites, afin
de rejeter sur eux, avec quelque apparence de vérité, des
torts qui n'étaient imputables qu'à elles-mêmes.

Ce n'était pas tout : il devenait urgent de mettre le gouvernement du roi en garde contre les relations mensongères de
ces douloureux événements. La réputation du prélat, l'honneur de son clergé, la justification des jésuites, la gloire

jusque-là si pure de Chambéry et de la Savoie, tout se réunissait pour faire un devoir à Mgr Rey de prendre en main cette cause ; il était en outre si attaché à Chambéry, et une si vieille amitié l'unissait au digne métropolitain de la Savoie, qu'il se chargea d'instruire le gouvernement. Mais auparavant il écrivit lettres sur lettres à l'archevêque pour le soutenir et le consoler dans son affliction. Ces encouragements eurent un effet admirable. « Vos consolantes lettres, lui ré-
« pondit le prélat, sont un véritable bienfait de la Providence.
« Malgré la distance qui nous sépare, il n'y en a point pour
« nos âmes. Au contraire, il y a entre elles une si admirable
« sympathie, que nos pensées et nos affections semblent se
« confondre et être identiques. Dieu seul peut vous récom-
« penser du grand mérite de votre charité à mon égard. »

Le devoir de l'amitié rempli, Mgr Rey compara les rapports qui lui avaient été transmis, et, après en avoir reconnu le parfait accord et la vérité sur tous les chefs, il les porta à la connaissance des ministres, « priant Dieu de tout son
« cœur, disait-il, pour ce pauvre Chambéry, pour cette chère
« Savoie, afin que le bon Dieu lui rendît ses miséricordes, et
« que le bon roi ne les privât pas de sa protection et de son
« amour. »

Quoique l'exemple des plus saints pontifes fût une justification suffisante de son immixtion dans cette affaire plus religieuse que politique, avant d'intervenir il voulut s'assurer si, comme conseiller d'État, il n'y avait pas pour lui obligation, ce qui existait en effet [1].

Les mesures proposées au ministre par le prélat furent adoptées et tout rentra dans l'ordre. Le gouvernement n'aurait pas été disposé à sévir : le Seigneur sembla s'être réservé la punition des crimes de ces lamentables journées ! Une maladie terrible s'abattit sur Chambéry, et avec une mystérieuse intelligence parut choisir ses victimes... Mgr Rey, habitué à suivre la marche de la Providence dans les événe-

---

[1] Paragraphe 6 du chapitre des Devoirs des membres du conseil d'État.

ments, répondit, au sujet de ce mal, à un prélat de Savoie :
« *Digitus Dei est hic!* le doigt de Dieu est là! Ils ont crié : *A
« bas la mission!* elle est tombée, mais elle les a écrasés dans
« sa chute. On n'a pas voulu de processions, on a des enter-
« rements; on ne voulait pas troubler le carnaval par des
« exercices religieux, on le célèbre par des pompes funèbres.
« On a exercé une véritable terreur sur les âmes religieuses ;
« une terreur plus forte succède sur les mauvais par la crainte
« des châtiments mérités. On s'est moqué de Dieu ; Dieu se
« retrouve. Oui, oui, *digitus Dei!* Et c'est ce qui me rassure
« sur les vengeances possibles de la part des méchants, si
« jamais une révolution quelconque soustrayait momentané-
« ment Chambéry à son véritable maître. Alors, comme
« aujourd'hui, Dieu protégerait les siens ; et, s'il permettait
« qu'ils bussent quelque goutte à la coupe du malheur, ce
« serait pour en faire avaler le contenu jusqu'à la lie aux
« contempteurs de son nom. Les vengeances appartiennent
« à Dieu [1], et il a dit : *Et ego retribuam,* je les exercerai.

Monseigneur eut encore d'autres sujets de peine, qui lui
vinrent de quelques propositions faites au conseil d'État, à
l'occasion du Code civil, par lequel Charles-Albert inaugura
son règne. Les juifs et les Vaudois, toujours chers aux ennemis de Jésus-Christ, avaient des amis à Turin qui travaillaient
à les mettre sur la même ligne que les catholiques. Le *mariage civil* ou le concubinage légal, par opposition au mariage des chrétiens, avait des défenseurs. Les registres de l'état
civil enlevés aux prêtres, des peines et des amendes édictées
contre les curés coupables de quelques négligences dans la
tenue de ces actes de la vie religieuse et civile, avaient été
soumises aux délibérations du conseil d'État...

Le gouvernement du roi avait oublié de demander aux
évêques des prières pour attirer les bénédictions du ciel sur
une œuvre aussi capitale que la rédaction d'un code de lois.
Mgr Rey fut profondément affligé de tout cela. Un autre

---

[1] Deus ultionem Dominus. Ps. xcIII, v. 1.

oubli très-grave avait eu lieu ; on n'avait pas appelé dans les comités où se discutaient les affaires qui touchaient à la religion les conseillers d'État de l'ordre ecclésiastique. « Je « crains, écrivit notre prélat à un de ses collègues, qu'on « n'ait voulu des nôtres au conseil que pour la montre, car « on n'a pas songé à y appeler les têtes qui les portent, quoi- « que l'on y traite de matières qui sont de leur ressort. »

Cependant, comme il y allait des intérêts de l'Église, Mgr Rey ne se crut pas dispensé d'agir par les voies restées ouvertes devant lui. Il se créa autour du conseil d'État des interprètes de ses pensées, et écrivit très-fortement au sujet des questions à traiter [1].

---

[1] « Je suis entièrement de l'avis du digne chevalier Maffey, et certainement pour mon compte je réclamerai, avec toute la liberté épiscopale, contre toute disposition qui atteindrait le clergé et le soumettrait aux lois civiles, et à plus forte raison aux lois pénales *pour une fonction de leur état*. Or, la tenue des registres est une fonction ecclésiastique : il s'agit de baptême, de sacrements, par conséquent du mariage qui en est un aussi et des sépultures ecclésiastiques. Le gouvernement d'une nation catholique a adopté ces *registres* comme ayant force et droit d'authenticité ; mais il ne les a pas rendus *laïques* ou *séculiers* pour autant. Il est bien le maître, s'il en avait l'humiliante fantaisie, de faire tenir, pour les naissances, les contrats de mariage, les décès, des registres par les syndics et de leur donner la force civile qu'il ôterait aux nôtres. Mais, tandis qu'il se servira des registres ecclésiastiques, c'est à l'Église d'en surveiller la tenue et de punir ceux qu'elle en a chargés. A quoi servirait aux évêques de dire à ceux qu'ils admettent à la tonsure : *Hodie de foro Ecclesiæ facti estis* [1], si le for séculier peut encore les frapper, surtout pour une fonction de leur état ? Et s'il s'agissait de la *suspension* du temporel, je demande en vertu de quel acte les curés sont mis en possession de leur bénéfice quant au *temporel* aussi bien qu'au spirituel ? N'est-ce pas en vertu de l'institution que leur donne l'évêque ? Or, il est un principe de droit qu'*illius est destituere cujus est instituere* [2]. Et qu'est-ce donc qu'une réduction du *temporel*, sinon *une destitution partielle du bénéfice* ?

« Si le gouvernement accordait un *salaire* exclusivement destiné à la tenue par les curés d'un registre à son usage, je comprendrais la réduction de ce *salaire* dans un cas de négligence. Mais réduire le temporel d'un bénéfice, qui n'est pas certes accordé pour la seule tenue des registres, mais pour toutes les fonctions sacrées et pour l'existence de

[1] Vous dépendez dès aujourd'hui du for de l'Église.

[2] Le droit de destituer appartient à celui qui a le droit d'instituer.

Le digne comte de La Tour ne fut pas des derniers à intervenir énergiquement; son nom se rencontre partout où il y a eu un droit ou une liberté de l'Église à défendre.

Ces dispositions hostiles au clergé furent heureusement écartées du code, et l'harmonie entre le sacerdoce et l'empire, si nécessaire au bonheur des peuples, ne fut pas troublée.

Monseigneur de Pignerol avait à cœur trois choses : la première, était l'exclusion du *parlementarisme* ou du *joséphisme* des lois; la seconde, que les lois eussent pour base le Décalogue, et la troisième qu'elles fussent empreintes de l'esprit de foi comme il convient à des lois faites pour des chrétiens. « Je savais, « mandait-il à l'évêque de Maurienne, le rappel de M. Fal- « quet [1], et je m'en réjouis vivement à cause de notre nouvelle « législation. Ah! si vous le voyez, tâchez de le *déparlemen- « tariser*, s'il en avait besoin, afin que l'on ne vienne pas in- « troduire dans notre code le venin de la *pratique de Savoie* [2].

celui qui les exerce, n'est-ce pas ôter au pasteur le moyen de les exercer?...

« Et puis, quelle nécessité d'entacher le code nouveau par les humiliantes dispositions de la *pratique secrète de Savoie* qui fut donnée au sénat dans un moment d'humeur et qui n'aurait jamais dû survivre à cette origine? Et, d'ailleurs, ce n'était qu'avec une sorte de pudeur que l'on en faisait usage, car on la tenait sous clef et l'on n'en laissait jamais prendre copie. Du reste, j'espère que l'on y pensera à deux fois, et que l'on ne cherchera pas à humilier un clergé dont la fidélité constante a mérité un peu plus d'égards. Si ces réflexions ne sont pas sans mérite, faites-en un usage prudent. Je suis plein de confiance, puisque des personnages tels que le comte de La Tour et le chevalier Maffey sont dans les mêmes sentiments que moi. »

[1] M. Falquet, ancien ministre de l'intérieur, jurisconsulte consommé et chrétien parfait.

[2] Le recueil de la *Pratique de Savoie*, dans les matières ecclésiastiques et principalement la concession et l'*exequatur* donné aux *bulles*, *brefs* et monitoires émanés de la cour de Rome, était une espèce de code à l'usage du sénat de Savoie, auquel il avait été envoyé pour être déposé dans ses archives secrètes par le roi Victor-Amédée II, le 30 octobre 1729. La plupart des articles sont attentatoires à la juridiction et à d'autres prérogatives de l'Église. Remplis de maximes protestantes et souvent en opposition au droit commun. C'est le jugement qu'en a porté S. S. Léon XII, par un bref du 15 mai 1828, adressé au roi Charles-Félix. Ce recueil est demeuré secret jusqu'en l'an 1827.

« Je parle avec connaissance de cause, recommandez à ce
« religieux baron d'imprégner de foi les lois nouvelles, c'est
« le seul moyen de les rendre justes et durables. »

Le code de législation parut enfin revêtu d'un caractère de foi et de sagesse admirable. Il n'est peut-être pas d'exemple d'un corps de lois reçu par une nation avec autant de joie et de gratitude ; c'est que les intérêts religieux et civils étaient assurés avec intelligence et équité.

Le gouvernement, ayant adopté pour les registres une formule uniforme, la soumit au Saint-Siége. Approuvée par Rome, elle fut acceptée avec respect et sans murmure, quoique très-compliquée et observée avec tant d'exactitude que, pour trouver le clergé en défaut, les chancelleries royales en Savoie durent se rabattre sur des minuties ; on qualifia de ménagement l'exécution parfois trop fidèle des instructions ministérielles.

Mgr Rey reçut vers cette époque une visite qui le reposa agréablement de ses fatigues. Le cardinal de Rohan, archevêque de Besançon, revenait de Rome où la révolution de Juillet l'avait forcé de chercher un asile ; il reprenait le chemin de son diocèse menacé par le *choléra*, et, depuis Rome, ce bon pasteur avait voyagé jour et nuit afin d'être rendu à son poste avant l'apparition du terrible fléau ! Mais il dut, malgré l'impatience de son dévouement, s'arrêter à Turin, où des lettres trop certaines lui firent connaître les mauvaises dispositions du gouvernement à son égard et l'obligèrent à retarder de quelques semaines son entrée à Besançon. En attendant de meilleures nouvelles, qui lui permissent de continuer sa route vers la France, il alla se consoler auprès de l'évêque de Pignerol auquel il était uni par une amitié qui remontait aux premières années du règne de Napoléon. Quand le prince quitta le siècle, pour entrer au séminaire de Saint-Sulpice, Mgr Rey l'y avait suivi avec un intérêt dont une correspondance soutenue fut l'expression. Quelques jours avant son élévation au sacerdoce, notre prélat lui adressa une lettre dont l'impression fut très-vive sur l'âme de ce noble lévite. Mgr Rey ne doutait pas de la sincère piété du prince de Rohan, mais il appréhendait qu'ébloui des grandeurs humaines et de la gloire de son nom, il ne se fît cette illusion d'honorer le sacerdoce plus peut-être qu'il n'en serait lui-même honoré. Il crut devoir à l'amitié et au bien de l'Église de le prémunir contre cette dangereuse propension. Ce fut le but de sa correspondance, où il retraça, avec l'esprit de la vérité, les magnificences du sacerdoce catholique!

Le cardinal passa dix jours à Pignerol, pendant lesquels la foi des habitants, l'empressement des autorités de la ville et de la province, et les hommages des diverses classes de la société, lui firent oublier les cruelles préoccupations que la pensée de son diocèse entretenait dans son esprit. Mais c'est surtout dans le cœur de son vénérable ami qu'il puisa les consolations nécessaires à sa situation. Souvent il revenait à sa chère ville de Besançon, qu'il aimait tendrement, et à son clergé auquel il était tout dévoué.

Il obtint de Charles-Albert qu'il autorisât l'évêque de Pignerol à s'absenter l'année suivante (1833), afin d'évangéliser les prêtres du diocèse de Besançon.

Les deux prélats étaient heureux l'un près de l'autre, lorsqu'une lettre vint enlever le cardinal aux douceurs de l'amitié, en l'appelant dans son diocèse. Arrivé à Turin, il écrivit en ces termes à son respectable ami : « Je pars pour « la France, le cœur tout plein de ces bons moments passés « avec vous et chez vous. Jamais je ne les oublierai, et sou- « vent ils seront ma consolation au milieu des épreuves qui « m'attendent. Vous, votre peuple, vos saints établissements, « votre clergé, vos élèves, serez constamment présents à ma « pensée et l'objet de mes vœux. » Il fit plus ; avant de quitter le Piémont, il envoya au pape Grégoire XVI une relation de son séjour à Pignerol, remplie des louanges de son ami, dont les vertus et les œuvres l'avaient ravi et tant édifié.

Nous citerons encore, à l'appui des mêmes sentiments, une lettre de M. l'abbé Donnet (aujourd'hui cardinal archevêque de Bordeaux), à M. le comte V. D. Ste-A., en 1836 :

« J'ai toujours été pénétré d'une grande vénération pour « Mgr Rey, dont cet excellent cardinal de Rohan ne ces- « sait de parler avec effusion de cœur. Il avait introduit « dans sa maison plusieurs usages qu'il avait trouvés à Pigne- « rol, chez l'évêque, entre autres le grand *bénédicité* et la « prière du soir en commun avec tous ses gens. La dernière « fois que ses grands vicaires eurent l'avantage de dîner chez « lui, la veille du jour où il tomba malade pour ne plus gué- « rir, il nous en parla encore. C'était un des plus chers sou- « venirs de son exil. »

Malgré la vigilance de son zèle, Mgr Rey crut s'apercevoir que l'influence de l'esprit impur infiltrait ses poisons parmi son troupeau. La contagion s'étendait, en dépit de la sévérité des mesures prises par ses soins dès le commencement. La première année de son épiscopat, il refusa la sépulture ecclésiastique à une de ces malheureuses créatures scandaleuses morte subitement, malgré les sollicitations des nombreuses familles auxquelles elle tenait par la parenté. Ce châtiment jeta l'effroi dans Pignerol, rompit beaucoup de liaisons criminelles et réveilla la vigilance des magistrats contre des désordres sur lesquels ils fermaient ordinairement les yeux. Le jubilé qui vint ensuite, la multiplication des exercices religieux, les prédications continuelles opposèrent une digue au torrent dévastateur. Mais il commençait à déborder de nouveau; effrayé de ses ravages, le prélat poussa le cri d'alarme aux oreilles des chefs de famille, des pasteurs et de tous ceux qui pouvaient avoir quelque moyen de le combattre.

La lettre pastorale qu'il écrivit sur ce sujet, le 23 février 1832, lui coûta extrêmement : « C'est un supplice, y dit-il à « son peuple, de soulever la boue qui souille tant de cœurs, « de montrer la plaie hideuse qui ravage la société, porte le « désordre dans les familles et le scandale dans les cités. Oui, « encore une fois, c'est un supplice, mais c'est un devoir... « . . . . »

En déplorant le mal, avec une verve d'indignation trop

méritée, le prélat en signale les causes et les remèdes. Ce mandement fut considéré comme un des plus notables et des plus utiles qui fût sorti de sa plume. « Quand j'ai tant fait que d'oser, j'ai osé jusqu'au bout, répondait-il aux félicitations d'un évêque, et j'ai dit d'effrayantes vérités. »

Les libertins les plus éhontés jetèrent les hauts cris ; quelques-uns même proférèrent des menaces de mort contre le courageux pasteur qui, pour défendre ses brebis, avait marqué l'ennemi du sceau de l'infamie. D'autre part, les âmes honnêtes et vertueuses ressentirent cette confiance qu'inspirent la vigilance et la force employée pour la protection des enfants de Dieu, et c'était assurément le plus grand nombre des fidèles du diocèse. La lettre pastorale excita la sollicitude des parents, des maîtres et du clergé. Beaucoup de mauvaises chansons, de tableaux et de livres dangereux furent lacérés et brûlés. Les magistrats devinrent moins indulgents, et les réclamations des curés en faveur des bonnes mœurs furent mieux accueillies par les autorités.

Aussi désintéressé que zélé, notre prélat voulut rétablir le Réna, maison de campagne des évêques de Pignerol. Bien des réparations étaient à faire, il les entreprit, moins pour lui, qui était vieux et infirme, que pour ceux qui devaient lui succéder. « Je n'ai encore rien fait pour mes successeurs, « dit-il aux personnes qui l'en détournaient, j'ai hâte de leur « laisser une demeure où ils goûtent le repos nécessaire à « leurs fatigues : quant aux dépenses, Dieu, qui m'a appris « si souvent dans ma vie à compter sur lui, y pourvoira. »

La chapelle était à restaurer, il lui consacra ses premiers soins. La pensée seule d'élever un sanctuaire au Seigneur était un bonheur pour son âme ; quant à l'habitation même des évêques, il ne donna rien au luxe ; mais pour la maison de Dieu, il n'en fut pas ainsi : « Pour Dieu ! dit-il à cette « occasion, il n'est rien d'assez beau, et, à plus forte raison, « rien de trop beau. » Mgr Rey avait un sentiment très-vif des grandeurs de Dieu. Le marquis de Gallard-Terraube, ancien gouverneur de l'école militaire d'Angoulême, retiré à Pignerol, depuis la révolution de Juillet, étant allé visiter notre prélat à la campagne, lui dit en montrant le portrait de la chapelle : Voici, Monseigneur, l'inscription à placer là-dessus : *A Dieu et au roi gloire et bénédiction.* — *A Dieu seul !* repartit l'évêque avec vivacité et quelque peu d'indignation ; *il n'y a que ce nom, monsieur le marquis, qui doive apparaître sur les murs et résonner dans l'enceinte des sanctuaires. Au roi ses palais ; à Dieu ses temples : entre l'un et l'autre la distance est trop grande pour les confondre dans un même hommage et les placer sur la même ligne.*

Mgr Rey appelait ce sanctuaire la citadelle de son palais : *Que de doux moments je compte y passer !* dit-il à un de ses amis ; *c'est de là que la protection du ciel s'étendra sur tout le reste.*

Ces douces et saintes pensées l'occupaient, lorsque la mort de l'évêque d'Annecy, Mgr de Thiollaz, ouvrit devant lui une nouvelle et plus vaste carrière de travaux apostoliques.

LIVRE CINQUIÈME

DEPUIS SEPTEMBRE 1832 JUSQU'A LA FIN DE JANVIER 1842.

CHAPITRE I

Nomination à l'évêché d'Annecy. — Départ de Pignerol. — Réception Annecy. — Retraite ecclésiastique. — Mgr Rey appelle les capucins, puis les jésuites. — M. Perrin. — Carême de 1833, par Mgr Rey et le R. P. de Mac' Carthy. — Affluence. — La comtesse de la Rochejaquelein à Annecy. — Maladie et mort du R. P. de Mac' Carthy. — Jubilé de 1834. — Voyage du roi Charles-Albert. — Visites pastorales. — Arrivée des Sœurs de Saint-Joseph.

Le diocèse d'Annecy, érigé en février 1822, embrasse la majeure partie de l'ancien diocèse de Genève. Il eut pour premier évêque M. de Thiollaz, docteur de Sorbonne, prévôt du chapitre de Chambéry. En ce prélat, on vit revivre les grands pontifes qui, depuis saint François de Sales, avaient répandu tant d'éclat sur Annecy, où ils avaient établi leur résidence. Son nom, sa renommée, les fers portés pour la foi, sa haute raison, la fermeté de son caractère, ses vertus apostoliques l'avaient entouré d'une vénération universelle. Quoique avancé en âge, il montra, pendant les neuf années de son épiscopat, une activité qui eût semblé extraordinaire, même de la part d'un jeune évêque.

C'est à combler le vide fait par le trépas de ce pontife que les vœux du peuple, du clergé et des évêques de Savoie, appelèrent Monseigneur de Pignerol. Ces vœux furent portés, par l'archevêque de Chambéry, aux pieds du trône; puis il dirigea ses instances vers Mgr Rey : « Gardien du tombeau « de l'apôtre du Chablais, lui écrit-il, qu'y a-t-il de compa- « rable à cette sublime destinée! Ainsi, j'espère que vous « direz un saint *amen.* » « L'attente est générale, lui manda « de son côté l'évêque de Maurienne, non-seulement dans le « diocèse veuf, mais dans toute la Savoie. Puisse ce vœu se « réaliser bientôt! »

Cependant, malgré ces vœux unanimes, et le bienfait à espérer de l'air natal pour sa santé affaiblie; malgré ce qu'avait de cher à son cœur la pensée de retrouver les siens, de se réunir à un clergé presque entièrement formé par ses soins, et par-dessus tout le bonheur d'aller vivre et mourir près du tombeau de saint François de Sales, Mgr Rey hésitait encore; la volonté de Dieu ne lui paraissait pas assez manifeste. Aux lettres pressantes qui se succèdent, il ne fait guère d'autres réponses que celle-ci : « L'arbre est vieux ; il a pris racine là où il est... Il n'y aura jamais que la violence d'en haut, la seule légitime, qui puisse l'arracher au sol qu'il occupe... Dieu seul accomplira ses volontés et ma destinée, dit-il encore, mais je ne veux rien que par lui et pour lui, surtout dans une affaire aussi délicate. »

Sur ces entrefaites, ayant été appelé à Turin pour le service funèbre de Marie-Thérèse, veuve du roi Victor-Emmanuel, il eut une entrevue avec son métropolitain, Mgr Franzoni, pour lequel il avait beaucoup de déférence et de vénération. L'archevêque, instruit des démarches de la Savoie pour l'attirer dans son sein, s'efforça de combattre les raisons que l'on faisait valoir en faveur d'une translation qu'il voyait avec peine. Comme Mgr Rey gardait le silence, Mgr Franzoni ajouta ces mots : *Après tout, la mense épiscopale de Pignerol vaut bien plus que celle d'Annecy.* A l'instant, le prélat s'écrie : *Monseigneur, le tombeau de saint François de Sales vaut des millions! C'est la plus riche mense épiscopale des États de Sa Majesté! — Dans ce cas, tout est dit*, répliqua l'archevêque.

Mgr Rey comprit, par ces dernières paroles, que Mgr Franzoni parlerait au roi, à la première audience. En rapportant la conversation précédente à Mgr l'évêque de Maurienne, il ajoute : « Je suis résigné avec simplicité ; au fond, je dé-
« sire que le prince dise *non;* à mon âge, un déménage-
« ment si grand au moral est un événement qui écrase. » Ces mots révèlent toute son humilité, et l'anxiété de son âme était grande. Annecy ! où planait la grande ombre de saint François de Sales, la Savoie, sa patrie bien-aimée, étaient des considérations toutes-puissantes pour l'attirer ; et s'il inclinait à céder, bientôt Pignerol s'offrait à sa pensée, réclamant les liens d'un apostolat de huit années, d'un amour paternel qui y avait enfanté des prodiges ! A Pignerol, encore, il goûtait la consolation de rapports constants avec M. Perrin, la profonde et toute sainte affection de sa vie ; aussi peignait-il sa souffrance, en disant : « Je sens mon
« cœur comme tout écorché. »

En apprenant sa nomination au siége d'Annecy, le surlendemain de son entrevue avec l'archevêque de Turin, Mgr Rey se sentit brisé intérieurement : « Il répandait ainsi son âme
« devant Dieu [1]. Ah ! ce n'est pas faute d'amour pour ma
« patrie et pour le nouveau diocèse que j'ai en perspective ;
« mais c'est par abondance d'amour sincère, vif et religieux
« pour le diocèse que je gouverne depuis huit ans... et pour-
« tant il faudra tout rompre, tout quitter ! » Avant de répondre, il offrit le saint sacrifice de la messe en l'honneur de saint Fidèle Rey de Smaringen dont c'était la fête, et de saint François de Sales, pour attirer sur lui, par la protection de ces deux grands serviteurs de Dieu, les lumières d'en haut. Le soir, il alla se prosterner devant le Saint-Sacrement où il demeura pendant plus d'une heure, implorant par ses sanglots, bien plus que par ses prières, la grâce de

---

[1] Journal de Mgr Rey.

connaître sa volonté divine ; et, sa résolution prise devant le Seigneur, il écrivit au garde des sceaux, *qu'il déférait aux désirs du monarque en tant que la translation serait jugée utile et opportune par le vicaire de Jésus-Christ.*

Le roi l'avait engagé à garder pendant la vacance l'administration du diocèse de Pignerol. Il trouva dans cette mesure un adoucissement à la douleur de sa séparation : les liens qui l'attachaient à cette église ne se brisaient pas tout à coup et tous à la fois ; néanmoins, en se rendant à ce désir du roi, il exprima cette pensée *que le juge de l'opportunité ou des inconvénients de cette dernière décision aussi bien que de la première, était le pape.*

Ces adhésions données, le saint évêque retrouva le repos. Mais, le bruit de sa nomination s'étant répandu, de hauts et religieux personnages, à la tête desquels était Mgr Gizzi, chargé d'affaires du Saint-Siége, et depuis cardinal, formèrent le dessein d'en arrêter les suites. La joie que cette nouvelle causait aux ennemis de la religion et du trône les avait effrayés. Telle était la considération dont jouissait Mgr Rey, que sa présence au delà des monts était considérée comme nécessaire à affermir le gouvernement dans les voies religieuses et sages où il avait tant contribué à l'engager. « On pense que je puis être de quelque utilité auprès du
« prince, écrivit-il à l'évêque de Maurienne, parce que l'on
« argumente de la confiance dont il m'honore pour croire
« contre toute vérité que je ne serais pas sans influence dans
« les mesures générales que l'on pourrait prendre en ce qui
« concerne la religion [1]. Je vous assure, avec une franchise et
« une sincérité parfaite, que je suis tout confus et tout
« craintif par suite de cette idée et de ces espérances aux-

---

[1] Il s'agissait de la délégation apostolique sollicitée par Mgr Rey et donnée à la prière du roi Charles-Albert, pour la réforme du clergé séculier et régulier d'au-delà des monts, par le pape Grégoire XVI. Nous avons dit qu'elle eut peu de résultats. C'est que si l'on criait en Piémont contre quelques abus, on voulait ces mêmes abus pour que la faction pût décrier l'Église avec quelque apparence de fondement.

« quelles je suis incapable de répondre. Mais, enfin, Dieu
« qui voit ma misère et mon incapacité, dirigera les événe-
« ments de manière à ne pas me compromettre ; et, en tout
« cas, je compterais sur ses seules miséricordes. »

Dans sa lettre démissoriale de l'évêché de Pignerol, il déclara au souverain pontife qu'il se mettait entièrement entre ses mains, et se montrant docile et reconnaissant, quelles que fussent les déterminations que Sa Sainteté daignerait prendre à son égard; que l'obéissance serait sa règle et sa sauvegarde; qu'il ne voulait que connaître la volonté de Dieu dans celle de son plus auguste représentant sur la terre, et qu'il en ferait la sienne.

La réponse de Sa Sainteté Grégoire XVI, par un bref[1] des plus honorables et des plus encourageants, lui annonçait que sa préconisation pour le siége d'Annecy avait eu lieu le 2 juillet.

La certitude de la translation de Mgr Rey à ce nouvel évêché causa un deuil général dans Pignerol : les familles les plus distinguées, en lui exprimant leur affliction, l'émurent profondément. On l'entendit plusieurs fois s'écrier : *Oh! pauvre vie! oh! courte vie! oh! triste vie! Mais au delà de tout cela une éternité où je trouverai mon Dieu.*

En Savoie, cette même nouvelle répandit une grande joie. Le comte de Sales, ambassadeur à la cour de France, homme éminemment digne de considération, et dont la piété semblait le direct héritage du nom de Sales, écrivit au prélat :
« Je suis on ne peut plus satisfait que le choix du roi soit
« tombé sur Votre Grandeur pour un poste où tant de bien
« peut être fait, et que vous aurez sûrement la consolation
« de faire en employant les admirables qualités qui vous
« distinguent.

« J'espère que la volonté du prince aura son effet. Cet es-
« poir me ravit d'autant plus dans ce moment, que je viens
« de recevoir la permission de me rendre en Savoie pour y

---

[1] Bref du 4 juillet 1832.

« passer quelques mois. Je pourrai donc me porter au-de-
« vant de vous avec toute la population d'Annecy, qui vous
« recevra avec transport. » Peu après, il écrit d'Annecy :
« Le conseil de cette ville, dont j'ai l'honneur de faire partie,
« désire que j'exprime, en son nom, à Votre Grandeur, toute
« la satisfaction qu'il a éprouvée, lorsqu'il a été informé que
« le roi, notre auguste souverain, avait fait choix d'un pré-
« lat aussi distingué par ses lumières que par son éminente
« piété, pour venir consoler ce diocèse de la perte immense
« qu'il avait faite. Aussi l'annonce de votre prochaine ar-
« rivée dans cette ville a-t-elle répandu la joie la plus vive
« dans le cœur de ses pieux habitants. »

Le R. P. de Mac' Carthy, de la Compagnie de Jésus, alors
à Chambéry, crut, en cette circonstance, devoir rompre le
silence de sa retraite : « J'adresse à Votre Grandeur mes fé-
« licitations les plus sincères sur sa translation au siége si
« important d'Annecy. Je sens bien que Pignerol sera re-
« gretté : un pasteur aussi zélé, aussi tendrement attaché à
« ses ouailles que vous l'êtes ne s'arrache pas sans peine à un
« troupeau qui a été, pendant plusieurs années, l'objet de
« ses soins et de sa sollicitude. Je plains surtout ce troupeau
« lui-même, qui doit être vraiment touché de la perte qu'il
« va faire. Mais, enfin, Monseigneur, Annecy vous convient
« mieux ; vous y serez mieux compris, et, par conséquent,
« plus complétement apprécié ; vous aurez à conduire un
« clergé des plus éclairés et des plus respectables ; vous serez
« le gardien du tombeau de saint François de Sales dont
« vous recevrez de près les inspirations, et dont vous par-
« lerez le langage... Cent autres convenances me font ap-
« plaudir, avec tout le monde, à un choix qui honore le roi,
« et que le pape aura, j'en suis sûr, confirmé avec une joie
« particulière.

« Comme l'intérêt personnel se mêle à tout, je considère
« aussi le mien dans cette translation. Vous ferez une appa-
« rition à Chambéry, avant d'aller prendre possession de
« votre nouveau diocèse ; je pourrai alors, avec vos nom-

« breux amis, vous baiser tendrement les mains et recevoir
« humblement votre bénédiction. Quel regret me sera im-
« posé de ne pouvoir aussi vous accompagner, et être témoin
« de l'ivresse avec laquelle vous serez accueilli, fêté, in-
« stallé!... »

Le savant et pieux évêque de Belley [1], ce vieil ami de notre prélat, ne reste pas en arrière, et s'exprime ainsi : « Com-
« bien je bénis Dieu de vous avoir rapproché de nos con-
« trées, et de nous avoir mis à portée de rappeler l'union si
« intime et si religieuse qui existait entre nos deux prédéces-
« seurs ! Mais vous me pardonnerez d'être un peu jaloux de
« la part qui vous échoit : quelque vertueux que fût Mgr Le
« Camus, je ne le prendrais qu'à demi pour modèle, ou plutôt
« je n'ambitionne de lui ressembler que sous le rapport du
« tendre attachement qu'il avait pour l'évêque d'Annecy. »

Les déserts mêmes de la Grande-Chartreuse tressaillirent à la nouvelle de cette translation. Mgr Rey en avait toujours aimé et protégé les pieux habitants. Souvent, il avait eu le désir de s'associer à leur ferveur et à leur pénitence. Mais le Seigneur n'avait pas permis la réalisation de ce vœu. Le prieur lui écrivait : « Trop heureux le troupeau qui mérite
« un si vertueux et si digne pasteur ! Quoique étranger à ce
« bonheur, nous avons aussi à nous féliciter nous-mêmes de
« votre translation, puisqu'elle va vous mettre plus en état
« de nous faire sentir les effets du vif intérêt dont Votre
« Grandeur veut bien honorer notre Ordre.

« Je vous demande une grâce qui nous tient fort à cœur :
« vous passerez sûrement par Chambéry ; la Grande-Char-
« treuse serait si fière de vous posséder quelques jours ; et
« je serais si heureux moi-même de vous voir et vous en-
« tretenir ! »

Avant même de recevoir cette invitation, notre prélat avait pris la résolution d'aller à la Grande-Chartreuse *réchauffer son cœur au foyer ardent de l'amour divin.* Il en fut empê-

---

[1] Mgr Devie.

ché par la retraite de son clergé et un retard dans l'arrivée de ses bulles.

Enfin, le 12 septembre 1832, il quitta Pignerol de grand matin. La veille de son départ, dont il avait soigneusement caché le jour, on l'entendit s'écrier : *O mon cher diocèse de Pignerol! que les miséricordes du Seigneur abondent sur toi à jamais! Toujours tu occuperas mes souvenirs et tu seras cher à mon cœur. Pardon, mon Dieu, de tout ce que j'ai pu y faire de mal, et soyez béni de tout le bien dont j'ai pu y être l'instrument!* Arrivé à Riva, dernière paroisse de Pignerol, du côté de Turin, il s'arrêta pour adorer Jésus-Christ et lui recommander encore ce tant regretté diocèse. La porte de l'église n'étant pas ouverte (il n'était pas jour), il s'agenouilla sur le seuil et pria quelque temps avec beaucoup de larmes. Avant de passer les frontières, se tournant vers Pignerol, il le bénit pour la dernière fois.

Ce bon évêque partit si pauvre de son diocèse, qu'il dut emprunter à Turin pour continuer sa route. Il avait tout donné. Ayant aperçu, peu de semaines avant son départ, quelques pièces d'argenterie qu'il tenait d'un ami et auxquelles, pour cette raison, il attachait beaucoup de prix, il les échangea contre un ciboire dont il fit don à l'église d'Inverso Pinasco, qui était sous le vocable de saint François de Sales. Son dépouillement fut complet ; la tempête ayant détruit les récoltes de deux fermes de la mense épiscopale, il leur fit grâce de tout en partant.

Retenu pendant huit jours à Turin, Mgr Rey eut plusieurs audiences du roi Charles-Albert. Le repos des saints jours fut le premier objet sur lequel il appela son attention. Ce prince avait déjà donné des ordres à ce sujet à la suite de premières conférences qu'ils avaient eues ensemble ; mais, dans les premiers temps d'un nouveau règne, ces ordres avaient passé inaperçus. Le mépris de la loi du dimanche avait cessé d'être rare en Savoie, où les scandales de la France, plus connus qu'en Piémont, étaient par là même plus contagieux. Le règlement pour la sanctification des jours du Seigneur, renouvelé en

1815, 1821 et 1831, fut de nouveau recommandé à la vigilance des magistrats, mesure évidemment utile et qui eut un bon résultat.

Le roi daigna renouveler à Monseigneur d'Annecy l'assurance que la religion jouirait sous son règne de la protection la plus étendue, et le zélé prélat, profitant de ces bonnes dispositions, fit entendre à Sa Majesté de nouvelles représentations sur la liberté des évêques.

Il a été dit au livre précédent que, par le mauvais vouloir du régent de la grande chancellerie et du ministre de l'intérieur, les ordres de Charles-Félix [1] pour l'affranchissement de la révision laïque des écrits épiscopaux avaient été éludés, et que, si l'évêque de Pignerol n'y avait pas été assujetti, c'était par une faveur spéciale qui n'en laissait pas moins peser sur tout l'épiscopat du royaume cette mesure outrageante.

Par sa translation au siége d'Annecy, Mgr Rey retombait dans la servitude. Il avait réclamé auprès du comte Barbaroux, garde des sceaux, pour Annecy la liberté dont il jouissait à Pignerol depuis huit ans. Ce ministre n'avait pas fait droit à sa demande. Quelques personnes haut placées, le comte de La Tour en particulier, avaient plaidé sa cause auprès du roi, mais sans un succès définitif. Il présenta alors un mémoire au roi, dont nous extrayons ce passage : « Mes « principes, ma fidélité, mon dévouement, mon amour, Sire, « vous sont connus ; et jusqu'à la fin j'en donnerai la preuve « qui agrée le plus au cœur de Votre Majesté, en honorant « mon saint état par ma conduite et par mon zèle. J'ose donc « espérer que les dernières années de ma vie ne seront pas « contristées par une servitude que je ne mérite pas, à la« quelle je ne suis pas accoutumé, et qu'il n'y a aucun motif « d'imposer à mon ministère ; car, indépendamment de ma « cause personnelle, de fortes et nombreuses considérations

---

[1] Charles-Félix déclara à l'archevêque de Gênes, Lambruschini, devenu depuis cardinal, qui lui parlait des difficultés suscitées à Mgr Rey, évêque de Pignerol, qu'il avait donné des ordres formels pour que les écrits épiscopaux ne fussent plus assujettis au *visa laïque*.

« se présentent contre cette mesure de révision laïque si
« affligeante pour les évêques. Je me borne à une réflexion
« générale dont Votre Majesté appréciera la justesse.

« Si les évêques n'étaient pas nommés par le souverain, je
« concevrais jusqu'à un certain point la défiance qu'on leur
« témoigne par la révision. Mais, en vérité, dès qu'ils ont
« reçu par la nomination royale la plus haute marque de
« confiance qui soit possible, et qu'ils y ont ajouté la sainteté
« de leurs serments, comment concevoir que, dès le jour de
« leur sacre, ils reçoivent la plus humiliante preuve de dé-
« fiance par l'ordre donné aux imprimeurs de ne pas impri-
« mer une ligne de leur part avant qu'un laïque, désigné
« pour cela, n'ait jugé si leurs écrits sont dignes d'être offerts
« au public? Il semble que la défiance devrait précéder la
« nomination, au lieu d'en être le résultat, et que, lorsqu'un
« ecclésiastique a été jugé digne de l'épiscopat, il faut
« attendre que sa conduite ait prouvé que l'on s'est trompé,
« avant que de le traiter comme un homme dont on n'est
« pas sûr.

« J'avoue, Sire, que si je pouvais revenir en arrière de
« neuf ans, je n'accepterais pas l'épiscopat, dès que la révi-
« sion devrait en être la condition. Et si maintenant, comme
« on me le fait craindre, je devais supporter à Annecy une
« humiliation qui m'a été épargnée à Pignerol, je me résigne
« au pénible désagrément de ne jamais donner mes écrits à
« l'imprimeur. J'instruirai mon peuple comme je pourrai,
« persuadé que la Providence suppléera par sa grâce à ce
« puissant moyen d'instruction que l'on refuserait à mon
« zèle. Mes chers diocésains, vos fidèles sujets, Sire, en souf-
« friront autant que leur pasteur, et le dernier des huis-
« siers d'Annecy, qui impriment sans la révision préalable,
« pourra s'applaudir de jouir en cela de plus de liberté que
« son évêque.

« Pardonnez, prince, à la tendre et respectueuse confiance
« d'un des vieillards du sanctuaire, d'un prélat qui, après
« Dieu, chérit votre personne sacrée par-dessus tout et qui

« serait le plus malheureux de vos sujets, s'il lui arrivait de
« lui déplaire. »

L'énergie de ces paroles s'explique par les fluctuations de Charles-Albert, qui laissait voir dans le gouvernement moins d'énergie qu'il n'avait de courage sur les champs de bataille. Ce prince avait promis, puis retiré cette autorisation que la justice, les convenances et ses propres sentiments lui faisaient un devoir d'accorder. « *Régner* c'est *vouloir*, écrivait au su-
« jet de ces hésitations le prélat à une personne éminente de
« Turin ; c'est donc quand le roi *veut* qu'il *règne* véritable-
« ment. Mais alors aussi qui est-ce qui règne quand une
« autre volonté fait rétrograder celle du roi. . . . .

« Si l'on fait reculer la décision royale pour me priver, je
« ne dis pas de la grâce, mais de la justice qui m'avait été
« accordée, je supporterais cette humiliation sans doute ;
« Dieu m'aidera pour cela, mais rien ne sera changé à ma
« résolution de ne jamais soumettre mes lettres pastorales et
« autres productions épiscopales à d'autre révision qu'à celle
« de mon supérieur dans l'ordre de choses auquel elles
« appartiennent. Je ne réponderai pas devant Dieu du bien
« que je n'aurai pas pu faire avec honneur. . . . . .

« La défiance regarde les personnes en particulier et non
« le corps épiscopal, dès que l'on est catholique. . . . . .

« J'abuse de vos moments par ma prolixité ; mais la dou-
« leur se soulage en se plaignant ; et, dans le sein de l'ami-
« tié, il y a du baume, quoiqu'il n'y ait pas de remèdes
« pour ces sortes de plaies. »

Ce langage montre combien cette âme tout épiscopale avait soif de cette liberté que l'Église a reçue de son divin Fondateur, lorsqu'il lui dit : *allez et enseignez.*

Cependant, le gouvernement ne se rendit pas à des raisons aussi solides ; il insista, en objectant que les autres évêques se soumettaient bien à la censure ; cette allégation était sans fondement, car Mgr Bigex avait réclamé, et Mgr de Thiollaz, premier évêque d'Annecy, avait déclaré qu'il ferait plutôt imprimer ses pastorales en France ou à Genève, que de les soumettre au visa laïque. Aussi, Mgr Rey persista. Il écrivit sur ce sujet à une personne de sa confiance : « Quand « on est dans un très-mauvais chemin, on ne peut blâmer « celui qui en cherche un plus passable ; le silence des évê- « ques, fût-il réel, ne saurait être pris pour la justification « d'une mesure injuste autant qu'outrageante envers le corps « épiscopal. Il est écrit, ajoutait-il en finissant, que l'on « *n'arrive au royaume des cieux qu'à travers beaucoup de* « *tribulations* [1]. Je n'ai donc pas lieu de me plaindre. Aussi, « je sens mieux que jamais le besoin et les avantages de la « foi, et je comprends qu'elle doit être la racine de tout ce « qui sort de notre cœur, de notre esprit, de notre plume, « de nos démarches. . . . .

« Cette pauvre vie a perdu ce qu'elle avait de charmes « jadis pour moi : la grâce, l'amitié, mon ministère conti- « nueront à la consoler, quelquefois même à l'embellir ; mais « hors de là, il n'y a plus rien. »

Le mémoire cité plus haut fixa les irrésolutions du prince qui, dans une des premières audiences, assura l'évêque que des ordres conformes à ses désirs seraient immédiatement donnés. On n'a pu savoir si Charles-Albert tint parole ; ce qui est pourtant certain, c'est que Mgr Rey ne fut pas inquiété pour ses écrits.

En quittant Turin, il se rendit à Saint-Jean de Maurienne, où allait avoir lieu le sacre de l'évêque d'Aoste, M. Jourdain. Là, se trouvèrent réunis les évêques de la province ecclésiastique de Savoie. On ne peut dire la joie de ces prélats, qui étaient tous ses amis, à le revoir au milieu d'eux. Mais il fallut presque aussitôt se séparer, et Mgr Rey, accompagné de son métropolitain, poursuivit sa route vers Chambéry où il demeura trois jours. Le premier fut accordé à l'empressement de ses amis et des autorités de la ville et du duché de Savoie. Les deux autres il les passa dans la retraite, au petit séminaire de Saint-Louis du Mont. Le 2 octobre, fête des

---

[1] Actes des Apôtres, ch. xiv.

saints anges gardiens, il partit pour Annecy. Arrivé aux limites de son diocèse, il se prosterne et baise cette terre dont le père de famille lui avait confié la culture, puis il recommande son épiscopat à Jésus-Christ, le prince des pasteurs, à Marie, la reine des apôtres, aux anges gardiens et à saint François, l'apôtre et le protecteur de ces contrées. A quelques pas de là, vers le pont jeté sur le Chéran, il est reçu par une population immense et une foule d'ecclésiastiques de cette portion de son diocèse. Sur la hauteur de Vieugy, à une heure d'Annecy, il trouve le chapitre, avec beaucoup de prêtres, accourus là pour lui offrir leurs hommages et lui faire cortége à son entrée dans sa ville épiscopale. Puis, venait la municipalité d'Annecy à l'extrême frontière de la commune. De là, jusqu'au monastère de la Visitation, il ne marche plus qu'au milieu des flots de fidèles à genoux. C'est au tombeau de saint François de Sales qu'il dirige tout d'abord ses pas et qu'il prie dans l'effusion de son cœur; après quoi, il reçut le conseil de ville. Rentré dans l'église du couvent, il célèbre la sainte messe à l'autel où reposent les reliques des saints évêques de Genève. Le lieu saint était rempli de fidèles. Pendant les saints mystères et les chants religieux on voit les pleurs couler en abondance de ses yeux, c'était l'émotion du bonheur.

Le soir, vers trois heures, le clergé de la ville, deux cents ecclésiastiques du dehors, les corporations religieuses et la municipalité, allèrent, processionnellement, le prendre à l'église de Saint-François, pour le conduire à la cathédrale. Il marcha, sous un dais, porté alternativement par quatre conseillers et par quatre prêtres. Le conseil suivait, avec le comte de Sales, en habit d'ambassadeur. La procession s'avança, sous des guirlandes de fleurs, qui traversaient les rues, entre deux haies de peuple prosterné, que le pontife ne cessait de bénir. Des détachements de la troupe ouvraient et fermaient cette marche, qui semblait un vrai triomphe. A la porte de la cathédrale, l'évêque, harangué par le prévôt du chapitre, l'abbé de Rolland, l'interrompt, au nom de Pignerol, dont la *perte*, avait dit l'orateur, *faisait la richesse d'Annecy*, et, vivement ému, il prend la parole et s'exprime sur cette Église de la façon la plus touchante; son âme semblait déborder du besoin de proclamer les sentiments qu'il lui conservait; on eût dit des eaux bouillonnantes, longtemps contenues, se frayant enfin un passage, lorsque, des plus vives couleurs, il peignit les religieuses beautés de ses deux épouses spirituelles, Pignerol et Annecy! Harangué de nouveau, et en latin, après le *Te Deum*, il répond dans cette langue avec la même richesse et la même onction. De la cathédrale il entre à l'évêché, suivi de l'élite du cortège; l'ambassadeur de France, comte de Sales, le syndic, le général commandant l'état-major, etc., etc. A la vue de ce mélange d'ecclésiastiques et de militaires se pressant autour de sa personne, sans être provoqué autrement que par l'attitude de respect et de bonheur des uns et des autres, qui l'entouraient sans pouvoir se séparer de lui, il prend la parole et entretient l'assemblée sur les grandeurs et les devoirs de l'état ecclésiastique et de l'état militaire; sur les différences qui les distinguent; sur les points qui les rapprochent ou les confondent; sur la nécessité de ces deux corps pour la sécurité des peuples; sur l'harmonie qui doit exister entre eux, ayant soin de faire ressortir la supériorité du sacerdoce sur les divers ordres de la société. En se retirant, les officiers, tous Piémontais, s'écrièrent : *Quanto vescovo! quanto vescovo* [1]!

Vers la nuit, la ville s'illumina spontanément, Mgr Rey se réjouit dans le Seigneur de cet élan d'enthousiasme, pensant aux facilités que cette bonne disposition des esprits assurait à son ministre. Bien loin de s'enorgueillir, il écrit dans les premiers moments : « Je suis près du tombeau de « saint François de Sales et dans le palais de ses successeurs! « Moi, pauvre homme, que la main de la miséricorde a tiré « du fumier, pour me placer avec les princes de son peu-

---

[1] Quel grand évêque!

« ple [1]. Je le sens vivement, surtout à la vue de ce que ce
« bon Maître fait pour aplanir devant ma misère et mon in-
« capacité les nombreuses difficultés de l'épiscopat. Mon
« Dieu! accordez assez de reconnaissance à mon pauvre
« cœur, et continuez-lui vos bienfaits, dès que vous lui en
« aurez fait connaître et sentir le prix! »

Le lendemain, on le vit empressé de se rendre dans les
diverses églises d'Annecy, accompagné des chanoines et des
directeurs du séminaire. Prosterné aux pieds du souverain
Maître, il fut longtemps comme anéanti devant les saints tabernacles; à ses traits enflammés, à ses yeux humides de
larmes, on put juger de la ferveur de sa prière, et deviner
les sentiments des Basile, des Ambroise, des Athanase; comme
eux, il portait en son cœur la soif de s'immoler au bien des
âmes.

Six jours seulement s'écoulent, et il annonce l'ouverture
de la retraite pastorale! Le bruit s'étant répandu qu'il en serait le prédicateur, la réunion des ecclésiastiques, soit de
son diocèse, soit des diocèses voisins, fut considérable. Aux
discours du matin et du soir, il ajouta des conférences qui
répandirent les plus vives lumières. Notre prélat, prêtre selon le cœur de Dieu, possédait, à un haut degré, la science
pratique du saint ministère : il en montrait les obligations
avec leurs applications diverses, et les abus ou infractions,
sous leurs mille formes. Hors le temps de la prédication, tous
ses prêtres furent admis près de lui ; et, au saint tribunal, il
paissait *les brebis*... Car, comme saint Pierre, il pouvait dire
à Notre-Seigneur : « Oui, Seigneur, vous savez que je vous
aime! »

L'année suivante (1833), il évangélisa la portion de son
clergé que le soin des âmes avait retenu dans leurs paroisses
lors de la précédente retraite; ainsi, en moins d'un an, il eut
pénétré du feu d'un saint zèle ceux qui devaient, à leur tour,
l'allumer dans le cœur des populations de la Savoie.

[1] Psaume 112.

C'est aux ardeurs de sa charité qu'il emprunta la force nécessaire à ces prédications; celle de la nature n'aurait pu y suffire. Deux de ses amis, inquiets de ses fatigues, lui avaient recommandé des ménagements. « Je suis vieux, leur ré-
« pond-il; je me tue un peu; mais je tâche de tout faire pour
« mon Dieu; et, après cela, je sens une sorte de bonheur à
« penser que je terminerai ma carrière en accomplissant
« mes pénibles devoirs : *Mourir est un gain pour moi* [1]. »
C'est dans sa correspondance intime qu'on trouve l'expression de ses sentiments; devant ses prêtres il ne laissa apercevoir que son bonheur d'être au milieu d'eux; il fut aimable, accueillant et bienveillant envers tous. Les sentiments qu'il conçut pour le clergé de Savoie se peignent dans une lettre du 9 novembre 1832, à Mgr Devie, évêque de Belley, dont voici une partie :

« Monseigneur et si précieux voisin,

« Me voici depuis plus d'un mois près du tombeau de
« celui que vous aimez et que vous réussissez si bien à imi-
« ter. Je n'ai pas eu le temps de me reconnaître et je suc-
« combe presque sous le poids de mes occupations. Je fais
« courage cependant à la vue de tous les éléments de bien
« que je trouve dans ce beau diocèse, et je ne me lasse pas
« surtout d'admirer l'excellent clergé qui me seconde pour
« sauver les âmes. Hélas! il y a par-ci par-là quelques excep-
« tions; mais elles font même ressortir l'universalité de la
« ferveur dans tous les autres. J'ai commencé mon ministère
« par une retraite nombreuse, et que Dieu a daigné bénir.
« J'ai quatre anges pour diriger mon séminaire, et c'est bien
« ma plus douce comme ma plus solide consolation. Mon
« clergé est presque tout composé de jeunes prêtres, et les
« vieillards y sont bien clair-semés; cela m'effraye, et tient ma
« sollicitude en activité. Dieu voudra bien préserver cette jeu-

---

[1] Mihi mori lucrum. I. Paul. aux Phil., ch. I, v. 21.

« nesse ecclésiastique, encore si sage, de tous les piéges de
« l'ennemi, etc., etc. »

Nous trouvons, à la fin de cette lettre, l'indication du projet déjà conçu et confié au digne évêque, de fonder une maison de Sœurs Saint-Joseph, à Annecy même, comme centre du diocèse, et plus rapproché qu'Évian, où existait alors une communauté prospère.

Toutefois, la sollicitude de Mgr Rey pour la nouvelle terre qu'il avait à faire fructifier, le porta d'abord à s'adresser au R. P. Eugène, supérieur des capucins de Piémont. Dès qu'il avait eu la certitude de sa translation de Pignerol à Annecy, il écrivit à ce bon Père, que « sa joie ne serait pas pleine,
« si, en entrant dans son nouveau diocèse, les RR. PP. ca-
« pucins ne l'y suivaient de près. Toutefois, dit le panégy-
« riste du P. Eugène, le rétablissement du couvent de la
« Roche, depuis longtemps projeté et même commencé,
« présentait les plus grandes difficultés, qui s'aplanirent
« comme par enchantement devant les efforts de ces deux
« grands hommes, Mgr Rey et le P. Eugène [1]. »

« Vous devinez assez, écrivait encore le prélat au même
« Père, combien je m'estime heureux d'avoir, pour mon
« nouvel avenir, d'aussi excellents et d'aussi pieux appuis,
« soit auprès de Dieu, soit auprès des âmes... Oh! que j'au-
« rais de plaisir à bénir votre église de la Roche, votre
« maison, et à renouveler cette scène si touchante et si reli-

---

[1] Le P. Eugène de Rumilly fut un religieux d'un rare mérite. En apprenant sa mort, le pape Grégoire XVI, qui l'honorait de sa confiance, s'écria : *Oh! nous avons perdu un grand homme!* Capucin avant 1793, confesseur de la foi pendant la persécution de ce temps, apôtre dans le Lyonnais, où il s'était réfugié pour échapper à la mort à laquelle le tribunal révolutionnaire l'avait condamné à Chambéry, curé de Saint-Galmier (Rhône), d'où il extirpa le schisme de la petite Église et fonda trois établissements de charité, puis ensuite curé de la Guillotière, à Lyon, où il se fit tout à tous, surtout envers les pauvres; il fut le restaurateur de la province des capucins de Savoie, provincial-visiteur apostolique de l'Ordre et ministre général des capucins. Il est mort à Rome en mars 1843, plein de jours et de vertus.

« gieuse qui se passa jadis dans votre couvent d'Yenne. »
Ce vœu du saint évêque s'accomplit; son zèle triompha des
obstacles, et les capucins vinrent s'établir à la Roche.

La bénédiction du couvent fut un des premiers actes de
son épiscopat d'Annecy. Il réconcilia l'Eglise profanée; bénit, avec solennité, la cloche et le monastère; il passa trois
jours dans ce lieu [1], qui furent des jours de véritable réjouissance pour les religieux habitants de cette ville et pour les
paysans des campagnes voisines. Plusieurs fois, il prêcha ce
bon peuple; puis, devant les religieux réunis, qu'il entretint
ensuite séparément, et chacun d'eux retira de ces rapports
intimes un nouveau degré d'estime pour son saint état, de
zèle pour la perfection, et de vénération pour un pontife
dont chaque parole était un éclair de foi et de piété.

De son côté, l'évêque, ravi de tout ce qu'il trouva de bien
dans ces bons religieux, s'empressa de leur donner un témoignage public de sa confiance, en les associant aussitôt à
ses travaux dans sa ville d'Annecy pendant le jubilé de 1833.
Ils répondirent si parfaitement à ses vues, que bientôt ils eurent conquis l'estime générale. Les campagnes, les bourgs,
les villes se les disputèrent pour la prédication. Il n'est pas
de secours que les curés n'obtinssent de leur zèle. Ecoutant
uniquement les inspirations de la charité, ces fervents religieux ne tenaient nul compte de l'épuisement de leurs forces
et du délabrement de leur santé. Dans leurs rapports avec le
clergé séculier, il y eut réciprocité de cordialité et de confiance. Quelques légers froissements, dans ces débuts, s'il y
en eut, furent à peine perceptibles. Les deux chefs s'entendaient si bien : « L'évêque, s'adressant au P. Eugène, en
« lui transmettant une plainte, disait : Il faut absolument
« que l'harmonie règne entre les enfants de nos deux saints
« François : les deux Pères sont si bien unis dans le ciel, les
« deux chefs le sont si parfaitement sur la terre, qu'il me
« semble difficile que l'ennemi réussisse à diviser l'armée
« auxiliaire de l'armée principale. »

[1] Les 22, 23 et 24 novembre 1832.

Lorsque, sur le commandement du pape Grégoire XVI, le P. Eugène quitta la Savoie pour aller remplir, à Rome, les fonctions de définiteur, puis de général, ses disciples héritèrent de lui son double manteau de zèle et de sagesse. Dans le P. Victorin, de Chambéry, on trouva un successeur formé à son école, qui, marchant sur ses traces, acheva l'œuvre commencée. L'évêque demeura toujours ce qu'il avait été envers la famille de son saint ami ; le P. Eugène s'en montra le protecteur et le père, et les bons capucins eurent, comme auparavant, dans son palais épiscopal d'Annecy, une véritable succursale de leurs couvents.

S'il apercevait parmi eux quelque chose qui semblât s'écarter de leurs règles, il s'en ouvrait immédiatement à eux-mêmes, et ses observations étaient reçues avec docilité et reconnaissance. Ayant cru remarquer que l'habit d'un de ces bons Pères était d'une étoffe un peu moins grossière que de coutume, et craignant qu'il n'y eût en cela une atteinte à la pauvreté religieuse, il voulut vérifier la chose, et fut heureux d'apprendre que ce qui semblait s'écarter de la règle n'était que l'effet du lustre propre à une étoffe neuve. C'est ainsi que Mgr Rey avait l'œil ouvert pour prévenir les moindres abus, qui, négligés, ont souvent de graves conséquences.

Autant le bon évêque aimait les enfants de saint François, autant il affectionnait les Pères Jésuites. La haine dont les honorent les ennemis du christianisme, ajoutait à la vivacité de ce sentiment. « Il y a dans l'impiété, disait-il, un instinct
« qui ne la trompe pas. Elle voit immédiatement où sont ses
« plus redoutables adversaires, et c'est de ce côté qu'elle
« dirige ses plus forts bataillons. J'aime donc les Jésuites,
« parce que les impies les haïssent ; je les aime, à cause de
« leurs immenses travaux en faveur de la religion ; je les
« aime surtout, parce que la sainte Église, ma mère, les
« aime. »

Ayant un jour quelques personnes à sa table, deux de ses convives s'étant permis des lazzis contre ces vénérables religieux, il garda d'abord le silence ; mais à la contraction des traits de sa figure, on devinait aisément la violence qu'il se faisait pour contenir son indignation.

Cet air, ce silence, n'ayant pas suffi à la leçon qu'il voulait donner, il arrête ces mauvais plaisants par ces mots : « J'ho-« nore les Jésuites, j'admire et je chéris leur société, d'où « sont sortis presque autant d'apôtres et de saints qu'elle a « compté de membres. C'est une des plus belles perles qui « ornent le front auguste et vénérable de l'Eglise catholique, « et je comprends que des yeux faibles ou malades soient fa-« tigués de son éclat. »

Aussi, lorsque ces bons Pères vinrent, en 1833, demander à Monseigneur d'Annecy son agrément pour leur installation à Mélan, où ils voulaient fonder un collége et établir un noviciat, ils trouvèrent en lui l'accueil le plus favorable. Il les assura qu'il les verrait avec bonheur dans son diocèse.

Cependant Monseigneur avait d'autres vues sur ce lieu, et le leur dit ainsi : « Je ne vous cache pas que j'avais désiré « Mélan pour un séminaire ; mais, la Providence en ayant « disposé autrement, je m'estime heureux que cette maison « se trouve appartenir aux enfants de saint Ignace. »

En général, il tenait beaucoup à ses idées ; on peut dire qu'il n'en concevait guère qui n'eussent un rapport plus ou moins direct avec le bien, la gloire de Dieu, le salut des âmes ou le sien propre ; de là cette fixité, et parfois cette véhémence dans ses désirs ; mais aussi, quelle admiration n'inspirait-il pas quand on le voyait adhérer en un instant à ce qui le contrecarrait ou même lui déplaisait le plus, dès qu'il voyait ou seulement pouvait soupçonner que c'était la volonté de Dieu ! — Ainsi arriva-t-il pour Mélan ; mais combien d'autres circonstances plus frappantes on pourrait citer !

Les Révérends Pères trouvèrent en lui une constante bienveillance. Jamais il ne se refusa à leurs désirs. Souvent il les visita, présida aux exercices littéraires, à la distribution des prix dont il relevait l'éclat par la beauté de sa parole. Sa présence à leur établissement était célébrée par de grandes fêtes. Pendant les récréations, il se mêlait parmi les jeunes gens qui se pressaient autour de lui, avides de recueillir quelques-uns de ces mots heureux dont ses lèvres avaient le secret. Quel que fût l'entrain de leurs jeux, ils les suspendaient sur-le-champ dès qu'il apparaissait, et ils ne savaient plus s'en séparer. Un jour, le bon prélat s'en fut au fond de la cour reposer sur un marbre sa jambe malade. Les élèves se précipitent sur ses pas. Le P. Pichon, recteur de la maison, craignant que cet empressement ne dégénérât en importunité, les invite à se retirer. « De grâce, mon Père, lui dit « l'évêque, ne troublez pas nos entretiens et le bonheur que « mon âme goûte dans cette religieuse et aimable société. « La jeunesse embellie de l'innocence a pour mon cœur des « attraits infinis. »

Plusieurs fois il fut à Mélan administrer la confirmation et conférer la tonsure et les ordres mineurs. C'est à Mélan qu'il fit la dernière ordination quelques mois avant sa mort, alors qu'il était déjà aux prises avec la maladie qui le ravit à son peuple. Ni la gravité de son mal, ni l'extinction de ses forces ne purent l'en détourner. Son désir de donner, avant de mourir, ce dernier gage de dévouement à une société si vénérable, l'emporta sur toutes les considérations. Il y prêcha même à plusieurs reprises. Le bonheur de se retrouver au milieu de ces fervents religieux sembla lui avoir rendu son énergie.

Les Jésuites se montrèrent constamment dignes de la confiance et de l'estime de notre prélat. Ils secondèrent son zèle par les prédications des missions, des retraites, par l'exercice des fonctions les plus délicates et les plus pénibles du ministère ecclésiastique. Depuis 1833, époque de leur entrée à Mélan, jusqu'à leur départ, en 1848, la plus édifiante harmonie ne cessa de régner entre eux et le clergé séculier du diocèse d'Annecy.

Le jubilé accordé pour l'année 1833 par le pape Grégoire XVI, que Mgr Rey ouvrit par une belle pastorale, datée du 20 janvier, fit admirer l'abondance de l'esprit de Dieu qui

était descendu sur ses prêtres pendant les retraites. Leurs sueurs, mêlées à la rosée des grâces de ce temps de salut, produisirent de riches moissons ; les greniers du père de famille furent remplis. « La poste m'arrive tous les matins
« chargée des bénédictions innombrables du Seigneur sur
« mon peuple, mandait-il à un ami; mon Dieu, que ma
« vieillesse est heureuse ! Oh ! je ne la changerais pas contre
« les plus beaux jours de ma jeunesse. Ce bien si précieux,
« si vraiment divin, me dédommage de tout. Si ma carrière
« s'abrége, elle se terminera du moins dans la plus parfaite
« consolation. Pauvre peuple : peuple chéri ! oh ! ma bonne
« patrie ! Dieu semble n'avoir pas rejeté mon ministère, puis-
« que je vois ainsi arriver dès la première année l'événement
« le plus capable d'inonder de bonheur l'âme d'un évêque.
« Pauvre vie ! finis quand tu voudras ; le plus grand de mes
« vœux est accompli. Ah ! que j'ai besoin d'élargir mon
« cœur et d'associer mille autres à ma reconnaissance envers
« le ciel !... Béni soit à jamais le Dieu qui répand ses miséri-
« cordes si abondamment, si gratuitement sur mon immense
« famille ! » On voit que Mgr Rey se taisait sur ses propres travaux, et les efforts constants de son zèle qui imprimèrent un élan prodigieux. Il écrivait encore sur les effets touchants de ce même jubilé à Mgr Devie, son ami, le samedi saint de cette même année 1833 :

« La grâce du jubilé nous a préparés aux tribulations ;
« mais ma joie est inexprimable en voyant combien elle a
« été abondante sur mon pauvre diocèse ! L'impression a été
« subite, profonde, universelle : c'est sur les hommes sur-
« tout que l'opération de la miséricorde a agi avec le plus
« de force. Les pauvres malades de quarante ans, qui avaient
« résisté à toutes les autres circonstances qui devaient les
« guérir, se sont laissé gagner dans celle-ci. Ah ! sans doute
« qu'il y a encore de tristes exceptions, et le *filius perditionis*
« s'est encore rencontré en plus d'un endroit ; mais les con-
« solations n'en sont pas moins immenses, et si le bon Dieu
« met bientôt un terme à mes années, je pourrai dire : *Qui*

« *viderunt oculi mei salutare tuum.* » — Dans cette même lettre se trouvent ces quelques lignes au sujet de l'ami du bon évêque, M. Perrin, alors à Turin. « Hyacinthe va se
« marier ; cela me fâche presque trop ; mais il le fera comme
« un saint, il continuera de même ; priez pour lui ; sa future
« est Française. »

Monseigneur avait appris, avec une certaine peine, on le sent, un événement qui devait nécessairement amener un partage dans les affections de son ami. Il comprenait qu'il ne pouvait plus être, comme depuis tant d'années, le premier, le seul peut-être dans sa confiance. L'entière réciprocité de cet attachement allait cesser ; l'impression qu'il en ressentit serait difficilement comprise, si ce n'est par ceux qui ont pu connaître et apprécier cette vive et tout angélique amitié. C'est aux pieds de la croix qu'il apporta son sacrifice, c'est dans le secret de son cœur qu'il le consomma, et l'amitié qui y demeura, modérée dès ce moment dans l'habitude de son épanchement presque quotidien, si nécessaire à son âme de feu, dut être un holocauste d'une agréable odeur au Seigneur. — Lui-même ne nous dit-il pas : Je vous ai aimés d'un amour de jalousie ? — La correspondance du bon évêque si intime, si fréquente, dans laquelle il déversait ses inquiétudes, trouvait l'écho de ses joies, la sympathie dans ses épreuves, la consolation dans ses tristesses, ce commerce, vrai trésor de leur affection, se ralentit sensiblement ; ravivé toutefois dans toutes les occasions où le zèle de Mgr Rey en appelait à son ami pour les bonnes œuvres et les intérêts multipliés de son diocèse.

Il serait impossible de donner une idée de la part qu'a eue M. Perrin aux innombrables services qu'a rendus Mgr Rey à tous les genres d'infortunes. — Il était à Turin, allant d'un ministère à l'autre, rappelant les suppliques, appuyant les requêtes de l'évêque en faveur des veuves, des orphelins, des religieux, prêtres, ou vieux militaires ; d'autres fois, il s'agissait de quelque pauvre employé, de prisonniers, de contrebandiers ; tous, sans exception, étaient l'objet de l'intérêt d'un si bon père. Jamais le digne M. Perrin ne fut lassé, il avait comme la même âme et le même cœur que son respectable et incomparable ami [1] !

Pendant que notre saint évêque offrait au divin Maître l'épreuve intérieure que nous venons d'indiquer, il ne cessait d'encourager les ministres du Seigneur à soutenir leurs saintes fatigues, les conjurant de rendre par leurs jeûnes, par leurs larmes, le ciel propice aux pauvres pécheurs. Il donnait à Annecy l'exemple d'une vie toute pastorale. Il avait prêché l'Avent de 1833 dans sa cathédrale, devant un nombreux auditoire. Désirant obtenir pour le carême un prédicateur marquant, afin de ramener les âmes à Jésus-Christ, et se défiant toujours de lui-même, il obtint du R. P. de Mac' Carthy de venir donner à Annecy la station quadragésimale à l'église de Saint-Maurice, et il se réserva, ainsi qu'il n'a cessé de le faire tant que ses forces le lui ont permis, de prêcher à la cathédrale. Malgré le grand nombre de ses occupations, il ne manqua d'assister à aucun des sermons du pieux jésuite qu'il avait en une estime singulière.

De son côté, le P. de Mac' Carthy fut l'auditeur le plus assidu de l'évêque d'Annecy ; ni ses travaux, ni ses souffrances qui étaient grandes, ni même les représentations qui lui furent faites sur les ménagements à prendre en raison de son état maladif, rien ne put le détourner de l'assistance à ces prédications du prélat. « Ah ! de grâce ! disait-il, ne m'ôtez pas cette douceur ! l'éloquence de cet évêque me repose et m'enchante. C'est ainsi, je crois, que les Pères de l'Église instruisaient leurs peuples. » Cet illustre orateur portait l'humilité jusqu'à envier l'*angélique simplicité* du prélat, parce qu'il avait entre autres dons celui de toucher les simples.

Cependant, l'évêque s'était opposé à ce que rien fût changé

---

[1] Sa fidélité à sa foi, à l'État qu'il sert honorablement, sa piété constante et vive, l'estime de tous les hommes illustres sous lesquels il a servi, son cœur d'une grande délicatesse, et son obligeance à toute épreuve, voilà les traits principaux du caractère de cet homme modeste, objet d'une si parfaite affection.

aux offices des paroisses de la ville, ni à l'heure qui coïncidait avec celle de la cathédrale, ainsi que l'instruction. Les curés lui avaient proposé ces changements, mais il répondit : « Qu'il n'entendait pas priver Annecy des grâces attachées à la messe paroissiale, et détourner les fidèles de l'instruction qui l'accompagne; que sa prédication n'était qu'un secours supplémentaire, qu'il y avait assez de monde à Annecy pour remplir toutes les églises, qu'il aurait le nombre d'auditeurs qu'il plairait à Dieu de lui envoyer. Il ne voulut pas même que les curés annonçassent au prône ses prédications : « Mes premiers auditeurs m'en amèneront d'autres, dit-il, et cet apostolat sera déjà pour eux une source de bénédictions. »

Ce fut vers le commencement du carême de 1834, que madame la comtesse de la Rochejaquelein (née de Duras), se trouvant exilée de France, par suite de circonstances politiques, vint de Genève à Annecy (sous le nom de madame de Laremont), chercher les éloquentes instructions du R. P. de Mac' Carthy, alors dans cette ville. Les relations de la plus respectueuse amitié s'étant établies entre elle et Mgr Rey, depuis ce moment jusqu'à sa mort, il ne sera pas sans intérêt, peut-être, de raconter quelles circonstances contribuèrent à les former, et furent ainsi la première cause de l'établissement de la congrégation de Saint-Joseph.

Madame *de Laremont* vivait fort retirée, sur les bords du lac d'Annecy : elle n'avait jamais ouï parler de Mgr Rey. Chaque jour, en traversant les rues de la ville pour aller à l'église, une foule d'enfants pauvres la suivait en lui demandant la charité, et comme elle leur donnait souvent quelque monnaie, le nombre de ces petits malheureux, surtout des petites filles, croissait sans cesse. Elle ressentit bientôt une extrême pitié de voir ce pauvre petit troupeau, errant sur le pavé, et celui qui s'est comparé au bon Pasteur lui inspira sans doute la bonne pensée de contribuer à arracher ces jeunes âmes à la funeste habitude de la mendicité et du vagabondage. Ayant précédemment connu à Chambéry les

Sœurs de Saint-Joseph, et, en particulier, l'admirable Mère Saint-Jean, leur supérieure, elle sentit un très-vif désir d'en faire venir à Annecy, si cela était possible. Il fallait le concours de l'évêque; il fallait connaître ses dispositions, et madame de Laremont ignorait jusqu'à son nom.... Bientôt, cependant, elle apprit quel était le respect et la vénération dont ce saint vieillard était l'objet. Aussitôt sa détermination fut prise : elle adresse à Monseigneur d'Annecy une lettre et une offrande, qu'elle le prie de vouloir bien accepter, *pour contribuer à établir, le plus tôt possible, une école pour ces pauvres enfants de la ville;* exprimant en même temps le désir qu'elle fût confiée aux soins des Sœurs de Saint-Joseph.

La ville d'Annecy, comme l'on sait, renferme de grandes fabriques, établies sur les beaux courants d'eau qui s'échappent du lac; la population de la ville, hommes, femmes et jeunes gens y sont, pour la plupart, employés, et les enfants, se trouvant ainsi délaissés, couraient à l'abandon. Cet état de choses était alors le sujet d'une véritable douleur pour le cœur paternel de l'évêque; il n'avait encore trouvé aucun moyen d'y remédier : on peut juger de sa joie, en trouvant, un matin, sur son bureau, cette missive inattendue, et quelles expressions de véhémente gratitude il adressa immédiatement à cette *dame étrangère!* Peu de jours suffirent à lui faire découvrir celle qui était ainsi venue, comme de la part de la Providence, l'encourager à une entreprise entourée jusqu'alors de grandes difficultés. Monseigneur s'empressa de chercher madame la comtesse de la Rochejaquelein à l'hôtel où elle était descendue, et la supplia dès ce moment de venir loger au palais épiscopal, et de s'y établir pour achever la station du carême, à Annecy. Celle-ci essaya, mais vainement, de s'en défendre; et, d'ailleurs, ayant été rendre à Monseigneur, sa visite, elle avait bientôt compris quel était cet homme de Dieu sur lequel le mouvement spontané de sa charité avait fait une impression si vive. A l'élévation de ses pensées, à la chaleur de ses sentiments, à l'éloquence qu'il avait en parlant des œuvres de charité, elle croyait voir revivre un des apôtres de la primitive Église! J'hésitais, madame, lui dit-il, mais je n'hésite plus! la voix de Dieu a parlé; il faut commencer, nous aurons des Sœurs de Saint-Joseph, et nos enfants seront sauvés! L'ancien couvent de la première Visitation pourrait peut-être être acheté, mais à un prix exorbitant, et il est divisé entre bien des propriétaires; n'importe, nous tenterons! Nous établirons nos chères Sœurs là, ou ailleurs; je vais écrire pour les demander sans retard, à Pignerol, mon ancien diocèse, où je les avais fondées, ces admirables Sœurs de Saint-Joseph! Je les mettrai d'abord dans mon palais, madame! Dans cette aile, elles y feront l'école; ce sera une harmonie délicieuse à mes oreilles! et au second étage, je les logerai; Dieu fera le reste, etc., etc.! Dès ce moment, on s'occupa des préparatifs : Mgr Rey et madame de la R. J. s'entendirent pour les préparatifs de la prochaine installation; en parcourant la ville avec le fidèle Pierre, valet de chambre de Monseigneur, afin de s'assurer de tout ce qui serait nécessaire aux bonnes Sœurs à leur arrivée, Monseigneur était heureux comme un enfant.

La comtesse de la Rochejaquelein demeura à l'évêché tout le reste du carême; et quel carême! Le R. P. de Mac' Carthy remplissait l'église de Saint-Maurice des doux trésors de sa suave éloquence; elle se répandait surtout, comme celle de Notre-Seigneur Jésus-Christ, sur les humbles et les petits... Annecy, ville essentiellement industrielle et manufacturière, ne possédait qu'un petit nombre de familles notables; l'Église était presque entièrement remplie d'un bon peuple, prêtant une oreille attentive; mais la vue du saint prêtre, son air ascétique, son inspiration qu'il semblait puiser dans une vision du ciel, plus que ses paroles peut-être, inculquaient la foi et la piété. Le dimanche, à la grand'messe, Monseigneur faisait le prône : comme un bon curé, il parlait en père à ses enfants; prodigue de ses lumières et de sa tendresse, ces richesses se déversaient, les premières fois, sur une petite assistance. Quelques personnes, assidues aux instructions, ne pouvaient assez admirer la piété tout angélique de ce prince de l'Église, lorsque, pénétré de la présence de Dieu, plein de l'importance de son sujet, il commençait lentement, par son grand signe de croix, les instructions, si belles dans leur simplicité, où débordait la charité de sa grande âme. En regardant ses cheveux blancs, son beau front, l'animation de ses traits vénérables qui inspiraient la foi, véritablement on sentait Dieu présent. Aussi bientôt Annecy retentit de cette voix qui remuait les cœurs et les entrailles; tous accoururent et purent, aux accents de sa paternelle sévérité, comme à ceux de son amour, juger quel évêque leur avait été donné!... Le chœur, le sanctuaire, les tribunes, tout était comble.

Ainsi qu'à Pignerol, les habitudes de la vie de Mgr Rey étaient très-réglées et très-simples, il n'y dérogeait que par un motif de charité.

De bonne heure, il disait la messe dans sa chapelle avec un recueillement et une ferveur qui inspiraient la dévotion; madame la comtesse de la R. J., qui y assista pendant son séjour, disait qu'en voyant à l'autel le pieux évêque, si profondément pénétré, elle le confondait, dans sa pensée, avec saint François de Sales lui-même! Souvent, son digne successeur répétait ces belles paroles[1] : « Il faut traiter saintement tout ce qui est saint, » et dans toutes les fonctions du saint ministère, qu'elles fussent publiques ou actes privés de sa dévotion, on lui voyait observer le même recueillement.

Lorsqu'il invitait, avec une noble hospitalité, des personnes dans son palais, soit en passant, soit pour quelque temps, il ne changeait rien à sa manière de vivre. Sa bonté lui suggérait toutes les attentions de la plus exquise politesse. Toujours écrasé de travail, voulant beaucoup faire par lui-même, il s'échappait néanmoins un instant, le matin, à l'heure où il faisait servir le déjeuner à ses hôtes, dans leurs

---

[1] Magnifice sapientiam tractabat. Machabées, liv. II, chap. II, v. 9.

appartements, pour venir s'informer de leurs nouvelles et échanger quelques aimables paroles. Il retournait ensuite chez lui pour écrire et donner ses audiences : il fallait traverser une grande salle, où se tenaient de jeunes ecclésiastiques, ses secrétaires, et jamais, en passant, il ne manquait de s'arrêter pour leur adresser gaiement quelques mots de bonté.

A une heure, on se réunissait pour le dîner; mais, telle était sa vivacité, qu'ordinairement il arrivait lui-même, précédant celui qui annonçait qu'on était servi. Il disait, debout, le bénédicité, qu'il appelait de *cérémonie*, c'est-à-dire un peu abrégé, en raison des laïques, s'il en avait pour convives. Ses jeunes abbés mangeaient avec lui; il s'amusait à les plaisanter doucement. Attentif à faire plaisir, s'il arrivait qu'il eût à dîner des personnes de distinction, il invitait quelques-uns des chanoines de la cathédrale; habituellement plein d'égards et de respect pour eux, il trouvait, dans ces occasions, le moyen de louer à propos leurs talents ou leurs vertus. Rempli d'instruction, d'imagination, de trait et d'à-propos, sa conversation était aisée, animée, édifiante, et jamais austère.

Parlant presque toujours des choses de Dieu, il amenait, sans effort, tous les sujets à sa louange et au bien du prochain, ainsi que le faisait si bien l'aimable saint dont il était l'émule.

Sa table était simplement et amplement servie : il en faisait les honneurs comme un père de famille, avec une politesse sans apprêt; c'était un mélange d'aisance et de dignité.

Il avait coutume d'inviter quelquefois les autorités de la ville d'Annecy. Dans la conversation, il savait intéresser chacun, et se plaisait, devant le commandant, ou les officiers, à témoigner la plus grande considération pour l'état militaire, rehaussant la gloire de servir son pays, l'honneur de garder une noble fidélité à son serment et à son roi. Toujours, à l'idée du devoir, sa physionomie prenait de la gravité, mais aussitôt il revenait à sa douce gaieté, faisant des frais pour les autres, et s'effaçant lui-même. « Un pauvre vieillard comme moi, disait-il sans cesse, n'est-ce pas trop de ceci..., ou n'est-ce pas assez de cela? » Madame de la Rochejaquelein racontait qu'un jour, à dîner, comme on le voyait manger beaucoup de fromage, on lui observa que cela ne pouvait qu'être contraire au mal qu'il avait à la jambe. « Du fromage? mais c'est la chose la plus ordinaire; c'est ma nourriture depuis mon enfance!... Je suis un enfant des montagnes, madame, un petit paysan, élevé au lait et au fromage; je les aime comme autrefois. »

Qui n'admirerait cette simplicité? Il y avait peu d'actes de sa vie qui ne révélassent une vertu s'ignorant elle-même.

Disons encore quelques mots de ses habitudes. Après le repas, il réservait ordinairement quelques morceaux de pain, au dessert, pour ses petits animaux de basse-cour. Son plaisir était, s'il ne se trouvait pas trop pressé d'affaires, de descendre chaque jour et de distribuer cela à ses poules, poussins, canards; leur parlant gaiement, les appelant par des noms qu'il leur avait donnés... Ne lisons-nous pas dans les Proverbes[1] : « Le juste a de tendres soins pour les animaux qui sont à lui. » Il avait pris, à Pignerol, les hirondelles sous sa protection, défendant d'en tuer aucune. Un jour de neige et de grand vent, il disait : « Pauvres hirondelles, que j'avais vues hier voltiger autour de mon palais, où aurez-vous trouvé votre pâture par un temps si contraire? Mais Celui qui vous a amenées y aura pourvu, car il est écrit : « Qu'il nourrit les petits des corbeaux qui crient vers lui. »

Le bon évêque faisait assez souvent sa promenade après dîner : de la cour, il traversait son jardin, au bout duquel était une rue qui conduit à la Visitation, où son attrait l'entraînait naturellement vers le tombeau de saint François de Sales. Quel beau jardin ! disait-il; j'y viens chercher la fraîcheur, et quelle agréable liberté il me donne de sortir? Ce jardin n'avait rien de remarquable, ni de bien tenu; le

[1] XII, X.

palais épiscopal est grand et assez triste. Mais cette belle âme voyait dans tout des sujets de contentement et d'actions de grâces envers le Créateur! Un jour quelques ecclésiastiques lui faisant observer le désagrément de ce jardin, où l'on ne pouvait faire un pas sans être vu de toutes les maisons voisines : « Eh! quel mal que des enfants voient leur père? répond ce vrai père, et des fidèles leur évêque?... Je voudrais que mon habitation fût de verre, afin que chacun d'eux pût voir ce qui s'y fait. »

Monseigneur marchait dans les rues d'un pas ferme, et avec une grande canne à pomme d'or. On l'entendit un jour dire en la prenant : « Mon Dieu! qu'elle me rappelle votre croix, afin qu'elle soit au moins de quelque utilité à mon âme, en soutenant mon corps. » Le prélat, dans ses promenades, toujours accompagné d'un de ses ecclésiastiques, récitait le chapelet, ou se faisait lire les soliloques de saint Augustin; s'il rencontrait de petits enfants, l'apôtre de Jésus-Christ s'arrêtait, les interrogeait sur la religion, leur faisait réciter le *Pater*, et leur donnait une petite caresse ; en leur parlant, il aimait à les bénir, à bénir les pauvres à l'exemple du Seigneur qui voulait laisser approcher de lui les petits, et qui toujours fut entouré de pauvres! « Je ne m'abstiens, disait-il, presque jamais de donner ma bénédiction, et ce n'est qu'alors que je remarque une attitude qui semble évidemment la repousser; je bénis tous ceux que je rencontre, parce que les vœux d'un vieillard, d'un ami, d'un père, et d'un évêque, sont rarement stériles! »

Les pauvres infirmes, chargés d'années, qui s'approchaient pour demander l'aumône, étaient aussi souvent interrogés par Mgr Rey; il s'informait s'ils pensaient à leur salut, et, selon la réponse, exhortait ou reprenait; promettant le ciel, la béatitude *des pauvres* à ceux qui savaient l'être selon l'esprit de Jésus-Christ; puis, il leur remettait l'aumône réservée à ceux qu'il voyait incapables de travailler. Jamais, en sortant, il n'oubliait d'approvisionner ses deux bourses pour ses enfants de prédilection; l'une, de menue monnaie pour les petits mendiants, l'autre, pour les vieillards, remplie de pièces d'argent. Lorsqu'il n'avait pas rencontré ses pauvres favoris, il fallait absolument, en rentrant dans la ville, leur porter son aumône dans leur chétif réduit, et lui, restait à attendre, debout, à la porte, malgré sa mauvaise jambe, le retour de son aumônier. « Il faut que l'évêque soit hospitalier, disait-il souvent, *hospitatem benignum*. Il faut que l'évêque retrace la vie du divin Maître, *qui passa faisant le bien*. »

Mgr Rey, en rentrant dans son palais, trouvait souvent la porte encombrée de pauvres. Deux fois par semaine, régulièrement, il faisait faire des distributions à tous les malheureux. Ceux qui auraient été désireux de connaître la demeure de l'évêque, la demandant dans la ville, auraient pu recevoir la même réponse que ceux qui s'informaient de la maison de saint Éloi, à Bourges : « Allez dans telle rue, à la porte où vous verrez une quantité de pauvres. »

Le prélat était accessible à tous ceux qui désiraient le voir ou lui parler; il s'empressait de faire droit à toutes les réclamations et prenait à cœur toutes celles qu'il lui était possible d'appuyer près des autorités par un sentiment de justice ou de charité; d'une extrême activité, et d'un zèle qui embrassait beaucoup de choses, il résultait que ses journées étaient pleines, et laborieuses à l'excès; vers le soir, il ressentait de la fatigue, ce qui ne l'empêchait pas d'être aimable. Après un léger souper, il causait volontiers; personne ne savait comme lui mêler de la gaieté à quelques pieuses pensées qui ramenaient l'esprit vers Dieu. C'était le caractère particulier de sa conversation. Il se retirait de bonne heure, non sans faire allusion, dans ses *bonsoirs*, à Dieu qu'il priait de vous bénir, aux saints anges gardiens qui protégeraient votre sommeil, etc., etc.

Vers la fin du carême de 1833, le R. P. de Mac' Carthy se sentait de plus en plus malade. Il crachait le sang; ses forces trahissaient son courage; la douleur de Mgr Rey était profonde; il voulut arrêter le zèle du saint prédicateur, lui défendre de prêcher, et surtout cette dernière Passion du vendredi saint : ce devait être le chant du cygne ! le sacrifice suprême. Rien ne put apporter d'obstacle à cette soif d'immolation, et le serviteur et le maître allaient être admirablement identifiés... Il avait choisi pour texte : « *Il a été immolé parce qu'il l'a voulu... Il a souffert parce qu'il était innocent...* » l'Agneau qui a été égorgé pour le salut du monde.

Qui pourrait rendre cet accent de douceur? Qui pourrait peindre cette sainte attitude, et son regard céleste? Sa vie était comme transportée dans le ciel, où il semblait puiser son inspiration et trouver des paroles inconnues pour louer l'Agneau sans tache, « muet devant celui qui le tond. » Accusé, poursuivi... accablé, flagellé... puis écrasé sous sa croix, et enfin immolé, « *parce qu'il était innocent,* » et que l'innocent seul pouvait racheter le monde coupable et condamné à la mort!... On l'emporta presque des degrés de la chaire, inondé de sueur; son âme semblait avoir exhalé son dernier souffle... Il avait comme expiré avec l'Agneau, et la mort n'avait plus que peu de chose à faire!...

Le R. P. de Mac' Carthy se coucha pour ne plus se relever ! Une paisible lutte de la nature, une angélique soumission, fruit de la grâce ; une fervente et douce piété, voilà ce qu'admirèrent, dans la petite chambre du second étage du palais épiscopal, ceux qui furent admis auprès du prêtre souffrant et qui eurent le bonheur de recevoir sa bénédiction. La comtesse de la Rochejaquelein fut de ce nombre. « Ma fille, lui dit-il d'une voix éteinte, soyez bien toute à Dieu. »

Partageant l'affliction et les alarmes de Mgr Rey pour une si précieuse existence, elle fut témoin des admirables soins de cet ami si dévoué, s'unissant à toutes ses prières et adoucissant l'amertume des regrets qui inondaient l'âme du bon vieillard ! Elle s'éloigna néanmoins, durant ces tristes jours, de ce palais, tout embaumé de l'odeur des vertus, voulant laisser Mgr Rey tout entier aux pieux devoirs de l'amitié ; elle emportait l'assurance que son charitable vœu pour Annecy s'accomplirait [1]. Le respectable prélat laissait dans le cœur de cette dame le souvenir ineffaçable de ses bontés, et, lorsque, sur les dernières marches de l'escalier où il l'avait accompagnée, elle lui demanda à genoux sa bénédiction, il lui fit promettre de revenir à Annecy. Ce digne vieillard avait conçu dès lors une paternelle affection pour l'amie de ses pauvres, et il la conserva toute sa vie. Il retourna près du chevet de l'apôtre qui avait évangélisé son cher troupeau d'Annecy, l'environnant des soins les plus touchants, le veillant, le faisant veiller par ses prêtres. Tout fut inutile, et les secours de l'art, et les supplications vers le ciel de tout le bon peuple et du clergé; quelques semaines encore, et la belle âme du pieux serviteur de Dieu allait être ravie à la terre.

Mgr Rey écrivit le 3 mai à Mgr l'évêque de Maurienne :

« Notre saint malade s'avance à grands pas vers son éter-
« nité ; c'est un astre, oui, un astre apostolique qui s'éteint ;
« son agonie est céleste ; tout est empreint de foi, de con-
« fiance et d'amour. En vérité, cette bouche mourante semble
« prononcer autant d'oracles qu'elle peut encore proférer de
« paroles. Ce sont des traits de feu, et de quel feu ! O le Dieu
« des bons prêtres, comme vous les soignez à leurs derniers
« instants ! Le spectacle de cet homme évangélique est vrai-
« ment sublime ; tous ceux qui peuvent l'approcher se sen-
« tent comme animés d'une vertu surnaturelle ; son trépas
« trop prochain sera une vraie désolation, mais son souvenir
« sera un sermon continuel et mettra le sceau à ces beaux
« discours qu'il nous a fait entendre. Le saint homme est
« bien plus grand sur son lit de mort qu'il ne l'était dans nos
« chaires, et pourtant à quelle hauteur il s'y élevait ! Ses ta-
« lents étaient admirables, mais ils n'étaient qu'au service
« de sa piété, et celle-ci était l'âme de son éloquence : aussi

---

[1] Monseigneur avait écrit le jour de Pâques, 7 avril 1833, pour demander à Pignerol les Sœurs de Saint-Joseph qui devaient commencer l'établissement. Ce furent les Sœurs Fortunée, Flavie, Polixène et Joséphine, nièce du prélat.

« le voilà mourant comme les apôtres. Je n'en puis plus de
« chagrin et d'admiration. »

Le R. P. de Mac' Carthy ayant témoigné le désir de recevoir les sacrements des mains de Mgr Rey, celui-ci sut comprimer son émotion et sa douleur. Avec la gravité et le solennel recueillement dont il se pénétrait toujours devant les grands actes de la religion, il assista le saint patient, il exhorta le vieil ami. Qui pourrait dire ce que l'Esprit-Saint dictait à cet instant suprême à son âme pour réconforter cette autre âme si noble et si pure? Qui pourrait comprendre le cœur déchiré de Mgr Rey soulevant jusqu'aux portes du ciel le cœur si aimant du mourant? — Il ne trahit dans le moment aucune émotion; mais, la cérémonie étant finie, il courut s'enfermer dans sa chambre, noyé dans ses pleurs.

Le peuple d'Annecy appelait le P. de Mac' Carthy *le saint;* il accourut en foule à ses funérailles, que Mgr Rey voulut rendre magnifiques. Le 3 mai 1833, l'homme de Dieu avait rendu sa belle âme à son Créateur. Le caveau de la cathédrale, sépulture des évêques descendants de saint François de Sales, a reçu sa dépouille mortelle, que la population vénère comme une relique. Monseigneur d'Annecy, comme dernier hommage à sa mémoire, composa l'éloge du R. P. de Mac' Carthy, inséré dans le nécrologe des prêtres du diocèse pour le service duquel le dernier souffle de l'apôtre s'était exhalé.

Parmi ces préoccupations et ces douleurs, Mgr Rey n'interrompit pas un instant ses fonctions d'évêque-missionnaire. Après les prédications du carême, il ouvrit le jubilé à Annecy, avec beaucoup de solennité. Pendant la messe pontificale, des larmes coulèrent continuellement de ses yeux; il pleurait sur le sort des impies qui ont dit dans leur cœur : *Nous ne voulons pas du règne de Dieu sur nous*[1]. On aura quelque idée des angoisses de son zèle à leur sujet par les paroles suivantes de sa première lettre pastorale du 8 septembre précédent. Après avoir énuméré les sujets d'encou-

---

[1] Nolumus hunc regnare super nos. Luc, ch. xix, v. 14.

ragement et les motifs de confiance qui l'avaient engagé à accepter la succession de saint François de Sales, il ajoutait : « Mais que nous serions à plaindre, si la fièvre des enfers
« avait pénétré dans notre troupeau, si la lèpre de Satan in-
« fectait quelques-unes de nos ouailles! Nous nous expli-
« quons bien vite : oui, si l'impiété, si la révolte contre le
« ciel, si la haine de Dieu, ah! parlons plus clairement en-
« core, si une philosophie antichrétienne avait séduit quel-
« ques esprits parmi les membres de notre grande famille,
« hélas! ce ne seraient plus des larmes ordinaires, mais des
« larmes de sang, que nous répandrions sur un pareil mal-
« heur. Nous connaissons ce qui est écrit du péché *contre le*
« *Saint-Esprit*, l'espèce d'impossibilité d'en obtenir le par-
« don, et voilà le seul cas où nous verrions notre courage
« s'abattre et notre confiance défaillir.

« Eh quoi! abandonnerions-nous ceux de nos enfants qui
« se trouveraint dans cette désespérante situation? Oublie-
« rons-nous que l'on a vu, même de nos jours, quelques-uns
« de ces aveugles recouvrer la vue, quelques-uns de ces
« morts sortir de leur tombeau, et qu'enfin il n'y a que les
« démons et les réprouvés qui ne puissent pas se convertir!
« Eh quoi encore! parce qu'une telle situation semble avoir
« épuisé nos espérances, aurait-elle de même épuisé les mi-
« séricordes de notre Dieu? Ah! nous repoussons une telle
« pensée de toutes nos forces, et après avoir, pour un
« instant, comme succombé à notre immense douleur,
« nous nous relevons à la voix toute-puissante de Celui qui
« a dit, en parlant du plus grand des forfaits : *Mon Père,*
« *pardonnez à ceux qui le commettent, car ils ne savent pas*
« *ce qu'ils font.*

« Et voilà qu'à ces dernières paroles toutes nos perplexités
« recommencent : *ils ne savent pas ce qu'ils font!* Non, tous
« les autres pécheurs ne savent pas ordinairement ce qu'ils
« font, ni tout ce qu'il y a de funeste dans leurs œuvres ;
« mais il n'en est pas ainsi des impies et des philosophes
« antichrétiens : ceux-ci connaissent très-bien le mal qu'ils

« font à la religion, le mal qu'ils font aux mœurs et à la so-
« ciété, le mal qu'ils font à leurs familles, le mal qu'ils vou-
« draient faire à Dieu, et enfin le mal infini qu'ils se font à
« eux-mêmes. Ils savent assez que leurs systèmes ont boule-
« versé le monde, et qu'il n'est d'autre force, dans leurs
« principes, que celle de la destruction; ils savent assez que
« si la société entière pouvait devenir impie ou sans religion,
« on n'y verrait plus que deux classes de citoyens, celle des
« assassins et celle des victimes ; ils savent assez qu'avec des
« domestiques impies il n'y aurait point de sécurité; qu'entre
« des époux impies il ne saurait y avoir de fidélité; que tout
« lien, toute promesse, tout contrat, tout serment entre des
« impies n'offre aucune sûreté. Hélas! ils savent tout cela,
« et ils osent encore être impies!

« O mon Sauveur! souffrez que je vous le demande : tous
« ces malheureux *qui savent si bien ce qu'ils font* ont-ils eu
« part à votre prière, qui n'était que pour ceux qui l'igno-
« rent? Et votre Église remplie de votre esprit, interprète de
« vos oracles, dépositaire du trésor de vos miséricordes;
« votre Église, au grand jour où vous avez donné votre sang
« pour le salut des hommes, prie pour les schismatiques,
« prie pour les hérétiques, prie pour les idolâtres ; elle prie
« même pour les Juifs, qui vous ont mis à mort, et elle
« semble n'avoir aucune oraison à réciter, en ce jour de ré-
« demption, pour les impies! Nous nous arrêtons devant les
« pensées qui se présentent à notre effroi : peut-être sont-
« elles des blasphèmes!

« Effrayez-vous donc avec nous, ô vous que l'impiété a
« conduits jusqu'aux dernières limites du malheur; effrayez-
« vous, et nous revenons à l'espérance. Oui, il est certain
« que Jésus-Christ est mort pour tous les hommes : nous
« nous rattachons donc à cette ancre consolante de la croyance
« catholique; et s'il était vrai qu'il y eût des impies parmi
« nos enfants, nous n'en tirerions plus d'autre conséquence
« que celle de redoubler pour eux notre sollicitude, nos
« larmes, nos prières, et de dilater outre mesure nos en-

« trailles paternelles pour les recevoir. . . . .
. . . .

« Dieu de bonté ! rien ne vous est impossible : vous con-
« damnez le désespoir, même dans les plus grands pécheurs ;
« n'est-ce pas ordonner à celui dont le plus beau titre est
« d'être le ministre de vos miséricordes d'espérer jusqu'à la
« fin que vous les répandrez sur ceux mêmes qui font au-
« jourd'hui profession de les combattre [1] ? »

Annecy avait, comme la plupart des villes et bourgades de la Savoie, quelques-uns de ces infortunés. Le moment de l'ouverture du jubilé accordé par le Saint-Père était arrivé. Notre prélat reçut la visite d'un de ces prétendus esprits forts, l'accueillant avec bonté et essayant de lui exprimer le désir de son retour à Dieu, mais une réponse froide et négative le glaça d'épouvante. « Oh ! pauvre malheureux ! s'é-
« cria-t-il dans son amertume ; et pourtant, si le bon Dieu
« voulait ! Et qui sait si sa miséricorde n'ira pas jusque-là ?
« Tout le diocèse est en prières pour nous. »

En effet, il avait, par une lettre, intéressé tout son diocèse en faveur d'Annecy. Une importance toute spéciale s'attachait, dans sa pensée, à la sanctification *des aînés de sa famille* ; c'est ainsi qu'il désignait les habitants de la ville épiscopale. Il désirait qu'ils fussent l'exemple de leurs frères, et qu'Annecy ne fût pas moins distingué par sa piété que par le siége illustre qui porte aujourd'hui son nom.

Pendant le jubilé, on surprit souvent ce dévoué pasteur en prières et en pleurs devant les images des saints qui couvraient les murailles de ses appartements. Il ne manqua pas un seul jour d'aller au tombeau de saint François implorer sa protection pour une ville qu'il avait tant aimée et évangélisée. A la prière il joignit la prédication, dans laquelle il fut puissamment secondé par les capucins, qu'il avait, l'année

---

[1] Pour expliquer l'esprit de ce mandement, il faut se rappeler que les événements de 1830 eurent un grand retentissement en Savoie et y remuèrent les passions et la fièvre révolutionnaire de tous ceux qui avaient sympathisé avec les événements de 1821.

précédente, établis à la Roche. Notre prélat ne cessa d'instruire ou de prêcher presque quotidiennement durant ce jubilé, soit dans la cathédrale, soit dans la vaste église de Saint-Maurice.

Les processions de pénitence qu'il avait prescrites, afin, disait-il, *de faire tomber les murs de Jéricho*, c'est-à-dire les remparts *élevés autour des cœurs par les passions*, furent édifiantes par le nombre et le recueillement des assistants, la dernière surtout, à laquelle toute la ville prit part. Rentrant à la cathédrale en habits pontificaux, avec la crosse et la mitre, il monta en chaire : « Surabundo gaudio in omni « tribulatione nostra, » dit-il [1], je surabonde de joie parmi mes tribulations. Ces paroles expriment ce qui se passait dans son âme ! Puis, après une improvisation heureuse, comme il savait en trouver, il finit comme prophétiquement : « Oui, la piété de ma ville épiscopale et de mon « diocèse me rassure entièrement contre les coups que la « Justice divine décharge en ce moment sur plusieurs na- « tions, le choléra et la révolte; oui, ces anges extermina- « teurs respecteront cette cité et ce diocèse teints du sang de « l'Agneau ! » Ces paroles eurent leur accomplissement, le choléra ne toucha pas à la Savoie; et quelques jours après le jubilé, une vaste conspiration, qui devait livrer ce pays aux révolutionnaires, fut découverte et déjouée. La transformation religieuse d'Annecy par le jubilé frappa à un tel point le commandant des carabiniers d'Annecy, qu'il s'écria : « C'en est fait! une révolution politique est impossible « dans cette ville ! »

C'était sous le rapport de la tranquillité publique dont il était chargé, que ce militaire appréciait ce fait religieux, et il jugeait bien. Les tentatives de cette année et de la suivante pour soulever la Savoie échouèrent devant le bon esprit et le bon sens des populations. En 1834, lorsque le bruit se répandit que les réfugiés s'avançaient vers Annecy, les ou-

[1] II. Cor., VII, 4.

vriers des fabriques envoyèrent une députation à notre prélat, pour lui dire qu'ils se feraient tous égorger plutôt que de laisser toucher à sa personne, à ses prêtres et à la religion. Mgr Rey sollicitait alors la grâce d'un révolutionnaire, fugitif depuis la découverte du complot de 1833, de celui-là même qui lui avait fait la réponse rapportée plus haut. Il l'eût obtenue, si ce malheureux ne se fût mis à la tête des proscrits de toute nation réunis en Suisse, et n'eût apposé son nom à côté de celui de Mazzini, au bas de la proclamation qui appelait les Savoisiens à la révolte, et cela au moment où on implorait son pardon !..... Le saint évêque suivait les préceptes du divin Maître : « Faites du bien à ceux qui vous persécutent. » Il dut cesser cependant des démarches que paralysait une conduite si déloyale.

En cette année 1834, Mgr Rey partagea le carême de la cathédrale avec M. le chanoine Rendu, aujourd'hui son successeur, qui remplissait, en même temps, avec beaucoup de talent et de fruit, la station de l'église de Saint-Maurice. Il ne manqua à aucun sermon. Cette assiduité étant pour lui une grande fatigue dont on chercha à le détourner en considération de ses grands travaux, il répondit : *Qu'ai-je de plus pressé et de plus important que d'édifier mon peuple ?* De même qu'il l'avait pratiqué à Pignerol, il prêcha trois ou quatre fois par semaine aux religieuses de la Visitation. Rien ne lui était plus doux que de faire quelque chose qui fût agréable au cœur de saint François de Sales. Comparant les communautés ferventes aux *vestibules du paradis*, il pensait que les personnes qui y habitent ont un grand crédit auprès du trône des miséricordes, et que c'était là qu'il fallait aller acheter l'*or brûlant* [1] *et pur* qui touche et convertit les âmes. De là sa confiance aux prières et aux œuvres de la piété de ces cénobites. Il ne manquait jamais de leur recommander les entreprises de son zèle, et croyait à leur succès dès qu'il les y avait intéressées. « Mes bonnes Visitandines sont en per-
« manence devant Dieu, disait-il ; je suis tranquille. »

---

[1] Apoc., III.

Cette même année, à la prière du curé de Notre-Dame, il établit solennellement le mois de Marie. Son cœur avait la plus tendre dévotion envers la bonne Mère des chrétiens : le nom seul de Marie le faisait tressaillir. Il pardonnait beaucoup aux prédicateurs qui lui parlaient d'elle. En voici un exemple : Ayant, une des années suivantes, rencontré, deux jours avant l'Annonciation, le prédicateur du carême de Saint-Maurice : « J'espère, lui dit-il, qu'après-demain vous « nous parlerez de la sainte Vierge. — Mais non, monsei- « gneur, je n'ai rien de préparé sur ce sujet. — Ah! mon « Dieu! reprit l'évêque, avec l'accent de la douleur, je me « réjouissais déjà d'entendre glorifier notre Mère commune « en ce beau jour de l'Annonciation. En Italie, il n'y a pas « une prédication de carême où il ne se rencontre au moins « un discours en son honneur. Je me résigne, quoiqu'avec « bien de la peine, à cette privation, que je ne serai pas seul « à sentir. » Le prédicateur s'empressa de satisfaire de son mieux le désir du prélat, et, bien que son discours, fait à la hâte, n'eût rien de remarquable, Mgr Rey en eut un vif contentement : le nom et les louanges de Marie avaient retenti à ses oreilles. « Plusieurs des assistants en auront em- « porté, dit-il, un accroissement de confiance et d'amour « envers la Mère de mon Dieu, c'est assez. »

Par de tels sentiments, on jugera avec quelle joie il accueillit la proposition d'inaugurer le mois de Marie. Non-seulement il autorisa cette dévotion de vive voix, il l'approuva encore par une lettre qui fut lue au prône et qui est religieusement conservée dans les archives de l'église de Notre-Dame. Ces paroles d'encouragement portèrent leur fruit, et il put écrire à un de ses collègues : « J'ai à bénir Dieu de la doci- « lité de mon peuple d'Annecy. » En effet, lorsque l'évêque fit l'ouverture du mois de Marie, par la célébration des saints mystères, il trouva le lieu saint rempli de fidèles qui communièrent tous de sa main. Le soir de chaque jour, après le chant des cantiques et des litanies, il monta en chaire, fit une lecture brève sur la sainte Vierge et parla ensuite lui-même pendant près d'une heure. Dès que les cloches annonçaient cet exercice, les promenades publiques devenaient désertes et la foule se précipitait vers l'église. Cette prédication continue lui coûtait beaucoup ; mais si on l'engageait à mesurer son zèle sur ses forces, il répondait que la *mesure du zèle était de n'en point avoir.*

La touchante dévotion dont nous parlons, ainsi inaugurée, a toujours été suivie par le plus édifiant concours des fidèles. Durant les huit années que notre prélat vécut encore, il n'y manqua jamais. Souvent il ne s'y rendait qu'avec une extrême difficulté, obligé, pour marcher, de s'appuyer d'une main sur son bâton, et de l'autre sur le bras de son aumônier, traînant une jambe qui ne le soutenait qu'au prix des plus cuisantes douleurs. Là, au milieu de ses enfants, chaque année il écoutait les louanges de la Mère de Dieu et parlait lui-même pendant environ vingt minutes. — « Je prends « chaque jour la parole à tort et à travers, mandait-il une « fois à Mgr Mathieu, évêque de Besançon, au milieu de cette « édifiante réunion, et je sens que je n'abuse pas seulement « de la patience de mon auditoire, mais aussi un peu de mes « forces. Hélas! je suis vieux et je n'ai plus le temps de me « ménager, parce que : *Dum tempus habemus, operemur bo-« num;* bientôt il n'y aura plus de temps pour moi, etc. »

Ces exhortations paternelles dont on était avide sont encore présentes à tous les esprits. On aimait non-seulement à l'entendre, mais à le voir confondu parmi les fidèles, s'associant à leurs cantiques, à leurs prières, ou, prosterné en adoration devant le Dieu de nos tabernacles ; c'était l'apôtre saint Jean à Éphèse, se faisant porter dans sa vieillesse dans l'assemblée des chrétiens pour leur adresser quelques paroles touchantes, et, comme l'on sait, le plus souvent celles-ci : «Mes petits enfants, aimez-vous les uns les autres [1]. »

Après cette tendre dévotion à la sainte Vierge, Mgr Rey en professait une bien particulière pour saint François de

---

[1] Filioli, diligite alterutrum. S. Jérôme, de Script. eccles.

Sales et sainte Jeanne-Françoise de Chantal : il allait fréquemment vénérer leurs saintes reliques. Pendant la neuvaine commémorative des translations qui en furent faites, le 21 et le 23 août 1836, alors qu'il y a affluence de pèlerins à leurs tombeaux, notre pieux prélat était le premier aux exercices.

Il se trouvait là avec les représentants de toutes les parties de son diocèse, ce qui lui était une grande consolation, car il n'est pas exagéré de dire qu'il aimait ce bon peuple d'un amour vraiment *maternel*. Alors que l'affluence des pèlerins était considérable, et souvent même chaque jour de la neuvaine, il y disait la messe et communiait lui-même ces braves gens, quel que fût leur nombre. Il y eut des jours où la distribution de la sainte Eucharistie se prolongea plus de deux heures, et lorsqu'on lui dit que, pour ménager ses forces, ses prêtres auraient désiré lui épargner cette fatigue : « Que dites-vous, fatigue ? reprenait-il avec feu, il n'y a que douceur dans cette fonction céleste. » C'est ainsi que dans la même pensée il se vantait de sa sainte imprudence à un de ses curés : « J'ai passé trois heures à la Visitation où j'ai épuisé à la communion deux pixides combles. Ah, mon Dieu ! quand la jambe aurait crié mille fois plus fort, je ne l'aurais pas écoutée ; j'avais le cœur inondé de trop de joie, et je ne pouvais ressentir autre chose que mon bonheur. » Ces sentiments venaient de sa grande dévotion à la sainte Eucharistie ; cette belle âme en était pénétrée !... Nous avons recueilli de lui ces touchantes expressions : « Je ne trouve plus de vie ni aucun sentiment de vrai bonheur que dans la participation à l'adorable Eucharistie, elle me fait tout supporter, et m'aide à tout entreprendre. » Et ailleurs : « Je travaille nuit et jour, et je n'ai plus d'autre intervalle de consolation que ceux de la prière et surtout du saint sacrifice, où je retrouve chaque jour le courage pour vingt-quatre heures ; je mourrais si j'étais privé de ce bonheur. »

Il avait été consulté par une personne sur la fréquente

communion. « Je n'approuve pas vos craintes trop grandes pour approcher de la sainte Table, répondit-il ; votre cœur, effrayé par la foi, doit être rassuré par l'amour, encouragé par la confiance. Je mourrais mille fois d'inanition ou de malheur, sans cette nourriture adorable ; c'est le *pain de la vie*, et ce titre lui est donné par Celui de qui nous tenons cet inestimable don. »

On comprend l'extrême consolation que ressentait le pieux évêque en distribuant ce pain divin à la foule empressée de ses enfants ; nourris et fortifiés, ils retournaient heureux dans leurs familles, et jusque dans leurs hautes montagnes, d'où chaque année les pèlerins revenaient plus nombreux au saint tombeau.

Mgr Rey avait un ardent désir d'aller visiter ces bonnes populations dont le concours à Annecy l'avait tant édifié. Le 1er mai 1834, il leur annonça sa visite par une touchante lettre pastorale où il exhortait ses curés à préparer les fidèles par quelques jours de retraite. Ce vœu fut entendu : partout les ecclésiastiques s'animèrent d'un véritable zèle, s'aidèrent mutuellement, ou appelèrent à leur secours les RR. PP. capucins, et les Jésuites, qui montrèrent tout ce que peut produire leur sainte vocation pour « préparer les voies du Seigneur [1]. »

La visite pastorale fut néanmoins retardée de quelques jours par un voyage inattendu de Sa Majesté Charles-Albert, en Savoie.

Le bonheur que ressentait le bon évêque à revoir ce prince ne se peut dire, mais le divin flambeau de la foi inspirait et réglait ses paroles et ses démarches. Il harangua le monarque, et, en se faisant l'interprète des sentiments de la Savoie envers l'auguste famille dont elle est le berceau, il se plut à lui montrer le respectueux attachement du clergé comme la véritable source d'où découlait tant d'amour et de

---

[1] Parate viam Domini, rectas facite semitas ejus. S. Marc, ch. 1, v. 3.

fidélité. Il revint sur ce qu'il avait déjà précédemment exprimé à ce prince; à cette pensée si juste, qu'aux yeux de la religion catholique, les chefs des nations sont les enfants de l'Église, et qu'à ce titre ils lui doivent l'honneur, l'assistance et la soumission.

Charles-Albert eut plusieurs entretiens avec notre prélat, envers lequel il se montra ami tendre et fils respectueux. Accompagné par lui dans la ville et les promenades, le roi congédia un détachement de soldats qui le protégeait contre l'empressement de la foule (à cause des menaces de mort qu'avaient fait entendre les révolutionnaires réfugiés sur les frontières de ses États), et se retournant vers Mgr Rey : *Avec vous, Monseigneur,* dit-il, *je ne crains rien, votre présence m'est un rempart.*

Après une conférence où l'évêque proposa diverses mesures utiles à la religion et à la prospérité de sa ville épiscopale, Charles-Albert lui dit : *Monseigneur, je vous accorderai toujours tout ce que vous me demanderez.* Et le roi, après l'avoir embrassé, ajouta : « Je veux que vous portiez à votre main un témoignage de l'affection qui nous unit; » et en même temps il mit à son doigt un riche anneau pastoral. Peu de temps après, l'anneau fut vendu en faveur de l'établissement des Sœurs de Saint-Joseph. « Ce prince bien-aimé,
« disait l'évêque à cette occasion, ne sera pas fâché que je
« consacre à l'instruction de ses enfants ce don de sa ten-
« dresse. Quant à son souvenir, il est sous la garde d'un
« amour qui ne s'éteindra pas avec ma vie. » A ces marques d'attachement et d'estime, le roi voulut encore ajouter le titre de chevalier grand'croix et grand cordon de Saint-Maurice-et-Lazare. Ces croix honorifiques de la terre reportèrent les pensées de Mgr Rey vers celle du Calvaire. « Je
« sens, dit-il, que la croix de mon Sauveur étant la seule
« décoration éternelle, je ne dois m'exalter dans un senti-
« ment de joie qu'autant que j'aurais le bonheur de la por-
« ter... Mon Dieu! vous, vous seul, rien que vous, tout dans

« vous, tout pour vous ! Ah ! que cela est solide, durable et
« brillant [1] ! »

On pense bien qu'un cœur aussi susceptible d'affection dut être touché des bontés du roi ; mais rien ne lui causa plus de joie que la piété de ce prince. « Je ne saurais être
« trop reconnaissant envers ce pieux monarque, dit-il, de
« l'édification qu'il donne à mon peuple : son voyage est un
« pèlerinage de dévotion. Ah ! si les rois savaient, ajouta-
« t-il, combien ils gagnent dans le cœur de leurs sujets par
« le spectacle d'une piété sincère, ils voyageraient tous
« comme Charles-Albert. » Ce prince imitait en cela les rois ses prédécesseurs, si bons et si paternels pour leurs peuples. Lorsque ceux-ci ne sont pas égarés par de funestes doctrines, rien ne les touche et ne les attache plus à leurs souverains que les exemples de foi et de piété qui émanent du trône.

Après le départ de Sa Majesté, les visites pastorales du prélat commencèrent par Ounion et les montagnes du haut Chablais. Sa marche ne fut qu'un triomphe : c'est à M. Perrin qu'il en donna les détails. « Je suis témoin du plus tou-
« chant et du plus sublime spectacle que la foi puisse offrir
« sur cette pauvre terre d'exil. Les incomparables popula-
« tions de ces contrées ont épuisé en démonstrations de joie
« et d'empressement tout ce que l'imagination, échauffée
« par le cœur, peut inventer de plus admirable et de plus
« ravissant. Mon Dieu ! quelle scène de bonheur et de piété !
« Que de larmes j'ai dû retenir et combien j'en ai répandu !
« L'expression de *triomphe* n'a rien que de simple et de
« vrai pour rendre la marche du pauvre évêque d'Annecy
« à travers ces montagnes du Seigneur. »

Quel accueil ne méritait pas en effet un pareil évêque ! En lui, l'homme entier disparaissait pour revêtir mieux ce sacré caractère ; tout au salut des âmes, on le voyait transfor-

---

Monseigneur aliéna aussi sa pension de grand'croix de Saint-Lazare à l'œuvre des Sœurs de Saint-Joseph.

mer sa nature expansive en un silence plein de recueillement ; il ne parlait presque plus que pour instruire les peuples, ou lorsqu'il répondait aux harangues ; il n'employait jamais, dans ces fréquentes occasions, aucune banalité ; tout portait coup. Bon, doux, affable, tout à tous, on ne s'apercevait même pas alors de ces vivacités, on peut dire de ces *impétuosités*, qui étaient le trait saillant de son caractère dans la vie privée ; une imposante gravité l'entourait comme d'une auréole, et ne cédait qu'à l'expansion de son amour. Il eût pu répondre souvent comme saint Dominique, auquel on demandait où il avait étudié le sermon qu'il venait de prêcher : Le livre dont je me suis servi est celui de la charité.

On ne peut se faire une idée des fatigues qu'il endura par la volonté constante de ne manquer à rien de ce qu'il était possible de faire pour le bien !

Parmi les paroisses qu'il évangélisa, il y en eut une où le désordre des mœurs était profond et presque général. Le curé gémissait sur ce mal contre lequel son zèle avait échoué. Il ouvrit son cœur à l'évêque, lui témoigna sa douleur et le conjura de le retirer du milieu de ce peuple. Ce récit transperça l'âme de notre prélat de la plus amère affliction. Mais son zèle le surmonte et l'enflamme ; du haut de la chaire, il fait, contre le libertinage, un discours si véhément et si éloquent, que ce ne sont pas des larmes qu'il arrache aux assistants, mais des cris et des sanglots. S'emparant à l'*instant* de leur émotion, il ajoute : « Ah ! ce ne sont « pas des gémissements que la religion réclame de vous, « mais un amendement sincère et prompt, une réparation « aussi éclatante que les scandales que vous avez donnés. » Il s'exprime ensuite avec une profonde indignation contre les chefs de famille dont le défaut de vigilance et d'énergie avait été la cause principale des déréglements de la jeunesse, et ce discours porta un tel fruit, qu'une mission accordée peu après à cette paroisse y acheva la restauration des mœurs.

Dans une autre localité, les moyens pris pour garantir les mariages contre les criminelles liaisons dont ils étaient précédés, avaient été jusque-là inutiles. Les parents n'avaient point prêté leur concours au ministère pastoral. La plupart des jeunes gens ne comprenaient nullement le grand devoir d'entourer de respect les fiancées destinées à devenir leurs compagnes, et elles-mêmes oubliaient trop souvent que la réserve et la modestie sont le premier devoir des jeunes filles. Le temps passé sur les montagnes à paître les troupeaux, se trouvait être un fatal écueil; la vive impression produite par les instructions de l'évêque, en augmentant l'influence du curé, lui permit d'obtenir des parents les utiles mesures qu'ils lui avaient refusées jusqu'alors. Ils se concertèrent, de manière qu'il y eût toujours quelques chefs de famille avec les jeunes gens, dans ces parages solitaires, pendant la saison des pâturages. Cette sage précaution eut tout le bon effet qu'on pouvait en attendre.

Après un mois de courses et de laborieux travaux, l'apôtre de Jésus-Christ dut retourner à Annecy pour célébrer dans sa cathédrale un *triduum* de prières fondé en l'honneur des chaînes de saint Pierre, dont il avait obtenu de Rome une notable parcelle, et pour la retraite ecclésiastique. Aussitôt après, il reprit le cours de ses visites en Chablais.

Dans l'espace de cinquante-deux jours, il parcourut cinquante paroisses et fit l'ordination des quatre-temps de septembre dans l'église paroissiale de Saint-Paul, en présence de cinquante prêtres, dont vingt-deux étaient nés en ce lieu. Tant de travaux semblaient au-dessus de ses forces; mais la joie de ses enfants, les dispositions de leur foi et le spectacle de leur piété furent ses délassements. Il ne se permit pas un seul jour de repos. Sachant combien ce peuple était avide de la parole de Dieu, il la leur distribua le matin, le soir, à toute heure, selon le lieu, le temps, l'empressement dont il était témoin, avec la mesure *pleine*, *entassée* de sa charité, et *débordant encore par-dessus* [1].

---

[1] Mensuram bonam et confortam et evagitatam et supere fluentem dabunt in sinum vestrum. S. Luc, ch. vi, v. 3.

Les inspirations de son zèle prenaient mille formes nouvelles, en voyant dans le lieu saint la ferveur des chrétiens de la primitive Église, et au dehors tout ce que l'allégresse a de plus vif et l'enthousiasme de plus entraînant. Des frontières du Valais aux portes de Genève, les réjouissances se succédèrent pendant près de deux mois sans interruption. Les protestants des rives du Léman accoururent pour y prendre part. Confondus avec les catholiques de Savoie, ils partageaient le bonheur de ces derniers. En ces moments trop courts ils étaient *catholiques de désir*, ils aimaient l'évêque et ils eussent voulu vivre sous la garde d'un tel pasteur. Combien d'entre eux déploraient la séparation qui les privait des consolations de la foi si insuffisantes parmi eux : leur culte, froid et compassé, ne disant rien à l'âme ! Ils s'arrachaient avec peine aux joies si douces et si religieuses de leurs voisins. Dans la traversée du lac pour regagner leurs foyers, la plupart étaient tellement à la pensée de ce qu'ils avaient vu, qu'ils ne savaient parler d'autre chose. C'est avec effusion qu'ils répétaient aux catholiques qui les accompagnaient : *Oh ! que votre prince*[1] *est bon, qu'il est aimable ! vous devez bien l'aimer.* Puis, dans leur admiration, ils s'écriaient : *Vive l'évêque d'Annecy !*

Mgr Rey, informé de ce qu'il se mêlait souvent des protestants aux fidèles dans les réunions, traitait avec intention les importantes questions des *caractères de la véritable Église*, ou de l'*institution divine de la confession*, ou exposait les preuves de la réalité de la présence de Jésus-Christ dans l'Eucharistie ; il détruisait les objections de manière à éclairer ces victimes de l'erreur, ignorantes, sans s'en douter, des premiers éléments de la doctrine chrétienne, nonobstant leur confiance en leur savoir. Mgr Rey s'élevait souvent dans ses improvisations à une éloquence entraînante ; sa foi commandait le respect, sa piété l'attention, et si les cœurs ne se fondaient pas, pour ainsi parler, tout d'abord au feu de sa

[1] C'est ainsi qu'ils appelaient l'évêque.

charité, il captivait bientôt l'esprit par ses hautes pensées, appuyées des textes sacrés et de tous les trésors d'une instruction étendue; il puisait également dans sa riche inspiration ou dans sa mémoire. Celle-ci ne lui faisait jamais défaut; nous en citerons un exemple : Dans une des paroisses du Chablais qu'il venait de parcourir, à Pellier, le curé, vieillard presque octogénaire [1], lui adressa une harangue toute parsemée de citations de Virgile dont il était grand admirateur. Au grand étonnement des auditeurs qui entendaient le latin, ils reconnurent que l'évêque, dans sa réponse, n'employait que des passages extraits du même poëte.

Arrivé à Juvigny, près de Genève, où se terminait enfin cette longue tournée pastorale, il fut entouré de la plupart des curés de cette province. Au moment de son départ pour Annecy, ils se jetèrent à ses pieds, le conjurant de bénir encore une fois leurs personnes, leurs paroisses, le Chablais tout entier qu'il avait arrosé de ses sueurs et fécondé par ses prédications. Notre prélat tout ému fit alors au Seigneur une invocation touchante et appela sur ces bons prêtres et leurs peuples les dons du ciel. Cette prière, qu'on sentait si fervente, amena des larmes dans tous les yeux, et lui-même ne put retenir les siennes.

Tant d'émotions et tant de fatigues excédaient, on peut le dire, les forces humaines. Aussi, le jour même de la rentrée de Mgr Rey à Annecy (le 30 octobre 1834), une fièvre violente le saisit. Il crut d'abord que sa dernière heure était venue; mais, au lieu d'en ressentir du regret, il se réjouit des excès apostoliques qui l'avaient conduit à cette extrémité, tout disposé à immoler de nouveau sa santé, si elle lui était rendue, aux fatigues de son saint état. « J'ai éprouvé tant de
« consolation dans mes visites, écrivit-il à l'évêque de Mau-
« rienne, je suis si heureux d'avoir pu les terminer selon mes
« projets, qu'il n'y a pas moyen de me faire repentir de mon
« obstination à poursuivre jusqu'à la fin... Dans presque

---

[1] M. Trincaz.

« toutes les paroisses du Chablais, le souvenir du saint
« apôtre est plein de vie ; mais le plus beau monument c'est
« la foi vive, les mœurs pures et le caractère aimable des
« religieux habitants. Bon Dieu ! que de douces larmes le
« pauvre successeur a répandues sur les traces toutes vivantes
« de son saint prédécesseur ! Ah ! jamais, non jamais on ne
« réussira à gâter ces populations. Tout prêche dans ce
« pays-là, et les vieux arbres se glorifient encore d'avoir
« fourni leur ombrage au grand saint qui a reconquis ces
« peuples à la foi. »

Notre vénéré prélat ne se rétablit qu'imparfaitement de sa maladie. Ses anciennes infirmités reparurent menaçantes ; il ressentit tout à la fois une diminution de ses forces, une extinction de voix et un commencement de surdité. « Être « sourd et muet ! quelles infirmités pour un évêque qui doit « toujours parler et qui est obligé par état d'entendre tant « de monde ! » C'est ainsi qu'il se plaignit au Seigneur, le suppliant ou de le retirer de ce monde, ou de lui rendre ces indispensables instruments du zèle pastoral. La surdité disparut, mais la voix ne revint qu'après deux années.

Cependant, malgré la faiblesse où l'avaient laissé deux mois de maladie, au cœur de l'hiver (1835), Mgr Rey alla administrer la confirmation à Samoëns, grande paroisse des Hautes-Alpes, à travers une neige épaisse et par des chemins dangereux. Il y avait là des âmes auxquelles il était redevable de son ministère, et qu'il n'eût pas rencontrées dans une autre saison. L'émigration, commençant avec février, emmène au dehors presque tous les hommes, de quinze à soixante ans, et ces hommes ne reviennent dans leurs foyers qu'à la fin de l'automne. Quatorze pères jésuites les préparaient, depuis un mois, à la visite pastorale. Ces considérations prévalurent sur toutes les craintes et sur toutes les observations du chapitre et d'une foule de personnes effrayées des périls de cette course. L'Évangile, qui dit que le bon pasteur donne sa vie pour ses brebis, fut seul écouté. « Ja-« mais ces pauvres gens ne recevraient la confirmation, dont

« ils ont tant besoin, si je ne les allais prendre au sein de
« l'hiver, seule saison où ils soient dans leurs foyers. » Tel
fut l'argument avec lequel il combattit nos sollicitudes. Il
partit donc. A l'entrée de la vallée de Mélan, il s'arrêta pour
conférer la tonsure à deux novices jésuites et la confirmation
à une vingtaine d'étudiants. Avec ce qui lui restait de voix,
il s'efforce de leur adresser une instruction, et préside à une
séance académique dont sa parole fit presque tous les frais et
fut le principal agrément. Arrivé à Samoëns, il ne s'accorde
aucun repos; de sa voiture, il passe dans l'église, et de là
dans la chaire, pour annoncer le but de sa visite. Un quart
d'heure à peine s'écoula, et sa voix s'éteignit entièrement;
mais sa présence et son dévouement n'étaient-ils pas assez
éloquents! Il visita l'église, les autels, les fonts baptismaux,
la sacristie, etc., bénit le peuple, et n'entra au presbytère que
fort avant dans la nuit. Le lendemain, plus de douze cents
fidèles reçurent la sainte communion de sa main. Il en confirma près de mille, dont les deux tiers étaient des hommes
déjà avancés en âge. Il parla à cette multitude. Le spectacle
de foi qu'il avait devant lui l'émut si fortement qu'il eut assez
de voix pour se faire entendre. La cérémonie, commencée à
huit heures du matin, ne finit qu'à trois heures de l'après-midi. Le jour suivant, il distribua encore la sainte Eucharistie à un nombre de fidèles presque aussi considérable que
celui de la veille, et administra la confirmation à ceux qui
n'avaient pu se présenter le premier jour. Il fit encore une
instruction, et le troisième jour, trouvant des forces dans son
courage, il présida à la clôture de la mission et à la plantation de la croix qui devait en perpétuer le souvenir.

Ses consolations religieuses ne lui permirent pas de sentir
ses douleurs. « Je n'en pouvais plus de bonheur, dit-il à son
« retour; ah! que je me serais immolé de bon cœur pour de
« telles jouissances! et au lieu d'immolation j'ai à peine ressenti mes fatigues. »

Un affreux événement, arrivé vers cette époque, causa au
prélat une affliction bien sensible; deux de ses prêtres avaient

été mordus par un loup, près de la route qu'il avait parcourue en allant à Samoëns. Ce malheur l'accabla de chagrin ; on l'entendit s'écrier avec l'accent de la douleur : *Mon Dieu! ayez pitié de ces pauvres prêtres, et consolez mon cœur si affligé!* Sa désolation s'accrut lorsque, quelques jours après, il reçut la nouvelle de la mort de l'un d'eux : c'était le curé. Il restait le vicaire, dont la blessure, quoique profonde, inspirait pourtant moins de crainte, parce que, pour arriver aux chairs, la dent de l'animal avait traversé les vêtements qui les couvraient. L'évêque était en proie à de cruelles alarmes ; il écrivit à ce prêtre une lettre pleine de consolations ; et, afin de le distraire de ses tristes préoccupations, il le nomma de suite gardiateur de la paroisse, et bientôt après curé en titre. « Les embarras, les sollicitudes des premiers « jours du ministère, et aussi la joie de sa nomination, opé- « reront sur son esprit une salutaire diversion, et j'aurai le « bonheur de le sauver. » Ainsi parlait ce bon père, et c'est ce qui arriva.

Sa sollicitude pour ses prêtres était fort grande ; en toute occasion, ils eurent à se louer de sa bonté, et bien souvent expérimentèrent son équité. Quelque temps après son arrivée à Annecy, Monseigneur fut averti que des notes malveillantes existant à l'évêché sur un ecclésiastique, celui-ci se trouvait comme en disgrâce, et, par suite de ces préventions, injustement traité. Le bon évêque ne répond rien, mais il s'empresse de faire des recherches, reconnaît la vérité, et remet aussitôt l'excellent prêtre dans une très-bonne position. Dans une autre circonstance, un ecclésiastique est accusé d'un crime par des misérables qui l'attestent par serment devant une commission nommée pour l'examen de l'affaire... Force fut de suspendre ses pouvoirs. Deux ans après, les mêmes personnes viennent confesser leur faux témoignage. A l'instant même, Monseigneur d'Annecy nomme le digne prêtre à un emploi très-supérieur à celui qu'il avait occupé, et très-agréable, et le lui annonce lui-même avec une bonté et une effusion bien faites pour consoler celui qui avait accepté l'injuste humiliation, en vrai ministre de Jésus-Christ. L'accueil de Monseigneur envers ses prêtres était toujours affable et cordial, mais nous avouerons qu'il avait souvent des saillies de vivacité, presque toujours causées par l'ardeur de sa foi ou de son zèle. En voici un exemple. Un de ces messieurs le priait un jour de s'intéresser en sa faveur près du gouvernement; pour cela, il était nécessaire que son âge fût connu. « Quel âge avez-vous, mon cher abbé? lui demande l'évêque. — Je ne le sais pas au juste, Monseigneur. — En quelle année êtes-vous venu au monde? — Il ne m'en souvient pas. — Quel mois? quel jour?... — Je n'en sais rien. — Quand donc, repartit le prélat avec feu, célébrez-vous l'anniversaire de votre baptême et en rendez-vous grâce à Dieu?... »

Nous voyons à quel point il sentait lui-même cette divine grâce du baptême, dans une de ces affectueuses lettres adressées à M. Perrin.

« C'est le 22 avril! Ah! mon cher enfant, où étiez-vous ce matin, lorsque, tenant entre mes mains le Dieu-homme, dont le baptême m'a fait l'enfant et le frère, à pareil jour, il y a cinquante ans! Ah! vous étiez à l'autel avec moi, et j'ai demandé que nous fussions des chrétiens dignes d'un tel maître. Je vous avoue, mon Hyacinthe, que je suis saintement et vivement agité par ce souvenir. Me voilà avec un demi-siècle d'années dont il ne me reste plus que le souvenir..... Hélas! j'approche à pas de géant de mon tombeau; mais enfin je suis chrétien, je suis enfant de Dieu, le règne de mon Père est éternel, son cœur est incommensurable en bonté et en miséricorde; je veux laisser agir, dans toute sa délicieuse efficacité, l'influence de la bonté de Dieu sur mon pauvre cœur. Je suis chrétien, il est mon Père, tout cela est vrai comme notre existence. Eh bien! que la pauvre vie s'écoule comme il lui plaira; nous sommes les enfants de l'avenir, et la grande éternité appartient à notre Père, et elle nous est promise en héritage. »

Mgr Rey s'étonnait souvent lorsqu'il ne trouvait pas dans les autres l'ardeur de foi dont il était animé; son cœur avait besoin d'écho. Un jour, il disait d'un curé sur lequel tous ses bienfaits avaient échoué pour le ramener à l'obéissance : « Je cherche partout le cœur de cet homme, et je ne le trouve pas. » Étant tout cœur lui-même, il était naturel qu'il cherchât à faire vibrer cette corde dans les autres; mais qu'il lui devait être difficile de rencontrer des cœurs dignes du sien ! Il était fort lié avec Mgr Billet, archevêque de Chambéry, homme d'une haute piété, d'un grand savoir, mais d'un caractère calme et froid. Celui-ci, fort attaché à Mgr Rey, lui dit un jour : « Vous avez une bonne place dans mon cœur. —Mon cher seigneur, repartit l'évêque, je n'ai qu'une crainte, c'est d'y geler. »

Retenu à Annecy par ses infirmités, le bon évêque s'occupa de continuer ses œuvres déjà commencées. Le 7 mai 1833 étaient arrivées au palais épiscopal les Sœurs de Saint-Joseph tant désirées; la comtesse de la Rochejaquelein repassa par Annecy peu de temps après, et, en profitant de cette hospitalité que Monseigneur avait voulu de nouveau lui offrir, son cœur ne fut pas peu ému lorsqu'en mettant pied à terre au palais épiscopal, elle entendit de l'escalier deux cents petites voix retentissant dans les grandes salles de l'évêché. Quatre angéliques Sœurs de Saint-Joseph, appelées de Pignerol, avaient déjà dressé le petit troupeau à recevoir leurs pieux enseignements. Les inconvénients de ce bruyant voisinage n'avaient pas arrêté le *bon Pasteur*. « Si on ne fait le bien, avait-il dit, que lorsqu'il n'y a rien à en souffrir pour soi, on n'en fera guère; puis, ne vouloir pas se gêner en quelque chose dans l'intérêt du prochain, est-ce charité? » Le petit troupeau avait donc été rassemblé dans la bergerie. Notre-Seigneur n'a-t-il pas dit : « Paissez mes agneaux. » Penser, parler, agir selon l'Évangile était la constante préoccupation de Mgr Rey, et ce qui frappait le plus en lui ceux qu'il admettait dans sa douce intimité. L'acquisition de l'ancien couvent de la Visitation fut décidée entre Monseigneur et madame de la Rochejaquelein, et de 1833 à 1834 furent achetées les trois premières portions des

bâtiments. L'administration de la ville vint en aide par un vote annuel ; de respectables personnes d'Annecy, des ecclésiastiques, pleins de zèle, contribuèrent. Monseigneur se dépouilla de ses anneaux épiscopaux, dons du roi et des princesses, et, comptant sur la divine Providence, ne douta pas que la porte de l'ancien couvent de sainte Chantal ne s'ouvrît un jour aux dignes héritières de ses vertus. Nous trouvons dans la correspondance de Monseigneur avec madame de la R. J., que ce fut en novembre 1835 que fut accomplie la plus importante acquisition ; et si nous trahissons ici quelques-unes des bontés de cette dame pour cette œuvre si chère à son cœur, c'est afin de laisser juger de ce qu'était chez son vénérable ami l'effusion de la reconnaissance. Dans une lettre du 22 novembre 1835, il lui mande : « Hier, où j'ai dû passer, aux pieds de saint Fran-
« çois de Sales, la fête de ses Filles, la Présentation de la
« sainte Vierge, je ne voyais que vous dans toutes mes pen-
« sées ; je vous avais présenté à l'autel, je ne vous ai pas
« quittée de toute la journée, et je n'aurais pu vous écrire
« avant que les mouvements de mon cœur m'eussent laissé
« la facilité de formuler sur le papier les divers sentiments
« dont il était rempli. Oh ! que de saintes et innocentes *in-*
« *discrétions* j'ai commises dans une seule journée ! Aucun
« mortel pourtant n'a pénétré dans le sanctuaire de mes se-
« crets ; mais avec quelle effusion, quelle chaleur je les ai tous
« racontés à la sainte Vierge, à saint Joseph, à saint Fran-
« çois de Sales, à sainte Chantal !... Oh ! je leur ai tout dit,
« et il m'était impossible de ne pas soulager dans leur cœur
« mon cœur tout oppressé de tant de bonheur ! Ne craignez
« pas leur indiscrétion, madame ; ils n'en parleront que
« dans le ciel, et je n'en dirai pas un mot sur la terre. C'est
« au pied du trône du Dieu qui inspire de telles choses à
« votre âme, que nous épancherons les nôtres, et rien ne
« transpirera du miracle des miséricordes dont vous voulez
« devenir l'instrument ; oui, madame, dès demain, je dirai
« la messe selon vos intentions, et j'assignerai aux Sœurs de

« Saint-Joseph une prière journalière, etc., etc. » Dès ce moment, Mgr Rey travailla aux acquisitions successives qui devaient réunir les parties de l'ancien couvent de la Visitation, à jamais célèbre par les vertus de ses premières Mères ; la plus importante eut lieu le 16 janvier 1835, et contenait l'ancien chœur et la chapelle. « Pour le reste des bâtiments, écrivait
« plus tard à madame de la Rochejaquelein le bon évêque,
« je suis homme à les acheter, sauf à me libérer chaque an-
« née. Dieu est avec nous, aussi tout ira à merveille. Enfin,
« pour dire ma pensée, je suis devenu un peu Vendéen dans
« les saintes entreprises, etc., etc. »

A cette époque, il y avait vingt-deux Sœurs à l'évêché et peut-être deux à trois cents enfants admis aux classes dans les grandes salles de l'aile gauche du palais. Leur départ pour leur nouvelle demeure se trouve ainsi raconté par le saint pasteur à madame de la R. J. :

« Madame la marquise de Prié [1] m'avait demandé l'hospi-
« talité pour *son passage*, et voilà que, dès les premiers
« jours, elle m'a déclaré qu'elle ne voulait point retourner
« en Piémont pour cet hiver ; au bout de huit jours, elle a
« pris possession de l'appartement des Sœurs de Saint-Jo-
« seph, qui l'ont quitté le 3 de ce mois pour aller dans leur
« nouveau gîte. Ah! que de larmes de part et d'autre dans
« cette séparation! Je n'ai pu retenir les miennes, et jamais
« je n'avais béni ces chères Filles avec une émotion plus
« vive. Elles sont, il est vrai, assez à l'étroit à cause du voi-
« sinage ; mais patience, Dieu y pourvoira, etc., etc., etc.

« En attendant, ajoute Monseigneur, que votre apparte-
« ment soit un jour disposé dans cette vaste enceinte, veuil-
« lez vous souvenir, madame, que celui que vous con-
« naissez est absolument à votre disposition. Hélas! mon
« palais tout entier ne vous appartient-il pas pendant ma
« vie? et ne serais-je pas heureux mille fois par votre voisi-

[1] Personne distinguée et fort spirituelle que Monseigneur d'Annecy avait connue à Pignerol, où elle habitait une charmante villa.

« nage? Il me semble que les circonstances sont encore
« telles, que vous jugerez peut-être devoir accepter mon offre
« respectueuse et consentir à vous rendre à mes vœux sin-
« cères. D'ailleurs, la marquise de Prié, soit la famille du
« général [1], doivent partir au printemps, et dès lors j'aurai
« deux palais au lieu d'un à vous offrir. »

On voit quel était l'aimable et généreux penchant de
Mgr Rey pour la vertu d'hospitalité ! Madame la marquise
de Prié, qu'il avait connue à Pignerol, s'arrêta à Annecy
pour huit jours, elle y demeura six mois ! A bien des reprises madame de la Rochejaquelein profita de ses touchants
appels, ainsi que d'autres amis, que nous aurons occasion de
nommer; en les recevant chez lui, et en mettant à les accueillir cet empressement et cette sollicitude extrême pour
leur bien-être qui lui était particulier, il satisfaisait, sans nul
doute, l'élan de son cœur, mais il avait aussi empreintes
dans sa pensée ces paroles qu'il répétait souvent : « *Oportet*
« *episcopum esse hospitalem.* »

Un jour madame de la R. J. s'étant rendue à l'invitation du saint évêque, il sortit avec elle, appuyé sur sa
grande canne (car sa jambe le faisait toujours souffrir), et ils
se dirigèrent vers le couvent qui était devenu celui des
Sœurs de Saint-Joseph..... Après une visite aux bonnes
Sœurs, une prière dans la cellule de sainte Chantal, on admira la belle vue du lac, des collines et des montagnes ; puis
on visita la maison, le pensionnat, les classes déjà prospères,
et la petite chapelle, ancien chœur des religieuses, qui, déjà
devenue trop étroite, faisait désirer la restauration de l'ancienne. La Révolution en avait fait un magasin et une bras-
serie, remplie, à ce moment, de bois, de cuves, de tonneaux.
Monseigneur y entra avec madame de la Rochejaquelein. La
maison de Dieu, ainsi profanée, sombre, en désordre, les

---

[1] Monseigneur avait prêté un appartement au général de brigade
di Arsata, nouvellement nommé à Annecy, et à sa famille, en attendant
qu'il pût occuper le sien.

impressionna douloureusement, et la même pensée s'empara d'eux ; il fallait que des chants de louanges retentissent de nouveau dans ces murs abandonnés !... Monseigneur avait beaucoup d'estime pour M. Monnet, architecte d'Annecy. Il confia à son talent et à son zèle la restauration de la chapelle, qui était belle et spacieuse ; elle fut ornée avec beaucoup de goût. Ce fut un jour d'indicible joie pour le saint évêque que celui où il y établit l'Archiconfrérie du saint et immaculé Cœur de Marie ; et, pour terminer ce qui concerne cet établissement précieux des Sœurs de Saint-Joseph, disons que, le 11 mars 1836, Monseigneur annonçait en ces mots le complément de l'entreprise : « Je viens de consommer
« l'acquisition de la totalité de tout ce qui composait l'an-
« cienne petite Visitation. Votre nom est gravé sur cette
« œuvre ; je me suis encouragé par votre zèle ; votre cœur a
« saintement agité le mien, et je me suis jeté en avant sans
« ombre de crainte dans ce dernier contrat, dont l'intérêt
« n'est pas au-dessus de mes forces...... »

En effet, Dieu était avec ce saint prêtre ; sa foi réalisait les promesses du divin Sauveur à ses apôtres ; tout s'aplanissait devant lui ; et nous venons de voir que, dans son admirable humilité, il trouvait que le zèle des autres encourageait le sien, tandis que sa charité était un feu qui embrasait les cœurs autour de lui !

CHAPITRE II

Établissement d'une maison mère, à Annecy, pour les Missions. — Restauration de la chapelle des Allinges. — Le Prélat y établit des Missionnaires. — Difficultés pour l'approbation du couvent de la Visitation, à Thonon. — Fermeté de l'Évêque. — Installation de clôture du monastère. — Voyage à Saint-Gervais. — Lettre à M. l'abbé Frère. — Difficultés diverses. — Visite de Mgr Bruté.

Tandis que la Providence, les princes, la reine douairière de Sardaigne et des amis dévoués encourageaient Mgr Rey à contracter des engagements pour sauver l'enfance dans sa ville d'Annecy, d'autre part, il s'endettait aussi sans crainte dans l'intérêt des missions de son diocèse.

Ces dépenses, dont le cercle allait toujours s'élargissant, étaient considérées par quelques-uns comme une témérité; mais, en s'engageant dans cette voie, l'évêque s'était justifié d'avance par l'exemple des saints auxquels la société est redevable de ses institutions de charité. « Ils n'ont point fait « de calculs humains dans ces saintes entreprises, avait-il dit « à son clergé dans sa première pastorale; ils se sont fait « volontairement illusion sur leurs propres ressources, et, « en se proposant un but digne de leur foi et de leur charité, « ils ont compté sur la Providence. Eh bien! elle ne les a « pas trompés, et ce calcul nouveau que le monde traite de « folie, que la raison elle-même taxe d'imprudence, oui, ce « calcul apostolique tout de piété et non d'intérêt a été jus- « tifié par ses résultats. Ah! quand on travaille pour Dieu et

« que l'on n'a d'autre fin que sa gloire et le salut des âmes,
« on peut pousser les pieuses entreprises jusqu'aux frontières
« de la témérité, et il n'est pas même inouï que le ciel ait
« béni ceux qui les passent. Je tremblerais, disait-il à un
« ecclésiastique, *si l'homme avait acheté;* mais, grâce au
« Seigneur, c'est l'évêque qui est acquéreur : tout ira bien. »

Cependant, avant de construire une maison mère destinée aux missionnaires, il fallait que ceux-ci eussent un commencement d'existence. Quelques ecclésiastiques de bonne volonté s'étaient réunis, il est vrai, depuis environ neuf ans, sous un chef de leur choix, le respectable abbé Mermier [1]. Un grand nombre de paroisses avaient été évangélisées par leurs soins; mais ces missionnaires, n'ayant pas de règles, n'existaient que comme premiers éléments d'une maison à fonder.

Les choses en étaient là lorsque Mgr Rey vint à Annecy. La douceur du caractère, le désintéressement, le zèle et la science de la plupart de ces ecclésiastiques les rendaient dignes d'être les instruments des grandes miséricordes du Seigneur. Ils se mirent à la disposition de notre prélat qui leur confia diverses missions.

Chaque fois qu'ils partaient d'Annecy pour leurs prédications, ils réclamaient avec la bénédiction de l'évêque les conseils de son expérience dans ces travaux apostoliques. Il les leur donnait en peu de mots, puis il les résumait en des vœux brûlants qui accompagnaient sa bénédiction. Chaque semaine il allait au tombeau de saint François prier ce grand apôtre de leur obtenir la plénitude de l'esprit apostolique, et chaque jour il les bénissait en quelque lieu qu'ils fussent. « Les bénédictions, disait-il, ne connaissent pas les distances :
« ce sont des vœux qui s'adressent à Celui qui est partout et
« qui est spécialement là où sont les ouvriers de sa vigne. » Il les suivait par ses lettres, qui étaient de vifs stimulants pour leur zèle. Notre-Seigneur n'avait-il pas dit : « Je suis venu apporter le feu sur la terre, et que désiré-je, sinon qu'il s'al-

---

[1] Celui dont il a été fait mention au IIIe livre.

lume[1]?... » Cette sainte ardeur brûlait au cœur de l'évêque, il allait quelquefois, dans ses rapports avec ces jeunes apôtres, jusqu'à des avis sévères ; mais, adressés à des prêtres vraiment humbles et dociles, ils portaient leurs fruits. « Dieu
« seul sait ce que nous devons de reconnaissance à Mgr Rey,
« disait encore naguère un de ces vertueux missionnaires ; il
« y avait parfois bien du sel dans ses réprimandes, mais
« c'était le sel de la sagesse. »

Un point auquel Mgr Rey mettait beaucoup d'importance, c'est la préparation des discours. Il disait souvent : « Prêcher d'abondance, c'est le plus souvent prêcher de stérilité. » Aussi voulait-il que les instructions et sermons des missionnaires fussent étudiés, fussent écrits. Il pensait qu'ils devaient être des prêtres modèles, par leurs vertus et aussi par leurs prédications. Ses lettres sages et encourageantes contenaient de précieux enseignements pour ces enfants de prédilection. Citons celle-ci entre tant d'autres : « Vous voilà
« dans votre sainte solitude ; *o beata solitudo ! o sola beati-*
« *tudo !* Profitez-en bien, mes chers enfants, sous le double
« rapport de la piété et de l'instruction. Travaillez de ma-
« nière à devenir *operarii inconfusibiles* [2] et que vous suiviez
« ensuite l'avis de l'Apôtre, *recte tractantes verbum Dei* [3].
« Tout en mettant une confiance exclusive dans les bénédic-
« tions du Seigneur sur votre ministère, gardez-vous de né-
« gliger les moyens qui doivent en favoriser l'exercice et en
« préparer l'efficacité. Dans aucun état il ne faut tenter le
« Seigneur, et c'est dans le nôtre surtout qu'il faut disposer
« avec soin et avec sagesse de tous les moyens à notre dis-
« position pour assurer des succès solides à notre zèle. Le
« mot *oratio* a deux sens : le discours et la prière, et c'est
« pour tous les deux qu'il est dit : *Ante orationem prœpara*

---

[1] Ignem veni mittere in terram ; et quid volo nisi ut accendatur ? Luc., XII, v. XLIX.

[2] Des ouvriers dignes de toute estime. II. Thim., II.

[3] En dispensant avec sagesse la parole de Dieu. Ibid.

« *animam tuam*[1] ; et ici encore le mot *anima*[2] doit s'entendre
« de toutes les facultés dont elle est douée : la sensibilité,
« l'intelligence, la mémoire, etc., tout cela doit être préparé
« pour être digne de servir à la plus sublime des fonctions,
« la prédication du *Verbe*. Ah! c'est alors que l'Église, à la
« vue de ses missionnaires, entonnera le cantique : *Quam
« pulchri sunt pedes annuntiantis pacem, evangelizantis
« bona*[3]. »

« Comme je suis missionnaire avec les chers mission-
« naires, je fais tout haut ma méditation au milieu d'eux, et
« leur foi, et leur piété, et leur affection filiale attacheront
« quelque prix aux observations de leur vieux père et de leur
« ami si sincère. Ils prieront pour moi, et nous serons ainsi
« unis par le lien le plus doux et le plus puissant : *sint
« unum.* »

De tels conseils, donnés si paternellement, furent pour
nos missionnaires des trésors qu'ils mirent à profit; recher-
chés et chéris de tous, il ne se trouva presque aucune paroisse
où ils ne fussent réclamés, et plusieurs s'assurèrent à perpétuité le bienfait des missions par une fondation. Ces ouvriers
de la vigne du Seigneur n'avaient pas, ainsi que nous l'avons
dit, où reposer leurs têtes. Le prélat s'empressa donc de leur
faire bâtir une maison convenable, admirablement secondé
par les membres du chapitre de la cathédrale. Deux d'entre
eux lui offrirent leur traitement de l'année courante et la
moitié de celui de l'année suivante. Un troisième se chargea de
payer le terrain nécessaire aux constructions. Le reste du
clergé suivit l'exemple du chapitre. Un appel de Mgr Rey,
pendant la retraite de 1836, fut entendu de tous : « On se
« mettrait en pièces, se disait-on les uns les autres, pour
« donner de l'argent à un évêque qui le demande si bien et
« qui en fait un si saint usage. » Quelques ecclésiastiques

---

[1] Avant le discours et la prière prépare ton âme.
[2] Ame
[3] Qu'ils sont beaux les pieds de celui qui évangélise la paix et prêche le bonheur !

allèrent jusqu'à tenir ce langage : « Monseigneur, demandez
« souvent : c'est un service que vous nous rendrez en nous
« associant à vos bonnes œuvres. Plusieurs d'entre nous en
« seront, il est vrai, momentanément gênés, mais cette gêne
« sera passagère, tandis que les fruits en seront éternels. »
Les missionnaires qui jouissaient d'un patrimoine en offraient
le revenu à l'évêque. Ces ressources, jointes aux dons qui lui
vinrent de son diocèse, montèrent à 40,000 francs, avec lesquels il paya les travaux les plus indispensables.

Un moment pourtant il fut incertain s'il poursuivrait ou
non les constructions; mais sa confiance en Dieu triompha.
Il mande à l'abbé Martin, qui dirigeait les travaux : « Si je
« devais vivre encore deux ou trois ans, je n'hésiterais pas à
« vous dire : *En avant*, et même à présent je n'oserais vous
« blâmer si vous marchiez avant le commandement. C'est
« pour la gloire de notre Dieu, et ce bon Maître, qui est notre
« caution, est assez riche pour prendre notre place, si nous
« venons à faire banqueroute à son service. »

Le pasteur vénéré n'eût pas été embarrassé, s'il eût fait un
second appel à son clergé et à ses diocésains; mais, en témoignage de son intérêt à l'OEuvre des Missions, il s'était réservé la plus forte part des dépenses. Ayant un jour à compter une somme considérable, et toutes ses bourses étant vides,
il exposa avec une ardente foi son embarras au Seigneur, lui
disant avec simplicité qu'il espérait bien qu'une OEuvre dont
la gloire de son saint nom était le but ne tournerait pas à la
confusion de son serviteur. Il achevait à peine sa prière, que
la porte s'ouvre, et on vient, de la part d'un ecclésiastique
octogénaire [1], lui apporter la moitié de la somme nécessaire.
Il reçoit la messagère comme un ange du ciel, lui raconte sa
situation, et lui fait présent d'un petit souvenir religieux. De
retour auprès de son maître, elle lui raconte l'à-propos de
son envoi et l'embarras de son évêque, et aussitôt le respectable vieillard envoie l'autre moitié, ne se réservant que l'in-

---

[1] M. André, ancien curé et bienfaiteur de l'hôpital d'Annecy.

térêt ordinaire pour le reste de sa vie, qui était à son terme.

Monseigneur d'Annecy bénit solennellement la première pierre de cet édifice le 6 avril 1836, en présence de son chapitre, du clergé de la ville, du séminaire et d'une multitude de fidèles. Dans sa réponse au discours du missionnaire, M. Martin, qui avait porté la parole au nom de ses confrères, il dit : « Qu'il n'apercevait jamais un missionnaire sans « éprouver le besoin de s'agenouiller devant lui, d'adorer, « en quelque sorte, ou tout au moins de baiser avec amour « et d'arroser des larmes de son admiration des pieds dont le « Saint-Esprit, par la bouche du plus grand des prophètes [1], « a célébré les beautés et les merveilles. » Puis, faisant ressortir l'excellence de la destination de la maison dont le Seigneur allait sanctifier, par son ministère, la première pierre, il ajouta : « De même que du rocher d'Horeb, de cette pierre « sacrée jailliront des torrents de grâces, des fleuves de bé- « nédictions, qui féconderont le vaste champ confié à ma « sollicitude. Cette maison sera cette citadelle mystérieuse de « David où pendent mille boucliers pour la défense des en- « fants de la foi, pour la ruine des puissances de ténèbres et « pour l'affermissement du règne de Jésus-Christ sur les peu- « ples dont je suis le pasteur, etc. » Après la bénédiction, s'adressant au peuple : « Conservez, dit-il, le souvenir de ce jour, et voyez dans cet édifice *un des bienfaits de cette religion qui fit le bonheur de vos pères, un témoignage de la puissance de cette même religion pour le bonheur de ceux qui la pratiquent, et un trésor toujours ouvert aux besoins de vos âmes.* »

Pendant les constructions, notre prélat dirigeait ordinairement sa promenade du côté de la *Feuillette* (c'est le nom de la localité où s'élevait le bâtiment). On eût pris les ouvriers pour ses enfants, tant il était bon envers eux. Il les bénissait avec effusion. « Je serais inconsolable, disait-il, s'il leur ar- « rivait, dans un travail qui m'est si cher, le moindre acci-

---

[1] Isaïe.

« dent, et je les bénis, afin d'écarter d'eux les dangers ordi-
« naires à leur état. »

Chaque semaine il leur faisait des largesses et il s'entendait avec l'entrepreneur pour qu'elles servissent, le dimanche, à d'honnêtes réjouissances. Loin d'Annecy, il pourvoyait à ce que les distributions hebdomadaires ne fussent pas interrompues. On ne pouvait lui faire un plus sensible plaisir que de lui donner des nouvelles de ses ouvriers et de leur ouvrage. Il écrivait à l'abbé Martin, de Saint-Gervais : « Vous avez
« bien compris mes goûts et mes secrets désirs : c'est bien de
« tout mon cœur que je vous remercie ; rien ne pouvait
« mieux récréer ma solitude que votre agréable narration.
« Croyez bien pourtant que ce n'est pas seulement la forme
« extérieure de ce précieux établissement qui excite mon in-
« térêt ; je suis tout plein de l'avenir spirituel qui lui est ré-
« servé. Il me semble que cette maison de bénédictions ne
« devra être habitée que par des saints, et qu'il suffira d'entrer dans son enceinte pour se sentir saisi par l'esprit de
« Dieu, qui y régnera, et par l'irrésistible entraînement des
« exemples, de la piété et de la ferveur, dont on y trouvera
« constamment le spectacle. Mon cœur tressaille de joie à
« cette perspective, et je me sens consolé de ma stérilité et de
« mes misères en voyant tout le bien que j'aurai eu la grâce
« et le bonheur de procurer à ce beau diocèse de saint Fran-
« çois de Sales.

« Continuez donc, mon bon abbé, à surveiller les murs de
« notre nouvelle Sion, jusqu'au jour où l'arche du Seigneur
« viendra solennellement y fixer sa demeure. Votre récom-
« pense sera grande et votre nom sera à jamais honoré, par
« le privilége qui vous a été accordé de former et de faire
« exécuter le plan de ce palais du zèle, de cette sainte de-
« meure des vertus. Un jour, si Dieu le veut, nous y servi-
« rons ensemble ce bon Maître, et nous y célébrerons ses
« louanges.

« Adieu. Je forme un grand signe de croix du côté où se
« trouve la *Feuillette*, et je bénis de tout mon cœur l'archi-

« tecte, l'ouvrage et les ouvriers, au nom du Père, et du Fils,
« et du Saint-Esprit. *Amen !* »

Seize mois après la pose de la première pierre de cette sainte maison (le 8 août 1837), il en ouvrit les portes aux missionnaires, en présence de son clergé réuni pour la retraite et du prédicateur de cette retraite, le savant et pieux abbé Boyer, de Saint-Sulpice, son ami. Il célébra les saints mystères dans l'église. A l'évangile, il dit aux missionnaires que c'était au nom de saint François de Sales, de son clergé, de son diocèse, sous les regards de Dieu et de ses anges qu'il les mettait en possession de cette maison et de son temple. Le lieu, le sujet, le bonheur qu'il éprouvait l'inspirèrent ; en finissant son discours, il s'adressa au clergé : « Voilà,
« pasteurs vénérés et chéris ! les auxiliaires puissants que le
« ciel nous a préparés ! Ils vous appartiennent sans réserve.
« A votre voix, ils voleront à votre secours ; et, quand des
« montagnes d'obstacles viendront abattre votre courage, en
« paralysant vos efforts, vous les appellerez ; et là où les
« forces d'un seul auront échoué, celles de plusieurs seront
« victorieuses. Ces hommes de Dieu partageront vos peines,
« soulageront votre sollicitude et coopéreront au salut des
« âmes dont le Seigneur vous demandera un compte redou-
« table. » Paroles bien capables de faire réfléchir tant d'ecclésiastiques souvent abattus par la douleur de l'inutilité de leurs efforts, et qui néanmoins semblent reculer devant la précieuse et désirable assistance d'un secours étranger !

Pendant que l'édifice matériel s'élevait, le prélat pressait la construction de l'édifice spirituel. « Le bon Dieu, écri-
« vait-il à M. Mermier, a daigné bénir votre ministère dans
« la paroisse du M... S... ; mon cœur en est inondé de con-
« solation. Après les miséricordes infinies de notre adorable
« Maître, j'attribue ce succès au bon esprit dont mes mis-
« sionnaires sont remplis ; car, « *Spiritus est qui vivifi-*
« *cat* [1], » et à la touchante harmonie qui règne entre eux. Je

---

[1] C'est l'esprit qui vivifie. S. Jean, ch. vi.

« n'en sens que plus vivement la nécessité de les voir unis
« par quelques liens réguliers, c'est-à-dire par une règle.
« J'ai fait à cet égard, pendant ce carême, des réflexions qui
« ajoutent une conviction nouvelle à celle que j'éprouve de-
« puis longtemps, que le bien sera incomplet, et peut-être
« peu solide, si un nœud saint ne fait point de vous tous un
« faisceau sacré qui deviendra tout-puissant dès que vous
« serez réellement un *corps*. Il n'y a sur la terre d'*âme* que
« dans les corps. Et cela est vrai aussi dans le sens figuré de
« mon expression. Un jour que vous aurez plus de loisir,
« nous conférerons sur ce point important. »

Dans une lettre au même, il poursuit : « La *Feuillette*
« touche au ciel, hâtons de donner la même direction à l'é-
« difice spirituel et aux saintes constitutions qui nous y con-
« duiront bien plus sûrement... Méditez bien nos statuts,
« ajoute-t-il, et qu'ils soient imprégnés de l'esprit de notre
« saint patron et protecteur (saint François de Sales). » Il
l'exhorte, lui et ses associés, à recommander vivement cette
œuvre à Dieu, à Marie, aux saints anges et à saint François ;
à offrir le saint sacrifice, et à jeûner à cette intention. C'est
ce que lui-même faisait de son côté.

Le 29 septembre 1836, jour de Saint-Michel, après la célébration des saints mystères, la règle reçut de Mgr Rey une
approbation provisoire, se réservant d'y faire les changements
que l'expérience aurait démontrés nécessaires. Enfin, le
24 octobre 1838, il signa l'ordonnance qui érigeait cette réunion d'ecclésiastiques en congrégation religieuse, sous le
nom de missionnaires de saint François de Sales, qu'il avait
tenu à leur donner pour patron et modèle.

La veille de ce jour, et pendant toute la nuit, il fut assailli, au sujet de cette congrégation, de tentations si cap-
tieuses et si violentes qu'il en perdit le sommeil. Le lendemain, avant de rendre l'ordonnance d'approbation, il envoie
chercher le supérieur et lui fait part des pensées qui l'agitent.
Quelques paroles de cet homme de Dieu calment l'esprit du
bon évêque, et dissipent les illusions du démon. « Ah! Sei-

« gneur, dit-il à cette occasion, délivrez-nous des embûches
« de Satan! » C'était, en effet, un piége de cet ennemi des
âmes, qui, voyant le bien que produirait cet établissement,
tentait les derniers efforts pour l'empêcher de naître. Saint
François de Sales ne fut pas exempt de pareilles luttes.

Les missionnaires étaient très-pauvres : jusqu'à l'époque
dont nous parlons, ils avaient vécu en grande partie de leurs
ressources personnelles. L'évêque leur assura quelques revenus; à sa sollicitation, le gouvernement du roi reconnut
leur congrégatiou comme corps moral, ayant la faculté de
recevoir et d'acquérir, en conformité des lois, par lettres patentes du 12 octobre 1838, entérinées au sénat le même
mois.

Jusqu'à son dernier jour, Mgr Rey fut prodigue d'attentions envers cette congrégation, qu'il disait être la plante la
plus précieuse de son immense jardin. Il s'enquérait, avec
une tendre sollicitude, de ses chers missionnaires auprès de
ceux qui venaient des lieux où ils travaillaient. Il leur écrivait souvent, et, quel que fût l'objet de ses lettres, la piété,
l'affection pastorale, les sages conseils y avaient leur place. Il
les terminait avec une touchante effusion. «C'est au bon Dieu
« et à saint François de Sales que je dirai mes vœux pour
« vous à ce nouvel an. A Dieu, mon bon abbé Mermier! Oh!
« c'est avec une émotion profonde et une affection sans me-
« sure que je vous bénis, vous et vos collègues. Voilà vos
« étrennes; mais ce sont celles d'un cœur qui vous est ten-
« drement et religieusement dévoué! A Dieu, mes enfants,
« oui, à Dieu et à Jésus-Christ son Fils unique, le prince des
« missionnaires, et dans son cœur sacré tout à vous. » Quelquefois il s'inquiète de leur santé, mais il n'ose leur conseiller des ménagements : « Je suis un peu en peine de votre
« santé à tous, leur écrit-il, et je suis tenté de vous exhorter
« au ménagement, mais les pauvres âmes sont là et plus
« près de vous; elles crient plus haut que moi : Secourez-
« nous! Il est assez probable que vous les écouterez de pré-
« férence. Dieu arrangera tout pour que mes chers mission-

« naires ne succombent pas à leurs saintes fatigues. Je les
« serre tous contre mon cœur, et je les bénis du mieux que
« je sais faire. Je vous suis de l'œil et du cœur, vous tous,
« mes dignes coopérateurs et les enfants de mon affec-
« tion, etc., etc. »

Souvent le prélat visitait ses missionnaires pendant qu'ils se reposaient, à Annecy, de leurs travaux. Au milieu d'eux, il était tel qu'on se figure les patriarches au sein de leur nombreuse famille. Il avait des paroles de bonté pour chacun. Là, les mains étendues, il bénissait tout le monde, depuis l'humble frère jusqu'au supérieur. Il avait des bénédictions pour l'arbre et la vigne nouvellement plantés, pour les fleurs, les légumes du jardin, etc... Il lui semblait qu'à la *Feuillette* l'air était plus pur, les fruits plus délicieux ; les saints propriétaires lui offraient chaque année les prémices de leur vigne, de leur verger et le premier pain de leur blé. Tout ce qui venait de la *Feuillette* avait pour lui une saveur particulière. Il gravissait la petite montée qui y mène d'un pas joyeux les jours de fête de la maison, y célébrait les mystères divins dans la chapelle, adressait quelques mots pleins d'effusion et de sagesse aux missionnaires, et, en partageant le repos de ses enfants, apportait au milieu d'eux gaieté et bonheur. Après l'agape, venait la station devant le très-saint sacrement et la prière pour les bienfaiteurs vivants et morts de la sainte maison. L'affection du bon évêque pour ses missionnaires lui fit choisir leur église pour lieu de sa sépulture. « Que je serai heureux au jour de la résurrection, dit-il, de
« me réveiller au milieu de ceux que j'ai le plus aimés sur
« la terre ! » Un autre motif aussi l'influença : « J'ai été
« missionnaire, dit-il, et mon tombeau servira peut-être à
« entretenir le zèle des missionnaires que je laisserai ici-
« bas. »

Mgr Rey alla souvent surveiller les travaux d'excavation de son tombeau. Celui-ci terminé, il voulut le bénir, le 16 mai 1838, en présence du prévôt de son chapitre, de ses vicaires généraux, du supérieur de son séminaire, des mis-

sionnaires, de sa maison et des fidèles ; il fut admirablement inspiré en parlant sur la résurrection, sur la vie à venir et sur la grande obligation de prévoir sa dernière heure..... Il conjura les assistants de l'aider par leurs prières à terminer saintement une vie déjà bien longue, et de ne pas l'oublier lorsqu'il serait descendu parmi les morts : « A mon dernier
« jour, dit-il, je descendrai dans la tombe avec moins de ré-
« pugnance, parce que je la trouverai alors toute revêtue
« des prières et des consolations de la religion. Conduits par
« l'affection filiale que vous portez à votre vieil évêque,
« vous viendrez, mes pieux et bien-aimés confrères et en-
« fants, lorsque la boue de mon corps reposera dans ce sé-
« pulcre, verser sur elle, je ne dis pas des larmes, mais les
« eaux de bénédiction sanctifiées par les prières de notre
« sainte Mère l'Église. » Quoique toute l'assistance fût en pleurs, il ne parut en lui aucune émotion.

Le tombeau, couvert d'abord de quelques planches, fut plus tard fermé par un marbre noir. M. l'abbé Nachon, curé de Saint-Joire, ayant annoncé à notre prélat que le marbre était prêt, qu'il n'y manquait plus que l'épitaphe, reçut cette réponse : « Dieu bénira l'enfant pieux et chéri
« qui prend ainsi soin de la porte du palais de son père.
« Oui, mon bon curé, votre amour filial recevra sa récom-
« pense même dès cette vie; car il est écrit : *Ut sis longævus*
« *super terram*..... Quand Dieu aura consommé sur moi ses
« miséricordes, je me souviendrai, devant lui, de celui qui
« m'aida à préparer ma dernière demeure. Eh bien donc!
« voici l'épitaphe [1] que je désire faire graver sur le *ciel* de
« mon lit : mon nom y est inutile; la Foi et l'Espérance
« veilleront, par ces expressions, sur mon tombeau. Cela
« suffit : je ne cherche pas l'illustration du sépulcre, mais
« les pieux souvenirs de ceux qui n'y sont pas encore. »

Pendant qu'il vécut, il n'y eut pas de semaine qu'il n'allât recueillir auprès de son tombeau les leçons de la mort. C'est « mon prédicateur, disait-il ; son langage est sévère, mais la

[1] On la trouvera plus loin.

« vérité du moins n'y manque pas. » Il aimait à y conduire
les amis qui le visitaient : « Ils prieront pendant que je vis,
« disait-il, afin que je vive selon Dieu ; et quand je ne serai
« plus, le souvenir de mon tombeau les engagera à porter
« quelques rafraîchissements à ma pauvre âme au lieu de
« ses dernières douleurs. »

« C'est là, raconte son vénérable ami, Mgr Matthieu, ar-
« chevêque de Besançon, c'est là que, me conduisant lors de
« la visite que j'eus le bonheur de lui faire en 1838, arrivé
« au milieu de la chapelle des missionnaires, et me mon-
« trant un caveau fermé par trois planches, il frappa dessus
« avec sa grande canne, et, me regardant d'un œil plein de
« feu, qu'il reporta ensuite au ciel, il me dit : C'est là. Toute
« l'acceptation de cette dernière ignominie de l'homme,
« toute l'espérance de la résurrection était dans ce regard,
« interprète fidèle de l'inscription qu'il fit graver sur le
« marbre de sa tombe, bénie par lui-même : *In tenebris*
« *stravi lectulum meum ; sed de terra surrecturus Jesu et in*
« *carne mea videbo Deum meum*. Qu'il est beau, ajoute
« l'archevêque, de voir ce grand évêque, à la manière d'un
« saint Jean l'Aumônier, considérer tous les jours son tom-
« beau et emprunter les paroles de Job pour montrer la
« confiance avec laquelle il étend son lit dans les ténèbres,
« sûr de ressusciter de la terre et de voir son Sauveur dans
« sa chair [1] ! »

Monseigneur était déjà à cette époque avancé en âge, mais
ces sentiments, il les avait dès longtemps. Celui qui vit sous
les yeux de Dieu ne peut redouter la mort. Souvent il répétait ces paroles : « Vivre de Dieu ou mourir ! » Dans cette si
intéressante correspondance qu'il entretenait avec M. Perrin,
dès 1817, nous trouvons ces lignes : « La vue de notre commune éternité, malgré le juste effroi qu'elle m'inspire, a un
côté si doux, si ravissant, que l'espoir du bonheur l'emporte
sur la crainte de le perdre. Vivons pour cet avenir. Toute

[1] Lettre circulaire de Monseigneur de Besançon à son clergé, au
sujet de la mort de Mgr Rey, évêque d'Annecy. 1842.

œuvre qui ne servirait pas à nous y conduire manque le seul but pour lequel nous avons un cœur. Oui, âme chérie, nous sommes les hommes de l'éternité! Plaignons les insensés; mais soyons sages et allons à notre but. Vous m'avez consolé singulièrement par le doux et tendre pressentiment que vous aimiez à m'exprimer sur l'époque de notre commune délivrance. Ah! pourquoi pas? vous vivriez plus tôt en mourant de meilleure heure. Mais le Dieu de nos cœurs est celui de nos destinées. Laissons-lui ses secrets, et demandons-lui son amour! »

Une des œuvres que Mgr Rey eut le plus à cœur d'accomplir, fut, sans nul doute, la restauration de la chapelle des Allinges. Quelques-uns de nos lecteurs nous sauront gré de rappeler ici les souvenirs qui se rattachent à ce lieu. Sur les confins de la Savoie et les bords du lac Léman, on apercevait autrefois une redoutable citadelle. Les bonnes gens du pays prétendent qu'il fallait marcher cinq heures pour suivre l'enceinte de ses tours et de ses murailles. Située sur une colline élevée, elle dominait un pays immense, le lac, les montagnes de la Suisse au nord, et au couchant la chaîne du grand Jura. On ignore si l'illustre famille d'Allinges a donné son nom au château fort, ou si elle l'a reçu de lui. Dès 943, les d'Allinges figurent comme bienfaiteurs de l'abbaye de Saint-Maurice, qui en est peu éloignée. Sous le règne de Charles-Emmanuel Ier de Savoie, une garnison occupait le fort pour réprimer les désordres et s'opposer aux excursions des Bernois. Il soutint, en 1324, un siége par le Dauphin Hugues, par son oncle, le sire de Faucigny, et Hugues de Genève, seigneur d'Anthon; Édouard de Savoie les défit, délivra la forteresse et rasa le vieux château, propriété du seigneur de Faucigny. A ces faits historiques sont venus se joindre des souvenirs plus récents, de nature à attirer l'attention et à émouvoir l'intérêt de Mgr Rey; nous voulons parler du séjour que fit au château d'Allinges le grand saint, son prédécesseur dans l'épiscopat de ces contrées. Nous ne saurions mieux faire que d'emprunter à l'excellent ouvrage de M. Hamon [1] le passage qui rappelle cette circonstance. Les deux frères de Sales avaient obtenu la permission de leur évêque pour tenter la conversion du Chablais, alors protestant :

« En mettant le pied sur le sol du Chablais, François de
« Sales et son cousin Louis, n'attendant que du ciel le suc-
« cès de leur mission, commencèrent par saluer l'ange tuté-
« laire de la province, et s'adressant à Dieu, le conjurèrent
« de bénir les travaux auxquels ils venaient se dévouer.
« Continuant leur route, ils arrivèrent vers le soir au pied
« de la colline sur le sommet de laquelle est bâtie la cita-
« delle des Allinges.

« Le duc de Savoie avait établi commandant de cette place
« importante, qui dominait tout le Chablais, le baron d'Her-
« mance, avec une forte garnison de soldats catholiques
« sous ses ordres ; et, comme cet officier supérieur avait
« sous son gouvernement toute la province, c'était à lui que
« nos deux missionnaires devaient remettre leurs lettres de
« créance. Ils montèrent donc à la forteresse et demandè-
« rent à parler au gouverneur de la part du duc de Savoie.
« Le baron n'en fut pas plutôt informé, qu'il vint au-devant
« d'eux jusqu'au premier corps de garde où ils s'étaient ar-
« rêtés. A peine eurent-ils prononcé leur nom et dit le but
« de leur voyage, qu'il leur témoigna le plus vif intérêt ; il
« était heureux, et de ce qu'ils venaient soumettre, par le
« doux empire de la parole, les peuples rebelles de ces con-
« trées, et de ce qu'ils appartenaient tous les deux à la maison
« de Sales, dont il était l'ami. François lui remit deux let-
« tres, l'une du duc de Savoie, l'autre de l'évêque..... Ces
« lettres ne firent qu'accroître le dévouement du gouverneur
« pour les deux missionnaiees ; il s'entretint quelques in-
« stants avec eux, les reçut à sa table, et voulut qu'ils allas-
« sent se reposer de la fatigue du voyage..... Le lendemain,
« après la messe qu'ils célébrèrent, et se servirent l'un l'au-

---

[1] *Vie de saint François de Sales,* par M. le curé de Saint-Sulpice. Paris, 1856. Jacques Lecoffre, éditeur.

« tre dans la chapelle du château, il leur fit visiter la forte-
« resse, et, en passant devant les batteries de canons : « Voici,
« leur dit-il, des pièces dont nous n'aurons plus besoin, si,
« par la grâce de Dieu, les hérétiques de la vallée que nous
« avons sous les yeux prêtent l'oreille à vos discours. » Ar-
« rivé sur la terrasse, il voulut leur faire remarquer le beau
« point de vue dont on y jouit; mais un autre spectacle oc-
« cupait les pensées de François; de ce lieu éminent, qui
« domine la plus grande partie de la vaste plaine du Cha-
« blais, on voyait des églises renversées, des presbytères en
« ruine, des gibets sur les chemins à la place de croix, des
« châteaux brûlés, des restes informes de tours, partout la
« désolation et le ravage, indices d'un ravage bien plus la-
« mentable encore, celui des âmes; car, sur soixante-dix
« paroisses, contenant près de 30,000 personnes, il ne se
« trouvait pas seulement 100 catholiques. A cette vue, le
« saint apôtre ne put retenir ses larmes, et, les coudes ap-
« puyés sur le parapet du bastion, les mains jointes sur la
« poitrine, il exhala sa douleur dans le langage touchant des
« prophètes : « Voilà donc, dit-il, en empruntant les paroles
« d'Isaïe, voilà comment le Seigneur a arraché la haie de la
« vigne et renversé le mur qui la protégeait; la voilà dé-
« serte, déracinée et foulée aux pieds; cette terre, autrefois
« si belle, a été désolée par ses propres habitants, parce
« qu'ils ont violé la loi de Dieu, changé ses ordonnances,
« rompu son alliance. Les voies de Sion pleurent, soupira-
« t-il avec Jérémie, parce qu'il n'y a plus personne qui
« vienne à ses solennités; l'ennemi a mis la main sur tout
« ce qu'elle avait de plus précieux; la Loi et les prophètes
« ont disparu, les pierres du sanctuaire ont été dispersées...
« O Jérusalem! ô Chablais! ô Genève! convertis-toi au Sei-
« gneur ton Dieu, et que ta contrition devienne grande
« comme la mer. » Se tournant ensuite vers son cousin
« Louis : « Espérons, dit-il, en la bonté du Seigneur, et for-
« tifions-nous en la force, afin que, comme de pauvres ser-
« viteurs, nous puissions ramasser les pierres dispersées, et

« réédifier ses autels. » Il conféra ensuite avec le baron
« d'Hermance sur la meilleure marche à suivre pour le
« succès de la mission. Le baron, homme de vertu, d'expé-
« rience et d'une prudence consommée, promit de les aider
« de tout son pouvoir. « Deux choses sont nécessaires en
« commençant, leur dit-il : la première, c'est que vous
« passiez toutes les nuits dans la forteresse, vous ne seriez
« pas en sûreté ailleurs; la seconde, c'est que vous vous
« absteniez de célébrer la messe dans un lieu hérétique ; il
« y aurait trop grand péril à le faire. Je suis donc d'avis
« que, dans les commencements, vous vous borniez à aller
« prêcher à Thonon, et que, quand vous ne pourrez pas dire
« la messe dans la forteresse, vous alliez la dire ou au delà
« de la Dranse, à l'église de Marin, qui est restée catholi-
« que, ou dans la chapelle des Hospitaliers du grand Saint-
« Bernard, sur les bords du lac. »

Ainsi fit le bon saint; s'exposant à toutes sortes de périls, il faillit plusieurs fois tomber dans des embuscades dressées pour le prendre lorsqu'il rentrerait, un bâton à la main et la nuit étant venue, au fort des Allinges !

Depuis l'époque où il y trouvait un abri et où son dévouement fit rentrer ces peuples au sein de la vérité catholique, la citadelle et ses tours sont tombées en ruine; le château s'est transformé en monceaux de décombres; à peine était-il possible de soupçonner l'existence de l'ancienne chapelle; mais Mgr Rey n'eut de repos que lorsqu'il eut entrepris de la découvrir et de la rendre à la piété des bons habitants du Chablais. Il écrivit, en 1834, à M. Dernillières, curé de Thonon : « J'aurais un regret trop grand si je devais mourir
« avant d'avoir relevé ce sanctuaire d'où ont découlé tant
« de grâces sur ma chère patrie, et qui a été arrosé des
« sueurs apostoliques et des saintes larmes de celui à qui
« je dois la foi catholique et dont je suis le bien pauvre
« successeur. » En conséquence, il demanda au curé de Saint-Joire un plan de restauration, et dans cette lettre respire la plus tendre piété; il écrivait :

« J'avoue que l'une des plus grandes consolations de mon
« épiscopat sera de rendre à sa destination ce sanctuaire des
« Allinges, trop longtemps oublié, et où il me sera si doux
« d'inonder des larmes de ma reconnaissance les autels que
« j'y relèverai. Il est impossible que deux siècles aient effacé
« toutes les impressions de grâce et d'onction dont ces murs
« sacrés furent imprégnés, et ces voûtes vénérables répéte-
« ront encore à nos cœurs les accents de la piété apostolique
« de celui qui les fit si saintement retentir pour notre bon-
« heur. Hélas! pour mon compte, je ne puis jamais songer,
« sans m'attendrir vivement, à tout ce que saint François
« dit jadis au bon Dieu dans cette chapelle pour obtenir la
« conversion de mes pères. Oh! je retrouverai tout cela dans
« ce sanctuaire, et mon pauvre cœur bondira de bonheur et
« de reconnaissance en relisant sur ses pavés tout ce qu'y
« ont imprimé les larmes de mon saint apôtre. Les miennes
« coulent en vous traçant ces lignes, et je suis presque à re-
« douter l'émotion profonde qui m'attend quand je visiterai
« ce lieu de bénédiction. Ne me laissez pas mourir avant
« que j'aie terminé l'œuvre sainte, objet de tous mes dé-
« sirs. » Mais il fallait des ressources pour conduire à bonne
fin ce saint projet, et toutes celles du bon évêque étaient
engagées pour plusieurs années en faveur de l'établissement
des Sœurs de Saint-Joseph et de la maison des missionnaires.
Dans sa détresse, il s'adressa aux prêtres natifs du Chablais,
qui répondirent généreusement à son appel; il sollicita le
concours du clergé et des fidèles en Savoie, en Piémont, en
France, et sa voix fut entendue; de nobles cœurs lui envoyèrent leurs offrandes [1]. La propriété de la chapelle et de
ses alentours fut cédée à condition que la famille Ramel, qui
la possédait, aurait un banc réservé dans le sanctuaire béni,
et qu'on y acquitterait annuellement six messes basses à son

[1] Nous pourrions citer les familles de Costa, de Lascaris, d'Allinges,
de Pullini, de Boigne, de Loras, de Montmorency, d'Herculay, Ter-
ret, etc., etc.; la marquise de Barrol, de Turin, la famille de Cavour, le
comte de Sonnaz, le clergé de Saint-Claude, d'Arras, etc., etc., etc.

intention. On put donc aussitôt se mettre à l'œuvre. La paroisse tout entière des Allinges entreprit l'enlèvement des décombres qui recouvraient la chapelle à une grande hauteur, et en obstruaient les abords. Les paroisses de Bellevaux, de Vailly, de Lullin, de Neivray, d'Oscier, de Drailland, etc., fournirent et transportèrent les bois nécessaires; toutes les populations étaient heureuses de contribuer à la résurrection du saint monument, dont la tradition leur avait enseigné à vénérer les souvenirs. Mgr Rey voulut qu'on respectât toutes les traces de vétusté dont il était encore empreint; les anciennes voûtes furent conservées ainsi que les vieilles peintures, à demi effacées, qui les ornaient; bien que grossières, elles avaient leur cachet de religieuse simplicité. Un énorme pan de muraille, débris de la citadelle, fut, à l'aide d'un peu de maçonnerie, transformé en clocher. Au fond de la chapelle, on éleva un autel en marbre : il ne restait plus qu'à y convoquer de pieux adorateurs. Mgr Rey invita M. l'abbé Baudry, ancien prêtre de la Société de Saint-Sulpice, retiré alors à Genève, à donner au public l'histoire des travaux de saint François de Sales, en Chablais. Ce savant ecclésiastique prit à cœur cette belle mission destinée à raviver la foi des peuples. Son récit simple et touchant de cette mémorable époque de la vie du saint, rempli d'intérêt et de charme, fut lu avec avidité dans la plupart des familles [1]. Mgr Rey confirma l'ouvrage par son approbation, et y ajouta un pressant appel au pèlerinage de la chapelle des Allinges. « Tous les
« motifs, dit-il, appellent à ce sanctuaire les pieux enfants
« du Chablais. La foi et la reconnaissance doivent les y
« amener en foule; ils sont les descendants de ceux que
« saint François a convertis; c'est dans cette chapelle qu'il
« a commencé la mission céleste qui a ramené nos pères au
« sein de la seule véritable religion. C'est là qu'il fit tant de

---

[1] *Relation abrégée des travaux de l'apôtre du Chablais*, 2 vol. in 32, suivie d'un appel de Mgr Rey, évêque d'Annecy, au pèlerinage des Allinges. Impr. à Lyon.

« prières, qu'il offrit tant de sacrifices pour faire descendre
« les miséricordes du ciel sur notre malheureuse patrie, et
« préparer un heureux succès à son apostolat. Du haut de
« cette montagne sainte il étendit les regards de sa compas-
« sion et de son immense charité sur les belles contrées que
« l'hérésie avait si cruellement ravagées, et où son œil at-
« tristé n'apercevait plus que des ruines............

« Ces murs sacrés semblent nous redire aujourd'hui les
« angoisses de son amour; cette agonie de charité dont ils
« furent si souvent témoins; et le ciel n'a conservé ces
« voûtes vénérables qu'afin que leurs échos répétassent, aux
« générations futures, les soupirs d'une ardente charité qu'il
« leur fit si souvent entendre.

« Eh! pour quel autre motif le temps, qui détruit tout
« et qui a parsemé cette montagne de décombres, a-t-il res-
« pecté la chapelle des Allinges? Pourquoi les immenses dé-
« bris, qui, pendant tant d'années, ont pesé sur ses voûtes,
« ne les ont-ils pas écrasées? Que d'hivers rigoureux, que
« de désastreux orages cette chapelle a dû subir pendant
« plus d'un siècle! La multitude des années, l'intempérie
« des saisons, l'isolement du sol, tout ce qui contribue ordi-
« nairement à ruiner les monuments les plus solides conspi-
« rait contre elle; et cependant elle subsiste!

« Elle a vu tout tomber autour d'elle, et n'eût-elle
« échappé à d'autres dangers que celui auquel l'exposaient
« les monceaux de ruines qui se sont renversés sur elle, son
« existence nous paraîtrait encore un prodige. Ah! si l'on ne
« donne pas à un tel événement le titre de miracle de la
« puissance de Dieu, il n'y aura du moins aucun homme
« judicieux qui puisse refuser d'y reconnaître une disposi-
« tion spéciale de la miséricorde divine. L'apôtre du Cha-
« blais a protégé son premier sanctuaire, qui fut le berceau
« de son apostolat. C'est au pied de cet autel solitaire qu'il
« épousa pour ainsi dire cette province du Chablais. Oui,
« c'est de cette chapelle nuptiale que, semblable à un époux
« généreux, il s'avança, à pas de géant, dans les contrées

« que le ciel livrait à son zèle : *Tanquam sponsus procedens*
« *de thalamo suo, exaltavit gigas ad currendam viam* [1].

« Accourez donc, fidèles Chablaisiens, heureux habitants
« d'une province qui fut arrosée par tant de sueurs, fécondée
« par tant de larmes ! Ah ! venez à votre tour pleurer de joie
« et de reconnaissance dans cette chapelle d'où partit le
« flambeau sacré de la foi et de la vérité qui éclaira de nou-
« veau votre patrie ! . . . . . .

« Venez entourer de vos hommages ce trône antique des
« miséricordes de Dieu sur vous ! Venez baiser, avec respect
« et avec attendrissement, ces murs vénérables qui vous rap-
« pellent de si grands souvenirs ! Ah ! venez renouveler le
« pacte divin que saint François forma avec le ciel au nom
« du peuple qu'il convertit, et au nom de toutes les généra-
« tions qui devaient lui succéder ! Vous étendrez la main
« vers ce sanctuaire, et vous prendrez le ciel et la terre à
« témoin du nouveau serment que vous faites d'être fidèles
« à Jésus-Christ et à l'Épouse qu'il a acquise par son sang,
« l'Église catholique, apostolique et romaine. . . . .
« . . . .

Ces belles paroles allèrent au cœur de ce peuple naturellement vif et généreux. Partout la reconnaissance envers le
restaurateur de la foi catholique en Chablais se traduisit en
des transports enthousiastes. Le nom de saint François était
sur toutes les lèvres, et on ne s'entretenait dans les familles
que des luttes et des victoires de ce héros chrétien contre le
monstre de l'hérésie. Tels furent les heureux auspices sous
lesquels se forma l'entreprise de la restauration de la chapelle
des Allinges. Commencée en 1835, elle fut achevée dans le
cours de 1836 ; et Mgr Rey choisit pour le bénir le 14 septembre de cette année, jour anniversaire de l'entrée de saint
François en Chablais. Il partit d'Annecy le 12 du même
mois. En touchant les premières terres de cette province, les
émotions de son âme se traduisirent en actions de grâces

---

[1] Psaume 18.

continuelles au libérateur de cette contrée. Sur sa route, jusqu'aux Allinges, dans tous les villages il voyait les populations tomber à genoux, et les laboureurs mêmes interrompre leurs travaux pour être bénis par lui. Le contraste de cet accueil avec celui qu'avait reçu deux cent quarante-deux ans auparavant son prédécesseur, émut de nouveau sa sensibilité, et il priait le bon saint de l'assister en ce jour qui lui était consacré. Arrivé aux Allinges, il fut reçu comme en triomphe ; tous les cœurs étaient à la joie.

Le lendemain, il bénit la cloche de la chapelle, une statue en albâtre de l'apôtre du Chablais, et les vases sacrés parmi lesquels on remarquait un calice offert à ce sanctuaire par le roi Charles-Albert.

Mgr Rey fut rejoint aux Allinges par l'évêque de Belley, Mgr Devie, arrivé la veille à Thonon, avec ses vicaires généraux, MM. Nivet et Lacroix d'Azolette [1], et par près de deux cents ecclésiastiques des diocèses d'Annecy, de Belley et de Lausanne. Le temps était mauvais : une pluie torrentielle, poussée par un vent impétueux, tombant sans relâche depuis vingt-quatre heures, affligeait tout le monde, à l'exception des deux prélats qui répétaient avec une confiance imperturbable : « Que saint François ne se manquerait pas à lui-même ; « que cette épreuve était une de ses aimables malices, et « qu'elle cesserait dès que la cérémonie le demanderait. »

En effet, à l'heure fixée pour le départ de la procession, l'orage se calme, la pluie s'arrête, et le temps devient magnifique. Au même instant les hauteurs et les flancs de la montagne sont couverts d'une foule immense de personnes de toute condition et de tout rang venues pour la fête. La procession part de l'église paroissiale, s'avance à travers des forêts de châtaigniers par les sinuosités de la colline qu'ombragent ces arbres séculaires, traverse des flots de population qui la précèdent et la suivent, atteint à pas lents et au chant des cantiques la sommité de la montagne,

---

[1] M. Lacroix, depuis archevêque d'Auch.

d'où l'on découvrait le magnifique panorama du lac et du grand Jura. Les deux prélats, à qui l'âge n'avait pas permis d'accompagner la procession par les chemins escarpés qu'elle avait parcourus, se réunirent à elle. A la porte de la chapelle, le curé des Allinges harangue les pontifes. Mgr Rey, laissant de côté ce qui, dans ce discours, le regardait personnellement, s'empara des hautes pensées qu'il renfermait et en fit ressortir les considérations les plus élevées et les plus instructives, commençant par la peinture de ce qu'était le Chablais sous la domination des hérétiques et ce qu'il serait encore si saint François, ce puissant apôtre, n'eût fait luire sur ce pays une nouvelle ère de miséricordes. Il montra ce héros de la foi luttant avec le monstre de l'hérésie et le terrassant par la seule force de la vérité et de la douceur. Il développa ensuite éloquemment les gloires de l'Église catholique, inébranlable parmi les orages, debout au milieu des ruines que le temps et les hommes entassent à ses pieds. « De
« cette immense forteresse qui jadis protégeait ce pays, dit-il,
« que reste-t-il aujourd'hui? Quelques débris, un peu de
« poussière, quelques lambeaux de murailles qui bientôt se-
« ront confondus avec les ruines qui les environnent. Je me
« trompe, il est resté ce sanctuaire vénérable qui, partageant
« le sort et rappelant la durée de l'Eglise catholique, a résisté
« aux tempêtes, bravé les efforts de l'impiété et survécu à
« tous les désastres. Il est là comme un monument de la
« protection de Dieu sur les œuvres de sa droite, comme
« une image, comme un symbole éclatant de cette même
« Eglise toujours pleine de vie en présence des sectes qui se
« meurent, pleine de vérités au milieu des erreurs que les
« passions ont soulevées et amoncelées autour d'elle, im-
« muable comme son divin fondateur, tandis que tout ce qui
« n'est pas elle s'altère ou se détruit. Le protestantisme, cette
« citadelle de toutes les erreurs qui paraissait d'abord inex-
« pugnable, qu'est-il devenu? Où le trouver tel qu'il fut à
« son origine? . . . .
« On aurait plutôt compté les grains de poussière dont ce

« fort dans sa chute a couvert cette montagne que les varia-
« tions du protestantisme. . . . . »

Le moment le plus émouvant fut celui où, d'un ton presque inspiré, le pontife évoqua les souvenirs enfouis dans ce sanctuaire. Il semblait que les pierres de cet édifice s'animaient et répétaient les prières et les soupirs de l'apôtre du Chablais ; on croyait voir cette chapelle avec son pavé, son enceinte, ses murs et sa voûte encore humide des larmes avec lesquelles le saint attendrit le ciel en faveur de cette contrée.

Au discours de l'évêque succéda la réconciliation de la chapelle où il offrit les saints mystères. Il y eut ensuite une grand'messe célébrée par Mgr Devie et chantée en musique par un chœur de pieux jeunes gens.

Après la cérémonie, qui laissa une profonde impression au cœur des deux évêques, on s'empressait autour de Mgr Rey pour le féliciter de sa belle improvisation. « Je ne sais trop
« tout ce que j'ai dit dans ce moment de ravissement,
« répondit-il ; j'étais un peu comme saint Pierre à la trans-
« figuration, j'étais heureux, nous l'étions tous, et il y avait
« assez d'éloquence dans notre bonheur, sans que je me misse
« en peine d'en mettre dans mes paroles. »

Monseigneur de Belley, plein des mêmes sentiments, lui écrivait quelque temps après : « Nous avons le cœur plein
« de notre voyage ; il est continuellement l'objet de notre
« conversation. Votre belle fête des Allinges, votre bon accueil
« à Annecy nous laissent de précieux souvenirs qui ne s'effa-
« ceront jamais. Le pacifique M. de Lacroix, qui s'enthou-
« siasme si difficilement, fait chorus avec nous, et si les
« oreilles vous tintent toutes les fois que nous parlons de vous,
« d'Annecy, des Allinges, vous êtes à plaindre. Mais non,
« vous êtes assez bon pour être bien aise que nous soyons
« ainsi en esprit autour de vous, en attendant qu'une douce
« réalité se reproduise encore. Je voudrais bien que ce fût
« demain ! »

Les fidèles n'avaient pas été moins touchés que les pontifes de ce qui s'était passé aux Allinges. Les jours qui suivirent la cérémonie, on vit les descendants de ceux qui attentèrent si souvent à la vie de saint François, baiser avec amour et arroser de leurs larmes les traces de ses pas et jusqu'aux moindres vestiges des souvenirs restitués à leur vénération.

Pour seconder des dispositions si pieuses, Mgr Rey confia la garde du sanctuaire à la congrégation des missionnaires de saint François de Sales, et la chargea d'y recevoir la confession des pèlerins. Peu après, il écrivait au supérieur :
« Le cœur me bat de consolation, en vous sachant aux Al-
« linges. C'est là votre place et le chef-lieu de votre congré-
« gation. A toutes les époques, les missionnaires de saint
« François devront garder, soigner, orner, fréquenter ce
« sanctuaire sur les murs duquel tant de souvenirs sont
« écrits en caractères ineffaçables. . . . . Quand je
« vois ce saint lieu, toujours un peu humide, il me semble
« y apercevoir comme les larmes de la compassion qui l'ont
« arrosé, lorsque l'apôtre de ma patrie y pleurait sur l'en-
« durcissement et le malheur de nos pères. Je m'arrête là,
« mon bon abbé, je n'y vois plus à écrire ; mes yeux sont
« pleins de larmes, et je suspends un instant cette lettre pour
« les essuyer..... Ah ! les Allinges seront toujours le plus
« doux et le plus religieux de mes souvenirs.

« Tandis que vous êtes dans cette contrée de salut, visitez
« bien tout l'emplacement pour combiner ce qu'il y aurait
« à faire pour *votre avenir*. Il ne faut pas laisser ce Tha-
« bor de consolation à la merci des vents et des tempêtes ;
« mais il faut y exécuter les projets que saint Pierre avait
« conçus sur l'ancien Thabor : *Faciamus hic tria taber-
« nacula*.

« Je souffre, en traçant ces lignes, tant j'ai le cœur gros
« et l'âme attendrie. Oh ! que ne suis-je au milieu de vous
« tous ! Du moins souvenez-vous de moi, pauvre misérable,
« dans vos prières, et surtout dans vos sacrifices. »

Les missionnaires se firent construire une habitation avec des débris de la forteresse au sud de la chapelle, de manière à préserver celle-ci des pluies et des orages. Plus tard, ils l'agrandirent en faveur des prêtres et des laïques qui pouvaient désirer d'y faire les exercices spirituels de la retraite, en liant cette maison à la chapelle par un portique spacieux où les pèlerins trouvent un abri contre les mauvais temps, et se réunissent pour entendre la parole de Dieu et la sainte messe.

Le long de l'avenue occidentale de la chapelle, il y avait un terrain couvert de broussailles et des débris du fort. Mgr Rey, jaloux de l'embellissement d'un lieu si cher à sa piété, en fit l'acquisition, et le donna aux missionnaires qui l'ont depuis métamorphosé en jardins et en prairies; il y ajouta encore d'autres terres qui offrent une ressource utile à l'entretien des missionnaires. Le couchant de cette montagne, où l'œil n'apercevait que des masures et des ronces, est aujourd'hui couvert de champs cultivés, de prairies, et d'abondants vergers.

La colline des Allinges ne protége plus le Chablais par l'épaisseur de ses remparts et la force de sa citadelle ; mais la croix qui la surmonte et le sanctuaire où réside le Dieu des armées lui valent une protection plus efficace. Le bruit des armes y a fait place au chant des cantiques sacrés, et les mains suppliantes qui s'élèvent de là vers le ciel et les prières qui montent vers Dieu, comme un encens de suavité, sont, pour cette province, un plus sûr garant de prospérité et de paix que la puissance d'un fort et l'armure des guerriers.

On a pu remarquer que, dans la vie de notre saint évêque, une œuvre n'atteignait jamais son accomplissement sans qu'il eût déjà préparé les voies à quelque autre bien. Pendant qu'il fondait la congrégation des missionnaires et qu'il relevait le sanctuaire des Allinges, il s'occupait de relever l'ancien monastère de la Visitation de Thonon.

Une colonie de Sœurs de la Visitation, venue de Lyon avec leur obédience, s'était établie, en 1834, dans cette ville, dans les murs de l'ancien couvent, érigé par sainte Chantal, mais dévasté par la révolution de 1793. Mgr Rey, à leur arrivée, sans se prononcer pour ou contre leur dessein,

pourvut à ce qu'exigeait leur position avec autant de douceur que de sagesse. Ces bonnes religieuses n'avaient, pour se fixer en cette ville, ni l'approbation de l'Église, ni l'autorisation de l'État. Le Saint-Siége, avant d'y donner son agrément, envoya, à Mgr Rey, une commission apostolique, pour examiner cette affaire et interroger séparément les religieuses, conformément à ce qui se pratique dans les visites annuelles des monastères de la Visitation. Le résultat de cet examen donna de grandes consolations à Mgr Rey et la plus profonde estime pour les vertus de ces Filles de Saint-François. Il ne leur cacha pas néanmoins les craintes qu'il avait d'abord conçues; ces ferventes religieuses lui témoignèrent le désir d'être ses filles spirituelles; son assentiment ne se fit pas attendre : « Oui, je serai votre père ! répond-il, ce nom
« m'est doux. Oh ! que de choses il me dit à l'âme ! je me
« dévoue donc, quoi qu'il m'en coûte, à vous servir, à vous
« aider, à vous protéger, trop heureux d'exprimer ainsi ma
« reconnaissance et ma dévotion à votre saint fondateur,
« l'apôtre de mes ancêtres, celui à qui mon pays est rede-
« vable de la foi et dont je suis l'indigne successeur. »

La sacrée congrégation des évêques et réguliers, sur les témoignages et les instances de Monseigneur d'Annecy, rendit, le 6 mai 1836, après un examen approfondi, un décret par lequel tout pouvoir lui était donné aux fins d'ériger, dans la ville de Thonon, un monastère de la Visitation, avec les précieux éléments que la Providence avait mis entre ses mains. Ce décret, arrivé à Annecy, remplit de joie l'âme de Mgr Rey, qui ne douta pas un instant que Turin accéderait à la décision de Rome, et que le roi Charles-Albert, ainsi que saint Grégoire XVI, se prononcerait favorablement.

Mais quelques adversaires de cette fondation avaient circonvenu l'esprit de Charles-Albert jusqu'à lui arracher un ordre de dispersion subite. Avant l'approbation de Rome, cette mesure n'eût été que rigoureuse; mais, venant ensuite, elle était un outrage au Saint-Père et une violation de ses droits les plus sacrés. Aussi cette injure fut vivement sentie par le pape et les cardinaux, qui reprochèrent même à l'évêque d'Annecy de ne les avoir pas prévenus du coup qui les frappait. Le prélat en fut profondément affligé lui-même, quoiqu'à cet égard il n'eût rien à se reprocher; car, d'un côté, ayant sondé les dispositions du gouvernement, il lui avait été répondu que le jugement du Saint-Siége serait la base des déterminations du roi; et, de l'autre, il avait la parole de Sa Majesté, qui lui avait dit, en 1834 : « Vous savez, « Monseigneur, combien je vous aime! Je vous accorderai « toujours tout ce que vous me demanderez. » Mais on avait convaincu ce prince que la gloire de Dieu exigeait cette dispersion. On lui avait même fait entendre que l'évêque d'Annecy avait été séduit par son trop bon cœur, d'autant plus facilement que l'âge et les infirmités avaient affaibli ses facultés morales. S'il est vrai qu'à Turin on ajouta foi à ces insinuations de la malveillance, on eut bientôt lieu d'être détrompé.

A la réception de cet ordre, dont le garde des sceaux, le comte Barbaroux, n'avait pas même pris la peine d'adoucir la dureté par les formes du langage, Mgr Rey, le cœur navré d'amertume, mais toujours plein de soumission aux dispositions de la Providence, s'écria : « Seigneur, si c'est « votre volonté, je n'ai plus rien à dire que le *Benedicam* « *Dominum in omni tempore*[1]; et, pourtant, j'ose encore « espérer, mais en toute hypothèse j'immole ma volonté sur « les autels de la volonté de mon Dieu. »

Après cet acquiescement au bon plaisir du Seigneur, il se souvint des paroles de saint François de Sales : « Que nous « avons commandement d'avoir un grand soin des choses « qui regardent la gloire de Dieu et qui sont en notre charge; « que les contradictions qu'elles rencontrent n'arrêtent les « véritables amants du Seigneur qu'autant qu'elles sont in- « vincibles. » Aussi cet homme de foi écrivait au curé de Thonon : « Faisons le bien de notre mieux; appuyons-nous

---

[1] Je bénirai le Seigneur en tout temps. Ps. xxxiii.

« sur Celui qui a dit : *Sine me nihil potestis facere* [1], et qui
« nous a ensuite fait dire par son Apôtre : *Omnia possum in
« eo qui me confortat* [2]. » Aussi ne désespéra-t-il pas du
succès. « Le résultat viendra de Dieu, mandait-il au même :
« *Domini est exitus* [3] ; c'est quand tout est désespéré sous les
« rapports humains qu'il faut imiter Abraham et espérer
« contre l'*Espérance* ; et puis, s'il faut qu'Isaac soit immolé,
« nous baisserons la tête et nous espérerons que la vie sor-
« tira de la mort. »

Ce fut dans ces dispositions de confiance et d'abandon qu'il offrit le saint sacrifice pour obtenir les lumières nécessaires à la réponse qu'il avait à faire à Turin. Dans cette lettre, tout empreinte de l'esprit et de la vigueur apostolique, il disait, en substance, que le mécontentement du roi avait été pour lui une douleur très-amère ; mais, qu'entre le jugement porté par ce prince, après n'avoir entendu qu'une des parties, et le jugement du Saint-Siége qui avait discuté les raisons apportées de part et d'autre, il ne lui était pas permis d'hésiter ; qu'il n'opposerait pas de résistance à la force, mais qu'il ne se prêterait à aucune mesure contre une communauté autorisée par le chef de l'Église ; qu'en sa qualité de pasteur et de père il lui était interdit de se faire l'exécuteur d'une mesure aussi violente, dont le résultat inévitable serait de mécontenter, dans son diocèse, tous ceux dont les sentiments méritaient quelque considération.

Le roi fut inflexible ; seulement, il retira l'ordre intimé au gouverneur de la Savoie d'une dispersion subite, accordant, pour le départ, un délai de trois mois. Cette temporisation était une victoire qui pouvait en faire espérer une plus décisive. Monseigneur d'Annecy y mit toute la fermeté et la prudence d'un saint évêque.

Dans cette tribulation, son grand cœur se préoccupait

---

[1] Sans moi vous ne pouvez rien faire. Ev. S. Jean.
[2] Je puis tout en Celui qui me fortifie.
[3] Le succès est l'affaire de Dieu.

moins de lui-même que de la peine que cette nouvelle causerait aux Filles de Saint-François et au curé de Thonon, leur soutien et leur guide. Qui n'admirerait les précautions qu'il prit pour leur en adoucir l'amertume? Il écrivit à ce dernier : « Aussi bien que moi, mon cher et bon curé, vous
« avez besoin d'élever votre cœur bien haut pour échapper
« au contre-coup que vous allez partager avec moi..... L'ai-
« mable, sainte et équitable volonté de mon Dieu a été mon
« refuge, elle sera le vôtre, et nous trouverons abondamment
« force et consolation, et même espérance, à dire du fond de
« l'âme, et avec foi et confiance : *Fiat voluntas tua.* » A la suite de la triste nouvelle, il ajoute : « A présent, il faut mé-
« nager ces pauvres filles et ne leur donner qu'une faible
« partie de la nouvelle, et encore goutte à goutte, et puis
« attendre l'avenir, qui n'appartient qu'à Dieu. Ne parlez
« que de nouveaux embarras, qui exigent de la prudence et
« surtout d'humbles et ferventes prières. Vous comprenez
« qu'il ne faut pas divulguer notre chagrin, mais le sancti-
« fier. Dieu surtout ! dit-il en finissant ; tenons-nous attachés
« à cette ancre divine, et nous y trouverons le salut même
« en faisant naufrage. » Il ordonne ensuite de suspendre les réparations commencées à l'église, « afin, dit-il, que ceux
« qui sont chargés d'avoir l'œil sur nous n'aient point de mal
« à en dire. »

Durant le sursis accordé, le curé de Thonon offrit d'aller à Turin plaider en personne la cause des Filles de Saint-François. L'évêque agréa cette nouvelle preuve de dévouement, espérant que ce digne ecclésiastique aurait un accès favorable auprès du roi, et que ce prince, qui revenait facilement d'une démarche hasardée, changerait de sentiment après l'avoir entendu. Il ne connaissait ni le nombre, ni la force des préventions que l'on était parvenu à inspirer à Charles-Albert, contre lui plus encore peut-être que contre les religieuses. L'affaire de celles-ci n'avait été, pour certaines personnes, qu'une occasion de le perdre dans l'esprit du monarque. Aussi, malgré les nombreuses lettres de recommandation adressées par lui aux personnes les plus accréditées de la cour, malgré les démarches de ses protecteurs dévoués, le curé de Thonon ne put obtenir une audience du roi. Il dut se borner à présenter un mémoire au garde des sceaux.

Pendant ce temps, un ecclésiastique, fort considéré, d'un diocèse étranger, par un zèle qui n'était ni selon la science, ni selon les convenances les plus ordinaires, se permit de venir conseiller au saint prélat de céder à la tempête, avec menace d'une entière disgrâce du roi, s'il s'obstinait dans le combat. « Je n'ai trouvé, lui répondit celui-ci, ni dans les
« Ecritures, ni dans la tradition, ni dans la conduite des
« saints évêques, que la crainte de déplaire aux princes de
« la terre fût la règle de conduite d'un ministre de Jésus-
« Christ. Je n'ai pas consulté Rome pour me jouer de ses
« réponses, et, dans l'affaire en question, entre le pape et le
« roi, il n'y a pas lieu à balancer. Uni au vicaire de Jésus-
« Christ, je laisse à la providence de Dieu le soin de diriger
« les choses selon ses vues. »

Ses conseils et ses menaces dédaignés, cet ecclésiastique se tourna du côté des religieuses ; mais il ne put le faire si secrètement qu'il n'en vînt quelque bruit aux oreilles de Mgr Rey, qui écrivit immédiatement au curé de Thonon : « J'apprends, avec
« une véritable peine, mon cher curé, la visite furtive de M***
« à la Visitation : elle est contre toutes les règles et contre toutes
« les convenances. Je vous prie de prémunir la bonne supé-
« rieure contre les impressions qu'aurait pu faire sur elle
« cette visite intempestive d'un pasteur étranger..... Que la
« bonne religieuse sache bien que, dans l'Église de Dieu,
« le pape d'abord et l'évêque ensuite, dans son diocèse, sont
« les seuls organes de la volonté de Dieu, et que toute insi-
« nuation qui détournerait de cette voie arrive par la *fenêtre*
« et non par la *porte*, et celui qui monte et entre par la fe-
« nêtre..... vous savez le reste. Votre qualité de supérieur
« de ce monastère vous oblige à surveiller toute cette contre-
« bande d'un zèle indiscret et sans autorité. M*** a traversé
« Annecy sans voir l'évêque, Thonon sans voir le curé,

« Évian sans voir le grand vicaire, et, puisque je suis chez
« moi dans mon diocèse, on ne doit point écouter *vocem*
« *alienorum* [1]. Si l'on est brebis docile, tenez-vous cela
« pour dit, et faites-le comprendre aux autres. » Le curé de
Thonon n'avait pas besoin pour lui de cet avertissement; il
le reçut néanmoins avec reconnaissance, et s'en servit pour
appuyer ceux qu'il avait déjà donnés lui-même.

Toutes ces longueurs avaient inquiété et découragé les religieuses : le malheur rend défiant. Elles craignaient qu'on en vînt à vouloir porter atteinte à l'intégrité des règles de l'Institut, et, sous ces impressions, elles écrivirent à leur évêque. Celui-ci, plein de confiance, assure le curé de Thonon de son dévouement pour elles, et y ajoute ces sages avis : « Au nom de Dieu ! recommandez-leur bien de prier
« avec ferveur pour connaître et accomplir la sainte volonté
« de cet adorable Maître, et qu'elles s'abandonnent sans ré-
« serve, sans crainte et sans arrière-pensée quelconque, à la
« direction des évêques préposés par l'Esprit-Saint au gou-
« vernement de l'Église de Dieu. Ils ont plus d'intérêt, plus
« de motifs, plus de volonté même que les religieuses à con-
« server intact leur saint Institut. Tout raisonnement con-
« traire annoncerait des idées fausses et un fonds de pré-
« somption que les Filles de Saint-François de Sales doivent
« redouter et éviter. La Providence, par le sursis qui vient
« d'être accordé, semble se tourner du côté de nos vœux :
« aidons-la par notre humilité et notre modestie ; n'ayons de
« l'esprit que pour nous confondre, et préférons mille fois
« l'esprit de nos guides légitimes à tout celui que nous pour-
« rions avoir nous-mêmes. »

Quoique Mgr Rey ne vît pas encore jour au succès, sa confiance croissait néanmoins. Revenant de Thonon à Annecy après la bénédiction de la chapelle des Allinges, il aperçut, au sortir de la ville, deux pieuses demoiselles qui avaient dirigé leur promenade du côté où il devait passer pour rece-

---

[1] La voix des étrangers.

voir une de ses bénédictions auxquelles leur foi mettait un grand prix. Le prélat, de sa voiture, étendit sa main sur elles : « Je les ai bénies de si bon cœur, dit-il ensuite, qu'il me « semble que Dieu permettra qu'il en résulte quelque chose. »

Ce *quelque chose* était la vocation à la vie religieuse. Ses vœux furent exaucés; une d'elles devint la première novice du monastère de Thonon; la seconde entra dans une congrégation vouée à l'enseignement. Les doutes des religieuses dissipés, d'autres s'élevèrent de la part des parents, las des obstacles, renaissants sans cesse, qui contrariaient les desseins de leurs filles; ils les engagèrent à se retirer sous le toit paternel, en attendant que la route fût aplanie. Quelques-unes de ces religieuses furent un peu ébranlées par cette voix de la chair et du sang; ce qu'ayant appris Mgr Rey, il récrit au curé de Thonon : « Il y a toutes sortes de tentations au ser-
« vice de l'ennemi des âmes et de la paix dont elles de-
« vraient jouir. Je vous fais cette observation à l'occasion de
« nos bonnes Filles de Saint-François; il m'a été dit que
« quelques-unes songeaient à accéder aux vœux de leurs pa-
« rents pour rentrer momentanément dans leurs familles.
« C'est certainement un piège tendu à la fragilité, et une
« preuve que les autres difficultés touchent à leur terme dès
« que l'ennemi change de batteries pour troubler la réunion
« de ces chères Filles. » Après quelques conseils fort sages, il ajoute : « Attendre est le seul parti raisonnable qu'elles
« aient à prendre. Si donc elles font quelque cas de mes avis,
« elles les préféreront à leurs propres idées, ou peut-être aux
« insinuations de la nature..... Communiquez-leur ma ma-
« nière de considérer leur position et leur avenir. Je confie
« cette mission, toute de douceur et d'affection, à votre cha-
« rité, et j'en attends un résultat tout plein de consolation
« pour mes chères Filles et pour moi; je les bénis de tout
« mon cœur, et je prie le bon Dieu de féconder ma bé-
« nédiction par toute la puissance et l'infinie bonté de la
« sienne. »

Peut-on s'exprimer avec plus de douceur et d'onction!

Ce langage paternel eut sur ces âmes choisies l'effet qu'on devait en attendre. Elles tinrent bon contre les suggestions, de quelque part qu'elles vinssent. Leurs oreilles ne s'ouvriront qu'à la voix si douce et si chérie de celui qui s'était fait anathème pour elles. Le tentateur recourut encore à d'autres stratagèmes; mais il échoua devant la docilité filiale de ces vierges du Seigneur, aux avis de leur père et de leur évêque.

La vieille expérience du prélat l'avait bien éclairé. En effet, le démon ne changeait de terrain que parce qu'il était vaincu sur le premier. Le roi, à la prière du curé de Thonon, venait d'accorder un nouveau sursis de six mois. En de pareilles circonstances, une telle concession était un indice manifeste du retour du monarque à des dispositions plus favorables. « Nous avons du temps, dit alors notre prélat, et « toutes les neuvaines ne sont pas encore épuisées. Prions « bien, et tenons-nous à terre par l'humilité : *Ut exaltet nos* « *Deus in tempore visitationis* [1]. » « Voilà six mois en ave-« nir, écrivit-il à l'évêque de Maurienne; et que ne peut-on « pas faire à l'aide de Celui qui a fait le monde en six « jours ! »

Dans cet intervalle, des personnes haut placées de France et de Savoie offrirent leur médiation. Mgr Rey l'accepta avec reconnaissance, et dressa un mémoire où l'affaire était présentée de manière à faire toucher du doigt la fausseté des rapports qui avaient indisposé le prince et dénaturé à ses yeux une chose aussi simple que légitime. Dès lors il n'y eut plus guère de mis en question que l'époque où l'autorisation serait accordée et les conditions auxquelles elle serait soumise. Ce fut, sans doute, avec peine que le gouvernement se désista d'une opposition qui avait eu un si grand éclat. Mais on parut comprendre alors qu'il y a plus de véritable gloire à réparer une erreur qu'à remporter des victoires ou à conquérir des États.

---

[1] Afin que Dieu nous exalte au temps de sa visite.

Enfin, sur les instances du digne comte de Sonnaz, sous-gouverneur des princes, le roi permit que cette cause lui fût de nouveau présentée. Le garde des sceaux se montra aussi favorable qu'il avait été jusque-là contraire. Mgr Rey en reçut une lettre flatteuse, où cet homme d'État lui déclarait sa volonté de terminer cette affaire selon ses désirs. « O le Dieu « des miséricordes ! s'écria le prélat en recevant cette nouvelle « promesse ; y a-t-il une attitude assez humble, y a-t-il des ex-« pressions assez significatives avec lesquelles je puisse déga-« ger ma reconnaissance pour l'immense consolation que je « dois à vos ineffables bontés sur moi et sur mon diocèse ? « Eh bien ! oui, tout de bon, saint François de Sales a gagné « la cause de ses Filles de Thonon. Mon Dieu ! élargissez « mon cœur afin qu'il puisse suffire à son immense grati-« tude ! »

Tous les vœux de l'évêque étaient exaucés sans réserve. Aucune clause restrictive ne gâta la grâce de la concession royale. Ayant proposé quelque tempérament qu'il était en son pouvoir d'accorder, le religieux monarque lui fit dire qu'il entendait n'apporter aucune restriction à l'exécution littérale du décret de la sacrée Congrégation. Ainsi le Saint-Père eut dans la foi et la docilité de ce prince une satisfaction entière, et l'évêque d'Annecy une joie indicible. En s'adressant au curé de Thonon, on voit qu'il respire enfin. « Pour moi, je suis tout embaumé par cette nouvelle si « promptement arrivée. Quand le bon Dieu se met à nous « faire du bien, tous les obstacles fuient devant le souffle si « doux mais si puissant de sa miséricorde. »

Le curé, qui avait une si large part aux tribulations et aux combats de l'évêque, partagea son bonheur; les dignes Sœurs semblaient revenir à la vie et sortir du tombeau. La ville entière de Thonon partagea cette allégresse ; ces démonstrations allèrent si loin, que Monseigneur d'Annecy crut devoir mettre en garde les religieuses contre l'entraînement du public, qui s'était passionné pour cette cause. « Dites à nos chères Filles, manda ce prélat, plein de reli-

« gieuse prudence, au curé, que je leur recommande, par-
« dessus tout, une modestie et une humilité angéliques dans
« tous les rapports avec le dehors. Rien absolument qui ait
« une couleur de triomphe : *Dieu a tout fait;* marchons
« avec Dieu, et laissons les morts ensevelir leurs morts.
« Pour moi, j'éprouve une douceur ineffable à répéter avec
« une profonde conviction et une brûlante reconnaissance :
« *Dieu a tout fait.* » Oui, Dieu a tout fait, par la sagesse, la
douceur, la fermeté dont il avait doué son serviteur !

Quand toutes les dispositions eurent été prises en conformité des saints canons pour l'érection du monastère, l'évêque tint à aller lui-même en faire la clôture, et présider à la célébration des quarante heures qui furent accordées par le souverain pontife, et fixées aux 6, 7 et 8 juin de chaque année, comme souvenir de cet heureux événement. Les huit jours que le prélat passa à Thonon furent huit jours de fêtes religieuses. Les tribunaux de la pénitence furent assiégés, la table de la communion toujours remplie ; au pied des autels un peuple d'adorateurs vint déposer dans le cœur de Jésus-Christ l'hommage de sa reconnaissance pour le bienfait d'un établissement qui lui était cher, et à la tête de ce peuple on vit avec édification les magistrats, les premières autorités de la province et les personnes les plus distinguées de la ville partager l'émotion générale. La restauration du monastère de la Visitation, à Thonon, fut ainsi accomplie. Surmontant des souffrances continuelles, Mgr Rey avait prêché chaque jour et avec une éloquence plus que jamais remarquable ; il arriva qu'à un moment où tout le monde était en admiration, l'évêque, se penchant, dit à l'oreille de M. le comte de Loras : « Dieu m'a fait, mon cher comte, une
« grande grâce ! oui, bien grande. » M. de Loras crut que le prélat voulait faire allusion au succès qu'avait eu sa parole, ou au triomphe remporté dans la lutte en faveur des Sœurs de Thonon. Cependant il repartit : « De quelle grâce,
« Monseigneur, voulez-vous parler ?... — Ah ! lui répondit-
« il, c'est que Dieu m'a donné une profonde, oui, très-pro-

« fonde horreur de moi-même ! » Sa sainte âme s'humiliait et foulait aux pieds les louanges.

Si Mgr Rey eut, pendant toute cette affaire, à souffrir bien des amertumes, il éprouva aussi, grâce à la bonté divine, de véritables consolations; plusieurs de ses amis, au risque de partager sa disgrâce, multiplièrent les démonstrations de leur attachement à sa personne. Le comte Casazza de Valmonte, gouverneur de la Savoie, fut de ce nombre. Il était venu deux fois, pendant la lutte, le visiter à Annecy, et concerter avec lui les mesures propres à amener la révocation de l'ordre de dispersion. « Je ne suis pas envoyé en Sa-
« voie, lui dit-il alors, pour poursuivre des religieuses. Je
« ne sais pas voir, moi, des ennemis de l'État dans ces co-
« lombes timides, ni des forteresses menaçantes dans les
« couvents. Je voudrais que la Savoie en fût toute couverte.
« Ah! c'est alors que j'aurais bon temps! Après avoir fait
« avec quelque distinction toutes les guerres de l'Autriche
« contre la France, depuis 1799 jusqu'en 1815, je ne veux
« pas, à la fin de ma vie, souiller ma carrière militaire par
« une guerre à de paisibles et innocentes religieuses. »

Dans toute cette affaire, les cardinaux et le pape lui-même se montrèrent pleins de déférence pour les vœux du digne successeur de saint François de Sales. Les plus grandes difficultés disparurent devant leur volonté de faire les choses qui lui étaient agréables.

Mgr Rey revint de Thonon, succombant à la fatigue; sa jambe lui faisait souffrir d'intolérables douleurs, et les médecins jugèrent indispensable une cure aux bains de Saint-Gervais. — Cette idée n'était pas du goût du zélé prélat, toujours si dur à lui-même; il avait soif du bien de son troupeau, soif du salut des âmes, et marchait sans cesse sans regarder en arrière; il tombait sous le faix de tant de soins et d'efforts! « Je ne veux pas, disait-il aux médecins, rendre « inutile par le repos le peu de temps qui me reste à vivre.....»

Cependant, contraint par le fâcheux état où il se trouvait, il se rendit à Saint-Gervais, où ses jours furent, on peut le

dire, aussi pleins qu'à Annecy! Lorsque sa charité n'était pas dirigée vers les actions extérieures, il s'appliquait à l'exercice des vertus intérieures, et se soumettre à la volonté de Dieu était sa consolation; on le voit dans ces paroles prises de sa correspondance : « Je suis sur mon grabat, Dieu sait
« pour combien de temps ! Mais la sainte volonté de Dieu a
« tant d'attrait pour ma foi, que je me soumets avec simplicité
« à mon avenir, quel qu'il puisse être..... » Puis encore :
« Je suis malheureusement privé du bonheur de monter à
« l'autel; c'est pour mon pauvre cœur un carême cruel ;
« mais la miséricorde de mon Dieu daignera y suppléer.....
« C'est dans l'immensité des miséricordes de Dieu que je me
« jette comme dans un océan où on ne peut faire naufrage. »
Néanmoins ces sentiments de tristesse intérieure et résignée ne l'empêchaient pas d'être au dehors gai, affable, animé, et toujours aimable dans le commerce du monde. Le gouverneur de Chambéry l'avait suivi aux eaux, et vécut dans sa société habituelle. « Je suis fou de cet évêque, disait-il ; il a
« de l'esprit et du cœur pour tous ceux qui n'en ont pas ou
« qui n'en ont guère. Moi, je fais sur lui l'effet du briquet; il
« en jaillit des feux! des feux ! » Faisant un jour allusion aux lettres de Mgr Rey relatives au monastère de Thonon, il dit, avec sa vivacité toute militaire : « Moi, je n'ai connu que deux
« hommes, Napoléon avec son épée et l'évêque d'Annecy
« avec sa plume. » Celui-ci avait, en effet, une facilité remarquable, on peut dire que son style c'était lui-même. Rien d'affecté, rien de préparé, ni de travaillé. Jamais la pensée de Buffon n'a été plus vraie que dans son application à Mgr Rey : « Le style, c'est l'homme. » Ce bon évêque écrivait beaucoup par nécessité : c'était un devoir. Puis, par un effet naturel de la vivacité de son esprit et de ses sentiments, qu'il avait besoin de communiquer, ses correspondances étaient nombreuses, et celles qu'il entretenait avec des amis ou des personnes auxquelles il était respectueusement dévoué faisaient assurément le plus grand charme de sa vie, son presque unique délassement. Son souvenir se re-

portait tantôt vers Pignerol, où on ne l'a jamais oublié, tantôt à Turin, où, on le sait, son cœur l'entraînait davantage ; puis Grenoble, Saint-Claude, Besançon, dont les évêques lui étaient si attachés, sans parler de ceux de Savoie, et enfin Paris, où il avait conservé des relations et de vrais amis. Parmi eux nous citerons M. l'abbé Frère, chanoine de Notre-Dame, professeur d'Écriture sainte en Sorbonne, qu'il affectionnait singulièrement, et qu'il avait attiré à Annecy en 1834 pour y prêcher une retraite ecclésiastique. On nous saura gré, peut-être, d'insérer ici trois lettres que nous tenons de l'obligeance de ce respectable ecclésiastique. On connaît la manière d'écrire de Mgr Rey dans ses mandements, et on a pu apprécier les fragments déjà cités de ses lettres ; ici on verra ce qui est écrit de l'abondance de l'âme, dans la sainte intimité de deux ministres du Seigneur.

A M. l'abbé FRÈRE, *chanoine de la métropole, professeur d'Écriture sainte en Sorbonne.*

Annecy, 28 octobre 1835.

Combien je dois vous paraître ou ingrat ou négligent, Monsieur et respectable ami ! et pourtant *charitas quœ non cogitat malum* vous aura, je l'espère, fait donner une interprétation toute bénigne à mon silence. Je n'ai trop su à quelle époque vous quitteriez le Midi, et j'ai attendu votre retour pour vous donner de mes nouvelles. Hélas ! elles sont très-peu consolantes pour la nature ; mais elles le sont infiniment pour la foi, et dès lors vous êtes homme à vous réjouir de mes afflictions, car vous êtes *homme de foi*. Eh bien donc ! depuis quatre ou cinq mois, mon vieux mal s'est réveillé ; j'ai dû aller aux eaux de Saint-Gervais, et je n'ai pas su en profiter ; je sors d'une maladie assez grave, et ce n'est qu'avec peine que je traîne encore ma pauvre plume sur ce papier. Étendu sur mon grabat, je ne trouve aucune position aisée pour tracer à mes amis les tendres affections de mon cœur; mais *omne gaudium existimate cum in varias tentationes incideritis...*

Oh, mon religieux confrère ! *omne gaudium !* Ah ! *gaudium* tout seul n'a pas suffi à l'écrivain sacré pour exprimer le prix des souffrances, mais *omne gaudium.* Pourrais-je après cela éprouver la tentation de me plaindre ? Et puis que de prières se sont faites et se font encore pour moi ! Or, elles n'ont pas été exaucées dans le sens de la santé : donc elles le seront dans le sens du salut. Ah ! cette conclusion est mille fois préférable à la première. Béni soit donc le bon et doux Sauveur, duquel il faut dire, dans les maladies comme dans les guérisons : *Bene omnia fecit.* Ma plus grande affliction est de ne pouvoir dire la sainte messe; à peine puis-je quelquefois y assister. Cette privation est cruelle, et rien ne la compense; mais enfin c'est au moins une grâce de la sentir, et Dieu est si *dives in omnes qui invocant illum*, que j'ose espérer de ses immenses miséricordes qu'il aura pitié du jeûne forcé auquel je suis assujetti; car c'est bien lui qui a dit : *Misereor super turbam... nec habent quid manducent...* J'ai chez moi l'excellent abbé Ruffin. L'abbé Sallavuard étant chez lui depuis huit mois pour cause de santé : voyez comme, de toutes parts, les afflictions humaines m'entourent[1] ! Mais *videte sufferentiam Job.* Oh! qu'il y a loin encore de mon état à celui de ce saint homme! Mes amis, du moins, vous, très-principalement, mon digne confrère, ne sont pas *consolatores onerosi*, et certes il y a dans mon état d'affliction des compensations bien douces et bien légitimes.

Osez, je vous prie, quand vous verrez le digne successeur de saint Denis et l'imitateur si admirable des grands pon-

---

[1] Mgr Rey était extrêmement attaché à M. l'abbé Sallavuard, qu'il avait nommé son secrétaire et traitait d'une façon toute paternelle. M. l'abbé Sallavuard, prêtre aussi distingué qu'estimable, s'est montré parfaitement digne des bontés d'un tel protecteur, auquel il a constamment témoigné l'affection la plus dévouée et la plus filiale gratitude pour des bontés dont il sentait tout le prix. Jeune encore, Mgr Rey lui témoigna son estime, en l'admettant au chapitre de sa cathédrale.

tifes [1], osez lui présenter mon humble et respectueux hommage, et me recommander à ses angéliques faveurs.

A Dieu, mon cher et respectable ami ; songez que je ne peux monter au saint autel : eh bien ! montez-y pour moi, et présentez ma pauvre âme, et même mon misérable corps, à celui dont il est dit : *Sana animam meam.* A Dieu ; je vous demeure uni par nos communes espérances, par nos religieux souvenirs, et dans l'union de nos âmes par la charité de Jésus-Christ, dont la grâce *diffusa est in cordibus nostris per inhabitantem spiritum ejus in nobis* : à Dieu ; je vous serre contre un cœur qui vous est tendrement et religieusement dévoué, celui de votre vieux ami.

† Pierre-Joseph, évêque d'Annecy.

---

[1] L'extrême admiration de Mgr Rey pour Mgr de Quélen était assurément bien justifiée par son admirable caractère, et nous aimons à enregistrer ici un passage emprunté à M. de Bellemare (auteur de *M. de Quélen pendant 10 ans*, 1840), qui avait vécu dans son intimité. Il cite ces paroles de l'archevêque persécuté : « La première obligation d'un évêque est de rendre fidèlement à ses successeurs ce qu'il a reçu de ses prédécesseurs, et à l'Église, ce que l'Église lui a remis en dépôt. Sans doute il y a des cas de force majeure où ces dépôts sont attaqués entre ses mains et enlevés malgré lui. Mais l'épiscopat a ses journées de Thermopyles, où il faut qu'il sache défendre son poste, même avec la certitude d'y succomber. Dans ces sortes de positions, le point important n'est pas que la personne d'un évêque soit sauve, mais que la dignité de son caractère, les règles du devoir et le principe d'autorité dont il est dépositaire ne reçoivent aucune altération. Pour ma part, si je n'étais pas soutenu par cette dernière considération, je vous assure qu'il me paraîtrait beaucoup plus commode de n'avoir de contestation sur rien avec personne, et de vivre en paix plutôt qu'en guerre avec tous ceux qui voudraient de moi pour allié. Encore une fois, les évêques ont autre chose à faire que de se laisser aller les yeux fermés au mouvement des vagues de la politique, et de se mettre à la disposition de tous les allants et venants des révolutions. »

Du même au même.

Annecy, 30 décembre 1835.

Ah, mon Dieu! la bonne et sainte lettre qui m'arrive enfin de vous, mon digne et respectable ami, et combien elle me dédommage, largement et délicieusement, de la longue attente! Je ne saurai pas assez bien vous remercier, mon bon monsieur Frère; mais deux âmes qui s'entendent si bien ont un langage intérieur par lequel elles se comprennent, elles se devinent; et j'oserais dire aussi d'elles ce qui n'est pourtant dit littéralement que de celui dont elles sont l'image, *audiam quid loquatur in me.* La lecture de votre chère et céleste épître a vraiment apporté un brasier dans mon pauvre cœur, et j'ai pu sentir en vous lisant tout ce qu'il y a de vie dans celui *qui ex fide vivit.* Comme tout est petit à côté de cette sainte sublimité de vos pensées! Hélas! *animalis homo non percipit*, et c'est une consolation pour moi de penser que pourtant je vous ai compris, tout imparfait que je suis encore. Aidez-moi par vos bonnes prières à obtenir un peu de cet esprit qui *scrutatur etiam profunda Dei* : savez-vous bien que j'emploie le peu de loisirs qui me restent à lire votre admirable livre, qui m'effraye des fois par sa profondeur? Hélas! je ne suis qu'un pauvre hérisson qui se cache sous la *pierre*, tandis que les saintes et sublimes hauteurs sont accessibles à ce cerf agile qui a laissé sa route tracée dans cet admirable ouvrage : *Montes excelsi cervis petra refugium Herinaciis.* Mais, ce qui me console, c'est que *petra autem erat Christus.* Ainsi, selon le conseil d'à-Kempis, je me reposerai *in foraminibus petræ* dès que je ne suis pas en état de m'élever plus haut; et puis vous m'aiderez, et en attendant, comme le disciple du Prophète, je me contenterai de contempler le char de feu sur lequel je vous vois vous élever au-dessus de tout ce qui n'est que pure créature. J'ai aussi l'espoir que, puisque je peux vous voir monter, vous laisserez tomber votre manteau prophétique sur mes pauvres épaules toutes nues : oh, alors, quelle douce chaleur viendra me vivifier! Car, à l'imitation du grand évêque des âmes, *verba vitæ habes*.

Le digne supérieur de la *Consolata* m'a remercié de lui avoir procuré votre connaissance, et certes il en valait la peine. Oh! que je suis touché de votre bon souvenir pour moi et pour mon clergé! En tant de sanctuaires, et aux pieds de tant de corps saints dont les tombeaux sont si pleins de vie, ou de cette profonde *végétation* qui les y prépare à la résurrection glorieuse, je vous le rends aux pieds de saint François de Sales, mon respectable ami; mais qui suis-je pour être écouté des saints? Mais pourquoi pas, puisque Celui qui les a faits ne dédaigne pas de m'entendre?

Votre séjour sur les hauteurs de Paris [1] est assurément bien fait pour fournir mille saintes réflexions à votre piété. C'est aussi là un des sens de l'*omnia subjecisti sub pedibus ejus* que je lisais tantôt sur votre livre. Je regarde comme providentiel le choix que vous avez fait de cette habitation presque mystérieuse. Ah! s'il m'était donné d'y passer quelques jours avec vous! Mais, hélas! je dois ajourner à une autre vie cette jouissance si douce, que la vie qui passe ne me procurera jamais; du moins faites arriver quelquefois vers moi quelques-unes de ces lignes toutes de feu, parce qu'elles sont toutes de foi, que vous inspirera dans cette position la sainte amitié que vous voulez bien avoir pour moi!

Autre service bien important que je vous demande. Ah! rendez-le à mon cœur, je vous prie : c'est de placer aux pieds de cet *Athanase* de Paris, quoiqu'il s'appelle *Hyacinthe*, l'hommage de ma tendre, profonde et respectueuse vénération; je ne l'oublie en aucun jour à l'autel et dans mon cœur. Rappelez-moi aussi à ce vénérable M. Jallabert, qui m'a traité avec tant de bonté quand je fus à Paris.

Je ne vous parle pas de mes vœux du bon an, ce ne serait

---

[1] Cette lettre est adressée rue Saint-Étienne-du-Mont.

que l'écho de mes vœux de tous les jours; et puis, que souhaiter à celui qui a déjà tant reçu? Je le sais, *qui justificetur adhuc et sanctificetur adhuc!* Et puis, qu'il répande *in plateas* ces eaux admirables qu'il a puisées à sa source, là où puisa la Samaritaine. Oh! oui, *puteus altus est... Domine, da mihi hanc aquam!*

A Dieu, mon tendre et inséparable ami, et si doublement *frère.* A Dieu : *memor esto nostri,* et proportionnez vos prières pour moi à l'étendue de mes besoins, et à celle du tendre et respectueux attachement avec lequel je serai jusqu'à la fin,

Votre serviteur le plus sincère et le plus dévoué,

† Pierre-Joseph, évêque d'Annecy.

Mon bon petit secrétaire [1], devenu chanoine, vous offre son respectueux hommage. Ah! ne m'oubliez pas auprès des dignes Filles de mon saint apôtre leur fondateur, et surtout auprès de leur digne Mère.

Du même au même.

Annecy, 10 janvier 1836.

Votre si bonne et si charitable lettre du jour de la Saint-Jean, mon digne et respectable ami Frère, a fait sur mon âme une si douce et si religieuse impression, que j'aurais dit tout de suite qu'elle était une troisième lettre à Timothée, si les innocentes illusions de votre amitié ne l'avaient pas remplie d'éloges qui m'ont touché, puis humilié profondément. J'ai vu, en effet, ce que devait être l'*operarius inconfusibilis;* mais, hélas! je suis encore trop *animalis homo* pour comprendre à votre manière *quæ Dei sunt.* Et pourtant je sens que je les apprécie, que je les aime, et à peine osé-je dire que

---

[1] M. l'abbé Sallavuard.

je les désire. Mais enfin vos bonnes prières, et surtout la sainte et céleste étrenne que vous m'avez donnée à l'autel du Seigneur, m'aideront puissamment, et je ne veux jamais me décourager dans cette sainte carrière où je vous aperçois *ut gigas ad currendam viam*, tandis que, pauvre tortue, à peine puis-je me remuer pour avancer quelques pas à votre suite. Je me tapis dans quelque coin du rocher, vous contemplant de loin gravir la sainte montagne, et je me consolerai aux pieds de Jésus-Christ, ou caché dans ses plaies sacrées, et il aura pitié de moi à cause de vos prières.

Mes forces sont revenues en partie, et, quoique atteint à jamais d'infirmités dont je ne dois plus guérir, mon état est assez bien pour que je puisse remplir les fonctions de mon ministère ; aussi je me dispose à recommencer au printemps mes courses apostoliques. Je les désirais autrefois, maintenant je les redoute ; mais Dieu, qui est *firmamentum meum* et *refugium meum*, m'aidera à supporter ces saintes fatigues.

Vous admireriez le zèle de mes bons prêtres, mon cher monsieur Frère, si vous pouviez voir tout ce qu'il leur inspire pour résister aux efforts incroyables de l'ennemi ; mes pieux missionnaires surtout font vraiment des merveilles. Ce n'est pas, certes, *in sublimitate sermonis*, ni *in persuasibilibus humanæ sapientiæ verbis*, qu'ils combattent ; mais ils prêchent Jésus crucifié dans la simplicité du cœur et la sincérité de la foi, et ils justifient par leurs succès le *placuit Deo per stultitiam prædicationis salvos facere credentes*.

Priez bien pour eux aussi, Dieu aimera à vous exaucer. Ce respectable et nombreux clergé est toujours digne de votre intérêt et de vos bontés.

Choisissez, je vous prie, mon bon monsieur Frère, un moment vraiment opportun, où il n'y ait point d'indiscrétion de mettre aux pieds de l'ange de *Paris* l'hommage de ma profonde, tendre et respectueuse vénération : je voudrais inventer une manière digne de lui pour lui offrir les sentiments d'admiration, de reconnaissance et d'amour dont mon cœur est pénétré pour lui. Suppléez à mon incapacité, vous, mon digne confrère, à qui il est si facile d'être éloquent.

L'abbé Ruffin a reçu votre lettre en même temps que moi ; il en est tout heureux.

Quelle étrenne pourrais-je vous offrir, à ce nouvel an? Oh! *det tibi Dominus de rore cœli*, et même *de pinguedine terræ abundantiam omnium bonorum!* Ne vous effrayez pas de la *graisse* que je vous souhaite, car c'est *sicut adipe et pinguedine* que je demande que *repleatur anima tua* : je sais assez que vous n'appréciez que celle-là, et le mépris que vous faites de l'autre.

Adieu, mon digne et pieux abbé Frère ; bien des événements se succéderont encore, mais je sais que *charitas non excidit*, et que vous en aurez toujours un peu pour moi.

Dieu soit avec vous! tout est dans ce vœu de mon cœur pour vous ; enfonçons-nous dans l'avenir qui s'approche, nous y trouverons le Seigneur, cela suffit. Ah! cela suffit mille fois à ceux qui se confient en lui et dont il est dit : *Sicut mons Sion qui non commovebitur*.

Je vous renouvelle les tendres, respectueux et inépuisables sentiments de mon dévouement et de la plus cordiale affection.

Tout à vous dans le cœur de notre bon Maître.

PIERRE-JOS., évêque d'Annecy.

Que de simplicité, de foi, d'humilité! Combien aussi la connaissance des saintes Écritures se montre familière et admirablement unie aux pensées et à tous les sentiments de Mgr Rey!

On a vu, par une des lettres précédentes, qu'il se flattait de reprendre, au printemps de 1837, le cours de ses visites pastorales ; jusqu'à ce moment, désiré et redouté tout à la fois, il demeura à Annecy, occupé du soin de son diocèse, du bien de son troupeau ; mais ce séjour n'était pas un repos pour lui. Le tourment qu'il éprouvait dans la direction d'affaires délicates, pour allier la fermeté et la prudence, influait souvent sur sa santé. Sa nature bouillante lui livrait des combats, et bien des nuits sans sommeil ont précédé des décisions calmes et des mesures conciliantes.

Au plus fort des graves démêlés rapportés plus haut, alors que le prélat avait tout à redouter de la part du roi et de son conseil au sujet de la Visitation de Thonon, il eut à défendre sur un autre point les droits de son autorité contre le comte de Pralorme, ministre de l'intérieur. La commune d'Habères-Poche, dans le haut Chablais, avait été repoussée dans sa demande en séparation au spirituel de celle d'Habères-Lullin, malgré l'avis favorable de l'évêque et les raisons produites par la sommaire-à-prise de *commodo* et *incommodo*. Le curé et le seigneur de cette paroisse, le comte de Sonnaz, que cette séparation contrariait, avaient réussi à l'empêcher, en mettant de leur côté le gouvernement. L'intendant du Chablais, par ordre du roi, avait fait défense à la municipalité d'Habères-Poche de continuer les poursuites commencées auprès de l'évêque pour la construction d'une chapelle. Alors les principaux habitants de la commune se constituèrent individuellement en société, aux fins de bâtir ce sanctuaire. Munis de l'approbation de l'évêque, ils se mirent aussitôt à l'œuvre. L'édifice s'élevait sur un terrain acquis par cette société, lorsqu'un huissier, de la part de l'intendant et par ordre ministériel, intime défense de continuer les travaux. Cet ordre est lu, puis affiché à la porte de l'église paroissiale, le dimanche, à l'issue de l'office divin. L'évêque, justement blessé, se plaint au garde des sceaux, lui demandant comment il considère l'autorité d'un évêque, s'il suffit d'un huissier pour paralyser ses ordonnances, et dans une matière où il était seul juge compétent. « Faudra-t-il donc, « dit-il, que les gouvernements catholiques aient toujours à « emprunter de la protestante Angleterre ou des successeurs « de Mahomet des leçons de convenance envers l'épiscopat et « de respect pour ses droits les plus évidents?... Tandis que « les gouverneurs du duché, les commandants des provinces,

« ont le pouvoir de couvrir la Savoie de cabarets où la for-
« tune, les mœurs et le repos des familles vont se perdre, il
« sera interdit à un évêque de bâtir une maison de prières,
« d'élever dans son diocèse des temples au vrai Dieu, où les
« fidèles apprendront à le connaître, à le servir et à l'aimer!
« Il ne pourra, lui, en faveur de la vertu, ce que tant d'au-
« tres peuvent en faveur du vice? » Il terminait par ces paroles : « Jusqu'ici j'ai demandé de nombreuses grâces à Sa
« Majesté; aujourd'hui ce n'est pas une grâce que je réclame :
« je demande justice de l'injure faite si gratuitement à un
« évêque qui a usé de son droit incontestable. »

L'affaire traîna quelques semaines en longueur; enfin, le 22 octobre 1836, le garde des sceaux lui annonça que le roi lui avait rendu pleine justice, et que toute défense était levée au sujet de cette église; ce résultat était dû a la fermeté de Mgr Rey. La construction achevée, il y plaça un chapelain. Parmi les difficultés de tout genre suscitées contre leur œuvre, les habitants d'Habères-Poche ne firent aucune démarche sans avoir pris conseil de notre prélat. La sagesse de leur conduite ayant désarmé leurs adversaires et disposé le gouvernement en leur faveur, leur commune fut érigée en paroisse sous le vocable de Saint-François de Sales. « Oh! quelle « consolation pour moi et pour ces braves gens, après tant « de sacrifices et de contradictions! s'écria notre prélat. O « saint François, vous serez honoré de cœur et d'âme, dans « ce beau temple qui a été érigé en votre honneur! »

Une chose remarquable, c'est que cette érection avait été un des vœux de son enfance. Paissant les troupeaux de son père sur une des montagnes voisines de ce lieu, il dit aux bergers ses compagnons : « Ah! si j'étais évêque de Genève, « je ne voudrais pas mourir avant d'avoir fait une paroisse « d'Habères-Poche. »

Le curé qui lui avait fait une opposition si persévérante ne perdit rien dans son estime et son affection. Comme il était affecté de cette séparation, qui soustrayait à son autorité une considérable portion de sa chère famille, Mgr Rey lui offrit une cure de canton, dans un site agréable. Ce bon pasteur la refusa, ne voulant autre chose que vivre et mourir au sein du troupeau qui lui restait, ce à quoi Monseigneur consentit avec la même bonté.

Le comte de Sonnaz se vengea de sa défaite comme les nobles cœurs. Il fut voir l'évêque, à son premier passage à Annecy, ce qu'il n'avait pas fait pendant la discussion. Ces deux illustres personnages se traitèrent réciproquement comme s'il n'y eût eu entre eux aucun différend. C'est qu'entre les âmes élevées la discussion, quelque animée qu'elle soit, ne nuit jamais aux sentiments que des hommes, des enfants de Dieu surtout, se doivent les uns aux autres.

Le comte de Sonnaz alla plus loin : il appuya de son crédit, comme il a été dit plus haut, la cause des religieuses de Thonon. Monseigneur d'Annecy demeurait sur la brèche, sans jamais rien céder des droits épiscopaux ; le sentiment du devoir excitait son énergie.

Une guerre terminée, il s'en déclarait une autre. Le curé de la paroisse des C... était en butte aux tracasseries de quelques mauvaises têtes, qui avaient juré de l'abreuver de dégoûts jusqu'à ce qu'il fût forcé de quitter son poste. Entouré de l'estime publique et soutenu par l'évêque, il vit avec calme l'orage fondre sur lui. En digne ministre de Jésus-Christ, il opposa aux outrages les bienfaits et à la violence la patience et la prière. Ses ennemis, irrités d'une conduite qui aurait dû les désarmer, et désespérant de lasser une patience qui se fortifiait par les épreuves, portèrent plainte au gouvernement, qui exigea impérativement que ce prêtre fût pourvu d'une autre cure. Mgr Rey se refusa à cette exigence, qui eût été un antécédent funeste. Il répondit au ministre qu'un évêque est le défenseur de ses prêtres, et que ceux-ci avaient le droit de compter sur son appui contre toute agression imméritée ; que s'il suffisait de démonstrations hostiles de la part d'une minorité turbulente pour expulser un curé, il n'y aurait plus de sécurité pour le ministère pastoral ; la puissance même serait un vain mot, si elle ne servait à protéger les bons contre les méchants ; que, pour lui, il repoussait une mesure qui ouvrirait la porte à d'incessants désordres. Le ministre comprit la force de ces raisons, et, lorsque peu de semaines après, l'évêque renvoya dans cette paroisse le curé, qui, sur son avis, s'en était éloigné pour laisser passer le gros de la tempête, le comte de Pralorme fit savoir au conseil communal qu'il sévirait avec rigueur contre la moindre insulte faite à cet ecclésiastique. Cette menace déconcerta les brouillons et rétablit l'ordre.

Presque en même temps l'évêque reçut du même ministre la plainte de la municipalité d'un chef-lieu de province, sur ce que le curé n'avait pas retardé les offices divins pour la recevoir. Le ministre exigeait que l'évêque admonestât cet ecclésiastique. Celui-ci fit observer au ministre que la réprimande était due au syndic ; que si l'autorité civile avait droit à des égards, le peuple en avait aussi ; que le pasteur se gênant pour être à l'heure, il ne voyait pas pourquoi les syndics de leur côté n'en feraient pas autant. Le ministre revint à la charge, non pour l'admonestation dont il avait reconnu l'injustice, mais pour se plaindre du peu de condescendance de la part des curés et réclamer une dérogation à l'usage ; l'évêque répondit que, par déférence aux désirs de Son Excellence, il donnerait le conseil d'attendre quelques instants de plus que ne portait la coutume ; mais qu'il n'en faisait pas un ordre, et que, si M. le comte croyait devoir prendre en main les intérêts des syndics, il ne trouvât pas mauvais que lui, en sa qualité de premier pasteur, se constituât le défenseur et du clergé et des fidèles. Le comte de Pralorme avait une roideur de formes peu convenable à l'égard des évêques ; mais il ne tarda pas à les modifier et à revenir à un langage plus conforme à ses sentiments envers l'épiscopat.

Il y eut encore d'autres attaques contre le clergé, dont Mgr Rey sortit également victorieux. Mais, assailli de toutes parts à la fois et blessé au vif dans ses affections de père et de pasteur, il était impossible qu'avec son caractère, il ne prît pas un peu trop chaudement la défense d'intérêts si chers.

Un ecclésiastique le surprit un jour déchirant une lettre. « Ah! que je suis malheureux ! lui dit-il; c'est la quatrième « que je mets en pièces ; mon encre s'aigrit singulière- « ment. »

Ainsi que son divin Modèle, il se trouvait en butte à la contradiction [1].

Tout semblait alors conspirer contre lui. La magistrature elle-même lui occasionna des chagrins. Un jeune prêtre, condamné pour des paroles offensantes, par un tribunal de province, devait être admonesté au sénat. Cette affaire purement personnelle était du ressort de l'officialité diocésaine où l'offensé eût incontestablement obtenu, supposé la vérité du fait, une entière justice. Car ce tribunal était loin de mériter le reproche de partialité envers les ecclésiastiques.

Tout dans ce procès avait été conduit à l'insu de l'évêque, qui n'en eut connaissance que quelques jours avant le terme fixé pour la réprimande sénatoriale. Aussitôt il s'empressa d'écrire au premier président pour se plaindre qu'on eût soustrait ce prêtre à sa juridiction. Ce magistrat témoigna son regret de la marche suivie en cette affaire, exprimant le désir que les choses désormais se traitassent d'un commun accord. Les corps de l'État, disait-il, devaient tous tendre au même but, quoique par des voies différentes ; la plus parfaite harmonie entre eux était non-seulement *désirable*, mais *nécessaire* à la considération dont les uns et les autres *ne pouvaient se passer*. Les conflits qui les diviseraient leur ôteraient cette puissance morale qui a son fondement dans le respect des peuples, et l'accord entre la magistrature et le sacerdoce était *le vœu le plus ardent de son âme*, etc., etc.

On ne pouvait mieux dire. Les faits répondirent d'abord aux paroles. L'ecclésiastique fut envoyé à l'évêque qui lui fit les reproches mérités et lui donna les avis convenables. Par condescendance aux désirs du sénat, Mgr Rey éloigna ce prêtre des lieux où son procès avait fait du bruit. Il y avait

---

[1] Erit in signum cui contradicetur. S. Luc, ch. II, v. 34.

un mois qu'il était à V....., en qualité de vicaire, lorsqu'une cure devînt vacante; il en fut établi titulaire. C'était un poste obscur, fort distant de la paroisse où il s'était permis des personnalités. Les prêtres de son âge étaient tous placés. Nonobstant ces considérations, cet acte fut considéré par le sénat comme une récompense accordée à cet ecclésiastique, pour avoir encouru son blâme. Mais l'évêque, calme et plein de justice, l'ayant admonesté, à teneur de la sentence, ne crut devoir ni le priver de ses droits, ni troubler l'administration de son diocèse, en ajoutant à la première peine quelque chose de plus rigoureux.

Les années suivantes, deux curés furent poursuivis pour une cause semblable. L'évêque les réclama en vain. On se ferait difficilement une idée de son chagrin de voir ses prêtres jugés à huis clos, sans être appelés à présenter leur défense, et condamnés à l'humiliation d'une réprimande pour des actes de zèle qui, la plupart, auraient eu leur justification dans les exemples des plus saints personnages de l'Église. Enfin, ces vexations étant tombées sur un prêtre très-recommandable par sa douceur et sa piété, on eut recours au roi, et le concordat conclu en 1841, entre Grégoire XVI et Charles-Albert, rendit le clergé à ses juges naturels. Il n'y eut là aucun privilége; les militaires, les commerçants ont leurs tribunaux, les magistrats sont jugés par leurs pairs. La loi est pour tous, l'application aussi, quoique faite par des juges différents.

En défendant le clergé, il fallait ôter tout prétexte aux accusations dont il était l'objet. Par ses avis pastoraux et ses lettres, notre prélat recommandait sans cesse le respect dû aux personnes, en même temps qu'il condamnait le zèle qui restait muet devant les désordres, de quelque nom qu'ils se couvrissent et s'autorisassent; et, si l'on considère qu'avec près de six cents prêtres attachés au service des paroisses et pendant un épiscopat de neuf à dix ans il ne se rencontra pas dix exemples de paroles répréhensibles au point de vue dont il est ici question, on reconnaîtra que ses avertissements ne trouvèrent ni des oreilles inattentives ni des cœurs indociles, tant la voix du pasteur était aimée et respectée.

Les contradictions et les chagrins non plus que les souffrances corporelles n'abattirent notre prélat. Dieu fut sa consolation et sa force. Il sut renfermer devant les hommes des douleurs auxquelles ils n'auraient apporté que de faibles adoucissements, ou qu'ils auraient peut-être pu aigrir. Avec sa nature, il dut en souffrir davantage. La prière, les exercices de la piété, la lecture des saintes Lettres, les devoirs de sa charge, les fonctions pastorales furent sa distraction et ses délices. S'il ne se trouvait pas retenu dans son lit ou son fauteuil par la maladie et l'infirmité de sa jambe, il était à l'autel, devant les divins tabernacles, au tombeau de son saint prédécesseur ; il se livrait aux prédications, aux exercices religieux des églises de sa ville épiscopale, à la visite des monastères, des séminaires, etc. Il ne connaissait guère d'autres récréations ni d'autre repos.

Cependant, cette année 1836, il eut quelques jours de véritable bonheur, en offrant l'hospitalité à l'évêché à Mgr Bruté, évêque de Vincennes dans les Etats-Unis. Ce fut une indicible consolation pour le possesseur du palais épiscopal d'accueillir sous son toit l'humble et saint prélat, qui allait évangéliser les pauvres sauvages, les chercher au fond des forêts, et s'abriter sous leurs huttes enfumées ! Son cœur s'ouvrait à la plus tendre charité envers ce frère en Jésus-Christ, et qui eût entendu leurs doux et fervents épanchements, pouvait dire que leur conversation était dans le ciel. — Le bon Pierre, valet de chambre de Mgr Rey, lui ayant fait observer le pauvre équipage de l'évêque missionnaire : « Mon cher enfant, lui répondit le prélat, j'échangerais tout mon mobilier contre ce même équipage, et, aux yeux de Dieu, c'est moi qui ferais le meilleur marché ! » C'est ainsi qu'il estimait la pauvreté. Le saint missionnaire partit comblé d'affection et d'aumônes.

CHAPITRE III

Affaires des fabriques. — Restauration des églises. — Conférences ecclésiastiques. — Avis utiles. — Soins des séminaires. — Établissement des Filles de la Croix. — Lettre à Mme la comtesse de la R. J. — Mgr Matthieu obtient une retraite à Besançon (août 1837). — Visites pastorales dans les hautes montagnes. — Bergers. — Ranz des vaches. — Émigration. — Douleurs et fatigues extrêmes.

La sollicitude éclairée de Mgr Rey, qui s'étendait sur toutes choses, ne pouvait négliger l'importante question des fabriques; celles-ci, comme l'on sait, sont chargées de gérer les fonds et les revenus des églises. Elles avaient été purement du ressort ecclésiastique jusqu'à l'époque où la révolution de 89 mit la confusion dans toutes les idées religieuses et politiques. Autrefois l'État se bornait à la direction des affaires civiles qui lui appartenaient de droit, sans s'ingérer dans celles du sanctuaire qui en étaient distinctes; et s'il avait quelquefois dépassé ces sages limites, il n'éleva du moins jamais ses prétentions jusqu'au droit de réglementer l'administration dans la maison du Seigneur. Mais, la Révolution ayant porté une main sacrilége sur les biens consacrés au culte par la piété des fidèles, les églises furent obligées, au moment où elles se rouvrirent, d'avoir recours aux communes, et celles-ci au gouvernement impérial qui avait tout centralisé. Ce dernier profita de la circonstance pour s'immiscer dans la gestion de ces biens, quoique les subsides qu'il accordait ne fussent qu'une faible indemnité des déprédations révolutionnaires ; il ne parut pas même soupçonner que par là il empiétait sur les droits des évêques ; car ces secours, revêtus d'un caractère sacré par leur destination religieuse, et l'offrande qui en était faite à Dieu même, échappaient ainsi au domaine des princes temporels. Chez tous les peuples, en effet, les biens consacrés au Seigneur avaient toujours été considérés comme des propriétés saintes, à la disposition des ministres sacrés, et le concordat de 1801 avait reconnu clairement, quoique implicitement, ce grand principe.

A l'époque de la Restauration (1815), les fabriques, en Savoie, redevinrent ce qu'elles avaient été, purement ecclésiastiques. Mais les traditions de l'Empire avaient survécu à sa chute, et les anciens diocèses une fois rétablis, lorsqu'il fallut réparer ou reconstruire les presbytères et les églises qui, la plupart, menaçaient ruine, et que les recours aux communes se furent multipliés, on songea à séculariser les fabriques.

Le bon esprit du sénat de Savoie, pour qui les leçons du passé n'avaient pas été perdues, ne céda point à l'entraînement qui se manifesta autour de lui. Il exigea, seulement, par son règlement de 1825, des modifications à la composition des fabriques, en y faisant entrer les syndics et d'autres membres laïques ; mais le principe fut respecté. L'évêque avait la part principale et essentielle. Si tout ne se faisait pas par lui ou par son clergé, rien ne pouvait se faire sans lui et malgré lui. L'archevêque de Chambéry, Mgr Bigex, dressa, sur les bases posées par le sénat, un règlement qui fut publié, en 1825, dans son diocèse et dans ceux de Maurienne et de Tarentaise, dont il était administrateur. Mais il n'avait encore été rien statué pour Annecy lorsque Mgr Rey fut nommé à cet évêché ; dès lors, gardien de la sainte autorité de l'Église, il était bien résolu de ne pas laisser un pouvoir étranger, quelque élevé qu'il pût être, mettre le pied dans le sanctuaire. « Je laisse, disait-il, à la puissance temporelle ses attributions, qu'elle respecte les miennes. » Toutefois, en passant à Turin, pour se rendre dans son diocèse, il désira conférer à ce sujet avec le comte de Lescarenne, ministre de l'intérieur. Celui-ci ne voulut point céder ; Mgr Rey ne céda pas davantage, et déclara au ministre, qu'avant tout, il lui fallait examiner les circonstances, les lieux et les personnes, et qu'il désirait prendre l'avis de son clergé. Arrivé à Annecy, Mgr Rey ne tarda pas à voir par lui-même, et par les plaintes journalières de ses prêtres, les graves inconvénients de l'ingérence du gouvernement et des autorités communales dans les affaires des églises. Presque chaque jour, on l'informait de discussions pénibles entre les curés et l'autorité civile, et il cherchait à concilier ces différends sans blesser les susceptibilités de l'administration gouvernementale. Le clergé de Savoie, si pieux, si fidèle, si traditionnellement dévoué à ses rois, voyant l'esprit révolutionnaire redoubler d'efforts à ses portes [1], était presque tout entier contraire aux concessions qu'il ne croyait réclamées que par son influence. L'évêque, pour combattre ou trop d'exigence d'une part, ou trop de résistance de l'autre, n'avait que les armes de la persuasion ; sa sagesse le guidait au milieu d'épineuses difficultés, et, saintement affligé de les voir sans cesse renaissantes, il reconnut qu'il fallait s'efforcer d'y mettre un terme. Avant toutes choses, il rechercha des lumières et des conseils auprès de Mgr Martinet, son métropolitain de Chambéry et ses collègues de Tarentaise et de Maurienne. Le premier avait, pour corroborer sa conduite, outre les raisons rapportées plus haut, les concessions faites de tout temps par l'Église aux rois, aux communes, quelquefois même aux particuliers pour le bien de la paix, ou en reconnaissance de quelque bienfait signalé. Les trois prélats, d'un commun avis, déclarèrent qu'ils n'avaient rien à blâmer dans le *règlement* qui avait été mis en pratique dans leurs diocèses ;

---

[1] En 1833 et 1834 la Savoie était menacée sur toutes ses frontières par un foyer de menées révolutionnaires de Saint-Gingolphe aux Échelles.

qu'ils regarderaient même comme une chose indispensable à une meilleure administration des biens des églises de l'adopter, si ce n'était déjà fait dans leurs évêchés, conseillant toutefois d'ajouter des développements pour certains articles, et quelques améliorations pour d'autres.

Le témoignage de prélats aussi recommandables par leurs doctrines que par leur respect des saintes règles, et qui n'étaient point d'ailleurs auteurs du règlement, affermit Mgr Rey dans la pensée d'en donner un à son diocèse, après un mûr examen des principes qui devaient lui servir de base. Il y avait assurément pour lui moins de difficulté à faire un règlement conforme, à la fois, aux saints canons et aux vues du roi, qu'à disposer les esprits à le recevoir; à quoi peuvent servir des lois si elles rencontrent à leur exécution des obstacles insurmontables, et si leur résultat est d'aigrir les cœurs? La sage lenteur dont usa Mgr Rey dans cette délicate affaire montre la connaissance qu'il avait de l'art de diriger les esprits; elle prouve en même temps son empire sur lui-même, car la pente naturelle de son caractère le portait avec une sorte d'impétuosité vers ce qu'il avait reconnu bon et utile au bien.

Le bon évêque s'attacha donc à préparer les esprits dans son clergé, et lors de la retraite pastorale de 1833, il eut la consolation de voir adhérer à la solution qu'il préméditait les ecclésiastiques les plus considérés, et d'affaiblir l'opposition des autres; mais il ne put agir que sur une partie de ses prêtres (la moitié seulement avait assisté à la retraite). Il comptait achever l'œuvre l'année suivante, et procéder ainsi en esprit de douceur, selon le conseil de l'Apôtre. Sur ces entrefaites, le roi, mal conseillé, fit donner l'ordre de retenir les allocations des curés jusqu'à ce que les fabriques fussent constituées sur le nouveau pied. Cette mesure *ab irato* contrista le cœur de Mgr Rey, tant à cause du mauvais effet qu'elle produirait, que de l'atteinte portée à l'indépendance de son administration.

Sa réponse au comte de Lescarenne, qui avait annoncé la

décision royale, respirait à la fois les sentiments d'un sujet fidèle et d'un pontife pénétré de la sainteté et inviolabilité de ses droits. « Cette mesure injuste, dit-il, aura pour consé-
« quence inévitable de blesser les prêtres dans ce qu'il y a de
« plus cher pour eux, la liberté de l'Église, et d'affaiblir leur
« dévouement à la monarchie, dévouement qui n'est à dédai-
« gner dans aucun temps, et moins que jamais dans les cir-
« constances où l'État se trouve [1] ; elle contristera les gens
« de bien, et réjouira les ennemis de Dieu et du roi. » Il déclarait de plus que si cet ordre n'était retiré, il renonçait absolument à donner le règlement attendu, qui, en présence d'une telle menace, n'apparaîtrait que comme l'œuvre de la contrainte et de la violence ; qu'il n'aurait jamais le courage d'y attacher son nom, que ce règlement n'aurait dès lors aucune autorité près de son clergé, et qu'ainsi on s'éloignerait du but au lieu de s'en rapprocher. Cette lettre fit impression sur le roi, qui avoua n'avoir pas soupçonné la portée de la mesure ; il donna, par l'entremise du ministre, toute latitude à Mgr Rey, s'en rapportant entièrement à sa sagesse. Cet incident servit de texte au prélat pour dissiper les craintes du clergé et calmer les défiances pendant la retraite de 1834. Dès lors, il n'eut plus qu'à mettre la dernière main au règlement déjà préparé. Approuvé par le conseil d'État, il fut entériné, le 9 mai 1835, au sénat de Savoie, et publié, le 10 juin de la même année, avec une seule légère modification acceptée par l'évêque [2].

En cette circonstance, Mgr Rey eut la satisfaction de reconnaître qu'il ne s'était pas trompé en demeurant persuadé, malgré des insinuations contraires, que la haute magistrature de Chambéry n'avait jamais été mue par une hostilité systématique dans cette importante question. Il crut devoir faire précéder d'un mandement la promulgation du règle-

---

[1] Allusion aux menées révolutionnaires déjà mentionnées.
[2] Le sénat, par le n° 31 de l'article 111, voulut donner le droit d'action devant les tribunaux aux fabriques contre les fidèles qui refuseraient de présenter le pain bénit.

ment ; il en est en quelque sorte l'exposé des motifs. Mgr Rey y rappelle :

Que l'Église a le droit de posséder, et par conséquent d'administrer les biens temporels dont la piété, la justice ou la reconnaissance l'aurait dotée. Mais pour le faire avec succès, c'est pour elle une nécessité de se conformer aux dispositions des lois portées par l'autorité civile sur les affaires temporelles [1]. Le concours des laïques dans ces administrations est connu dans l'Église, puisque le concile de Trente en fait mention [2], et donne des dispositions particulières à ce sujet. Son utilité ne peut être contestée. Il écarte des ministres des autels l'odieux qui s'attache parfois, quoique injustement, à la perception des droits les plus légitimes ; il éclaire les fidèles sur les besoins de l'Église et leur inspire un vrai zèle pour tout ce qui tient au culte extérieur de la religion. Ce concours est encore un puissant moyen de détruire les préventions injustes que l'on a dans le monde sur les prétendues richesses du sanctuaire et sur le désintéressement de ses ministres. « Quand des membres de la société, connus par « leur sagesse, poursuit le prélat, seront associés aux pasteurs « dans l'exercice de cette œuvre religieuse, l'opinion publi- « que tournera nécessairement en sa faveur, et les fidèles se « prêteront avec un pieux empressement à contribuer par « leurs largesses aux réparations de nos temples, etc. L'on « verra se renouveler le touchant spectacle que donnèrent « jadis les enfants d'Israël qui, sous la conduite de Néhémie, « travaillèrent avec tant de zèle à la restauration et à l'em- « bellissement du temple de Jérusalem. »

Les prévisions de l'évêque se vérifièrent à la lettre. Dans les villes où l'opinion du vulgaire supposait le plus de *richesses à l'Église* et d'où étaient parties, sous l'épiscopat de Mgr de

---

[1] Ce que le prélat ne dit pas, mais ce qu'il laisse entendre, c'est que la protection des lois accordées à l'Église n'est pas une faveur, mais un devoir des princes; en la refusant ils manquent à la première et à la plus sacrée de leurs obligations.

[2] Sess. XXII, chap. 9.

Thiollaz, tant de bizarres réclamations, on fut singulièrement surpris de ne rencontrer que pauvreté là où on avait cru enfouis tant de *trésors*. Annecy qui, dès l'abord, avait ajouté foi à ces absurdes déclamations, fut la première à reconnaître son erreur et à la réparer. Il en fut de même de Bonneville; de tous côtés ce ne furent qu'églises, presbytères, clochers, bâtis à neuf ou réparés. Dans ce grand travail de restauration, Mgr Rey donna toujours le premier élan, ou s'empressait de seconder les pieuses entreprises. Ici c'étaient des vases sacrés; là, des ornements qu'il envoyait aux églises les plus pauvres. Dans la seule ville d'Annecy, il érigea quatre autels à ses frais.

On ne peut énumérer ses dons aux églises paroissiales. Quand sa bourse était vide, il se faisait solliciteur auprès du roi, des princes, de la reine douairière, Marie-Christine. Il frappait aux portes de l'économat royal apostolique. Jamais il ne refusa de faire ou d'appuyer une requête ayant pour but la beauté de la maison de Dieu. La crainte des refus ne l'arrêtait pas; il en acceptait d'avance l'humiliation. Sa piété le portait surtout à parer et à construire des autels. Un ecclésiastique de la ville d'Annecy s'étant fait auprès de lui l'interprète des besoins d'une paroisse qui était hors d'état de pourvoir à l'ameublement de son église nouvellement bâtie, l'évêque, qui avait accueilli un grand nombre de semblables demandes, lui répondit « que, l'église construite, l'essentiel « était fait; que le reste viendrait ensuite peu à peu; que s'il « se mettait sur le pied de solliciter pour des détails de cette « nature, son crédit, nécessaire à de plus graves intérêts, « serait bientôt usé. — Mais, reprit le solliciteur, il faudrait « au moins un autel où le saint sacrifice pût être offert avec « décence. » A ces paroles, l'évêque demeura silencieux et laissa s'éloigner le suppliant convaincu de l'inutilité de sa démarche; dix jours après le prélat, passant devant son habitation, il s'arête, l'appelle et, sans préambule, lui raconte la parabole de la pauvre veuve qui, par l'importunité de ses prières, avait obtenu d'un juge inique ce qui avait été refusé à la justice de sa cause. L'ecclésiastique comprit sans peine qu'il aurait son bel autel. Rien ne restait en arrière de ce que le zèle du pasteur pouvait accomplir dans la vue du bien des âmes et de la gloire de Dieu.

Le règlement des fabriques avait été précédé de la réorganisation des conférences ecclésiastiques. Les anciennes ordonnances sur ce point important étaient presque tombées en désuétude, et ces réunions de piété et de science qui avaient tant contribué à resserrer les liens de mutuelle affection parmi le clergé et à conserver l'uniformité dans la conduite des âmes et l'administration des paroisses, n'atteignaient plus entièrement leur but ; elles avaient même donné quelque prise à la censure des laïques, et le prélat jugea quelques réformes opportunes. « Nous voudrions, dit l'évêque à ses
« prêtres, que : *Providentes bona non solum coram Deo, sed*
« *etiam coram hominibus... Is qui ex adverso est nihil habeat*
« *malum dicere de nobis*[1]. Quand nous n'aurons rien à nous
« reprocher, nous laisserons dire ; mais il est indispensable
« pour nous de ne donner aucune prise à la malice de nos
« ennemis.

« D'un autre côté, il serait bien triste qu'une institution,
« si puissante pour tout genre de bien dans le sanctuaire, ne
« portât plus au milieu de nous des fruits selon sa nature. Si
« donc ce clergé toujours si vénérable nous est cher, nous
« manquerions tout à la fois à notre amour pour lui et au
« cri le plus impérieux de notre conscience, si nous ne pre-
« nions pas des mesures pour assurer aux conférences les
« effets qu'elles sont destinées à produire. »

Les statuts relatifs aux conférences ecclésiastiques de Saint-François de Sales furent remis en vigueur. L'évêque prit les mesures qui en assurèrent l'observance. Bien que ce règlement ne portât nulle peine contre celui qui y contrevien-

---

[1] Nous voudrions que par notre attention à faire le bien non-seulement devant Dieu, mais devant les hommes, le monde, notre ennemi, fût réduit à la confusion, n'ayant aucun mal à dire de nous. Ép. aux Rom., ch. xii, et à Tit., ch. ii.

drait, le père s'en rapportant simplement à la raison et à la conscience de ses enfants, ces statuts furent reçus et pratiqués avec la plus édifiante docilité. Les conférences redevinrent ce qu'elles avaient été : une source d'instruction et de vertus.

Doctrine et sainteté, tels étaient les sujets sur lesquels notre prélat insistait le plus et auprès de ses prêtres et auprès des élèves de ses séminaires. Il exigea de ceux-ci deux années de philosophie et cinq années d'études du dogme. A la fin des nombreux examens auxquels ils étaient soumis, au commencement et à la clôture de l'année scolaire, il prenait la parole, et par un sage mélange de louanges et de blâme, de reproches et de félicitations, il encourageait ceux qui semblaient douter d'eux-mêmes, aiguillonnait les paresseux, afin d'exciter en tous l'amour de l'étude, de la science, de la piété « sans la-
« quelle, disait-il, le savoir, pourtant si nécessaire à un
« prêtre, n'est qu'un vain ornement et une arme dange-
« reuse. » Ses exhortations étaient si pénétrantes, qu'elles sont encore aujourd'hui toutes vivantes dans les souvenirs. Mais ses discours et ses avis, avant et après la collation des saints ordres, avaient quelque chose de plus touchant encore ; son cœur est celui d'un père, et il s'exprime comme une mère. « Je sens en moi, dit-il, les douleurs de l'enfan-
« tement. Eh ! quel enfantement que celui qui va donner à
« la religion des ministres, à l'Église des pasteurs et aux
« peuples des guides et des pères ! Ne soyez donc surpris ni
« de mes frayeurs ni de la tristesse dont mes paroles sont
« empreintes : *Mulier cum parit tristitiam habet.* Les anges
« eux-mêmes sont inquiets à leur manière aux approches des
« ordinations. Ils ont peur qu'il ne s'y rencontre des perfides
« comme dans le collége apostolique..... Mais je trouve un
« soulagement à mes justes frayeurs, et dans les longues
« épreuves par lesquelles vous avez dû passer avant d'arriver
« à ce moment redoutable et dans cette préparation de plu-
« sieurs années, sous la direction de maîtres expérimentés et

« dans les témoignages qui me sont venus sur la sagesse de
« votre conduite. »

Son ton, sa voix, les traits de sa figure, pendant qu'il prononçait les admonitions, les prières et les formules sacramentelles, étaient une prédication pleine de foi et de vie.

Après l'ordination, les agitations de la crainte ayant fait place aux émotions de la joie, il tenait un nouveau langage. « Lorsqu'une mère a mis au monde l'enfant qu'elle portait
« dans son sein, elle ne se souvient plus de ses douleurs,
« tant est grande sa joie d'avoir mis un homme au monde.
« Eh bien ! je suis cette mère fortunée ; je me réjouis main-
« tenant, non simplement d'avoir enfanté, mais d'avoir en-
« fanté des *hommes*. Oui, c'est ma confiance et mon bon-
« heur ; vous n'êtes pas et vous ne serez point des *enfants*
« sans consistance, sans fermeté, sans force contre les vents
« des passions et leurs misérables jouets ; vous êtes et vous
« resterez des *hommes;* ah! des hommes de Dieu! fervents
« et généreux dans son service, toujours prêts à voler par-
« tout où il y aura des âmes à sauver, etc. Je sens moins le
« poids de la sollicitude pastorale lorsque je vois le Maître
« que nous servons venir en aide à ma faiblesse en m'en-
« voyant des coopérateurs dans l'œuvre sublime du salut
« des peuples. »

Mgr Rey ne laissait échapper aucune opportunité de faire impression sur les esprits, et le moment des vacances de ses jeunes séminaristes lui suggérait chaque année de belles et bonnes pensées et des images frappantes pour les tenir sur leurs gardes dans ces temps de liberté, et les prémunir contre les dangers du monde ; chacun en conservait la mémoire, tant le cœur était touché en même temps de l'accent affectueux qui accompagnait les avis et les adieux de leur évêque.

Ses bontés envers ses lévites se montraient sous toutes les formes. S'il recevait la visite de quelques prélats, il leur en faisait toujours partager le bonheur. « Le Seigneur ne m'en-
« voie pas une consolation, leur répétait-il, que je ne vous

« en fasse part, et ce partage en double pour moi la jouis-
« sance. » Il priait les pontifes de leur adresser quelques paroles d'édification et de les bénir, et lui-même avait soin de
leur montrer, dans ces princes de l'Église, des modèles de la
vie sacerdotale qu'il proposait à leur imitation.

Il célébrait annuellement, au milieu d'eux, dans la chapelle du séminaire, l'anniversaire de sa promotion au sacerdoce. « J'ai besoin, leur disait-il, de toute votre ferveur pour
« m'acquitter envers Dieu, qui a daigné m'appeler à un état
« si saint. Je dois aussi le remercier des grâces qui ont été la
« suite de cette vocation. Parmi ces grâces, je mets en pre-
« mière ligne la haute idée du sacerdoce et le sentiment
« profond des vertus qu'il exige de ceux qui en sont hono-
« rés. Distingués des autres hommes et élevés au-dessus des
« anges mêmes par la sublimité de leurs fonctions et de leur
« caractère, les prêtres ont à soutenir leur rang par une
« sainteté bien supérieure à celle des simples chrétiens. C'est
« ce que la foi m'a fait, en tout temps, vivement sentir, et,
« si je n'ai pas fait des pas malheureux dans les sentiers
« glissants de la vie, j'en suis redevable à la pensée de la
« grandeur et des obligations du sacerdoce. » Il variait ses
exhortations ; mais le sacerdoce était toujours le sujet qu'il
traitait le jour de cet anniversaire respecté.

Que d'avis utiles, que de conseils éclairés, que d'enseignements tout évangéliques ses prêtres n'ont-ils pas entendus de
sa bouche, ou reçus par écrit pendant son trop court épiscopat! Il eût fallu les retenir tous. « Prenez garde, disait-il à
« l'un, de ne pas prendre le bon peuple à rebours, ce qui
« l'irrite et le cabre. » S'adressant à un autre : « Je n'aime
« pas les instructions improvisées ; elles ne sont le plus sou-
« vent que des déclamations vides où la mauvaise humeur,
« les duretés tiennent pour l'ordinaire lieu de doctrine. »

Un curé le consultait sur la conduite à tenir vis-à-vis d'une
religieuse qui ne voulait pas se rendre à un poste qui lui était
assigné. Il répond : « Dites à cette chère Fille que je n'ai su
« trouver dans le dictionnaire des religieuses le mot *je ne*

« *veux pas*, que j'y ai rencontré à chaque ligne celui d'*obéis-*
« *sance.* »

Il défendait à ses curés d'acheter des terres, surtout dans leurs paroisses. « Ces champs, disait-il, ne s'acquièrent « qu'au prix du sang des âmes, et leur vrai nom est *hacel-* « *dama.* »

Entièrement consacré aux devoirs du saint ministère, il désapprouvait tout ce qui était de nature à en détourner ses prêtres; aussi s'opposait-il à ce que ses curés établissent leurs parents dans leurs paroisses, par cette raison « que ces « établissements les font considérer, non comme des pas- « teurs des fidèles, mais comme des économes de leur fa- « mille selon la chair, et des mercenaires, et que leur « ministère, au lieu de paraître ce qu'il est réellement, « l'instrument exclusif du salut des âmes, semble n'être, « aux yeux des hommes légers, qu'un instrument comme un « autre de faire fortune. »

Au profond sentiment qu'il avait de la dignité du sacerdoce et de ses devoirs, qu'il s'attachait à inculquer, se joignaient l'abnégation de lui-même et l'humilité du ministre de Jésus-Christ, qui, comme saint Paul, se fait tout à tous pour les gagner tous! Son exemple là-dessus prêchait éloquemment ses prêtres. Appelé fréquemment pour des cérémonies de vêtures, de professions religieuses, etc., etc., il n'indiquait pas le moment de sa convenance particulière; lorsque, demandant aux messagères des couvents l'heure de la cérémonie, elles répondaient : « A l'heure qu'il plaira à « Monseigneur. — Dites-moi l'heure de la communauté, « reprenait-il, car c'est la mienne. » S'il comptait pour peu ses propres arrangements et sa peine, il ne négligeait pas de soutenir les droits des autres, et parfois, avec une douce plaisanterie, il savait rendre ses refus aimables. Le curé de Larringes l'avait prié de le dispenser de payer une petite somme due aux missionnaires, selon l'usage, pour une mission prêchée chez lui : « Ma réponse sera facile avec vous, « mon cher curé; vous avez beaucoup de canaris : dites-

« moi, ne les nourrissez-vous que lorsqu'ils chantent? » On peut dire que la disposition de son esprit était sérieuse, et il se montrait grave à ses prêtres; la vivacité de son imagination et sa bonté pour les autres amenaient seules ses moments de gaieté; il exprimait un jour cette pensée : « Je ne redoute « pas trop la tristesse; dès qu'elle est modérée, elle porte « à la prière et force l'âme à vivre en dedans. » Vivre en dedans, c'est le recueillement, vertu si éminemment cléricale, parce qu'elle nous tient sous les yeux de Dieu. Notre bon prélat semblait ne l'oublier jamais; il rendait, pour ainsi dire, sensible à ceux qui l'approchaient cette sainte présence du divin Maître : nul n'a pu le mieux ressentir que son entourage ecclésiastique; heureux de participer à cette bienfaisante influence de celui qu'ils ne savaient s'il fallait plus aimer ou plus admirer !

Il insistait fréquemment sur la vertu d'humilité : « Rien « de plus sain, répétait-il, au tempérament moral de « l'homme que l'humiliation. » On trouve aussi de lui cette pensée : « Notre amour-propre se mêlant à tous nos juge- « ments, à tous nos événements, dès que nous en sommes « l'objet, nous courons aisément la chance de nous trom- « per un peu dans l'application que nous nous faisons des « droits qu'on a violés à notre égard. » Citons encore cette réponse faite apparemment à une personne qui avait demandé l'avis du prélat : « Comme chrétien et comme prêtre, « je vous dirai : Comment se fait-il que le disciple du Dieu « méprisé ne sache pas supporter un mépris, tout en le sen- « tant vivement? Ce n'est pas que je croie la charité très- « blessée par cette bouderie d'honneur; mais je voudrais « que votre âme, profondément religieuse, eût fait surnager « la patience divine dans cette sorte d'affront..... » Heureux, et mille fois heureux, ceux qui ont pu recueillir de pareils enseignements, et vivre à l'ombre de pareils exemples! Mais revenons au séminaire.

La sollicitude de Mgr Rey pour le bien moral et religieux de cet établissement ne lui fit pas négliger la partie maté-

rielle, qui pouvait aussi contribuer à l'intérêt des âmes. Au maître autel de l'église, déjà vieilli et peu décent, il substitua un autel neuf; le sanctuaire fut parqueté. « Il faut, dit-il à
« cette occasion, que les aspirants à l'état ecclésiastique ap-
« prennent de bonne heure à aimer la décence et une sorte
« de splendeur dans la maison de Dieu; et c'est au sémi-
« naire surtout qu'ils doivent trouver les exemples du zèle à
« parer les lieux où le Seigneur fait sa demeure. »

Le séjour de celui d'Annecy était devenu funeste à la santé de plusieurs. Ce mal était causé par le défaut d'exercices corporels; il n'y avait pour les récréations qu'un corridor où une poussière épaisse et corrosive était un danger pour des tempéraments affaiblis par de longues études et une vie trop sédentaire. Mgr Rey agrandit le séminaire en achetant des hospices d'Annecy les propriétés qui le ceignaient presque de toutes parts. Dès lors les choses changèrent de face : les promenades et des exercices en plein air rendirent la vigueur aux santés et favorisèrent par là même les études qui étaient un peu en souffrance. « Les âmes sa-
« cerdotales, disait notre prélat, ont besoin de corps ro-
« bustes. Que peut le zèle s'il est emprisonné dans des
« corps débiles? » Cette sollicitude éclairée pour ses séminaristes, il l'étendit encore aux étudiants de son diocèse, et ordonna aux supérieurs des établissements d'instruction publique d'accorder aux élèves trois promenades par semaine et au retour un quart d'heure de repos. Soigneux de la santé des jeunes gens, il témoignait pour celle de ses prêtres le plus touchant intérêt. L'un d'eux était-il malade, il était affligé comme une mère menacée de perdre son fils chéri. Parmi les ecclésiastiques dont la santé affaiblie faisait sa peine, la plupart appartenaient à la classe des vicaires-régents[1]. C'était moins l'école qui les fatiguait que l'insalu-

---

[1] Admirable institution, souvenir de l'Église primitive, coutume de la bonne Savoie où le clergé est nombreux, et qui lie étroitement les élèves du sanctuaire à l'enfance chrétienne et ne la livre pas aux mains des mercenaires!

brité de l'air qu'ils respiraient dans les chambres étroites, quelquefois humides, où se pressaient les uns sur les autres une foule d'enfants souvent malpropres. L'évêque enjoignit aux archiprêtres de visiter chaque année les écoles de leurs cantons et de lui en faire connaître les proportions, avec le nombre approximatif des enfants qui y étaient admis. Ces précautions de notre prélat pour ménager les forces de ses prêtres témoignent d'une affection non moins éclairée que constante ; il veillait, ce pasteur dévoué, il veillait avec grand intérêt au bien du corps, mais aussi quel gardien vigilant des âmes ! Quoiqu'il pût en toute confiance se reposer sur les hommes qu'il avait conservés ou placés lui-même à la tête des colléges, il agissait encore directement. Là où il ne pouvait aller, il multipliait, par ses lettres, les recommandations et les excitations au travail et à la ferveur. Le petit séminaire d'Annecy, qu'il avait près de lui, se voyait en toute rencontre l'objet de ses préoccupations, tant il avait à cœur de le voir grandir en vertu et en savoir.

Malgré ses infirmités, ses douleurs et sa jambe malade, à la Saint-Louis de Gonzague, fête patronale du collége, il y célébrait la messe, y prêchait et communiait les élèves. Aux distributions des prix, il ne se lassait ni de leur parler, ni de les encourager, mêlant son incomparable bonté aux plus sages avis. Il y avait expansion de bonheur sur les visages les jours où Monseigneur était au collége. Il trouvait aussi du temps pour les enfants des écoles tenues par les Frères de la Doctrine chrétienne ; son dévouement le menait chaque année chez eux, il parcourait leurs classes et s'enquérait de ce qui les concernait avec un tendre intérêt. Toujours il rapportait de ces visites un surcroît de reconnaissance et d'admiration envers ces bons Frères. Nous trouvons ces sentiments dans son journal : « Bon Dieu ! quelle institution « précieuse ! quelle admirable méthode pour former les « enfants aux connaissances nécessaires à leur état, aux « habtiudes de la piété et des bonnes mœurs ! Je reviens « d'auprès de ces chers Frères et de leurs élèves tout émer-

« veillé. » Comme quelqu'un lui fit observer que les règlements de ces infatigables et habiles instituteurs les constituaient dans une sorte d'indépendance vis-à-vis de l'autorité ecclésiastique, il répondit avec feu : « J'applaudis à une indépendance dont ils font un si saint usage ! »

Un jour, on lui annonce à l'évêché une députation des écoles des Frères. Qu'on fasse entrer, dit Monseigneur. Le chef de la députation, composée de dix enfants, fait une harangue dans les termes les plus naïfs et les plus affectueux. Touché jusqu'aux larmes, le bon prélat leur répondit avec tant de charme et avec une bonté si touchante, qu'ils furent tous ivres de joie. Il leur remit gracieusement une lettre cachetée pour le supérieur, et donna à chacun une médaille et une pièce de cinquante centimes. Les enfants avaient suivi leur propre inspiration en se rendant chez leur cher évêque, les Frères ne l'apprirent que par la demande du congé général. L'amour paternel qui unissait le cœur du saint prélat à celui des petits enfants, le guidait souvent aussi vers l'intéressante maison des Sœurs de Saint-Joseph. Il n'oubliait pas que cette institution répondait précisément au premier projet de communauté religieuse formé par saint François de Sales pour les premières Mères de la Visitation. Il voyait en elles les anges tutélaires de l'immense quantité d'enfants dont Annecy est rempli. Aussi venait-il ordinairement présider aux examens de la fin de l'année avec les ecclésiastiques de sa maison et d'autres prêtres de la ville ; de cette même bouche qui prêchait les ministres des autels, ces maîtres de la science, les peuples et les rois ; de cette même voix qui avait retenti dans les chaires de Grenoble, de Toulouse, de Lyon, de Paris, de Bordeaux, de Turin, il enseignait à des enfants les premiers éléments de la lecture et de la doctrine chrétienne ; tant il savait se faire tout à tous naturellement et sans effort, par l'habitude de se plier aux besoins divers et de se mettre à la portée des plus petits ; tout ce qui était bon, tout ce qui avait un but utile, tout ce qui allait à Dieu et avait pour fin le bien-être spirituel ou matériel de son diocèse, était d'avance assuré de son concours et de sa protection. Un jour il accueillit avec une douce joie les communications d'une pauvre servante. Le Seigneur avait mis dans le cœur de cette simple fille la pensée d'une congrégation qui formerait de bonnes ouvrières, des filles de service exemplaires et des institutrices pour les petites communes. Il encouragea immédiatement et bénit le dessein qui entrait si parfaitement dans ses vues, et, sous la conduite de l'abbé Mermier, supérieur de la congrégation de Saint-François de Sales, cette humble et courageuse fille commença son œuvre avec une pleine confiance dans la bénédiction de l'évêque et la sagesse de son directeur. Cette entreprise eut le sort de celles que le Seigneur aime ; contredite d'abord, ses progrès furent peu sensibles. Elle avançait cependant, mais sans bruit, dans l'obscurité d'une pauvre paroisse des environs d'Annecy, sous l'impulsion d'un curé simple, prudent et désintéressé, à la manière des apôtres. Quand cette petite congrégation eut jeté quelques racines et poussé quelques rameaux, il fallut l'abriter. Jusque-là elle avait vécu humble et fort à l'étroit dans un local d'emprunt, qui ne suffisait plus à loger les nouvelles recrues que la grâce y amenait. Le bon curé engagea ses économies passées et à venir, avec une portion de son patrimoine, pour lui assurer une habitation convenable. Les Filles de ce nouvel institut y consacrèrent les unes les petits gains qu'elles avaient faits dans le monde, et les autres leurs dots. La paroisse de Chavanod fournit une partie du bois. La maison bâtie, Mgr Rey approuva les règles de la congrégation, qu'il reconnut authentiquement sous le nom de *Congrégation des Filles de la Croix*. Dès lors on la vit prendre des développements sensibles, et bientôt elle fut en mesure de satisfaire les demandes des communes et des familles qui réclamaient ses services. L'instruction qu'elle donne est limitée à la lecture, à l'écriture, aux travaux d'aiguille ; tout ce qui porterait au luxe et à la vanité est banni. Les ouvrières et les filles de service qu'elle forme sont fidèles, douces et dociles, simples et peu exigeantes pour leur nourriture ; elles rejettent tout superflu et ce qui ressentirait la moindre délicatesse.

Lors des fêtes de l'installation de la Visitation de Thonon, madame de la Rochejaquelein s'y était rendue pour avoir la satisfaction de revoir Mgr Rey. Pendant le séjour de celle-ci dans le pays de Vaud, il n'avait cessé de correspondre avec elle au sujet de l'établissement des Sœurs Saint-Joseph et de ses progrès. Vers la fin de l'hiver 1836, Monseigneur, désireux de l'attirer à Annecy, lui écrivait : « Oh, mon Dieu ! madame la comtesse, quel silence ! oh ! quel trop long silence ! Je supporte, quoique avec peine, l'abstinence du carême, mais je ne supporte pas celle de vos lettres ; veuillez donc me dire toutes sortes de nouvelles sur votre santé, sur votre situation [1], sur vos projets. Sous ce dernier rapport, laissez-moi vous dire que vous devriez venir terminer la sainte quarantaine avec nous et près du tombeau de saint François de Sales. Votre petit appartement est libre chez moi, car la marquise de Prié, qui m'est restée tout cet hiver, nous a quittés samedi, et a pris la route de Chambéry pour y attendre le libre passage du mont Cenis. Écrivez-moi donc que vous allez prendre le chemin d'Annecy, et devinez, si vous pouvez, tout ce que cette nouvelle apportera de douceur dans une âme qui vous est dévouée à tant de titres, etc., etc. »

Madame de la R. J. ne vint point à Annecy ; elle annonça au bon évêque sa détermination de rentrer en France pour faire purger sa contumace. Monseigneur s'en émut, et les lettres qui suivent montreront à quel point il sentait vivement tout ce qui touchait les personnes auxquelles il était dévoué.

---

[1] Mme de la R. J. habitait hors de France par suite d'une condamnation politique.

Annecy, 11 mars 1836.

Madame la comtesse,

Sans trop savoir si ma pauvre lettre vous arrivera, j'ai trop besoin de vous écrire pour ne pas hasarder de confier à la poste l'expression de tout ce que j'ai éprouvé ce matin en apprenant de vous-même votre nouvelle position. J'arrive à l'instant même de l'église, où j'ai confié au bon Dieu mes vœux pour vous, et où j'ai conjuré saint François de Sales de protéger celle qui a tant fait de bien à son ancien troupeau. Je reste de garde au pied des autels jusqu'à ce que votre cause soit finie. Mais rien ne peut me consoler de vous savoir dans *un appartement* [1] si différent de celui que j'avais pris la confiance de vous offrir, avec l'espoir fondé que vous l'auriez agréé. Dieu en a jugé autrement : qu'ai-je à opposer à ses adorables et saintes volontés? D'un autre côté, j'avoue qu'à part la vive sollicitude que mon cœur ressent pour votre situation, j'approuve sans hésiter le parti que vous avez pris. Votre pèlerinage hors de la patrie offrait quelque chose de pénible et d'incertain, qui me fait bénir la Providence d'y avoir préparé un terme, malgré tout ce que j'éprouve de chagrin de ne plus vous sentir dans mon voisinage et de n'espérer plus que faiblement le bonheur de vous revoir. Dieu, surtout : je me dédommagerai d'une autre manière, soit en redoublant mes faibles mais pourtant ardentes prières pour vous, soit en donnant plus fréquemment dans mes pensées audience à votre souvenir. L'éloignement n'est rien, quand on se voit en Dieu, et les âmes unies par ce doux lien de la charité chrétienne se rapprochent à travers tous les obstacles et malgré toutes les distances.

Après quelques détails sur la bénédiction de la chapelle des Sœurs Saint-Joseph, qui allait avoir lieu le jour même de la fête du saint, Monseigneur finit ainsi :

Adieu, madame; lorsque l'on devrait ouvrir ma lettre, je

---

[1] La Conciergerie.

me réjouirais que tout le monde sût ce que le bon Dieu sait si bien, c'est que personne ne vous est plus religieusement, plus sincèrement, plus respectueusement dévoué que ce vieux évêque dont la Vacquerie[1] vous a rappelé le souvenir, et qui est si heureux de vous renouveler la reconnaissance profonde avec laquelle il ne cessera jamais d'être, madame la comtesse,

Votre très-humble et très-obéissant serviteur.

Pierre-Jos., évêque d'Annecy.

Annecy, 18 mars 1835.

« O Dieu ! madame, que de bien votre lettre du 15 a fait à mon cœur ! Quoique je n'eusse pas des inquiétudes trop sérieuses sur votre avenir, je ne pouvais pourtant me défendre d'une impression douloureuse sur votre situation présente. Le triste palais que vous habitez n'a rien qui puisse rallégrir une âme qui vous est si dévouée et à tant de titres. Et pourtant, nous autres mortels, nous devons être un peu accoutumés à ce triste nom de prison; car enfin, que sont nos habitations ordinaires, même les plus pompeuses? de pompeuses prisons; et nos corps? de pauvres prisons; et la terre entière? une immense prison. De cette sorte, prison de tous côtés, exil, et pèlerinage pour qui n'est pas dans sa patrie ; et nous savons où est la vraie patrie d'un chrétien. D'un autre côté, y a-t-il une prison réelle pour celui qui est avec Dieu ? La Conciergerie ou les Tuileries, c'est tout un, pour qui trouve Dieu partout, etc., etc.

« De grâce, madame, ajoute le prélat en finissant, qu'un

[1] Jean de la Vacquerie, premier président du parlement de Paris, déploya un beau caractère sous Louis XI. Chargé de porter le refus du parlement à un édit onéreux, il osa dire au roi : « Sire, nous venons remettre nos charges entre vos mains, et souffrir tout ce qu'il vous plaira, plutôt que d'offenser nos consciences. » Le chancelier de l'Hôpital dit de lui qu'il avait été plus recommandable par sa pauvreté que Rollin, chancelier du duc de Bourgogne, par sa richesse.

mot de bonheur parte pour moi d'*Orléans* le 11 avril [1] ! Ce sera un bienfait de plus. »

Monseigneur met tout le monde en prière, Monseigneur de Maurienne, tout l'Évêché, les Sœurs de Saint-Joseph. « Oh! que de prières, dit-il, sont montées vers le ciel pour « assurer le triomphe! Pour moi, je m'en croyais sûr; j'ai « prié comme si j'en doutais : j'ai dit la sainte messe pour « vous, ainsi que Mgr Billet; nos sacrifices serviront à vos « vertus, s'ils ont été inutiles à votre délivrance, et nous vous « aurons servie selon vos vœux. »

Cette affaire avait vivement occupé Monseigneur, et son heureuse fin le combla de joie. Ces moments d'excitation lui faisaient oublier ses maux habituels. Il termine la lettre dont nous venons d'extraire un passage par le récit d'une crise de souffrances où il avoue *qu'il a failli mourir!* Il ne fallait rien moins que ce triste état pour lui faire supporter son inaction.

Toutes les œuvres de Mgr Rey racontées jusqu'ici, à partir du jour où la perte de sa voix et les infirmités de sa jambe l'empêchèrent de continuer à parcourir son diocèse, semblaient encore trop peu de chose à son zèle. Il soupirait sans cesse après le moment où il lui serait permis d'achever ses œuvres apostoliques. Il avait recouvré la voix depuis peu ; mais sa jambe ne pouvait soutenir aucune fatigue. Dès qu'il la forçait à quelques mouvements un peu continus, il était pris de la fièvre et contraint de garder le lit. Cet état ne paraissait pas devoir s'améliorer, lorsque, vers la fin de 1836, Mgr Matthieu, archevêque de Besançon, lui fit la demande d'une retraite pastorale pour le printemps de 1837. L'illustre prélat français nous racontera lui-même les démarches et les moyens qu'il employa pour lever l'obstacle qui s'opposait à l'accomplissement de ses vœux. « En remontant à une époque déjà « ancienne, dit-il à son clergé en lui annonçant la mort de « Mgr Rey, je me rappelle encore avec délices l'impression

---

[1] Jour du jugement du procès.

« qu'il (l'abbé Rey) fit sur ma jeunesse sacerdotale et sur
« tous ceux qui l'entendaient dans ces jours de sa force...
....

« Le souvenir de ce que j'avais vu, de ce que j'avais en-
« tendu, m'inspira, dès les premiers temps de mon arrivée
« à Besançon, métropole limitrophe de sa chère Genève, la
« pensée de l'attirer dans nos murs pour y donner une re-
« traite pastorale [1]. J'eus beaucoup à lutter : l'âge, les infir-
« mités, les liens qui l'attachaient à son troupeau, et surtout
« cette modestie qui fait que les serviteurs du Père de famille
« ne se croient bons à rien, le détournaient d'accepter ma
« proposition.

« Je ne me décourageai pourtant pas. Comme il alléguait
« l'infirmité qui lui était survenue à une jambe, ouverte à la
« suite d'une longue maladie, je lui offris une réunion de
« prières, pour obtenir de Dieu une guérison ou un soula-
« gement qui ne mît plus d'obstacles à nos vœux. Il fut
« ébranlé. » Il eût été difficile qu'il en fût autrement; on en
jugera par la lettre du pieux archevêque. « Votre refus si ai-
« mable, Monseigneur, ne me paraît que conditionnel ; car,
« si le bon Dieu vous rendait l'usage suffisant des jambes,
« nous pourrions compter vous voir à Besançon : écoutez
« donc ma proposition, ou, si vous aimez mieux, ma témé-
« rité. J'entreprends de crier à notre bon Maître *qui est aux*
« *cieux*, et de crier en votre faveur et pour ces pauvres
« jambes. Je n'oserais pas prier seul, mais j'ajoute à ma voix
« celles de plusieurs saintes âmes. Nous demanderons d'a-
« bord à Dieu l'accomplissement de sa sainte volonté en
« vous et en nous, puis la guérison des jambes, s'il le veut;
« puis, s'il ne le veut, la résolution de tout cela en grâces
« spirituelles très-abondantes sur votre personne. Il va sans

[1] Mgr Frayssinous partageait cette admiration pour le talent de Mgr Rey. Au mois de mars 1836, il écrivait à M. l'abbé Boyer, de Saint-Sulpice, qui se trouvait à Annecy : « L'évêque d'Annecy a un talent rare pour évangéliser les assemblées de prêtres; je l'ai entendu à Paris : il est plein d'âme. »

« dire que si la guérison est accordée je gagne mon procès.
« Il me semble que vous ne refuserez pas d'entrer en cause
« avec moi ; car, tout bien compté, votre part se trouvera
« dans toutes les chances de gain et de perte. »

Par un langage si tendrement affectueux et d'une piété si douce, Mgr Matthieu arriva au cœur de notre prélat, qui lui écrivit aussitôt : « Oh ! comment pourrai-je répondre à la
« touchante charité de votre cœur à mon égard ! Je dirai à
« mon Dieu toute ma reconnaissance... Mais je renonce à
« vous peindre ce sentiment : il est trop vif et trop abondant
« pour se formuler à travers le mince tuyau d'une plume.
« Soyez donc béni, ô Monseigneur ! et croyez bien que je
« ne mettrai aucun obstacle à vos désirs pour la retraite de
« Besançon, si je peux remplir ce saint ministère avec la
« mesure de forces que vous m'aurez obtenue.

« Bénies soient aussi les âmes pieuses qui veulent bien unir
« leurs prières aux vôtres ! Je m'associerai fidèlement à leurs
« exercices comme à leurs intentions ; et si le bon Dieu ne
« croit pas devoir guérir ma pauvre jambe, j'en serai bien
« dédommagé s'il guérit et bénit mon âme, bien plus pauvre encore. »

La neuvaine commencée à cette fin finit le 21 novembre 1836, fête de la présentation de Marie au temple, et ce jour-là les douleurs de la jambe furent plus sensibles qu'auparavant. « Hier, j'avais grande confiance d'être soulagé, dit
« notre prélat ; mais, encore une fois, la sainte volonté de
« mon Dieu est ma règle. Et puis, ô mon Dieu ! ai-je donc
« mérité un miracle ! »

Cependant, malgré des apparences contraires, sa jambe avait acquis de la solidité, sa voix était devenue plus sonore, et sa santé s'était améliorée au point qu'il put reprendre les prédications de l'Avent dans sa cathédrale.

Ce mieux, pourtant, ne le rassurait pas. Il hésitait à donner sa parole, lorsqu'il reçut de l'archevêque la lettre que voici : « Monseigneur, j'ignore encore de quelle manière il
« a plu à la divine bonté d'exaucer nos vœux pour vous. Ses

« desseins sont cachés, mais toujours conçus dans les vues
« de son éternelle charité. Je tiens donc mon cœur tout petit
« dans sa main, le priant de l'incliner du côté de sa sainte
« volonté. Un mot de charité de votre part, pour me dire ce
« qu'il en est, me fera du bien; quel qu'il soit. » Cette lettre
renfermait une image, symbole de l'union parfaite avec laquelle il témoignait le désir de vivre avec lui. Elle décida
notre prélat, qui engagea sa parole pour le mois d'avril 1837.
C'était oser beaucoup, car, en cette saison de l'année, il y
avait ordinairement recrudescence dans son mal. Mais il
avait entendu dans cet appel la voix de Dieu, et la volonté de
ce tendre Père était sa vie.

Ayant demandé des renseignements sur l'état du diocèse
de Besançon, l'humble et charitable archevêque lui répondit : « Que vous dirai-je, Monseigneur, si ce n'est qu'il est
« bon et que je suis mauvais? Je me jette à vos genoux, et je
« vais vous ouvrir mon cœur comme à mon père. » Après
quelques mots sur le besoin d'une union plus intime entre
les membres du clergé et d'une impulsion plus forte vers
l'esprit ecclésiastique, il ajoute aussitôt : « Et vous voyez bien
« que c'est moi qui suis cause de ce mal. Comment irai-je
« accuser les autres, lorsque je suis le premier coupable?
« Jetez sur moi, Monseigneur, toutes vos pierres, ou plutôt
« tous les charbons de votre cœur, afin d'amollir et d'em-
« braser le mien, et de le rendre semblable au cœur de
« Notre-Seigneur; alors, tout ira mieux.

« En voulant entrer dans le détail des défauts, je serais
« probablement injuste; et puis, je vous gênerais. Oh! Mon-
« seigneur, dites-nous tout ce qu'on doit dire à des prêtres;
« regardez-nous comme les derniers dans l'Église de Dieu et
« traitez-nous en conséquence : plus nous aurons les côtes
« froissées et mieux cela nous ira. »

Avant de partir, il mit en prière les communautés religieuses de son diocèse, ses séminaires, son chapitre. Il écrivit
à Monseigneur de Besançon : « Faites bien prier et priez sur-
« tout vous-même, *ut sermo Dei currat*. Dans ce genre de

« ministère, les prières sont tout; j'en sais quelque chose.
« Je redoute un peu le Jura; mais *omnis mons humiliabitur*
« quand le bon Dieu veut qu'*omnis caro videat salutare*
« *Dei.* » Ces saintes mesures prises, il fit son testament : son
âge et ses infirmités lui montraient la mort comme ne devant
pas tarder d'arriver, et il croyait ne pouvoir trop se prémunir contre ses surprises. Son arrivée à Besançon eut lieu le
10 avril. « Au jour indiqué, dit l'archevêque, je voulus en
« vain me jeter à ses pieds, je fus entre ses bras, et là com-
« mença cette sainte union qui, je l'espère de la bonté de
« Dieu, sera un jour consommée dans le ciel. »

Le lendemain l'archevêque, accompagné de ses vicaires
généraux, étant venu le prendre pour l'ouverture de la retraite, Mgr Rey tombe à ses genoux, le priant de le bénir. Au
même instant, l'archevêque est aux pieds de notre prélat, lui
disant d'une voix fortement émue : « Non, Monseigneur, je
« ne vous bénirai pas; c'est à vous de me bénir, et de bénir
« dans le chef tous les membres. » Tous deux demeurèrent
muets d'attendrissement, suffoqués par les sanglots; puis ils
se relevèrent après s'être bénis réciproquement. On ne peut
dire l'émotion des personnes présentes. Mgr Matthieu s'est
plu à retracer les effets merveilleux de la retraite dans un
mandement fait à l'occasion de la mort de l'apôtre qui avait,
pour ainsi dire, consacré à Besançon ce qui lui restait de vie !

« Depuis six ans, l'impression profonde de cette retraite ne
« s'est point effacée de la mémoire de tous ceux qui y prirent part. Cette attention haletante qui le suivait pendant
« ses discours et ne permettait plus de remarquer tout ce
« qu'ils contenaient de beau, parce que la faim et la soif de
« la parole de Dieu coulant de ses lèvres ôtaient tout autre
« sentiment; ces profonds déchirements de la conscience
« éclairée par la lumière de ses exhortations; cette com-
« ponction amère que l'âme puisait à sa suite dans les plaies
« du Sauveur; cette terreur extrême des jugements de Dieu
« tonnant avec lui du haut de la chaire, puis cette bonté pa-
« ternelle, ces prévenances de la miséricorde, ces caresses

« d'une mère pour ses enfants malades ; en un mot, cette
« prédication toute divine avait tellement subjugué les es-
« prits et assoupli les âmes, que les larmes coulaient avec
« abondance et que Dieu seul était grand au milieu de nous.

« Le bruit des merveilles de la retraite de Besançon s'é-
« tant répandu jusqu'aux extrémités du diocèse, on accourut
« de toutes parts pour recueillir encore quelques miettes de
« la table de ce riche, et j'eus un moment d'inquiétude en
« apprenant combien de paroisses étaient désertes. »

« S'il avait été possible que Mgr Rey vînt donner une se-
« conde retraite à Besançon (écrivait Mgr Matthieu à celui
« qui trace ces lignes), il m'aurait fallu employer les cen-
« sures pour retenir quelques prêtres dans les paroisses.
« Vous avez été témoin vous-même de ce qui s'est passé à
« Besançon, et vous savez que, loin d'exagérer dans ma no-
« tice, je me tiens encore au-dessous de la vérité. » En effet,
mais c'est parce qu'il y a des choses que le langage humain
ne saurait rendre.

La dernière des instructions de cette retraite eut pour
sujet le zèle du salut des âmes ; il voulait laisser après lui,
comme un sillage de feu, les exhortations de sa charité. Cependant, pour ménager à la sensibilité de ses auditeurs de
nouvelles émotions, l'orateur laissa de côté tout ce qui, dans
son discours, eût été de nature à attendrir, de telle sorte qu'il
n'en resta que l'admirable substance. En cette circonstance,
l'on vit bien manifestement que le Seigneur parlait par sa
bouche ; à peine au milieu de cet entretien, sa voix fut couverte par les sanglots des assistants, ce qui l'obligea d'abréger
encore. En finissant, il pria l'archevêque de répandre la
rosée de sa bénédiction sur la semence divine que la grâce
de Dieu avait jetée dans les cœurs de ses prêtres. Ces mots
n'étaient pas achevés que Mgr Matthieu, à genoux avec son
clergé, s'écria : « Ah ! Monseigneur, c'est à vous de nous
« bénir, de bénir le chef et les membres que vous avez sanc-
« tifiés, et de mettre par là le comble aux miséricordes dont
« nous sommes redevables à votre zèle. »

Il ne put en dire davantage, les larmes étouffaient sa voix. Mgr Rey donna sa bénédiction. L'humble archevêque la reçut avec un visible sentiment de bonheur; puis, se levant, il dit à notre prélat : « Comment reconnaîtrai-je, Monsei-
« gneur, le bienfait de votre présence au milieu de nous?
« Elle a été, pour mon clergé et pour moi, pour le pasteur
« et les brebis, une source féconde de grâces ineffables. Vous
« avez mis Dieu dans nos cœurs; lui seul peut être notre re-
« connaissance, et une récompense digne de la grandeur du
« service que nous tenons de votre charité. » L'émotion de l'assemblée, qui était dans les larmes et les gémissements, dut abréger un plus long épanchement de son archevêque, fort ému lui-même.

Pendant les prodigieux succès de cette retraite, le sentiment habituel de notre prélat fut un abattement profond. « Ah, mon Dieu! il n'y a que l'anéantissement réel qui soit
« au-dessus de cette épreuve (ces expressions sont celles de
« son journal). Soyez béni, mille fois béni de m'avoir fait
« passer par cette indéfinissable désolation, puisque vos mi-
« séricordes réservaient une issue aussi consolante! Il est
« vrai, ajoute-t-il, que j'avais mis en prière tant de monde
« que, si je n'avais pas réussi, c'eût été inexplicable autre-
« ment que par ma profonde indignité. »

Pendant son séjour à Besançon, son attention continuelle était de détourner de lui les regards et de les reporter sur le saint archevêque, pour lequel il avait une vénération et une affection singulières. Ses paroles étaient pleines de ce double sentiment. Il ne se montrait qu'en chaire et au pied des autels pour la bénédiction du saint sacrement, où il paraissait toujours comme anéanti devant la face du Dieu trois fois saint.

Au réfectoire, l'archevêque voulait lui déférer l'honneur de bénir les aliments; il s'y refusa absolument. Le premier, persistant de son côté à s'effacer là où était Monseigneur d'Annecy, remit cette fonction au digne supérieur du séminaire. L'évêque avait quitté en arrivant la croix de l'ordre des Saints Maurice et Lazare; son aumônier, croyant à un oubli, lui en fit l'observation. « Je ne suis rien ici, « l'archevêque est tout, répondit-il; je dois disparaître de- « vant lui, à qui tous les hommages sont dus, et me faire « oublier de tous. »

Aussi mortifié qu'il était humble, il s'éloigna de Besançon, le 9 avril, à midi, presque à jeun, et ne prit en route qu'un peu de pain et un verre de vin, ne touchant pas autrement aux provisions de l'archevêque; qui avait fait remplir les caissons de sa voiture. Le premier jour, il vint à Pontarlier, dans le Jura. Jusque-là, il ne s'apercevait pas encore de la fatigue. Mais, après la prière du soir, voulant se relever, il fut saisi d'un tremblement de tous ses membres, accompagné d'une faiblesse totale. Il ressemblait à une machine dont les ressorts se seraient subitement détraqués. On ne put qu'avec des efforts extrêmes l'asseoir sur une chaise, le déshabiller et le porter au lit, où il ne ferma pas l'œil. Cependant le calme de la nuit apaisa l'agitation des nerfs et la violence de la fièvre. Une lettre, que le prélat reçut à son lever, le ranima soudainement; elle était de M. le curé de Jougne, l'abbé Nicoud, qui avait voyagé toute la nuit afin de le recevoir à son passage dans sa paroisse. Cette démarche, la lecture de cette lettre, où cet excellent ecclésiastique manifestait le désir le plus vif que son presbytère fût honoré de sa présence, et qu'il y acceptât un déjeuner, opérèrent une véritable réaction, tant son cœur avait sur lui de puissance ! « Eh bien, oui ! dit-il, nous déjeunerons chez ce bon curé : « il ne faut pas qu'il ait marché inutilement toute la nuit. » Mgr Rey eut à Jougne la réception du Sauveur au château de Béthanie. La fille de service du presbytère, pieusement exaltée par les récits de son maître sur les merveilles de la retraite de Besançon, remplit tout à la fois envers l'évêque les fonctions de Marthe et de Marie : elle ne le servit qu'à genoux, l'oreille tendue pour ne perdre aucune de ses paroles. Le lait du Jura, mais par-dessus tout l'accueil cordial du curé, achevèrent de le remettre. Il bénit là d'un dernier regard, et de son cœur si porté aux vœux affectueux, ce beau diocèse de Besançon, qu'il avait aimé dès son enfance, et d'où lui étaient venus les premiers livres et les images qui avaient instruit et amusé ses jeunes années !

Le bon évêque, peu après son retour, écrivait à Monseigneur de Maurienne : « C'est un bien digne clergé que celui de Besançon ; la discipline et l'instruction, ainsi que les mœurs et la piété, le distinguent ; mais le respectable archevêque ! Ah ! je ne saurais assez le louer en tous genres ; à mes yeux, c'est un trésor qu'un tel chef. Vous seriez tout à la fois édifié et ravi si je pouvais entrer dans tout le détail de ce que j'ai découvert de ce digne prélat. »

La réapparition de Mgr Rey en France fit naître l'espoir qu'on pourrait l'y attirer de nouveau. L'archevêque de Paris, Mgr de Quélen, et d'autres évêques lui firent des demandes dans ce sens [1]. Monseigneur de Lausanne, successeur, comme lui, de saint François de Sales, duquel il avait reçu plusieurs importants services pour ses monastères de la Visitation, revint, dans le même but, à la charge pour la troisième fois. Il promit ; mais sa santé et le service de son diocèse ne lui permirent pas de remplir ses engagements. A Bourg en Bresse, les évêques, réunis pour le sacre de Mgr Lacroix d'Azolette, ayant manifesté la pensée de l'appeler dans leurs diocèses, Mgr Devie leur dit « que ce serait lui
« donner la mort. Que son zèle le porterait à céder à leurs
« instances ; mais que ce travail était au-dessus de ses forces,
« qu'il y succomberait : ce qui serait un grand malheur.
« Que, dans l'état où ses infirmités l'avaient mis, il faisait
« dans son diocèse un bien immense dont la mort interrom-
« prait le cours. »

De retour en Savoie, il reprit ses travaux comme s'il eût

[1] Mgr Bruillard, évêque de Grenoble, entre autres, écrivait : « Je ne me rappelle pas le souvenir de certaines retraites ecclésiastiques auxquelles j'ai assisté dans la grande cité de France, sans avoir le désir de devenir meilleur. Ah ! s'il m'était donné d'entendre à Grenoble le même prédicateur ! »

joui d'une santé florissante. Ses souffrances étaient cruelles ; aux douleurs des jours se joignirent les insomnies des nuits. Nonobstant tout cela, il alla en avant et visita son diocèse. On lui objectait, pour l'en empêcher, le triste état de sa jambe ; il fit cette réponse : « Je travaillerai tant, que je lui « ferai oublier sa mauvaise humeur. » Il ne rabattit rien des rudes labeurs de ses premières visites pastorales ; même nombre de prédications, mêmes séances dans les églises, de cinq, six et quelquefois de sept heures. Il débuta par Boëge. Les habitants de cette riante vallée renouvelèrent les touchantes scènes qui s'étaient passées en Chablais trois ans auparavant. C'était entre eux à qui lui ferait la plus magnifique réception ; et, comme ils savaient que rien n'était plus agréable au cœur de leur évêque qu'un peuple fervent à la table sainte, presque tous participaient à l'Eucharistie, distribuée par l'évêque lui-même. Quand il paraissait au dehors, on l'entourait, on se pressait autour de lui ; dans ces jours de bénédiction, ce n'était partout qu'allégresse ; les physionomies ouvertes et riantes disaient le vif contentement des populations. C'était une famille autour de son père, de retour après une longue absence.

Mgr Rey étant connu pour son amour envers la royale famille de Savoie, les peuples qui partageaient ces sentiments étalaient à l'envi devant lui les signes de leur attachement au roi et à la monarchie. Les jeunes gens qui formaient son escorte se paraient de cocardes et de rubans bleus. La manifestation de ces sentiments touchait l'évêque ; il aimait à en rendre compte au roi, et sollicitait en même temps ses bontés pour les églises pauvres de ces campagnes.

En passant dans les villages, ce n'étaient que bénédictions ; les maisons avec leurs habitants, les fontaines publiques, les jardins, les arbres, les champs et les prairies, tout était béni : les grands et les petits, les vieillards, les infirmes, les mères avec leurs enfants, tous sortaient des habitations pour avoir cette bénédiction désirée ; s'il apprenait qu'il y eût des malades, il se rendait chez eux, leur disait quelques paroles consolantes et affectueuses. Revenant un soir de Saxel à Boëge, accompagné de plusieurs ecclésiastiques et d'un médecin, qui était appelé auprès d'un malade de l'un des hameaux situés sur la pente des Voirons, il dit à celui-ci : « Voulez-vous parier, docteur, que ma présence auprès de « ce malade lui fera oublier la vôtre ; et que, quelque né- « cessaire et désiré que vous soyez, il ne fera attention qu'à « son évêque, et ma visite même lui vaudra peut-être mieux « pour le corps que tous vos remèdes ? — Nous verrons « bien, Monseigneur, repartit le médecin ; je suis attendu « avec une grande impatience. » Arrivés auprès du malade, il n'eut d'yeux que pour voir, d'oreilles que pour ouïr, et de langue que pour remercier l'évêque. L'impression qu'il reçut, les paroles, la bénédiction du prélat, agirent si fortement et si doucement sur le pauvre malade, qu'il en fut guéri. Quelques jours après, il se levait et reprenait ses travaux.

Après la vallée de Boëge vint celle de Saint-Joire : les mêmes consolations attendaient Mgr Rey et aussi les mêmes fatigues. Les succès les plus capables d'inonder de joie l'âme d'un bon pasteur accompagnaient partout ses pas. On disait unanimement que le passage de l'évêque était moins une visite qu'une mission. Mais l'apôtre rapportait tout cela à la puissance du ministère pastoral, au zèle de ses curés et aux religieuses dispositions des peuples. « J'ai vu, mandait-il à « M. Perrin, tout ce que la foi peut inspirer en faveur du « premier pasteur dans ces populations admirables. Oh ! « quelle excellente et religieuse patrie que la nôtre ! La foi « y règne, les mœurs et la piété y sont en honneur, et mes « bons prêtres, dévoués à leur devoir, le sont aussi à leur « évêque. » Ce témoignage était bien mérité. Là, comme dans les lieux qu'il avait parcourus, les curés mirent tout en œuvre soit pour préparer leurs paroisses aux grâces de la visite, soit pour adoucir ses peines dans des courses aussi fatigantes. Chacun d'eux eût voulu lui épargner l'inconvénient si grave pour un vieillard infirme de changer chaque soir de coucher, en faisant de son presbytère son quartier général. Ce fut le partage du curé de Saint-Joire, qui en sentait grandement tout le prix.

A l'exception de deux nuits que Monseigneur passa, l'une à Bogève, l'autre à Viuz, il revint chaque soir à Saint-Joire. Le premier pasteur se prêtait à tous les désirs de ses diocésains et de ses curés. Un enfant étant né à Bogève pendant qu'il s'y trouvait, les parents n'osaient exprimer leur désir que l'évêque daignât lui-même le baptiser; mais le curé s'avance, et dit: « Monseigneur, aujourd'hui personne n'a « le droit de porter ici l'étole que Votre Grandeur; vous « êtes curé de Bogève. Oh! je vous comprends, mon cher « curé, — repartit l'évêque! eh bien! quelle fonction cu- « riale y a-t-il à faire? — Administrer le baptême à un « nouveau-né, reprit le curé. — Soit, dit le prélat; « qu'on dispose tout pour la cérémonie... » Ayant demandé le nom que les parents avaient choisi pour leur fils, « Pierre-Joseph, » répondit la marraine (c'était le nom de l'évêque). Il adressa aux assistants qui remplissaient l'église un discours sur les droits que confère et les devoirs qu'impose le baptême. Après la cérémonie, il fit don aux parrains et à la mère de l'enfant, charmés de sa bonté, de reliques précieuses enfermées dans des boîtes d'argent.

L'église de la paroisse de Villaz étant en construction, l'évêque appela à Viuz les fidèles pour la confirmation. Ceux-ci, désolés d'être privés de sa visite, envoyèrent une députation pour le supplier de ne pas les exclure du bonheur de sa présence au milieu d'eux. L'église n'était pas couverte; la fraîcheur des murailles, le plein air où il fallait prêcher avaient plus d'un danger; n'importe: il s'agit de donner une satisfaction à la piété de cette religieuse population; il ne balance pas un instant. Il se trouvait heureux de contempler la grande ferveur de ces pauvres villageois, dont les prières s'élançaient jusque dans les hauteurs de la voûte céleste, entre ces murailles inachevées.

La conduite des habitants de cette vallée était généralement exemplaire, mais pourtant en quelques lieux de graves abus étaient à extirper. Dans l'une des paroisses, le blasphème et les imprécations étaient si communs, que le curé était presque seul à s'en apercevoir et à en gémir. Il n'y avait sans doute ni impiété ni haine de la part de ceux qui avaient cette funeste habitude; une telle grossièreté de langage contrastait extrêmement avec la manière d'être simple et modeste des habitants de la vallée ; elle passait des pères aux enfants par la contagion de l'exemple. L'évêque s'éleva contre ces désordres avec une énergique éloquence, qui laissa une impression salutaire. Longtemps après cette visite, il reçut des remercîments de quelques chefs de famille, qui l'assuraient que, depuis son passage, l'imprécation et les blasphèmes n'avaient plus été entendus dans leurs maisons.

L'année suivante, la visite pastorale fut dirigée vers les vallées de Samoens et de Saint-Gervais et les paroisses de la rive droite de l'Arve, depuis le canton de Genève jusqu'aux frontières du Valais.

A Bonneville, la première pierre d'une nouvelle église fut bénite, au milieu d'une affluence de monde et de réjouissances extraordinaires. L'amour, la reconnaissance et l'admiration de cette ville envers l'évêque s'y montrèrent sous les dehors les plus touchants. Il n'avait rien moins fallu que ces sentiments pour vaincre les obstacles à la construction d'un édifice, nécessité cependant depuis longtemps par le complet délabrement de l'ancienne église.

Il serait impossible de suivre dans chacun des lieux qu'il visita ce pasteur infatigable; la tête couronnée de longs cheveux blancs, chargé d'années et d'infirmités, il poursuivait sa course à travers les montagnes, les vallées, les torrents et les neiges. Cependant, on ne lira pas sans intérêt le récit de son entrée à Chamonix, où il décrit sans s'en douter le prestige ineffable de ses visites : « Me voici, écri-
« vait-il à Monseigneur de Besançon, dans les plus hautes
« régions de la terre et en face de ce mont fameux que cou-

« vrent d'immenses glaces, et qui a été cette nuit même
« recouvert d'une nouvelle provision de neige. Quel pays
« que celui où je me trouve ! Un quartier brillant de la
« grande capitale au sommet des Alpes ! des hôtels magni-
« fiques et parfaitement tenus ; des Français, des Anglais,
« des Suisses, des Allemands (*Ah ! surtout mes chers Lyon-
« nais !*) tout cela fourmille au pied du grand géant des
« montagnes.

« Ma visite pastorale a presque été en face de l'Europe :
« nulle part je n'ai reçu plus d'honneur et n'ai été accueilli
« avec plus de solennité. J'ai été enchanté à cause des
« étrangers. Cette excellente population comprend sa posi-
« tion et montre son attachement à la religion par ce
« qu'elle peut inventer de plus touchant. Mais ce qui m'a
« le plus consolé, c'est la mesure d'instruction que j'ai trou-
« vée dans ces inconcevables régions. Hier, j'étais à Val-
« lorcines, si bien nommé par son effrayante situation au
« milieu des rochers et sous les monts les plus imposants ;
« c'est une vallée désolée chaque année par d'épouvantables
« avalanches ; les habitations ne sont que de vraies tanières,
« et celle du curé n'a presque rien qui la distingue des
« autres. Eh bien ! le catéchisme que j'ai fait à cette popu-
« lation ressemblait à un examen de théologie dans nos
« séminaires. O Dieu ! ce que peut un pasteur zélé et animé
« de l'esprit de notre saint état ! Celui de Vallorcines [1] est
« un petit saint, sans apparence, très-instruit et surtout
« *très-instruisant;* j'étais vraiment ravi d'admiration. Et
« avec quelle avidité on y écoute la parole de Dieu ! La
« vue d'un évêque exalte ces âmes chrétiennes. Il est vrai
« que depuis six cents ans, la paroisse de Vallorcines n'a vu
« que quatre fois ses pontifes : saint François de Sales est
« du nombre. Oh ! qu'il m'en eût coûté de ne pas aller re-
« connaître ses traces dans cet épouvantable désert ! »

Les bergers donnèrent à l'évêque un spectacle unique

---

[1] M. Moënne.

dans son genre et qu'on ne trouverait pas ailleurs. Ils prirent leurs vêtements sauvages faits de peaux de bouc, en forme de dalmatiques, le poil en dehors ; puis, se rangeant sur une ligne au bout de laquelle les vaches avaient leur place, ils firent diverses évolutions pour que l'évêque pût voir sous toutes ses faces leur accoutrement bizarre et effrayant. Derrière cette ligne étaient groupés les musiciens, qui jouaient le *Ranz des Vaches*. Cette scène originale amusa beaucoup l'évêque ; mais ce qui lui causa encore plus de plaisir, ce fut d'observer qu'à Vallorcines et à Argentières, il n'y a de sauvage que le pays et ces peaux de bêtes dont les bergers se couvrent. Les habitants y sont doux, confiants et religieux ; l'or de l'Europe qui brille dans leurs mains n'a point corrompu ceux qui le reçoivent ; les mœurs y sont pures, les esprits cultivés : tout cela est le fruit de la religion, sans laquelle ces peuples seraient aussi sauvages que leur pays. Grâce au zèle des prêtres à instruire et à leur vigilance, cette intéressante population a été préservée de la contagion des vices et des exemples d'impiété, semés sur leur route par la plupart des voyageurs attirés par les merveilles que déploie la nature dans ces contrées. Mais un venin corrupteur, provenant d'une autre source, sème périodiquement l'ivraie dans le froment pur de la montagne. L'émigration, loi impérieuse des sols trop pauvres, rapporte, hélas ! dans ces retraites des Hautes-Alpes, plus de vices encore que d'argent. Combien de braves enfants, partis pleins de joie et d'innocence, laissent sur la terre étrangère, avec leurs vertus, le trésor de la foi de leurs pères ! Et si parfois, au retour, la honte et le remords se réveillent à la vue des parents, des amis, des frères demeurés fidèles dans la famille chrétienne, plus souvent peut-être, pour avoir *vu Paris*, pour avoir entendu d'absurdes philosophes de cabaret, ils se posent en esprits forts devant des esprits simples, trop aisément dupes de ces faux oracles.

Mgr Rey entreprit de combattre l'influence de ces hommes pernicieux : il les avait signalés à l'avance dans sa lettre pastorale du carême précédent, qui devait préparer les voies à son ministère.

Après avoir tracé le portrait de l'homme *sans Dieu, sans culte et sans autel*, il s'était demandé où l'on rencontrerait des êtres semblables ou plutôt de tels monstres? « C'est, il
« faut le dire, dans ces contrées où une émigration fatale
« ramène chaque année, pendant quelques mois, un certain
« nombre d'infortunés qui viennent d'habiter une région de
« feu et de scandale! Ah! sans doute il est de consolantes et
« nombreuses exceptions en faveur de la foi et de l'honneur
« parmi ces hommes que le besoin, l'habitude ou le com-
« merce font voyager hors de leur patrie. Oh! que nous
« aimons à rendre justice à ces chrétiens pieux et solides
« dans les principes de leur religion qui, après avoir édifié
« les contrées lointaines et avoir fait honorer le caractère
« connu de notre nation par leur probité, par l'intégrité de
« leurs mœurs et par leur constance dans les saintes prati-
« ques de la foi, rapportent dans le sein de leur famille et de
« leurs paroisses les mêmes vertus dont ils avaient donné
« l'exemple avant leur départ! Leur retour est une époque
« de joie universelle, un jour de fête pour leurs parents et
« de consolation pour leurs pasteurs. Dès leur arrivée, ils
« courent avec empressement dans ces églises où ils reçurent
« jadis le baptême, où ils furent instruits dans la foi de nos
« pères, et où ils avaient reçu les premiers sacrements. A la
« vue de ces autels que souvent ils ont fait embellir par leurs
« dons généreux, ils versent des larmes de joie au souvenir
« des promesses qu'ils y avaient faites à Dieu de se conserver
« dans son amour, et ils le bénissent de la grâce d'y être
« restés fidèles. Honneur à ces hommes estimables et reli-
« gieux que la contagion du monde n'a point flétris, et qui
« ont trouvé le rare secret de soigner leur fortune sans ou-
« blier leur salut!

« Hélas! que dirons-nous ensuite des malheureux qui ont
« si mal imité la fermeté de conduite de ceux dont nous
« avons si justement loué les vertus? Que dirons-nous de

« ces jeunes imprudents (eh ! plût à Dieu qu'il n'y en eût que
« de jeunes !), dont la foi et les mœurs ont fait naufrage dans
« cette région des tempêtes où ils ont eu le malheur de pé-
« nétrer ? Quel triste jour pour des populations chrétiennes
« que celui où de tels hommes rentrent dans leurs foyers ! La
« pudeur s'effraye à leur approche, la vertu s'afflige et la
« religion est désolée. Hélas ! nos églises n'ont plus d'attraits
« pour ces ingrats ; ils ont profané les grâces qu'ils y avaient
« reçues, et ils ne montrent plus pour ces lieux qu'un cou-
« pable et scandaleux éloignement. La piété est devenue
« l'objet de leurs sarcasmes, la religion celui de leur mépris,
« et trop souvent ses ministres sont le sujet de leurs satires.
« L'impiété les rend audacieux, le libertinage les rend inso-
« lents et l'habitude les a, hélas ! endurcis. Leurs regards,
« leur attitude, leur langage, tout annonce en eux la funeste
« contagion dont ils sont atteints ; et les familles et les popu-
« lations entières, témoins de leurs scandales, apprennent à
« gémir sur le malheur de leur retour. »

C'est contre le danger de la fréquentation de tels hommes, qu'en bon père le prélat s'efforce de prévenir ses enfants ; tout en ne négligeant rien de ce qui pouvait faciliter le retour de ces malheureux égarés à la foi de leurs jeunes années, il les attirait par sa charité, et les éclairait par la lumière de ses exhortations. Sa présence en ces lieux était encore plus éloquente que ses paroles. La physionomie respectable de ce bon vieil évêque, aux prises avec des souffrances nombreuses, allant à la recherche des brebis perdues de son troupeau, à travers mille fatigues et au péril même de sa vie, en disait plus pour toucher les cœurs que ses belles prédications. Chaque soir sa chaussure regorgeait du sang qui découlait pendant le jour des plaies de sa jambe. Le domestique qui les pansait avait seul le secret de ce long martyre. Il refoulait en lui-même le sentiment de ses douleurs ; au dehors, il était gai et faisait partager sa joie à ceux qui l'accompagnaient. Cependant, à Arâches, ses douleurs furent si cuisantes, qu'elles agirent un moment sur sa sérénité et sa gaieté ordinaires. Il parut d'abord contrarié de tout. Le curé cherchait inutilement la cause de ce mécontentement dont il avait été seul à porter la peine, lorsqu'il est appelé près du lit de notre prélat, qui lui montre sa jambe écorchée jusqu'à la chair vive et son soulier plein de sang, en lui disant : « Voilà, mon cher curé[1] ! » Ce vertueux ecclésiastique frémit, et s'en retourna versant des larmes.

[1] L'abbé Marullaz, prêtre fort estimable, aujourd'hui archiprêtre, curé de Faverges.

CHAPITRE IV

Rétablissement du sanctuaire de Notre-Dame de la Gorge. — Translation des corps des saints Victor et Muzette. — Saint Germain de Talloires. — Inauguration du culte des bienheureux Humbert et Boniface, princes de Savoie. — Bénédiction de la chapelle de Menthon. — Visite du comte de la Marguerite. - Pont de la Caille. — Le roi Charles-Albert à Annecy. — Tournée pastorale sur les confins du diocèse. — Maladie. — Lettre à M. Hurter. — Mgr Rey refuse l'archevêché de Chambéry. — Désigne Mgr Billet. — Incendie de Sallanches. — Mort d'un fidèle serviteur. — Bonté pour ses gens. — Visite de M. l'abbé Boyer et de Mme la comtesse de la R. J.

Mgr Rey, continuant ses courses, les dirigea de manière à pouvoir offrir un tribut de vénération à un sanctuaire célèbre de la Mère de Dieu. Au fond de la vallée de Montjoie, ou de Saint-Gervais, sur les confins des provinces du Faucigny, de la Tarentaise et de la haute Savoie, existe une gorge fermée au levant, à l'occident et au midi par de hautes montagnes; le soleil y pénètre à peine, et le bruit d'un torrent brisant ses ondes, avec fracas, parmi d'énormes blocs de rocher qui obstruent son lit, interrompt seul le silence de ces lieux. Là est placée *Notre-Dame de la Gorge*, pèlerinage antique où les peuples venaient jadis en foule implorer l'assistance de Celle qui est appelée *la santé des infirmes, le refuge des pécheurs, la consolation des affligés.*

Ce sanctuaire, autrefois très-fréquenté, ne l'était plus guère, les revenus qui assuraient à ce saint lieu la présence de trois prêtres ayant disparu avec tant d'autres fondations dues à la piété de nos pères. Mgr Rey, toujours animé d'une sainte initiative pour mettre en honneur la dévotion de la sainte Vierge, résolut de rendre son ancien éclat à cette petite chapelle tombée dans l'oubli depuis la Révolution. Le jour de l'Assomption, fête patronale du lieu, il arriva, à la tête de la paroisse des Contamines à Notre-Dame de la Gorge (qui en dépend), au milieu d'une foule prodigieuse où l'on comptait des étrangers de toutes les parties de l'Europe, venus, les uns des bains de Saint-Gervais, les autres de Chamonix, pour jouir de cette religieuse solennité. Le prélat avait voulu se faire assister d'un clergé nombreux, et déployer, pour la circonstance, dans l'officiature pontificale, toutes les pompes de la religion. Mgr Rendu, aujourd'hui son digne successeur sur le siége de saint François de Sales, alors chanoine de Chambéry, prononça un discours qui fit une telle impression, que notre prélat lui dit, pendant le repas : « Ah ! mon cher abbé, que n'ai-je « des ailes d'ange à vous servir en retour des choses séra- « phiques que vous venez de nous dire ! » A dater de ce jour, le pèlerinage de Notre-Dame de la Gorge fut remis en honneur. Les fidèles, présents à la cérémonie, emportèrent l'assurance, de la bouche de l'évêque, que désormais ils trouveraient en ce lieu les bienfaits de la religion. En effet, ce jour même, il avait arrêté le dessein d'acquérir l'ancien presbytère avec les terres qui l'entouraient pour y placer et y entretenir quelques prêtres. Les difficultés que rencontrait cette acquisition furent aplanies par le zèle de M. Mermoud, syndic des Contamines, et de M. Millet, curé de cette paroisse ; et avant la fin de cette année (1838), Mgr Rey fut en possession de cette gorge et des lieux sanctifiés par les bénédictions de la Mère de Dieu. On fit au plus tôt, dans les bâtiments, les agrandissements et les réparations nécessaires. Il trouvait un bonheur extrême à se dépouiller en faveur de Marie. L'établissement fut commis à la garde de la congrégation de Saint-François de Sales, qui fut chargée d'y envoyer deux missionnaires pendant la saison des pèlerinages.

De retour à Annecy, où l'appelèrent la retraite de ses prêtres et le pèlerinage annuel aux tombeaux de saint François et de sainte Jeanne-Françoise de Chantal, sans se donner aucun repos, il repartit pour les Allinges, où il allait tous les ans recevoir et nourrir de la parole de vie les milliers de fidèles qu'attirait sur cette montagne du salut la dévotion à l'apôtre du Chablais. De là, il descendit à Thonon où devait avoir lieu la translation des corps des saints martyrs Victor et Muzette. La ville et la province prirent part à cette solennité, moins remarquable par l'éclat et l'appareil qui y furent déployés, que par le religieux attendrissement des spectateurs pendant le parcours de la procession à travers les rues de la cité. Ces reliques furent déposées dans l'église de la Visitation, qui avait reçu de Rome le don précieux de ces corps saints.

Malgré cette écrasante journée, l'infatigable évêque trouva encore assez de force dans son zèle pour prêcher la multitude présente à cette fête, et, au témoignage de ceux qui l'entendirent, jamais sa bouche n'avait eu des accents plus touchants et des paroles plus séraphiques.

De Thonon, il se rendit à Évian, voulant y présider à la distribution des prix des élèves du couvent de Saint-Joseph, ce qu'il avait coutume de faire chaque année. Les premières autorités du Chablais l'y suivirent. On avait tout préparé pour que la cérémonie eût lieu en plein air, à cause de l'affluence du monde, ce qui donnait un coup d'œil animé et pittoresque. Notre prélat trouva pour les enfants, leurs maîtresses, les parents, et toute l'assistance, les mots les plus aimables, les pensées les plus religieuses et l'accent de douceur le plus fait pour charmer. Aussi, l'assemblée était vraiment enthousiasmée; quant au bon évêque, heureux du bonheur de tous, il oubliait, au milieu de ses enfants, et ses infirmités et ses douleurs.

Renouvelant pour Thonon ce qui venait de se passer à

Évian, il combla de joie les bons Frères des écoles chrétiennes, encourageant ainsi les maîtres et les élèves, et faisant sentir aux familles le prix d'une éducation religieuse, il profitait de la circonstance pour inculquer l'amour de Dieu et le respect pour la religion. Il ne voulut pas quitter cette ville sans donner plusieurs conférences à ses chères Filles du monastère de la Visitation, sur les devoirs de la vie religieuse. On touchait au moment de l'ordination des Quatre-Temps de septembre ; Monseigneur en fit la cérémonie dans l'église paroissiale en mémoire de saint François de Sales, qui, plus de deux siècles auparavant, et à pareil jour, y avait conféré les ordres sacrés. « Ne pouvant le suivre dans ses sublimes
« vertus, dit-il, je m'attache à le reproduire de loin en loin
« dans quelques-unes des actions extérieures de son admi-
« rable vie. »

On a toujours remarqué, dans Monseigneur d'Annecy, beaucoup de dévotion aux saints qui étaient nés ou qui avaient vécu dans son diocèse. « Le pays qui les a vus naître, disait-
« il, où ils se sont sanctifiés et qui a reçu dans son sein les
« dépouilles de leur mortalité leur est très-cher. L'amour
« qui les y a attachés pendant leur vie ne s'est pas éteint par
« leur trépas. Il a seulement subi une transformation qui lui
« a acquis plus de force et d'efficacité auprès de Dieu. » Aussi aimait-il à les honorer et à les faire honorer. « Je n'ai pas, à
« cause de mon indignité, de crédit devant le Seigneur, di-
« sait-il encore ; c'est pourquoi j'use et j'abuse (si l'abus est
« possible en pareille matière) du crédit de ces grands servi-
« teurs de Dieu. » Parmi ces saints, il en est un dont le tombeau avait été pendant plus de sept siècles le terme et le but d'un pèlerinage. On y venait des vallées de Faverges, de Beaufort, d'Albertville, de la ville d'Annecy, de la Michaille, du pays de Gex et des bassins de Genève et de Rumilly ; nous voulons parler de saint Germain, bénédictin de Talloires, au dixième siècle, qui, selon une tradition respectable, fut précepteur de saint Bernard de Menthon. Après la fuite de son élève de la maison paternelle, ce bienheureux se retira sur

le rocher qui domine Talloires et s'y fit une cellule d'une excavation dans le roc, où il passa le reste de ses jours dans l'exercice de la contemplation et la pratique de la plus austère pénitence. L'odeur de sainteté qu'il avait répandue pendant sa vie attira, après sa mort, sur le rocher où il avait vécu et où reposait son corps, une foule nombreuse. En 1621, saint François de Sales ouvrit son tombeau, en retira les ossements qu'il exposa à la vénération des fidèles, dans une chapelle bâtie en son honneur sur le rocher même. Le saint évêque de Genève était très-dévot à ce pieux ermite; car, au témoignage de Charles-Auguste de Sales, son désir, après avoir obtenu un coadjuteur, avait été de se retirer en ce lieu. « Là, dit-il, avec mon chapelet et ma plume, je ser-
« virais de mon mieux ma sainte mère l'Église catholique. »
Mais la mort l'empêcha de mettre ce projet à exécution. En 1793, les ossements du saint échappèrent, grâce au zèle de quelques habitants de Talloires, à la profanation qui poursuivait alors tout ce qui était digne du respect des hommes. Mgr de Thiollaz, évêque d'Annecy, après avoir reconnu ces saintes reliques, en l'année 1830, les fit renfermer dans une châsse dont il fit don à l'église paroissiale, où elles furent exposées à la vénération des fidèles.

Les honneurs rendus au saint ne ravivèrent cependant pas la foi à l'intercession du saint ermite ; le bon peuple des environs n'allait plus que rarement sur la montagne visiter la grotte où il avait fini ses jours ; ne rencontrant pas ce que sa piété cherchait avant tout, le pèlerin s'en retournait pour ne plus revenir.

Toutefois, il n'était pas facile de replacer le tombeau du bienheureux sur le rocher. Les anciens gardiens de ce lieu, les Bénédictins de Talloires avaient disparu. Eloigné de toute habitation, l'ermitage était peu sûr pour un dépôt aussi précieux, et un prêtre devenait nécessaire pour veiller sur ces ossements sacrés.

L'accomplissement de cette œuvre devait servir à la gloire de Dieu, à la piété des peuples ; c'est dire que Mgr Rey méditait sur les moyens d'y parvenir, lorsque les habitants de la montagne à laquelle saint Germain a donné son nom vinrent le prier de faire de leurs villages une paroisse distincte de celle de Talloires dont ils avaient jusqu'alors fait partie. Il accueillit leur requête avec empressement. Le sénat de Savoie ayant approuvé, en ce qui avait rapport au civil, l'érection de cette nouvelle paroisse, Mgr Rey s'occupa d'assurer l'existence de l'ecclésiastique qui en aurait la desserte. A sa demande, l'économat royal apostolique accorda un revenu de quelques cents francs, le général d'Ossans céda généreusement ses droits sur la maison qui joignait la chapelle de Saint-Germain et sur les terres environnantes. Une souscription ouverte parmi les paroissiens fit le reste. La maison devint le presbytère, et la chapelle, l'église paroissiale. Deux ans après le 28 octobre 1838, à l'anniversaire de la translation faite par saint François, deux cent dix-sept ans auparavant, Monseigneur d'Annecy y transféra avec solennité le tombeau du saint. On compta à cette fête plusieurs milliers de fidèles et près de soixante ecclésiastiques. La veille de cette translation, l'évêque se rendit à Talloires, où, dans un discours, il fit comprendre à ce bon peuple comment la justice et la piété réclamaient de restituer le corps du bienheureux à son ancien sanctuaire. Il fut compris, et les fidèles, persuadés que leur intérêt propre se trouvait mêlé à la gloire qu'on rendrait au saint, se portèrent avec joie au sacrifice exigé. Le lendemain, Mgr Rey eut la consolation de voir la population accompagner avec un religieux empressement le corps du bienheureux dans son ancienne demeure. Ce ne fut pas sans tristesse; mais la plainte ni le murmure ne se mêlèrent au recueillement.

L'année suivante, le lundi de la Pentecôte, le Seigneur manifesta la gloire de saint Germain, son serviteur. Ce tombeau, qui depuis longtemps ne rendait plus d'oracles et que quelques personnes soupçonnaient ne plus contenir les ossements de saint Germain, guérit subitement une pieuse fille de Duing, percluse de ses jambes. Cette malade avait inutilement consulté les médecins et pratiqué les remèdes qui lui avaient été ordonnés. Traversant Talloires dans son pèlerinage au tombeau de l'ermite, elle fut encore interroger le docteur Rogès, qui ne lui donna aucun espoir de guérison. Arrivée sur la montagne, à l'aide de sa mère et d'un oncle, elle va avec ses béquilles, sans lesquelles elle ne pouvait se tenir debout, auprès du corps du saint, y prie un instant, fait son offrande et s'en revient à ses parents, sans les appuis dont elle se servait et qu'elle avait laissés au lieu où elle avait fait sa prière. Elle fit ensuite à pied sans fatigue la descente rapide et pierreuse de la montagne. Dès ce moment, elle a porté les fardeaux les plus lourds, elle a voyagé et travaillé aux champs sans ressentir aucune faiblesse dans ses jambes. Cet événement apporta au bon évêque la plus sensible consolation.

Quelque temps auparavant les honneurs rendus à saint Germain, Monseigneur d'Annecy avait été sollicité de vouloir bien bénir, au château de Menthon, la chambre d'où saint Bernard s'enfuit la veille des noces projetées pour lui. On voit encore la fenêtre fort élevée qui permit au jeune homme de s'échapper. Le château a conservé toute son antiquité pittoresque; situé presque à pic sur des rochers, entouré de bois, il domine le beau lac d'Annecy et la vue magnifique des montagnes. Le comte Alexandre de Menthon, digne héritier du nom et digne neveu de l'apôtre des Alpes, a fait transformer en une délicieuse chapelle la pièce habitée par le jeune saint. La bénédiction eut lieu en grande pompe; beaucoup d'ecclésiastiques et de braves paysans d'alentour assistèrent à cette cérémonie comme à une fête de famille. L'évêque goûta un extrême bonheur à y célébrer pour la première fois les saints mystères. Profondément attaché aux nobles descendants des Menthon, il prêcha de cœur et d'âme en leur présence les gloires et les droits du saint à la confiance et à la vénération de tous et surtout des enfants de la Savoie. « Que Dieu multiplie sur mon épiscopat, écrivit-il le jour même, les douces jouissances que sa miséricorde m'a accordées aujourd'hui ; j'espère que ma foi et ma confiance auront été agréables à ce thaumaturge des grandes œuvres et qu'il daignera protéger mon diocèse, bénir son illustre famille, l'affermir et la conserver dans notre patrie. » En gravissant le sentier escarpé qui mène au château, il prit plaisir à compter les saints qui appartenaient à Annecy, puis il s'écria avec un accent tout de foi et de confiance : « Ah ! puissent tous ces grands serviteurs de Dieu prendre intérêt à ma patrie et m'aider par leur puissante intercession ! »

Vers l'automne de cette même année (octobre 1838), Monseigneur éprouva une vive satisfaction en donnant l'hospitalité dans son palais à M. le comte de la Marguerite, ministre du roi, avec lequel il était extrêmement lié. Celui-ci arriva à Annecy, avec sa nombreuse famille, accomplissant un pèlerinage au tombeau de saint François de Sales, auquel il devait la guérison subite et tout à fait inespérée de sa fille cadette. Il passa six jours auprès de l'évêque, son ami. Peu de jours après ces moments d'une si douce joie pour le cœur de Mgr Rey, il écrivait à Mgr l'évêque de Maurienne : « Vous avez donc vu ce ministre modèle qui a si
« délicieusement et si saintement embaumé mon palais
« pendant six jours ! Toute cette aimable famille se ressent
« de l'antiquité à laquelle elle appartient ; la piété y est un
« héritage des siècles, et on ne l'a jamais laissé morceler. »

Monseigneur ne pouvait jamais voir les vertus et les grandes qualités jointes à la religion sans exprimer hautement son admiration. Il avait connu M. le comte de Maistre à Turin, et nous l'avons vu animé pour lui d'un respect et de sentiments qui allaient jusqu'à l'enthousiasme. « Pour qui se-
« raient les bénédictions, demandait-il un jour à son sujet,
« sinon pour ces êtres moitié divins à qui le ciel fournit ses
« oracles ?... Il y a deux sortes d'adorations, ajoutait-il,
« l'une qui n'appartient qu'à Dieu, la seconde aux hommes
« qui approchent le plus de lui par leurs vertus et leur
« génie. »

Monseigneur voulait dire, sans doute, que c'était le reflet

des dons divins qu'on adorait encore dans ces êtres privilégiés.

Nous touchons au commencement de l'année 1839; la fin du mois de janvier était spécialement consacrée au souvenir et à la fête de saint François de Sales, qui donnait toujours, avec un surcroît de fatigues, les plus grandes consolations à la piété de Mgr Rey; c'était aussi l'époque à laquelle il recommandait plus particulièrement à Dieu ses amis. Il recevait un grand nombre de lettres et de vœux au renouvellement de l'année, et y répondait avec exactitude et une grande effusion de sentiment et de gratitude. Parmi tant de vertus qu'il possédait, sa fidélité à l'amitié n'était pas la moins remarquable, et fut assurément des plus attachantes pour ceux qui ont eu le bonheur de l'approcher. Nous le laissons parler lui-même, en réponse à une lettre de madame la comtesse de la Rochejaquelein, qui, du fond de l'Italie, ne pouvait oublier son vénérable ami, et lui adressait ses vœux.

Annecy, 31 janvier 1839.

Oh, Dieu! madame, quelle douce étrenne m'est arrivée ce matin de Florence! Ah! bénie soit à jamais la main aimable qui a tracé ces incomparables lignes de bonté! ou plutôt béni soit ce cœur si bon, si charitable, à qui la plume a obéi! Que ne puis-je, madame, accumuler mille remercîments dans une seule ligne? ils vous sont tous dus à si juste titre! J'ai d'abord reconnu l'écriture sur l'adresse, et, si j'avais osé, j'aurais tout deviné avant que de lire; mais c'eût été une hardiesse que mon respect aurait reprochée à mon empressement; et pourtant mon pauvre cœur serait tenté de vous dire que, mille fois mieux que mes yeux, mille fois plus vite surtout, il a parcouru ces lignes célestes et chéries. Ma journée tout entière en a été embaumée, et j'avais à remercier le bon Dieu du bienfait le plus doux et le plus désiré que m'eût apporté la nouvelle année.

Gardez-vous de me dire jamais plus : *Priez pour moi.* Ma

reconnaissance et vos bontés ne me donneraient-elles pas une seconde mémoire, si je venais à perdre celle que la Providence m'a départie? Oh! si vous eussiez vu, au jour de la fête de saint François de Sales, si vous eussiez entendu tout ce que j'ai demandé pour vous par son intercession! Aussi, depuis ce jour, votre souvenir m'était si présent, que je semblais pressentir le bonheur qui m'est arrivé avec votre bonne lettre. Je vous dis vrai, madame, j'étais tout spécialement occupé de la plage de ce pauvre monde où vous pouviez être, et, sans savoir de quel côté je devais me tourner, je respirais une atmosphère d'espérance, et cette douce pensée m'a ôté toute surprise quand la poste m'a apporté mon étrenne.

Votre chère maison des Sœurs de Saint-Joseph prospère admirablement; elle abonde en sujets, et déjà elle a fait trois autres colonies dans le diocèse, et elle en prépare encore de nouvelles. Leur cloître est un bijou de propreté, ainsi que leur magnifique jardin. Elles ont aussi leur belle église, dont elles n'ont encore osé faire la réparation; mais tout cela viendra l'un après l'autre, et certes nous sommes payés pour croire à la Providence.

Ma santé! eh bien! écoutez : à force de me soigner à ma manière, de courir tout l'été pour mes visites pastorales, de rire des conseils de la Faculté et de la recommandation des amis, ma santé est mieux aujourd'hui qu'à toute autre époque depuis mon arrivée à Annecy; j'en pleure de reconnaissance et d'admiration : jusqu'aujourd'hui, où nous avons 12 degrés de froid, j'ai traversé cet hiver avec un bonheur étonnant. Oh, mon Dieu! ne dois-je pas consumer sans inquiétude à votre service des forces que vous ne m'avez rendues que pour en faire cet usage!

Oh, oui, madame, vous retournerez au tombeau de saint François de Sales! Son pauvre successeur aura ainsi quelques jours de bonheur avant de terminer la carrière de son exil : il ne vous logera pas sous le plancher troué du galetas de son palais, et il tâchera de réparer, par son empressement et par ses soins, tout ce qu'une première hospitalité a offert de défectueux. Vous verriez ma belle chapelle intérieure; elle vous plaira, même en revenant d'Italie. Je mets à vos pieds d'abord l'hommage de tout ce qui m'entoure, ensuite celui de vos nombreuses Sœurs Saint-Joseph; Sœur Fortunée ne supporte pas aussi bien les rigueurs de l'hiver que son évêque.

Enfin, après les hommages de tout mon monde, veuillez, madame, agréer celui du profond et respectueux dévouement et de la reconnaissance inépuisable... et pourquoi ne dirais-je pas du religieux attachement avec lesquels j'ai l'honneur d'être, madame la comtesse,

Votre très-humble et très-obéissant serviteur,

† PIERRE-JOSEPH, évêque d'Annecy.

Un événement qui intéressait la religion, l'inauguration dans le diocèse d'Annecy du culte des bienheureux Humbert et Boniface, princes de Savoie, réclama bientôt tous les soins de Mgr Rey. Il venait d'être autorisé, par décret du souverain pontife Grégoire XVI, de l'année 1838. Monseigneur s'attacha à célébrer ces fêtes avec la pompe et l'éclat convenables.

La mémoire de deux membres de la famille chérie de nos rois, honorée dans toute l'étendue du royaume, leur élévation sur les autels, cette nouvelle gloire pour la monarchie, deux puissants protecteurs de sa patrie de plus dans le ciel, furent pour son âme une immense joie; en annonçant ces nouveaux intercesseurs à son troupeau, le pasteur voulut le rassembler à Annecy, où l'inauguration devait être solennisée. « Quelle puissante garantie de bonheur pour nous,
« dit-il à son peuple; quelle consolante sécurité pour notre
« avenir que de vivre sous le sceptre tutélaire et paternel de
« la famille des saints! Ah! si le Seigneur jadis protégeait
« et bénissait *Israël* à cause de *David*, son fidèle serviteur,
« que ne fera-t-il pas pour notre patrie en considération des

« *bienheureux* princes de *Savoie*, qui intercéderont pour
« nous au pied de son trône ? »

Ces mêmes vérités, que depuis quarante ans il s'efforçait de porter aux oreilles des princes et de leurs ministres, il les reproduisit avec un nouveau talent et un nouvel éclat dans cette lettre pastorale; il démontrait que, de tous les bienfaits dus aux princes de Savoie qui règnent dans le ciel, le plus grand était d'avoir conservé l'antique et religieuse famille à laquelle ils appartiennent, et transmis à leurs descendants leur amour pour les peuples qui les ont pour maîtres; leur attachement à la religion, leur fidélité à l'Église catholique et leur dévouement aux pontifes de Rome qui la gouvernent; puis il ajoute ces hautes considérations : « Le royaume
« de Dieu sur la terre est le seul impérissable, et depuis
« bientôt deux mille ans qu'il a été fondé par le sang du
« Dieu fait homme, depuis que le vicaire de Jésus-Christ en
« eut établi la capitale dans la ville éternelle, que de familles
« souveraines se sont éteintes! que de catastrophes ont ren-
« versé les monarchies et couvert le monde de leurs débris !
« Au milieu de ce fracas et parmi tant d'augustes ruines,
« Rome subsiste! Le trône de *Pierre* est inébranlable, et la
« succession non interrompue des pontifes qui l'ont occupé
« et qui doivent l'occuper encore portera jusqu'au dernier
« des jours le caractère de l'immuable stabilité qui lui fut
« promise par son divin fondateur.

« Mais ne pouvons-nous pas dire que le caractère de force
« et de durée, qui est l'apanage de l'Église romaine, se com-
« munique aux monarchies qui l'honorent et la protégent ?
« Ne pouvons-nous pas dire encore que la pierre sacrée de
« nos autels est la base la plus solide sur laquelle puissent
« s'appuyer les trônes de la terre? Enfin, ne pouvons-nous
« pas ajouter que c'est à cette union du sceptre de nos
« princes avec la croix de Jésus-Christ, de leur trône avec
« la chaire de *Pierre* que nous devons le bonheur de les voir
« régner depuis tant de siècles sur notre patrie ? »

Jamais peut-être il n'avait été plus nécessaire de proclamer ces oracles qu'à cette époque où la secte anticatholique et antisociale, qui, en 1821 et plus tard en 1831 et 1834, avait failli renverser le trône de nos rois et bouleverser leurs États, circonvenait Charles-Albert, et avait déjà pénétré dans les conseils de la couronne. Mais la voix des sages est-elle écoutée dans ces temps de vertige? Celle même de l'amitié la plus éprouvée frappe en vain l'oreille des rois une fois qu'ils l'ont ouverte aux perfides suggestions de leurs ennemis. Charles-Albert savait ce qu'était le cœur de l'évêque d'Annecy envers lui : « Ah! pour celui-là, » dit ce prince en entendant prononcer le nom de ce prélat dans une conversation sur la rareté des amis sincères, « pour celui-là, c'est un ami vrai. » En effet, il n'était pas de ces hommes dont les sentiments se bornent à de vaines protestations d'attachement; et si personne n'aima nos rois plus sincèrement que lui, il n'est personne aussi qui n'ait plus souvent et plus fortement jeté le cri d'alarme à la vue des périls dont ils étaient menacés.

L'inauguration eut lieu le 28 et le 30 juin, la veille et le lendemain de la fête des apôtres Pierre et Paul. Il y eut chacun de ces trois jours officiature pontificale et prédication. A l'appel de l'évêque, les fidèles y étaient accourus de loin; rarement Annecy avait vu dans ses murs une pareille affluence. L'évêque voulut réunir dans un très-grand repas les autorités de la province, les magistrats de la ville, les chefs des maisons les plus considérables du pays, avec le clergé de la ville. A la joie de tous, on reconnaissait que c'étaient là des fêtes de famille.

Peu de semaines après, une cérémonie d'une touchante nature réclama la religieuse participation du ministère épiscopal. Il y avait en toute occasion un empressement marqué dans le diocèse à souhaiter la présence de Mgr Rey, et ce bon prélat s'y portait avec une bonté inépuisable, trouvant qu'on ne pouvait trop mêler à toutes choses le sentiment religieux et les bénédictions du ciel. Son peuple aimait sa parole véhémente mêlée d'autorité et d'amour! Elle retentit encore avec puissance au-dessus de l'effrayant précipice sur lequel avait été jeté le hardi pont de fer de *la Caille*, et, devant ce prodige du génie humain, s'élançant au-dessus d'un gouffre de six cents pieds, il fit entendre à la multitude d'importantes vérités ; l'homme n'étant que trop porté à s'exalter, à s'enorgueillir dans ses œuvres, l'évêque fit sentir la distance immense qui distingue l'action de Dieu du travail, produit de l'esprit humain.

« Dieu, s'écria-t-il, se joue en multipliant d'une seule pa-
« role les œuvres de sa puissance. Il a semé les mondes
« dans l'immensité de l'espace, et la nature entière n'est le
« produit que d'un seul acte de sa volonté.

« L'homme, au contraire, a besoin de temps et de res-
« sources ; il lui faut des éléments dont la création n'est pas
« dans les limites de son pouvoir ; mais une fois qu'il les
« possède, le génie alors s'en empare ; il forme ses plans
« avec sagesse, il les exécute avec habileté, il les achève
« avec bonheur, et les peuples étonnés contemplent dans
« l'admiration les merveilles qu'il sait produire.

« Ces pensées se présentent naturellement à l'esprit ré-
« fléchi quand il se trouve en face des monuments du génie.
« Il leur rend une sorte de culte ; mais son admiration ne
« s'arrête point à l'œuvre qu'il contemple ; elle monte plus
« haut, et, après avoir salué avec un respect légitime les
« hommes habiles à qui on doit de tels monuments, elle s'é-
« lève vers le Dieu qui leur donne l'intelligence, et elle s'é-
« crie : « Oh ! que le Seigneur est admirable dans les choses
« élevées ! *mirabilis*, etc. »

« Dieu est le premier auteur de tout ce qui est grand, de
« tout ce qui est parfait. L'homme n'est jamais qu'en se-
« cond, excepté quand il fait le mal ; mais pour le bien l'i-
« nitiative appartient toujours à son Créateur..... Après
« cela, ne soyez pas surpris si la religion vient ici s'associer
« au génie et consacrer, par ses bénédictions, le monument
« merveilleux qu'il a élevé au milieu de nous. L'Église ca-
« tholique n'est étrangère à rien de ce qui est utile à la so-

« ciété ; et une population aussi chrétienne que celle de ma
« patrie veut retrouver partout l'empreinte de sa foi et le
« souvenir du Dieu qu'elle adore, etc., etc. »

Ce discours, dont on vient de lire quelques fragments, fut prononcé à chaque extrémité du pont pour qu'il pût être entendu de tous ; un monde immense en obstruait les avenues et couvrait les sommités et les flancs des rochers qui bordent cette gorge profonde. Après avoir béni le monument, l'évêque étendit le bras pour bénir solennellement tout le peuple ; en ce moment, protestants, catholiques, assistants à cette belle scène, tous se jetèrent à genoux.

Mgr Rey revint à Annecy heureux autant qu'attendri de cette grande démonstration de foi, et de l'hommage public rendu à la religion ; satisfait aussi du parfait achèvement d'un travail si éminemment utile à sa chère ville d'Annecy. Rien de profitable ou d'agréable ne pouvait arriver à ses enfants que son cœur paternel ne se dilatât de joie.

Quelques jours à peine avaient permis à Mgr Rey de prendre un peu de repos, lorsqu'il fut informé de la visite prochaine du roi à Annecy. Il ne voulut pas néanmoins laisser écouler les quelques semaines qui lui restaient avant son arrivée, sans accomplir une tournée qu'il avait résolu de diriger vers des paroisses pour la plupart inabordables en voiture. Il partit tout joyeux ; la pensée du sacrifice et du dévouement le stimulait toujours ; il fallut marcher à pied ou monter à cheval ; ces manières de voyager lui étaient également pénibles... Affaibli par l'âge, s'il allait à pied, bientôt une violente transpiration couvrait son corps, et sa jambe le faisait tant souffrir qu'il fallait bien vite monter à cheval. Alors survenaient des douleurs d'un autre genre et aussi de nouveaux dangers ; la vivacité et la fraîcheur de l'air des montagnes eussent été mortelles après la chaleur causée par la marche, sans les précautions qu'on l'obligeait à prendre. Les curés le couvraient des chapes ou des chasubles de leurs sacristies, pour empêcher les refroidissements. C'est avec ces vêtements inusités, mais nécessaires, qu'il fit son entrée à la

Giettaz, la paroisse la plus escarpée du diocèse, et dont les abords sont semés de précipices où le moindre faux pas entraînerait dans d'épouvantables abîmes. Mais son cœur tout entier aux consolations de la foi lui ôtait et l'idée du péril et le sentiment de ses fatigues ; la ferveur de ces chrétientés où l'air contagieux du monde n'avait pas passé, lui faisait oublier tout le reste. Voici comment il rend compte de ses impressions au prévôt de sa cathédrale [1], alors aux eaux d'Evian.

La Giettaz, le....

« La date du lieu vous indique assez, Monsieur et cher
« prévôt, qu'il y a une grande différence entre les deux
« contrées où nous nous trouvons respectivement. Quelles
« âpres montagnes que celles qui m'entourent ! quelles routes
« pour y parvenir ! quel climat sévère où je prends des pré-
« cautions continuelles pour me préserver des fraîcheurs,
« tandis que l'on brûle partout ailleurs ! Mais, d'un autre
« côté, quel peuple ! quels costumes modestes ! quelles mœurs
« innocentes ! quelle piété ! quelle simplicité ! Ah ! mon cher
« Monsieur, si l'homme vit par le cœur et par cette douce
« communication des âmes en un commun sentiment, la
« Giettaz est le paradis de mon diocèse. Et pourtant, quelles
« pauvres habitations ! quelle rigueur d'aspect dans ces
« masses énormes de rochers qui nous environnent ! Et puis,
« huit mois au moins d'hiver : quatre, cinq, six, sept ou huit
« pieds de neige en cette longue saison ! Je n'entends pas un
« oiseau dans ces vastes solitudes, je n'y vois pas un papillon !
« Le silence solennel de ces hautes régions n'est interrompu
« que par le bruissement d'un torrent qui se brise à travers
« des blocs énormes de pierre dans le fond d'un ravin, ou
« bien par le son religieux de la cloche qui appelle les fidèles
« aux exercices de la religion. Il n'est pas de chartreuse aussi
« isolée que la paroisse de la Giettaz. Mais, dans ces sublimes
« hauteurs, la foi a jeté d'immenses racines ; la piété y est sur

[1] M. Carlin, vicaire général.

« un trône et tous les cœurs y sont ses sujets. Hier j'ai commu-
« nié tous les habitants. C'était le jour de leur patron [1], c'était
« le mien, c'était celui de ma cathédrale, c'était l'anniversaire
« de ma consécration. Ah! mon Dieu! je n'aurais pu célé-
« brer ce beau jour nulle part avec plus de bonheur! Mes
« larmes se sont mêlées aux larmes de cet excellent peuple,
« qui a passé plus de sept heures dans sa vieille église et qui
« réellement n'en savait pas sortir. Le soir j'étais écrasé de
« fatigues; mes pauvres jambes ne voulaient plus me porter;
« j'ai passé une mauvaise nuit, et ce matin j'étais un peu
« malade. Après dîner, nous irons au Pratz où je terminerai
« mes visites. J'ai fait ce qu'il y a de plus difficile dans
« mon vaste diocèse : le mont Saxonnex, Brison, Nancy, le
« Reposoir, Belle-Combe, le Crest-Voland, la Giettaz, sont
« bien ce qu'il y a de plus âpre et de plus dangereux dans
« toutes nos montagnes. Je voudrais me mettre à genoux pour
« vous écrire les miséricordes de Dieu sur moi : j'ai souffert
« beaucoup; mais les forces ne m'ont jamais abandonné et
« ma voix chaque jour est devenue plus sonore; j'ai traversé
« à pied d'horribles précipices, partout Dieu a eu pitié de
« moi et m'a soutenu à travers les dangers de plus d'un genre.
« La pluie est venue rafraîchir les airs et les terres, et elle a
« cessé à point nommé quand nous nous mettions en route.
« Cela est vrai à la lettre. Ah! mon cher prévôt, aidez-moi à
« bénir le Seigneur et à le remercier de ses continuels bien-
« faits! »

Le digne vieillard avait le don d'électriser ces bons montagnards; ils ne se lassaient pas de l'écouter, et, ne sachant
véritablement plus se séparer de lui, ils le reconduisaient
tout joyeux le plus longtemps qu'ils pouvaient!

A Mégève, les mêmes joies l'attendaient. « On respire ici
« une atmosphère toute céleste, écrivait-il à son chancelier,
« M. Sallavuard; jamais chrétienté ne fut plus admirable et
« plus fervente. J'y ai communié pour ma part plus de deux

---

[1] Saint-Pierre-ès-Liens, 1ᵉʳ août.

« mille âmes; cette population vit de la foi, et les sacrements
« y sont fréquentés par l'universalité des habitants; les braves
« gens ne savent vous parler qu'à genoux. C'est là où on
« peut voir la puissance du ministère pastoral! Mais aussi
« quel pasteur [1]! O mon Dieu! quel don vous avez fait à cette
« immense paroisse! »

Après toutes les fatigues de cette tournée, Mgr Rey s'empressa de revenir à Annecy, pour y préparer au roi Charles-Albert et à son fils aîné, le duc de Savoie, qui devaient loger à l'évêché, une réception convenable. On peut dire que peu de prélats savaient réunir comme lui, en de pareilles occasions, la dignité et la cordialité parfaite. Le roi et le prince, charmés de son accueil, y répondirent avec une bonté et une grâce singulières, qui faisaient dire ensuite au bon évêque : « Il me faudrait des volumes pour peindre les douceurs de ces journées. »

La magnifique réception faite aux princes par la ville d'Annecy, la joie si franche qui régnait sur tous les visages, la piété dont le monarque donnait des marques en toutes rencontres étaient faits pour émouvoir bien profondément son âme.

Charles-Albert et le duc de Savoie, très-sensibles à tous les témoignages d'honneur et de dévouement de la population d'Annecy, furent aussi bien particulièrement touchés du profond attachement que le cœur du prélat trahissait à chaque instant. « Oh! quel ami que cet évêque d'Annecy! » dit le roi à cette occasion. Le duc de Savoie en remporta aussi une impression très-vive; nous en trouvons la preuve dans une lettre qu'il lui adressa dès son retour à Turin, et que voici :

« Monseigneur,

« Je n'ai jamais oublié les beaux jours, mais bien courts,
« que je passai à Annecy, où j'eus le bonheur de faire la

---

[1] M. l'abbé Martin.

« connaissance d'un évêque que j'aimais déjà avant que de
« le connaître, mais que j'aime encore plus à présent. Oui,
« Monseigneur, votre bonté pour moi fit dans mon cœur une
« impression qui ne s'effacera jamais. Quand pourrai-je re-
« voir les bons Savoyards qui me sont si chers? J'attends
« avec impatience ce beau moment; oui, je le répète, si
« beau pour moi! J'espère qu'il ne sera pas éloigné. Veuil-
« lez, Monseigneur, recevoir les souhaits que je vous fais.
« Ils viennent d'un de vos meilleurs amis. Priez, je vous en
« supplie, le bon Dieu pour moi, et croyez toujours à l'ami-
« tié la plus sincère et à l'attachement de votre dévoué,

VICTOR, duc de Savoie. »

Il faut avoir connu Mgr Rey pour sentir de quel prix étaient pour son cœur les assurances d'attachement de la part d'un prince de la royale famille de Savoie. Mais ces impressions de bonheur et ces chers souvenirs firent bientôt place à son zèle. Sa constante préoccupation était la visite générale et complète de son bien-aimé diocèse. Il voulut partir pour le canton de Saint-Julien. Ni la saison avancée, ni les représentations de son chapitre, ni le délabrement toujours plus sensible de sa santé, ne purent le détourner de cette détermination. L'évêque l'emporta, comme toujours, sur l'homme, la foi sur la nature et le *zèle de la maison de Dieu* [1] sur toutes les considérations humaines! Une fois arrivé parmi les peuples de cette contrée, il ne se souvint ni de son âge, ni de ses infirmités, ni de son épuisement. Il y avait là des âmes à affermir dans la grâce et à prémunir contre les séductions de l'hérésie. Ce saint et noble but lui tint lieu de tout. Il ne retranche rien de ses prédications ordinaires; seulement, il les varie en raison du grand nombre de protestants mêlés parmi les catholiques. Avant tout, il insiste sur les marques *de la vraie foi* et les caractères distinctifs *de la véritable Église*, sans jamais se répéter. Chaque argument revêtait

---

[1] Zelus domus tuæ comedit me. Joan., cap. II, v. 17.

dans sa bouche une forme nouvelle; chaque tableau, un coloris différent. Des moindres circonstances, il tirait quelque image frappante, quelque enseignement utile, en rapport avec l'esprit et les besoins des peuples. Il s'inspire à la vue de la foule incroyable qui le suivait partout, et du haut de la chaire de Viry, il demande : « Pourquoi ce mouvement
« extraordinaire, ce concours prodigieux des populations qui
« se précipitent sur mes pas? Qui les soulève et les transporte
« à mon approche? D'où vient cette joie inaccoutumée, cet
« enthousiasme universel? Quelle est la cause de ce saint
« frémissement des âmes, de cette religieuse exaltation des
« esprits? Qu'avez-vous donc vu en moi de merveilleux?
« Qui suis-je pour faire vibrer si puissamment tant de
« cœurs? Je suis un homme comme vous, paysan comme la
« plupart d'entre vous, fils d'un pauvre laboureur qui se
« nommait Étienne Rey, autrefois berger dans nos monta-
« gnes, sans naissance, sans fortune et sans nom. Si j'avais
« paru au milieu de vous avec un autre vêtement que celui
« qui me couvre, j'aurais passé inaperçu et nul d'entre vous
« ne se serait demandé : quel est cet homme-là? Ce seraient
« donc les habits dont je suis revêtu, les ornements que je
« porte que vous vénérez? Non, non, ils auraient tout au
« plus provoqué de votre part un léger mouvement de cu-
« riosité. Qu'un ministre protestant se présente à vous étin-
« celant d'or et de pierreries; qu'en cet état il se présente
« même à ses ouailles, la singularité du spectacle fera naître
« le désir de le voir. Mais où seront les cœurs émus, les
« âmes attendries, les esprits subjugués? Ah! qu'il y a loin
« de ce sentiment de vaine curiosité à ceux qui vous agitent!
« Sous ces ornements, qui ne sont qu'une enseigne, votre
« foi a reconnu l'envoyé de Dieu, le ministre de Jésus-Christ,
« l'ambassadeur du Très-Haut, et l'évêque de vos âmes
« ayant la mission de vous instruire.

« Pour me faire suivre et écouter, je n'ai pas, comme le
« Sauveur, besoin de miracles, votre foi me suffit. C'est elle
« qui vous montre, sous l'écorce éclatante, si vous voulez,

« qui frappe vos yeux, le caractère apostolique dont je suis
« revêtu; et cette foi qui contemple les choses invisibles
« comme si elles étaient visibles, n'est-elle pas elle-même
« un miracle, une opération au-dessus de la nature où le
« doigt de Dieu est manifeste? Qui expliquera cette foi qui
« vous fait voir dans un homme, semblable à vous, le mes-
« sager du ciel, Jésus-Christ lui-même? Oui, vous avez vu
« Jésus-Christ sous l'infirmité de ma personne; c'est pour-
« quoi vous avez tressailli en ma présence, et avez été pro-
« digues en témoignages de vénération et d'amour. Qu'au-
« riez-vous pu faire de plus, si Jésus-Christ fût venu parmi
« vous dans sa chair mortelle ou dans sa chair glorifiée?
« Vous n'auriez eu ni des oreilles plus attentives à ses
« enseignements, ni des cœurs et des consciences mieux
« préparés aux grâces de sa visite, ni des démonstrations ex-
« térieures plus touchantes et plus magnifiques. Vous avez
« fait tout ce qui était en votre pouvoir, parce que Jésus-
« Christ vous était présent dans ma personne. Vous avez
« appris à l'école de l'Évangile, que de même que Jésus-
« Christ a été envoyé par son Père, nous sommes envoyés
« par Jésus-Christ, et que nous tenons sa place au milieu
« de vous; que la même puissance que le Fils de Dieu fait
« homme a reçue de son Père, a passé aux apôtres, et par eux
« aux évêques leurs successeurs pour régir l'Église, éclai-
« rer le monde par la prédication de la doctrine chré-
« tienne, multiplier le nombre des élus, maintenir l'unité de
« croyances parmi les fidèles, et les empêcher d'errer comme
« un vaisseau sans pilote, au gré des vents les plus con-
« traires, et de faire le plus triste naufrage, celui de la
« foi, etc., etc. » Il opposait ensuite l'état des catholiques à
celui de leurs frères séparés : la sécurité des premiers dans
leur obéissance à l'Église, les perplexités des seconds qui ne
savent à qui demander la solution de leurs doutes, n'ayant ni
autorité, ni tribunal, desquels ils puissent attendre une décision tranquillisante et sûre, livrés aux incertitudes les plus
désespérantes dans l'importante affaire du salut éternel.

L'empire de ces hauts enseignements sur ces peuples était remarquable, et avec son humilité ordinaire l'orateur sacré s'épanche avec son ami, M. Perrin, se réjouissant de lui annoncer que Dieu a régné sur les âmes! Puis il ajoute : « Et « votre vieil ami était son ministre! Oh! je ne suis pas tenté « de me glorifier; mais j'éprouve un besoin immense de « glorifier mon Sauveur qui s'est montré si puissant et si « miséricordieux.

« Je ne vous parle que de ce qui s'est passé dans le cœur « des fidèles et non des démonstrations extérieures des po- « pulations. J'étais accoutumé à celles-ci, et pourtant saint « Julien! Il faut avoir vu ces fêtes pour s'en faire une idée! « Oh! que mon Dieu y trouve sa gloire! La mienne n'est « que néant et vanité. »

A son retour, il fut pris de la fièvre et forcé de garder son lit. En cet état, il continua d'être tout entier au gouvernement de son diocèse. Un secrétaire lui faisait la lecture des lettres de consultation, et il dictait les réponses avec la lucidité et la promptitude habituelles de son esprit. Il se remit cependant de cette maladie ; mais l'affaiblissement qui en fut la suite l'avertit que sa dernière heure n'était pas très-éloignée. Dès lors, il fit de la pensée de la mort le sujet de son oraison de chaque jour. Dans l'intention d'obtenir la grâce de mourir saintement, il offrit à l'église de la Visitation, en l'honneur du bienheureux trépas de saint François et de sainte Jeanne-Françoise de Chantal, un ciboire d'un riche travail, pouvant contenir douze cents hosties.

L'éloquent et vertueux abbé Dupanloup, aujourd'hui évêque d'Orléans, ayant appris que ce magnifique ciboire dont il avait lui-même donné le dessin était destiné à l'église de Saint-François de Sales, demanda à entrer pour un tiers dans cette bonne œuvre; ce que notre prélat refusa parce que la grâce qu'il attendait de ce don lui était *toute personnelle*.

Plus il avançait vers le terme de sa carrière, plus il avait hâte de multiplier les œuvres de sa charité, pénétré qu'il

était des sentiments évangéliques. Il croyait n'avoir encore rien fait, et n'être qu'un serviteur inutile [1]. Ayant achevé la lecture de l'*Histoire d'Innocent III*, par M. Hurter, les sentiments que le président du consistoire de Schaffouse y professait envers le Saint-Siége, et surtout envers un des papes les plus dénigrés par les protestants et les parlementaires, donnaient à notre prélat l'espoir que cet illustre historien ajouterait bientôt à ce premier hommage envers l'Église catholique, celui de son retour dans son sein. Il lui écrivit donc pour le remercier d'avoir dégagé l'auguste physionomie d'Innocent III des ombres que l'esprit de parti, toujours empreint d'exagération ou de mensonge, avait répandues sur elle. M. Hurter était en butte à la haine de ses coreligionnaires, qui ne lui pardonnaient pas le courageux témoignage rendu par lui à la vérité. Mgr Rey, préoccupé de cette situation, l'invita, par les motifs les plus propres à faire impression sur ce noble vieillard, à venir en Savoie, lui offrant l'hospitalité dans son palais. « Parmi tant de témoignages
« flatteurs que j'ai reçus, lui répondit l'honorable écrivain,
« celui du digne et vénérable successeur de saint François
« ne doit-il pas être de la plus grande valeur pour moi,
« d'autant plus que le cœur de Votre Grandeur a pris la
« parole dans sa lettre si gracieuse? Oh! que je regrette que
« le manque d'habileté à écrire en français mette un frein
« à l'épanchement des sentiments qui m'agitent! Oh! que je
« m'estimerais heureux, s'il me devenait possible, un jour,
« d'exprimer à Votre Grandeur combien je me glorifie de
« l'approbation qu'elle a bien voulu accorder à mon ou-
« vrage! Si jamais j'étais assez heureux de voir la belle
« Savoie, je ne mettrais ces beautés qu'en seconde ligne,
« réservant la première, comme de juste, à Votre Gran-
« deur. »

M. Hurter n'accepta pas l'hospitalité qui lui était offerte:

---

[1] Cum feceritis omnia quæ præcepta sunt vobis, dicite : Servi inutiles sumus. Luc., cap. XVII, v. 10.

les liens de la famille, des habitudes que l'on rompt difficilement à l'âge où il était, les attraits du pays qui l'avait vu naître, le retinrent en Suisse jusqu'au moment où la violence de ses ennemis l'obligea d'accepter la place d'historiographe de la maison impériale d'Autriche.

A l'époque dont nous parlons, Mgr Rey voulut donner, au chapitre de sa cathédrale, des statuts en conformité de la bulle d'érection du diocèse d'Annecy. Il rencontra, dans ce corps respectable, la coopération la plus empressée. Une commission, prise dans son sein, élabora ce règlement, que l'évêque examina ensuite avec le plus grand soin, et auquel il fit quelques additions en témoignage de sa piété filiale envers Marie, et de son respect pour le chant grégorien. Il l'approuva et le déclara obligatoire dès le 1er janvier 1840.

La vie si pleine de Mgr Rey s'enrichissait sans cesse de quelque nouvelle œuvre, de quelques nouveaux bienfaits; nous le voyons vers ce temps, et par amour pour la splendeur de la maison de Dieu, offrir, presque coup sur coup, et de la manière la plus gracieuse, de riches dons à la cathédrale ! Le jour de Pâques 1840, il orna l'autel principal de six magnifiques candélabres en bronze doré, fabriqués à Paris, sur le dessin qu'il avait envoyé, portant, d'un côté, l'effigie de saint Pierre, patron de la cathédrale, et de l'autre, celle de saint François de Sales, patron du diocèse. Le samedi saint au soir, lorsque tout le monde fut sorti de l'église, il les plaça lui-même, préparant ainsi, pour le lendemain, aux chanoines et aux fidèles, une agréable surprise. Deux beaux chandeliers, à trois branches, furent offerts par lui pour les expositions du Saint-Sacrement.

Puis, quelques mois après, il fait encore le don d'une masse en argent, surmontée de la statue de saint Pierre-ès-Liens, avec cette inscription : *Ut omnes unum sint*. Ces paroles du testament de Jésus-Christ étaient comme les dispositions de dernière volonté de notre vénéré prélat envers son chapitre, qu'il aimait et estimait singulièrement. « Cette in-« scription, dit-il, est tout entière de Jésus-Christ pour sou-

« haiter l'unité dans le corps apostolique. Ce sera une douce et
« sainte leçon pour le corps de mes chanoines. » Il en fit la
remise au chapitre d'une manière qui prouve que le poids des
ans et des infirmités n'avait rien ôté à la gaieté et à la jeunesse
de son esprit. Ayant reçu ce meuble capitulaire, la veille de
l'Assomption, il le tint si bien caché jusqu'au lendemain, que
les prêtres mêmes de sa maison n'en eurent pas connaissance. Un moment avant l'officiature pontificale, il porta
l'étui, qui le renfermait, avec une étole, un bénitier, un
flambeau et un rituel, sur la table de la grande salle du palais. Le chapitre étant arrivé, l'évêque observe les physionomies et s'amuse des conjectures dont ce coffre mystérieux et
les préparatifs religieux qui l'accompagnaient étaient l'objet. Puis il harangue énigmatiquement le chapitre, disant
« que ces préparatifs annonçaient un baptême; qu'il priait
« ses chanoines d'adopter le nouvel enfant auquel il était
« heureux de donner le chapitre pour père; qu'il espérait
« que cette adoption formerait un lien nouveau d'affection
« et de bonne harmonie entre le premier corps du diocèse et
« l'évêque. » Après plusieurs autres choses pleines d'instructions utiles et d'une religieuse amabilité sur la destinée de
cet enfant : « Il faut enfin, dit-il, satisfaire votre curiosité, et
« vous montrer le nouveau-né qui va vous appartenir. » Il
ouvre l'étui, bénit l'instrument et le remet au prévôt du chapitre. La joie des chanoines fut égale à leur surprise en
voyant et en recevant ce magnifique symbole de l'union sacerdotale. Depuis longtemps Monseigneur se préoccupait du
projet de réparer et d'embellir le sanctuaire de la cathédrale;
il en fit part à son chapitre en l'engageant à suivre cet
exemple pour la restauration du reste de l'église, ce qui fut
accepté avec joie et exécuté. Monseigneur voulut de plus
donner à sa cathédrale un nouvel orgue. Le clergé d'Annecy et du diocèse, plein d'attachement pour son évêque,
était convaincu que ce sentiment était bien partagé par lui.
Son refus du siége archiépiscopal de Chambéry en fut une
touchante et précieuse confirmation. Ce siége devenait va-

cant par la mort du vertueux et savant ami du prélat, Mgr Martinet; Mgr Franzoni, chargé par Charles-Albert de sonder les dispositions de Mgr Rey à ce sujet, et connaissant la force des liens qui l'attachaient à son Église d'Annecy, avait répondu qu'il n'échangerait probablement pas son siége contre un autre, quoique archiépiscopal : « Qui sait, dit « le monarque, s'il n'acceptera pas Chambéry? écrivez-« lui. » Notre prélat fut touché de cette nouvelle marque du souvenir et de la bonté du roi, et il s'en réjouit devant Dieu, heureux de l'occasion qui lui était offerte de faire une ouverture pour le choix de l'évêque de Maurienne, son ami, qu'il désirait voir, avant de mourir, à la tête de l'épiscopat de Savoie. Le roi accéda à ce vœu, sans doute par la double considération d'un si bon choix et de la grande satisfaction à donner à Mgr Rey. Cette nouvelle mit le comble à son bonheur. La garde de la religion, donnée à un pontife si vigilant, la gloire de l'Église de sa tant chère Savoie, confiée à la science et à la piété d'un évêque si recommandable, il lui sembla qu'il n'avait plus d'autres souhaits à former que ceux du saint vieillard Siméon.

Mgr Billet s'effrayant des difficultés de sa nouvelle carrière, son ami s'empresse de le rassurer en ces termes : « Vos craintes ont bien quelques fondements; mais, certes! « elles n'ont pas de quoi vous inspirer le moindre regret sur « votre acceptation. Votre position élevée, votre expérience, « votre tact, votre patience, votre silence même, et par-« dessus tout votre foi et votre piété, les secours spéciaux, « les lumières abondantes et la force surnaturelle que le « prince des pasteurs vous réserve... Ah! mon bon et cher « Seigneur, avec une telle cargaison, sous un vent aussi fa-« vorable, voguez avec confiance vers nos plages. Dieu vous « y appelle, l'Église vous y envoie, saint François de Sales « vous y attend, et, s'il m'était permis de le dire, la tendre « affection de votre plus proche voisin et suffragant est aussi « un chevet sur lequel vous pourrez quelquefois vous re-« poser de vos ennuis. Certes, la mesure des miens est

« immense; mais pourtant elle ne dépasse pas la mesure de
« courage et de confiance que je reçois de l'infinie misé-
« ricorde. Hélas! je n'ai pas le quart de vos ressources
« et je vais en avant avec le bon Dieu : c'est un compa-
« gnon sûr, et je fais comme les disciples d'Emmaüs, je force
« le Seigneur d'accepter l'hospitalité dans le palais de mes
« misères. »

Monseigneur était encore sous l'impression de la véritable joie que lui causait la nomination de Mgr Billet, lorsqu'elle fut troublée par le plus douloureux événement. Le 19 avril 1840, la ville de Sallanches fut en moins de deux heures réduite en un monceau de cendres. Près de trois mille personnes se trouvaient au pied des neiges éternelles du mont Blanc, sans abri, sans vêtement, sans nourriture, pleurant sur les ruines de leurs habitations et sur le trépas de leurs proches devenus la proie des flammes. Ce désastre était d'autant plus complet, que cette ville était presque entièrement bâtie en bois selon l'usage de ces contrées : « Ma douleur est immense, mon Dieu!
« s'écria notre prélat en apprenant cette catastrophe, vous
« êtes le maître, tout est dit! Mais aussi le Père et vous aurez
« pitié de tant d'infortunés. » La sensibilité de ce bon vieillard se montra si vive, qu'il ne cessa de pleurer tout le jour et de répéter en sanglotant : « Mon Dieu! ayez compassion
« de cette partie de mon peuple qui est aussi le vôtre. » Le sort des ecclésiastiques attachés à cette paroisse était le sujet de son plus grand tourment : « Mes pauvres prêtres! disait-
« il; oh! que leur malheur est grand, puisqu'il se compose
« du malheur de tous les autres! » A chaque instant, il craignait d'apprendre que quelqu'un d'entre eux eût disparu dans cette tempête de feu. Le courrier emporta pour le curé la lettre la plus affectueuse et consolante, et les paroles de force et de résignation que l'Esprit saint dictait à sa plume éloquente durent relever le courage du pasteur et du troupeau. Dans le premier élan de sa douleur, tout ce qu'il avait d'argent fut expédié à l'instant pour le soulagement de ces infortunés.

Il trace en même temps, comme d'un seul trait, une lettre pastorale, chef-d'œuvre de sa tendresse et de sa foi, dit Monseigneur de Besançon ; jamais, en effet, ses accents n'avaient été plus pathétiques : « Abîmé depuis trois jours dans l'afflic-
« tion la plus amère et la plus légitime, dit l'évêque à son
« peuple, nous n'avons pu jusqu'ici nous exprimer que par
« nos larmes. Mais nous venons enfin, nos très-chers Frères,
« essayer de formuler dans cette lettre notre immense dou-
« leur.

« O Dieu si bon ! pourquoi vous êtes-vous montré si irrité ?
« Une ville entière devenue en moins de deux heures un
« monceau de cendres ; le saint jour de Pâques, lorsque toute
« une fervente population venait de remercier dans son
« temple le Seigneur de ses bienfaits. O Dieu si bon ! pour-
« quoi vous êtes-vous montré si irrité ?. . . . .
« . . . .

« Eh bien donc ! à la lueur de cet épouvantable incendie
« qui vient de détruire la ville infortunée de Sallanches,
« nouveau Jérémie, je n'ai plus qu'à pleurer sur ses ruines.
« Je pleure donc sur les cadavres de tant de victimes enseve-
« lies sous les cendres, seuls restes de cette cité, après sa
« désolante catastrophe. Je pleure sur tant d'orphelins qui
« ont en vain recherché, parmi ces effrayants débris, les corps
« de leurs malheureux parents, et qui n'ont retrouvé que des
« ossements calcinés par le feu et auxquels leurs larmes n'ont
« pu rendre la vie. Je pleure sur cette église antique et véné-
« rée, récemment embellie par la piété des fidèles, et dont
« les échos, un instant avant l'incendie, répétaient pour la
« dernière fois les cantiques de la religion qu'ils ne devaient
« plus faire entendre.

« Hélas ! je pleure sur le nombre si grand de tant d'infor-
« tunés à qui il ne reste plus de toit pour s'abriter, plus de
« pain pour s'alimenter, plus de vêtements pour se couvrir.
« Ah ! je pleure sur leur situation actuelle, je pleure sur leur
« avenir. Mes entrailles s'entr'ouvrent et voudraient recueillir
« cette partie de mes enfants à qui il ne reste plus rien sur la

« terre que la compassion qu'ils m'inspirent et celle qu'ils
« inspireront à leurs frères témoins de leur malheur.

« Je m'adresse donc à tous les enfants de la foi, à toutes
« les âmes sensibles, à tous les cœurs chrétiens, et, en leur
« montrant le lieu où fut Sallanches, les masures encore brû-
« lantes qui nous indiquent son enceinte, la fumée sombre
« qui s'élève sur les débris et qui annonce la destruction
« consommée de toutes les ressources que cette ville renfer-
« mait. Oh! oui, à la vue de ce déchirant spectacle, au milieu
« des sanglots étouffés et des cris lamentables que font en-
« tendre de toutes parts ceux qui ont échappé au désastre,
« j'élève ma voix attendrie qui ne prend sa force que dans
« ma douleur, et je crie à tous les fidèles de mon diocèse :
« Si pareil malheur vous était arrivé, que voudriez-vous que
« l'on fît pour vous? »

Aux accents de cette voix bien connue, il se fit des mi-
racles. Rarement on fut témoin sur la terre d'une effervescence de charité aussi universelle. La Savoie, le diocèse d'Annecy surtout, se levèrent en masse (ce n'est pas trop dire) pour venir au secours des pauvres incendiés. Les morts ne purent être ressuscités; mais, à cela près, un élan aussi général obtint des prodiges. De la part du roi, le comte de Sales arriva sur les lieux pour régler la distribution des secours et présider à la reconstruction de cette ville. C'est à ce prince, à l'évêque d'Annecy et au digne neveu de saint François, que Sallanches doit de compter encore au nombre des cités.

Cet appel général à la charité ne suffisait pas au zèle de l'évêque, il intéressa aux malheurs de Sallanches ses nombreux et puissants amis de la Savoie et du Piémont. Mais c'est l'ami de son cœur qu'il charge de l'expression de sa gratitude : « Je me doutais bien que vous étiez dans le règne
« de la charité occupé aux œuvres saintes et sublimes dont le
« résultat me confond et ravit mon âme de la plus juste ad-
« miration comme de la plus vive reconnaissance. Ah! quand
« vous verrez les membres de votre céleste et angélique com-
« mission de secours, dites-leur, ce qu'il est pourtant impos-

« sible de dire, toute ma reconnaissance et toute celle de mes
« malheureux enfants de Sallanches, qui vont être si puis-
« samment et si généreusement secourus.

« A Dieu, mon enfant, et puis enfant de la charité chré-
« tienne : oh ! quelle mère ! »

Le nombre des lettres qu'il écrivit pour appeler l'intérêt sur les victimes de l'incendie étonne d'autant plus qu'il était alors sous le poids des plus cuisantes afflictions de l'âme et des douleurs corporelles les plus aiguës ; mais sa charité, *plus forte que la mort*, ne connaissait pas d'obstacles.

Après avoir assuré aux habitants de Sallanches les vivres, les vêtements et les moyens de réédifier leur ville, le bon évêque se réserva sa part dans les désastres à réparer. L'église avait perdu ses ornements ; ses autels, son orgue, ses cloches avaient été la proie des flammes. Il se chargea de l'autel principal ; mais, hélas ! la mort ne devait pas lui donner le temps d'accomplir cette sainte œuvre. Un prêtre infirme et estropié avait tout perdu dans l'incendie : son père, sa mère, son frère ; lui-même ne devait son salut qu'à une disposition de la Providence qui, ce jour-là, l'avait conduit chez le curé de Domancy. Resté seul de sa famille et dépouillé de tout, il ne savait où se réfugier, le charitable évêque obtint pour lui une place à l'hôpital des Chevaliers de Saint-Maurice à Turin, soit parce qu'il aurait là les soins que réclamait sa situation, soit pour l'éloigner des lieux qui lui rappelaient de si cruels souvenirs. Mais cet éloignement même fit son supplice, et, la pensée de son pays le poursuivant sans relâche, Mgr Rey sollicita plusieurs de ses amis, entre autres M. le chevalier Perrin, secrétaire d'État et chef de la 1re division au ministère des affaires étrangères, d'aller le visiter souvent pour dissiper son ennui. « Souvenez-vous, leur écri-
« vit-il, de Celui qui a promis de récompenser les visites
« qu'il reçoit dans ses membres. » Tel était l'intérêt qu'il avait inspiré à Turin en faveur de cet ecclésiastique, que le roi même daigna le visiter. « Oh ! cette visite aurait dû le
« guérir, dit le bon évêque en apprenant cette nouvelle, si le

« cœur a répandu dans ses membres le baume de bonheur
« dont il a été inondé. »

Les travaux de la réédification de Sallanches occupèrent Mgr Rey de mille manières. Il n'épargna dans ce but ni son crédit, ni ses démarches, ni les coneils, ni les encouragements aux hommes chargés de cette œuvre difficile. Grâce à cette incessante sollicitude, tout fut réparé et Sallanches sortit de ses cendres, consolée, réédifiée, plus belle qu'elle n'était auparavant.

Tandis que Mgr Rey déplorait encore amèrement le désastre de cette ville, le Seigneur le frappa d'une manière bien sensible, bien intime, par la mort de son plus ancien et plus fidèle serviteur. Il aimait tous ses domestiques ; mais il chérissait particulièrement Pierre Molard, son valet de chambre, que Dieu venait de lui enlever. Sa délicatesse, son désintéressement et sa piété le lui avaient rendu très-cher. Ce brave homme avait refusé des offres avantageuses du cardinal de Rohan, archevêque de Besançon, par attachement à son maître. Pendant sa maladie qui fut longue, Mgr Rey lui rendit tous les soins de la mère la plus tendre envers son enfant malade. Non-seulement il veilla à ce qu'il fût bien servi, mais il le servit encore lui-même. Plusieurs fois, pendant la nuit, il se leva pour voir si ses recommandations étaient bien remplies. Les deux derniers jours de la vie de ce bon serviteur, étant lui-même malade et retenu dans son lit, il donnait ses ordres, s'enquérait avec anxiété de l'état de ce cher malade. Toutes ses sollicitudes se portaient sur cet enfant chéri. C'était une union de tant d'années qui allait se briser ! A la nouvelle du départ de ce pieux serviteur pour l'éternité, sa douleur éclata par de véritables sanglots ; puis, surmontant son propre mal, il se fit lever et conduire auprès du corps de ce cher défunt pour lui faire un dernier adieu, répandre sur ses restes inanimés l'eau sainte, et réciter quelques prières pour le repos de son âme. La résignation reprit ses droits comme toujours ; elle fut admirable. Dans son chagrin, il disait : « Mon Dieu ! que votre sainte volonté

« soit faite! je n'ai rien à dire après cela. Vous aurez pitié de
« ma douleur. »

Rien n'est plus attendrissant que sa lettre au confident de ses plus secrètes pensées, au plus fervent de ses amis, M. le chevalier Perrin. On nous saura gré de la rapporter ici.
« Baigné dans mes larmes et voyant à peine la page sur la-
« quelle je viens tracer ma douleur, je me suis levé pour
« voir encore une dernière fois passer sous mes fenêtres ce
« Pierre, si bon, si pieux, si tendrement chéri. Sa dépouille
« est en ce moment au pied des autels où elle s'imprègne des
« bénédictions de l'Église et des prières de la foi. Pauvre
« enfant! comme tu m'as laissé seul! Je te reverrai..... Ma
« foi me l'assure, et tu es mort dans cette confiance, qui ne
« peut pas tromper, parce qu'elle a l'éternelle vérité pour
« garant.

« Vous seul, mon ami, comprenez mon état, tout digne
« de votre compassion. Ah! qui mieux que vous a connu
« ce cœur, dont la trop grande sensibilité a fait le bonheur
« et le supplice? Mais la foi me reste! Cette foi sublime, or-
« née de tant de vérités, riche de tant de promesses, prodi-
« gue de tant de grâces!... Oh, oui! par les seuls besoins de
« son cœur, la nécessité de la religion est prouvée à l'homme.
« Hélas! où en serais-je réduit sans elle? Pauvre Pierre! je
« te reverrai dans un monde meilleur, dans un monde éter-
« nel. Oh! que les fleurs qui couvraient ton cercueil m'ont
« touché! Elles étaient pour moi l'image de la variété des
« vertus chrétiennes dont le bon Dieu avait enrichi ton
« cœur. Mon Pierre! c'est en sanglotant, il est vrai, c'est
« baigné de larmes, mais plein des plus solides espérances,
« que je te fais ce dernier adieu. Nous nous reverrons, mon
« enfant. » Ainsi finit cette lettre.

Quand on pense à l'âge avancé et aux infirmités de ce bon maître, on comprendra assez combien dut lui être pénible la perte de cet excellent serviteur, qui pansait chaque jour ses plaies depuis quatorze ans. Habitué à la douceur de son service, il lui coûtait beaucoup de se remettre en d'autres mains. Il avait, comme maître d'hôtel, l'intendance de la maison. Son esprit d'ordre, d'intégrité et de sage économie explique en partie l'énigme qui se sera plus d'une fois présentée à la pensée du lecteur ; c'est-à-dire comment, en l'espace de neuf ans, avec un revenu si modique et conservant toutes les convenances de sa position, Mgr Rey a pu créer tant d'établissements et accomplir tant d'œuvres de charité.

L'affection de notre prélat pour ses serviteurs le rendait fort zélé pour le salut de leurs âmes, et l'on a déjà dit quelque chose du soin qu'il mettait à l'observation de ce devoir ; s'étant aperçu que le valet de chambre dont nous parlons avait, à une certaine époque, négligé la fréquentation des sacrements, il ne lui dit rien d'abord ; mais, contre son habitude, il s'abstint de le prendre avec lui dans une visite pastorale qu'il allait faire ; puis, profitant de cette absence, il lui écrivit une lettre où, mêlant aux reproches les exhortations les plus paternelles, il le pressait de revenir à sa première ferveur. A la lecture de cette lettre, ce bon serviteur pleura amèrement d'avoir contristé son bien-aimé maître, dont la voix lui sembla celle de Dieu même, et bientôt, rentré dans ses pieuses habitudes, il ne donna plus que des sujets de satisfaction à celui qu'avec raison il regardait comme un père.

Mgr Rey avait toujours présents à l'esprit les préceptes de la sainte Écriture, et un jour que M. l'abbé Sallavuard, son secrétaire, le voyait passer d'un appartement à l'autre, semblant chercher quelqu'un, il lui demanda s'il avait quelque chose à commander à l'un de ses gens qu'il pût aller lui dire. « Non, non, mon ami, répond-il, c'est seulement qu'il faut tous les jours que je voie mes serviteurs : c'est l'accomplissement du précepte : *Oportet episcopum domui suœ bene esse prœpositum.* La veille des fêtes, il réunissait dans sa chambre tous les gens de sa maison, leur faisait une exhortation sur le sujet de la dévotion du lendemain, les engageant à la réception des sacrements ; les samedis et les fêtes, il disait le chapelet en commun avec eux à la prière du soir. Ayant pris à son service, comme aide de cuisine, un petit garçon qui n'avait pas encore fait sa première communion, lui-même prit le soin de lui enseigner son catéchisme et de le disposer à cette grande action, ainsi qu'à recevoir le sacrement de confirmation. Au milieu de ses grands devoirs, de la multitude de ses affaires, il ne voulut laisser à personne le soin de l'âme du pauvre petit marmiton !

Chaque année, au jour anniversaire de son baptême, il en renouvelait les vœux solennels en présence de tous les habitants de l'évêché, ecclésiastiques, secrétaires, domestiques, et faisait une instruction sur les grâces de ce sacrement et sur les obligations qu'il impose. C'est ainsi qu'il initiait à la pratique de la vertu tous ceux qui l'entouraient ou dépendaient de lui, et n'en faisait qu'une même famille.

Monseigneur de Besançon cite dans son mandement, au sujet de la perte de notre bien-aimé prélat, une lettre du 9 mai 1841, lorsqu'il venait de commencer sa soixante et onzième année, preuve touchante de ses sentiments à l'égard de la grâce du baptême : « J'ai là sous mes yeux votre
« bonne lettre du 22 avril ; tout y est délicieux pour moi ;
« la date seule suffirait pour que cette précieuse lettre soit
« un trésor pour mon cœur. C'est l'aimable Providence,
« c'est le Dieu de notre sainte union qui vous a mis la plume
« à la main en un jour de tant de souvenirs, et que je célèbre
« chaque année, depuis l'âge de raison, avec des larmes de
« bonheur et de reconnaissance... Oui, Monseigneur, c'est
« au 22 avril 1770 que j'ai eu le bonheur d'être fait chré-
« tien, deux heures après avoir été fait homme. Oh ! que
« m'aurait servi cette première naissance, si la miséricorde
« de Dieu ne m'eût accordé la seconde ? Aussi est-ce celle-ci
« que je solennise chaque année, en renouvelant, au milieu
« de *ma famille*, les saintes promesses de mon baptême, et
« en bénissant le Seigneur des ineffables priviléges attachés
« au noble titre de chrétien. Ah ! que je dois dire de bon
« cœur avec saint Augustin : *Quid profuisset nasci, si non*

« *profuisset renasci?* Soyez donc béni du bouquet sainte-
« ment parfumé de votre bon souvenir en ce jour de ma vé-
« ritable fête. »

Quelques mois après la mort du premier et plus fidèle serviteur de Mgr Rey, la mort lui en ravit un second. Il était alors en visite pastorale à la Roche et aux environs. Avant de partir, il avait vu le malade, l'avait béni avec tendresse et recommandé à ses gens. Cet excellent jeune homme, touché de tant de bontés, ne put exprimer sa reconnaissance que par ses sanglots. « Je vais bien vous attrister, écrivait l'évê-
« que à son ami de Turin, par le récit de toutes les peines
« dont il plaît au bon Dieu de m'affliger. Hélas! je ne me
« plains pas, je raconte. La volonté du bon Dieu est ma
« vie, comment ne serait-elle pas ma règle? Mon pauvre
« Louis a été administré hier et se trouve toujours plus mal.
« Le cœur me saigne en prévoyant cette seconde plaie, hé-
« las! très-prochaine. Je pars; je ne retrouverai pas mon
« pauvre enfant à mon retour. La mort s'acclimate dans mon
« palais; et, en enlevant les serviteurs, le bon Dieu donne
« au maître un avis solennel. Priez Dieu, mon pieux ami,
« ah! priez-le bien pour que j'en profite. » En apprenant la mort de cet enfant, il s'écria : « Mon pauvre Louis est
« allé joindre Pierre! Oh! mes enfants! vous êtes au port,
« et votre malheureux maître continue à travers les plus
« rudes tempêtes. »

A ces amertumes succédèrent des peines de toutes sortes. Les deux dernières années du digne vieillard ne furent qu'une suite de croix auxquelles s'ajoutait l'état maladif, qui ne lui laissait que de courts intervalles. Il s'en plaignait doucement à son ami : « Ma pauvre vie n'est presque qu'une
« souffrance continuelle. C'est une vraie faveur du ciel que
« je sois ainsi comme forcé d'expier mes fautes. Si le Sei-
« gneur daigne unir mes mesquines souffrances à ses souf-
« frances infinies, oh! que cet état est préférable à celui
« d'une santé florissante! » Sa plus grande peine était de ne pouvoir continuer à visiter son diocèse : « C'est là, mandait-

« il à son ami, une douleur plus poignante que celle de
« mon pied. Je vais tous les soirs au mois de Marie, et j'y
« dis deux mots à mon pauvre peuple. Il me semble que
« *cette petite goutte* du ministère épiscopal me dédommage
« un peu de ma stérilité habituelle; mais qu'est-ce que cela
« près de ce que je devrais faire? Je suis à peu près résolu
« de recommencer mes visites malgré ma faiblesse; mieux
« vaut succomber dans l'exercice de mes fonctions que dans
« le repos forcé qui me retient dans mon palais, quoique je
« n'y sois pas oisif. » En effet, il était toujours en action, ou
à la prière et au pied des autels, ou dans son cabinet à écrire
de tous côtés. Malgré cela, il se croyait un serviteur inutile.
Il gémissait devant Dieu, le conjurant de l'éclairer sur ce
qu'il avait à faire; car la pensée de se retirer s'était présentée à son esprit; il y réfléchissait mûrement, et en fit part à
un de ses amis, prêtre fort sage de Chambéry, qui l'en dissuada. Cet ecclésiastique aurait pu lui répondre ainsi que
Clément XIII le fit à saint Alphonse de Liguori : « Qu'il gou-
« verne son diocèse de son cabinet, et c'est assez; son ombre
« seule peut y faire un grand bien; » ou bien comme Clément XIV au même saint : « Il suffit que vous gouverniez
« votre Église de votre lit : une seule des prières que vous y
« adressez à Dieu vaut mieux que mille visites. »

C'est alors que, ne pouvant plus lutter contre les assauts
du zèle qui le dévorait, il visita, comme il a été dit précédemment, la Roche, Saint-Pierre de Rumilly, dont il consacra l'église; de là il se rendit au sanctuaire des Allinges,
après s'être arrêté à Brenthone pour la dédicace de l'église;
malgré les promesses données avant son départ de ménager ses forces, il lui fut impossible de garder le silence
devant la foule du peuple qui accourait de toutes parts
pour l'entendre, et ce fut exténué de fatigue qu'il rentra
à Annecy.

Vers le printemps de 1841, Mgr Rey reçut la visite bien
vivement désirée de son ami, M. l'abbé Boyer, le digne directeur de Saint-Sulpice. Il se rendait à Rome pour vénérer

le tombeau des saints apôtres, et passa plusieurs jours à l'évêché. Il aimait la bonne Savoie et notre vénérable évêque, qu'il avait connu à Paris. Déjà, à sa voix, il s'était rendu à Annecy, dans l'année 1837, pour y donner des instructions et des retraites.

L'humilité du successeur de saint François de Sales lui faisait toujours chercher de saints auxiliaires pour instruire et édifier son troupeau. Si la présence de M. l'abbé Boyer était toujours un bonheur, combien plus Mgr Rey y trouvat-il de consolation cette fois où il se sentait si malade, où ses forces commençaient à l'abandonner, l'emmenant, comme il le disait quelquefois en plaisantant, « au galop vers *la Feuillette* » (là où il devait reposer après sa mort) !

Les entretiens de ce bon sulpicien avec son ami n'eurent rien de la terre ; la gloire de Dieu, la grande affaire de l'éternité, but de toutes choses ; les intérêts de l'Église catholique en furent les dignes sujets. Les assistants, parmi lesquels était celui qui trace ces lignes, en étaient ravis et profondément émus. Au moment de son départ, les regrets, les souhaits, les recommandations pour Rome et le souverain pontife se pressent sur les lèvres du bon évêque. M. Boyer se lève le premier, se jette à genoux, et dit : « Monseigneur ! une bénédiction sur mon voyage, je vous en prie, et une bénédiction de votre façon. » Le prélat lève les yeux au ciel, puis, étendant les mains sur ce saint vieillard, il appelle sur lui, de vive voix, toutes les bénédictions répandues par le Seigneur sur les patriarches, les prophètes, les apôtres, et auxquelles il ajoute toutes les bénédictions que la plus chaude et la plus religieuse amitié puisse souhaiter. A ces mots, malgré ses quatre-vingts ans, le bon prêtre se relève avec la célérité d'un jeune homme, et, tout hors de lui-même, il se jette au cou de l'évêque, le serre dans ses bras, l'embrasse avec effusion, en s'écriant : « Après une telle bénédiction, il me faut le baiser de l'amitié ! » De quelque manière qu'on puisse rendre cette scène, on ne lui donnera jamais ce qu'elle avait de vie, de chaleur d'âme, de piété, de grandeur, de foi !

Ces deux vétérans du sanctuaire se faisaient leurs derniers adieux en ce monde : l'année suivante tous deux devaient descendre au tombeau.

Vers les premiers jours du mois de mai, le passage de madame la comtesse de la Rochejaquelein, revenant d'Italie, fut aussi pour Monseigneur d'Annecy une agréable diversion à ses souffrances et à la multiplicité des travaux dont le poids l'accablait de plus en plus. Quand elle arrivait, il paraissait tout heureux et reprenait de la gaieté. Elle demeura comme de coutume à l'évêché, et fut l'objet des plus touchantes bontés. Monseigneur, au bruit de sa voiture, se dirigeait vers l'escalier pour lui donner la bienvenue, et le son de sa bonne grosse voix parvenait toujours aux oreilles (il faudrait dire au cœur) de la comtesse avant qu'elle eût pu franchir les degrés pour arriver jusqu'au vieillard, objet de sa respectueuse vénération. Elle avait désiré cette fois partager son temps entre Monseigneur et le couvent de Saint-Joseph, où les Sœurs lui avaient ménagé *une cellule;* mais le bon évêque ne le permit pas; il n'accorda que le dernier jour. Il semblait retrouver quelque force pour accompagner madame de la Rochejaquelein, soit à la Visitation, soit chez les Sœurs Saint-Joseph ; il la mena d'abord à son cher établissement des missionnaires récemment fini, lui faisant admirer la belle position de la maison et du jardin, puis visiter la chapelle et son tombeau, qu'il aimait tant à montrer à ceux qui viendraient plus tard prier pour lui. Lorsqu'il vint à faire considérer à madame de la Rochejaquelein l'ancien couvent de Sainte-Chantal, et tout le développement qu'avait déjà pris l'établissement des Sœurs de Saint-Joseph, son cœur s'épanouissait de joie. Il admirait la conduite de la Providence et les bénédictions répandues sur les humbles commencements de cette petite œuvre. Son esprit fertile en ressources l'avait cultivée avec amour et développée avec persévérance. Il n'abandonnait jamais le bien qu'il avait une fois entrepris, et sut inspirer ainsi une confiance dans ses desseins qui lui amenait le concours et les tributs de la charité. La comtesse de la Rochejaquelein, pressée de retourner en France, ne put donner que peu de jours à Mgr Rey; ses regrets, en se séparant de cet ami vénérable, furent augmentés par le chagrin de le laisser dans un état de santé qui donnait de sérieuses inquiétudes, et lui ôtait l'espoir de le revoir désormais.

CHAPITRE V

Mgr Rey est privé de se rendre à Belley. — Il part pour Saint-Gervais. — Ses souffrances. — Redoublement de zèle. — Tableau de la vie du prélat. — Dévotion à l'ange gardien. — Amour pour la sainte Eucharistie. — Dévouement à la famille de Sales, au Roi, à la maison de Savoie, au Saint-Siège. — Fête de l'Assomption. — Ravissement. — Retraite de 1841. — Il cesse de pouvoir célébrer la sainte messe. — Monseigneur de Dijon en Chablais. — Dernières lettres. — Patience dans les souffrances. — Il continue à être l'âme de son diocèse. — Bontés pour ses gens. — Mortifications. — Adieux à son troupeau. — Maladie. — Délire. — Lettre du pape Grégoire XVI. — Agonie et mort, 31 janvier 1842. — Deuil général. — Service funèbre. — Éloge du défunt. — Témoignage rendu par Monseigneur de Besançon.

Invité par Monseigneur de Besançon à lui promettre de se rendre à la réunion projetée pour fêter la cinquantaine de Monseigneur de Belley, et persuadé de l'impossibilité où il serait de faire ce voyage, Mgr Rey lui répondit en ces termes :

« A Notre-Dame de Brou, à Bourg, le 8 septembre, et à la sainte fête qu'y célébrera mon ancien et vénérable ami, Mgr Devie! Oh! mon Dieu, je pleure de regret et presque de jalousie! Me trouver là avec tant de saints et d'illustres prélats, quel bonheur! Oh! j'oserais dire que, s'il se réalisait pour moi, je verrais s'accomplir le *renovabitur ut aquilæ juventus tua*. Mais, hélas! il faut, pour mille motifs trop solides, renoncer à cet espoir. Non, je ne me consolerai jamais d'avoir passé huit ans près d'un tel prélat, sans avoir su trouver le moyen d'aller lui offrir mes hommages. Pauvre successeur de saint François de Sales, je ne ressemble en rien à celui dont j'occupe le siége! Ayez pitié de moi! Vous, qui connaissez mes misères, excusez-moi auprès de mon ancien et vénérable ami, et mettez du moins mon cœur et mes souvenirs en présence de ce Nestor du sacerdoce, qui va célébrer sa cinquantaine en si sainte et admirable compagnie. Il aura compassion de moi, et je devrai me contenter de ce sentiment, n'étant pas en mesure d'en mériter un autre (9 mai 1841). »

Les médecins, consultés, jugèrent qu'une nouvelle saison des bains de Saint-Gervais pouvait être utile à Mgr Rey, et apporter quelque diversion au flot d'affaires et d'occupations qui l'écrasait à Annecy. Le prélat, sentant le besoin qu'il en avait, n'opposa cette fois aucune résistance, et partit aussitôt que le temps parut favorable (juin 1841).

Reprenant le même genre de vie que lors de son précédent séjour aux eaux, ses journées se passèrent entre Dieu, sa première et unique pensée, l'assujettissement inévitable des bains, qu'il prenait en patience, et la société à laquelle il se mêlait volontiers; il distingua en particulier M. le comte Emm. de Brissac, ex-chevalier d'honneur de madame la duchesse de Berry, vers lequel il se sentit attiré par sa haute piété, jointe aux plus nobles manières et à la plus gracieuse aménité. Il se délassait aussi en écrivant à ses amis. Près du moment de son départ, il mandait à Mgr Matthieu, archevêque de Besançon : « Ma santé a un peu gagné pendant les eaux de
« Saint-Gervais ; mais je suis loin d'être guéri. J'ai la grande
« maladie de soixante-dix ans : *in ipsis septuaginta anni*, et
« je touche à la période *amplius labor et dolor*. Je suis ce-
« pendant plein de confiance, et la foi me fait goûter de
« grandes consolations dans l'accomplissement des volontés
« du Seigneur! J'éprouve que bien véritablement *vita in*
« *voluntate ejus*. Je mène d'ailleurs une vie très-occupée, et
« je passe mes journées moitié dans l'eau, moitié dans
« l'encre; j'ai plus à faire ici qu'à Annecy, et cependant

« j'étais venu pour me reposer ; mais, encore une fois, *vita*
« *in voluntate ejus.* »

« Ma pauvre jambe ne se corrige guère, continue le
prélat ; mais si le bon Dieu veut bien agréer mes humbles
services avec une seule jambe, que m'importe d'en avoir
deux ?... »

Mgr Rey donna aussi de ses nouvelles à madame la comtesse de la Rochejaquelein à son retour à Annecy. Nous aimons à le laisser se peindre lui-même dans ses lettres si pleines d'amabilité.

Annecy, 31 juillet 1841.

Madame la comtesse,

J'arrive des bains de Saint-Gervais, avec une amélioration sensible à ma pauvre jambe, mais avec une santé singulièrement affaiblie et une prostration de forces bien pénible à supporter ; mais, comme Dieu est le maître, sa sainte volonté supplée à tout ce qui me manque.

A Saint-Gervais, le 15 de ce mois, j'ai dit la messe pour un jeune prince de votre connaissance ; M. le comte de Brissac et son fils aîné y assistaient. Vous voyez par là que nous avons été en pleine communion avec vous, et certes c'est de tout mon cœur que j'ai appelé les bénédictions du ciel sur l'avenir de cet Henri, dont Dieu seul connaît les destinées ; elles seront belles, soyez-en assurée.

J'ai reçu à Saint-Gervais la lettre que vous aviez écrite au cher abbé Sallavuard ; le plaisir qu'elle m'a causé est inexprimable, moins encore par vos bienfaits que par votre souvenir : j'étais presque à toutes les lignes, et les battements de mon cœur accompagnaient chaque parole où il était question de ce pauvre vieux évêque savoyard, qui tient à vous par tous les sentiments, mais surtout par celui de la reconnaissance.

C'est demain le jour anniversaire de mon sacre, en 1824. Ah, mon Dieu ! ce souvenir me confond, m'écrase, et je ne sais à quels sentiments me livrer, pour me présenter au Seigneur à pareille époque. Ah, madame! aidez-moi par vos prières. Hélas! je suis au bout de ma carrière, et j'ai un besoin sans mesure des miséricordes pour la terminer saintement : au nom de Dieu, aidez-moi, et continuez de le faire quand le bon Dieu m'aura appelé à lui.

Je ne voudrais assurément pas dissiper les touchantes illusions où vous êtes sur le prétendu mérite du pauvre successeur de saint François de Sales ; je perdrais trop si vous le connaissiez comme il se connaît lui-même. Conservez-moi donc une estime de charité; mais soyez certaine que ce n'est pas un acte de justice.

Et moi aussi j'ai mis des notes sur mon *Ordo*, et soyez assurée que vos intentions seront remplies de notre mieux.

Y aurait-il trop de hardiesse à vous prier de présenter mes hommages à M. le comte de la Rochejaquelein? Ah! que je désire d'avoir l'honneur et le bonheur de faire sa connaissance! Je baiserai avec une émotion respectueuse, s'il veut bien me le permettre, cette noble cicatrice qui embellit son visage, et je l'arroserai des larmes de mon admiration.

A Dieu, madame, ne laissez pas s'attiédir votre bienveillance pour moi; elle est une partie de ma vie. Ces deux mots suffisent.

J'ai un nouveau secrétaire [1] à la place de l'abbé Poncet, à qui son canonicat ne permettait plus les mêmes services auprès de moi. J'ai commencé aujourd'hui même à me dédommager de mes fatigues, en en confiant une partie à ce cher enfant, qui mérite si bien ma confiance et mon amitié. Agréez les tendres, ardents et respectueux sentiments du plus dévoué et du plus sincère de vos serviteurs.

† P<small>IERRE</small>-J<small>OSEPH</small>, évêque d'Annecy.

Le bon prélat s'attacha beaucoup à ce jeune secrétaire; il

---

[1] M. l'abbé Rey S'il était parent de l'évêque, ce n'était que de très-loin.

aimait la jeunesse et était toujours indulgent et encourageant pour elle. Il parle encore de M. l'abbé Rey dans une autre lettre à Monseigneur de Besançon :

« Dans l'état de faiblesse et d'épuisement où je suis tombé
« depuis quelques semaines, votre bonne lettre m'est arrivée
« comme un véritable baume dont mon pauvre cœur a bien
« vite ressenti les effets. Je n'écrivais plus, mais je dictais
« mes lettres à un bon petit secrétaire que l'aimable Provi-
« dence m'a envoyé, comme un doux chevet, pour soulager
« ma vieillesse. Je me garderai cependant de me servir de sa
« main pour vous tracer ces lignes de mon attachement et
« de mon respect. C'est cœur à cœur que j'ai besoin de cor-
« respondre avec vous, etc., etc. » — On le voit, la vieillesse ni la souffrance n'altéraient en Mgr Rey cette bénignité de langage, ces expressions affectueuses qu'on appelle la glace du cœur et qui lui était si particulière.

Malheureusement, le léger soulagement qu'il éprouva des bains de Saint-Gervais fut de courte durée ; l'amélioration de l'état de la jambe fit refluer le mal vers l'intérieur ; de grandes douleurs d'entrailles, des insomnies continuelles et une extinction presque totale de la voix, étaient les fâcheux symptômes avec lesquels il avait quitté les eaux et qui firent pressentir la fin trop prochaine de notre digne prélat. Ses jours devenaient désormais des jours de grâce. Mais, le croirait-on ? il parut au retour animé d'un zèle toujours croissant ; ne s'accordant aucun relâche, il se hâte d'achever tout ce qu'il croyait utile. Coup sur coup il écrit deux lettres au premier ministre du roi, le comte Solar de la Marguerite[1], où, lui parlant de l'avenir qui apparaissait aux yeux des sages sous les plus sombres couleurs, il lui recommande instamment la cause du dimanche. Dans la profanation de ce saint jour, il voyait la source principale des maux dont le ciel semblait

---

[1] Le comte de la Marguerite, successeur du comte de la Tour aux affaires étrangères, fut en tout digne de son pieux et illustre prédécesseur. Il était, comme celui-ci, fort lié avec Mgr Rey.

déjà menacer la terre. Ce n'est pas que ce crime fût commun en Savoie; mais le relâchement sur ce point fondamental du culte dû au Seigneur faisait des progrès de jour en jour. Le gouvernement ne prêtait plus qu'une main timide à l'observance des règlements sur cette matière. Notre prélat en ressentit une amère douleur. La sanctification du dimanche fut le sujet de sa pastorale du carême de cette année. C'était un des derniers chants de ce cygne évangélique et le testament de son amour envers son diocèse. Il y annonce son trépas comme prochain et s'y recommande aux prières de son peuple : « Que de titres n'avons-nous pas à y occuper une place! « dit-il à ses enfants. Nos immenses besoins, notre sollicitude, « notre dévouement, notre amour, osons ajouter nos travaux « continuels, nos journées laborieuses, nos nuits pénibles, « nos années, nos souffrances, oh! tout appelle votre com« passion filiale sur votre premier pasteur. Montrez-nous « donc ce sentiment de vos cœurs, par vos bonnes prières, « afin que nous achevions avec honneur et surtout avec sain« teté la longue carrière de notre sacerdoce, dont le terme ne « peut plus être éloigné; et si cette lettre pastorale devait « être la dernière que nous vous adressons, oh! combien « nous nous applaudirions d'avoir achevé notre ministère en « vous recommandant la célébration et la sanctification du « jour du Seigneur! Retenez alors cette dernière leçon, et, à « chaque dimanche, rappelez-vous-en le souvenir. » Les bornes d'une pastorale ne lui permettant pas d'entrer dans beaucoup d'explications, il prescrivit à ses curés pour le second dimanche du carême une instruction dont il indiquait le plan sur l'observance du troisième commandement de Dieu : *Quelles sont les œuvres défendues? quelles sont les œuvres ordonnées? quelles sont les œuvres permises le dimanche?* Dans cette importante question, il ne se bornait pas aux paroles; avait-il connaissance d'un scandale sur ce sujet, aussitôt il en portait ses plaintes et réclamait des magistrats la répression des abus. S'étant aperçu, un dimanche, de quelques transports de marchandises à travers les rues d'Annecy, il écrivit au commandant de place une lettre, toute pleine d'affliction, qui eut son effet.

Sa vigilance embrassait tout. Des bateleurs s'adressèrent au commandant pour être autorisés à donner une représentation de la Passion du Sauveur; comme il s'agissait de mettre en scène des mystères de la religion, le chef militaire les renvoya à l'évêque qui, sachant que nous ne sommes plus aux temps de simplicité de foi où ces représentations donnaient de l'édification, fut justement effrayé à la pensée que Jésus-Christ parût sous les dehors d'un personnage de théâtre, et que la rédemption du genre humain par les souffrances et la mort d'un Dieu fût abaissée jusqu'à servir de pâture à la curiosité et de divertissement devant le public, leur refusa l'autorisation. La femme de l'un des bateleurs s'emporta en injures contre lui et alla jusqu'à le menacer de se venger de son refus dans les journaux de France. Notre prélat ne s'émut ni de ses menaces ni de ses insultes, et la représentation n'eut pas lieu.

Ce qui précède peut donner une idée du parfait accord qui régnait entre l'évêque et les autorités civiles et militaires d'Annecy; rien de plus touchant et de plus bienveillant que leurs rapports mutuels. L'évêché était la maison de tous, et les réunions offraient le spectacle d'une famille autour d'un père vénéré et chéri. Son cœur était si pénétré de cette union, qu'il mandait de Saint-Gervais à son chancelier [1] : « Je suis « toujours ravi du dernier chapitre de l'épître de saint Paul « aux Romains qu'on lui a pourtant reproché. Rien n'est tou- « chant comme cette longue litanie de personnages dont sa « tendre charité fait mention, et à qui il adresse ses salutations « apostoliques. Eh bien ! je voudrais terminer toutes mes « lettres de la même manière. Saluez donc (ici est une longue « liste de noms appartenant aux diverses classes), saluez tout « respectueusement toutes nos autorités, si bonnes pour moi « et auxquelles je suis si dévoué... Je n'ose continuer ma

---

[1] M. Sallavuard.

« liste, elle me mènerait trop loin. » Le dévouement de l'évêque était véritablement sans bornes ; aussi y recourait-on en toutes circonstances et avec une pleine liberté. Près de mourir, le chevalier Flecchia, colonel, commandant la province du Génevois, lui ayant recommandé sa femme qu'il laissait pauvre : « Soyez en paix, mon cher commandant, lui « dit-il avec attendrissement ; Dieu aura soin de cette chère « compagne, objet de vos inquiétudes. » Après le trépas de ce militaire, qui a laissé de précieux souvenirs à Annecy, Mgr Rey pourvut au logement et à la subsistance de l'épouse et de la nièce de ce respectable défunt, les reçut dans son palais, en attendant qu'elles trouvassent à se placer, puis obtint du gouvernement un subside qui permit à cette veuve dont les mains, comme celles de son mari, avaient toujours été ouvertes aux besoins des pauvres, de vivre d'une manière convenable à sa condition. Peut-on assez faire connaître quelle large part ont toujours eue les pauvres à la tendresse du bon évêque ! Ces membres souffrants de l'adorable Rédempteur des hommes étaient ses amis. Il connaissait par leurs noms tous ceux de sa ville épiscopale. Lorsqu'il traversait la Perrière, quartier habité par beaucoup d'entre eux, s'il en était qu'il n'aperçût pas dans la foule qui venait à lui, il les appelait ou les faisait chercher, afin qu'ils ne fussent pas privés de leur part d'aumône. Deux fois l'an il leur faisait des distributions extraordinaires. On ne peut citer une seule de leurs demandes qui ait été rejetée. Outre ces distributions, il y en avait chaque jour d'officiature pontificale.

Ce qui valait autant, ce qui avait un plus grand prix que l'aumône, c'était la bonne grâce avec laquelle il la faisait. Jamais le charitable prélat ne parut fatigué des importunités des indigents. Il avait avec eux une douceur incomparable et vraiment paternelle.

Sa charité, sous une forme ou sous une autre, s'étendait à tout son diocèse et bien au delà. On recourait à lui de tous côtés et pour toutes choses. Les veuves, les orphelins, les prisonniers, les déserteurs, les exilés s'adressaient à lui pour obtenir ou leur grâce, ou des secours, ou des adoucissements à leur malheur ; il ne rejetait personne. Souvent accablé de demandes, il ne savait où donner de la tête. Pour l'un, il fallait écrire au roi ; pour l'autre, à quelques-uns des ministres ; pour un troisième, à l'avocat général, au président du sénat, au gouverneur, etc. Il se prêtait à tout avec bonne grâce. Il disait quelquefois en souriant : « On me met vraiment à toute sauce. » Il était le père des malheureux[1]. A Pignerol, on l'appelait le père des *contrebandiers*. Chaque année, le vendredi saint, il avait recours au roi et en arrachait quelques-uns aux prisons et aux galères. En revenant de Villefranche dans leur famille, ils allaient remercier à Pignerol leur libérateur qui, avec ses avis, leur donnait toujours de quoi continuer leur route.

Nous touchons au terme de la carrière de ce vertueux prélat : elle fut si pleine, si riche en vertus, en œuvres, qu'on nous saura gré, sans doute, d'ajouter ici quelque chose à ce que nous avons déjà dit des habitudes de sa vie privée. Celle-ci était en tout conforme à sa vie publique. C'était la vie de la foi, dans le sens le plus rigoureux : c'est par cet esprit de foi que le devoir avait toujours le pas sur les œuvres de surérogation. La prière d'obligation, la prédication et le gouvernement de son diocèse, tenaient le premier rang dans ses travaux. Ses exercices de pure dévotion, ses correspondances avec ses amis ne venaient qu'après : celles-ci même lui tenaient ordinairement lieu de récréation. Les lettres d'affaires, celles de ses prêtres, étaient ouvertes d'abord ; les lettres d'amitié ensuite. Le plus grand ordre régnait dans la distribution des heures de la journée. Avant la maladie qu'il eut à Pignerol, et les infirmités qui en furent la suite, il se levait à quatre

---

[1] Une petite ville du diocèse d'Annecy s'étant soulevée contre les tracasseries d'un employé du gouvernement, celui-ci, pour la punir, lui envoya soixante hommes de garnison. Elle supplia l'évêque de plaider sa cause et il s'y prêta avec bonté. « Ce sont mes enfants, dit-il, et les entrailles paternelles portent leur excuse avec leurs réclamations. » La grâce fut obtenue (1833).

heures du matin en toute saison. C'était lui qui réveillait ses gens; son sommeil ne durait guère que six heures. Depuis, il retarda d'une heure. C'était sept heures de repos souvent troublé par les fatigues des jours et les douleurs auxquelles il était sujet. Après l'oraison et la récitation des petites heures canoniales, il offrait les saints mystères, précédés d'un quart d'heure de préparation immédiate et suivis d'un quart d'heure d'actions de grâces. Nous avons déjà parlé du recueillement avec lequel il célébrait les saints mystères. En 1813, le cardinal Pacca, en passant à Chambéry, pour rejoindre à Fontainebleau le pape prisonnier, dit à Mgr Dessolles, au sortir de la messe de l'abbé Rey, alors secrétaire de ce prélat, qu'il *n'avait pas souvenir d'une messe dite avec autant de ferveur.* Il était rare que l'admiration et la reconnaissance, la componction et l'amour, ne lui fissent pas répandre beaucoup de larmes. De toutes les privations, la plus pénible pour lui était de ne pas offrir le saint sacrifice. Alors, s'il n'était retenu au lit par la maladie, il assistait à la messe de son aumônier.

En revenant de l'autel, il lisait un ou deux chapitres des saintes Écritures avec commentaire. C'est par cette lecture qu'il ouvrait le travail de la journée; il la reprenait après midi, avant ses occupations ordinaires, et l'achevait le soir. Sa récréation était fort courte. C'était, dans la belle saison, une promenade dans son jardin, où, à la vue des fleurs, des fruits, son âme s'élevait à Dieu en de touchantes actions de grâces. Quelquefois c'était une visite au séminaire, à la congrégation de ses missionnaires, ou aux autres établissements religieux d'Annecy. Les heures d'audience n'étaient pas limitées; à tous les moments de la journée, on était admis à lui parler; il ne semblait jamais dérangé ni contrarié d'être interrompu. Chaque jour, son courrier expédié, il passait une demi-heure devant le Saint-Sacrement. S'il y avait sermon dans quelques-unes des églises d'Annecy, il y assistait. Pendant les carêmes, nul n'était plus assidu aux prédications de la cathédrale et de Saint-Maurice. La parole de Dieu avait pour lui des charmes ineffables, et, parmi ses consolations, une des plus douces était de se trouver au milieu de son peuple, de lui parler de Dieu et de l'instruire de ses devoirs. Nous l'avons vu consumer ses forces et sa vie au service des âmes.

Dans ses doutes, ses embarras et ses ennuis, sa première pensée le menait à saint François de Sales; il demeurait près de son tombeau des heures entières. Rentré au palais après sa visite aux saints tabernacles, il se livrait à l'étude, écrivait ses lettres pastorales, ou réfléchissait, en se promenant dans sa chambre, aux moyens de réaliser ses projets et d'accomplir les œuvres que le zèle du salut des âmes lui inspirait. C'est alors aussi qu'il écrivait ses lettres d'amitié, d'obligeance, et tant de recommandations et demandes de tout genre en faveur des malheureux.

Le soir, il passait dans sa chambre environ une heure au milieu des ecclésiastiques de sa maison, vivant avec eux dans une grande intimité. C'était comme une seule famille où son cœur donnait le bonheur, et où son esprit vif et aimable répandait la gaieté ; tout en causant, il interpellait les uns ou les autres sur mille sujets, et en même temps inscrivait dans son journal les événements de la journée, quelquefois les variations de l'atmosphère, mais surtout il relatait les fautes qu'il pensait avoir eues à se reprocher....

Dans un registre séparé il notait aussi, à ce moment, les lettres écrites par lui et leur objet principal. A dix heures finissait sa soirée, qu'il ne pouvait clore sans quelque parole de bonté ; puis, faisant appeler ses gens, on récitait la prière en commun, suivie de la lecture d'un chapitre de l'Évangile médité; le salut du soir était, ainsi que celui du matin : « Que Dieu soit avec vous, mes frères et mes enfants; *Salvete, fratres, pax Domini sit vobiscum.* » Ce n'étaient pas des mots, mais bien l'effusion d'un amour vraiment paternel. A huit heures, il prenait son repas.

Deux fois par mois, il vérifiait le compte des dépenses de sa maison. Le luxe et la recherche des mets et des vins étaient interdits à sa table. Si le cuisinier s'écartait de ses prescriptions (ce qui était rare), il en était sévèrement repris. Il récitait les grandes prières avant et après les repas, qui duraient peu ; ce qui lui fit dire un jour, par le commandant de la place qui était de ses amis : « Monseigneur, chez vous, on prie plus qu'on ne mange. » Quand il était seul avec ses prêtres, il faisait lire, en se mettant à table, un chapitre ou deux des Livres sacrés.

Hors de chez lui, dans les voyages, sa vie était également réglée. L'intérieur de sa voiture était une cellule de religieux. La prière, la méditation, la lecture des Livres saints et de l'*Imitation* de Notre-Seigneur, la récitation du bréviaire et du chapelet, quelques courts entretiens entre ces religieux exercices, tel était l'emploi de son temps. Avant le départ, il lisait l'Itinéraire des ecclésiastiques, se recommandait aux saints dont il avait les portraits dans son appartement par une dévotion plus particulière. S'il partait pour faire une tournée pastorale, son premier soin était de célébrer la messe au tombeau de saint François, qu'il visitait encore dans la journée qui précédait le départ, et à son retour, il ne manquait jamais de lui rendre ses actions de grâces, et de remercier, par un salut à leurs images, les saints dont il avait imploré la protection sur son voyage. Il avait choisi la fête des saints anges pour celle de sa maison ; le 2 octobre, tous ceux qui la composaient se réunissaient à la même heure et approchaient de la sainte table. Ce jour-là avec celui de son baptême étaient des jours de réjouissances. Il avait alors à sa table les vicaires généraux, le chef du chapitre et le personnel de sa chancellerie ; il en était de même de l'anniversaire de sa promotion au sacerdoce et de sa consécration épiscopale. Sa dévotion à son ange gardien était extrême ; on eût dit qu'il le voyait à ses côtés [1] ; il lui parlait avec une confiance d'ami, lui confiait ses peines, invoquait

---

[1] On sait que saint François de Sales reçut cette faveur le jour de son ordination.

son secours dans les périls et son assistance chaque fois qu'il avait à parler en public. Lors de sa visite pastorale dans la vallée de Boëge, en allant voir les travaux de l'église d'Habères-Poche, accompagné du comte de Sonnaz et du curé d'Habères-Lullin, qui, ainsi qu'il a été rapporté en son lieu, y avaient fait une très-grande opposition, il dut adresser des encouragements et des félicitations aux bons habitants, tout en évitant de blesser le seigneur, ou le curé, qui lui avaient préparé la réception la plus magnifique. La difficulté était grande ; on a déjà vu comment il réussit à contenter et les uns et les autres. Tant de tact, de délicatesse et de mesure parurent dans son discours, qu'on ne pouvait comprendre comment il avait côtoyé les écueils sans en heurter aucun. Son aumônier osa lui en faire la question. « Ah ! mon cher, j'ai tant « tourmenté mon ange gardien, qu'il a dû être de la partie ; « sans lui, je ne m'en serais pas tiré. »

La sainte Eucharistie faisait les délices de notre saint évêque ; ce mystère de l'amour de Jésus-Christ envers les hommes le touchait profondément. S'il en parlait, c'était avec des ardeurs d'amour et une abondance de sentiments qui remuaient vivement les âmes. Sur ce sujet, il était intarissable. Simple prêtre, il prêcha une retraite entière sur la présence réelle dans l'église paroissiale de Mâché, faubourg de Chambéry. Ce fut un commentaire sur le chapitre VI de l'Évangile selon saint Jean, où se trouvent les paroles de la promesse. Un des auditeurs disait à celui qui écrit ces lignes qu'après quarante ans, son âme conservait encore toutes vives les impressions qu'il y avait reçues, et que rien ne lui avait paru plus merveilleux que le talent déployé par le prédicateur en tirant d'un texte aussi simple de si grandes richesses.

Une des choses qui touchaient le plus sensiblement Mgr Rey, était d'apprendre qu'à tels ou tels jours quelques-uns de ses amis avaient participé à la sainte Eucharistie, et qu'ainsi, présent dans leurs cœurs par l'affection, il s'y était trouvé en l'adorable compagnie de Notre-Seigneur Jésus-Christ. « Mon

Dieu dans le cœur de mes amis, s''écriait-il, quel bonheur pour moi ! » Après la célébration des divins mystères, aucune fonction religieuse n'avait pour lui plus d'attraits que de communier les fidèles ; la grande joie qu'il ressentait alors lui ôta souvent le sentiment de ses douleurs ; que de fois on l'a vu dans cette histoire ! Sa foi en la présence réelle était si vive, qu'à l'autel, devant le Saint-Sacrement, on eût dit qu'il voyait Notre-Seigneur Jésus-Christ face à face. « Monsei-
« gneur, vous n'avez pas la foi, vous ? lui dit un jour l'abbé
« Revel, chanoine d'Annecy. — Comment donc ? reprit le
« prélat avec vivacité. — C'est que vous voyez ce que nous
« autres n'apercevons que par la foi. » A la clôture de la mission de Talloires, en 1839, avant la communion, notre prélat, tenant la sainte hostie dans sa main, fit un discours sur l'Eucharistie, qui mit l'assistance hors d'elle-même. C'est ce qu'a raconté le P. Victorin, provincial des capucins de Savoie, qui était présent : « Nous étions persuadés, ajoutait
« ce digne religieux, que Mgr Rey voyait Jésus-Christ de ses
« yeux corporels, tant les choses qu'il en disait étaient ex-
« traordinaires et sublimes, tant ses paroles, ses regards et
« son visage étaient enflammés. » C'est à ce foyer ardent de l'Eucharistie qu'il puisait la chaleur et l'onction qui donnaient tant de puissance à ses discours, et qui se font sentir dans toutes ses lettres pastorales. Il n'est presque pas une de celles-ci où il ne parle de sa charité et de sa sollicitude pour son troupeau, et sur cette matière ses paroles sont toutes de feu : les cœurs brûlants d'un Moïse et d'un Paul semblent avoir passé en lui. Comme ces saints hommes, il eût souhaité d'être anathème pour le salut des pécheurs. Sa vie ne lui était rien : il en eût fait mille fois le sacrifice pour la conversion d'une seule âme. Que de fois on l'a surpris gémissant, soupirant ou pleurant sur l'endurcissement des brebis perdues de son troupeau ! Les besoins, les joies, les douleurs de chacune de ses ouailles lui étaient personnels. Il gémissait, il souffrait avec elles. S'il croyait voir les temps s'assombrir et les circonstances devenir menaçantes, sa sollici-

tude s'empressait de conjurer les fléaux ; il convoquait aussitôt ses peuples au pied des autels, afin de détourner les calamités dont la colère de Dieu semblait vouloir les frapper. Leurs intérêts étaient ses intérêts, leurs maux étaient ses maux. Pendant les pluies diluviennes de 1840, les eaux du lac envahissaient Annecy. Le prélat, qui avait une foi entière aux prières d'un peuple humilié devant Dieu, ordonna des supplications publiques pendant trois jours. Le troisième jour, les eaux se retirèrent. Son cœur était grand dans tous ses sentiments ; Dieu semblait lui avoir accordé la demande du Roi-Prophète : « Seigneur, élargissez mon cœur! » Oublieux des bienfaits qu'il répandait à pleines mains, il ne se souvenait que de ceux qu'il avait reçus lui-même. Il se regardait comme redevable pour les moindres services. On peut dire qu'il avait plus à se défendre de la reconnaissance que d'autres de l'ingratitude ; jamais on ne l'entendit se plaindre d'avoir fait des ingrats, et son inquiétude était, au contraire, de ne pas assez faire au gré de tous : à plus forte raison l'éprouvait-il à l'égard de Dieu. Après plus de cinquante ans de travaux qui eussent rempli la vie de bien des ecclésiastiques laborieux, il croyait encore n'avoir rien fait. « Je tremble, disait-il, de paraître les mains vides devant « mon juge. » « Je suis vieux, écrivait-il à Monseigneur de « Besançon, et je n'ai plus le temps de me ménager, parce « que *dum tempus habemus, operemus bonum;* bientôt il n'y « aura plus de temps pour moi. »

Parmi ses dévotions, dominait avant tout celle à saint François. Nous en avons donné mille preuves : il croyait lui tout devoir et en avoir tout reçu. « Sans cet apôtre de mes « pères, disait-il, je serais un prédicant de mensonges et un « ministre de l'hérésie. » Aussi saisissait-il avec bonheur les occasions de lui témoigner ce sentiment. En approuvant les plans des églises, il mettait ordinairement la condition qu'il y aurait un autel à saint François. Tout ce qui lui rappelait le souvenir de ce grand serviteur de Dieu, lui était cher. Sa vénération pour les familles de Sales et de Roussy était une sorte de culte. Les chefs de ces deux maisons étaient ses amis. Ce lui était une consolation immense de voir le nom de notre saint honoré dans ces deux illustres personnages, ses parents, par de grandes qualités et d'éminentes vertus. Son dévouement si absolu au diocèse d'Annecy et à tout l'Ordre de la Visitation, découlait de cette même source. Parmi les traits qui caractérisent Mgr Rey, on aura remarqué son inviolable attachement au Saint-Siége et à la maison de Savoie : « Mon dévouement à nos rois, a-t-il dit plus d'une « fois, n'est pas une simple affaire de sentiment, c'est un « principe. Mon affection pour eux est raisonnée. » Mais quelle affection! loyale, désintéressée, parfaite! Quelle chaleur de dévouement envers ces princes, dans lesquels il voyait et le fondement de l'État et de fermes appuis de la sainte Église catholique!

On ne peut porter plus loin le respect, l'obéissance et l'amour envers le Saint-Siége que ne le faisait notre pieux évêque. Sur ce sujet, sa conviction semblait doubler son éloquence ; rien de plus élevé que le langage de sa foi et de plus touchant que l'accent de sa piété filiale envers les papes. Qu'on nous pardonne quelques citations à l'appui de ce qui déjà en a été écrit. Sa lettre publiée à Pignerol, lors de l'élection de Pie VIII, s'adresse ainsi au nouveau pape : « Nous « vous saluons, pasteur universel des âmes, prince des pon- « tifes, père des fidèles! Nous vous saluons comme des bre- « bis dociles, des sujets respectueux et des enfants soumis! « Vicaire de Jésus-Christ, nos cœurs seront à jamais voués « à votre personne sacrée, et notre esprit docile à vos ora- « cles. Nous marcherons droit quand vous étendrez la main « pour nous conduire ; nous serons tranquilles, quand vous « l'élèverez pour nous protéger, et nous serons heureux « quand vous l'abaisserez pour nous bénir...

« Dans les doutes et les difficultés qui s'élèveraient sur « tout ce qui regarde la religion; dans les épreuves qui « pourraient nous être réservées, tournons nos regards vers « la Sion des chrétiens, vers la cité des pontifes : c'est là,

« c'est à Rome, la ville sainte, la ville éternelle, que réside
« celui qui a reçu l'ordre et le pouvoir de nous gouverner
« et de nous instruire, de paître les agneaux et les brebis,
« les peuples et les pasteurs; de décider toutes les questions
« qui ont rapport à la foi, aux mœurs et à la discipline; de
« maintenir l'observance des saints canons, des règles et
« des ordonnances de l'Église, et d'en dispenser quand il le
« croit nécessaire ou qu'il le juge plus utile; de fixer notre
« jugement sur les écrits, sur les livres dont l'approbation
« ou la condamnation doivent servir de règles à nos lec-
« tures. Gardons-nous surtout d'écouter les censures mali-
« gnes, ou les murmures injustes que la malveillance et
« l'esprit de parti et d'incrédulité font quelquefois entendre
« contre l'autorité du Saint-Siége et les décisions qui en
« émanent. Souvenons-nous de cette maxime du plus grand
« des docteurs de l'Église : *Quand Rome a parlé, toute dis-
« cussion est finie* [1]. . . . .

« Eh! qu'une philosophie sanguinaire ne vienne pas ici
« insinuer des soupçons hypocrites sur les prétendus dan-
« gers de l'obéissance filiale que les chrétiens doivent uni-
« versellement au chef de l'Église, comme si elle devait
« diminuer l'inviolable fidélité que la religion prescrit envers
« les princes qui la gouvernent. Ce n'est pas après avoir
« traîné les monarques sur l'échafaud que cette philosophie
« atroce serait en droit de rejeter sur nous les crimes dont
« elle s'est souillée! La puissance sans bornes que Jésus-
« Christ a reçue de son Père et qu'il a communiquée à son
« vicaire sur la terre dans l'ordre de la religion, n'a rien
« qui doive faire ombrage aux puissances du monde : elle
« est *pour édifier et non pour détruire*, comme le dit un
« apôtre, et nous pouvons répondre avec l'Église à ces dan-
« gereux sectaires qui feignent de craindre l'autorité des
« pontifes : Eh! que craignez-vous donc? Celui qui distri-
« bue des couronnes pour l'éternité n'arrache point celles

[1] S. Aug.

« de la terre à ceux qui les portent! *Quid times? non eripit*
« *mortalia qui regna dat cœlestia...*

« O Siége auguste du vicaire de Jésus-Christ! ô pontife
« vénérable qui venez de vous y asseoir! Nous renouve-
« lons, en cette circonstance, l'humble et sincère protestation
« de notre obéissance, de nos respects et de notre amour!
« Enfants soumis de l'Église romaine, peuple et pasteurs,
« jamais rien ne nous séparera du bercail hors duquel il n'y
« a qu'erreur et damnation! *Notre cœur sera toujours là où*
« *est notre trésor;* et c'est à Rome, sous les clefs du pontife
« souverain, que réside le trésor de la doctrine pure, sainte,
« et inaltérable de la foi catholique... »

Consulté par un de ses collègues dans l'épiscopat sur un point de doctrine longtemps controversé, et que Rome venait de décider, notre prélat répondit : « Nous recourons
« à Rome pour le dogme, nous y recourons pour la mo-
« rale, c'est sans doute pour en suivre les décisions dans
« l'un et l'autre cas. Il est impossible que nous préten-
« dions être longtemps *plus catholiques* que le pape, sans
« courir le risque de nous croire peut-être à la fin encore
« catholiques *sans le pape.* » Un haut personnage lui avait communiqué une lettre d'un de ses parents où se trouvait un récit d'une audience du Saint-Père : « On ne peut écrire
« avec plus d'esprit que ne le fait ce cher monsieur, ob-
« serva Mgr Rey; cela n'empêche pas que je n'aie réelle-
« ment et cordialement été affligé de sa manière de parler
« du Saint-Père; il n'y a rien de chrétien dans cette nar-
« ration.

« Hélas! il parle de l'éloquence du pauvre évêque d'An-
« necy; je lui sais un gré sincère du compliment! Ensuite,
« je sais à quoi m'en tenir sur mon propre compte! Et pour-
« tant j'avoue que si j'avais obtenu le touchant honneur
« d'être admis aux pieds de Grégoire XVI, j'aurais décrit
« cette honorable et précieuse audience d'une tout autre
« manière, parce que la foi seule, le respect et l'amour au-
« raient été l'âme de mes sensations. Je n'aurais vu que le

« successeur de saint Pierre et le vicaire de Jésus-Christ ; un
« torrent de larmes délicieuses eût baigné les pieds et la
« main du pape, et les battements de mon cœur, ému de bon-
« heur, eussent vingt fois entrecoupé les paroles de respect
« par lesquelles j'aurais essayé d'exprimer au Père commun
« des fidèles tout ce que m'aurait inspiré sa présence. »

Un des premiers actes de Mgr Rey, à Annecy, fut l'introduction de la fête et de l'office de saint Grégoire VII, que les gallicans et les parlementaires avaient obstinément rejeté du calendrier.

Nous avons essayé de montrer quel était notre saint et grand prélat, il nous reste à parler des derniers temps de sa vie. Dès le mois de juin 1841, sa faiblesse le força à renoncer aux officiatures pontificales, ce qui affligea sa piété. Mais il ne rabattit rien de son assiduité aux divins offices, quoiqu'il y endurât de grandes souffrances. Le jour de l'Assomption, pendant la messe solennelle, les pleurs coulèrent, sans interruption, de ses yeux. Il fut alors dans une sorte de ravissement où Marie lui apparut resplendissante de gloire. Pendant toute la journée, il fut absorbé par la contemplation des mystérieuses grandeurs de Celle qui donna au monde l'auteur du salut. « Oh ! les touchantes choses que je « pourrais écrire sur ma tendre Mère, la Reine des cieux ! » Ce sont ses paroles consignées, le soir de ce jour, dans son journal. Il eut plus que jamais à cœur d'étendre le culte de Marie ; c'est dans ce dessein qu'il sollicita, auprès du Saint-Siége, pour son diocèse, la faveur de l'invoquer sous le glorieux titre de *Reine conçue sans péché*, et d'ajouter à la préface de la fête de la Conception, le mot *immaculée*, anticipant par là le vœu de toute l'Église, couronné par le pape Pie IX. L'immaculée Conception n'était plus chez lui à l'état de pieuse croyance ; il la révérait comme une vérité de foi ; car son cœur filial goûtait une consolation inexprimable à reconnaître dans Marie cette gloire qui lui semblait nécessairement liée à la maternité divine. Le bref de concession n'arriva à Annecy que quelques semaines après sa mort.

Malgré l'affaissement toujours croissant de ses forces, le 21 août, fête de sainte Françoise de Chantal, ce fut lui qui offrit les saints mystères près du tombeau de la sainte, et le soir il y retourna pour le sermon, après lequel il donna la bénédiction du très-saint Sacrement. Une émotion visible le saisit, sa voix était faible et tremblante, et plusieurs des assistants en furent frappés; ils se dirent avec douleur que c'était sûrement la dernière fois qu'ils avaient entendu ce bon pasteur.

La retraite de son clergé avait lieu en ces jours-là; on le vit encore suivre les exercices. Chaque jour, il y prit la parole. Les violences qu'il se faisait pour triompher de la faiblesse de ses organes, imprimaient, aux conseils de sa sagesse, quelque chose de touchant et de solennel, qu'on n'avait pas encore ressenti. Déjà sur le seuil de l'éternité, entre la vie qui lui échappait, et la mort dont les ravages se faisaient remarquer dans les traits de sa physionomie, on croyait voir apparaître l'apôtre des nations s'adressant à Timothée : « Veillez sur le troupeau qui vous est confié ; « travaillez sans relâche à son salut; accomplissez votre mi- « nistère. Pour moi, les apprêts d'un trépas prochain sont « achevés ; la dissolution de ce corps mortel avance à grands « pas ; j'ai achevé ma course, j'ai gardé la foi, j'ai combattu « le bon combat et je conserve la confiance que le juste « Juge me couronnera de la couronne de justice. » Il recommanda, avec chaleur, à ses prêtres, la basilique de Saint-Paul hors des murs de Rome, pour l'achèvement de laquelle Grégoire XVI avait fait un appel à la chrétienté, et quelques semaines après une belle lettre pastorale invitait ses peuples à contribuer généreusement pour la réédification de ce monument de la foi et de la reconnaissance des siècles chrétiens. On recueillit au delà de 6,000 francs, qu'il eut encore le temps de faire parvenir à Rome.

Le dernier jour de cette retraite, Monseigneur se sentit si mal, qu'il ne put en faire lui-même la clôture. C'était le 1ᵉʳ septembre. Dès lors il ne fit plus que languir ; passant tour à tour de son lit sur le fauteuil que son vénérable ami, Monseigneur de Besançon, lui avait envoyé pour reposer ses douleurs. N'ayant plus la force de monter à l'autel, on fut obligé de le porter dans la chapelle de son palais, qui était à l'étage supérieur, il y entendait la messe, chaque jour, à genoux. Des évanouissements, causés par l'excès de ses maux et par la posture gênante qu'il prenait pour être plus semblable à Jésus crucifié pendant les saints mystères, donnèrent beaucoup d'inquiétude. A force de prières, on obtint qu'il restât assis jusqu'à la Préface. Mais il ne consentit jamais à s'asseoir depuis le *Sanctus* jusqu'à la fin de la messe, non plus qu'à s'abstenir de la sainte communion jusqu'à ce qu'il fut réduit à l'impossibilité de garder le jeûne prescrit.

Malgré son affaissement, il administra encore une fois la confirmation, présida à des vêtures et à quelques professions religieuses dans sa chapelle, et distribua les prix aux élèves des Sœurs de Saint-Joseph dans la grande salle de son palais. En ces circonstances, il eut encore quelques-unes de ces paroles douces et encourageantes qui coulaient avec abondance de ses lèvres, alors qu'il était plein de vie.

Une de ses peines était de ne pouvoir plus visiter ses communautés ni le sanctuaire des Allinges, où sa dévotion le conduisait chaque année. L'affliction des religieux habitants du Chablais, lorsqu'ils ne le verraient pas au milieu d'eux, le préoccupait vivement; il ne serait plus là pour les bénir, les instruire et les communier! Tout à son chagrin, il en gémissait lorsqu'il reçut la visite d'un prélat français, Mgr Rivet, évêque de Dijon. Notre digne malade s'empressa de lui remettre tous ses pouvoirs pour bénir et évangéliser Annecy, et l'évêque en profita pour prêcher à Saint-François, à Saint-Joseph ; il visita les établissements religieux de la ville, partout il distribua avec un zèle apostolique le pain de la parole de Dieu. Après deux jours passés à Annecy, Monseigneur de Dijon partit pour le Chablais, d'où il écrivit au pieux malade : « Votre coadjuteur voudrait vous dire toute « sa reconnaissance pour votre si bon accueil, pour vos en-

« tretiens si affectueux..... Que cette dette du cœur est dif-
« ficile à payer! je ne trouve pas en moi d'expressions pour
« vous dire la profonde émotion que me cause le seul sou-
« venir de vos bontés. O mon bon père (désormais je
« veux vous donner ce nom qui va si bien à votre cœur
« comme il convient à mes sentiments pour vous)! ô mon
« bon père! je n'oublierai jamais Annecy, son digne évêque
« et son inappréciable trésor. Que j'aurais voulu demeurer
« plus longtemps près de l'un et de l'autre! que mon esprit
« et mon cœur y étaient à l'aise, s'y trouvaient heureux!!
« Les disciples d'Emmaüs ne furent pas plus charmés, ne
« goûtèrent pas de satisfaction plus douce dans leur entretien
« avec notre bon Maître.

« J'ai dû vous quitter pour aller adoucir les regrets de
« vos bons Chablaisiens en ce beau jour anniversaire de leur
« heureuse délivrance. »

Dans une seconde lettre, Monseigneur de Dijon raconte
ses impressions sur la colline des Allinges : « Je l'ai vue
« cette fête, invention de votre zèle, dit-il; j'ai gravi la sainte
« montagne d'où le secours est venu à tant d'âmes assises
« dans les ténèbres et les ombres de la mort; j'ai vu cette
« foule pieuse, cette chapelle témoin des prières de saint
« François, et mon âme s'est comme liquéfiée au milieu des
« plus douces émotions.....

« Je veux vous dire que vos prêtres, dont l'excellente te-
« nue m'a fort édifié, m'ont accueilli comme l'ami de leur
« saint évêque. Ce titre m'a valu le plus respectueux em-
« pressement. A leur exemple, les populations m'environ-
« naient, me pressaient, avides de recueillir les bénédictions
« que je leur apportais de votre part. Je leur ai dit vos re-
« grets d'être absent de cette solennité, et leurs yeux se sont
« remplis de larmes, et, tombant à genoux avec moi, ils ont
« demandé la guérison, la conservation de leur excellent
« père. » La consolation qu'éprouvait Mgr Rey, de se sentir
ainsi remplacé, était extrême; il suivait de cœur, il dirigeait
les pas de son ami au milieu de son troupeau.

Des Allinges, Monseigneur de Dijon descendit à Thonon pour l'anniversaire du rétablissement de la foi catholique en cette ville (16 septembre). La veille, il fit la visite du monastère de la Visitation, en bénit les nouvelles constructions et prêcha. Il fut fort édifié de la régularité et de la ferveur des Filles de Saint-François de Sales, et se plut à le mander à leur bon Père d'Annecy. Le lendemain, qui était un jeudi, il officia pontificalement dans l'église paroissiale, assisté du clergé de la ville et en présence de plus de trente ecclésiastiques venus de la campagne. La tenue, pleine de décence et de piété, de cette foule fit son admiration. « *Quel bon peuple!* « écrit-il à l'évêque d'Annecy ; l'esprit de saint François de « Sales est encore là. » Après le salut, il y eut une prière récitée à haute voix, par toute l'assistance, pour la santé de leur bon évêque, et avec un mouvement si sensible et si extraordinaire de ferveur, que Monseigneur de Dijon s'empressa de le lui rapporter : « Combien tous ces gens-là vous « aiment! Ah! qu'ils ont raison! Vraiment, j'oubliais de « vous dire, ajouta-t-il, que M. le curé de Thonon a parfai- « tement fait les honneurs de sa maison, de sa ville et de son « Église. L'esprit et le cœur de ce digne prêtre me semblent « à la hauteur de sa place. »

Toutes les inventions de la foi et de la vénération furent épuisées par les religieux habitants de Thonon et des Allinges pour fêter l'envoyé et l'ami de leur évêque ; Monseigneur de Dijon passa en Chablais en faisant le bien, à l'exemple du prince des pasteurs, et les années écoulées n'ont pas effacé le souvenir de sa charitable apparition parmi les enfants de Saint-François de Sales.

L'affaiblissement du malade augmenta sensiblement; il ne pouvait plus écrire lui-même, ce qui était une grande privation. Il dictait encore un certain nombre de lettres, et nous ne saurions passer sous silence la dernière de celles qu'il adressa à madame de la R. J. Il semble que l'ardeur de sa foi, l'amour des souffrances, le zèle pour les bonnes œuvres, l'humilité, les sentiments de religieuse amitié et de reconnaissance qui remplissaient son cœur, s'y trouvent réunis plus que dans aucune autre.

Annecy, le 6 octobre 1811.

Madame la comtesse,

Quoiqu'il y ait six semaines que je n'ai plus écrit de lettres moi-même, je m'étais pourtant promis ce matin de vous écrire ma première lettre, et puis je n'en ai ni la force ni le courage; Dieu a voulu me donner une grande leçon. Puissé-je en profiter selon les vues de ses saintes miséricordes : l'aimable et touchante prédication que votre si bonne lettre m'a fait lire servirait bien un peu à me convertir, si la malheureuse nature n'était pas là comme partout à contrarier plus ou moins les préceptes de la médecine, comme elle en contrarie trop souvent d'autres bien plus importants. Eh! mon Dieu! combien je sens vivement la vérité des touchantes leçons que nous donne l'auteur de l'*Imitation* dans son troisième livre où il traite *des divers mouvements de la nature et de la grâce*. Je m'y reconnais d'un bout à l'autre; j'ai encore quelque zèle quand il s'agit de donner aux autres des avis salutaires: mais, hélas! je suis comme la pierre à aiguiser qui apprend à couper et qui ne coupe point elle-même. Oh! priez bien pour moi, digne et pieuse comtesse; le vif intérêt que vous daignez prendre à ma situation sanitaire m'assure que vous en prenez un bien plus grand au salut de ma pauvre âme. Si vous eussiez été témoin ce matin de l'émotion de mon pauvre cœur en lisant votre touchante lettre, que je relirai encore demain, vous vous seriez applaudie de me l'avoir écrite. Non, madame, il n'y a pas sur la terre de consolations plus parfaites, plus pures, plus religieuses que celle que me fait éprouver la bonté si chrétienne avec laquelle vous daignez traiter, et j'ose dire aimer un pauvre vieillard, qui vous honore et vous chérit de toutes les facultés de son âme. Hélas! oui, si j'avais le bonheur d'être près de vous, cet adoucissement ineffable soulagerait mes douleurs et accélérerait ma convalescence ; mais enfin de bonnes et saintes prières suppléeront à votre présence, et l'ange du Seigneur recevra ordre de sa part, à cause de vous, de m'apporter quelques-unes de ces consolations célestes qu'il apporta jadis dans le jardin des Oliviers au Sauveur adorable qui y souffrait certes de tout autres tourments que ceux que nous pouvons éprouver. Aussi, je m'attache de toutes mes forces à cette robe sacrée, humide de sang et de sueur, pour en exprimer sur moi une goutte divine.

Ah! mon Dieu! que suis-je en présence de ce tendre et adorable maître! aidez-moi à l'aimer, je vous en conjure, madame, et devant un tel bonheur ne parlons plus des pauvres misères de la vie. Aimer Dieu! oh! ciel, quelle douce parole! Aimer Dieu! et l'aimer de concert avec un cœur tel que le vôtre; ah! sans doute, ce n'est pas encore l'aimer assez, mais au moins c'est l'aimer doublement et de la manière qui lui plaît davantage.

J'avoue bien volontiers, madame, que je désire vivement le retour de la santé, afin de l'employer à la gloire de mon Dieu et au salut de mon âme; ensuite, il me reste encore tant à faire pour consolider de saintes entreprises que le bon Dieu semble aimer et bénir; j'en ai une maintenant sur le métier d'une bien grande importance; elle occupe toutes mes pensées, et si le bon Dieu daigne éclairer mes démarches et bénir mes efforts, j'aurai rendu un service immense aux prêtres vieux et infirmes de mon diocèse. Priez encore, ma digne comtesse, pour que le bon Dieu soit avec moi dans cette belle œuvre. Je viens de faire une nouvelle démarche auprès de notre gouvernement, pour mettre un terme à la fâcheuse servitude qui pèse encore sur nos chères Sœurs de Saint-Joseph dans leur belle maison d'Annecy; je l'ai bien recommandée au bon Dieu et ma confiance n'a jamais été trompée. Le bel escalier qui conduira à l'église de vos chères filles avance rapidement; il se peut qu'à la Toussaint il soit livré à la piété et à l'empressement des fidèles. Toutes les religieuses de Saint-Joseph de mon diocèse sont réunies en ce moment dans la maison mère et y font la retraite annuelle pour leur sanctification. Ah ! dans leur ferveur, elles ne sauraient vous oublier.

Mille respectueux hommages, je vous en conjure, au digne évêque de Luçon [1] ; demandez-lui par charité une petite place dans ses saintes prières pour le vieillard dont il daigne se souvenir. Ah ! que j'ai été touché de ce témoignage de la charité épiscopale !

Le cher abbé Sallavuard vous présente ses hommages, et j'ai près de moi un jeune petit secrétaire qui voudrait bien en dire autant ; mais il ne sait quelle excuse trouver à cette hardiesse.

(De la main de Mgr Rey). Voici encore le griffonnage du pauvre malade. A Dieu, madame, et j'oserais dire très-chère fille, soyez bénie sans mesure par Celui dans le cœur duquel je vous suis si tendrement et si religieusement uni.

Votre vieux et tout respectueux serviteur,

† PIERRE-JOS., évêque d'Annecy.

C'est dans la méditation continuelle de la Passion de Jésus-Christ que Mgr Rey puisait la résignation, le courage et la sérénité qui ne l'abandonnèrent pas un seul instant au milieu de ses souffrances. Les passages que nous extrayons des lettres qu'il dictait pour son ami, M. Perrin, révèlent son âme tout entière : « Ma convalescence me semble une véritable mala-
« die : de mauvaises nuits, de pénibles journées, voilà ma
« vie. Je ne me dédommage de cet état de douleur qu'en
« élevant cent fois durant le jour et pendant la nuit ma
« pauvre âme vers Celui de qui je l'ai reçue et dans le sein
« de celui qui l'a rachetée à si haut prix. Oh ! mon Hya-
« cinthe, jamais la Passion et les souffrances de notre bon
« Sauveur n'avaient fait sur moi une impression aussi pro-
« fonde, à cause de l'amour infini qui en était la cause ! O
« mon Dieu ! qu'il faudrait d'amour pour répondre à tant

[1] Mgr Soyer.

« d'amour! Mais vous aurez pitié de ma pauvre âme et vous
« l'enflammerez par quelque étincelle de ce sentiment d'a-
« mour. Hyacinthe! ce trésor me dédommage de tout; et
« pourtant priez bien pour moi, afin que le bon Dieu daigne
« l'accroître toujours dans mon pauvre cœur. . . . . »

« . . . . . Étendu sur mon sofa, pendant la journée,
« je souffre infiniment moins que durant la nuit ; mais je
« n'ose en bouger, car il m'en a coûté d'inexprimables souf-
« frances pour venir de mon lit au lieu où je suis étendu. Et
« puis, c'est une triste chose que d'être toujours dans la même
« position, lors même que l'on n'aurait pas d'autres incom-
« modités à supporter. J'avoue que j'ai un besoin extrême de
« patience : aidez-moi à me l'obtenir. Oh! que je plains ce
« bon Henri V et qu'il a dû souffrir, attaché si longtemps à
« de cruels instruments de guérison! Bon prince! que le ciel
« vous soulage et vous rende aux vœux de tant d'âmes qui
« vous chérissent! Je suis du nombre, et pourtant je ne suis
« pas Français.

« Ne croyez pas cependant, mon cher Hyacinthe, que j'ou-
« blie mon Dieu dans mes souffrances : lui seul m'aide à les
« supporter. Il m'échappe des cris, mais des murmures, ja-
« mais. Et puis, quand je songe aux douleurs de mon ado-
« rable Maître, à celles de tant de millions de martyrs, ah!
« mon Dieu! je suis confondu et j'ai honte de mon immense
« faiblesse.

« En voilà bien long, mon cher enfant, sur ma position;
« mais c'est l'habitude des malades de fatiguer ceux à qui ils
« parlent, même ceux à qui ils écrivent, par le récit fasti-
« dieux de tout ce qu'ils éprouvent. Pardonnez à votre vieux
« ami, s'il ressemble à tous les autres. »

Cet homme d'un caractère ardent, d'une sensibilité qu'il
appelait son *bourreau*, et dans l'âme duquel toutes les impressions étaient vives et profondes, était sujet, nous l'avons dit,
à des vivacités qu'il se reprochait amèrement. Ce fut le combat de toute sa vie. Par une résolution, qui datait du sémi-
aire, à laquelle il fut constamment fidèle, il terminait la

récitation de chacune des heures de l'office divin par cette prière : « Jésus, doux et humble de cœur, ayez pitié de moi ! »

Dans le but d'être sans cesse excité à la pratique de la douceur, il portait à un de ses doigts un anneau surmonté de l'effigie de saint François de Sales. Lorsqu'il lui échappait des impatiences, il les consignait dans son journal avec l'expression de son repentir, ne les imputant ni aux contrariétés, ni aux paroles, ni aux manquements qui les avaient provoquées, ni même aux souffrances qu'il endurait ; mais uniquement à lui-même, ne blâmant que lui, ne condamnant que lui et ne se plaignant à Dieu que de lui-même, sans jamais s'en prendre aux choses et aux hommes qui avaient été l'occasion ou la cause de ces mouvements indélibérés de la nature. Sortait-il de sa bouche quelques mots un peu vifs contre ses gens, ils étaient presque aussitôt suivis des témoignages d'une bonté toute paternelle ; aussi tous le vénéraient et l'aimaient comme un père.

Pendant sa longue et douloureuse maladie, sa patience ne se démentit pas un moment. On ne remarqua aucune de ces vivacités que le Seigneur lui avait laissées sans doute pour servir d'aliment et de soutien à son humilité.

A mesure que ses forces dépérissaient, son âme était plus maîtresse d'elle-même et plus agissante. Il gouvernait son diocèse et portait presque seul tout le poids d'une administration étendue. Il s'éleva plusieurs difficultés graves entre des paroisses et leurs curés que notre prélat eut encore le bonheur de terminer à la satisfaction des deux parties. Trois de ses prêtres avaient de graves démêlés : les deux premiers avec quelques-uns de leurs paroissiens, le troisième avec le gouvernement. Il réussit à arranger les affaires de ceux-là. Mais, pour le dernier, il ne put que lui éviter une peine humiliante, en restituant au fait qui lui était reproché son vrai caractère que la passion avait dénaturé. Il sauva son honneur avec la confiance dont il avait besoin pour ses fonctions, et il le maintint dans sa paroisse où il a continué avec beaucoup de fruits son ministère. Parmi ces trois ecclésiastiques, il y en avait deux dont il avait eu personnellement à se plaindre. Mais il ne se souvint d'eux que pour les tirer de leur peine.

Il portait au plus haut degré de perfection la charité pour ses gens de service, les considérant comme des enfants que Dieu lui avait donnés ; il s'attachait à eux, était heureux lorsqu'il les voyait bons et pieux. On l'a entendu s'écrier un jour : « Mon Dieu ! je ne puis vous bénir assez des douceurs de famille que vos bontés m'accordent, en me donnant des domestiques qui vous aiment. » Il les gardait malgré de grands défauts de caractère, pourvu qu'il trouvât en eux de la sagesse et du cœur. Son dernier valet de chambre avait l'humeur très-bizarre ; s'il était contrarié, il perdait la tête et disparaissait, quittant son maître pour un ou deux jours, puis revenait ; son service était pénible à supporter, et, le bon évêque s'en plaignant quelquefois, on crut devoir lui conseiller de ne pas le reprendre à la suite d'une de ses fugues. « A votre âge, avec vos infirmités, disait-on, vous n'y tiendrez pas ; c'est trop de passer tout à coup du service si doux du bon Pierre à celui de N., qui est tout le contraire. — Je le sais bien, fut sa réponse ; mais quand je pense que Dieu me supporte malgré mes défauts et mes torts envers lui, il me semble juste que je supporte ce pauvre enfant qui est sa créature ; je souffre beaucoup avec lui, mais il est brave garçon, il a de la foi ; il m'est dévoué jusqu'à la vie, je ne puis le renvoyer. Au reste, la Providence ne l'a pas mis à côté de moi sans dessein ; et puis j'ai bien des impatiences à expier ; l'occasion est bonne, je ne veux pas la laisser échapper. Il m'apprend la patience, ainsi je n'y gagne pas mal. La patience est une des vertus apostoliques ; vous voyez donc, mon ami, que N. me rend plus de services qu'il ne croit. »

Jamais Mgr Rey ne parlait mal de qui que ce soit ; jamais il ne sortait de sa bouche une parole de colère ou d'anathème, en présence des faits qui le blessaient au plus vif. Quand on était habitué à l'étudier, on voyait le combat qui se livrait au dedans de lui-même. Ses yeux se fermaient dans ces moments, sa tête s'inclinait, la foi devenait victorieuse. Un épanouissement de modestie et de joie rayonnait sur sa figure, et il montrait que, fidèle disciple de Jésus, il savait être *doux et humble de cœur.*

Pendant ce temps, il méditait le dessein de fonder une maison de retraite où les prêtres âgés ou infirmes eussent le repos et les soins mérités par leurs travaux ; projet dont nous l'avons vu plus haut entretenir madame de la R. J.

Il avait déjà dressé le règlement de cette maison, et arrêté le choix des personnes qui l'auraient dirigée ; des dons lui étaient venus et il faisait chercher autour d'Annecy la localité la plus propice à l'œuvre, lorsque la mort l'enleva.

Dans ses derniers jours il ordonna, en faveur de ses séminaires, une collecte dont les résultats le réjouirent beaucoup. A la voix si connue et si aimée de leur père, les fidèles se dépouillèrent de nouveau, et leur pauvreté abonda en riches offrandes. La lettre que notre prélat leur adressa à cette occasion finissait par ces paroles : « Nous élevons notre cœur
« et nos mains vers le Seigneur dans l'amour duquel nous
« vous sommes si paternellement et si tendrement dévoué,
« nos très-chers Frères, afin d'attirer sur vous tous les genres
« de prospérité, et pour cette vie passagère et surtout pour
« celle qui ne doit pas finir. Nous vous demandons, en re-
« vanche, le secours de vos ferventes prières, pour que Dieu
« nous aide à sanctifier nos souffrances et à terminer dans
« son amour et à son service une vie qui nous échappe et
« que nous lui avons entièrement consacrée depuis près d'un
« demi-siècle dans l'exercice des sublimes fonctions de notre
« divin ministère.

« Soyez heureux, nos très-chers Frères, c'est-à-dire soyez
« fervents et vertueux ; car il n'y a pas d'autre véritable bon-
« heur que celui-là. Nous vous bénissons, nous vous saluons
« avec une affection inexprimable et dont notre dernier sou-
« pir sera encore imprégné quand le bon Dieu l'exigera de
« nous. »

Ce furent les derniers adieux du bon pasteur à son troupeau. *Vertus* et *ferveur*, tels furent les vœux de son cœur pour les ouailles au salut desquelles il avait consumé sa vie.

Le testament de Mgr Rey était fait d'avance. Il le peint tout entier. Il avait peu, il donne tout, et ce dernier acte est le digne couronnement d'une vie toute de foi et de charité.

Les dangers de son état devenant de jour en jour plus pressants, on fut alors témoin d'un spectacle bien attendrissant. Les communautés religieuses du diocèse en permanence au pied des autels, les populations tourmentant le ciel par leurs prières pour en obtenir la guérison de celui qu'elles appelaient leur père. D'Annecy, la désolation avait passé jusqu'aux extrémités du diocèse. Elle était universelle. Là où le courrier arrivait, on voyait la foule se porter à la cure, s'informant avec anxiété de la situation de ce tant vénéré et cher malade.

Chambéry partageait les craintes et la douleur d'Annecy. Le gouverneur, l'archevêque, plusieurs membres du chapitre métropolitain, de la magistrature, bon nombre des plus respectables personnes de cette ville vinrent le voir. Ces témoignages d'un intérêt aussi général, agissant sur son âme si sensible, semblaient suspendre la marche de la maladie; mais bientôt elle reprenait son cours. Déjà il n'avait plus la force de dicter ses lettres. Comme on n'avait au dehors aucune nouvelle, ni par lui-même ni par les prêtres de sa maison trop occupés dans ces pénibles moments, l'inquiétude redoublait partout. « Voilà trois jours que je ne reçois pas de « vos nouvelles, lui écrivit Monseigneur de Chambéry ; il me « tarde extrêmement d'en recevoir. Quoiqu'un peu plus fa- « vorables, les dernières ne l'étaient point assez pour me « tranquilliser. J'ai besoin d'en avoir souvent, non-seule- « ment pour moi, mais pour toute la ville de Chambéry, car « je ne vois personne qui ne m'en demande. Je me recom- « mande donc à l'obligeance des prêtres de votre maison. »

Ne pouvant plus réchauffer ses membres, le malade se fit porter au second étage du palais où le soleil pénétrait, dans l'espérance d'y trouver un peu de chaleur. — On était au mois de janvier. Monseigneur de Chambéry n'approuva pas le choix de cette habitation. « Il me semble, lui écrivit-il, « que vous auriez beaucoup mieux fait de garder votre « chambre avec les quinze degrés de froid que nous avons, « vous ne parviendrez pas à réchauffer cette espèce de *galetas* « où vous êtes allé habiter. » Ce mot *galetas* lui causa une peine de conscience. Empressé de conformer sa volonté aux conseils des autres, tenant à observer tout ce qui était convenable : « Voilà, dit-il, Monseigneur de Chambéry qui croit « qu'il y a indécence pour moi de rester où je suis ; il appelle « cette chambre un *galetas*. Il faut donc la quitter de suite et « me remettre dans mon premier appartement. » En sortant de cette chambre, il salua le soleil d'un dernier regard, en disant : « O beau soleil ! quand verrai-je celui qui resplendit « dans l'éternité, et dont tu n'es qu'une faible image ? »

Se sentant plus faible et plus mal, et voulant édifier les siens jusqu'à la fin, il demanda le viatique des mourants, qui lui fut administré par l'archidiacre de la cathédrale, en présence du chapitre, des prêtres de la ville et de beaucoup de fidèles. Après avoir reçu le pain des forts et l'onction des infirmes, il recueillit ses forces et adressa, avec le calme et la tranquillité du juste, la parole aux assistants, qui fondaient en larmes. « Tout est là ! » leur dit-il avec l'accent de la foi, de la confiance et de l'amour, en leur montrant le crucifix, qu'il tenait dans ses mains défaillantes. Il développa ce texte en montrant dans la croix, ou Jésus crucifié, la force des faibles, l'espérance des chétiens, la persévérance des justes, la consolation et le soutien de ceux qui souffrent, la règle de la conduite et le gage de la vie éternelle. L'émotion des assistants semblait ne pas arriver jusqu'à lui ; il ne témoigna pas la moindre sensibilité naturelle. Toute cette journée fut consacrée à l'action de grâces. « Ah ! mon cher et pieux « chevalier, écrivait à M. Perrin le secrétaire de notre pré- « lat, qu'il fait bon voir le juste se préparant au voyage de « l'éternité ! Je vous ai parlé de la paix et du bonheur de son « âme au moment où il a reçu le viatique, moment que je

« n'oublierai jamais. Je pourrais vous dire encore, à chaque
« instant, sa patience et son dévouement absolu aux volontés
« de Dieu. Il a été bien grand pendant sa vie ; mais qu'il est
« plus grand encore en face de la mort! » Le 24 janvier, il
écrit de nouveau à cet ami, livré aux plus grandes angoisses :
« Notre ami marche vers la grande éternité du bonheur.
« Je ne puis vous dire sa confiance en son divin Maître.
« Il approche de ce terme redouté avec le calme et la rési-
« gnation des saints. Nous sommes continuellement autour
« de lui, et jamais il ne laisse échapper une plainte, une pa-
« role de vivacité. Le bon Dieu, en récompense de sa sainte
« vie, lui a accordé une grande grâce pour supporter avec
« amour ses derniers combats... Consolons-nous, mon bien
« digne chevalier, la mort ne nous séparera pas ; nous au-
« rons un ami au ciel aussi cher qu'il l'était sur la terre. »

Il était habituellement absorbé par la contemplation de la
bonté de Dieu ou des gloires de la vie future ; il n'interrom-
pait sa méditation que pour recevoir les soulagements qui
lui étaient présentés, pour saluer et bénir les personnes qui
venaient le voir, et même alors sa pensée ne se détachait pas
de Dieu. Ses regards s'élevaient vers le ciel en se fixant sur
le crucifix, qu'il avait fait mettre à la portée de sa vue.
Toutes ses paroles étaient des flammes de l'amour divin.

Le 27 et le 28 janvier, il eut un peu de délire ; mais ce fut
un délire pieux comme tous les sentiments de son âme. Il
prit la veille de la fête de saint François de Sales pour sa fête
même, et le matin il appela son valet de chambre pour aller
à l'église de la Visitation. Celui-ci lui observe que la fête ne
tombe que le lendemain ; le pieux prélat croit qu'il veut le
tromper pour ménager sa faiblesse. En vain les prêtres de sa
maison confirment ce que le valet de chambre a dit ; il est
persuadé qu'il y a concert entre ses gens. « Comment, dit-il,
« avez-vous conçu le dessein de me jouer un semblable
« tour ? Quoi ! en ce beau jour, je ne serais pas au pied des
« autels et du tombeau de saint François avec mon peuple !
« Cela ne se peut pas ; que l'on m'apporte mes vêtements et

« que l'on m'y conduise. » On lui représente combien la chose est impossible dans son état et avec la rigueur de la saison, mais ce fut sans le convaincre. Il fallut l'habiller; il prit son rochet, son camail, son bonnet carré, etc. Il demanda sa bourse pour les pauvres qu'il avait l'habitude de rencontrer rangés sur deux lignes à la porte de son palais et aux portes des églises. Pour le tranquilliser, on le leva de son lit, et, le plaçant sur son fauteuil à roulettes, on le conduisit dans la grande salle du palais. « Mais enfin, dit-il à ses « gens, c'est à Saint-François que je veux aller! pourquoi « m'en détournez-vous? » Sur ces entrefaites, arrive son confesseur, M. l'abbé Delesmillière, supérieur du petit séminaire d'Annecy, qu'on était allé chercher à la hâte. « Sa- « vez-vous, mon cher abbé, que je ne puis plus être obéi? « Tout mon monde est d'intelligence pour m'ôter la conso- « lation de fêter, avec mes enfants, ce beau jour. On refuse « de me conduire à Saint-François. — Monseigneur, répon- « dit le confesseur, vous ne pouvez pas en conscience y al- « ler. » A ce mot de *conscience*, il inclina la tête en signe de résignation : « Tout est dit; que l'on me reconduise dans ma « chambre. » Telles furent les douces paroles qui mirent fin à cette scène pénible, mais bien édifiante.

Le 29, il fut plus abattu; mais il eut la consolation de recevoir de Rome une lettre où le Saint-Père lui disait sa douleur de le savoir malade, et dans laquelle il lui envoyait sa bénédiction apostolique la plus ample, avec les indulgences plénières. Le pape lui faisait part, en même temps, de sa nomination de prélat assistant au trône pontifical, aussitôt que sa santé serait rétablie. Cette lettre contenait encore d'autres grâces du souverain pontife. Par ce sentiment de vénération profonde qu'il ressentait pour tout ce qui venait du successeur de saint Pierre, il voulut en faire lui-même la lecture; ce ne fut pas sans de grands efforts, car sa vue s'obscurcissait déjà. A ces mots : *assistant au trône pontifical*, il porta ses regards enflammés vers le ciel, et dit avec feu : « Oui, « mon Dieu! assistant au trône pontifical éternel! »

Le lendemain 30, il entendit encore la messe de son lit, et y reçut pour la dernière fois dans son cœur Celui qu'il allait bientôt contempler à découvert dans sa gloire.

Le soir de ce même jour, il entra en agonie, mais ce fut une agonie douce; il ne paraissait pas souffrir; on eût dit qu'il sommeillait. Au mouvement de ses lèvres et à ses yeux, on voyait qu'il conversait avec Dieu. M. le chanoine Charvillon, professeur de morale, étant venu le voir, lui demanda comment il se trouvait : « Quant au corps, lui « répondit-il, vous le voyez; quant à l'âme, Dieu l'inonde « de consolations. » Puis il le bénit en lui disant quelques paroles affectueuses. Il en fit autant pour les prêtres de sa maison, ses serviteurs et les personnes qui le visitaient. Quelques heures après, l'agonie devint plus pénible et sa respiration plus angoissée; mais bientôt le calme reparut, et le 31 janvier 1842, à neuf heures du matin, il expira doucement, tenant collée sur ses lèvres l'image du Sauveur crucifié, que lui présentait son confesseur.

Cinq mois de maladie, la mort même, n'avaient laissé aucune trace de leur passage; sa figure avait conservé cet air de grandeur et de majesté qu'il avait en chaire lorsqu'il annonçait les divins oracles, et qu'il eut constamment pendant les huit derniers jours de sa vie, alors qu'il était en présence de la grande éternité. Il paraissait sur le lit où il venait de rendre le dernier soupir, non comme la victime, mais comme le vainqueur de la mort.

Dans quel immense deuil ce trépas plongeait Annecy! C'était pour tous la perte d'un père, d'un ami. Le syndic de la ville, M. l'avocat Chaumentel, dont la mémoire est digne de tout honneur et de toute bénédiction [1], rencontrant celui qui écrit ces pages, s'écria, avec l'accent de la plus amère douleur : « Nous voilà orphelins, monsieur le chanoine! nous avons tous perdu un père! et, quel père! » Un homme du monde, trop peu occupé de son salut, apprenant les cir-

[1] Annecy est rempli de monuments de sa sagesse et de son dévouement au bien public.

constances de cette mort précieuse : « Voilà, dit-il, ce que
« c'est que d'avoir bien vécu : au lieu de craindre la mort,
« on la désire et on la voit venir avec joie. »

Dans tout le diocèse ce fut une affliction profonde, des regrets inexprimables! Un missionnaire de saint François de Sales, M. Cheminal, traversant la vallée de Viuz-en-Sallaz, demanda à des paysans pourquoi ils ne s'amusaient pas comme les autres années : « Ah! comment s'amuser, répon-« dirent-ils, quand on a perdu son père! » Dans les villes et les bourgs, les divertissements du carnaval furent suspendus.

Nous n'essayerons pas de peindre ce qu'éprouvaient ceux qui avaient le bonheur de vivre auprès du saint évêque, et le vide affreux qui se fit autour d'eux. Au service funèbre qui eut lieu pour le repos de son âme, les églises du diocèse furent pleines comme aux solennités. Les larmes ne cédaient qu'à un sentiment de religieuse vénération pour sa sainte mémoire. Pendant les trois jours qu'il demeura exposé dans la chapelle ardente, les fidèles de la ville et des campagnes voisines arrivaient en foule pour voir encore une fois les traits de ce père tendrement aimé. Deux séminaristes en surplis suffisaient à peine à recevoir les croix, médailles, chapelets que cette pieuse foule voulait faire toucher encore à des mains tant de fois étendues sur elle pour bénir!

Les obsèques, présidées par l'archevêque de Chambéry, eurent lieu, le 3 février, avec beaucoup de pompe. On y vit un nombreux clergé, une multitude innombrable de fidèles, toutes les autorités militaires, judiciaires et civiles ; et dans ce cortége imposant, les regards de tous distinguaient un illustre ami du défunt, le comte de Sales, ancien ambassadeur à la cour de France. Ce grand et vertueux seigneur, si digne de son beau nom, avait trouvé dans son amitié et sa tendre vénération envers notre prélat assez de courage pour venir, malgré sa frêle santé, la rigueur de l'hiver et la difficulté des routes toutes glacées, de Thorent à Annecy, rendre ce dernier hommage à un pontife qu'il appelait le *saint*. Le corps fut déposé dans la tombe creusée par les ordres et du vivant de notre prélat, au milieu de la chapelle des missionnaires de saint François de Sales et recouvert d'une pierre de marbre noir sur laquelle il avait fait lui-même graver cette épitaphe : *In tenebris stravi lectulum meum, sed de terra surrecturus sum et in carne mea videbo Deum meum* (Job. XVII, 13, et XIX, 25, 26). Les missionnaires ont ajouté quelques paroles, expression de leur amour, de leur vénération et de leurs regrets [1].

Le 17 mars suivant, un service funèbre fut célébré dans l'église paroissiale de Saint-Maurice, choisie à ce dessein à cause de ses vastes dimensions. Aucune autre église de la ville n'eût pu répondre à l'empressement des fidèles.

M. le chanoine Sallavuard, chancelier de l'évêché, fut chargé du discours funèbre. Attaché particulièrement au prélat en qualité de secrétaire, depuis plusieurs années, son émotion fut grande lorsqu'il se vit appelé à retracer les vertus de celui qui avait été pour lui un protecteur et un ami; il avait contemplé de près les grands traits de ce caractère apostolique; honoré des paternelles bontés de Mgr Rey, de sa douce familiarité, à quels trésors de charité, à quels secrets sacrifices ne fut-il pas initié dans cette sainte intimité ! et si son cœur dut faire violence à sa douleur pour aborder un si digne sujet de louange, il bénissait le jour où il lui était donné de rendre à ce rare pontife de la sainte Église l'hommage qui lui était dû et de servir d'interprète à la désolation profonde de toute cette population « qui ne pouvait se consoler, parce qu'il n'était plus [2]. »

L'éloge du prélat fut prononcé au milieu de l'émotion générale. L'orateur, dont le talent se montra à la hauteur de sa mission, développa ce texte qu'il avait choisi, et que la

---

[1] Requiescit hic P. J. Rey, episc. Annec., SS. Maur. et Lazar. supra insig. decor. eques., fundator oblat. B. V. Mariæ. Pinerol. et Annec. Miss. Fr. Sal. fide plenus. caritate fervens. Verbo potens et opere obiit 31 januar. 1842.

In sepulcro quod fodi mihi sepelierunt me et noluerunt consolari.

[2] Rachel plorans filios suos et noluit consolari quia non sunt. Matth., cap. II, v. 18.

sainte Écriture applique à Salomon : *Dedit ei Deus latitudinem cordis quasi arena quæ est in littore maris* [1], et quel cœur, en effet, renferma jamais plus d'amour pour ses enfants! « Ce cœur, s'écriait un digne magistrat, en sortant de l'église, était trop grand pour la Savoie, il lui eût fallu le monde. »

Parmi les nombreux témoignages rendus à la mémoire de Mgr Rey, nous citerons celui du pieux et illustre archevêque de Besançon [2]. C'est pour lui que Mgr Rey, presque septuagénaire, avait trouvé la force de traverser les monts, pour consacrer au clergé de France les derniers éclairs de son génie et les derniers élans de son cœur, comme il lui en avait donné les premices dans sa jeunesse sacerdotale. Il ne pouvait avoir de plus digne interprète de ses sentiments que Monseigneur de Besançon. Celui-ci, inspiré par la vive douleur que lui causa la mort de son ami, publia une lettre pastorale à cette occasion dont voici les derniers paragraphes :

« La grande vue de l'éternité était le point fixe auquel il
« rapportait tout. Souvent il était saisi de pieuses terreurs en
« pensant aux fins dernières, et avant que de prêcher sur
« ces vérités terribles, il avouait n'avoir jamais pu s'y appli-
« quer que par un sentiment d'obéissance et pour remplir la
« mission dont il était chargé ; tant il succombait sous l'ef-
« froi de ces enseignements sacrés ! La divine miséricorde,
« si douce à ses serviteurs, lui a été propice en ses derniers
« moments ; il les a vus arriver avec un calme infini, et, loin
« d'éprouver l'appréhension qu'il avait ressentie toute sa
« vie, une confiance entraînante le rassurait en Dieu. Il s'oc-
« cupait, au milieu des angoisses de la mort, des affaires de
« son diocèse, comme dans les jours de sa santé ; tout cela
« était pour Dieu, et ces soins remontaient à celui qui en
« était le seul objet et le terme unique de ces désirs. Il avait
« fréquemment communié pendant sa maladie ; il désirait
« vivement recevoir le bien-aimé de son cœur sous les voiles

---

[1] Dieu lui donna un cœur vaste comme la mer. Lib. Reg. III, cap. IV, v. 29.

[2] La retraite de Besançon est la dernière qu'ait prêchée Mgr Rey.

TABLE DES MATIÈRES

Dédicace. Pag. v

Préface. vii

LIVRE PREMIER

CHAPITRE I 1

Enfance du jeune Rey. — Son dévouement à l'amitié. — Il garde les troupeaux de son père. — Première communion. — Sa piété. — Son caractère bouillant. — Il entre au collége. — Se distingue en théologie. — Il entre au séminaire d'Annecy en 1790. — Son premier sermon au séminaire, sur l'amitié. — Sous-diacre en 1791, et diacre le 22 septembre 1793, époque de l'entrée des Français en Savoie.

CHAPITRE II 20

M. l'abbé Rey refuse le serment de constitution civile du clergé. — Il reçoit les Ordres sacrés à Fribourg, par Mgr Lensburg, le 23 avril 1793. — Retraite chez les Sulpiciens. — Il passe en Piémont. — Sort de sa retraite et retourne en Savoie. — Ses tendances apostoliques. — On envoie de la troupe pour l'arrêter; il se dérobe aux recherches. — Procession du Saint-Sacrement au sommet des montagnes en 1796. — Il fonde un petit séminaire en novembre 1797. — Prodigieux travaux. — Il établit à Bellevaux la *Société du Zèle*. — Ses talents et prédications.

LIVRE DEUXIÈME

CHAPITRE I — Pag. 37

En vertu du Concordat, la Savoie ne forme plus qu'un diocèse, dont le siége est Chambéry. — L'abbé Rey est nommé vicaire de la cathédrale. — Il dirige une paroisse de 6,000 âmes. — Jubilé de 1800, célébré à Chambéry, en 1804. — Improvisation remarquable. — Institution de la *Société des Amis*. — Origine de l'amitié de M. Rey pour M. Perrin. — L'association est fondée à Turin; autre Société établie pour les ecclésiastiques.

CHAPITRE II — 57

Le pape Pie VII à Chambéry (1804). — Il reçoit l'abbé Rey. — Passage de l'empereur Napoléon. — Démission de Mgr de Mérinville. — Mgr Dessolles lui succède. — Il choisit M. Rey pour secrétaire de l'évêché. — Visites pastorales de 1806 à 1810. — Rencontre de M. le duc Matthieu de Montmorency et de l'abbé Rey à Bonneville. — Sermon sur les modes du temps. — Incendie du collége de Mélan. — Détention de l'abbé Rey; il convertit ses gardiens. — Il est nommé chanoine de Chambéry. — La Savoie partagée par le traité du 30 mai 1814. — Coopération de l'abbé Rey à sa restitution à la maison de Savoie. — Il est disgracié, puis rappelé par Mgr Dessolles, en 1817, et nommé au conseil épiscopal.

LIVRE TROISIÈME

CHAPITRE I — 79

Aperçu de l'état où se trouvait le clergé de France après la Révolution. — Portrait de M. l'abbé Rey. — Lettre au duc Matthieu de Montmorency. — Combats intérieurs. — En 1814 et 1815 il évangélise le clergé de Savoie. — Retraite de Grenoble. — Il éprouve une étrange hallucination. — Il prêche le carême, à Lyon, en 1817. — Conversion d'une dame athée. — *Société des Amis*. — Retour à Chambéry. — Quatrième retraite à Grenoble, puis à Valence, et à Viviers. — Ses fatigues. — Réponses sur ce sujet. — Fragment de lettres à M. Perrin.

CHAPITRE II — 112

M. l'abbé Rey prêche, en 1820, des retraites ecclésiastiques. — Fatigues, *sueurs de sang*. — Ce que M. l'abbé Rey appelle *son délire*. — Admirables résultats de sa retraite. — Il est nommé chanoine honoraire de Bordeaux. — M. Daviau aux pieds de l'abbé Rey. — Travaux en Savoie. — Retraites pour les dames. — Conversion éclatante. — Audience du roi Victor-Emmanuel. — Rétablissement des capucins en Savoie. — M. Rey est nommé vicaire général. — Dévotion au sacré Cœur. — Il défend les intérêts catholiques contre les protestants. — Le canton de Genève est démembré du diocèse de Chambéry pour être joint à celui de Lausanne. — Mandement sur la religion des tombeaux. — Trait de vigilance. — Oraison funèbre du roi Charles-Emmanuel IV. — Lettre du comte J. de Maistre. — L'abbé Rey est nommé chevalier de Saint-Maurice-et-Lazare. — Lettre au sujet de la mort du duc de Berry. — Il perd son ami le comte Joseph de Maistre.

CHAPITRE III   Pag. 153

Réflexions sur la restauration de 1814. — Effet produit en Savoie par la révolution de 1821. — Retour du roi Charles-Félix. — L'abbé Rey est nommé archidiacre. — Démission de Mgr Dessolles. — Diocèses rétablis en 1824. — Serment de la noblesse. — Il est demandé au clergé. — Protestation de l'archevêque. — Retraites ecclésiastiques en France, leur succès. — L'abbé Rey part pour Paris.

CHAPITRE IV   187

Retraite donnée à Paris. — Suffrage de Mgr d'Hermopolis. — Lettre de Mgr de Quélen. — Retour en Savoie. — Nouveaux travaux. — M. Mermier et M. Favre. — Retraite d'Embrun. — Pauvreté extrême. — Fatigues à Viviers et à Valence. — L'abbé Rey croit mourir. — Son testament. — Seconde retraite ecclésiastique prêchée à Paris. — Elle surpasse la première. — Sentiment de Mgr Mathieu à ce sujet. — On veut le fixer à Paris. — Le siége d'Angoulême est offert à l'abbé Rey (avril 1823). — Négociations à ce sujet entre la France, Turin et Rome. — Il s'abandonne aux volontés de la Providence. — Opposition du roi Charles-Félix. — Mgr Devie obtient une mission pour Belley, et une pour Nîmes. — Effets de la grâce. — Excès de fatigue du missionnaire. — Il éprouve l'un des supplices de la Passion de Notre-Seigneur au jardin des Oliviers. — Son courage et son humilité. — Le cardinal della Somaglia désire voir venir l'abbé Rey à Rome. — Retour à Chambéry. — Il prononce l'oraison funèbre du roi Victor-Emmanuel.

LIVRE QUATRIÈME

CHAPITRE I   213

Sacre de Mgr Rey, évêque de Pignerol. — Son entrée à Pignerol. — Il prononce l'oraison funèbre du roi Louis XVIII. — Allusion au prince de Carignan. — Collége de Fénestrelles. — Institution des Oblats de Marie. — Difficultés. — Le roi intervient. — Lutte en faveur des liberlés ecclésiastiques. — Visites pastorales. — Le Praz del Torno. — Les Vaudois. — Prédications à sept cents pauvres et dans les prisons. — Établissement des Sœurs de Saint-Joseph.

CHAPITRE II   Pag. 263

Mandement sur le jubilé de Rome, en 1825. — Mgr Rey prêche un retraite à la noblesse de Turin, en 1826. — Son voyage à Mégevette, lieu de sa naissance. — Anecdote. — Translation des reliques de saint François de Sales. — Panégyrique devant la cour de Sardaigne. — Voyage à Saint-Gervais. — Vie dans les montagnes. — Peinture du règne de Charles-Félix. — Mandement sur l'avènement de Charles-Albert. — Délégation apostolique. — L'évêque nommé conseiller d'État. — Mgr le cardinal de Rohan.

LIVRE CINQUIÈME

CHAPITRE I   321

Nomination à l'évêché d'Annecy. — Départ de Pignerol. — Réception à Annecy. — Retraite ecclésiastique. — Mgr Rey appelle les capucins, puis les jésuites. — M. Perrin. — Carême de 1833, par Mgr Rey et le R. P. de Mac'Carthy. — Affluence. — La comtesse de La Roche-jaquelein à Annecy. — Maladie et mort du R. P. de Mac'Carthy. — Jubilé de 1834. — Voyage du roi Charles-Albert. — Visites pastorales. — Arrivée des Sœurs de Saint-Joseph.

CHAPITRE II   380

Établissement d'une maison mère, à Annecy, pour les Missions. — Restauration de la chapelle des Allinges. — Le Prélat y établit des Missionnaires. — Difficultés pour l'approbation du couvent de la Visitation, à Thonon. — Fermeté de l'Évêque. — Installation de clôture du monastère. — Voyage à Saint-Gervais. — Lettre à M. l'abbé Frère. — Difficultés diverses. — Visite de Mgr Brulé.

CHAPITRE III   433

Affaires des fabriques. — Restauration des églises. — Conférences ecclésiastiques. — Avis utiles. — Soins des séminaires. — Établissement des Filles de la Croix. — Lettre à Mme la comtesse de la R. J. — Mgr Mathieu obtient une retraite à Besançon (août 1837). — Visites pastorales dans les hautes montagnes. — Bergers. — Ranz des vaches. — Émigration. — Douleurs et fatigues extrêmes.

CHAPITRE IV   Pag. 471

Rétablissement du sanctuaire de Notre-Dame de la Gorge. — Translation des corps des saints Victor et Muzette. — Saint Germain de Talloires. — Inauguration du culte des bienheureux Humbert et Boniface, princes de Savoie. — Bénédiction de la chapelle de Menthon. — Visite du comte de la Marguerite. - Pont de la Caille. — Le roi Charles-Albert à Annecy. — Tournée pastorale sur les confins du diocèse. — Maladie. — Lettre à M. Hurter. — Mgr Rey refuse l'archevêché de Chambéry. — Désigne Mgr Billet. — Incendie de Sallanches. — Mort d'un fidèle serviteur. — Bonté pour ses gens. — Visite de M. l'abbé Boyer et de Mme la comtesse de la R. J.

CHAPITRE V   510

Mgr Rey est privé de se rendre à Belley. — Il part pour Saint-Gervais. — Ses souffrances. — Redoublement de zèle. — Tableau de la vie du prélat. — Dévotion à l'ange gardien. — Amour pour la sainte Eucharistie. — Dévouement à la famille de Sales, au Roi, à la maison de Savoie, au Saint-Siège. — Fête de l'Assomption. — Ravissement. — Retraite de 1841. — Il cesse de pouvoir célébrer la sainte messe. — Monseigneur de Dijon en Chablais. — Dernières lettres. — Patience dans les souffrances. — Il continue à être l'âme de son diocèse. — Bontés pour ses gens. — Mortifications. — Adieux à son troupeau. — Maladie. — Délire. — Lettre du pape Grégoire XVI. — Agonie et mort, 31 janvier 1842. — Deuil général. — Service funèbre. — Éloge du défunt. — Témoignage rendu par Monseigneur de Besançon.

PARIS. — IMPRIMERIE BAILLY, DIVRY ET Cie, PLACE SORBONNE, 2.

www.ingramcontent.com/pod-product-compliance
Lightning Source LLC
Chambersburg PA
CBHW060511230426
4366SCB00013B/1474